Doliesen · Die Polnische Bauernpartei „Wyzwolenie" in den Jahren 1918–1926

HISTORISCHE UND LANDESKUNDLICHE
OSTMITTELEUROPA-STUDIEN

im Auftrage des Herder-Instituts herausgegeben von
Hans Lemberg

Schriftleitung: Hans-Werner Rautenberg

15

GERHARD DOLIESEN

DIE POLNISCHE BAUERNPARTEI „WYZWOLENIE“ IN DEN JAHREN 1918–1926

VERLAG HERDER-INSTITUT · MARBURG · 1995

Die Deutsche Bibliothek – CIP-Einheitsaufnahme

Doliesen, Gerhard:
Die polnische Bauernpartei „Wyzwolenie“ in den Jahren 1918–1926 / Gerhard Doliesen. Herder-Institut, Marburg. – Marburg : Herder-Inst., 1995
(Historische und landeskundliche Ostmitteleuropa-Studien ; 15)
Zugl.: Hamburg, Univ., Diss., 1991
ISBN 3-87969-236-X
NE: GT

Satz: Satzherstellung Stahringer, Ebsdorfergrund
Druck und Bindearbeiten: Druckerei Herr, Gießen
Printed in Germany
ISSN 0178-2231 (Historische und landeskundliche Ostmitteleuropa-Studien)
ISBN 3-87969-236-X

Inhaltsverzeichnis

Vorwort

Die vorliegende Untersuchung wurde nicht nur in der Absicht geschrieben, einen Beitrag zur Geschichte der polnischen Bauernbewegung zu leisten, sondern auch in dem Bestreben, in Deutschland die Kenntnis und Vorstellung von einer für unser Nachbarland Polen bis in die Gegenwart hinein so bedeutenden politischen Kraft, wie sie die Bauernschaft darstellt, zu erweitern. Es soll der Hinweis genügen, daß heute, wenige Jahre nach Polens Übergang zur Demokratie, die Polnische Bauernpartei PSL, die Nachfolgerin der zum alten Regime gehörenden Blockpartei ZSL, Regierungspartei ist – sie stellte sogar für anderthalb Jahre den Regierungschef – und wieder beziehungsweise immer noch große Teile der ländlichen Bevölkerung repräsentiert. Die polnische Agrarsituation und die Haltung der politisch organisierten Bauernschaft sind für die Erweiterung der Europäischen Union, insbesondere des europäischen Agrarmarktes, nach Osten von besonderer Bedeutung.

Diese Arbeit wurde im Wintersemester 1991/92 vom Fachbereich Geschichtswissenschaft der Universität Hamburg als Dissertation angenommen. Für den Druck wurde sie etwas überarbeitet. Aufrichtigen Dank schulde ich meinem inzwischen verstorbenen akademischen Lehrer Herrn Professor Dr. Klaus-Detlev Grothusen, der mir stets großzügige Förderung gewährte, für seine wertvollen Anregungen und kritischen Hinweise, ebenso Herrn Professor Dr. Karl-Heinz Schlarp.

Die Anregung zur Beschäftigung mit der polnischen Bauernbewegung gab mir Herr Professor Dr. Peter Scheibert, in dessen Vorlesungen und Seminaren an der Philipps-Universität Marburg/Lahn mein Interesse an der „Agrardemokratie" der nach dem Ersten Weltkrieg entstandenen Staaten Ostmitteleuropas geweckt wurde. Von großer Bedeutung für die Ausformung meines Interesses an der polnischen Parteiengeschichte der Zwischenkriegszeit waren auch zahlreiche Gespräche, die ich während eines Studienjahres in Polen im Historischen Institut der Universität Warschau und in anderen wissenschaftlichen Einrichtungen führen konnte. Zu danken habe ich hier vor allem meinem damaligen wissenschaftlichen Betreuer Herrn Professor Dr. Jerzy Holzer sowie meinem Freund und Historikerkollegen Jerzy Halbersztadt, der mir außerdem innerhalb und außerhalb der Universität viele Wege ebnete.

Für die mir gewährte freundliche Hilfe bin ich den Mitarbeitern des Archivs und der Bibliothek des Instituts für die Geschichte der Bauernbewegung (Archiwum Zakładu Historii Ruchu Ludowego) in Warschau sowie der anderen im Quellenverzeichnis genannten Archive sehr zu Dank verpflichtet.

Die Anfertigung der Dissertation neben meiner Berufstätigkeit an der Ost-Akademie Lüneburg bedeutete einerseits eine nicht geringe Belastung, andererseits erhielt ich durch die praktische wissenschaftlich-pädagogische Arbeit in Seminaren vielfältige Anregungen. Dem Direktor der Ost-Akademie, Herrn Dr. Bernhard Schalhorn, bin ich für sein Verständnis und für manch klärendes Gespräch in Dankbarkeit verbunden.

Danken möchte ich ferner dem Vorstand des J. G. Herder-Forschungsrates für die Aufnahme meiner Dissertation in die jetzt vom Herder-Institut herausgegebene Reihe der „Historischen und landeskundlichen Ostmitteleuropa-Studien“ und Herrn Dr. Hans-Werner Rautenberg im J. G. Herder-Institut Marburg für die sachkundige Betreuung der Publikation.

Ohne das Verständnis und die Toleranz meiner Frau Gabriele allerdings hätte sich der lange Forschungszeitraum nicht bewältigen lassen; ihr sei daher dieses Buch gewidmet.

Polen nach dem Ersten Weltkrieg –
Grenzen der ehemaligen Teilgebiete und Wojewodschaftsgrenzen

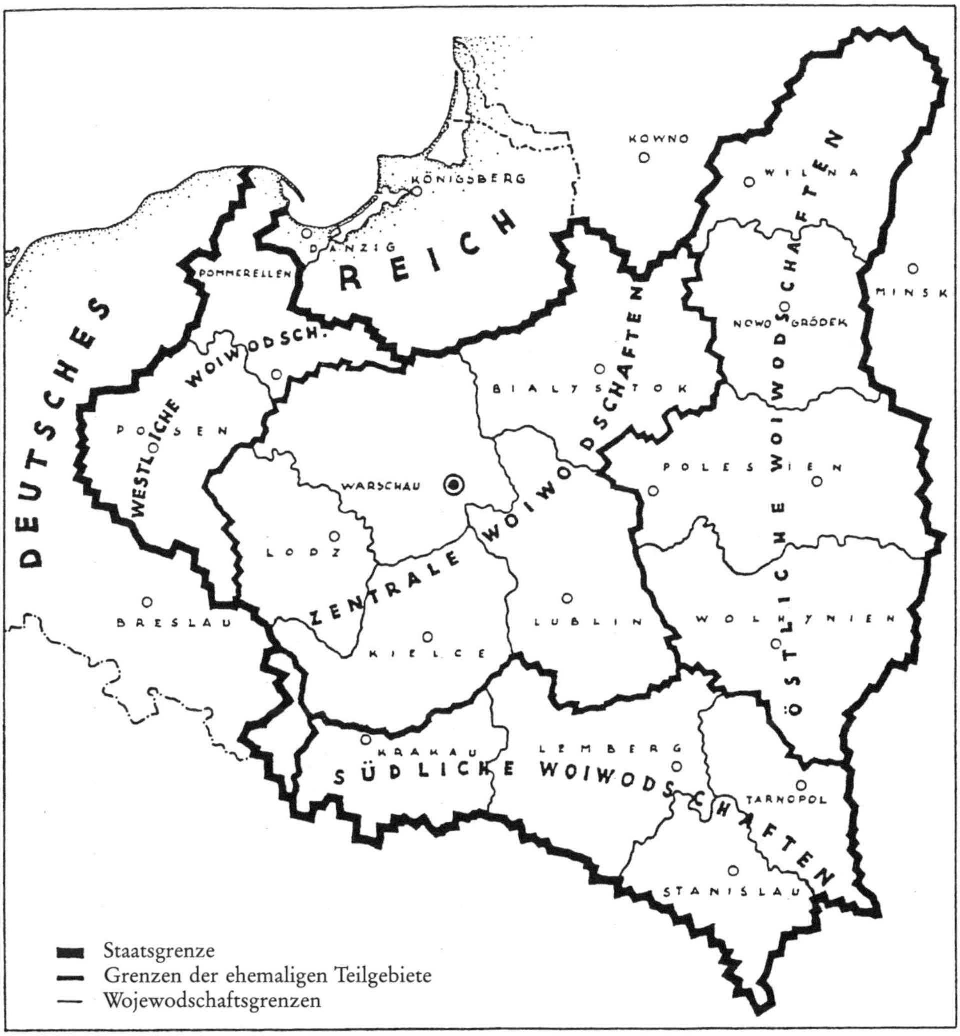

Kartengrundlage: G. Fischer: Polen 1919–1939. Verwaltungsgrenzen, in: P.-H. Seraphim: Ostdeutschland und das heutige Polen, Braunschweig 1953, Karte 9.

Einleitung: Die PSL „Wyzwolenie“ als Gegenstand der historischen Forschung

Die Bauernbewegung in Polen blickt im Jahre 1995 auf ihr einhundertjähriges Bestehen zurück. Ihre Anfänge liegen im galizischen Landesteil, wo 1895 die erste polnische Bauernpartei gegründet wurde. Zwanzig Jahre später entstand im Jahre 1915 auch in Kongreßpolen eine solche Partei. Im wiedererstandenen polnischen Staat waren die Bauernparteien nach 1918 ein wesentliches Charakteristikum des politischen Lebens. Sie vertraten innerhalb und außerhalb des Parlaments die Interessen der Landbevölkerung – damals etwa 75 % der Gesamtpopulation – und forderten für diese einen angemessenen Platz in Staat und Gesellschaft. In den zwanziger Jahren gab es im Sejm stets mehrere Bauernparteien gleichzeitig, die miteinander konkurrierten. Einige waren allerdings nur regional bedeutend, andere nur für kürzere Zeitspannen.

Eine herausragende Stellung nahmen in der polnischen Bauernbewegung der Jahre 1918 bis 1926, d.h. in dem Zeitraum, als in Polen ein parlamentarisches System existierte, nur zwei große Parteien ein: der „Piast“ und die „Wyzwolenie“ (Befreiung). Der „Piast“ hatte seine Hochburgen im ehemaligen Galizien und ging auf gesamtstaatlicher Ebene unter Führung von Wincenty Witos, dem bedeutendsten polnischen Bauernpolitiker dieses Jahrhunderts, Bündnisse mit anderen politischen Parteien, darunter auch den Rechtsparteien, ein, um an die Macht zu gelangen. Die Partei stellte in diesem Zeitraum dreimal den Premierminister. Die jüngere, radikalere „Wyzwolenie“ hingegen, an deren Entstehung die Unabhängigkeitsbewegung Piłsudskis mitgewirkt hatte, war die Partei der Bauern im früheren Kongreßpolen. Sie zeigte eine Tendenz zum Bündnis mit den Linksparteien und blieb überwiegend in der Opposition. Ab 1926 kam dann die dritte bedeutende Bauernpartei „Stronnictwo Chłopskie“ (Bauernpartei) hinzu. Alle diese Parteien bezeichneten eine Agrarreform als wichtigstes Ziel ihrer Politik.

Die vorliegende Arbeit versteht sich als Beitrag zur Geschichte der kongreßpolnischen „Wyzwolenie“ in den Jahren 1918 bis 1926. Während Studien zum „Piast“ (allerdings auch nur für die Zeit nach 1926) und dessen Parteichef Witos sowie zur „Stronnictwo Chłopskie“ seit den sechziger Jahren vorliegen, ist die „Wyzwolenie“ trotz ihrer großen Bedeutung bisher nur ansatzweise Gegenstand geschichtswissenschaftlicher Forschung geworden. Am besten untersucht ist noch die Gründungs- und Anfangsgeschichte der Partei von Dezember 1915 bis November 1918 in einer Monographie von Jan Molenda.[1] Danach ist erst wieder die Entwicklung der Partei ab 1926, vor allem ihre Beteiligung an der Schaffung des Centrolew-Blocks gegen das autoritäre Regime Ende der zwanziger Jahre, näher betrachtet worden.[2]

[1] J. Molenda: Polskie Stronnictwo Ludowe w Królestwie Polskim 1915–1918 [Die Polnische Bauernpartei im Königreich Polen 1915–1918], Warszawa 1965.

[2] S. Lato: Ruch ludowy a Centrolew [Die Bauernbewegung und die Zentrumslinke], Warszawa 1965; ders., Ewolucja Polskiego Stronnictwa Ludowego Wyzwolenie po zamachu majowym 1926 r. [Die

Gegenstand zweier weiterer, allerdings stärker ideengeschichtlich und politikwissenschaftlich orientierter Arbeiten sind die programmatischen Vorstellungen der Partei, die von ihr hervorgebrachten staats-, wirtschafts- und gesellschaftspolitischen Ideen, Konzeptionen und Visionen.[3] Letztere können jedoch geschichtswissenschaftliches Bemühen um den Gegenstand keineswegs ersetzen. Zum Genossenschafts- und Bildungswesen liegen, wiederum überwiegend auf das Parteiprogramm bezogen, einige kleinere Studien vor.[4] Zur territorialen Selbstverwaltung existiert eine Monographie, die sowohl das Programmatische als auch die Tätigkeit der Bauernparteien, darunter der „Wyzwolenie", in diesem Bereich darstellt.[5] Von einem nichtpolnischen Autor schließlich stammt ein Aufsatz zum Vorgehen der Partei im Sejm in der Agrarreformfrage bis zur Jahresmitte 1919.[6]

In dieser Arbeit nun sollen die Position und die Rolle der „Wyzwolenie" im politischen Leben des Landes in den Jahren des polnischen Parlamentarismus dargestellt und analysiert werden. Zum besseren Verständnis ihrer Haltung und Politik in diesem Zeitraum scheint es jedoch erforderlich, zunächst die Partei selbst zu betrachten. Nach einem einleitenden Blick auf ihre spezifische Entstehungsgeschichte werden daher ihr Organisationsaufbau und ihre Sozialstruktur erörtert, beides bisher nicht untersuchte Fragenkomplexe. Die Darstellung des Parteiprogramms und dessen Entwicklung schließt diesen Bereich ab.

Im weiteren wird dann die Tätigkeit der „Wyzwolenie" im wesentlichen auf der gesamtstaatlichen Ebene verfolgt: ihr Handeln während der Erlangung der Unabhängigkeit im November 1918 und ihre Mitarbeit in den sogenannten Volksregierungen sowie ihre Positionen und ihr Verhalten im Parlament von Februar 1919 bis Mai 1926. Dabei werden in Kapitel 5 – jeweils für die beiden Legislaturperioden getrennt – die Rahmenbedingungen ihres parlamentarischen Wirkens geschildert, d.h. die politischen Konstellationen jener Jahre im Sejm sowie die sich aus der Zusammensetzung der Fraktion ergebenden Grenzen und Möglichkeiten. Wichtig für die Beurteilung ihres Parla-

---

Entwicklung der Polnischen Bauernpartei Wyzwolenie nach dem Mai-Umsturz 1926], in: Studia z dziejów ruchu ludowego 1969 [Studien zur Geschichte der Bauernbewegung 1969], Warszawa 1969, S. 173–188.

[3] E. Kulwicki: Doktryny społeczno-gospodarcze PSL „Wyzwolenie" w latach 1918–1926. Praca doktorska [Die sozialökonomischen Doktrinen der PSL „Wyzwolenie" in den Jahren 1918–1926. Diss.], UJ Kraków 1964 (Masch.); J. Jachymek: Myśl polityczna PSL Wyzwolenie 1918–1931 [Das politische Denken der PSL Wyzwolenie in den Jahren 1918–1931], Lublin 1983.

[4] H. Trocka: Stanowisko Polskiego Stronnictwa Ludowego „Wyzwolenie" wobec spółdzielczości w latach 1918–1926 [Die Haltung der Polnischen Bauernpartei „Wyzwolenie" zum Genossenschaftswesen in den Jahren 1918–1926], in: Roczniki Spółdzielczego Instytutu Badawczego, 1965, z. 4, S. 147–166; E. Kulwicki: Spółdzielczość w ujęciach programowych PSL „Wyzwolenie" i innych stronnictw chłopskich [Das Genossenschaftswesen in den programmatischen Aussagen der PSL „Wyzwolenie" und anderer Bauernparteien], in: Międzyuczelniane Zeszyty Naukowe, Studia z Historii Myśli Społeczno-Ekonomicznej 19 (1972), S. 91–100; J. Jachymek: Oświata w myśli politycznej PSL „Wyzwolenie" [Das Bildungswesen im politischen Denken der PSL „Wyzwolenie"], in: RDRL 22 (1982), S. 50–69.

[5] A. Łuczak: Samorząd terytorialny w programach i działalności stronnictw ludowych 1918–1939 [Die territoriale Selbstverwaltung in den Programmen und in der Tätigkeit der Bauernparteien 1918–1939], Warszawa 1973.

[6] V. I. Voronkov: „PSL Wyzwolenie" v bor'be za agrarnuju reformu (nojabr' 1918–ijun' 1919 g.) [Die „PSL Wyzwolenie" im Kampf für die Agrarreform (November 1918–Juni 1919], in: Sovetskoe Slavjanovedenie 14 (1978), Nr. 3, S. 97–105.

mentarismusverständnisses ist ihre Stellung zu allen Kabinetten zwischen 1919 und 1926.

Für eine detailliertere Betrachtung der Haltung der Partei wurden einige für die Gesamtentwicklung des Staates entscheidende Gebiete ausgewählt: die Verfassungsfrage, die Agrarfrage, das Problem der nationalen Minderheiten und die Außenpolitik. Die Berücksichtigung der Verfassungsdiskussion der Jahre 1919 bis 1921 scheint geboten, da sie das ideologische Profil der Partei deutlicher werden läßt, während die Einbeziehung der Agrarreformfrage im Falle einer Bauernpartei keiner weiteren Begründung bedarf.

Das Verhältnis der Partei zur Minderheitenfrage wie auch zu den einzelnen Minderheiten selbst ist von beträchtlichem Interesse, denn sie nahm hier eine besondere Position unter den Bauernparteien ein, weil sie sich auch nichtpolnischen Bauern zuwandte. Der Blick auf die Außenpolitik schließlich läßt erkennen, inwieweit eine bäuerliche, sehr stark innen- und interessenpolitisch orientierte Partei überhaupt in der Lage war, auf die äußere Existenzsicherung eines Staates abzielende Vorstellungen zu entwickeln und umzusetzen. Aus der Nachbarschaftssituation heraus sind für den deutschen Betrachter die beiden letztgenannten Themen selbstverständlich besonders interessant.

Die Arbeit ist nicht streng chronologisch, sondern systematisch-chronologisch angelegt und enthält eine Reihe von Längsschnitten innerhalb des angegebenen Zeitrahmens. Geringfügige Wiederholungen lassen sich da nicht immer vermeiden, wo derselbe Sachverhalt unter verschiedenen Blickwinkeln anzusprechen ist. Angemerkt werden muß, daß sie nicht den Anspruch erhebt, eine vollständige und erschöpfende Geschichte der „Wyzwolenie" im Zeitraum von 1918 bis 1926 zu sein. Dies wäre in Anbetracht der Quellenlage und der bisherigen fragmentarischen Forschungsergebnisse, auf die zurückgegriffen werden kann, nicht möglich.

Die zeitliche Abgrenzung der Arbeit ergibt sich aus folgenden Überlegungen: Die Partei existierte zwar bereits seit 1915, doch begann sie einen wichtigen Platz innerhalb des Parteiengefüges eigentlich erst am Vorabend der Unabhängigkeit des Landes einzunehmen. Obwohl die „Wyzwolenie" bis 1931 bestand, als es im Kampf gegen die Herrschaft Piłsudskis zu einem Zusammenschluß aller Bauernparteien im Lande kam, soll der Schlußpunkt dieser Studie im Jahre 1926 liegen. Im Mai jenes Jahres führte der Marschall einen Staatsstreich gegen die verfassungsmäßig zustande gekommene Regierung durch und liquidierte das parlamentarische Regierungssystem, das erst in den Jahren 1918/1919 bei der Erlangung der Unabhängigkeit etabliert worden war. Die Parteien existierten über den Mai 1926 hinaus fort, waren jedoch von der Teilhabe an der Machtausübung nahezu ausgeschlossen.

Die Quellensituation zur „Wyzwolenie" ist, dies muß unterstrichen werden, deutlich ungünstiger als die zum „Piast", von dem immerhin ein Teil der Protokolle der Parlamentsfraktion und der Krakauer Bezirksorganisation erhalten ist. Für die „Wyzwolenie" steht von den Parteiinstanzen stammendes unveröffentlichtes Material, von wenigen unbedeutenden Ausnahmen abgesehen, nicht zur Verfügung. Als Hauptquelle für die vorliegende Studie diente deshalb die Presse der Partei, insbesondere die vom Parteivorstand herausgegebene Wochenzeitung „Wyzwolenie". Sie bot die Möglichkeit, die wichtigsten im Zusammenhang mit der Entwicklung der Partei stehenden Ereignisse zu ermitteln. Auch ließen sich ihr in der Regel die politischen Positionen der Partei zu den Problemen des Landes entnehmen. Wenn irgend möglich, wurden Nachrichten aus der Parteipresse mit Angaben aus anderen Quellen verglichen. Eine zweite Quelle von zentraler Bedeutung waren die Stenographischen Sitzungsberichte des polnischen Sejm, des Verfassunggebenden Sejm bis 1922 und des ersten regulären Sejm bis

1927.[7] Aus ihnen vor allem konnten Erkenntnisse zur parlamentarischen Tätigkeit der „Wyzwolenie“ gewonnen werden.

Weiter standen gedruckte und ungedruckte Erinnerungen, Tagebücher und Notizen von Mitgliedern der Partei, darunter auch von Angehörigen des Führungskreises, zur Verfügung. Hervorzuheben sind hier die Aufzeichnungen von Stanisław Thugutt und Aleksander Bogusławski. Genutzt wurden jedoch ebenso die Memoiren anderer Bauernpolitiker wie Wincenty Witos und Maciej Rataj sowie weiterer Persönlichkeiten.

Die ungedruckten Erinnerungen der Bauernparteiler werden ebenso wie auch veröffentlichtes Material der Bauernparteien vor allem im Archiv des Instituts für die Geschichte der Bauernbewegung (Archiwum Zakładu Historii Ruchu Ludowego) in Warschau aufbewahrt. Herangezogen werden konnten hier Statuten, Parteiprogramme, Rundschreiben des Vorstandes, Flugblätter, Aufrufe der Parteiführung bzw. regionaler Parteigremien, Kurzbiographien führender Funktionäre, Broschüren und Wahlkampfmaterialien. Materialien dieser Art wurden auch im Archiv für Neue Akten (Archiwum Akt Nowych) und im Zentralen Archiv des Zentralkomitees der Polnischen Vereinigten Arbeiterpartei (Centralne Archiwum Komitetu Centralnego PZPR) in Warschau eingesehen.

Das Archiv der PSL „Wyzwolenie“ in Warschau wurde im Zweiten Weltkrieg völlig vernichtet. Besonders bedauerlich ist, daß keine Protokolle der Präsidiums-, Vorstands- und Fraktionssitzungen vorliegen. Es ist schwer abzuschätzen, inwiefern internes Material der Partei aus der ersten Hälfte der zwanziger Jahre in diesem Archiv vollständig aufbewahrt war. Manches spricht für die Annahme, daß die Bauernparteien damals der Sammlung ihres künftigen Archivgutes keinen allzugroßen Wert beimaßen. Nur einen gewissen Ersatz konnten die zahlreichen Berichte in der Parteizeitung über die Sitzungen und Beschlüsse von Leitungsgremien der „Wyzwolenie“ bieten, die freilich, wie alles veröffentlichte Schriftgut der Partei, wegen der oftmals in ihnen enthaltenen propagandistischen Tendenzen mit Vorsicht aufzunehmen sind.

Eine interessante Ergänzung zu den vorstehend erwähnten Presseberichten boten aus einer völlig anderen Perspektive verfaßte Mitteilungen der Verwaltungs- und Polizeibehörden an vorgesetzte Instanzen über die einzelnen Parteien. Sie wurden im Wojewodschaftsarchiv Lublin sowie im Archiv des Zentralkomitees der PZPR ausgewertet.

Eine weitere Kategorie eingesehener ungedruckter Quellen waren schließlich die im Politischen Archiv des Auswärtigen Amtes in Bonn befindlichen Berichte der deutschen Gesandtschaft in Warschau. Angesichts der schmalen Quellenbasis zum Gegenstand vorliegender Arbeit ließen sich diese Berichte mit Erfolg als Hintergrundmaterial nutzen, zumal der damalige Gesandte Ulrich Rauscher die Entwicklung des Parteiwesens und der inneren Verhältnisse in Polen aufmerksam verfolgte. Unentbehrlich waren Handbücher und Informationswerke aus der Vorkriegszeit, insbesondere die Nachschlagewerke betreffend den Sejm und den Senat sowie die damaligen Parteien.[8]

---

[7] Sejm Ustawodawczy. Sprawozdania stenograficzne [Verfassunggebender Sejm. Stenographische Sitzungsberichte], Warszawa 1919–1922; Sejm Rzeczypospolitej Polskiej. Okres I. Sprawozdania stenograficzne [Sejm der Republik Polen. 1. Periode. Stenographische Sitzungsberichte], Warszawa 1922–1927 (im folgenden: Sejm R. P.).

[8] A. Bełcikowska: Stronnictwa i związki polityczne w Polsce [Parteien und politische Verbände in Polen], Warszawa 1925; T. Rzepecki: Sejm Rzeczypospolitej Polskiej 1919 roku [Der Sejm der Republik Polen im Jahre 1919], Poznań 1920; T. Rzepecki / W. Rzepecki: Sejm i Senat 1922–1927 [Sejm und Senat 1922–1927], Poznań 1923; Parlament Rzeczypospolitej Polskiej 1919–1927 [Das Parlament der Republik Polen 1919–1927], hrsg. von H. Mościcki und W. Dzwonkowski, Warszawa 1928.

Als sehr nützlich erwiesen sich auch die ab Mitte der sechziger Jahre erschienenen Quellensammlungen zur Geschichte der polnischen Bauernbewegung und der Bauernparteien.[9]

Forschungsstand und Quellenlage zur „Wyzwolenie" ließen es geraten erscheinen, eine Fülle von Literatur zum polnischen Parteiwesen der Zwischenkriegszeit, vornehmlich jedoch zur Bauernbewegung und zu den einzelnen Bauernparteien in den zwanziger Jahren, heranzuziehen. Der Informationsertrag war unterschiedlich, doch hinsichtlich der „Wyzwolenie" in der Regel sehr gering. Auch auf diesem Gebiet läßt sich der Weg, den die polnische Nachkriegshistoriographie zurückgelegt hat, gut beobachten.

In der ersten Hälfte der fünfziger Jahre war von der „Wyzwolenie" als bloßer „bürgerlicher Agentur, deren Tätigkeit auf das Gebiet des Dorfes gerichtet war", die Rede[10], ihre Führer wurden als „Kulaken" bezeichnet.[11] Der Partei wurden ihre Zugehörigkeit zum Piłsudski-Lager und „Heuchelei und Unehrlichkeit gegenüber den Bauern" vorgeworfen.[12] Ab 1956 ging der Einfluß der Politik auf die Geschichtsschreibung zurück, und es wurde allmählich eine weniger schematische, sachlichere Darstellung der Geschichte der Bauernparteien möglich.

Die Zeitschrift „Najnowsze Dzieje Polski" druckte im Jahre 1961 einen schon zwanzig Jahre zuvor verfaßten Text des Vorkriegshistorikers und Sozialisten Adam Próchnik (1895–1942) über die polnische Bauernbewegung der zwanziger Jahre ab.[13] Próchnik hatte darin die „Wyzwolenie" sehr positiv als eine zwar kleinbürgerliche, doch demokratische, antireaktionäre, antiklerikale und gegen den Großgrundbesitz kämpfende Partei der Bauern charakterisiert. Er bezeichnete die „Wyzwoleńcy" als „treue Erben der Ideen der französischen republikanischen Revolution von 1789, der Ideen der Erklärung der Menschen- und Bürgerrechte".

Es wurde nun vor allem stärker aus den Quellen gearbeitet und ein differenzierteres Bild des bäuerlichen politischen Lagers gezeichnet. Von den sechziger Jahren an erschien die „Wyzwolenie" als eine Partei, die auf der Basis des Privateigentums mehr oder weniger fortschrittliche Züge aufwies, die Widersprüche der kapitalistischen Gesellschaftsordnung aufzeigte und ansatzweise die Überzeugung von der Notwendigkeit ihrer Überwindung vermittelte.

Als zählebiger erwies sich der Vorwurf an die Partei, sie habe nach dem Ende des Ersten Weltkrieges als Teil der Unabhängigkeitsbewegung Piłsudskis weniger Verständnis für die Bedeutung des Problems der polnischen Westgebiete und die Rolle der polnisch-deutschen Beziehungen aufgebracht als der nationalistische Positionen vertre-

---

[9] Materiały źródłowe do historii polskiego ruchu ludowego [Quellenmaterialien zur Geschichte der polnischen Bauernbewegung], T. I: 1864–1918, Warszawa 1966; T. II: 1918–1931, Warszawa 1967; Programy stronnictw ludowych. Zbiór dokumentów [Programme der Bauernparteien. Dokumentensammlung], Warszawa 1969; Pisma ulotne stronnictw ludowych w Polsce 1895–1939 [Flugblätter der Bauernparteien in Polen 1895–1939], Warszawa 1971.

[10] A. Gwiżdż: Burżuazyjno-obszarnicza Konstytucja z 1921 roku w praktyce [Die Verfassung der Bourgeoisie und des Großgrundbesitzes des Jahres 1921 in der Praxis], Warszawa 1956, S. 40.

[11] T. Rek: Chjeno-Piast 1922–1926 w świetle obrad Sejmu i Senatu [Das Bündnis Chjeno-Piast von 1922 bis 1926 im Lichte der Beratungen von Sejm und Senat], Warszawa 1955, S. 27f.

[12] Ebd., S. 314.

[13] A. Próchnik: O polskim ruchu ludowym (przedruk rękopisu) [Zur polnischen Bauernbewegung (Abdruck eines handschriftlichen Manuskripts)], in: Najnowsze Dzieje Polski. Materiały i studia z okresu 1914–1939, T. 4, Warszawa 1961, S. 135–155.

tende Dmowski.[14] Auch dies ist Ausdruck der ideologischen Gebundenheit eines Teils der polnischen Zeitgeschichtsforschung.

Die Errichtung des Instituts für die Geschichte der Bauernbewegung (Zakład Historii Ruchu Ludowego – ZHRL) in Warschau durch die Vereinigte Bauernpartei (Zjednoczone Stronnictwo Ludowe – ZSL) im Jahre 1960 hatte der Forschung auf diesem Feld großen Auftrieb gegeben. Zwar stand zunächst die Beschäftigung mit der „revolutionären" Richtung, vor allem mit der durch eine Abspaltung von der „Wyzwolenie" entstandenen „Unabhängigen Bauernpartei" (Niezależna Partia Chłopska – NPCh) und der Vereinigung der Bauernlinken „Selbsthilfe" (Zjednoczenie Lewicy Chłopskiej „Samopomoc") im Vordergrund[15], doch erschienen auch die eingangs erwähnten Studien zu den großen Bauernparteien „Piast" und „Stronnictwo Chłopskie".[16]

Besonders interessant waren – auch für die vorliegende Untersuchung – Publikationen zur Geschichte der Bauernbewegung in den verschiedenen Regionen, allerdings nur, sofern ihnen Quellenstudien zugrunde lagen. Hier wurden im Laufe der Jahre Tagungsbände u.a. für die alten zentralpolnischen Wojewodschaften Lublin, Lodz, Kielce und Warschau (bzw. Masowien) vorgelegt.[17] Für Białystok und das Gebiet um Zamość erschienen Monographien.[18] Sehr bemerkenswert sind die an der Universität Lodz entstandenen Studien von Janusz Socha zur Bauernbewegung in einzelnen Kreisen der Vorkriegswojewodschaft Lodz.[19] So beeindruckend die Fortschritte der Forschung auch waren, so deutlich war andererseits auch das Bemühen der ZSL erkennbar, sich die Geschichte der gesamten polnischen Bauernbewegung anzueignen und sie als ihre eigene Vorgeschichte zu präsentieren. Etliche Tabus bestanden bis in die letzten Jahre des alten Regimes fort.

---

[14] Vgl. z.B. H. Zieliński: Pozycja Polski na arenie międzynarodowej [Die Position Polens auf der internationalen Bühne], in: Historia Polski [Geschichte Polens], T. 4, cz. 1, Warszawa 1969, S. 280f.

[15] Vgl. A. Więzikowa: Historiografia ruchu ludowego w PRL dotycząca jego dziejów do 1944 r. [Die Historiographie der Bauernbewegung in der VRP betreffend deren Geschichte bis zum Jahre 1944], in: RDRL 17 (1975), S. 222. Für diese Untersuchung besonders von Bedeutung: B. Dymek: Niezależna Partia Chłopska 1924–1927 [Die Unabhängige Bauernpartei 1924–1927], Warszawa 1972.

[16] A. Więzikowa: Stronnictwo Chłopskie (1926–1931) [Die Bauernpartei (1926–1931)], Warszawa 1963; J. R. Szaflik: Polskie Stronnictwo Ludowe Piast 1926–1931 [Die Polnische Bauernpartei Piast 1926–1931], Warszawa 1970; J. Socha: Stronnictwa Ludowe po zamachu majowym [Die Bauernparteien nach dem Mai-Umsturz], Warszawa 1983.

[17] Ruch ludowy na Lubelszczyźnie. Materiały z sesji naukowej, zorganizowanej przez WK ZSL w Lublinie [Die Bauernbewegung im Lubliner Land. Materialien einer vom Wojewodschaftskomitee der ZSL in Lublin organisierten wissenschaftlichen Tagung]. Red. J. R. Szaflik, Lublin 1964; Ruch ludowy w województwie Łódzkim. Sesja popularno-naukowa. Łódź 14–15 X 1965 [Die Bauernbewegung in der Wojewodschaft Lodz. Populärwissenschaftliche Tagung. Lodz 14.–15. 10. 1965]. Red. E. Podgórska, Łódź 1968; Z dziejów ruchu ludowego na Kielecczyźnie. Materiały z sesji popularno-naukowej, zorganizowanej w Kielcach 21–22 I 1967 roku [Zur Geschichte der Bauernbewegung im Gebiet von Kielce. Materialien einer populärwissenschaftlichen Tagung am 21./22. Januar 1967 in Kielce]. Red. S. Lato, Warszawa 1970; Ruch ludowy na Mazowszu, Kurpiach i Podlasiu. Materiały sesji popularno-naukowej [Die Bauernbewegung in Masowien, im Kurpie-Gebiet und in Podlachien. Materialien einer populärwissenschaftlichen Tagung]. Red. A. Łuczak, Warszawa 1975.

[18] Z. Tomczonek: Ruch ludowy na Białostocczyźnie 1918–1939 [Die Bauernbewegung im Gebiet von Białystok 1918–1939], Warszawa 1978; J. Jachymek/A. Koprukowniak/J. Marszałek: Ruch ludowy na Zamojszczyźnie [Die Bauernbewegung im Gebiet von Zamość], Warszawa 1980.

[19] Bibliographische Angaben zu diesen Untersuchungen im Quellen- und Literaturverzeichnis.

Deutschsprachige wissenschaftliche Literatur zur Geschichte der polnischen Bauernparteien liegt nur in sehr geringem Umfang vor. Allerdings gab es in Deutschland in der zweiten Hälfte der zwanziger und zu Beginn der dreißiger Jahre ein gewisses publizistisches Interesse an der politischen und gesellschaftlichen Entwicklung der „Randstaaten“ bzw. „Zwischeneuropas“. In den Büchern von Elias Hurwicz (1927), Harald Laeuen (1930) und Giselher Wirsing (1932) über die neu- oder wiederentstandenen Staaten Ostmitteleuropas wurde stets auf die Agrarreformen und die Bauernparteien als Besonderheit des Parteiwesens dieser Länder eingegangen.[20]

An wissenschaftlicher Literatur zum Thema im strengeren Sinne können allein zwei Artikel polnischer Historiker und ein Handbuchbeitrag aus deutscher Feder genannt werden. Die Artikel der in Deutschland lebenden Stanisława Leblang und des Warschauer Historikers Józef R. Szaflik stellen Abrisse der gesamten polnischen Bauernbewegung von ihrer Entstehung bis in die Zeit nach dem Zweiten Weltkrieg dar.[21] Sie unterscheiden sich insbesondere durch ihre Bewertung der Entwicklung bei Kriegsende und danach. Der Länderbeitrag „Polen“ von Armin T. Dross im „Lexikon zur Geschichte der Parteien in Europa“ enthält u.a. knappe Angaben zum bäuerlichen Parteiwesen.[22]

Zum Namen der „Wyzwolenie“ ist zu erläutern: Die Partei nannte sich in den ersten drei Jahren „Polskie Stronnictwo Ludowe“ (PSL; Polnische Bauernpartei). Um sich im vereinigten Polen von den galizischen Bauernparteien gleichen Namens unterscheiden zu können, nahm die PSL Kongreßpolens auf ihrem Parteitag am 1./2. November 1918 nach dem Titel ihrer Zeitung den Zusatz „Wyzwolenie“ an. Bei der Fusion der PSL „Wyzwolenie“ mit der Partei „Jedność Ludowa“ (Bauerneinheit) im November 1923 wurde der Parteiname noch einmal erweitert: Er lautete nun offiziell „ZPSL ‚Wyzwolenie‘ i ‚Jedność Ludowa‘“ (Bund der Polnischen Bauernparteien „Befreiung“ und „Bauerneinheit“). Nach der Sezession einer größeren Gruppe von Abgeordneten Anfang 1926 erfolgte auf dem Parteitag im März 1926 die Rückbenennung der Partei in PSL „Wyzwolenie“. Im polnischen Schrifttum wird die Partei durchgehend als „Wyzwolenie“ bzw. für die ersten Jahre häufig auch nur als PSL bezeichnet. Der Transparenz wegen wird dies auch in der vorliegenden Arbeit so praktiziert. Als Genus der polnischen Parteinamen und ihrer Abkürzungen wird das Genus der deutschen Übersetzungen dieser Namen gesetzt: z.B. die „Wyzwolenie“ – weil die „Befreiung“ – und nicht, dem Polnischen folgend, das „Wyzwolenie“.

Für die Schreibweise der Orts- und Landschaftsnamen gilt, daß dort, wo seit langer Zeit deutsche Formen existieren (Warschau, Lodz, Lemberg u.a.), diese verwandt werden. Bei den Erscheinungsorten der angegebenen Literatur wird generell die in der Publikation genannte Form übernommen.

---

20 Bibliographische Angaben hierzu im Quellen- und Literaturverzeichnis.

21 S. Leblang: Polnische Bauernparteien, in: Europäische Bauernparteien im 20. Jahrhundert, hrsg. von H. Gollwitzer, Stuttgart 1977, S. 271–322b; J. R. Szaflik: Hauptprobleme der Entwicklung und Tätigkeit der polnischen Volksbewegung, in: Jahrbuch für Geschichte, Bd. 23, Berlin (Ost) 1981, S. 213–232.

22 A. Dross: Polen, in: Lexikon zur Geschichte der Parteien in Europa, Stuttgart 1981, S. 471–494 (Polnische Volkspartei, S. 490–492).

Teil I: Organisation, Sozialstruktur und Programm der „Wyzwolenie“

1. Organisation und Einflußgebiet der „Wyzwolenie“

1.1. Die Entstehung der „Polnischen Bauernpartei“ in Kongreßpolen

Mit der Gründung einer einheitlichen „Polnischen Bauernpartei“ (Polskie Stronnictwo Ludowe – PSL) in den Tagen vom 4. bis 6. Dezember 1915 in Warschau kam es in Kongreßpolen zur Konsolidierung der Bauernbewegung. Die neue Partei entstand durch den Zusammenschluß von drei bis dahin auf dem Lande tätigen Organisationen, deren Erbe sie in sich aufnehmen sollte. Bei diesen Organisationen handelte es sich um die „Bauernpartei“ (Stronnictwo Ludowe – SL), den „Bund des Polnischen Landvolkes“ (Związek Ludu Polskiego – ZLP) und um den „Bauernbund“ (Związek Chłopski – ZCh). Sie hatten sich nach Beginn des Ersten Weltkrieges und der im Sommer 1915 erfolgten Besetzung des Landes durch die Armeen der Mittelmächte in ihren Zielen und Vorgehensweisen soweit angenähert, daß die im Oktober 1915 begonnenen Vereinigungsgespräche ihrer Führer nach anfänglichen Schwierigkeiten erfolgreich verliefen.

In die neue Partei flossen dabei durchaus unterschiedliche Erfahrungen, Traditionen und Bindungen ein.[1] Auf die bis dahin längste Tätigkeit konnten paradoxerweise die Mitglieder der erst im August 1915 gegründeten Bauernpartei SL zurückblicken. Sie entstammten fast alle der berühmten „Zaranie“-Gruppe, die die russischen Behörden noch im Mai desselben Jahres zerschlagen hatten. Das seit November 1907 legal von Maksymilian Malinowski herausgegebene radikale Blatt „Zaranie“ (Morgenröte) widmete sich zunächst vor allem der Hebung des Bildungsstandes der Bauern und propagierte insbesondere die Verbesserung der landwirtschaftlichen Produktionsmethoden, die Schaffung von Selbsthilfeorganisationen in den Dörfern, die Einrichtung von Landwirtschaftsschulen, Genossenschaften usw. Unter der Losung „Sami sobie“ (Für uns selbst) strebte „Zaranie“ nach einer Lösung der Bauern aus der Abhängigkeit von Gutsbesitzern und Klerus. Es befaßte sich in seinen Spalten mit sozialpolitischen und kulturellen Fragen und popularisierte, wenn auch in verschleierter Form, den Gedanken der Unabhängigkeit Polens. Im Laufe der Zeit entwickelte sich die Redaktion des Blattes, um die sich ein großer Kreis Gleichgesinnter sammelte, jedoch immer mehr zu einem geheimen Zentrum der Unabhängigkeitsbewegung. Bei Schließung der „Zaranie“ im Mai 1915 wurden etwa 70 Personen verhaftet und Maksymilian Malinowski, Irena Kosmowska und andere führende Mitarbeiter nach Rußland gebracht. Von den in Freiheit gebliebenen Mitgliedern wurde dann nach Errichtung der deutschen und österreichischen Militärverwaltung die Bauernpartei SL gegründet.

[1] Es können hier nur knappe Hinweise auf die organisatorischen und geistigen Wurzeln der Polnischen Bauernpartei „Wyzwolenie“ gegeben werden. Auf Genese, Charakter und Tätigkeit der einzelnen bäuerlichen Organisationen in Kongreßpolen und ihr Verhältnis zueinander sowie zu den großen politischen Strömungen des Landes ist Jan Molenda in seiner Monographie ausführlich eingegangen. Vgl. J. Molenda: Polskie Stronnictwo Ludowe, S. 11–34.

Unabhängig von der „Zaranie" nahm im Jahre 1912 der „Bund des Polnischen Landvolkes" (ZLP) bzw. dessen Vorläuferorganisation „Nationaler Bauernbund" (Narodowy Związek Chłopski – NZCh), eine Absplitterung der mächtigen Nationaldemokratie, seine illegale Tätigkeit auf. Seine beiden Hauptziele waren die völlige Unabhängigkeit Polens in den alten Grenzen von 1772 und die Verteidigung der Interessen des Bauernstandes sowohl gegenüber den Regierungen der Teilungsmächte als auch gegenüber den anderen Klassen des eigenen Volkes.[2] Sein gemäßigtes gesellschaftspolitisches Programm unterschied sich anfangs nur unwesentlich von dem der National-Demokratischen Partei. Ein Gegensatz bestand in der unterschiedlichen Sichtweise der Lösungsmöglichkeiten der polnischen Frage. Bereits vor, verstärkt dann aber nach Ausbruch des Ersten Weltkrieges schloß sich der NZCh bzw. der ZLP den proösterreichisch orientierten Parteien an. Geführt wurde der ZLP von Błażej Stolarski, Aleksander Bogusławski und anderen, die in der PSL „Wyzwolenie" später führende Positionen einnehmen sollten.

Die dritte Organisation, der Bauernbund ZCh, war personell, organisatorisch und ideologisch eng mit der Polnischen Sozialistischen Partei (PPS) verbunden. Sie wurde Anfang 1912 von Mitgliedern und Sympathisanten dieser Partei gegründet, um deren Einfluß auf das Dorf Kongreßpolens auszudehnen und die politisch interessierten Bauern für das Programm des Piłsudski-Lagers zu gewinnen. Der ZCh verfügte nur über wenige Ortsorganisationen und Vertrauensleute und konnte keine effiziente organisatorische Arbeit leisten. Er beschränkte sich auf eine illegale propagandistische Tätigkeit, wobei er engsten Kontakt zur „Zaranie"-Gruppe unterhielt und auf diese stark einwirkte. Auf seinem Programm stand neben dem Kampf für die Wiederherstellung des polnischen Staates die soziale und ökonomische Befreiung der polnischen Bauernschaft. Der Großgrundbesitz sollte gegen Entschädigung in staatliche Verwaltung übernommen und Kleinbauern und Landlosen zur erblichen Nutzung übergeben werden.

Da bereits im Herbst 1915 zwischen den sich zum Zusammenschluß anschickenden drei Organisationen Übereinstimmung über eine abwartende Haltung gegenüber den Besatzungsbehörden geherrscht hatte, war es nur natürlich, daß die neue Partei sich vom ersten Tag ihrer Existenz an im Unabhängigkeitslager Piłsudskis befand. Die Gründung einer einheitlichen Bauernpartei hatte zum damaligen Zeitpunkt zweifellos Konsequenzen für das Kräfteverhältnis zwischen den verschiedenen politischen Gruppierungen Polens.[3] Nachdem im Sommer 1915 die Mittelmächte ganz Kongreßpolen besetzt hatten und den Anhängern der polnisch-russischen Orientierung der Boden entzogen worden war, versuchte Piłsudski die Befürworter einer Zusammenarbeit mit den Mittelmächten von einem vorschnellen Engagement abzuhalten, was ihm auch gelang.[4]

Auf seine Anregung hin wurde am 17. Dezember 1915 in Warschau das „Zentrale National-Komitee" (Centralny Komitet Narodowy – CKN) der linksgerichteten, prinzipiell „aktivistischen" Unabhängigkeitsparteien[5] gebildet. Das CKN strebte die Bil-

[2] Vgl. Program Narodowego Związku Chłopskiego [Programm des Nationalen Bauernbundes], in: Programy stronnictw ludowych, S. 130.

[3] J. Molenda: Polskie Stronnictwo Ludowe, S. 36f.

[4] Vgl. H. Roos: Geschichte der polnischen Nation 1916–1960, 2. Aufl. Stuttgart 1964, S. 25f.

[5] Es waren dies im wesentlichen die Polnische Sozialistische Partei (PPS), der Nationale Arbeiterbund (Narodowy Związek Robotniczy – NZR), die Partei der Nationalen Unabhängigkeit (Stronnictwo Niezawisłości Narodowej – SNN) und die Polnische Bauernpartei, d.h. die spätere PSL „Wyzwolenie".

dung eines unabhängigen polnischen Staates unter Anlehnung an die Mittelmächte an. Gemäß den Plänen Piłsudskis verhielt es sich gegenüber den Besatzungsmächten zunächst reserviert und bekämpfte die austro-polnische Lösung des galizischen „Obersten National-Komitees“ (Naczelny Komitet Narodowy – NKN).[6] Insofern bildete die Einigung des bäuerlichen Lagers Kongreßpolens und dessen sofortiger geschlossener Eintritt in das CKN der Piłsudski-Gruppe für diese in jenem Moment einen wichtigen Trumpf in ihrer Auseinandersetzung mit dem NKN. Die neue Bauernpartei sollte sich im Verlauf der weiteren Ereignisse bis zum Ende des Ersten Weltkrieges als zuverlässiger Bündnispartner Piłsudskis erweisen, indem sie dessen Unabhängigkeitskonzeption aktiv mittrug.

Die Gründer der Partei beriefen auf dem Vereinigungskongreß im Dezember 1915 einen neunköpfigen Vorstand, der von den drei Organisationen paritätisch besetzt wurde, und wählten Tomasz Nocznicki aus der früheren „Zaranie“-Gruppe zum Vorsitzenden. Gleichzeitig wurde eine Kommission gebildet, die ein Programm ausarbeiten und es dem bald anzuberaumenden ersten Kongreß der Partei vorlegen sollte. Da im südlichen Kongreßpolen, d.h. im österreichischen Besatzungsgebiet, günstigere Bedingungen für die Tätigkeit der Partei gegeben waren, bestimmte man Lublin, wo auch das Parteiorgan „Polska Ludowa“ (Volkspolen) erschien, zum Sitz des Parteivorstandes.

Der erste Kongreß fand vom 11. bis 13. Juni 1916 in Lublin statt und beschloß das Programm der Partei. Als vorrangiges Ziel war darin angegeben: „Die PSL strebt vor allem nach der völligen Unabhängigkeit der polnischen Nation, da unter fremden Regierungen die Bedürfnisse des Volkes, seien es auch nur die allerbescheidensten, nicht befriedigt werden können.“ Angesichts dieses gewichtigen Programmpunktes traten zunächst alle anderen politischen und sozialpolitischen Ziele deutlich in den Hintergrund.[7] Der Kongreß nahm auch Umbesetzungen in den Leitungsorganen der Partei vor und wählte nun den Bauern Błażej Stolarski, einen der ehemaligen Führer des ZLP, zum Vorsitzenden.

Gegen Ende 1916 verlagerte die Partei das Schwergewicht ihrer Arbeit von Lublin nach Warschau, wo der Parteivorstand seinen Sitz nahm und seit dem 24. Dezember 1916 die zentrale Parteizeitung erschien. Da die deutschen Besatzungsbehörden in Warschau es, im Gegensatz zu den österreichischen in Lublin, ablehnten, die Zeitung unter dem bisherigen Titel „Polska Ludowa“ zu konzessionieren, wählte die Parteiführung den neuen Titel „Wyzwolenie“ (Befreiung).[8] Die außerordentlich gut arbeitende und über zahlreiche Mitglieder verfügende Organisation der PSL in Lublin besaß jedoch auch weiterhin nach der Warschauer Zentrale das stärkste Gewicht in der Partei.[9] Genaue Angaben über die Entwicklung der Mitgliederzahl während des Ersten Weltkrieges liegen nicht vor. Jan Molenda kommt auf der Grundlage von Schätzungen für das Jahr 1918 auf ca. 18000 Mitglieder.[10]

---

[6] Vgl. J. Holzer/J. Molenda: Polska w pierwszej wojnie światowej [Polen im Ersten Weltkrieg], 3. Aufl. Warszawa 1973, S. 198ff.

[7] Das Programm von 1916 wird im 3. Kapitel näher vorgestellt.

[8] A. Bogusławski: Ruch ludowy w czasie wojny 1914–1918 w Królestwie Polskim w świetle wspomnień [Die Bauernbewegung im Königreich Polen während des Krieges 1914–1918 im Lichte der Erinnerungen], cz. 2, in: RDRL 2 (1960), S. 305.

[9] J. Molenda: Polskie Stronnictwo Ludowe, S. 138.

[10] Ebd., S. 166f.

Die Haltung der PSL in der Unabhängigkeitsfrage erfuhr während der knapp drei Jahre von der Parteigründung im Dezember 1915 bis zur Erlangung der Unabhängigkeit Polens im November 1918 beträchtliche Veränderungen. Die Partei verfolgte zunächst wie die anderen dem Unabhängigkeitslager Piłsudskis angehörenden Parteien den Aufbau einer polnischen Eigenstaatlichkeit in Anlehnung an die Mittelmächte und begrüßte deshalb deren Proklamation eines Königreichs Polen vom 5. November 1916.[11] Die Zustimmung zum November-Akt war mit der Erwartung an die Besatzungsmächte verbunden, die Schaffung weiterer polnischer Institutionen, einschließlich Sejm und Regierung, möglichst schnell zuzulassen.

Das Zusammentreten des „Provisorischen Staatsrates" am 14. Januar 1917, in den die Partei gemeinsam mit den anderen Unabhängigkeitsparteien ihre Vertreter entsandte, schien anfangs in der Tat ein weiterer Schritt auf dem Wege zur Eigenstaatlichkeit zu sein. Bald jedoch zeigte es sich, daß die Besatzungsmächte nicht bereit waren, die weitergehenden Wünsche des Unabhängigkeitslagers zu erfüllen. Gleichzeitig vergrößerten sich im ersten Halbjahr 1917 die polnischen Möglichkeiten im Rahmen der internationalen Politik erheblich.

Als die Besatzungsbehörden die Forderungen des Staatsrates vom 1. Mai 1917 nach sofortiger Bestellung eines Regenten und einer Regierung nicht erfüllten, unterzog die PSL die Politik des Staatsrates und der Besatzungsmächte einer scharfen Kritik. Am 2. Juli 1917 verließen ihre beiden Vertreter B. Stolarski und P. Jankowski gemeinsam mit J. Piłsudski und den Vertretern der PPS den Staatsrat endgültig.[12] Damit hatte die Politik einer begrenzten Zusammenarbeit mit den Besatzungsmächten ihr Ende gefunden.[13] Die Unabhängigkeitsparteien, darunter die PSL Kongreßpolens, gingen zu einer Politik des passiven Widerstandes gegen die Besatzungsmächte über und verharrten bis Kriegsende in Opposition zum Staatsrat und zum im September 1917 gebildeten Regentschaftsrat. Józef Piłsudski, der seit Frühjahr 1917 die sogenannte Polnische Militärorganisation (Polska Organizacja Wojskowa – POW), die geheime militärische Untergrundbewegung des Unabhängigkeitslagers, intensiv ausbaute, wurde hierbei von der PSL wirksam unterstützt.[14]

Gewiß waren Politik und Taktik der PSL, der späteren „Wyzwolenie", bezüglich ihrer Unabhängigkeitskonzeption stark vom jeweiligen Vorgehen Piłsudskis geprägt. Mitverantwortlich für den Positionswechsel der Bauernpartei gegenüber dem Staatsrat und den Besatzungsmächten im Frühjahr und Sommer 1917 war aber ebenso eine wachsende antideutsche und antiösterreichische Stimmung der Bauernschaft Kongreßpolens. Requisitionen und Zwangsablieferungen an die Besatzungsbehörden hatten hier ein für die Zusammenarbeit ungünstiges Klima geschaffen.[15]

---

[11] W. Piątkowski: Stosunek PSL do polityki aktywistycznej w okresie istnienia Tymczasowej Rady Stanu [Das Verhältnis der PSL zur aktivistischen Politik in der Zeit des Provisorischen Staatsrates], in: RDRL 1 (1959), S. 243ff.

[12] Ebd., S. 255.

[13] G. Rhode: Geschichte Polens, 3. Aufl. Darmstadt 1980, S. 446.

[14] J. Molenda: Masy chłopskie i ruch ludowy w czasie wojny 1914–1918 [Die bäuerlichen Massen und die Bauernbewegung während des Krieges 1914–1918], in: Ruch robotniczy i ludowy w Polsce 1914–1923 [Arbeiter- und Bauernbewegung in Polen 1914–1923], Warszawa 1960, S. 413.

[15] J. Molenda: Polskie Stronnictwo Ludowe, S. 128.

1.2. Der organisatorische Aufbau der Partei

Der Aufbau der Parteiorganisation und die Kompetenzen der verschiedenen Instanzen der „Wyzwolenie" waren im Organisationsstatut festgelegt worden.[16] Dieses stammte noch aus der Besatzungszeit, blieb jedoch über den November 1918 hinaus in Kraft. Allerdings wurden in den Jahren 1920 und 1921 Änderungen daran vorgenommen[17], die der neuen Lage Rechnung tragen sollten. Erst Anfang 1925 wurde das Statut dann völlig überarbeitet und als neues Dokument im März desselben Jahres vom Parteitag verabschiedet.[18] Die Regelung von Organisationsangelegenheiten konnte außerdem stets auch durch Richtlinien und Beschlüsse der zentralen Parteiinstanzen vorgenommen werden, was in den ersten Jahren nach Gründung der Partei üblich, in den Jahren von 1918 bis 1926 aber eher die Ausnahme war.

Die tatsächliche Organisationsstruktur der „Wyzwolenie" im gesamten Untersuchungszeitraum ist weder zusammenhängend in irgendeiner Form überliefert, noch läßt sie sich den beiden vorliegenden Fassungen des Statuts aus den Jahren 1918 und 1925 exakt und lückenlos entnehmen.[19] Sie war in diesem Zeitraum keineswegs statisch,

---

[16] Ustawa Polskiego Stronnictwa Ludowego i wskazówki jak prowadzić zebrania [Statut der Polnischen Bauernpartei und Hinweise zur Durchführung von Versammlungen], Warszawa 1918.

[17] Auf Anregung des Vorstandsmitglieds Stanisław Thugutt beschloß der Parteitag am 22./23. Februar 1920 etliche Änderungen am Statut. Ihre Notwendigkeit begründete Thugutt vor den Delegierten unter anderem mit dem Hinweis, der bisherige Text berücksichtige noch nicht die Existenz der Sejmfraktion. Vgl. Wyzwolenie Nr. 10 vom 7. 3. 1920, S. 115. Die Statutänderungen von 1920 sind vermutlich nicht zusammenhängend publiziert worden. Nur einige von ihnen lassen sich einzelnen Mitteilungen des Parteivorstandes an die unteren Gliederungen entnehmen. Siehe z.B. die Bestimmungen bezüglich der Teilnehmer des Parteitages: Zjazd Walny PSL „Wyzwolenie" 4, 5 i 6 marca r. b. [Der Parteitag der PSL „Wyzwolenie" am 4., 5. und 6. März d.J.], in: Wyzwolenie Nr. 5 vom 30. 1. 1921, S. 37. Die Tagesordnung des Parteitages vom 4. bis 6. März 1921 sah zunächst ebenfalls die Annahme des erneut ergänzten Organisationsstatuts vor. Vgl. Porządek dzienny Zjazdu Walnego PSL „Wyzwolenie" [Tagesordnung des Parteitages der PSL „Wyzwolenie"], in: Wyzwolenie Nr. 10 vom 6. 3. 1921, S. 97. Dazu ist es jedoch nicht gekommen. Statt dessen empfahl der Parteitag dem Obersten Rat (Rada Naczelna), d.h. dem „kleinen Parteitag", das Statut gemeinsam mit dem Vorstand endgültig zu bearbeiten und „es an die Gegenwart anzupassen, wobei der demokratische Aufbau unserer Organisation unverändert bleibt". Rezolucje [Resolutionen], in: Wyzwolenie Nr. 11 vom 13. 3. 1921, S. 116. Der Oberste Rat beschloß dann am 5. 5. 1921, „im Sinne der Resolution des Parteitages", die Institution des Parteigerichts einzuführen. Vgl. Sprawozdanie ze zjazdu Rady Naczelnej [Bericht von der Sitzung des Obersten Rates], in: Wyzwolenie Nr. 22 vom 29. 5. 1921, S. 214. Die am 5. 5. 1921 angenommene Redaktion des Parteistatuts wurde, soweit bisher erkennbar, ebenfalls nicht gesondert publiziert.

[18] Jeszcze o zjeździe [Noch einmal über den Parteitag], in: Wyzwolenie Nr. 13 vom 29. 3. 1925, S. 2. Das Statut wurde erst zwei Jahre später in einer Broschüre veröffentlicht: Statut organizacyjny PSL Wyzwolenie uchwalony na dorocznych zwyczajnych Walnych Zjazdach Stronnictwa w latach 1925 i 1926 [Das Organisationsstatut der PSL Wyzwolenie, verabschiedet auf den jährlichen ordentlichen Parteitagen in den Jahren 1925 und 1926], in: Polskie Stronnictwo Ludowe „Wyzwolenie" [Polnische Bauernpartei „Wyzwolenie"], Warszawa 1927, S. 29–43 (im folgenden: Statut organizacyjny). Für eine nochmalige Verabschiedung des neuen Statuts durch den Parteitag am 21./22. März 1926 – dies wird in der Broschüre behauptet – findet sich in den vorhandenen Quellen weder eine Bestätigung noch eine Erklärung.

[19] Bei dem im Archiv des Instituts für die Geschichte der Bauernbewegung (ZHRL) befindlichen maschinengeschriebenen Text „Projekt Statutu Organizacyjnego Z. P. S. L. Wyzwolenie i Jedność Ludowa" [Entwurf eines Organisationsstatuts von ZPSL Wyzwolenie und Jedność Ludowa] (AZHRL: RP–6, Bl. 9–18) handelt es sich um einen undatierten Entwurf für das Statut, der nach dem November 1923, also nach der Fusion der „Wyzwolenie" mit der „Jedność Ludowa", angefertigt wurde. Er kann als eine Diskussionsgrundlage für das Statut von 1925 angesehen werden.

vielmehr in gewissem Sinne fließend. Sie wurde auch schon vor dem Jahre 1925 deutlich weiterentwickelt. Die Ermittlung der Organisationsstruktur kann daher nur in einem Vergleich des geschriebenen Statuts mit der jeweiligen Praxis, sofern diese quellenmäßig belegt ist, versucht werden.

Von ganz grundlegender Bedeutung für die Tätigkeit der Bauernpartei war ihre weitverzweigte ländliche Organisation, die sich in Orts- und Gemeinde-, Kreis- und teilweise auch Bezirks- und Wojewodschaftsinstanzen gliederte. Dabei stellte der Ortsverein (koło miejscowe), dem die Parteimitglieder eines Dorfes bzw. einer Gemeinde angehörten, die Grundeinheit der Partei dar.[20] Er versammelte sich mindestens einmal im Monat (zebranie koła); auf Verlangen von zehn Mitgliedern bzw. zwei Vorstandsmitgliedern konnte er zu einer außerordentlichen Versammlung einberufen werden. In geheimer Wahl bestimmten die Mitglieder des Ortsvereins jährlich einen aus einem Vorsitzenden, einem Sekretär und einem Schatzmeister bestehenden dreiköpfigen Vorstand (zarząd koła).

Die Ortsvereinsmitglieder waren verpflichtet, die Versammlungen zu besuchen, einen Mitgliedsbeitrag zu entrichten, die Parteizeitung zu abonnieren und zu verbreiten, die Grundsätze der Partei zu popularisieren und das Landvolk über seine Rechte und Pflichten aufzuklären, Weisungen der Organisationsgremien auszuführen und solidarisch im Sinne gefaßter Beschlüsse aufzutreten. Das Statut wies den Ortsvereinsmitgliedern darüber hinaus ein weites Betätigungsfeld zu, indem es sie zur aktiven Teilnahme am politischen, wirtschaftlichen, gesellschaftlichen und kulturellen Leben des Dorfes verpflichtete und konkrete Empfehlungen hierfür aussprach. So sollten sich die Parteimitglieder insbesondere in der Gemeinde- und Kreisselbstverwaltung sowie im Genossenschafts- und örtlichen Vereinswesen (Feuerwehr, Sport, Jugend usw.) engagieren, sich für die Gründung von Schulen einsetzen, die Errichtung von Büchereien in Angriff nehmen und anderes mehr.

Die nächsthöhere Verwaltungsebene in Gestalt der Gemeindeebene stellte anfangs keinen besonderen Rahmen für die Parteiorganisation dar. Nach Artikel 9 des Statuts von 1918 konnte ein Ortsverein entweder aus den Parteimitgliedern eines Dorfes oder denen einer Gemeinde bestehen. Die Ortsvereine unterstanden direkt der Kreisorganisation. Wohl erst das Statut von 1925 führte für den Fall, daß mehrere Ortsvereine in einer „Samtgemeinde" (gmina zbiorowa) existierten, die Organe Gemeindeparteitag (zjazd gminy) und Gemeindekomitee (komitet gminy) ein.[21] Hierbei handelte es sich zum einen um eine Versammlung der Vertreter von mindestens drei Ortsvereinen in der Gemeinde, zum anderen um einen von dieser Vertreterversammlung gewählten Koordinationsausschuß für die Parteiarbeit in der Gemeinde. Die Selbständigkeit der Ortsvereine blieb jedoch erhalten.

Diese Regelungen waren 1925 lediglich de jure etwas Neues. In der Praxis gab es Parteiinstanzen auf Gemeindeebene schon lange vorher, mindestens seit Februar/März 1919.[22] Im April 1919 hatte der Parteivorstand im Rundschreiben Nr. 18 allen Kreisvor-

[20] Vgl. Ustawa, S. 4–6.

[21] Im ehemaligen Kongreßpolen konnte die ländliche Gemeinde eine „Samtgemeinde" (gmina zbiorowa) sein, die aus mehreren Dorfgemeinden bestand und über eine beträchtliche Einwohnerzahl verfügte. Vgl. M. Swietosławski: Der Organismus der territorialen Selbstverwaltung in der Republik Polen, Leipzig 1931, S. 18.

[22] Einem Rundschreiben des Kreisparteivorstandes von Puławy ist zu entnehmen, daß Gemeindevorstände, „die von je zwei Delegierten der Ortsvereine gewählt werden", ihren festen Platz in der dortigen Parteiorganisation hatten. Okólnik Zarządu okręgowego PSL powiatu Puławskiego [Rundschreiben des PSL-Bezirksvorstandes des Kreises Puławy], in: Wyzwolenie Nr. 13 vom 30. 3. 1919, S. 184.

ständen empfohlen, „unverzüglich mit der Gründung von Gemeindevereinen in ihren Kreisen zu beginnen". Ein Gemeindeparteiverein (koło gminne) sollte durch die Einberufung einer Versammlung von je zwei Delegierten aller Orts- bzw. Dorfvereine der betreffenden Gemeinde und die anschließende Wahl eines Gemeindevorstandes konstituiert werden. Begründet wurde diese organisatorische Neuerung mit dem schnellen Wachstum der Ortsvereine zu jenem Zeitpunkt. In denjenigen Gemeinden, in denen es lediglich einen Ortsverein gab, fungierte dessen Vorstand gleichzeitig als Vorstand des Gemeindevereins.[23] Wenn in den Jahren danach in der Parteipresse bzw. in Erklärungen der Parteispitze von „koła P. S. L. Wyzwolenie" die Rede war, waren damit, je nach Dichte des Organisationsnetzes, sowohl Dorf- als auch Gemeindeparteivereine bzw. -zellen gemeint. Gleiches, d.h. die gleiche Unschärfe, galt bisweilen für die Bezeichnung „koła gminne".[24]

Ausschlaggebend für die organisatorische Stärke der „Wyzwolenie" in einem bestimmten Gebiet war nicht in jedem Fall ein dichtes Ortsorganisationsnetz, sondern vor allem eine gut funktionierende Organisation auf Kreisebene.[25] Sämtliche Orts- bzw. Gemeindevereine unterstanden der Leitung der Kreisorganisation, dem auf ein Jahr gewählten Kreisvorstand (zarząd powiatowy).[26] Dieser umfaßte mindestens fünf Personen, die aus ihrer Mitte einen Vorsitzenden, einen Schatzmeister und einen Sekretär wählten. Er führte die Beschlüsse und Empfehlungen des Kreisparteitages (zjazd powiatowy) sowie des Hauptvorstandes in Warschau (zarząd główny) aus und leitete die gesamte politische und organisatorische Arbeit der Partei im Kreis (powiat). Zu den wichtigen Aufgaben des Kreisvorstandes gehörte auch die Durchführung von Informationsveranstaltungen und Propagandaaktionen vor Wahlen zum Parlament und anderen gesetzgebenden Körperschaften bzw. zu wählenden Institutionen, um der Partei einen möglichst großen Einfluß im öffentlichen Leben zu sichern.

Höchstes Organ im Kreis war der Kreisparteitag, der mindestens einmal im Jahr einberufen wurde. Er konnte auch öfter zusammentreten, falls der Kreisvorstand, ein Drittel der Ortsvereine oder der Hauptvorstand der Partei dies veranlaßten.[27] Jeder Ortsverein konnte gemäß Punkt 18 des Statuts drei stimmberechtigte Vertreter entsenden.[28] Dar-

---

[23] Sprawy organizacyjne. Okólnik Nr. 18 [Organisationsangelegenheiten. Rundschreiben Nr. 18], in: Wyzwolenie Nr. 15 vom 13. 4. 1919, S. 205.

[24] In der Ankündigung des Parteitages vom 11./12. März 1923 hieß es im Parteiorgan wenige Wochen vorher, daß „nach der Vorschrift der Partei ... die Delegierten der Gemeindevereine, je ein Delegierter auf 50 Mitglieder des Vereins (des Gemeinde- oder Dorfvereins), am Parteitag teilnehmen". Doroczny Walny Zjazd PSL „Wyzwolenie" dnia 11-go i 12-go marca r. b. [Jahresparteitag der PSL „Wyzwolenie" am 11. und 12. März d.J.], in: Wyzwolenie Nr. 6 vom 4. 2. 1923, S. 1.

[25] Dies bekräftigte die Parteiführung des öfteren, besonders deutlich in einem Rundschreiben an die gesamte Partei im August 1925: „Auf unsere Erfahrungen gestützt stellen wir fest, daß vor allem der Kreisvorstand das Hauptzentrum der gesamten Arbeit in der Bauernbewegung sein kann und sein muß. Der Kreisvorstand muß sich aus den tüchtigsten und hervorragendsten Bauernparteilern im Kreis zusammensetzen." Pismo Okólne – Komunikat Polityczno-Organizacyjny, Zarząd Główny [Rundschreiben – Politisch-organisatorische Mitteilung, Hauptvorstand], in: Wyzwolenie Nr. 34 vom 23. 8. 1925, S. 3.

[26] Vgl. Ustawa, S. 6–7.

[27] Nach 1925 konnten bereits drei Ortsvereinsvorstände oder ein Gemeindekomitee die Einberufung herbeiführen.

[28] Vgl. Ustawa, S. 6. In der Praxis wurde von dieser Festlegung bisweilen abgewichen. So teilte z.B. der Kreisparteivorstand von Sieradz, Wojewodschaft Lodz, am 25. 1. 1920 im Zentralorgan mit, daß zum Kreisparteitag am 1. 2. 1920 „jeder Ortsverein vier Delegierte schicken muß". Zawiadomienia [Bekanntmachungen], in: Wyzwolenie Nr. 4 vom 25. 1. 1920, S. 49.

über hinaus konnten weitere Mitglieder aus den Ortsvereinen mit beratender Stimme teilnehmen. Das Statut von 1925 veränderte die personelle Zusammensetzung des Kreisparteitages insofern, als die Delegierten der Ortsvereine nun gemeinsam mit den Mitgliedern der Ortsvorstände, der Gemeindekomitees und des Kreisvorstandes den Kreisparteitag bildeten.[29] Zu seinen Aufgaben gehörte es u. a., den Bericht des Kreisvorstandes entgegenzunehmen und zu bestätigen, einen Arbeitsplan unter Berücksichtigung des Parteiprogramms und der zentralen Parteibeschlüsse für den Kreis zu beschließen und einen Kreisvorstand zu wählen. Auf Kreisparteitagen waren stets auch Mitglieder des Hauptvorstandes aus Warschau oder Sejmabgeordnete der Partei anwesend, die oft einleitend aus der Sicht der Parteiführung über die politische Lage, den Stand wichtiger Gesetzgebungsarbeiten, anstehende organisatorische Maßnahmen und anderes referierten.

Die Abgeordneten und Senatoren waren zumeist wichtige Stützen der Kreisparteiorganisation, an deren Leitung sie direkt oder indirekt teilnahmen. Vor allem durch ihre Kundgebungs- und Versammlungstätigkeit machten sie die Präsenz der Partei in dem betreffenden Kreis sichtbar. Solche Kundgebungen hielt die „Wyzwolenie" an Markttagen oder an Sonn- und Feiertagen ab, wenn Hunderte und nicht selten Tausende von Landbewohnern zusammenkamen. Die laufenden Geschäfte im Kreis wurden von den Sekretariaten erledigt, die ab Herbst 1919 auf Empfehlung des Hauptvorstandes in den Kreisstädten entstanden.[30] Wenn irgend möglich, sollte in ihnen ein ständiger, von der Kreispartei zu finanzierender Mitarbeiter (instruktor) tätig sein. Dieses Ziel konnte, folgt man den dürftigen Erwähnungen in den Quellen, bei weitem nicht erreicht werden.[31] Oft mußten die gewählten ehrenamtlichen Sekretäre oder andere Kreisvorstandsmitglieder – dieser Eindruck ergibt sich bei der Lektüre ganzer Jahrgänge des Parteiorgans „Wyzwolenie" – die Arbeiten erledigen. Wahrscheinlich leisteten manche Abgeordneten aus ihren Diäten einen Zuschuß zur Finanzierung der Sekretariatsarbeit.

Parteiinstanzen für eine über die Kreise hinausgehende größere Region waren im alten wie im neuen Statut vorgesehen, allerdings von vornherein sehr schwach ausgestaltet. So konnten nach dem alten Statut die Organisationen mehrerer Kreise mit Genehmigung des Hauptvorstandes eine Bezirksorganisation bilden. Dies wurde vor allem Kreisen mit einer besonders gut entwickelten Parteiorganisation empfohlen. Sie sollten in benachbarten, noch unorganisierten Kreisen mit vereinten Kräften eine lebendige Parteiorganisation schaffen helfen. Der Umfang der Befugnisse von Bezirksparteitag (zjazd okręgowy) und Bezirksvorstand (zarząd okręgowy) war nicht näher bestimmt.[32] Nach dem Statut von 1925 konnte der Hauptvorstand eine mehrere Kreise umfassende Bezirksorganisation bzw. eine Wojewodschaftsorganisation ins Leben rufen, wenn er dies für sinnvoll hielt. Dabei blieb es ihm völlig überlassen, die Einzelheiten der Einberufung, die Struktur und die Aufgaben entsprechender Parteigremien

[29] Vgl. Statut organizacyjny, S. 35.

[30] Okólnik Nr. 21 [Rundschreiben Nr. 21], in: Wyzwolenie Nr. 37 vom 14. 9. 1919, S. 473; Sekretariaty PSL [Sekretariate der PSL], in: Wyzwolenie Nr. 42 vom 19. 10. 1919, S. 524.

[31] Ständige Instrukteure hatten beispielsweise die Kreisparteiorganisationen von Petrikau (Piotrków) im Jahre 1922 und von Brzeziny im Jahre 1924. Vgl. Flugblatt „Obywatele" [Bürger] (nach dem 18. 10. 1925), AZHRL: U–III, Zb. B. S.–1; W. Fijałkowski: Pamiętniki, Cz. III – Okres dwudziestolecia Niepodległej Polski [Memoiren. Teil III: Zwei Jahrzehnte unabhängiges Polen], AZHRL: P–282a, S. 378f.

[32] Vgl. Ustawa, S. 7.

festzulegen.[33] Es ist erkennbar, daß nach den Statuten eine Parteiorganisation der „Wyzwolenie" auf regionaler Ebene stets nur zur Bewältigung besonderer Situationen gedacht war.

Lediglich in den ersten Jahren nach 1918 fanden vereinzelt noch Parteitage in Bezirken statt, die den Gebieten der früheren russischen Gouvernements entsprachen.[34] Die relativ häufige Verwendung des Begriffs okręg (Bezirk) bzw. des Adjektivs okręgowy (bezirks-, bezirklich) in zusammengesetzten Bezeichnungen durch regionale Funktionäre und Redakteure der Parteipresse führt etwas in die Irre; fast immer, wenn im Zusammenhang damit Orte und Gebiete Zentralpolens genannt waren, meinte man die Kreisparteiorganisation.[35] Tatsächlich existierten Bezirksstrukturen in der Partei nach 1918, abgesehen von Zeiten vor Wahlen, in denen es zwischen den in einem Wahlbezirk bestehenden Kreisverbänden zu einer Kooperation kommen konnte[36], im wesentlichen nur in Ostpolen, wo das Organisationsnetz der „Wyzwolenie" sehr viel weitmaschiger war als im Zentrum des Landes.

Sporadischen Erwähnungen nach zu urteilen, waren auch Wojewodschaftsinstanzen der Partei in Zentralpolen kaum vorhanden. In einigen Gebieten existierten sie allerdings, und zwar ebenfalls schon vor 1925. So ist Flugblättern der Partei aus Lublin zu entnehmen, daß dort im Jahre 1921 ein Generalsekretariat für die Wojewodschaft, im Jahre 1924 eine Exekutivabteilung eines Wojewodschaftsrates der „Wyzwolenie" bestanden.[37] Die Kompetenzen der letztgenannten Einrichtungen sind nicht bekannt. Dem Parteiblatt ist zu entnehmen, daß es zumindest im Jahre 1924 in Warschau ebenfalls einen Wojewodschaftssekretär gab.[38] Unbekannt ist, ob dieser eine singuläre Position bekleidete oder ob er im Rahmen von Wojewodschaftsinstanzen amtierte.

In Ostpolen, insbesondere in seinem nördlichen Teil, war der Hauptvorstand von 1922 an bemüht, eine Parteiorganisation aufzubauen. Noch im Sommer desselben Jahres konnte eine Bezirksorganisation für die gesamte Wojewodschaft Wolhynien und einen Teil der Wojewodschaft Polesien in Równe eingerichtet werden.[39] Kurz nach den

---

[33] Vgl. Statut organizacyjny, S. 38.

[34] Z.B. am 26. 9. 1920 für das ehemalige Gouvernement Radom und am 11. 9. 1921 für das ehemalige Gouvernement Siedlce und die beiden Kreise Mińsk Mazowiecki und Radzymin, in: Wyzwolenie Nr. 38 vom 19. 9. 1920, S. 427, und Nr. 36 vom 4. 9. 1921, S. 337.

[35] Diese Gleichsetzung ist z.B. dem Rundschreiben der Kreisparteiorganisation von Puławy vom März 1919 zu entnehmen, in: Wyzwolenie Nr. 13 vom 30. 3. 1919, S. 184. Weitere Beispiele liefert die Parteizeitung in Artikeln zu Organisationsfragen, z.B.: Sekretarjaty PSL [Sekretariate der PSL], in: Wyzwolenie Nr. 42 vom 19. 10. 1919, S. 525; Pouczenie o organizowaniu zjazdów powiatowych [Anleitung für das Organisieren von Kreisparteitagen], in: Wyzwolenie Nr. 42 vom 18. 10. 1925, S. 9.

[36] Ein Beispiel für Wahlvorbereitungen im überkreislichen Rahmen ist der Bezirksparteitag in Kalisz für die Kreise Kalisz, Turek und Wieluń am 18. 6. 1922. Vgl. Wyzwolenie Nr. 24 vom 11. 6. 1922, S. 255. Diese drei Kreise bildeten wenige Wochen darauf den Sejm-Wahlbezirk Nr. 16.

[37] Odezwa do ludowców pow. Lubelskiego, Lublin, 1 lutego 1921 r., P. S. L. Sekretarjat Jeneralny na Województwo Lubelskie [Aufruf an die Bauernparteiler des Kreises Lublin, Lublin, 1. Februar 1921, PSL-Generalsekretariat für die Wojewodschaft Lublin], CA KC PZPR: 109/V, poz. 5; Obywatele, Lublin, w sierpniu 1924 r., Wydział Wykonawczy Rady Wojewódzkiej Zw. PSL „Wyzwolenie" i „Jedność Ludowa" [Bürger, Lublin, im August 1924. Exekutivabteilung des Wojewodschaftsrates der Vereinigten Bauernpartei „Wyzwolenie" und „Jedność Ludowa"], ebd.: 109/V, poz. 6.

[38] Głosy wsi. Z powiatu makowskiego [Stimmen des Dorfes. Aus dem Kreis Maków], in: Wyzwolenie Nr. 18 vom 4. 5. 1924, S. 6 („... Vertreter des Z. P. S. L. aus Warschau: der Abgeordnete Dr. Jerzy Barański und Jan Kądziela, Wojewodschaftssekretär des Z. P. S. L.").

[39] Vgl. Wyzwolenie Nr. 27 vom 2. 7. 1922, S. 287.

Wahlen von 1922 konstituierte sich im Februar 1923 in Pińsk eine Wojewodschaftsorganisation für ganz Polesien.[40] Im Nordosten des Landes umfaßte der Organisationsrahmen dieser Ebene sogar das riesige Gebiet der Wojewodschaften Wilna und Nowogródek.[41] Die Schaffung von Parteiinstanzen zwischen den Kreisverbänden und der Zentrale in Warschau war in den weiträumigen polnisch-weißrussischen und polnisch-ukrainischen Ostgebieten erforderlich, um den inneren Zusammenhalt der Partei und das Funktionieren ihrer Orts- und Kreisverbände zu gewährleisten. Ihre Wirkung war zweifellos positiv. Antoni Kordowski, der Vorsitzende der Wojewodschaftsorganisation von Polesien, behauptete Mitte 1925, die Partei sei dort auf „einige Hundert Dorf- und Gemeindeorganisationen, die weit über 7000 Mitglieder sammeln", angewachsen.[42] Es ist schwer zu beurteilen, ob diese Behauptung den Tatsachen entsprach. Eine Tendenz in der Organisationsentwicklung bis in die Zeit von 1924/1925 dürfte sie jedoch zum Ausdruck gebracht haben.

Auf zentraler Ebene schließlich waren die wichtigsten Gremien der Parteitag, der Parteirat und der Hauptvorstand. Die höchste Instanz der „Wyzwolenie" war ihr Parteitag, der in den Statuten sogar als „zjazd walny" (Mitgliederversammlung) bezeichnet wurde, tatsächlich jedoch im wesentlichen eine Delegiertenversammlung war.[43] Er mußte mindestens einmal im Jahr stattfinden. Die Aufgaben und Befugnisse des Parteitages waren sehr umfassend. So stand es ihm zu, das Programm und das Statut der Partei zu ändern und die Grundsätze für die Tätigkeit der ausführenden Parteiorgane in allen politischen, wirtschaftlichen, kulturellen und organisatorischen Angelegenheiten festzulegen. Zu den ausführenden Parteiorganen zählte das Statut, dies sei hier angemerkt, auch die Fraktion der Partei im Parlament. Der Parteitag nahm weiter die Tätigkeitsberichte des Hauptvorstandes, der Revisionskommission und der Parlamentsfraktion entgegen und wählte in geheimer Abstimmung die Mitglieder des Hauptvorstandes, der Revisionskommission und des Parteigerichts.

Am Parteitag nahmen zunächst nur Delegierte aller Ortsvereine, von 1921 an auch die Mitglieder der Kreisvorstände und des Hauptvorstandes sowie alle Sejmabgeordneten der Partei teil.[44] Ab 1923 kamen die Senatoren, ab 1925 die Chefredakteure der Parteizeitungen und die Vorsitzenden der wenigen Wojewodschaftsorganisationen[45], ab 1926 noch die Vorsitzenden der Gemeindeausschüsse hinzu.[46] Die Delegierten der Grundorganisationen dürften jedoch stets die große Mehrheit der Anwesenden gestellt und das äußere Bild der in Warschau stattfindenden Parteitage bestimmt haben, zu denen häufig 800 bis 1000 oder sogar noch mehr Teilnehmer zusammenkamen. Die Ortsvereine entsandten in den ersten Jahren je einen Delegierten auf 50 Mitglieder, ab 1925 einen Delegierten auf 20 und ab 1926 einen auf 30 Mitglieder. Indem die Basis den Delegierten Resolutionen und Anträge mit auf den Weg gab, versuchte sie Einfluß auf

---

[40] Sprawy kresowe [Angelegenheiten der östlichen Grenzgebiete], in: Wyzwolenie Nr. 9 vom 25. 2. 1923, S. 7.

[41] Kongres P. S. L. „Wyzwolenie" w Wilnie [Der Kongreß der PSL „Wyzwolenie" in Wilna], ebd., S. 8; Wielki zjazd naszego Stronnictwa w Wilnie [Der große Kongreß unserer Partei in Wilna], in: Wyzwolenie Nr. 40 vom 4. 10. 1925, S. 3.

[42] Jak p. poseł Wolicki agituje na Kresach [Wie der Herr Abgeordnete Wolicki in den Ostgebieten agitiert], in: Wyzwolenie Nr. 28 vom 12. 7. 1925, S. 9.

[43] Vgl. Ustawa, S. 7; Statut organizacyjny, S. 39f.

[44] Wyzwolenie Nr. 5 vom 30. 1. 1921, S. 37.

[45] Wyzwolenie Nr. 6 vom 8. 2. 1925, S. 1.

[46] Vgl. Statut organizacyjny, S. 39.

die Beschlüsse des Parteitages und auf die Diskussionen in den Führungsgremien auszuüben.

Die vom Statut vorgeschriebenen Jahresparteitage wurden – mit Ausnahme des Jahres 1924[47] – tatsächlich regelmäßig zwischen Januar und März abgehalten, d.h. zu Zeiten, in denen die Bauern von ihren Wirtschaften abkömmlich waren. In den Jahren 1918, 1922 und 1923 fanden darüber hinaus Sonderparteitage statt. Die Häufigkeit der Parteitage war ein Charakteristikum der „Wyzwolenie" und unterschied sie von den anderen Bauernparteien.[48] Die zweite große Bauernpartei PSL „Piast" absolvierte im selben Zeitraum lediglich drei Parteitage (29. 6. 1919, 19./20. 11. 1921, 7./8. 12. 1924).

In der Zeit zwischen den Parteitagen stellte der Oberste Rat (rada naczelna) die maßgebende Beschlußfassungs- und Kontrollinstanz der Partei in allen Angelegenheiten dar. Er war nach dem ursprünglichen Statut einmal im Vierteljahr vom Hauptvorstand einzuberufen, dem er Ratschläge für dessen Vorgehen erteilen sollte.[49] Dabei hatte er insbesondere auf die Ausführung der Parteitagsbeschlüsse zu achten. Zusammensetzung, Größe und Bedeutung des „kleinen Parteitages" änderten sich mit der Zeit erheblich. Doch trifft es keineswegs zu, daß der Oberste Rat der „Wyzwolenie" ein „Körper mit nicht festgelegter Zusammensetzung"[50] war. Zunächst waren lediglich Delegierte der Kreisvorstände – je ein Delegierter aus jedem organisierten Kreis –, das vierköpfige Präsidium des Hauptvorstandes und je ein Sejmabgeordneter aus Kreisen, in denen die Partei Mandate erlangt hatte, teilnahmeberechtigt.[51] Die Zahl dieser Teilnehmer lag bei etwa 150 bis 200.[52] Wenn auch jede Nachricht über eine entsprechende Änderung des Artikel 28 des Statuts fehlt, läßt sich doch feststellen, daß, beginnend wohl mit der Sitzung am 8. und 9. Dezember 1921, jeweils zwei Vertreter aus einer Kreisorganisation, der gesamte Hauptvorstand und sämtliche Abgeordneten zur Teilnahme geladen wurden.[53] Der Teilnehmerkreis war damit bedeutend erweitert und

[47] Es ist nicht zu ermitteln, aus welchem Grund der Parteitag im Jahre 1924 ausfiel. Die Parteizeitung teilte noch am 3. 2. 1924 mit, der Parteitag werde Ende Mai oder Anfang Juni – ein genaues Datum werde der Hauptvorstand in seiner Sitzung am 20. 2. 1924 festlegen – stattfinden. Vgl. W sprawie kongresu Z. P. S. L. „Wyzwolenie" i „Jedność Ludowa" [Zur Frage des Kongresses von Z. P. S. L. „Wyzwolenie" und „Jedność Ludowa"], in: Wyzwolenie Nr. 5 vom 3. 2. 1924, S. 9. Ein solcher vom üblichen Tagungszeitraum abweichender Termin wäre verständlich gewesen, da der letzte Parteitag, ein wegen der Fusion mit der Gruppe „Jedność Ludowa" (Bauerneinheit) anberaumter Sonderparteitag, erst am 25. 11. 1923 stattgefunden hatte. Tatsächlich erfolgte nach Februar 1924 in der Presse keinerlei Mitteilung mehr zu diesem Punkt. Möglicherweise scheute man die Einberufung eines Parteitages für den Sommer oder Herbst – beides waren für die Mitglieder Zeiten angestrengtester Feldarbeiten – und nahm die Überziehung der Jahresfrist um einige Wochen bis März 1925 in Kauf. Nicht auszuschließen ist freilich, daß innerparteiliche Probleme im Zusammenhang mit den Fraktionsaustritten von Thugutt im Sommer 1924 und der linksstehenden Abgeordnetengruppe um S. Wojewódzki im Herbst 1924 eine Rolle gespielt haben.

[48] J. Holzer: Mozaika polityczna Drugiej Rzeczypospolitej [Das politische Mosaik der Zweiten Republik], Warszawa 1974, S. 188.

[49] Vgl. Ustawa, S. 7–8.

[50] J. Borkowski: System organizacyjny stronnictw ludowych [Das Organisationssystem der bäuerlichen Parteien], in: WW 29 (1985), Nr. 11, S. 119.

[51] Vgl. Ustawa, S. 7. Ergänzend hierzu die Regelung bezüglich der Sejmabgeordneten: Wyzwolenie Nr. 10 vom 9. 3. 1919, S. 144.

[52] So haben laut Berichten der Parteizeitung an den Ratssitzungen am 31. 8. 1919 etwa 150 Personen, am 1./2. 8. 1920 etwa 200 Personen und am 5. 5. 1921 185 Delegierte teilgenommen. Vgl. Wyzwolenie Nr. 36 vom 7. 9. 1919, S. 451, Nr. 32 vom 8. 8. 1920, S. 354, und Nr. 21 vom 22. 5. 1921, S. 205.

[53] Wyzwolenie Nr. 49 vom 4. 12. 1921, S. 445.

umfaßte etwa 300 bis 400 Personen. Das Statut von 1925 hat diese Zusammensetzung dann lediglich festgehalten.[54]

Die vorliegenden Nachrichten über Sitzungen und gefaßte Beschlüsse des Obersten Rates sind eventuell nicht ganz vollständig. Auffällig bleibt jedoch die abnehmende Häufigkeit der Sitzungen dieses Gremiums. Das Zentralorgan der Partei berichtete im Jahre 1919 über drei Sitzungen (1./2. 5. 1919, 31. 8. 1919, 14./15. 12. 1919)[55], 1920 über eine Sitzung (1./2. 8. 1920), 1921 über zwei Sitzungen (5. 5. 1921, 8./9. 12. 1921) und 1922 über eine Sitzung (3. 9. 1922) des Rates. Im gesamten Zeitraum danach, also von September 1922 bis Mai 1926, scheint der Oberste Rat nicht ein einziges Mal zusammengetreten zu sein. Erst am 23. Mai 1926 fand wieder eine Sitzung statt.[56] Es ist deshalb nicht weiter erstaunlich, wenn im Statut von 1925 die Pflicht des Hauptvorstandes, den Obersten Rat in festgelegten Zeiträumen regelmäßig einzuberufen, entfiel und an ihre Stelle eine Kannbestimmung trat.[57] Das Präsidium des Hauptvorstandes konnte nun „in Fällen dringender und unaufschiebbarer Entscheidungen in taktischen und programmatischen Fragen“ den Obersten Rat an Stelle des Parteitages einberufen, mußte dies jedoch nicht tun. Die zunächst wohl erst faktische und dann auch juristische Herabstufung des Obersten Rates hatte zur Folge, daß der Hauptvorstand nicht mehr regelmäßig von einem Gremium kontrolliert wurde, dem zahlreiche Bauernparteiler aus den Kreisorganisationen angehörten.

Der Hauptvorstand (zarząd główny) war das zentrale und zugleich höchste Exekutivorgan der Partei.[58] Zu seinen wichtigsten Aufgaben gehörte es, Entscheidungen in laufenden Angelegenheiten zu treffen und zu versuchen, die Beschlüsse von Parteitag und Oberstem Rat zu verwirklichen, die Partei nach außen zu repräsentieren, den Wahlkampf auf Landesebene zu leiten, Kandidaturen zu Sejm, Senat und anderen wählbaren Institutionen zu bestätigen und die Tätigkeit der eigenen Fraktion in Sejm und Senat zu überwachen. Er übte ferner die Kontrolle über die Arbeit sämtlicher Gebietsparteiorgane, insbesondere der Kreisvorstände und -sekretariate aus und war für die Herausgabe von Parteizeitungen verantwortlich.

Die Mitgliederzahl des Vorstandes änderte sich einige Male. Sie betrug (jeweils zu Beginn der ein Jahr dauernden Amtszeit) 15 im Jahre 1918[59], 24 in den Jahren 1919[60] und 1920[61], 25 im Jahre 1921[62], 50 im Jahre 1922[63], 60 im Jahre 1923[64] und sogar 74 im

[54] Vgl. Statut organizacyjny, S. 40f.

[55] Der von Stanisław Giza genannte Termin 6. 3. 1919 kann hier nicht bestätigt werden. Vgl. S. Giza: Kalendarz wydarzeń historii ruchu ludowego (1895–1965) [Kalender der Ereignisse der Geschichte der Bauernbewegung (1895–1965)], Warszawa 1967, S. 51.

[56] Wyzwolenie Nr. 21 vom 23. 5. 1926, S. 11.

[57] Statut organizacyjny, S. 40.

[58] Vgl. Ustawa, S. 8; Statut organizacyjny, S. 41f.

[59] J. Molenda: Polskie Stronnictwo Ludowe, S. 161.

[60] Wyzwolenie Nr. 9 vom 2. 3. 1919, S. 128.

[61] Wyzwolenie Nr. 9 vom 29. 2. 1920, S. 104f. S. Giza führt in seiner Zusammenstellung Stefan Tatarczak nicht auf und ermittelt somit lediglich 23 Vorstandsmitglieder. Vgl. Władze stronnictw ludowych (1861–1966) [Die Leitungsorgane der Bauernparteien (1861–1966)], oprac. S. Giza, in: Programy, S. 605; im folgenden: Władze.

[62] Wyzwolenie Nr. 11 vom 13. 3. 1921, S. 116.

[63] Wyzwolenie Nr. 12 vom 19. 3. 1922, S. 109f. Es wurden zunächst lediglich 47 Personen in den Vorstand gewählt. Drei Plätze wurden für vom Vorstand zu kooptierende Mitglieder aus Ostpolen freigehalten. S. Giza führt nur 45 Personen auf; die Vorstandsmitglieder Jan Ledwoch und Jan Woźnicki sind bei ihm nicht erwähnt. Vgl. Władze, S. 606.

[64] Wyzwolenie Nr. 12 vom 18. 3. 1923, S. 5.

Jahre 1923/1924[65], um dann 1925[66] bei 46 und 1926[67] wieder bei 50 zu liegen. Hinzu kamen stellvertretende Vorstandsmitglieder, deren Zahl in den Jahren 1918 bis 1926 zwischen 3 und 25 betrug. Wahrscheinlich spielte der 1922 begonnene Ausbau der Parteiorganisation bei der Entscheidung des Parteitages vom März 1922, die Zahl der Vorstandsmitglieder zu verdoppeln, eine wichtige Rolle, denn allein zwölf der neuen Vorstandssitze waren für die nichtkongreßpolnischen Landesteile, vor allem für Ostpolen, vorgesehen.[68] Die weitere Erhöhung im März 1923 kam dem zur „Wyzwolenie" übergetretenen Flügel der galizischen „PSL-Lewica" um die Abgeordneten Putek, Seib und Sanojca zugute.[69] Das Ergebnis der geheimen Wahl in den Hauptvorstand durch die Parteitagsdelegierten war für die kandidierenden Angehörigen der Parteiführung immer ein Gradmesser für ihre Popularität bei der Basis.

Das Plenum des Hauptvorstandes sollte nach den vorliegenden Statuten anfangs einmal monatlich[70], später zweimal jährlich tagen.[71] Die Quellenlage erlaubt es nicht festzustellen, wann die Umstellung auf die halbjährliche Sitzungsweise erfolgte und wie häufig dieses Gremium tatsächlich zusammentrat. Internes Material des Hauptvorstandes wie Einladungsschreiben, Sitzungsprotokolle usw. ist nicht erhalten geblieben. Es ist jedoch nicht ausgeschlossen, daß die halbjährliche Sitzungsweise bereits im Jahre 1922 eingeführt wurde. Berichten im Zentralorgan zufolge haben im Zeitraum vom 20. Juli 1922 bis zum 9. Mai 1926 mindestens zehn Vorstandssitzungen stattgefunden[72], was in etwa einem satzungsgemäßen Vorgehen entsprochen haben könnte. Es ist dies gewiß eine Mindestzahl, doch wird deutlich, daß der Vorstand kaum häufiger als drei- bis viermal im Jahr zusammentrat, was von den ursprünglich vorgesehenen monatlichen Zusammenkünften also weit entfernt war. Es ist auch völlig ungewiß, ob der Vorstand vor 1922 häufiger zusammentrat. Die satzungsgemäße Verringerung der Sitzungen erfolgte parallel zur Abwertung bzw. faktischen Ausschaltung des Parteirates, d.h. des Obersten Rates. Von Entscheidungen stärker ausgeschlossen waren diejenigen Vorstandsmitglieder, die nicht gleichzeitig der Fraktion angehörten, sondern auf der mittleren und unteren Ebene der Partei tätig waren. Gestärkt wurde damit die Position des Präsidiums des Hauptvorstandes.

Diesem gehörten der Parteivorsitzende, seine beiden Stellvertreter sowie der Parteisekretär an. Bis zum Jahre 1920 wurde der Vorsitzende noch vom Parteitag bestimmt, während die übrigen Präsidiumsmitglieder vom Hauptvorstand aus den eigenen Reihen

---

65 Der Vereinigungskongreß von „Wyzwolenie" und „Jednośc Ludowa" am 25. 11. 1923 beschloß eine unverzügliche Zusammenführung der beiden Vorstände, die bis zum nächsten Jahresparteitag den vorläufigen Vorstand der Gesamtpartei bilden sollten. Głos Ludu [Stimme des Volkes], in: Wyzwolenie Nr. 49 vom 2. 12. 1923, S. 3. Da im Jahre 1924 keine Vorstandswahlen stattfanden, blieb der Vorstand vom 25. 11. 1923 im Amt. Im Laufe des Jahres 1924 verließen die Vorstandsmitglieder Stanisław Thugutt und Sylwester Wojewódzki die Partei.

66 Wyzwolenie Nr. 12 vom 22. 3. 1925, S. 4. S. Giza führt lediglich 43 Personen auf. Ludwik Kościński, Tadeusz Niedzielski und Piotr Rychlik werden bei ihm nicht erwähnt. Vgl. Władze, S. 609.

67 Wyzwolenie Nr. 13 vom 28. 3. 1926, S. 10.

68 Wyzwolenie Nr. 12 vom 19. 3. 1922, S. 109.

69 Wyzwolenie Nr. 12 vom 18. 3. 1923, S. 5.

70 Vgl. Ustawa, S. 8.

71 Vgl. Statut organizacyjny, S. 41.

72 Die festgestellten Termine: 20. 7. 1922, 2. 5. 1923, 14./15. 9. 1923, 20./21. 2. 1924, 18./19. 1. 1925, 26./27. 4. 1925, 14. 6. 1925, 6. 12. 1925, 3. 1. 1926, 9. 5. 1926. Hinzu kamen sicherlich Vorstandssitzungen am Rande der Parteitage.

gewählt wurden.[73] Im Jahre 1921 wurde der Vorsitzende zum erstenmal ebenfalls vom Vorstand berufen. Gegen diese Beschneidung der Kompetenzen des Parteitages, offenbar eine Folge der ein Jahr zuvor beschlossenen Statutenänderung, wandte sich am 4. März 1921, dem ersten Beratungstag des Parteitages, der Delegierte Czech aus Petrikau (Piotrków).[74] Eine Intervention des bereits als Anwärter für das Amt des Vorsitzenden geltenden Vorstandsmitgliedes Thugutt bewirkte, daß der Parteitag „mit Mehrheit der Stimmen", so der offizielle Bericht, also wohl bei weitem nicht einstimmig, die Beibehaltung der Neuerung beschloß. Das Statut von 1925 schrieb diese Praxis dann nur noch fest.[75] Das Präsidium wurde im Laufe der Jahre vergrößert, zunächst um den Schatzmeister, später um einen dritten, zeitweise sogar um einen vierten Stellvertretenden Vorsitzenden sowie um einen zweiten Parteisekretär. Dies geschah im wesentlichen ab März 1922 im Zusammenhang mit der Vergrößerung des Gesamtvorstandes.

Das vier- bzw. siebenköpfige Präsidium führte die Beschlüsse des Hauptvorstandes aus und verfügte über das Sekretariat des Hauptvorstandes, wo alle organisatorischen Fäden zusammenliefen. Beim Sekretariat bestanden verschiedene Abteilungen[76], deren wichtigste die Organisationsabteilung (wydział organizacyjny) war. Andere Abteilungen waren für die Finanzen und die Parteipresse zuständig. Je nach Erfordernis wurden weitere Abteilungen und Kommissionen gebildet, z. B. für Kultur und Bildung, Genossenschaftswesen, Selbstverwaltung und Programmfragen.[77] Der Leiter der Organisationsabteilung wurde bisweilen auch als Generalsekretär der Partei (sekretarz generalny) bezeichnet.[78] Er war in der Regel Mitglied des Parteipräsidiums, zumindest jedoch des Vorstandes. Die Organisationsabteilung war deshalb von so großer Bedeutung, weil sie allein den Kontakt zu sämtlichen Gebietsgliederungen unterhielt, d. h. auch zu denjenigen Orts-, Gemeinde- und Kreisvereinen, in deren Gebiet die Partei über keinen Abgeordneten oder Senator als kräftigste Stütze der Organisation verfügte. Eine enge Zusammenarbeit mit der Redaktion der Parteizeitung „Wyzwolenie" war geradezu zwingend, da es zur Durchsetzung von Beschlüssen der Führungsgremien auf eine schnelle Übermittlung und Verbreitung von Informationen ankam. Die Organisationsabteilung wachte über die Einhaltung des Parteistatuts durch die Gebietsorganisationen und mahnte immer wieder insbesondere die regelmäßige Durchführung von Parteitagen in den Kreisen, Neuwahlen der Vorstände und Delegierten usw. an.

Das Amt des Parteivorsitzenden, eigentlich des Vorsitzenden des Hauptvorstandes (prezes zarządu głównego), war eine der beiden Schlüsselstellungen in der Partei; die andere war ab 1919 der Fraktionsvorsitz. Von ihm aus konnte entscheidender Einfluß auf Strategie und Taktik der Partei ausgeübt werden. Diese Möglichkeiten nutzte der nach den Bauern Tomasz Nocznicki (bis 28. 1. 1918) und Błażej Stolarski (bis 6. 3. 1921) im März 1921 ins Amt des Vorsitzenden gewählte Stanisław Thugutt (bis 25. 11. 1923),

---

[73] Wyzwolenie Nr. 9 vom 29. 2. 1920, S. 102f.; Ustawa, S. 7f.

[74] Wyzwolenie Nr. 11 vom 13. 3. 1921, S. 111.

[75] Statut organizacyjny, S. 41.

[76] Vgl. Zjazd walny P. S. L. „Wyzwolenie". Sprawozdanie [Parteitag der PSL „Wyzwolenie". Bericht], in: Wyzwolenie Nr. 9 vom 29. 2. 1920, S. 102.

[77] Vgl. z. B. Posiedzenie Zarządu Głównego [Sitzung des Hauptvorstandes], in: Wyzwolenie Nr. 20 vom 13. 5. 1923, S. 3; Co uchwalił Zarząd Główny naszego Stronnictwa [Was der Hauptvorstand unserer Partei beschlossen hat], in: Wyzwolenie Nr. 25 vom 21. 6. 1925, S. 2f.

[78] Vgl. z. B. Do Zarządów Powiatowych i Kół [An die Vorstände der Kreis- und Ortsorganisationen], in: Wyzwolenie Nr. 4 vom 27. 1. 1924, S. 10; Z Sochaczewa [Aus Sochaczew], in: Wyzwolenie Nr. 40 vom 5. 10. 1924, S. 7.

der aus dem intellektuellen Milieu stammte, am deutlichsten. Ihm folgten der ehrgeizige und begabte Berufspolitiker Jan Dąbski (bis 16. 3. 1925) und schließlich der in der Parteiarbeit bewährte, jedoch eher farblose Parteiveteran Maksymilian Malinowski (bis 15. 3. 1931).

Formal gesehen war die Parlamentsfraktion zunächst kein Teil der Parteiorganisation, und die Sejmabgeordneten und Senatoren waren nach Artikel 20 der Verfassung „Vertreter des ganzen Volkes und an Instruktionen ihrer Wähler nicht gebunden".[79] Da die programmatischen Ziele der Partei jedoch auf parlamentarischem Wege erreicht werden sollten, konzentrierten sich Hoffnungen und Aufmerksamkeit der gesamten Partei sehr stark auf die Tätigkeit der Fraktion. Diese wurde denn auch im Statut als „parlamentarische Vertretung der Partei" definiert, die sich „bei ihrer Arbeit nach den Grundsätzen des Parteiprogramms und den jeweiligen Beschlüssen der Parteitage, des Obersten Rates und Hauptvorstandes bzw. des Präsidiums richtet".[80]

Die Parteigremien haben der Fraktion aus verschiedenen Anlässen in der Tat Weisungen in Form von „Empfehlungen" erteilt. Eine eindeutige Unterordnung der Fraktion unter den Hauptvorstand kann indes nicht gesehen werden, insbesondere dann nicht, wenn man sich die enge personelle Verflechtung beider Gremien vor Augen führt. So konnten einerseits sowohl 1919 als auch 1922 viele Vorstandsmitglieder Mandate erlangen, andererseits erhielten Fraktionsangehörige Plätze im Hauptvorstand.[81] Eine noch stärkere Überschneidung war bei den Präsidien beider Gremien gegeben. Im Jahre 1923 befanden sich fünf (!) Personen gleichzeitig in den jeweils siebenköpfigen Präsidien von Fraktion und Vorstand.[82] Die hohe Bedeutung der Fraktion ergab sich aus ihrer Einbindung in die gesetzgeberische Arbeit, aus ihren ständigen Zusammenkünften und Beratungen und ihrem Zugang zu einer Vielzahl von Informationen. Die Parlamentarier waren durch die Diäten wirtschaftlich abgesichert und konnten sich hauptamtlich der politischen Arbeit widmen. Dies war in der Partei, selbst in der Zentrale, nur sehr wenigen möglich.

Zusammenfassend läßt sich feststellen: Die Partei war zweifellos demokratisch aufgebaut und ermöglichte ihren Mitgliedern die Teilnahme am politischen Willensbildungsprozeß. Die Möglichkeiten hierzu bestanden in freier Aussprache und Beschlußfassung, in geheimer Wahl der jeweiligen Leitung und der Entsendung von Delegierten zu den höheren Parteiinstanzen. Der Aufbau der Partei wies jedoch zugleich deutlich zentralistische Züge auf.

---

[79] Konstytucja Rzeczypospolitej Polskiej z dnia 17 marca 1921. Tekst. Komentarz oprac. [Die Verfassung der Republik Polen vom 17. März 1921. Text. Kommentar bearb. von] A. Paszkudzki, Lwów/Warszawa 1926, S. 36.

[80] Statut organizacyjny, S. 43. Hier auch die analogen Bestimmungen für Parteimitglieder, die in Organe der territorialen Selbstverwaltung (Gemeinderat, Kreissejm, Kreisausschuß, Wojewodschaftssejm, Wojewodschaftsausschuß) gewählt wurden.

[81] Die Zusammenhänge seien hier kurz angedeutet: Am 26. Januar 1919 wurden 5 der bisherigen 15 Vorstandsmitglieder zu Abgeordneten gewählt. Zählt man die kooptierten Vorstandsmitglieder Irena Kosmowska, Jan Tabor und Jan Woźnicki hinzu, waren es 8 von 25. Von diesen 8 Abgeordneten wählte der Parteitag am 24. Februar 1919 erneut 7 sowie 7 weitere Abgeordnete in den nun 24köpfigen Vorstand. Am 5. und 12. November 1922 wurden von den im März des Jahres gewählten 47 Vorstandsmitgliedern 24 in den Sejm oder den Senat gewählt. Von diesen 24 Parlamentariern wählte der Parteitag am 11. März 1923 15 erneut sowie weitere 7 Abgeordnete und Senatoren in den nun 60köpfigen Vorstand. Bezogen auf die Fraktion läßt sich sagen, daß insbesondere in den Jahren 1920 bis 1922 sowie 1926 mindestens die Hälfte der Mitglieder gleichzeitig im Parteivorstand vertreten war.

[82] Stanisław Thugutt, Kazimierz Bagiński, Józef Putek, Błażej Stolarski und Jan Ledwoch.

Diese äußerten sich sowohl in der hierarchischen Gliederung der Organisation als auch in deren Unterordnung unter die Zentrale. Die relativ starken zentralistischen Tendenzen mögen in hohem Maße durch den Umstand bestimmt gewesen sein, in der über ein weites Territorium zerstreuten bäuerlichen Gemeinschaft politisch wirken zu wollen. Relativ gut erkennbar ist seit Beginn der zwanziger Jahre eine Gewichtsverschiebung zwischen den Parteiinstanzen auf der zentralen Ebene. Während Parteirat und Hauptvorstand an Bedeutung verloren, gewannen Parteipräsidium und Fraktion an Einfluß hinzu. Diese Tendenz wurde noch durch eine bisweilen nahezu identische Besetzung von Fraktionspräsidium und Parteipräsidium verstärkt und lief letztlich auf die Führungsrolle für die Fraktion innerhalb der Parteistruktur hinaus. Die faktische Dominanz der Fraktion gegenüber den Parteigremien und die Entscheidung der Partei für die Durchsetzung ihrer wichtigsten Ziele auf parlamentarischem Wege machen es notwendig, in einem späteren Kapitel die parlamentarische Tätigkeit der Partei näher zu betrachten.

Die organisatorische Stärke der Partei wird man nicht überschätzen dürfen. Der personelle Apparat war, sowohl in der Zentrale als auch in der Provinz, letztlich sehr klein. In längst nicht allen Kreisstädten gab es Sekretäre oder Instrukteure der Partei für die Erledigung der laufenden Geschäfte, für Rechtsauskünfte usw. Die Last der Organisationsarbeit ruhte überwiegend auf den Schultern der ehrenamtlichen Funktionsträger, die in der Regel wenig Zeit hatten und als Bauern keine besondere Eignung für Büro- und Verwaltungsarbeiten mitbrachten. Besondere Bedeutung für die Parteiarbeit in der Provinz hatten die Kreisorganisationen, die faktisch beinahe überall die mittlere Ebene zwischen der Basis und der Zentrale darstellten. Hier waren es häufig die Abgeordneten, die die Parteiarbeit im Kreis am Leben erhielten.

Einen ganz wesentlichen organisatorischen Beitrag zum Funktionieren der Partei leistete das vom Vorstand herausgegebene Zentralorgan „Wyzwolenie", das wöchentlich in einer Auflage von 10000 bis 15000 Exemplaren erschien, in Wahlkampfzeiten sogar eine Auflage von 20000 bis 30000 Exemplaren erreichte.[83] In den Jahren 1925 und 1926 steigerte sich die Normalauflage auf ca. 20000 Exemplare.[84] Die Zeitung wurde während der Besatzungszeit von Aleksander Bogusławski redigiert[85], seit Oktober 1918 für einen sehr kurzen Zeitraum von Stanisław Thugutt und nach dessen Eintritt in die Lubliner Regierung im November 1918 von Irena Kosmowska.[86] Von 1919 an leitete Maksymilian Malinowski die Zeitung.[87] Der Parteitag im Februar 1919 berief eine Redaktionskommission, der außer Malinowski noch Irena Kosmowska, Juliusz Poniatowski, Michał Róg, Marian Marczewski und Jan Smoła angehörten[88], die in der Partei sämtlich auf zentraler Ebene tätig waren. Die tatsächliche Bedeutung und Tätigkeit der Redaktionskommission ist kaum zu ermitteln. Abgesehen von der Nachricht über ihre

---

83 A. Paczkowski: Prasa polska w latach 1918–1939 [Die polnische Presse in den Jahren 1918–1939], Warszawa 1980, S. 76.

84 Ders.: Prasa polityczna ruchu ludowego (1918–1939) [Die politische Presse der Bauernbewegung (1918–1939)], Warszawa 1970, S. 200.

85 M. Mioduchowska: Działalność społeczno-polityczna Aleksandra Bogusławskiego (1887–1963) [Die gesellschaftlich-politische Tätigkeit von Aleksander Bogusławski (1887–1963)], in: Rocznik Łódzki, T. 30: 1981, S. 52.

86 A. Bogusławski: Ruch ludowy w czasie wojny 1914–1918, cz. 2, S. 315.

87 A. Więzikowa: Maksymilian Malinowski (1860–1948), in: Przywódcy ruchu ludowego [Führer der Bauernbewegung], Warszawa 1968, S. 180.

88 Wyzwolenie Nr. 13 vom 30. 3. 1919, S. 183.

Berufung fehlt jede weitere Information.[89] Es scheint, daß auch nach 1919 die Redaktionsarbeiten im wesentlichen vom jeweils verantwortlichen Redakteur verrichtet wurden. Im November 1922 mußte Malinowski nach seiner Wahl in den Sejm die Redaktion abgeben, da nach Artikel 23 der Verfassung von 1921 ein Abgeordneter nicht gleichzeitig verantwortlicher Redakteur sein durfte. Sein Nachfolger war bis 1928 Michał Róg. Die Redakteure gehörten stets dem Parteivorstand an und konnten so einerseits Entscheidungen der Parteispitze schnell nach unten übermitteln, andererseits die Parteispitze mit Informationen versorgen, welche die Redaktion aufgrund einer engen Leser-Blatt-Bindung ständig erhielt.

Die Zeitung verfügte über wenig Personal und beschäftigte keine weiteren hauptberuflichen Journalisten. Sie stützte sich vor allem auf die Mitarbeit der Spitzenpolitiker und Abgeordneten der Partei, von denen einige regelmäßig Artikel verfaßten und die Haltung der Partei in grundsätzlichen oder aktuellen politischen Fragen darlegten. Einen großen Teil des Inhalts bildeten Informationen über das Geschehen in der Parteiorganisation auf den verschiedenen Ebenen, z.B. Mitteilungen des Vorstandes, Berichte von Parteitagen und Sitzungen der Gremien oder Instruktionen der Organisationsabteilung an sämtliche Untergliederungen. Die Organisationsabteilung, von der die Termine der Kundgebungen und Versammlungen in der Provinz koordiniert wurden, teilte diese über die Zeitung den Mitgliedern mit.

Andererseits berichteten in jeder Nummer Leser über den Ablauf von Parteiversammlungen in ihren Dörfern sowie über wirtschaftliche und soziale Probleme auf dem Lande. Diese Leserbriefe wurden in sehr großer Zahl veröffentlicht. Manche der in ihnen vorgebrachten Anfragen wurden, da von allgemeinem Interesse, von der Redaktion in der Zeitung beantwortet. Außer politischen und Organisationsfragen wurden besonders häufig landwirtschaftliche Fachprobleme, Aufgaben des Bildungswesens auf dem Lande sowie für bäuerliche Betriebe relevante Rechts-, Steuer- und Verwaltungsvorschriften behandelt. Die Redaktion der „Wyzwolenie" am Sitz des Parteivorstandes in Warschau wurde häufig von Lesern, Mitgliedern und Sympathisanten der Bauernpartei persönlich aufgesucht, sei es, um sich auszutauschen, sei es, um die Rechtsberatung des Parteivorstandes in Anspruch zu nehmen.

Die Unterrichtung der unteren Parteiinstanzen durch die Zentrale erfolgte selbstverständlich nicht nur auf öffentlichem Wege durch das Zentralorgan, das vor allem in den Jahren 1918 bis 1920 eine große Zahl von Rundschreiben (okólnik) abdruckte, sondern immer auch durch vertrauliche und lediglich für einen begrenzten Empfängerkreis gedachte Mitteilungen. Bereits in den Anfangsjahren wurden nicht sämtliche Rundbriefe des Parteivorstandes im Zentralorgan veröffentlicht.[90] Im Dezember 1921 begann der Hauptvorstand, ein neues Mitteilungsblatt (komunikat) herauszugeben, das ausschließlich für die Parteivorstände der verschiedenen Ebenen bestimmt war.[91]

---

[89] Es ist nicht ausgeschlossen, daß die Redaktionskommission um die Jahreswende 1922/1923 noch existierte, wenigstens auf dem Papier. In einem 1923 erschienenen Parlamentshandbuch ist in der Kurzbiographie des Abgeordneten Juliusz Poniatowski dessen Zugehörigkeit zur Kommission verzeichnet. Vgl. T. Rzepecki/W. Rzepecki: Sejm i Senat 1922–1927, S. 156.

[90] Die Rundschreiben Nr. 20, 22–25, 27–28, 30 und folgende wurden in der Parteipresse nicht veröffentlicht, ihr Text ist anderweitig nicht auffindbar. Lediglich vom Rundschreiben Nr. 28 liegt im Archiv des ZHRL eine Abschrift vor (AZHRL: RP–1, Bl. 243).

[91] Vgl. Komunikat Nr. 1, P. S. L. „Wyzwolenie", Zarząd Główny, 22 grudnia 1921 r. [Mitteilung Nr. 1, P. S. L. „Wyzwolenie", Hauptvorstand, 22. Dezember 1921], AZHRL: U–I/26.

Neben dem Zentralorgan gleichen Namens besaß die „Wyzwolenie" noch einige kleinere Blätter, die allerdings entweder nur in Wahlkampfzeiten erschienen oder aber nur ein kleines Verbreitungsgebiet besaßen.[92] Die bedeutendsten von ihnen waren die von der Wilnaer Parteiorganisation herausgegebene Wochenzeitung „Wyzwolenie Ludu" (Befreiung des Volkes)[93] und die Wochenzeitung „Chłopski Sztandar" (Bauernfahne) der 1922 von der „PSL-Lewica" zur „Wyzwolenie" übergetretenen galizischen Abgeordnetengruppe um Józef Putek.[94] Im Herbst 1923 kam noch die von Jan Dąbski herausgegebene „Gazeta Ludowa" (Volkszeitung) hinzu. Die Zeitung „Chłopski Sztandar" erschien in einer Auflage von etwa 2000 bis 3000 Exemplaren in Krakau und hatte ihre Leser ausschließlich in Westgalizien. Die Zeitung „Wyzwolenie Ludu" wurde nach einem Verbot durch die Behörden in „Wyzwolenie Ludowe" (Volksbefreiung) umbenannt und ging der Partei im Herbst 1924 durch den Austritt einiger Abgeordneter des linken Flügels endgültig verloren, da sie Organ der neugegründeten linksradikalen „Unabhängigen Bauernpartei" (Niezależna Partia Chłopska – NPCh) wurde. Ebenso mußte die Partei ab Januar 1926 wieder auf die „Gazeta Ludowa" Jan Dąbskis verzichten, die mit ihm zur neuen „Bauernpartei" (Stronnictwo Chłopskie – SChł) wanderte.[95] Die „Wyzwolenie" hatte nunmehr nur noch zwei Wochenzeitungen, deren Gesamtauflage bei höchstens etwa 22000 Exemplaren lag. Dies war im Vergleich zur Presse der anderen großen Bauernpartei wenig: Der „Piast" verfügte zur gleichen Zeit über neun Blätter, darunter zwei Tageszeitungen, mit einer Gesamtauflage von 120000 Exemplaren.[96]

1.3. Die Entwicklung des Mitgliederstandes

Für den Einfluß einer politischen Partei ist ihre Mitgliederstärke von erheblicher Bedeutung. Es muß daher versucht werden, die Mitgliederzahl der „Wyzwolenie" in den Jahren 1918 bis 1926 näher zu bestimmen. Vorauszuschicken ist, daß die Organisationsabteilung beim Hauptvorstand der Partei es nicht vermocht und wohl auch nicht konsequent versucht hat, die unteren Parteigliederungen zur Führung einer geordneten, jeweils aktuellen Mitgliederkartei und -statistik zu veranlassen. Hinzu kam, daß der Begriff des Parteimitgliedes letztlich nicht klar definiert war. Zwar waren den Mitgliedern per Statut Organisationspflichten wie die regelmäßige Beitragszahlung und der Bezug der Parteizeitung auferlegt, doch wurden diese Bestimmungen sehr häufig von den unteren Leitungsgremien vernachlässigt, d.h. gegenüber den Mitgliedern nicht durchgesetzt.[97] Es konnten sich daher zum Beispiel Bauern für Mitglieder halten bzw. von der Orts- oder Kreisleitung dafür gehalten werden, weil sie die Partei gewählt hatten, weil sie Versammlungen der Partei besuchten oder auch nur das Parteiblatt lasen. In den anderen Bauernparteien lagen die Verhältnisse ähnlich. Von polnischen Forschern wird daher die Ansicht vertreten, daß sichere Angaben über die Mitgliederstärke

---

[92] A. Paczkowski: Prasa polityczna ruchu ludowego (1918–1939), S. 109f., 122f., 157–159.
[93] Ebd., S. 157, 201f.
[94] Ebd., S. 160f.
[95] Ebd., S. 202f., 207.
[96] Ebd., S. 207.
[97] Vgl. hierzu das vertrauliche Rundschreiben Nr. 4 der Organisationsabteilung vom Januar 1921 an die unteren Parteigliederungen. Okólnik Nr. 4, Poufny. CA KC PZPR: sygn. Polskie Stronnictwo Ludowe „Wyzwolenie", 109/II, poz. 12.

der Bauernparteien vor 1931 auf der Basis des bekannten Materials überhaupt nicht getroffen werden können.[98]

Allgemein akzeptiert wird die von Jan Molenda aufgrund von Berechnungen und Schätzungen ermittelte Zahl von 18000 Mitgliedern für November 1918.[99] Die „Wyzwolenie" war damit zum Zeitpunkt der Erlangung der staatlichen Unabhängigkeit eine der führenden politischen Parteien Kongreßpolens. Die ersten von der Partei offiziell mitgeteilten Angaben zum Organisationsstand stammen aus dem Februar 1919. In der Berichterstattung über den Parteitag vom 23./24. Februar 1919 hieß es, daß etwa 700 Delegierte von Ortsvereinen, die über 100000 Mitglieder repräsentierten, zusammengekommen waren.[100] Wenn auch die Mitgliederzahl in den vorangegangenen Monaten, bedingt vor allem durch die intensive politische und organisatorische Aktivität der Partei im Wahlkampf, stark angestiegen war[101], ist ihre Verfünffachung in einem solch kurzen Zeitraum jedoch wenig wahrscheinlich.[102]

Eine derart hohe Mitgliederzahl hätte überdies bedeutet, daß die Parteitagsdelegierten – jeder vertrat nach der Satzung einen Ortsverein (koło) – aus Ortsvereinen mit durchschnittlich 140 Mitgliedern kamen. Dies erscheint nicht möglich. Die Größe der Ortsvereine betrug nach allem, was bekannt ist, auch in dieser Aufschwungphase der Partei nur selten mehr als 60 Personen.[103] Es kann weiter nicht mit Sicherheit davon ausgegangen werden, daß zu jenem Zeitpunkt tatsächlich 700 Ortsvereine existierten. Möglicherweise handelte es sich bei einem Teil der als Delegierte bezeichneten Personen lediglich um einzelne Vertrauensmänner aus Kreisen, in denen der Aufbau einer Organisation erst noch zu leisten war. Völlig von der Hand zu weisen ist andererseits die Zahl 700 nicht, wenn man berücksichtigt, daß Jan Molenda eine durchschnittliche Ortsvereinsstärke von 40 Personen ermittelt hat. Die von ihm angegebenen 18000 Mitglieder müßten dann in etwa 450 Ortsvereinen organisiert gewesen sein.[104] Die Vermutung scheint realistisch, daß die Zahl von 100000 Parteimitgliedern aus propagandistischen Gründen überhöht war und die tatsächliche Stärke im Februar 1919 das Zwei- bzw. Dreifache des Standes vom Herbst 1918 betrug, d.h. zwischen 35000 und 50000 Mitgliedern lag.[105]

Alle Mitteilungen, die die Parteiführung in den folgenden Jahren zum Mitglieder- und Organisationsstand veröffentlichte, waren sehr allgemein gehalten und wenig

---

[98] Siehe z.B. J. Socha: Stronnictwa ludowe po zamachu majowym, S. 107.

[99] J. Molenda: Polskie Stronnictwo Ludowe, S. 167.

[100] Nasz Zjazd [Unser Parteitag], in: Wyzwolenie Nr. 9 vom 2. 3. 1919, S. 127.

[101] Hierauf deuten zahlreiche Berichte in der Parteipresse hin. Vgl. auch: U narodzin „Wyzwolenia" na ziemi sandomierskiej (Rozmowa z członkiem NK ZSL wiceministrem Araszkiewiczem) [Bei der Geburt der „Wyzwolenie" im Gebiet von Sandomierz (Gespräch mit dem Mitglied des Hauptkomitees der ZSL Vizeminister Araszkiewicz)], in: Dziennik Ludowy 1958, Nr. 277.

[102] Vgl. J. Molenda: Polskie Stronnictwo Ludowe, S. 167; J. Jachymek: Myśl polityczna PSL Wyzwolenie 1918–1931, S. 24. Anderer Ansicht ist allein Stanisław Lato, wenn er schreibt: „Diese Zahl zeugt von einer schnellen Entwicklung der Partei." S. Lato: Ruch ludowy a Centrolew, S. 34.

[103] Im Parteiorgan finden sich in jenem Zeitraum sehr verstreut nur einige wenige Mitteilungen über die Größe von Ortsvereinen. Die Angaben betreffen 13 Ortsvereine in verschiedenen Regionen des Staates. Ein Ortsverein hatte 20 Mitglieder, 9 Ortsvereine weniger als 60, zwei Ortsvereine 60 und ein Ortsverein etwa 150. Vgl. Wyzwolenie Nr. 1 vom 5. 1. 1919, S. 11f. (Łózki, Kreis Radzyń), S. 12 (Piętno, Kreis Turek); Wyzwolenie Nr. 8 vom 23. 2. 1919, S. 120 (Udrycze, Kreis Zamość); Wyzwolenie Nr. 16 vom 27. 4. 1919, S. 213 (Ort nicht genannt).

[104] J. Molenda: Polskie Stronnictwo Ludowe, S. 166.

[105] J. Jachymek: Myśl polityczna PSL Wyzwolenie 1918–1931, S. 24.

informativ. Die Organisationsabteilung gestand im Jahre 1920 sogar ein, keinen Überblick hierüber zu haben, wenn sie an die Mitglieder schrieb: „Es ist schwer zu sagen, wieviele Mitglieder sie (die Organisation, G. D.) zählt. Aber mutig kann man behaupten, daß unsere Polnische Bauernpartei hinsichtlich ihrer zahlenmäßigen Stärke unvergleichlich größer ist als alle anderen Parteien zusammengenommen.“[106] Mit welch vagen Angaben der Organisationsabteilung sich selbst Parteitag und Hauptvorstand begnügen mußten, zeigen die folgenden Beispiele: Im Jahre 1921 erklärte Jan Ledwoch, der Sekretär der Organisationsabteilung, vor dem Parteitag, daß die Organisation „alle Kreise des ehemaligen Königreiches“ umfasse und der Hauptvorstand „Zigtausende“ von Mitgliedskarten ausgegeben habe.[107] Des weiteren berichtete am 16. September 1923 Organisationsleiter Pankiewicz dem Hauptvorstand von einem „ständigen Anwachsen der P. S. L. Wyzwolenie in ganz Polen“.[108] Der Parteivorsitzende Jan Dąbski stellte schließlich am 19. Januar 1925 in einem Bericht an den Parteivorstand lapidar fest, daß die Partei „immer stärker wächst“.[109] Es ist völlig offensichtlich, daß der Mitgliederstand der Partei sich nicht durch Stützung auf derartige Äußerungen bestimmen läßt.

Erst aus dem Jahre 1928 liegen wieder konkrete Angaben aus der Parteiführung vor. So berichtete Kazimierz Bagiński, damals stellvertretender Fraktionsvorsitzender, der Fraktion, das Parteipräsidium habe im Wahlkampf 85 Kreisparteitage beschickt und über 25000 Sendungen mit Wahlkampfmaterial versandt.[110] Später teilte er dem Parteitag mit, die Partei habe 495 Ortsvereine und 30 Wojewodschafts- und Kreissekretariate.[111] Ausgehend von diesen Daten schätzt Jan Jachymek – wobei er noch in der von Parteisekretär Nosek angeführten Zahl der Ortsvereine (530) eine Bestätigung sieht – die Zahl der Ortsvereine auf 500 bis 600. Er gelangt dann unter der Annahme einer mittleren Größe der Ortsvereine von 50 bis 70 Mitgliedern zu einer Zahl von 25000 bis 42000 Mitgliedern im Jahre 1928.[112] Diese Zahl soll hier – wenn auch einige Bedenken hinsichtlich einzelner ihrer Voraussetzungen bestehen[113] – nicht grundsätzlich in Zweifel gezogen werden, sondern als Orientierungsgröße für die Mitgliederstärke der Partei nach ihrer Schwächung im Jahre 1926 und erneuter Konsolidierung in den Jahren 1927 und 1928 stehen.

Für die vorangegangenen Jahre ist eine auch nur annähernde Berechnung des Mitgliederstandes der „Wyzwolenie“ vorläufig nicht möglich. Voraussetzung hierfür wären

---

[106] Do ludowców „Wyzwolenia“ słów parę od Wydziału organizacyjnego [An die Bauernparteiler der „Wyzwolenie“ ein paar Worte aus der Organisationsabteilung], in: Wyzwolenie Nr. 17 vom 25. 4. 1920, S. 195.

[107] Nasz Zjazd [Unser Parteitag], Wyzwolenie, Dodatek Nadzwyczajny [Sonderbeilage], 6. 3. 1921, S. 1.

[108] Co uchwalił Zarząd Główny [Was der Hauptvorstand beschlossen hat], in: Wyzwolenie Nr. 39 vom 23. 9. 1923, S. 2.

[109] Obrady Zarządu Głównego [Beratungen des Hauptvorstandes], in: Wyzwolenie Nr. 4 vom 25. 1. 1925, S. 3.

[110] Sprawozdanie organizacyjne [Organisationsbericht], in: Wyzwolenie Nr. 15 vom 1. 6. 1928, S. 2.

[111] Przebieg i prace Kongresu P. S. L. „Wyzwolenie“ w Lublinie [Der Verlauf und die Arbeiten des Kongresses der PSL „Wyzwolenie“ in Lublin], in: Wyzwolenie Nr. 48 vom 18. 11. 1928, S. 4.

[112] J. Jachymek: Myśl polityczna PSL Wyzwolenie 1918–1931, S. 26.

[113] So kann die Frage gestellt werden, welche Gründe es für die Annahme der Obergrenze von 600 gibt, die um 15 bis 20% über den von der Parteispitze genannten Zahlen der Ortsvereine liegt. Die Parteiführer operierten ja vermutlich eher mit zu hohen als zu niedrigen Zahlen. Weiter ist anzumerken, daß sich die von J. R. Szaflik ermittelte Durchschnittsgröße der Ortsverbände des „Piast“ möglicherweise nicht ohne weiteres auf die PSL „Wyzwolenie“ übertragen läßt.

Lokal- und Regionalstudien über ihr Organisationsnetz in möglichst vielen Kreisen der fünf zentralpolnischen Wojewodschaften und ab 1922 auch in denen Nordostpolens. Besonders wichtig wäre es, die mutmaßliche Durchschnittsgröße der Ortsvereine in bestimmten Kreisen und die vermutliche Stärke der Kreisorganisationen – die im Zentralorgan des öfteren verzeichneten Zahlen von Delegierten und Vorstandsmitgliedern könnten hier Anhaltspunkte bieten – zu ermitteln. Zu klären wäre dabei auch, in welchem Maße sich Fusionen und Spaltungen, die die Führung und die Parlamentsfraktion durchlebten, jeweils an der Basis auswirkten. Eine solche Bilanz würde es dann wahrscheinlich gestatten, bestimmte Befunde wie etwa die Zahl der Delegierten des Parteirates und des Parteitages einer sachgerechten Interpretation zugänglich zu machen.

An dieser Stelle kann lediglich darauf hingewiesen werden, daß die „Wyzwolenie" im Jahre 1923 nach ihrer Fusion mit der vom „Piast" abgespaltenen „Jednośc Ludowa" (Bauerneinheit) von allen Bauernparteien die stärkste Fraktion im Parlament stellte. Auch auf dem Lande gingen bisherige Anhänger des „Piast" und der Nationaldemokraten zur „Wyzwolenie" über.[114] Die positive Entwicklung der Organisation scheint sich in der ersten Hälfte des Jahres 1924 fortgesetzt zu haben. Es kann vermutet werden, daß die Partei auf dem Höhepunkt ihrer Popularität und ihres Einflusses und noch unbeschädigt von den später einsetzenden Abspaltungen und Austritten eine höhere Mitgliederzahl hatte als im Frühjahr 1919. Sie dürfte allerdings nicht ganz an die von J. R. Szaflik für die erste Jahreshälfte 1926 angenommene Mitgliederzahl des „Piast" von 70000[115] herangereicht haben, da dieser, die Grenzen des ehemaligen Galizien weit überschreitend, in einem insgesamt größeren Teil des Staatsgebiets tätig war als die „Wyzwolenie". Diese könnte demnach Ende 1923/Anfang 1924 – diese Schätzung soll riskiert werden – etwa 50000 bis 60000 Mitglieder gehabt haben, in jedem Fall eine Stärke, die sie zu keinem Zeitpunkt früher oder später erlangt haben dürfte.

1.4. Die „Wyzwolenie" in den Regionen Polens

Das Einflußgebiet der „Wyzwolenie" läßt sich zuverlässig an den Ergebnissen der Sejmwahlen von 1919 und 1922 ablesen, als die polnische Bevölkerung frei und geheim ihre Vertreter bestimmen konnte. Auch wird der Umfang des Einflusses der Partei sichtbar, wenn man ihre Wahlergebnisse mit denen der anderen Parteien vergleicht.

In die Wahl zum Verfassunggebenden Sejm, die am 26. Januar 1919 abgehalten wurde, gingen die Bauernparteien getrennt. Die „Wyzwolenie" stellte ihre Kandidaten nur in Zentralpolen auf, während die bisher ausschließlich galizische Partei „Piast" dies auch in einigen zentralpolnischen Wahlkreisen tat. Die kleine Bauernpartei „PSL-Lewica" kandidierte nur in den galizischen Wahlkreisen. Die meisten Stimmen erzielten die Listen des „Nationalen Volksverbandes"[116] (1625000 Stimmen, 109 Mandate), der PSL „Wyzwolenie" (841435 Stimmen, 57 Mandate), der PPS (515062 Stimmen, 32

---

[114] Vgl. Z. Tomczonek: Ruch ludowy na Białostocczyźnie 1918–1939, S. 47; J. R. Szaflik: Z dziejów radykalnego ruchu ludowego na Lubelszczyźnie [Zur Geschichte der radikalen Bauernbewegung im Lubliner Land 1918–1931], in: Ruch ludowy na Lubelszczyźnie, S. 58f.; K. Sarnowski: Z działalności ruchu ludowego w powiecie Maków Mazowiecki w latach 1918–1939 [Zur Tätigkeit der Bauernbewegung im Kreis Maków Mazowiecki in den Jahren 1918–1939], in: RDRL 10 (1968), S. 355.

[115] J. R. Szaflik: Polskie Stronnictwo Ludowe Piast 1926–1931, S. 46.

[116] Związek Ludowo-Narodowy (ZL-N).

Mandate) und der PSL „Piast" (450587 Stimmen, 44 Mandate).[117] Der „Wyzwolenie" gelang es mit diesem Ergebnis, zweitstärkste polnische Partei und stärkste Bauernpartei zu werden.

Die Erfolge der „Wyzwolenie" waren ungleichmäßig über das Gebiet Zentralpolens verteilt. Allein drei Viertel ihrer 57 Mandate gewann sie in den Wahlkreisen der späteren Wojewodschaften Kielce und Lublin.[118] Dies war bereits in den Jahren 1915 bis 1918 das Hauptterrain ihrer Tätigkeit; hier lagen auch weiterhin ihre Hochburgen. In den Kreisen des Kielcer Landes gaben 46,45 % der Wähler in den ländlichen Stimmbezirken der Partei ihre Stimme, die daraufhin 24 von 60 Abgeordneten dieses Gebietes in den Sejm entsenden konnte. Im Lubliner Land erhielt sie 45,14 % der ländlichen Stimmen und damit 19 von 44 Mandaten dieser Region. Die Ergebnisse in den übrigen Gebieten lauteten: 22,87 % der ländlichen Stimmen in der Region Lodz (5 von 45 Mandaten), 19,27 % in der Region Warschau (8 von 68 Mandaten) und 6,73 % in der Region Białystok (1 Mandat von 24).[119] Das Haupteinflußgebiet der Partei war somit der südliche Teil des ehemaligen Kongreßpolen. Im Norden, wo die Nationaldemokraten fast überall Wahlsieger wurden, erzielte sie lediglich vereinzelt herausragende Ergebnisse, insbesondere in den Kreisen Lipno und Rypin. Auf ganz Polen bezogen erhielt die „Wyzwolenie" 20,74 % der Stimmen auf dem Lande, der „Piast" 10,29 % und die „PSL-Lewica" 4,79 %.[120] Zu den Ergebnissen der anderen Bauernparteien ist zu bemerken: Drei Viertel (33) der 44 Abgeordneten des „Piast" sowie sämtliche 13 Abgeordneten der „PSL-Lewica" kamen aus den Wahlkreisen der späteren Wojewodschaften Krakau und Lemberg.

Die Sejmwahl vom 5. November 1922 läßt deutlich Veränderungen des Einflußbereiches der „Wyzwolenie" erkennen. Die Partei hatte diesmal in 48 von 62 Wahlkreisen Listen aufgestellt, d.h. nicht nur in Zentralpolen, sondern darüber hinaus auch in fast allen Wahlkreisen der galizischen Wojewodschaften, in sämtlichen Wahlkreisen Ostpolens und sogar in einem westpolnischen Wahlkreis (Gnesen).[121] Insgesamt beteiligten sich 19 Listen an der Wahl. Wiederum erwies sich der rechtsgerichtete Wahlblock, diesmal unter dem Namen „Christlicher Verband der Nationalen Einheit"[122], mit 2551000 Stimmen (29,1 %, 163 Mandate) als stärkste politische Gruppierung. Es

[117] J. Jachymek: Myśl polityczna PSL Wyzwolenie 1918–1931, S. 28.

[118] Im ehemaligen Kongreßpolen entstanden die Wojewodschaften Kielce, Lublin, Białystok, Lodz und Warschau erst mit dem Gesetz vom 2. 8. 1919 als Verwaltungsbehörden zweiter Instanz. Vgl. J. Suski: Organizacja władz urzędów państwowych Rzeczypospolitej Polskiej [Die Organisation der staatlichen Behörden der Republik Polen], Warszawa 1927, S. 23.

[119] T. Szczechura: Wyniki głosowania w obwodach wiejskich na listy polskie podczas wyborów do Sejmu w latach 1919, 1922 i 1928 [Die Ergebnisse der Stimmabgabe in den ländlichen Bezirken für die polnischen Listen bei den Sejmwahlen 1919, 1922 und 1928], in: RDRL 10 (1968), S. 72–75, 80. Da die Bauern die soziale Basis der Bauernbewegung bilden, ist es sinnvoll, die Unterstützung von Bauernparteien durch die ländliche Bevölkerung zu untersuchen. Die von T. Szczechura berechneten Stimmenzahlen geben ein genaueres Bild des Einflusses der Parteien auf die Landbevölkerung, als dies die Gesamtzahlen aller in Land und Stadt abgegebenen Stimmen bzw. die Zahlen der erzielten Mandate vermögen. Sie sollen daher in diesem Kapitel verwandt werden.

[120] J. Borkowski: Działalność społeczno-polityczna i postawa chłopów w latach 1918–1939 [Die gesellschaftlich-politische Tätigkeit und Haltung der Bauern in den Jahren 1918–1939], in: Historia chłopów polskich [Geschichte der polnischen Bauern], Warszawa 1980, T. 3, S. 199.

[121] Statystyka wyborów do Sejmu i Senatu odbytych w dniu 5 i 12 listopada 1922 roku [Statistik der Sejm- und Senatswahlen vom 5. und 12. November 1922], Warszawa 1926, S. 6f.

[122] Chrześcijański Związek Jedności Narodowej.

folgte der „Block der nationalen Minderheiten“ mit 1398000 Stimmen (16,0%, 89 Mandate), „Piast“ mit 1153000 Stimmen (13,2%, 70 Mandate), „Wyzwolenie“ mit 963000 Stimmen (11,0%, 48 Mandate), PPS mit 906000 Stimmen (10,3%, 41 Mandate) und die „Nationale Arbeiterpartei“ NPR mit 473000 Stimmen (5,4%, 18 Mandate).[123]

Die „Wyzwolenie“ gewann zwar mehr als 100000 Stimmen hinzu, mußte ihren zweiten Platz von 1919 jedoch an den Minderheitenblock bzw., falls man nur die polnischen Parteien in Betracht zieht, an den „Piast“ abtreten. Letzterer wurde außerdem stärkste Bauernpartei. Einen erheblichen Teil ihrer Mandate gewann die „Wyzwolenie“ noch immer in ihren alten Hochburgen im Kielcer und Lubliner Land. So stimmten in der Wojewodschaft Kielce von den ländlichen Wählern 33,45% und in der Wojewodschaft Lublin 29,2% für sie. In den drei anderen zentralpolnischen Wojewodschaften waren es 26,99% (Lodz), 18,82% (Warschau) und 15,18% (Białystok).[124] Insgesamt waren es 26 Abgeordnete, die aus den Wojewodschaften Kielce (11), Lublin (7), Lodz (4) und Warschau (4) kamen. Bezogen auf die ländliche Wählerschaft des gesamten Staates erhielt die „Wyzwolenie“ in diesen Sejmwahlen 18,55%, der „Piast“ 21,97%, die „Radikale Bauernpartei“ 2,23% und die „PSL-Lewica“ 1,13% der Stimmen.[125]

Der Rückgang der für die „Wyzwolenie“ abgegebenen Stimmen war im Kielcer Land vor allem eine Folge der Expansion des „Piast“. Dieser hatte hier 1919 nur 2635 Stimmen (0,39% der ländlichen Wähler) errrungen, steigerte sich nun jedoch auf 18,21%.[126] Er konnte dies nahezu mühelos tun, da nach der gescheiterten Vereinigung der beiden Bauernparteien „Wyzwolenie“ und „Piast“ Ende 1919/Anfang 1920 ein Großteil der „Wyzwolenie“-Abgeordneten dieser Wojewodschaft sich für die Fraktion des „Piast“ entschieden hatte. Die Bauern der Region sahen in den Abgeordneten und Funktionären, die sich jetzt im „Piast“ befanden, keine Fremden, sondern es waren für sie ihre bisherigen lokalen und regionalen Vertreter, die sich als Verteidiger bäuerlicher Interessen einen Namen gemacht hatten.[127] In der Wojewodschaft Lublin hingegen war dieses Phänomen nicht in diesem starken Maße zu beobachten. Hier wurde der noch im Jahre 1919 dominierende Einfluß der „Wyzwolenie“ nicht so sehr durch den „Piast“ zurückgedrängt, sondern im wesentlichen durch die „Radikale Bauernpartei“ (Chłopskie Stronnictwo Radykalne), die lokalen Charakter hatte und deren Haupttätigkeitsgebiet die südlichen Kreise der Wojewodschaft waren.[128]

Ihre Verluste in Zentralpolen konnte die „Wyzwolenie“ in anderen Landesteilen teilweise wieder ausgleichen. Da sich ihr Anfang September 1922 ein Teil der galizischen „PSL-Lewica“ um Józef Putek, Tadeusz Seib und Józef Sanojca angeschlossen hatte, gelang es ihr, in den Wojewodschaften Krakau und Lemberg, dem Kerngebiet des „Piast“, immerhin 4,45% und 6,25% der Stimmen auf dem Dorf und damit drei Mandate zu erringen.[129] Das Terrain, auf dem sie den größten Einfluß erzielte, waren jedoch die weiten Nordostgebiete, die im Jahre 1919 noch nicht gesichertes polnisches Staatsgebiet und nicht von der Wahl zum Verfassunggebenden Sejm erfaßt waren. Dort hatte

---

[123] Statystyka wyborów, S. XI, XII, XVI, 118.
[124] T. Szczechura: Wyniki głosowania, S. 82–85, 96f.
[125] Ebd., S. 92f.
[126] Ebd., S. 84.
[127] Z dziejów ruchu ludowego na Kielecczyźnie, S. 321.
[128] J. R. Szaflik: Z dziejów radykalnego ruchu ludowego, S. 54.
[129] T. Kowalski: Ruch ludowy w powiecie rzeszowskim 1895–1944 [Die Bauernbewegung im Kreis Rzeszów 1895–1944], Warszawa 1973, S. 61ff.; T. Szczechura: Wyniki głosowania, S. 97.

sich ihr im Juni 1922 die regionale Bauernpartei „Odrodzenie“ (Wiedergeburt) angeschlossen, deren Programm dem der „Wyzwolenie“ weitgehend entsprach.

Bemerkenswert war, daß die „Odrodzenie“ nicht nur Anhänger unter den polnischen, sondern vor allem unter den weißrussischen Bauern besaß. (Näheres zu diesem Sachverhalt findet sich im Kapitel zur Minderheitenpolitik der Partei.) Die Fusion verschaffte der „Wyzwolenie“ mit einem Schlag ein vollständiges Organisationsnetz im Nordosten des Landes. Ihr Wahlerfolg hier war geradezu sensationell: 58,29 % der ländlichen Stimmen in der Wojewodschaft Nowogródek, 53,58 % in der Wojewodschaft Wilna und 28,34 % in der Wojewodschaft Polesien.[130] Mit 12 Mandaten, davon je 5 in den Wojewodschaften Wilna und Nowogródek sowie 2 in der Wojewodschaft Polesien, ging die „Wyzwolenie“ als stärkste Partei im Nordosten aus den Parlamentswahlen des Jahres 1922 hervor.

Über die Organisation im Nordosten in späteren Jahren ist wenig bekannt. Nach dem Austritt der Radikalen im Jahre 1924, die zur Gründung der „Unabhängigen Bauernpartei“ (NPCh) schritten, dürfte es nicht mehr gut um sie bestellt gewesen sein. In anderen Gebieten verfügte die „Wyzwolenie“ im Grunde weder über Anhänger noch über Wähler. In den westlichen Wojewodschaften Posen und Pommerellen unternahm die Partei zwar in den Jahren 1923 und 1924 Versuche, eine eigene Organisation aufzubauen, doch ohne bleibenden Erfolg.[131]

1.5. Filialen der Partei im Ausland

Die Auslandsorganisation der „Wyzwolenie“ ist ein Zweig der Partei, über den bisher kaum etwas bekannt ist, der jedoch für die materielle Basis der Parteiorganisation wahrscheinlich eine gewisse Bedeutung hatte. Von den Millionen polnischer Auswanderer vor und nach dem Ersten Weltkrieg stellten Bauern oder Bauernsöhne die große Mehrheit. Einige von ihnen, vor allem in den USA, wurden durch das Programm der Partei, das eine Bodenreform verhieß, unmittelbar angesprochen, hegten sie doch die Hoffnung, nach Polen zurückzugehen und dort von ihren Ersparnissen ein Stück Land, Vieh und Inventar erwerben zu können. Diese Emigranten verdienten sich, von ganz wenigen Ausnahmen abgesehen, als Fabrikarbeiter in den Industriezentren des Nordostens der USA ihr Brot. Viele unterstützten durch regelmäßige Geldüberweisungen die Angehörigen zu Hause.

Der Parteizeitung „Wyzwolenie“ zufolge entstanden erste Ortsvereine in Amerika im August 1920, als der schon seit vielen Jahren in Amerika lebende Arzt Dr. Alfred Fiderkiewicz von einem Heimatbesuch zurückkehrte. Er organisierte im Laufe weniger Monate eine ansehnliche Zahl von Ortsgruppen[132] und wurde erster „Wyzwolenie“-Vorsitzender in Amerika. Bedenkt man den Zeitpunkt – der Sejm hatte unter dem Eindruck der sowjetrussischen Bedrohung Warschaus am 10. Juli 1920 das Bodenreformgesetz angenommen – waren die Erfolgsaussichten für eine solche Initiative tatsächlich günstig. Fiderkiewicz handelte vermutlich mit Wissen oder sogar im Auftrag der Parteiführung in Warschau.

---

130 Ebd., S. 92f.

131 B. Dymek: Niezależna Partia Chłopska, S. 57; J. Borkowski: Działalność, S. 237f.

132 Od rodaków z Ameryki. Sprawozdanie z Sejmu „Wyzwolenia“ w Nowym Jorku [Von den Landsleuten in Amerika. Bericht aus dem Parlament der „Wyzwolenie“ in New York], in: Wyzwolenie Nr. 1 vom 1. 1. 1922, S. 2f.

In den folgenden Jahren versuchte die Warschauer Parteiführung die Verbindung zu ihren Sympathisanten in Amerika aufrechtzuerhalten. Dies war letztlich immer wieder nur durch Besuche und Rundreisen führender Parlamentarier möglich. Als erster fuhr im Frühjahr 1921 der Abgeordnete Eustachy Rudziński für mehrere Monate nach Amerika. Auf 65 Kundgebungen, so sein Bericht im Parteiblatt, habe er zu mehr als 50000 Menschen gesprochen.[133] Wie auch seine Kollegen später nahm er Spenden für den Wahlkampffonds der Partei entgegen, die in Warschau sicherlich hochwillkommen waren.

Zum Zeitpunkt ihres ersten Kongresses, der vom 4. bis 5. November 1921 in New York stattfand, hatte die amerikanische Filialorganisation der „Wyzwolenie" insgesamt fast 3000 Mitglieder in 73 Ortsgruppen.[134] Während des Aufenthaltes von Kazimierz Bagiński, damals Generalsekretär der Partei, fand am 28./29. April 1923 der zweite Parteitag statt, diesmal in Buffalo. Nachdem Alfred Fiderkiewicz Mitte 1922 nach Polen zurückgekehrt und in den Sejm gewählt worden war, war zunächst R. Grabowski Vorsitzender, nach dessen Ausreise Kulik aus New York.[135]

Jetzt hatte die Partei 112 Ortsgruppen in den sechs Bezirken Buffalo, Chicago, New York, Boston, Schenectady und Cleveland. Der Mitgliederstand ist nicht überliefert. Die weitere Entwicklung der Organisation im Jahre 1923 vollzog sich sehr schleppend und war schwierig, wie aus der Mitteilung der Generalsekretärin der amerikanischen Organisation M. Nesterowicz im Frühjahr 1924 an Senator Jan Woźnicki hervorgeht.[136] Erst die Ankunft des „Gesandten aus Polen" habe die Ortsgruppen wieder „elektrisiert". Woźnicki hielt sich länger als drei Monate in den polnischen Kolonien auf und erreichte bei 80 Kundgebungen wiederum mehr als 50000 Menschen.[137] Er versprach der Führung der amerikanischen „Wyzwolenie"-Organisation, sich nach seiner Rückkehr in Warschau für die Schaffung einer Arbeitsgruppe von Amerikaexperten innerhalb der „Wyzwolenie" einzusetzen, die vorrangig für die Kontaktpflege nach Übersee zuständig sein sollte. Ob diese tatsächlich gebildet wurde, ist nicht bekannt.

Das Parteiblatt berichtete im März 1924 auch vom Versuch, eine Organisation der „Wyzwolenie" unter Emigranten in Frankreich aufzubauen. So wurde bei einem Besuch von Jan Woźnicki und Eustachy Rudziński im Februar 1924 in Paris ein Generalsekretariat der Partei für Frankreich gegründet, das sich für die polnischen Arbeiter einsetzen und in wichtigen Angelegenheiten beim polnischen Konsulat oder über die Sejmfraktion in Warschau intervenieren sollte.[138] Über den Stand der Organisation liegen bis Mai 1926 keine weiteren Nachrichten vor.

---

133 E. Rudziński: Do braci w Ameryce [An die Brüder in Amerika], in: Wyzwolenie Nr. 26 vom 26. 6. 1921, S. 253f.

134 Od rodaków z Ameryki [Von den Landsleuten in Amerika], in: Wyzwolenie Nr. 1 vom 1. 1. 1922, S. 2f.

135 Wyzwolenie w Ameryce [Die Wyzwolenie in Amerika], in: Wyzwolenie Nr. 37 vom 10. 9. 1922, S. 408; Zjazd Wyzwolenia, odbyty w Buffalo w dniach 28 i 29 kwietnia r. b. w hali Klubu ludowego [Der Kongreß der Wyzwolenie am 28. und 29. April d.J. in Buffalo in der Halle des Bauernklubs], in: Wyzwolenie Nr. 30 vom 22. 7. 1923, S. 6f.

136 List z Ameryki [Ein Brief aus Amerika], in: Wyzwolenie Nr. 24 vom 15. 6. 1924, S. 5.

137 Co nam powiedział po powrocie z Ameryki senator Jan Woźnicki [Was uns Senator Jan Woźnicki nach seiner Rückkehr aus Amerika erzählt hat], in: Wyzwolenie Nr. 26 vom 29. 6. 1924, S. 6.

138 Wyzwolenie Nr. 11 vom 16. 3. 1924, S. 10.

2. Die Sozialstruktur der „Wyzwolenie"

Aussagen zur Sozialstruktur der „Wyzwolenie" sind schwierig. Diese Feststellung mag im Falle einer Bauernpartei zunächst überraschend klingen, da – wenn nicht außergewöhnliche Umstände vorliegen – mit einem hohen Grad von Wahrscheinlichkeit davon ausgegangen werden kann, daß es sich bei ihr um eine bäuerliche Mitglieder- und Wählerschaft handelt.[1] Dies ist gewiß auch bei der „Wyzwolenie" der Fall. Es erheben sich jedoch sofort Fragen nach einer näheren Bestimmung der sozialen Zusammensetzung ihrer Basis, ihres Funktionärskorps und ihrer Führung. Welchen genauen Anteil etwa stellten die Bauern auf den verschiedenen Ebenen der Parteiorganisation, vom Ortsvereinsvorstand bis zum Hauptvorstand? Wie hoch war der Anteil der Bauern in der Parlamentsfraktion der „Wyzwolenie"? Gehörten der Partei ärmere oder wohlhabendere Bauern an? Welchen bäuerlichen Schichten entstammten die Funktionäre und die führenden Persönlichkeiten? Und schließlich: Welche Rolle spielten Angehörige der Intelligenz und Frauen in der Partei?

Leider fehlen Mitgliederlisten und Verzeichnisse ehrenamtlicher Funktionäre völlig, und Angaben über Beruf und Besitzstand sind nur sehr selten zu finden. Man wird jedoch bezweifeln müssen, ob Parteiunterlagen, selbst wenn sie erhalten geblieben wären, über die Angabe des Berufs hinaus, die in der Regel Landwirt gelautet haben wird, weiteren Aufschluß geben könnten. In einer demokratischen Massenpartei konnten wohl damals wie heute, jedenfalls offiziell und formell, keinerlei Daten wie etwa die Größe des Landbesitzes oder die Höhe des Jahreseinkommens der Mitglieder registriert werden.

Zur Untersuchung des umrissenen Fragenkomplexes stehen neben der Presse einige wenige Berichte amtlicher Stellen, vereinzelte Berichte aus der Parteiorganisation, Hinweise in Memoiren von Parteimitgliedern und Einschätzungen von Zeitgenossen zur Verfügung. Hinzu kommen die Ergebnisse der Forschungen zur Agrarstruktur Polens in den zwanziger Jahren. Angesichts der schmalen Materialbasis müssen selbst behutsam angestellte Überlegungen einen weitgehend hypothetischen Charakter behalten.

2.1. Berufe der Funktionsträger in den Orts- und Kreisorganisationen

Wendet man sich nun der Berufsstruktur der Partei zu, insbesondere der Zusammensetzung der Parteigremien auf lokaler und regionaler Ebene, so lassen die Quellen zunächst wenig erkennen. Bei ihrer Sichtung stellen sich jedoch bestimmte Überlegungen

[1] Ein Beispiel für die Erweiterung der Wählerschaft einer Bauernpartei findet sich in der kurzen Geschichte der Polnischen Bauernpartei PSL nach dem Zweiten Weltkrieg. Die von den Kommunisten in den Jahren 1945 bis 1947 durchgeführte Verdrängungs-, Gleichschaltungs- und Liquidierungspolitik gegenüber den anderen Parteien führte zu einer absoluten Ausnahmesituation, in der die PSL als einzige legale Oppositionspartei von Teilen nichtbäuerlicher Schichten unterstützt wurde.

ein. In Berichten aus Ortsvereinen, über Kreisparteitage und die Wahl der Kreisvorstände, die zwar häufig, jedoch bei weitem nicht vollständig im Parteiorgan veröffentlicht wurden[2], wurde fast immer auf die Angabe des Berufs der in die Kreisvorstände gewählten Parteimitglieder verzichtet. Man verwandte statt dessen häufig die Bezeichnung „obywatel" (Bürger).[3] Bei einer kleinen Anzahl von Funktionsträgern hingegen vermerkte man den Beruf. Dies waren beinahe ausschließlich Lehrer, Gemeindebeamte oder Privatangestellte, Ärzte, Tierärzte, Apotheker usw., d.h. Nicht-Bauern.

Das Grundanliegen der Bauernbewegung, das Selbstbewußtsein des Standes zu stärken und seine Emanzipation voranzutreiben, kam zu jener Zeit u.a. auch in der Verwendung des Begriffs „Bürger" durch die Bauernpolitiker zum Ausdruck. Er beinhaltete den Gedanken der Gleichheit und wurde im Prinzip auf alle angewandt, hier jedoch vor allem auf Bauern. Wenn bisweilen bei einigen wenigen Personen Berufe eigens angegeben wurden, dann sollte vermutlich deutlich gemacht werden, daß *nur* diese Personen *keine* Bauern waren. Im Umkehrschluß könnte dies bedeuten: Die große Mehrheit der aktiven Mitglieder und Funktionsträger der Partei auf dem Lande waren Bauern.

Die Quellen amtlicher Herkunft scheinen diese Vermutung zunächst nicht ohne weiteres zu bestätigen. Verschiedentlich und eher zufällig nannten die Leiter der Verwaltungs- und Polizeibehörden der Kreisstädte in der Wojewodschaft Lublin in ihren Berichten über Verlauf und Tenor von Versammlungen und Kundgebungen nicht nur die Namen der aktivsten Vertreter dieser Partei im Ort oder im Kreis, sondern in einigen wenigen Fällen erwähnten sie auch deren berufliche Tätigkeit. In seinem Bericht über eine Versammlung der „Wyzwolenie" am 28. Dezember 1921 in Krasnystaw zählte zum Beispiel der dortige Starost neben dem als Hauptredner fungierenden Abgeordneten Kazimierz Bagiński drei weitere Sprecher auf: den Bauern und Gemeindevorsteher (wójt) von Gorzków Adam Jawor, den Bauern Jan Wrona aus derselben Gemeinde und den Bauern Jan Żurek aus der Gemeinde Rudka.[4]

Allerdings sind es nur in etwas mehr als der Hälfte der wenigen als Quelle überhaupt ergiebigen Berichte aus den Jahren 1921 bis 1926 Bauern, die als Initiatoren und Organisatoren von Kundgebungen und Versammlungen in Erscheinung treten oder diesen Veranstaltungen vorsitzen und auf ihnen das Wort ergreifen.[5] Erstaunlicherweise wurden relativ häufig auch Nicht-Bauern als energische und einflußreiche Führungspersönlichkeiten der Partei im lokalen und regionalen Rahmen geschildert.[6] Als solche wurden beispielsweise in der Wojewodschaft Lublin die Ärzte Dr. Antoni Małkowski und Dr. Józef Skrobiszewski und die Lehrer Wacław Polkowski, Czesław Wycech und Józef Sokołowski angesehen. Auch aus Kreisstädten anderer Wojewodschaften ist das

---

[2] Zu diesem Schluß führt ein Vergleich der in der Chronik des Zentralorgans enthaltenen Daten von Kundgebungen, Versammlungen und Parteitagen mit den Terminen der in den Behördenberichten erwähnten Veranstaltungen.

[3] Vgl. beispielsweise die Kurzberichte über die Kreisparteitage am 28. 5. 1922 in Węgrów (Wojewodschaft Lublin) und am 10. 4. 1923 in Lodz, in: Wyzwolenie Nr. 25 vom 18. 6. 1922, S. 268, und Nr. 17 vom 22. 4. 1923, S. 8.

[4] Wojewódzkie Archiwum Państwowe Lublin (WAPL): UWL. WSP. sygn. 2170, S. 41. Vgl. auch Wyzwolenie Nr. 44 vom 29. 10. 1922, S. 516.

[5] WAPL: UWL. WSP. sygn. 2072, S. 46; UWL. WSP. sygn. 2170, S. 41, 49, 94, 100, 202, 224, 225.

[6] WAPL: UWL. WSP. sygn. 2170, S. 61, 62, 63, 89, 143, 199, 221.

engagierte Wirken von Angehörigen der Intelligenz, häufig waren es Vertreter der ersten Generation, in den Kreisorganisationen der Partei belegt.[7]

Bezüglich der Behördenberichte ist jedoch die Bemerkung unerläßlich, daß die berichtenden Beamten höchstwahrscheinlich die Tätigkeit von Angehörigen geistiger Berufe in der Bauernpartei stärker herausstellten, als dies angemessen war. Dies geschah wohl weniger planmäßig, sondern eher durch eine genauere Erfassung und konsequentere Erwähnung der tatsächlich vorhandenen „Agitatoren" aus der Intelligenz, eventuell bei gleichzeitiger Vernachlässigung einiger bäuerlicher Aktiver. Ein Befund aus dem Jahre 1926, wiederum aus der Wojewodschaft Lublin, spricht dafür, daß dies so gewesen sein könnte. Eine Reihe von Starosten fertigte, hierzu ausdrücklich durch eine Dienstanweisung angehalten, in den Monaten Mai bis Dezember 1926 Verzeichnisse der aktivsten Funktionäre der Parteien in ihren Kreisen an. Dies waren für die „Wyzwolenie" im Kreis Łuków ein Lehrer[8], im Kreis Biłgoraj ein Bauer[9], im Kreis Krasnystaw mindestens drei Bauern[10], im Kreis Garwolin zwei Bauern und zwei Lehrer[11], im Kreis Konstantynów ein Bauer und ein Lehrer[12], im Kreis Zamość ein Bauer[13], im Kreis Lubartów ein Lehrer[14], im Kreis Lublin ein Bauer[15], im Kreis Radzyń zwei Bauern und ein Lehrer.[16] Die Notwendigkeit, ein vollständigeres Bild von den politischen Verhältnissen zu geben, führte somit bereits zu einem für die Bauern günstigeren Zahlenverhältnis (11 : 6).

Durch umfangreiche Recherchen in gedruckten und ungedruckten Quellen und die Verknüpfung der erschlossenen Daten konnten insgesamt 47 Personen festgestellt werden, die in den Jahren 1918 bis 1926 mindestens ein Jahr lang das Amt des Vorsitzenden einer Kreisparteiorganisation (prezes zarządu powiatowego) der „Wyzwolenie" bekleideten (s. Tabelle 1, S. 36–38). Unter ihnen waren 32 Bauern, fünf Lehrer, zwei Bauernpartei- bzw. Genossenschaftsfunktionäre, ein Rechtsanwalt, zwei Ärzte, ein Buchhändler, ein Redakteur, ein Buchhalter, ein Handwerker und ein Arbeiter. Die wirkliche Zahl der Personen, die in diesem Zeitraum Kreisvorsitzende waren, liegt selbstverständlich weit höher. Sie ist bisher nicht bekannt und kann nur in sorgfältigen regionalen Untersuchungen erschlossen werden. Bei der hier vorläufig ermittelten Zahl, die sich im Verlaufe weiterer Forschungen zweifellos erhöhen wird, könnte es sich um etwa 20 % des in Frage kommenden Personenkreises handeln. Es spricht nichts dagegen, diesem Befund – zumal keinerlei Faktoren erkennbar sind, die eine einseitige Auswahl begünstigt haben könnten – bereits jetzt eine erhebliche Aussagekraft zuzubilligen und davon auszugehen, daß der Anteil der Bauern in dieser Position sich in den Grenzen zwischen zwei Dritteln und drei Vierteln bewegte. Damit wäre ein wichtiger Teilbeleg

[7] Vgl. J. Socha: Wpływy polityczne ruchu ludowego w Związku Polskiego Nauczycielstwa Szkół Powszechnych w latach 1926–1928 na terenie Polski Środkowej [Der politische Einfluß der Bauernbewegung im Verband der polnischen Lehrerschaft an allgemeinbildenden Schulen in den Jahren 1926–1928 in Mittelpolen], in: Przegląd Historyczno-Oświatowy 16 (1973), Nr. 1, S. 82.

[8] WAPL: UWL. WSP. sygn. 2063, S. 50.

[9] Ebd., S. 58.

[10] Ebd., S. 64.

[11] Ebd., S. 91.

[12] Ebd., S. 137, 139.

[13] Ebd., S. 202.

[14] Ebd., S. 182.

[15] Ebd., S. 157.

[16] Ebd., S. 223.

Tabelle 1. Kreisvorsitzende der „Wyzwolenie" 1918–1926 (unvollständig)

Name	Kreis (Wojewodschaft)	Beruf	Jahr*
Antkowski, Henryk	Płońsk (Warschau)	Bauer	1919[a]
Ballin, Stanisław	Lida (Nowogródek)	Buchhalter	1921, 1922[b]
Bardziński, Adam	Tschenstochau (Kielce)	Bauer	fehlt[c]
Ciastek, Franciszek	Sandomierz (Kielce)	Bauer	1918, 1926[d]
Ejdys, Jan	Maków Maz. (Warschau)	Bauer	1924[e]
Fijałkowski, Władysław	Petrikau (Lodz)	Funktionär	1920, 1923, 1924[f]
Grabowski, Wacław	Maków Maz. (Warschau)	Bauer	1926[g]
Gratkowski, Ignacy	Rypin (Warschau)	Rechtsanwalt	1924[h]
Gutowski, Stanisław	Grójec (Warschau)	Bauer	1926[i]
Gwiazdowicz, Michał	Rawa (Warschau)	Bauer	1921[j]
Jamróz, Wincenty	Kielce (Kielce)	Bauer	1922[k]
Janowski, Roman	Ostrów Maz. (Białystok)	Buchhändler	1921, 1923, 1926[l]
Kacprzak, Wincenty	Konin (Lodz)	Bauer	1924[m]

* Das angegebene Jahr bzw. die angegebenen Jahre sind in den meisten Fällen nur Anhaltspunkte für die Amtszeit. Die genaue Dauer der Amtszeit ist häufig nicht feststellbar. Sehr viele Kreisvorsitzende übten ihr Amt mehrere Jahre lang aus.

a Wyzwolenie Nr. 4 vom 26. 1. 1919, S. 52; Wyzwolenie Nr. 38 vom 21. 9. 1919, S. 482.

b T. Rzepecki/W. Rzepecki: Sejm i Senat 1922–1927 [Sejm und Senat 1922–1927], S. 342.

c K. Rzepecki/T. Rzepecki: Sejm i Senat 1928–1933 [Sejm und Senat 1928–1933], Poznań 1928, S. 45; AZHRL: Ż–80; J. Borkowski: Baza społeczna polskiego ruchu ludowego [Die soziale Basis der polnischen Bauernbewegung], in: WW 23 (1979), Nr. 6, S. 95.

d Wyzwolenie Nr. 4 vom 26. 1. 1919, S. 54; Wyzwolenie Nr. 12 vom 21. 3. 1926, S. 9; U narodzin „Wyzwolenia" na ziemi sandomierskiej, in: Dziennik Ludowy 1958, Nr. 277.

e K. Sarnowski: Z działalności, in: RDRL 10 (1968), S. 355; Wyzwolenie Nr. 43 vom 22. 10. 1922, S. 497.

f T. Rzepecki/W. Rzepecki: Sejm i Senat 1922–1927, S. 193; Wyzwolenie Nr. 36 vom 5. 9. 1920, S. 401; Wyzwolenie Nr. 49 vom 7. 12. 1924, S. 8.

g Słownik biograficzny działaczy ruchu ludowego [Biographisches Lexikon der Funktionäre der Bauernbewegung], Warszawa 1989, S. 129.

h Wyzwolenie Nr. 9 vom 29. 2. 1920, S. 105; Wyzwolenie Nr. 14 vom 6. 4. 1924, S. 7.

i Wyzwolenie Nr. 12 vom 21. 3. 1926, S. 9; Wyzwolenie Nr. 7 vom 12. 2. 1928, S. 9.

j Wyzwolenie Nr. 6 vom 6. 2. 1921, S. 55; Wyzwolenie Nr. 43 vom 22. 10. 1922, S. 498.

k Wyzwolenie Nr. 46 vom 13. 11. 1921, S. 426; Wyzwolenie Nr. 5 vom 29. 1. 1922, S. 41; Wyzwolenie Nr. 43 vom 22. 10. 1922, S. 498.

l K. Sarnowski: Monograficzny zarys rozwoju ruchu ludowego w powiecie Ostrów Mazowiecki [Monographischer Abriß der Entwicklung der Bauernbewegung im Kreis Ostrów Mazowiecki], S. 39, 45, AZHRL: O–128; Wyzwolenie Nr. 8 vom 21. 2. 1926, S. 10; J. Gmitruk: Wykaz wojewódzkich i powiatowych władz stronnictw ludowych [Verzeichnis der Leitungsorgane der Bauernparteien auf Wojewodschafts- und Kreisebene], in: Ruch ludowy na Mazowszu, Kurpiach i Podlasiu, S. 397.

m Wyzwolenie Nr. 43 vom 22. 10. 1922, S. 498; Wyzwolenie Nr. 44 vom 2. 11. 1924, S. 10.

Tabelle 1. Fortsetzung

Name	Kreis (Wojewodschaft)	Beruf	Jahr*
Karkowski, Tomasz	Miechów (Kielce)	Lehrer	1923, 1924[n]
Klimek, Ignacy	Lodz (Lodz)	Bauer	1923[o]
Koczara, Piotr	Pułtusk (Warschau)	Bauer	fehlt[p]
Koszacki, Bolesław	Łańcut (Lemberg)	Bauer	1926, 1927[q]
Koter, Tomasz	Puławy (Lublin)	Bauer	1919[r]
Kramarczuk, Adam	Tomaszów Lubelski (Lublin)	Bauer	1919[s]
Krupka, Stanisław	Kolno (Białystok)	Lehrer	1925, 1926[t]
Krystosik, Stanisław	Ostrołęka (Białystok)	Bauer	1921[u]
Kubat, Józef	Ostrów Maz. (Białystok)	Bauer	1919, 1920[v]
Kułaga, Józef	Wadowice (Krakau)	Bauer, Händler	1926, 1927[w]
Ledwoch, Jan	Włoszczowa (Kielce)	Funktionär	1920[x]
Małkowski, Adam	Węgrów (Lublin)	Arzt	1922, 1923[y]
Mazecki, Sylwester	Hrubieszów (Lublin)	Handwerker	1922[z]
Michalik, Paweł	Ostrów Maz. (Białystok)	Bauer	1925[aa]
Mróz, Wincenty	Jędrzejów (Kielce)	Bauer	ca. 1920, 1922[ab]
Mularek, Ignacy	Turek (Lodz)	Arzt	ab 1923[ac]
Nocznicki, Tomasz	Grójec (Warschau)	Bauer	1923[ad]
Nowak, Stanisław	Końskie (Kielce)	Bergmann	ca. 1923[ae]

[n] T. Rzepecki: Sejm, S. 169; Wyzwolenie Nr. 3 vom 14. 1. 1923, S. 5; Wyzwolenie Nr. 10 vom 9. 3. 1924, S. 8.
[o] Wyzwolenie Nr. 17 vom 22. 4. 1923, S. 8; Słownik biograficzny, S. 183.
[p] B. Dymek: Ruch ludowy na Mazowszu i Podlasiu w latach 1918–1931 [Die Bauernbewegung in Masowien und Podlachien in den Jahren 1918–1931], in: Ruch ludowy na Mazowszu, Kurpiach i Podlasiu, S. 73; Wyzwolenie Nr. 43 vom 22. 10. 1922, S. 497.
[q] Wyzwolenie Nr. 6 vom 6. 2. 1927, S. 6; Wyzwolenie Nr. 7 vom 12. 2. 1928, S. 10.
[r] K. Rzepecki/T. Rzepecki: Sejm i Senat 1922–1927, S. 20; Wyzwolenie Nr. 13 vom 30. 3. 1919, S. 184.
[s] T. Rzepecki: Sejm, S. 150.
[t] Wyzwolenie Nr. 10 vom 8. 3. 1925, S. 10; Wyzwolenie Nr. 12 vom 21. 3. 1926, S. 9; Wyzwolenie Nr. 7 vom 12. 2. 1928, S. 6.
[u] Wyzwolenie Nr. 19 vom 8. 5. 1921, S. 189.
[v] Wyzwolenie Nr. 4 vom 26. 1. 1919, S. 52; Z. Tomczonek: Ruch ludowy, S. 42.
[w] Wyzwolenie Nr. 4 vom 23. 1. 1927, S. 4; Wyzwolenie Nr. 7 vom 12. 2. 1928, S. 6.
[x] Wyzwolenie Nr. 4 vom 25. 1. 1920, S. 43; T. Rzepecki: Sejm, S. 165.
[y] C. Wycech: Z myślą, S. 28; J. Gmitruk: Wykaz, S. 398.
[z] T. Rzepecki/W. Rzepecki: Sejm i Senat 1922–1927, S. 231.
[aa] Wyzwolenie Nr. 43 vom 22. 10. 1922, S. 497; Wyzwolenie Nr. 3 vom 18. 1. 1925, S. 7.
[ab] T. Rzepecki: Sejm, S. 166; Wyzwolenie Nr. 10 vom 5. 3. 1922, S. 94.
[ac] Słownik biograficzny, S. 278.
[ad] T. Rzepecki/W. Rzepecki: Sejm i Senat 1922–1927, S. 377; Wyzwolenie Nr. 20 vom 13. 5. 1923, S. 6.
[ae] T. Rzepecki/W. Rzepecki: Sejm i Senat 1922–1927, S. 198; Wyzwolenie Nr. 46 vom 13. 11. 1921, S. 426.

Tabelle 1. Fortsetzung

Name	Kreis (Wojewodschaft)	Beruf	Jahr*
Pakuła, Jan	Brzeziny (Lodz)	Bauer	1922[af]
Peda, Andrzej	Sierpc (Warschau)	Bauer	1924[ag]
Pietrzak, Andrzej	Sochaczew (Warschau)	Bauer	1921[ah]
Pijewski, Jan	Sieradz (Lodz)	Bauer	1918, 1919[ai]
Przybycień, Franciszek	Miechów (Kielce)	Bauer	ca. 1920[aj]
Pyrak, Wawrzyniec	Sochaczew (Warschau)	Bauer	1924[ak]
Rychlik, Piotr	Sieradz (Lodz)	Lehrer	1920–1931[al]
Sokołowski, Józef	Lubartów (Lublin)	Lehrer	1924[am]
Starzyński, Feliks	Lublin (Lublin)	Bauer	1924[an]
Świdziński, Lucjan	Hrubieszów (Lublin)	Lehrer	nach 1919[ao]
Tabor, Jan	Miechów (Kielce)	Bauer	1922[ap]
Tatarczak, Stefan	Lubartów (Lublin)	Bauer	ca. 1923[aq]
Tomaszkiewicz, Ignacy	Węgrów (Lublin)	Bauer	1926[ar]
Uciński, Władysław	Mława (Warschau)	Bauer	1918as
Urbaniec, Jan	Święcany (Wilna)	Redakteur	ca. 1924[at]
Zajda, Wojciech	Stopnica (Kielce)	Bauer	ca. 1920[au]

[af] Do drobnych rolników powiatu brzezińskiego. Obywatele! [An die Kleinbauern des Kreises Brzeziny. Bürger!], Brzeziny I 1922, AZHRL: U–II/454; Wyzwolenie Nr. 43 vom 22. 10. 1922, S. 498; Wyzwolenie Nr. 11 vom 11. 3. 1923, S. 2.

[ag] Wyzwolenie Nr. 43 vom 22. 10. 1922, S. 497; J. Gmitruk: Wykaz, S. 397.

[ah] Wyzwolenie Nr. 27 vom 3. 7. 1921, S. 264.

[ai] P. Rychlik: Działalność do 1930 r., S. 2, AZHRL: P–286; Wyzwolenie Nr. 3 vom 19. 1. 1919, S. 42; Wyzwolenie Nr. 51 vom 21. 12. 1919, S. 629.

[aj] T. Rzepecki: Sejm, S. 167.

[ak] Wyzwolenie Nr. 43 vom 22. 10. 1922, S. 498; Wyzwolenie Nr. 40 vom 5. 10. 1924, S. 7.

[al] P. Rychlik: Działalność do 1930 r., S. 3, AZHRL: P–286; Wyzwolenie Nr. 26 vom 25. 6. 1922, S. 272.

[am] Wyzwolenie Nr. 28 vom 13. 7. 1924, S. 13; WAPL: UWL. WSP. sygn. 2170, S. 221.

[an] Słownik biograficzny, S. 58f.; T. Rzepecki: Sejm, S. 155f.

[ao] Słownik biograficzny, S. 399.

[ap] T. Rzepecki: Sejm, S. 169; Wyzwolenie Nr. 17 vom 23. 4. 1922, S. 178.

[aq] T. Rzepecki/W. Rzepecki: Sejm i Senat 1922–1927, S. 221.

[ar] J. Gmitruk: Wykaz, S. 398; WAPL: UWL. WSP. sygn. 2170, S. 225.

[as] Słownik biograficzny, S. 415.

[at] Wyzwolenie Wsi, 1924, Nr. 1, S. 10, und Nr. 11, S. 8.

[au] T. Rzepecki: Sejm, S. 167.

für die oben geäußerte Vermutung, Bauern könnten die große Mehrheit der ehrenamtlichen Führungskräfte auf Lokal- und Kreisebene gestellt haben, erbracht.

In Leitungs- und Vorstandsämter gewählte Parteimitglieder zeichneten sich nicht nur durch große Aktivität in ihren Ortsvereinen aus, sondern waren nahezu immer auch in den verschiedensten Bereichen des öffentlichen Lebens ihrer Gemeinden tätig. Sie waren Mitglied des Gemeinderates oder Gemeindevorsteher, Mitglied des Kreistages und seiner Ausschüsse, an der Gründung und Leitung von landwirtschaftlichen Kredit-, Meierei-, Einkaufs- und Verkaufsgenossenschaften beteiligt, Mitglied des Schulrates, Organisator und Vorstandsmitglied der Freiwilligen Feuerwehr, des Landjugendverbandes usw.[17] Häufig hatten sie Kurse der um die Jahrhundertwende gegründeten Landwirtschaftsschule in Pszczelin besucht, an der Maksymilian Malinowski, Jadwiga Dziubińska, Edward Abramowski und viele andere bekannte Pädagogen und Wissenschaftler die Bauernjugend in einem unabhängigen Geist fachlich, sozial und patriotisch bildeten und sie vor allem selbständige gesellschaftliche Initiative lehrten.[18] Eine große Zahl dieser gesellschaftlich aktiven, oft jungen Bauern hatte sich während des Krieges im Rahmen der Polnischen Militärorganisation (POW) für die Unabhängigkeit des Landes eingesetzt und interessierte sich von daher allgemein für politische Fragen. Sie waren in der Regel gut wirtschaftende Landwirte und für Neuerungen aufgeschlossen, wodurch ihre hohe Autorität und ihr Einfluß im bäuerlichen Milieu noch verstärkt wurden. Es war diese Gruppe, aus der sich die bäuerlichen Abgeordneten der „Wyzwolenie“ rekrutierten.

2.2. Berufe der Parteielite (Fraktion, Vorstand)

Etwas günstiger, wenn auch nicht zufriedenstellend ist die Quellenlage hinsichtlich der Berufsstruktur der Parteielite auf zentraler Ebene. Dabei läßt sich noch am vollständigsten die professionelle Zusammensetzung der Sejmfraktion der „Wyzwolenie“ ermitteln. Bei der Wahl zum Verfassunggebenden Sejm erlangte die Partei im Januar 1919 57 Mandate. Allein 42 Fraktionsmitglieder, d. h. 74 %, waren Bauern.[19] Die zweitstärk-

[17] Die gesellschaftliche und politische Aktivität dieser Gruppe von Bauern ist sehr gut in den Quellen dokumentiert. Wójt, d. h. Gemeindevorsteher, waren zum Beispiel neben vielen anderen Parteimitgliedern Franciszek Wojda in Bielawy, Kreis Łowicz (J. Socha: Wieś łowicka w latach 1918–1928 [Die Dörfer im Gebiet Łowicz in den Jahren 1918–1928], S. 158 f.), Jasiński in Boguszyce, Kreis Nieszawa (Wyzwolenie Nr. 36 vom 7. 9. 1924, S. 6), Tomasz Opas in Brudzew, Kreis Koło (Wyzwolenie Nr. 36 vom 7. 9. 1919, S. 458), Kazimierz Nykiel in Zadzim, Kreis Sieradz (Wyzwolenie Nr. 4 vom 21. 1. 1926, S. 10), Wincenty Kacprzak im Kreis Konin (Wyzwolenie Nr. 44 vom 2. 11. 1924, S. 10), Grzegorz Sosnowiec in Tarnawatka, Kreis Tomaszów Lubelski (WAPL: UWL. WSP. sygn. 2170, S. 224), Tomasz Koter im Kreis Puławy (Wyzwolenie Nr. 13 vom 30. 3. 1919, S. 184) sowie die 1919 in den Sejm gewählten Bauern Stanisław Kielak, Julian Makuch, Stanisław Pękała, Stanisław Pomarański und Kazimierz Wojtaszek (T. Rzepecki: Sejm, S. 142, 154, 158, 179). Vgl. auch P. Rychlik: Działalność do 1930 r. [Die Tätigkeit bis 1930], AZHRL: P-286, S. 6; C. Wycech: Z myślą o Polsce Ludowej [Mit dem Gedanken an Volkspolen], Warszawa 1959, S. 29.

[18] Absolventen dieser Einrichtung waren beispielsweise die Wyzwoleńcy Jan Ejdys, Jan Duro, Michał Gwiazdowicz, Piotr Koczara, Jan Smoła, Jan Zalewski und viele andere. Vgl. H. Brodowska: Pszczelin – pierwsza ludowa szkoła rolnicza w Polsce [Pszczelin – die erste bäuerliche Landwirtschaftsschule in Polen], in: WW 15 (1971), Nr. 1, S. 89.

[19] Z. Hemmerling: Klub „Wyzwolenie“ w Sejmie Ustawodawczym (1919–1922) [Die Fraktion der PSL „Wyzwolenie“ im Verfassunggebenden Sejm (1919–1922)], in: RDRL 22 (1982), S. 32.

ste Gruppe in der Fraktion stellten 11 Lehrer. Die restlichen Plätze nahmen je ein Agronom, Rechtsanwalt, Journalist und Beamter ein. Der Bauernanteil in den Fraktionen der beiden anderen Bauernparteien PSL „Piast“ und „PSL-Lewica“ lag mit 70% bzw. 80% ebenfalls sehr hoch.[20] In der absoluten Zahl der Bauern wurde die Fraktion der „Wyzwolenie“ zunächst von keiner anderen übertroffen. Nach der Vereinigung der Fraktionen von „Wyzwolenie“ und „Piast“ und ihrer erneuten Trennung im Dezember 1919 befanden sich allerdings viele der bisherigen bäuerlichen „Wyzwolenie“-Abgeordneten im „Piast“.

Die Wahl im November 1922 brachte 48 Vertreter der „Wyzwolenie“, darunter nur noch 14 Bauern, in den Sejm.[21] Das entsprach einem Anteil von 29%. Die übrigen Abgeordneten waren etwa zu je einem Viertel Journalisten und Lehrer bzw. Hochschullehrer. Ein weiteres Viertel stellten Beamte und Rechtsanwälte. Außerdem gehörten der Fraktion je ein Agronom, Arzt, Ingenieur, Techniker, Handwerker, Arbeiter und Offizier an. Der Hauptgrund für die Aufstellung von mehr nichtbäuerlichen Kandidaten im Jahre 1922 lag vermutlich im Bestreben der Führung, ausgehend von enttäuschenden Erfahrungen im Verfassunggebenden Sejm, eine Reihe von Fachleuten für die parlamentarische Arbeit zu gewinnen. Die Zahl der Bauern ging 1922 übrigens in allen Fraktionen zurück. Auch in der Fraktion des „Piast“ saßen nur noch 19 Bauern unter 70 Abgeordneten (27%).[22] Die Erklärung des Abgeordneten Józef Putek im April 1923 im Zentralorgan, daß in der „Wyzwolenie“ die selbst auf dem Acker arbeitenden Bauern fast die Hälfte der Fraktion bildeten[23], war lediglich eine propagandistische Behauptung. Die Anhänger sollten auf diese Weise davon überzeugt werden, daß die eigene Partei weitaus bäuerlicher war als die angeblich von Bürokraten und städtischen Karrieristen geleitete Partei „Piast“.

Die berufliche Zusammensetzung des Hauptvorstandes der „Wyzwolenie“ ist zwar nicht völlig, jedoch hinreichend genau bestimmbar. So waren in den Jahren 1919 und 1920 jeweils mindestens 8 von 24 Vorstandsmitgliedern Bauern. Im Jahre 1919 waren dies B. Stolarski, J. Tabor, T. Nocznicki, T. Kurczak, B. Dzikowski, J. Smoła, F. Górny und S. Tatarczak. Hinzu kam der Bauernfunktionär A. Waleron. Am 23. 2. 1920 wurden in den Vorstand die Bauern J. Smoła, J. Tabor, T. Nocznicki, F. Szymański, F. Górny, W. Baranowski, B. Dzikowski und S. Tatarczak sowie die Bauernfunktionäre W. Fijałkowski und A. Waleron gewählt.

Wie die nachstehende Tabelle zeigt, gehörten im Jahre 1921 dem nun 25köpfigen Vorstand sogar 10 Bauern an. Die im zentralen Parteiorgan veröffentlichte Reihenfolge der Namen der Vorstandsmitglieder dürfte dem Wahlergebnis auf dem Parteitag vom

[20] A. AJNENKIEL: Parlamentaryzm II Rzeczypospolitej [Der Parlamentarismus der Zweiten Republik], Warszawa 1975, S. 134.

[21] Grundlage der ermittelten Zahl ist das amtliche Abgeordnetenverzeichnis Skład osobowy Sejmu Rzeczypospolitej Polskiej w dniu 15 lutego 1923 r. [Personelle Zusammensetzung des Sejm der Republik Polen am 15. Februar 1923], Warszawa 1923. Es enthält bei 15 Abgeordneten die Berufsbezeichnung „rolnik“ (Landwirt) und soll nach eingehendem Vergleich mit entsprechenden biographischen Angaben in anderen Quellen in einigen Punkten korrigiert werden: Feliks Hołowacz war zwar Sohn eines Mittelbauern, übte diesen Beruf selbst jedoch nicht aus. Vgl. B. DYMEK: Niezależna Partia Chłopska, S. 403–405. Antoni Szapiel konnte wohl trotz seiner Tischlerausbildung als Bauer betrachtet werden. Ebd. S. 413f. Zur Einordnung von Andrzej Waleron siehe S. 41.

[22] J. BORKOWSKI: Działalność, S. 212.

[23] Wyzwolenie Nr. 16 vom 15. 4. 1923, S. 5.

6. März 1921 entsprochen haben.[24] Informationen zu ihrer beruflichen Tätigkeit bieten in den meisten Fällen die in den Jahren 1920 und 1923 erschienenen Werke von Tadeusz Rzepecki und Tadeusz und Witold Rzepecki.[25] Schwierigkeiten bereitet die Einordnung von Władysław Fijałkowski und Andrzej Waleron. W. Fijałkowski, Sohn eines Kleinbauern, wurde einerseits als Bauer[26], andererseits als Angestellter[27] bezeichnet. Er hat jedoch nur in seiner Jugend auf dem Hof gearbeitet und war nach Kriegsende ausschließlich, auch hauptberuflich, in bäuerlichen Wirtschaftsorganisationen und Genossenschaften tätig.[28] A. Waleron, durchweg als Bauer bezeichnet[29], entstammte einer bäuerlichen Familie und hatte eine Lehrerausbildung absolviert. Als Lehrer arbeitete er jedoch nur bis zum Jahre 1916 und übte danach eine Vielzahl von Funktionen in Staat (Starost, Selbstverwaltung), Partei und Gesellschaft aus.[30] Wenn er seinem Selbstverständnis nach auch Bauer gewesen sein mag, scheint es doch nicht möglich, ihn vorbehaltlos dieser Gruppe zuzurechnen.[31] Sowohl Fijałkowski als auch Waleron waren nicht nur durch ihre Herkunft, sondern auch durch ihre Arbeit fest im ländlichen Leben verwurzelt und genossen wegen ihrer Fähigkeiten bei ihren bäuerlichen Anhängern eine hohe Autorität. Sie sollen an dieser Stelle, keineswegs abwertend, als „Bauernfunktionäre" bezeichnet werden. Sie waren genaugenommen „ideelle Bauern" und regionale Bauernführer in einer Person.

Für die Jahre 1922 bis 1926 läßt sich die Berufsstruktur des Vorstandes nicht mit gleicher Genauigkeit ermitteln wie für die ersten Jahre. Es können jedoch für diesen Zeitraum – abgesehen von den 1919 und 1922 als Abgeordnete hervorgetretenen Bauern und einigen anderen prominenten Bauern aus der Führungsgruppe – zahlreiche weitere Vorstandsmitglieder als Bauern identifiziert werden: Adam Bardziński[32], Roman Bilski[33], Franciszek Czerechowicz[34], Tomasz Gabryś[33], Michał Gwiazdowicz[33], Piotr Kaczyński[35], Piotr Koczara[33], Franciszek Kominek[35], Bolesław Koszacki[36], Tomasz Koter[37], Józef Kułaga[36], Stanisław Malicki[34], Adam Małkiewicz[38], Paweł Michalik[33], Tomasz Opas[33], Piotr Ostręga[39], Jan Pakuła[33], Andrzej Pietrzak[33], E. Stefanowicz[40],

24 Wyzwolenie Nr. 11 vom 13. 3. 1921, S. 116.

25 T. Rzepecki: Sejm Rzeczypospolitej Polskiej 1919 roku, Poznań 1920; T. Rzepecki/W. Rzepecki: Sejm i Senat 1922–1927, Poznań 1923.

26 Ebd., S. 193.

27 Skład osobowy, S. 12.

28 W. Fijałkowski: Pamiętniki, cz. III, AZHRL: P-282a, S. 212–367.

29 T. Rzepecki: Sejm, S. 165; T. Rzepecki/W. Rzepecki: Sejm i Senat 1922–1927, S. 201; Skład osobowy, S. 35.

30 Vgl. S. Lato: Andrzej Waleron (1882–1969), in: RDRL 18 (1976), S. 207–217.

31 Der Historiker Tadeusz Kisielewski meint: „Waleron war in seinem Gebiet in der Position eines Intelligenzlers, eines Lehrers, tätig." T. Kisielewski: Heroizm i kompromis. Portret zbiorowy działaczy ludowych [Heroismus und Kompromiß. Ein Sammelporträt führender Vertreter der Bauernbewegung], cz. I, Warszawa 1977, S. 323.

32 AZHRL: Ż-254, S. 4ff.

33 Wyzwolenie Nr. 43 vom 22. 10. 1922.

34 Wyzwolenie Nr. 44 vom 29. 10. 1922.

35 Wyzwolenie Nr. 4 vom 26. 1. 1919.

36 Wyzwolenie Nr. 7 vom 12. 2. 1928.

37 K. Rzepecki/T. Rzepecki: Sejm i Senat 1928–1933, S. 58.

38 Wyzwolenie Nr. 8 vom 19. 2. 1928.

39 B. Dymek: Geneza Niezależnej Partii Chłopskiej [Die Genese der Unabhängigen Bauernpartei], in: RDRL 9 (1967), S. 49.

40 Ebd., S. 23.

Tabelle 2. Berufsstruktur des Hauptvorstandes der PSL „Wyzwolenie" im Jahre 1921 (6. 3. 1921–6. 3. 1922)

1. Stolarski, Błażej	Bauer
2. Poniatowski, Juliusz	Agronom
3. Malinowski, Maksymilian	Redakteur des Parteiorgans „Wyzwolenie"
4. Tabor, Jan	Bauer
5. Nocznicki, Tomasz	Bauer
6. Thugutt, Stanisław	Publizist, Betriebsdirektor
7. Smoła, Jan	Bauer
8. Woźnicki, Jan	Lehrer
9. Kosmowska, Irena	Lehrerin, Redakteurin
10. Waleron, Andrzej	Bauernfunktionär
11. Rudziński, Eustachy	Schulinspektor
12. Bagiński, Kazimierz	Journalist
13. Radlińska, Helena	Pädagogin[a]
14. Ledwoch, Jan	Redaktionssekretär
15. Baranowski, Wincenty	Bauer
16. Margol, Marcin	Journalist[b]
17. Szymański, Franciszek	Bauer
18. Nowicki, Zygmunt	Schulleiter
19. Górny, Franciszek	Bauer
20. Niedzielski, Tadeusz	Redakteur
21. Tatarczak, Stefan	Bauer
22. Dzikowski, Błażej	Bauer
23. Fijałkowski, Władysław	Bauernfunktionär
24. Jemielewski, Tytus	Ingenieur (Landwirtschaft)
25. Kruk, Ludwik	Bauer[c]

[a] Helena Radlińska (1879–1954) war Praktikerin und Theoretikerin des außerschulischen ländlichen Bildungswesens, Bildungshistorikerin und Publizistin. Vgl. T. Kisielewski: Heroizm i kompromis, cz. II, Warszawa 1979, S. 171 ff.

[b] Wyzwolenie Nr. 4 vom 26. 1. 1919, S. 52.

[c] Ebd., S. 53.

Antoni Tajanowicz[34], Tomasz Turczyń[36] und Bolesław Wnuk.[33] Es ist darüber hinaus zu berücksichtigen, daß unter denjenigen Vorstandsangehörigen, deren Beruf überhaupt nicht geklärt werden konnte, sehr wahrscheinlich weitere Bauern waren. Nur richteten sich deren Aktivitäten und Ambitionen ausschließlich auf den lokalen Bereich und schlugen sich weniger in den Quellen nieder. Man wird insgesamt davon ausgehen können, daß dem Vorstand auch in den Jahren 1922 bis 1926 etwa 35 bis 40% Bauern angehört haben.

Am schwächsten repräsentiert waren Bauern im Partei- und im Fraktionspräsidium. Während von 1918 bis 1921 außer dem Parteivorsitzenden, dem Bauern Błażej Stolarski, noch die Bauern Tomasz Nocznicki und Jan Tabor Mitglieder des Parteipräsidiums waren, gehörte in den Jahren danach in der Regel nur noch ein einziger Bauer dem vier- bzw. fünfköpfigen Gremium an. Nach März 1921 wurde kein Landwirt mehr Parteivorsitzender. Im Fraktionspräsidium sah es kaum besser aus: Hier hatte Stolarski bis 1922 und dann wieder nach dem Sturz des Lehrers Eustachy Rudziński im Frühjahr 1925 den Fraktionsvorsitz inne. Unter den drei bis vier Stellvertretern des Fraktionsvorsitzenden sowie unter den Sekretären der Partei gab es jedoch in der Regel keine Bauern. Völlig untypisch wurden lediglich im Frühjahr 1925 drei Bauern (J. Szafranek, S. Tatarczak und A. Waleron) in die Ämter stellvertretender Fraktionsvorsitzender gewählt. Sie blieben dies allerdings nur vorübergehend und schieden in den folgenden Monaten im Zusammenhang mit innerparteilichen Auseinandersetzungen wieder aus, so daß nach einem Jahr der frühere Zustand wiederhergestellt war.

2.3. Die Basis: Klein- und Mittelbauern

Welche Bauern waren es nun, die der Partei angehörten? Und welche Bauern saßen in den Leitungsgremien auf den verschiedenen Ebenen und in der Parlamentsfraktion? Diese Fragen lassen sich nicht in einem Satz beantworten.

Zuvor sind jedoch, im Vorgriff auf die Ausführungen zur Agrarstruktur, die verschiedenen Schichten der polnischen Bauernschaft zu nennen. Dies waren:

1. Parzellenbauern	unter 2 ha
2. Kleinbauern	von 2 bis 5 ha
3. Mittelbauern	von 5 bis 10 ha und von 10 bis 20 ha
4. Großbauern	von 20 bis 100 ha

Diese Klassifizierung der polnischen Bauern folgt der Einteilung der bäuerlichen Betriebe nach Größen.[41] Es versteht sich, daß diese Begriffe nur eine relative Bedeutung haben können. Nicht allein die Größe des Hofes, sondern auch die Güte des Bodens, die Absatzmöglichkeiten und viele andere Faktoren entschieden über seine Ertragslage und die Zuordnung seines Besitzers zu einer bestimmten sozialen Gruppe im Dorf.

Die Parzellen- oder Kleinstbauern auf in der Regel nicht lebensfähigen Zwergwirtschaften unter 2 ha bildeten die relativ große bäuerliche Unterschicht.[42] Sie werden

[41] F. Hellwege: Agrarverfassung und Agrarreform in Polen, S. 162, in: Die agrarischen Umwälzungen im außerrussischen Osteuropa, hrsg. von M. Sering, Berlin und Leipzig 1930.

[42] Zur sozialen Gliederung und wirtschaftlichen Lage der bäuerlichen und ländlichen Bevölkerung überhaupt vgl. M. Mieszczankowski: Struktura agrarna i społeczna wsi polskiej w okresie międzywojennym [Die Agrar- und Sozialstruktur des polnischen Dorfes in der Zwischenkriegszeit], in: Historia chłopów polskich [Geschichte der polnischen Bauern], T. 3, Warszawa 1980, S. 171 f.; ders.: Struktura agrarna Polski międzywojennej [Die Agrarstruktur Polens in der Zwischenkriegszeit], Warszawa 1960, S. 33.

auch als dörfliches Halbproletariat bezeichnet. Parzellenbauern waren notwendigerweise auf Nebenverdienste angewiesen. Ihre Ausstattung mit Inventar war außerordentlich gering; in der Regel hatten sie kein eigenes Pferd, auch eine Kuh besaßen lediglich 73 % von ihnen.

Für die ebenfalls zahlreichen Kleinbauern mit 2–5 ha an Grund und Boden war kennzeichnend, daß der vorhandene Boden noch nicht ausreichte, die Familie voll zu beschäftigen bzw. sie zu ernähren. Die arbeitsfähigen Familienmitglieder waren gezwungen, sich zeitweise als Lohnarbeiter zu verdingen. Je nach Größe der kleinbäuerlichen Wirtschaft war die Lohnarbeit Haupt- oder Nebenberuf. Die meisten dieser typischen Kleinbauern waren im Besitz eines Pferdes und einer Kuh, einige wenige auch bereits einer zweiten Kuh. Die obere Grenze der von Kleinbauern bewirtschafteten Ackerfläche lag nur im Westen und im Zentrum des Landes bei etwa 5 ha. Auf den schlechten Böden im Osten erreichte sie bis zu 8 ha; auf besonders guten Böden in Galizien konnte sie niedriger liegen.

Charakteristikum der Mittelbauern mit einem Besitz von etwa 5–10 ha war, daß sie die Arbeitskraft der eigenen Familie ausnutzen konnten, ohne bereits Lohnarbeiter beschäftigen zu müssen. Der typische „średniak“ (Mittelbauer) besaß damals ein Pferd und zwei Kühe. Der Unterhalt der Familie war völlig gesichert. Bisweilen wurden Überschüsse erzielt, die zum Ausbau des Betriebes (Mechanisierung, Modernisierung) dienten. Größere Mittelbauern mit mehr als 10 ha wirtschafteten ähnlich, griffen jedoch bereits zeitweise in unterschiedlichem Maß auf Lohnarbeit zurück. Sie hatten im Durchschnitt zwei Pferde und drei Kühe. Ein beträchtlicher Teil der Mittelbauern konnte aus dörflicher Sicht als wohlhabend bezeichnet werden.

Ausgesprochene Großbauern ab 20 ha und mehr waren relativ selten. Da die Arbeitskraft ihrer Familien nicht mehr zur Bestellung des Bodens ausreichte, waren bei ihnen fremde Kräfte ständig in Lohn und Brot. In sehr großen großbäuerlichen Betrieben konnte sich der Besitzer auf die Leitung beschränken, während die Tätigkeiten von landwirtschaftlichen Arbeitern verrichtet wurden. Produziert wurde hier für den Markt.

Bei der Quellenanalyse nun sollen die offiziellen Parteidokumente am Anfang stehen. Betrachtet man das Statut, ergibt sich das Bild einer Partei, die sich anfangs stärker an Kleinbauern und Landarbeiter wandte. Hiervon zeugt die ursprüngliche Formulierung, „alle kleinen Landwirte und auf dem Lande Tätigen, die von eigener Hände Arbeit leben“, sollten sich in der Partei sammeln.[43] In der späteren Fassung wurden diese Adressaten nicht mehr genannt. Die Programme ließen von vornherein keine ausdrückliche Begrenzung auf bestimmte Teile der ländlichen Bevölkerung erkennen, wenn auch das Agrarprogramm vom November 1918 landwirtschaftliche Betriebe in einer Größe von etwa 10–20 ha für wünschenswert hielt[44] und das von 1925 „selbständige und lebensfähige kleine Wirtschaften“ als Fundament der Entwicklung Polens bezeichnete. Im Programm von 1925 sah sich die Partei schlicht als „politische Organisation des polnischen Landvolkes“.[45] Sie wählte damit einen sehr umfassenden Begriff, der theoretisch beinahe die gesamte ländliche Bevölkerung betraf.

In der eigenen Presse, in Broschüren und Flugblättern hingegen hat sich die Partei vielfach als Verteidigerin der Interessen von Kleinbauern präsentiert. Sie setzte diesen Akzent besonders deutlich im Wahlkampf des Jahres 1922, als sie auf ihre bisherige parlamentarische Arbeit zugunsten der kleineren Bauern verwies: Sie habe sich bei-

---

[43] Ustawa, S. 3.

[44] Materiały źródłowe, T. I, S. 488.

[45] Programy, S. 224.

spielsweise für die Abschaffung der Erbschaftssteuer und für die Ermäßigung der Einkommenssteuer für Kleinbauern eingesetzt und dabei Teilerfolge erzielt.[46] Sie unterstrich auch ihre Rolle, die sie bei der Gründung des Bäuerlichen Servituten-Verbandes gespielt hatte.[47] In seiner Schrift „Drobny rolniku, rozważ to sobie!" (Kleinbauer, überlege es dir!) führte Błażej Stolarski im Jahre 1922 eine ganze Palette von Forderungen der Partei an[48], deren Verwirklichung gewiß im Interesse der Kleinbauern, jedoch – und dies ist wichtig – nicht nur in deren, sondern ebenso in dem der Mittelbauern lag. Diese Forderungen betrafen die Hebung des kulturellen bzw. des Bildungsniveaus und die Förderung der Agrarkultur, den Ausbau der Selbstverwaltung, des Genossenschaftswesens und anderes.

Ebenso stellte zum Beispiel ein formal an die Kleinbauern des Kreises Brzeziny gerichtetes Flugblatt der dortigen Kreisparteileitung eigentlich eine Mitteilung an fast die gesamte Bauernschaft des Kreises dar, ging es in ihm doch um wichtige Budgetauseinandersetzungen im Kreistag.[49] Die Kreistagsmehrheit hatte die Finanzierung der Landwirtschaftsschule sowie der Stellen je eines Landwirtschafts- und Feuerwehrinstrukteurs abgelehnt – ein Affront gegenüber dörflichen Interessen schlechthin –, woraufhin sämtliche fünf „Wyzwolenie"-Abgeordneten „aus Protest gegen die Politik der Gutsbesitzermehrheit im Kreistag" ihren Rücktritt erklärten.

Auch weitere Erklärungen der Partei und ihrer Führer deuten eher darauf hin, daß die Bezeichnung Kleinbauer (drobny rolnik) nicht eng ausgelegt, sondern in einem weiteren Sinne verstanden wurde. Auffällig ist ferner die häufige Gegenüberstellung der Begriffe Kleinbauer und Großgrundbesitzer (obszarnik). Immer wieder wurden die großen Landbesitzer als ökonomische und letztlich auch als politische Gegner angesehen, und zwar nicht nur der tatsächlichen Kleinbauern mit einem Landbesitz bis zu 5 ha, sondern auch der besser gestellten bäuerlichen Kreise, insbesondere der Mittelbauern mit einem Landbesitz von bis zu 10 ha. Anders lassen sich Äußerungen wie die folgenden kaum verstehen. Anläßlich der Verabschiedung des Vermögenssteuergesetzes im Dezember 1921[50] hieß es im Parteiorgan: „Die Fraktion der Wyzwolenie hielt das Gesetz für die bäuerlichen Landwirte und den Bauernadel für zu hart, für besonders hart jedoch für die mit wenig Land ausgestatteten Bauern und für zu rücksichtsvoll gegenüber den reichen Großgrundbesitzern."[51] Den Änderungsantrag des Abgeordneten Wojdaliński aus der Fraktion der rechtsstehenden „Narodowe Zjednoczenie Ludowe" habe die Partei, so der Bericht weiter, ebenfalls abgelehnt, da „er dem Fiskus

---

[46] Zarząd Główny PSL Wyzwolenie w związku z wyborami sejmowymi przypomina i charakteryzuje program i działalność stronnictwa w latach 1915–1922 [Im Zusammenhang mit den Sejmwahlen bringt der Hauptvorstand der PSL „Wyzwolenie" das Programm und die Tätigkeit der Partei in den Jahren 1915–1922 in Erinnerung und charakterisiert diese], in: Pisma ulotne stronnictw ludowych w Polsce 1895–1939 [Flugblätter der Bauernparteien in Polen 1895–1939], Warszawa 1971, S. 101.

[47] Erster Vorsitzender der im April 1922 entstandenen Organisation Chłopski Związek Serwitutowy war der Jurist Wacław Łypacewicz, ein Vorstandsmitglied der „Wyzwolenie". Ebd., S. 103.

[48] B. Stolarski: Drobny rolniku, rozważ to sobie! [Kleinbauer, überlege es dir!], Warszawa 1922.

[49] Do drobnych rolników powiatu Brzezińskiego. Obywatele! [An die Kleinbauern des Kreises Brzeziny, Bürger!], AZHRL: U–II/454.

[50] Der Sejm nahm das Finanzreformgesetz am 16. 12. 1921 nach stürmischer Sitzung mit geringer Mehrheit der Rechten gegen die opponierende Linke an. Es handelte sich um eine einmalige Vermögensabgabe zwecks Herstellung des Gleichgewichts im Staatsbudget.

[51] Czego chciało „Wyzwolenie", co uchwalił Sejm – porównanie [Was die „Wyzwolenie" wollte und was der Sejm beschloß – ein Vergleich], in: Wyzwolenie Nr. 52 vom 25. 12. 1921, S. 475. Zum Begriff „Bauernadel" siehe S. 54.

wenig von den großen Landbesitzern einbrachte und die Klein- und Mittelbauern sowie den Bauernadel nicht im mindesten verteidigte".[52] Mithin wäre es die „Wyzwolenie" gewesen, die mit ihrem durch den Abgeordneten Poniatowski gestellten, von der Sejmmehrheit abgelehnten Antrag für die Interessen der genannten bäuerlichen Gruppen eintrat. Poniatowskis Antrag sah in der Tat progressiv ansteigende Bemessungssätze vor, niedrige für kleinere und mittlere Landwirtschaften und sehr hohe für den Großgrundbesitz.

Daß der Begriff „drobny rolnik" nicht nur die ausgesprochen landarmen Bauern umfaßte, läßt auch eine Formulierung des Parteivorstandes in einem Rundschreiben vom August 1925 über den Stand der Sejmberatungen zur Agrarreform erkennen. Er übte Kritik an den Sozialisten und am Piast, die beide angeblich nur die Interessen ihrer zahlenmäßig relativ schwachen Klientel, der Knechte und Landarbeiter einerseits und der reichen Großbauern andererseits, vertraten: „Wir verstehen nicht, wie man die zahlenmäßig stärkste Schicht der Kleinbauern, nämlich die Besitzer von 2, 4, 5 und 10 Morgen benachteiligen, ja einfach schädigen kann ..."[53] Auch Bauern mit mehr als 10 Morgen Land waren im Verständnis des Vorstandes demnach der größeren Gruppe der Kleinbauern zuzurechnen. Denn die genannten kleineren Besitzer stellten ja lediglich *eine* Schicht der Kleinbauern dar.

In diesem Rundschreiben wurde im übrigen auch eingeräumt, daß sich wohlhabendere Bauern in der Partei und in der Fraktion befanden: „Wir sind den Knechten aufrichtig wohlgesinnt und werfen auch den Bauern mit mehr Land nicht ihren Reichtum vor, um so mehr, da wir in unserer Partei viele von ihnen und in der Fraktion einige von ihnen haben. Aber das sind Idealisten, Leute, die sich durch Arbeit und Bildung hochgearbeitet haben ..." Die Begriffe „drobny rolnik" (Kleinbauer, wörtlich: kleiner Landwirt) und „chłop" (Bauer, Landmann) wurden in der Partei vermutlich nicht selten fast synonym gebraucht, wobei jedoch das Wort „chłop" dann eine eingeschränkte Bedeutung hatte, denn es sollte die wenigen sehr reichen Bauern mit Wirtschaften von einigen -zig Hektar nicht einschließen. Gegebenenfalls mußte dies der Kontext verdeutlichen.

In Berichten der Verwaltungsbehörden der Wojewodschaft Lublin aus den Jahren 1922 und 1926 – die Starosten berichteten dem Wojewoden über das politische Geschehen in ihren Kreisen – wurde die „Wyzwolenie" überwiegend als Partei von Kleinbauern gesehen.[54] Dabei hatten die berichtenden Beamten über die zum Teil zufälligen Besucher von Parteikundgebungen hinaus manchmal ausdrücklich deren Anhängerschaft insgesamt im Blick. Im Schreiben des Starosten von Sokołów an die vorgesetzte Behörde hieß es im Juli 1926 ohne Zögern und Einschränkung: „Die Anhänger der Partei sind die kleinen Landwirte."[55] Verschiedentlich wurde daneben das Interesse von Landarbeitern an der Partei notiert.[56]

Für die Wojewodschaft Kielce hat Henryk Kowalczyk ermittelt: „Alle Starosten erklärten, daß die ‚Wyzwolenie' die Kleinbauern und das besitzlose Bauerntum um sich

---

[52] Ebd.

[53] Pismo Okólne – Komunikat Polityczno-Organizacyjny [Rundschreiben – Politisch-organisatorische Mitteilung], in: Wyzwolenie Nr. 34 vom 23. 8. 1925, S. 9.

[54] Berichte des Starosten von Węgrów vom 11. 5. und 31. 5. 1922, WAPL: UWL. WSP. sygn. 2170, S. 60, 63; Bericht des Starosten von Sokołów vom 15. 7. 1926, WAPL: UWL. WSP. sygn. 2063, S. 95; Bericht des Starosten von Lublin vom 1. 12. 1926, ebd., S. 210.

[55] Ebd., S. 95 (Sokołów).

[56] Ebd., S. 111 (Biała Podlaska, 20. 7. 1926), S. 210 (Lublin, 1. 12. 1926).

gruppiert, der ,Piast' hingegen das wohlhabende Bauerntum, die Intelligenz und manchmal sogar Arbeiter."[57] Der Wojewode von Lodz schließlich berichtete im Jahre 1926 an das Innenministerium in Warschau, daß „der Einfluß der polnischen Bauernpartei ,Wyzwolenie' auf die Landarmen und Landlosen gleichgeblieben" bzw. „der Einfluß dieser Partei auf die Kleinbauern und Landlosen zum Schaden der polnischen Bauernpartei ,Piast' stärker geworden" sei.[58] Es ist schwer zu beurteilen, vermutlich eher zu bezweifeln, ob den behördlichen Einschätzungen genaue Analysen zugrunde lagen. Auch läßt es ihre geringe Zahl nicht zu, Verallgemeinerungen, etwa der Art, die Parteimitglieder seien ausschließlich kleine Bauern und Landarbeiter gewesen, vorzunehmen. Auffällig ist, daß in keinem Falle ausgesprochen wohlhabende und reiche Bauern als die Träger und Anhänger der „Wyzwolenie" genannt werden.

Die Berichte werden allerdings wohl nicht selten recht gut den häufig auf Versammlungen und Kundgebungen der Partei herrschenden verbalen Radikalismus erfaßt haben, der seine Ursache in der Ungeduld junger und aktiver bäuerlicher Mitglieder an der Basis und in einem die Zuhörer überzeugen wollenden Auftreten der Parteiführer und Abgeordneten hatte. Bisweilen wurde hierbei seitens der Bauernführer auch zu demagogischen Mitteln gegriffen. Der gleichzeitige Blick auf die konkurrierende, im allgemeinen gemäßigter vorgehende Bauernpartei „Piast" und das jahrelange Verharren der „Wyzwolenie" in der Opposition mögen eventuell mancherorts zu einer schematischen und subjektiven Einordnung dieser Partei durch berichtende Polizisten und andere Staatsbedienstete in der Provinz geführt haben.

Zur Agrarstruktur der Gebiete, in denen die Partei – geht man von den Sejmwahlergebnissen der Jahre 1919 und 1922 aus – das Gros ihrer Anhänger hatte, läßt sich folgendes anführen: In Zentralpolen war die Agrarstruktur für die Bauernschaft wesentlich günstiger als in anderen Teilen des Landes. Charakteristisch war hier der relativ hohe Anteil der unteren mittelbäuerlichen Betriebe (5–10 ha). Er betrug im Jahre 1921 31,8 % der Gesamtzahl der Betriebe und lag damit um 9 % über dem Landesdurchschnitt (22,5 %). Diese Gruppe besaß hier immerhin 22,3 % der landwirtschaftlichen Gesamtfläche, während ihr Anteil im ganzen Land lediglich bei 17 % lag. Relativ zahlreich waren auch die größeren mittelbäuerlichen Betriebe mit einer Größe von 10–20 ha, die 13,6 % der Gesamtzahl ausmachten und 18 % der landwirtschaftlichen Fläche besaßen (Landesdurchschnitt: 9,6 % und 13,8 %).[59] Die Zahl der Kleinbauern (2–5 ha) und Kleinst- bzw. Zwergbauern (0–2 ha) hingegen lag mit 30 % und 22,1 % deutlich unter den Durchschnittswerten des Landes (30,7 % und 33,9 %)[60], erheblich jedoch unter den Zahlen für die südlichen Wojewodschaften (38,5 % und 41,9 %).[61]

Unter Hinweis auf die Agrarstruktur Südpolens ist die in den frühen fünfziger Jahren in der politischen Propaganda und Publizistik Polens verschiedentlich geäußerte

---

[57] H. Kowalczyk: Źródła archiwalne do dziejów ruchu ludowego w Kielecczyźnie w latach 1864–1939 w archiwach województwa Kieleckiego [Archivalische Quellen in Archiven der Wojewodschaft Kielce zur Geschichte der Bauernbewegung im Gebiet von Kielce in den Jahren 1864–1939], in: Z dziejów ruchu ludowego na Kielecczyźnie, Warszawa 1970, S. 296.

[58] CA KC PZPR: Urząd Wojewódzki Łódzki. Wydział Społeczno-Polityczny. Sygn. 271/II–10, S. 10, 47 (17. 12. 1926).

[59] M. Mieszczankowski: Struktura agrarna i społeczna wsi polskiej, S. 124f. Die angeführten Prozentzahlen haben die von M. Mieszczankowski korrigierten Ergebnisse der Erhebung von 1921 zur Grundlage.

[60] M. Mieszczankowski: Struktura agrarna Polski międzywojennej, S. 19 und 205.

[61] Ebd., S. 164.

Ansicht, die Bauernpartei „Piast“ sei eher die Partei der Großbauern gewesen, zurückgewiesen und der Blick auch auf Anhänger des „Piast“ unter den Klein- und Zwergbauern des ehemaligen Galizien gelenkt worden.[62] Es soll hier für Zentralpolen nun, gestützt auf die günstigere Agrarstruktur, nicht einfach behauptet werden, zur „Wyzwolenie“ hätten überwiegend wohlhabendere Bauern gehört. Dieser Schluß wäre allein schon deswegen ungerechtfertigt, weil die „Wyzwolenie“ in ihrem Einflußgebiet keine derartige Monopolstellung besaß, sondern in scharfer Konkurrenz zur Nationaldemokratie ihre Stellung in der Landbevölkerung zu erweitern versuchte. Man wird jedoch vermuten dürfen, daß aus der insgesamt ca. 45 % starken Gruppe der kleineren und größeren Mittelbauern (5–10 ha und 10–20 ha), die sich keineswegs am Rande der dörflichen Gesellschaft befanden, zumindest ein erheblicher Teil der Mitglieder und Funktionsträger der Partei kam, während ein anderer Teil der etwas größeren Gruppe der kleinen und landarmen Bauern angehörte.

Indirekte Schlüsse auf die soziale Zusammensetzung der Mitglieder und Anhänger der „Wyzwolenie“ ermöglichen auch die Sejmwahlergebnisse. Bei der Wahl im Januar 1919 wurden die Grenzen der bisherigen Teilungsgebiete von den Bauernparteien noch nicht bzw. nur in geringem Maße überschritten. Etwas vereinfacht könnte man sagen: Die kongreßpolnische Landbevölkerung wählte – sofern sie sich nicht überhaupt für den Nationalen Block entschied – die „Wyzwolenie“, die polnische Landbevölkerung Galiziens hingegen die Bauernparteien „Piast“ und „PSL-Lewica“. Gewiß gab es hiervon Ausnahmen, denn der „Piast“ erlangte ja 6 seiner 44 Mandate im ehemaligen Kongreßpolen. Bemerkenswert ist die hohe Stimmenzahl, die er in einigen wenigen Kreisen erhielt, vor allem im Kreis Gostynin in der späteren Wojewodschaft Warschau, jedoch auch noch in den Nachbarkreisen Kutno und Łowicz.[63] Diese war kaum sozialökonomisch bedingt[64], sondern vermutlich eine Folge des außerordentlich guten Organisationsstandes in diesem Gebiet. Ihn hatte der „Piast“ erst wenige Wochen zuvor er-

[62] J. R. Szaflik: Polskie Stronnictwo Ludowe Piast 1926–1931, S. 48 und 51.

[63] T. Rzepecki: Sejm, S. 115f.

[64] Die Agrarstruktur des Kreises Gostynin wich nicht von derjenigen der Wojewodschaft Warschau ab. Der Anteil der Kleinstbauern mit 0–2 ha lag im Kreis sogar etwas höher (25,7 % statt 21,9 %). Im Nachbarkreis Sochaczew, der über eine günstigere Struktur verfügte, errang der „Piast“ lediglich ein Viertel der für die „Wyzwolenie“ abgegebenen Stimmen.

Gruppe der ldw. Betriebe (ha)	Anteil der einzelnen Betriebsgrößen an der Gesamtzahl in %		
	Woj. Warschau	Kreis Gostynin	Kreis Sochaczew
0– 2	21,9	25,7	15,0
2– 5	21,9	21,3	24,6
5–10	30,5	31,5	36,3
10–20	19,4	18,5	20,1
20–50	4,8	2,2	3,1
über 50	1,5	0,8	0,8
	100,0	100,0	99,9

Statystyka Polski, T. XI, Pierwszy Powszechny Spis Rzeczypospolitej Polskiej z dnia 30 września 1921 roku. Gospodarstwa wiejskie. Zeszyt 2, Województwa Centralne [Statistik Polens. T. XI, Erste Volkszählung der Republik Polen nach dem Stande vom 30. September 1921. Landwirtschaftliche Betriebe. Heft 2: Zentrale Wojewodschaften], Warszawa 1928, S. 3, 4, 8.

reicht, als sich ihm die „Zjednoczenie Ludowe“ (Bäuerliche Vereinigung) unter der Führung Jan Dąbskis anschloß, die eben hier ihr Haupteinflußgebiet hatte.[65]

Die regionale Untergliederung der Bauernbewegung blieb im großen und ganzen auch in den folgenden Jahren erhalten. Jedenfalls blieben ihre Anhänger im Westen und Süden des Landes fast geschlossen auf den „Piast“ ausgerichtet. Anders entwickelte sich die Situation in den hier interessierenden Zentralwojewodschaften. Hier traten neben der „Wyzwolenie“ immer stärker auch der „Piast“ und in der Lubliner Wojewodschaft örtlich auch die kleine „Chłopskie Stronnictwo Radykalne“ (Radikale Bauernpartei) hervor.

Ein genauerer Blick auf die Wahlergebnisse von 1922 – und zwar auf die Ergebnisse in den einzelnen Wahlbezirken, Kreisen und Stimmbezirken[66] – zeigt, daß die Wähler der Bauernparteien in einer Gemeinde häufig beinahe geschlossen entweder für die „Wyzwolenie“ oder aber für den „Piast“ votierten. Ein von Jan Borkowski angeführtes Beispiel macht dies sehr deutlich: Im Kreis Siedlce erhielt die „Piast“-Liste in 12 Gemeinden 1938 Stimmen, die Liste der „Wyzwolenie“ nur 42. In der Gemeinde Zeliszew, ebenfalls Kreis Siedlce, hingegen entschieden sich 960 Personen für die „Wyzwolenie“ und nur 30 für den „Piast“. Im gesamten Kreis schließlich hatte der „Piast“ 4482, die „Wyzwolenie“ 1413 Wähler.[67] Die Ergebnisse auf höherer Ebene überlagerten und verwischten somit die eigentümliche Verteilung der Stimmen nach Gemeinden.

Die Grenze zwischen den Einflußgebieten der Parteien konnte auch entlang der Kreisgrenzen verlaufen: So erhielt die „Wyzwolenie“ im Kreis Pułtusk, Wojewodschaft Warschau, 8265 Stimmen, der „Piast“ nur 141.[68] Im Rahmen der Wojewodschaft Warschau kam die „Wyzwolenie“ auf 113 392, der „Piast“ immerhin noch auf 80 559 Stimmen.[69] Auch hier überlagerten und verwischten die Gesamtergebnisse die regionalen Einflußgrenzen. Die vorstehenden Beispiele belegen deutlich, daß die Anhänger der „Wyzwolenie“ oder des „Piast“ nicht einfach nur die ärmeren oder die reicheren Bauern gewesen sein können. Keine von beiden Bauernparteien erfaßte nur eine bestimmte soziale Schicht der Dorfbevölkerung, sondern beide hatten sowohl kleinere als auch größere Bauern, sowohl ärmere als auch wohlhabendere Dorfbewohner als Wähler bzw. Anhänger.

Eine Bestätigung für die Richtigkeit dieser Schlußfolgerung findet sich in den Regionalstudien von Janusz Socha zur Bauernbewegung in einigen Kreisen der Wojewodschaft Lodz. So waren im Kreis Wieluń, in dem die mittelbäuerliche Schicht mit 33,6 % aller bäuerlichen Betriebe zahlenmäßig besonders stark war, Mittelbauern die Träger und Anhänger der „Wyzwolenie“.[70] Im Kreis Kalisz hingegen, dessen Agrarstruktur im

[65] J. Molenda: Polskie Stronnictwo Ludowe, S. 265. Im gesamten Wahlkreis Nr. 9 (Kutno, Gostynin, Łęczyca) erhielt die „Wyzwolenie“ lediglich 4539, der Piast 21 231 Stimmen. Die Liste der „Wyzwolenie“ wurde von dem Bauern Antoni Jaros angeführt. Vgl. Wyzwolenie Nr. 3 vom 19. 1. 1919, S. 41. Jaros war bereits bei früherer Gelegenheit als Gegner Jan Dąbskis hervorgetreten. Vgl. J. Molenda: Polskie Stronnictwo Ludowe, S. 260.

[66] J. Borkowski: Od Waryńskiego do Witosa [Von Waryński zu Witos], Warszawa 1984, S. 288.

[67] Ebd. Weitere Beispiele für ein homogenes Wahlverhalten bei J. Socha: Z badań nad polityczno-społecznymi dziejami wsi wieluńskiej. Lata 1918–1928 [Forschungen zur politisch-sozialen Geschichte der Dörfer im Gebiet von Wieluń. Die Jahre 1918–1928], in: Acta Universitatis Lodziensis. Zeszyty Naukowe Uniwersytetu Łódzkiego. Nauki Humanistyczno-Społeczne. Seria I, Łódź 1978, Nr. 18, S. 85, Fußnoten 52–55.

[68] T. Rzepecki/W. Rzepecki: Sejm i Senat 1922–1927, S. 149.

[69] Statystyka wyborów, S. XI.

[70] J. Socha: Z badań, S. 91.

Vergleich zu Zentralpolen einen höheren Anteil an zwergbäuerlichen Wirtschaften einerseits und großbäuerlichen Wirtschaften andererseits aufwies, während die Zahl der Mittelbauern besonders gering war, stützte sich die Partei vor allem auf die Schicht der Kleinbauern.[71] Sie wird aber wohl ebenfalls Anhänger unter den Kleinstbauern gehabt haben.

Für die Wojewodschaft Kielce ist festzustellen, daß die „Wyzwolenie" im Jahre 1919 ihre größten Wahlerfolge in den sogenannten reichen Kreisen erzielte, d.h. in Kreisen mit besseren Böden und einer Bevölkerung, die durchschnittlich über ein höheres Niveau in der landwirtschaftlichen Produktion verfügte.[72] Dabei handelte es sich um die im Süden und Südosten der Wojewodschaft gelegenen Kreise Pińczów (93,0%), Stopnica (91,1%), Miechów (85,6%), Jędrzejów (82,3%), Sandomierz (68,3%) und Opatów (44,2%). Sehr gute Ergebnisse erzielte sie jedoch ebenfalls in den etwas ärmeren südwestlichen Kreisen Włoszczowa (75,7%) und Olkusz (63,4%)[73] sowie in dem als arm geltenden Kreis Iłża (45,7%) im Osten. In allen übrigen armen Kreisen hingegen lagen auch auf dem Lande die Nationaldemokraten an erster Stelle.

Bei der Wahl im November 1922 war nun auch der „Piast" in allen Kreisen des Kielcer Landes präsent und erhielt in der Wojewodschaft über ein Drittel (34%) der für die Bauernparteien abgegebenen Stimmen. Interessanterweise erlangte er einen hohen Stimmenanteil gerade in den armen nördlichen Kreisen Opoczno (36,6%) und Radom (44,4%), in denen die „Wyzwolenie" 1919 fast keine (0,35% und 4,7%) und 1922 nur wenige Stimmen (10,2% und 8,1%) erhielt. Respektable Ergebnisse erreichte der „Piast" auch in den armen Kreisen Iłża (18,4%) und Kielce (23,0%) sowie in den reichen Kreisen Stopnica (29,4%), Miechów (18,4%) und Pińczów (49,3%). In Pińczów konnte er damit die 20,3% der „Wyzwolenie" weit überrunden.[74]

Die Gründe für diese Verschiebungen sind komplex und nicht eindeutig zu benennen. Ein Grund für den Vormarsch des „Piast" in die nationaldemokratischen Hochburgen könnte in dem Verblassen der patriotischen Formeln der Endecja angesichts weitgehend gesicherter Grenzen gelegen haben. Andere Faktoren waren die positive

---

[71] J. SOCHA: Ruch ludowy w powiecie kaliskim do roku 1931 [Die Bauernbewegung im Kreis Kalisz bis zum Jahre 1931], in: Rocznik Kaliski, T. 8: 1975, S. 151.

[72] Es wird hier der von Jan Borkowski referierten Klassifizierung der Kreise der Wojewodschaft Kielce gefolgt, die Seweryn Borkiewicz im Jahre 1934 in einer Untersuchung zur Geschichte der Landwirtschaftsorganisationen der Wojewodschaft vornahm. Vgl. J. BORKOWSKI: Stronnictwo Ludowe na Kielecczyźnie w latach 1931–1939 [Die Bauernpartei im Gebiet von Kielce in den Jahren 1931–1939], Warszawa 1968, S. 15. Die in Klammern stehenden Prozentzahlen bezeichnen die Anteile der „Wyzwolenie" an den abgegebenen Stimmen der ländlichen Bevölkerung in den betreffenden Kreisen. Grundlage der Berechnung sind die von Tomasz Szczechura ermittelten Zahlen. Vgl. T. SZCZECHURA: Wyniki głosowania, S. 74.

[73] Zur Illustration der dörflichen Verhältnisse in den wohlhabenderen Teilen des Kielcer Landes sei hier aus dem Brief eines Parteimitgliedes an das Zentralorgan zitiert. Marjan Guździk schrieb aus dem Dorf Koryczany, Kreis Olkusz: „Unser Dörfchen Koryczany hat nicht mehr als einhundert mittelgroße Wirtschaften. Wir haben einen Boden, der nicht zu mühsam zu bearbeiten, sondern fruchtbar ist, und von geschickten Bauern so bearbeitet wird, wie es sich gehört, und von ihnen mit verschiedenen Kunstdüngern gestärkt wird. Mit der Bildung steht es hier sehr gut. Die Lektüre der Zeitung ‚Wyzwolenie' ist bei uns ziemlich verbreitet, weil die Leute aufgeklärt sind und Gut und Böse unterscheiden. Die bewußten Bauern schicken ihre Söhne auf höhere Schulen, damit sie Verstand bekommen und später einmal aufgeklärte Bürger des Vaterlandes werden." O stosunkach wiejskich [Über die dörflichen Verhältnisse], in: Wyzwolenie Nr. 47 vom 22. 11. 1925, S. 10.

[74] Nach T. SZCZECHURA: Wyniki głosowania, S. 84.

Haltung des „Piast“ zur Institution Kirche, der Premierbonus des Parteiführers Witos und der Einfluß von örtlichen Bauernparteiführern, die von der „Wyzwolenie“ zum „Piast“ übergetreten waren.[75] Der Parteiwechsel von Abgeordneten, die zugleich lokale und regionale Führer waren, scheint in den südlichen Kreisen der Wojewodschaft Kielce von großer Bedeutung für die Entwicklung des politischen Kräfteverhältnisses zwischen den großen Bauernparteien gewesen zu sein. Im Wahlkreis 27 (Kreise Pińczów und Stopnica) traten Anfang 1925 allein fünf von sechs Sejmabgeordneten der „Wyzwolenie“ zum „Piast“ über[76], im Wahlkreis 28 (Kreise Miechów und Olkusz) waren es drei von fünf.[77]

Insgesamt verlor die „Wyzwolenie“ durch das gescheiterte Experiment einer Fusion mit dem „Piast“ an der Jahreswende 1919/1920 15 von 24 Abgeordneten in der Wojewodschaft Kielce. In der darauffolgenden Sejmwahl 1922 erlitt die Partei gerade in den genannten Kreisen spektakuläre Verluste. Im Kreis Pińczów erhielt sie statt 93,0 % nur noch 20,3 % der ländlichen Stimmen, im Kreis Stopnica statt 91,1 % nur 44,2 %, im Kreis Miechów statt 85,6 % nur 45,6 % und im Kreis Olkusz statt 63,4 % nur noch 24,8 %.[78] Das persönliche politische Verhalten von kreisbekannten Bauernführern, die über eine auf vielerlei Weise begründete Autorität bei ihren Wählern verfügten, blieb in diesen Gebieten offensichtlich nicht ohne weiterreichende Wirkung auf das Verhalten der Wählerschaft.

Neben sich politisch homogen verhaltenden Einwohnerschaften von Dörfern und Gemeinden oder Kreisen, gab es selbstverständlich auch solche, die politisch uneinheitlich waren. J. Borkowski meint, daß es jedoch auch hier keine Anhaltspunkte dafür gibt, daß den unterschiedlichen Parteipräferenzen eine bestimmte soziale Schichtung zugrunde lag.[79] Genauere Untersuchungen werden dies noch zu klären haben. Es ist nicht ausgeschlossen, daß sich diese nach außen gleichartig erscheinenden Fälle im einzelnen voneinander unterschieden haben und in einem Teil von ihnen sozial- und agrarstrukturelle Momente in unterschiedlichem Maße wirkten, die sehr wohl den Ausschlag bei der Entscheidung für oder gegen die „Wyzwolenie“ gegeben haben können. Die Wahltopographie der „Wyzwolenie“ wie des „Piast“ enthält vermutlich noch eine ganze Reihe von regionalen Besonderheiten hinsichtlich der Entwicklung der Bauernbewegung und der Veränderung des Bewußtseins von Bauern.[80]

2.4. Zur sozialen Lage der Bauern in den Leitungsgremien

Nicht ausgewichen werden soll hier der wichtigen Frage, welche Bauern es im wesentlichen waren, die in den Leitungsgremien der Partei und in der Sejmfraktion saßen. Konkrete Angaben zum Besitzstand dieser bäuerlichen Parteimitglieder auf Orts-,

[75] J. Borkowski: Stronnictwo Ludowe na Kielecczyźnie, S. 22f.

[76] Alfons Erdman, Kazimierz Krawiec, Stanisław Płocha, Franciszek Przybycień und Wojciech Zajda. Vgl. S. Giza: Władze naczelne stronnictw ludowych (1861–1965) [Die Leitungsorgane der Bauernparteien (1861–1965)], in: RDRL 7 (1965), S. 429.

[77] Bolesław Koźlicki, Jan Małupa und Jan Zawada, ebd.

[78] Nach T. Szczechura: Wyniki głosowania, S. 84.

[79] J. Borkowski: Od Waryńskiego, S. 288.

[80] J. Socha: Polskie Stronnictwo Ludowe „Wyzwolenie“ w Sieradzkiem (1915–1931) [Die Polnische Bauernpartei „Wyzwolenie“ im Gebiet von Sieradz (1915–1931)], cz. 2, in: Rocznik Łódzki, T. 22: 1977, S. 204.

Gemeinde- und Kreisebene liegen nur ganz vereinzelt vor. Das wenige Bekannte soll hier dennoch angeführt werden. So ist einmal von den Kreisvorsitzenden Piotr Koczara (Pułtusk)[81], Adam Bardziński (Tschenstochau)[82] und Henryk Antkowski (Płońsk)[83], ebenso von Tomasz Opas[84] aus dem Kreis Koło, bekannt, daß sie Kleinbauern waren. Weiter teilte der Starost von Krasnystaw mit, daß die beiden wichtigsten „Wyzwoleńcy" in seinem Kreis 8 bzw. 19 Morgen Land[85] besaßen.[86] Leserbriefen im Parteiorgan schließlich ist zu entnehmen, daß ein zum Gemeindevorsteher gewähltes Parteimitglied im Kreis Sieradz 18 Morgen[87], der Kreisvorsitzende von Ostrołęka Stanisław Krystosik 17 Morgen[88] und der Gemeindevorsteher Franciszek Wojda im Kreis Łowicz 5 Morgen[89] bewirtschafteten. Die Angaben sind zwar außerordentlich knapp, doch widersprechen sie den Schlußfolgerungen in den vorherigen Abschnitten keineswegs, bestätigen vielmehr diese sogar ansatzweise. Sie deuten darauf hin, daß der Kreis der lokalen und regionalen Parteiführer sich beinahe ausschließlich aus Mittel- und Kleinbauern zusammensetzte. Sehr reiche Bauern einerseits, Kleinstbauern und Landarbeiter andererseits waren vermutlich in dieser Gruppe kaum oder überhaupt nicht vertreten.

Ebenso schwierig ist die Quellenlage hinsichtlich der Bauern in den zentralen Gremien. Nur wenn man die wenigen konkreten Besitzangaben, über die wir verfügen, um eine Reihe anderer – zugegebenermaßen zum Teil sehr vager – Anhaltspunkte ergänzt und begründete Vermutungen anstellt, kann man den Versuch wagen, eine Teilantwort zu geben. Unter dieser Voraussetzung ergibt sich bei der Gruppe der 14 bäuerlichen Abgeordneten, die im November 1922 in den Sejm gelangte, bezüglich der Größe ihrer Wirtschaften bzw. ihrer Vermögenslage ein interessantes Bild (Tabelle 3). Die Abgeordnetengruppe wurde allein wegen der für sie relativ günstigen Datenlage ausgewählt. Unter den Bauern der Fraktion im November 1922 waren Kleinbauern, Mittelbauern und wohlhabendere Bauern in etwa gleicher Anzahl vertreten. Als Gemeinsamkeit mit der unteren Ebene bleibt festzuhalten, daß sich unter ihnen vermutlich ebenfalls keine Großbauern mit mehr als 20 ha sowie keine Kleinstbauern bis 2 ha oder Landarbeiter befanden. Im Unterschied zu den oben erwähnten lokal und regional Aktiven war in der Sejmfraktion allerdings das wohlhabende bäuerliche Element deutlich vorhanden. Diese Beobachtung kommt der Mitteilung Stanisław Thugutts nahe, daß in der Leitungsschicht der Partei „eher die wohlhabenden Bauern überwogen".[90] Nur die Ermittlung näherer Angaben über die Bauern unter den Kreisvorsitzenden und Mitgliedern des Hauptvorstandes kann hier genaueren Aufschluß erbringen.

---

81 AZHRL: Ż-50.

82 A. Bardziński: Mój pamiętnik i życiorys [Meine Erinnerungen und meine Lebensgeschichte], AZHRL: Ż-80.

83 Nasi kandydaci [Unsere Kandidaten], in: Wyzwolenie Nr. 4 vom 26. 1. 1919, S. 52.

84 Nasze listy [Unsere Listen], in: Wyzwolenie Nr. 43 vom 22. 10. 1922, S. 498.

85 WAPL: UWL. WSP. sygn. 2063, S. 64.

86 Ein polnischer Morgen entspricht 0,56 ha.

87 O wyborach wójta [Über die Wahl des Gemeindevorstehers], in: Wyzwolenie Nr. 4 vom 24. 1. 1926, S. 10.

88 Kwiatek z Ostrołęckiego [Eine Blüte aus dem Kreis Ostrołęka], in: Wyzwolenie Nr. 19 vom 8. 5. 1921, S. 189.

89 Dla przykładu innym [Anderen als Beispiel], in: Wyzwolenie Nr. 15 vom 13. 4. 1924, S. 8.

90 S. Thugutt: Wybór pism i autobiografia [Ausgewählte Schriften und Autobiographie], 2. Aufl. Glasgow 1943, S. 118.

Tabelle 3. Besitzstand der bäuerlichen Abgeordneten in der „Wyzwolenie“-Fraktion des Sejm (gewählt am 5. 11. 1922)

Abgeordneter	Angaben zum Besitzstand bzw. zur sozialen Herkunft
1. Jan Adamowicz	keine Angaben, Vorfahren gehörten dem Bauernadel an[a]
2. Wincenty Baranowski	vermutlich Kleinbauer[b]
3. Franciszek Chyb	keine Angaben, Sohn eines Kleinbauern[c]
4. Jan Duro	Mittelbauer[d]
5. Stanisław Hellmann	Kleinbauer (5 Morgen)[e]
6. Tomasz Nocznicki	Mittelbauer (12 Morgen)[f]
7. Jan Smoła	keine Angaben; sein Bildungsgang legt die Vermutung nahe, daß er zumindest mittelbäuerlichen Verhältnissen entstammte und selbst wenigstens einen mittelgroßen Hof besaß[g]
8. Błażej Stolarski	wohlhabender Bauer (12 ha)[h]
9. Jan Szafranek	Mittelbauer[i]
10. Włodzimierz Szakun	vermutlich Kleinbauer, 1930: 10 Morgen[j]
11. Antoni Szapiel	keine Angaben, Sohn eines Kleinbauern[k]
12. Jan Tabor	wohlhabender Bauer[l]
13. Stefan Tatarczak	wohlhabender Bauer[m]
14. Jan Zalewski	keine Angaben, evtl. Großbauer[n], Sohn eines Kleinbauern[o]

a Parlament Rzeczypospolitej Polskiej 1919–1927, Warszawa 1928, S. 229.
b S. Giza: Wincenty Baranowski, in: Przywódcy ruchu ludowego, S. 14.
c Parlament, S. 230.
d A. Więzikowa: Stronnictwo Chłopskie, S. 268.
e Parlament, S. 344.
f W. Kordowicz: Tomasz Nocznicki, in: Przywódcy ruchu ludowego, S. 213.
g Parlament, S. 252f.
h B. Stolarski: Sługocice. Obraz życia i pracy jednej wioski [Sługocice. Ein Bild des Lebens und der Arbeit in einem kleinen Dorf], Warszawa 1925, S. 102.
i A. Więzikowa: Stronnictwo Chłopskie, S. 274.
j B. Dymek: Niezależna Partia Chłopska, S. 413.
k Ebd.
l A. Waleron: Pamiętniki [Memoiren], AZHRL: P–129/II, S. 365.
m A. Więzikowa: Stronnictwo Chłopskie, S. 274.
n T. Rek: Chjeno-Piast, S. 27.
o Parlament, S. 239.

Unübersehbar ist bereits jetzt, daß sich in der Partei auf dem Wege von unten nach oben eine stärkere Auswahl wohlhabenderer Bauern vollzog. Die gewiß zahlreichen möglichen Gründe hierfür können nur angedeutet werden.[91] Das größere Maß an wirt-

[91] Vgl. hierzu auch die Überlegungen bei J. Borkowski: Chłopi polscy w dobie kapitalizmu [Die polnischen Bauern in der Zeit des Kapitalismus], Warszawa 1981, S. 253f.

schaftlicher Unabhängigkeit wird es einem mittleren bzw. wohlhabenderen Bauern eher ermöglicht haben, regelmäßig zu Gremiensitzungen und Versammlungen in die Kreisstadt zu fahren oder Sitzungstermine des Hauptvorstandes oder des Parteirates in der Hauptstadt wahrzunehmen. In der Parteiarbeit aktive Mitglieder, wie etwa Mitglieder von Ortsverbänden, zeichneten sich in der Regel auch über die Parteiarbeit hinaus durch aktiveres Handeln aus. Sie waren beispielsweise an fachlicher Lektüre und Fortbildung interessiert, nutzten vielleicht auch eher Informationen, die sie bei ihrer Mitarbeit in der Gemeindeselbstverwaltung erhielten oder auch die Vorteile der Genossenschafts- und Wirtschaftsorganisationen, in denen sie zumeist Leistungsfunktionen ausübten. Es ist somit gut vorstellbar bzw. sehr wahrscheinlich, daß eine Reihe von „Wyzwoleńcy" in verantwortlichen Positionen sich mit einer Mischung aus Fleiß, Neugierde, Aufgeschlossenheit für rationelles Wirtschaften, Kooperation und andere Eigenschaften einen bescheidenen bis ansehnlichen Wohlstand erarbeitete.

2.5. Andere ländliche Bevölkerungsgruppen in der Partei

Neben den Mittel- und Kleinbauern, die fast die gesamte Mitglieder- und Anhängerschaft der „Wyzwolenie" bildeten, gab es zwei weitere Gruppen der ländlichen Bevölkerung, die in geringem Maße und – zumindest zeit- und ansatzweise – in der Partei vertreten waren: der Bauernadel und die Landarbeiterschaft.

2.5.1. Bauernadel

Der Bauernadel war eine typisch polnische Erscheinung. Er war ein Teil des im Lande relativ zahlreichen Kleinadels, der seit dem 18. Jahrhundert ständig an Bedeutung verloren hatte und überwiegend verarmt war. Viele Kleinadlige waren in die Städte abgewandert, wo sie Beamte wurden, sich im Handel und Gewerbe betätigten und zum Beispiel als Rechtsanwälte, Gymnasiallehrer und Ingenieure den Stamm der polnischen Intelligenz bildeten. Die Güter der auf dem Lande Gebliebenen waren oft sehr klein und konnten bis auf einen Morgen heruntergehen. Wirtschaftlich und rechtlich gesehen unterschieden sich die Bauernadligen seit 1864 kaum mehr oder gar nicht von den Bauern, sondern nur noch durch ihre Mentalität und ihren Adelsstolz.[92]

In den Erinnerungen von Tadeusz Rek, der seit 1927 für die Wyzwolenie im Kreis Sokołów (Wojewodschaft Lublin) als Funktionär tätig war, heißt es: „Die Landbevölkerung war gemischt, bäuerlich und kleinadlig. Diese beiden gesellschaftlichen Gruppen unterschieden sich durch nichts voneinander. Hier wie dort existierten ähnliche Gebäude. Hier wie dort gab es kleine und mittlere Wirtschaften, kamen auch große Wirtschaften vor. Hier wie dort kleideten sich die Leute ähnlich. Und dennoch kreisten noch hier und da Vorurteile, Wappenkult und kleinadlige Sitten. Mischehen zum Beispiel kamen nicht häufig vor. In die Kirche am Sonntag und an Feiertagen ging die Bevölkerung bäuerlicher Herkunft überwiegend zu Fuß, diejenigen kleinadliger Herkunft fuhren immer mit dem Fuhrwerk vor. Frauen aus Kleinadelsfamilien trugen bei diesen Gelegenheiten Handschuhe."[93]

---

[92] Näheres zur Rolle des Kleinadels, zu seiner rechtlichen und wirtschaftlichen Lage im 19. Jahrhundert bei H. Chamerska: Drobna szlachta w Królestwie Polskim (1832–1864) [Der Kleinadel im Königreich Polen (1832–1864)], Warszawa 1974.

[93] T. Rek: Wspomnienia instruktora PSL Wyzwolenie [Erinnerungen eines Instrukteurs der PSL Wyzwolenie], in: RDRL 10 (1968), S. 379.

Aufgrund ihres noch lebendigen Überlegenheitsbewußtseins gegenüber den Bauern hielten Bauernadlige zunächst sehr auf Distanz zur Bauernbewegung und standen politisch eher dem nationalen und christlich-demokratischen Lager nahe.[94] Erst allmählich interessierten sich einzelne von ihnen für Programm und Ziele der „Wyzwolenie", traten ihr bei und setzten sich im eigenen Milieu für sie ein, zum Teil mit beträchtlichem Erfolg.[95] Die Partei betrachtete die Bauernadligen keineswegs als gegnerische oder zu vernachlässigende Gruppe, sondern sprach sie in jenen Regionen, in denen sie konzentriert ansässig waren, gezielt an und warb um ihre Unterstützung.[96]

2.5.2. Landarbeiter

Zumindest anfangs waren auch Landarbeiter Mitglieder in der Bauernpartei „Wyzwolenie". Dies war kein Zufall, sondern hing mit der ursprünglichen, im Programm von 1916 geäußerten Absicht der Partei zusammen, die Interessen der Landarbeiter mitvertreten zu wollen. Es hieß dort: „Da in allen Angelegenheiten und Streitigkeiten zwischen Arbeitgebern und Landarbeitern die letzteren der Gnade und der Willkür der Arbeitgeber ausgeliefert sind, nimmt die PSL sie in ihre Obhut und sichert ihnen Hilfe dabei zu, sich gewerkschaftlich zu organisieren."[97]

Als Ende 1918/Anfang 1919 auf Initiative der PPS die „Gewerkschaft der Landarbeiter" (Związek Zawodowy Robotników Rolnych) gegründet wurde, löste die „Wyzwolenie" ihr Versprechen ein und beteiligte sich tatkräftig am Aufbau dieser Organisation in der Provinz.[98] Sie tat dies freilich nicht ganz selbstlos, sondern gewiß in dem Bestreben, die eigene Basis um Anhänger aus der in Kongreßpolen etwa eine Viertelmillion Menschen zählenden Landarbeiterschaft zu verstärken.[99] Vermutlich erhielt die Partei bei der Sejmwahl im Januar 1919 auch zahlreiche Stimmen von Landarbeitern.[100]

---

[94] S. Ciekot: Wspomnienia 1885–1964 [Erinnerungen 1885–1964], Warszawa 1969, S. 187; T. Rek: Z dziejów ruchu ludowego na Mazowszu i Podlasiu 1904–1964 r. [Zur Geschichte der Bauernbewegung in Masowien und Podlachien 1904–1964], Warszawa 1965, S. 54.

[95] Ebd., S. 55; C. Wycech: Wspomnienia 1905–1939 [Erinnerungen 1905–1939], Warszawa 1969, S. 96; A. Fiderkiewicz: „Dobre czasy". Wspomnienia z lat 1922–1927 [„Gute Zeiten". Erinnerungen an die Jahre 1922–1927], Warszawa 1958, S. 36f.

[96] Vgl. Burzliwy wiec [Eine turbulente Kundgebung], in: Wyzwolenie Nr. 31 vom 30. 7. 1922, S. 334.

[97] Materiały źródłowe, T. I, S. 425.

[98] Lokale und regionale Führer der „Wyzwolenie" gaben vor allem umfangreiche organisatorische Hilfestellung. Nicht selten waren sie sogar treibende Kraft in der Organisationsentwicklung und standen an der Spitze von Orts- und Kreisverbänden der Gewerkschaft. Der Bauer Michał Gwiazdowicz z.B. war Kreisvorsitzender der Landarbeitergewerkschaft in Rawa, der Kleinbauer Tomasz Opas im Kreis Koło. Vgl. M. Gwiazdowicz: Wspomnienia [Erinnerungen], Warszawa 1974, S. 157–159; Zażalenie [Eine Beschwerde], in: Wyzwolenie Nr. 36 vom 7. 9. 1919, S. 458; R. Wasilewski: Wspomnienia z pracy politycznej (1915–1920) [Erinnerungen an die politische Arbeit (1915–1920)], AZHRL: P–152, S. 25; F. Żurek: Powiat krasnostawski w walce o wolność [Der Kreis Krasnystaw im Kampf für die Freiheit], in: Niepodległość, T. 14 (1935), S. 418.

[99] Vgl. A. Ajnenkiel: Położenie prawne robotników rolnych w Polsce (1918–1939) [Die rechtliche Lage der Landarbeiter in Polen (1918–1939)], Warszawa 1962, S. 52.

[100] L. Hass: Wpływy ugrupowań politycznych wśród ludności woj. warszawskiego w latach 1919–1922 (w świetle wyborów sejmowych) [Der Einfluß politischer Gruppierungen auf die Bevölkerung der Wojewodschaft Warschau in den Jahren 1919–1922 (im Lichte der Sejmwahlen)], in: Rocznik Mazowiecki, T. 4: 1972, S. 117; A. Leinwand/W. Mroczkowski (Oprac.): XVI Kongres (Zjednoczeniowy) PPS w Krakowie w 1919 r. [Der XVI. Kongreß (Vereinigungskongreß) der PPS in Krakau im Jahre 1919], in: ZPW 3 (1960), S. 93.

In den folgenden Monaten förderte die Parteiführung die Konsolidierung der Landarbeitergewerkschaft[101] und setzte sich im Parlament für die Verbesserung der materiellen und rechtlichen Lage der Landarbeiter ein.[102]

Zu einer Entfremdung zwischen Partei und Gewerkschaft, in der die Einflüsse vor allem der PPS, doch auch der weiter links stehenden „PPS-Opposition" (PPS Opozycja) und der ein halbes Jahr zuvor gegründeten „Kommunistischen Arbeiter-Partei Polens" (Komunistyczna Partia Robotnicza Polski – KPRP) immer stärker wurden, kam es ab Sommer 1919. Während die „Wyzwolenie" entschlossen die Verwirklichung der im Sejm schwer erkämpften, mit nur einer Stimme Mehrheit verabschiedeten Resolution zur Agrarreform forderte, kritisierten PPS und Landarbeitergewerkschaft das Projekt als für die Landarbeiter ungenügend bzw. versuchten ihm durch spezifische Forderungen eine eigene Richtung zu geben. Zu nennen wären hier die auf dem ersten Kongreß der Landarbeitergewerkschaft beschlossenen Forderungen nach Verstaatlichung des Großgrundbesitzes, Einführung kollektiver Wirtschaftsformen und Enteignung des Landes ohne Entschädigung.[103] Diese Ziele wurden von der „Wyzwolenie" kategorisch abgelehnt. Der Gewerkschaft und der in ihr tonangebenden PPS wurde vorgeworfen, bei den Arbeits- und Landlosen Haß gegen wohlhabendere Landwirte zu entfachen.[104] Die Forderung nach entschädigungsloser Enteignung von Land bezeichneten Parteivorstand und Sejmfraktion als im Widerspruch zum Parteiprogramm und zur Sejmresolution vom 10. Juli 1919 stehend.[105]

Als die Gewerkschaft im Oktober 1919 einen landesweiten Streik der Landarbeiter ausrief, versagte ihr die „Wyzwolenie" ihre Unterstützung. Der Parteivorstand stellte in einem Schreiben an die Gewerkschaftsleitung noch einmal klar: „Die Agrarreform verstehen wir im übrigen keineswegs als Bestrebung, nur eine Klasse, nämlich die Landlosen und Landarmen, zu beglücken und dabei die wirtschaftlichen Nöte des Landes und die Interessen der Schicht der wohlhabenden Bauern (interesy warstwy włoscian średnio-zamożnych) völlig zu vergessen."[106] Mit dieser Position gegenüber der Landarbeitergewerkschaft und deren Agrarkonzeption hatte sich die „Wyzwolenie" endgültig von ihr, die der von der Bauernpartei verlangten Landübertragung als Eigentum an Landarbeiter, Kleinbauern und Mittelbauern widersprach, distanziert.

Dies bedeutete keinesfalls, daß sich die Partei nicht auch in der Folgezeit für Belange der Landarbeiter innerhalb und außerhalb des Parlaments einsetzte, häufig im Bündnis mit der PPS. Landarbeiter waren weiterhin, wenn auch in geringerer Anzahl als 1919, unter den Mitgliedern, den Anhängern und gewiß auch den Wählern der Partei vertreten.[107] Zu berücksichtigen ist, daß die „Wyzwolenie" den einzelnen Landarbeitern durchaus nicht das Recht absprach, an der Agrarreform zu partizipieren. Inhalt

---

[101] Zjazd przedstawicieli Związków Zawodowych robotników rolnych [Kongreß der Vertreter der Landarbeitergewerkschaften], in: Wyzwolenie Nr. 10 vom 9. 3. 1919, S. 143.

[102] A. Ajnenkiel: Położenie, S. 54.

[103] Zjazd delegatów robotników rolnych [Delegiertenkongreß der Landarbeiter], in: Wyzwolenie Nr. 35 vom 31. 8. 1919, S. 444f.

[104] Ebd.

[105] Co uchwalił i postanowił Zarząd Główny PSL i Klub poselski PSL grupy „Wyzwolenia" [Was der Hauptvorstand und die Fraktion der PSL „Wyzwolenie" verabschiedet und beschlossen haben], in: Wyzwolenie Nr. 39 vom 28. 9. 1919, S. 488.

[106] PSL „Wyzwolenie" w sprawie strajku rolnego [Die PSL „Wyzwolenie" in der Frage des Landarbeiterstreiks], in: Wyzwolenie Nr. 40 vom 5. 10. 1919, S. 501.

[107] Vgl. z.B. Wiece i zgromadzenia. Rypin [Kundgebungen und Versammlungen. Rypin], in: Wyzwolenie Nr. 38 vom 18. 9. 1921, S. 357; A. Fiderkiewicz: „Dobre czasy", S. 36.

und Tonfall mancher Äußerungen der vom Lande stammenden Kandidaten oder Abgeordneten der „Wyzwolenie" mögen überdies den Erwartungen etlicher Landarbeiter stärker entsprochen haben als das Auftreten von städtischen – sozialistischen oder bürgerlichen – Politikern.

2.6. Frauen in der Partei

Frauen spielten in der „Wyzwolenie", abgesehen von der bemerkenswerten Mitarbeit einiger herausragender Persönlichkeiten auf der Führungsebene, lediglich eine geringe Rolle. Ihnen war erst in der Wahlordnung zum Verfassunggebenden Sejm vom November 1918 das aktive und passive Wahlrecht zuerkannt worden. In Polen wie in vielen anderen Ländern Europas wirkten damals noch zahlreiche Hemmnisse auf das politische Interesse und die politische Tätigkeit von Frauen ein.

Man kann davon ausgehen, daß die Frauen von der Tendenz her bei den Wahlen wie ihre Männer stimmten. Jeweils vor den Parlamentswahlen erschienen im Zentralorgan jedoch Artikel, die sich noch einmal unmittelbar an die Frauen richteten und diese zur Abgabe ihrer Stimme für die „Wyzwolenie" und zur Mitarbeit in der Partei aufforderten.[108] Es scheint, daß die Partei im Wahlkampf 1922 stärker um die Stimmen der Landfrauen warb als noch im Winter 1918/1919. Der Grund hierfür dürfte der Umstand gewesen sein, daß im Januar 1919 vermutlich weniger Frauen als Männer für die „Wyzwolenie" gestimmt hatten.[109] Auch im November 1922 war dies wohl der Fall.[110]

Frauen auf dem Lande, die vor dem Ersten Weltkrieg in Kongreßpolen nicht einmal an den Dorf- und Gemeindeversammlungen teilnehmen durften, waren in politischen Fragen bedeutend unerfahrener als Männer. Auch waren sie als eifrigere Kirchgängerinnen stärker dem Einfluß politisierender Geistlicher ausgesetzt, die nicht selten Programm und Politik der „Wyzwolenie" verurteilten und direkt oder indirekt für die Unterstützung sich christlich nennender Parteien plädierten.[111] In einem Flugblatt „An die Landfrauen" im Herbst 1922 dementierte der stellvertretende Parteivorsitzende Nocznicki gegen die „Wyzwolenie" erhobene Vorwürfe, die Partei trete für die Zerstörung von Kirchen und für die Einführung der Ehescheidung ein. Er appellierte an die Frauen, nur in Angelegenheiten des Glaubens auf Priester zu hören. „In politischen Fragen", schrieb er, „geht mit jenen, die das gleiche Leben führen wie ihr."[112]

---

108 Co mówią kobiety [Was die Frauen sagen], in: Wyzwolenie Nr. 1 vom 5. 1. 1919, S. 8; Do kobiet! [An die Frauen!], in: Wyzwolenie Nr. 3 vom 19. 1. 1919, S. 45; Dogorywający Sejm i kobiety w przyszłych wyborach [Der abtretende Sejm und die Frauen in den bevorstehenden Wahlen], in: Wyzwolenie Nr. 26 vom 25. 6. 1922, S. 277.

109 S. Ciekot: Wspomnienia 1885–1964, S. 187; A. Bogusławski: Wspomnienia [Erinnerungen], T. II (1916–1919), AZHRL: P–31, S. 242f.

110 Do kobiet [An die Frauen], in: Wyzwolenie Nr. 49 vom 3. 12. 1922, S. 582.

111 S. Ciekot: Wspomnienia, S. 186; B. Dymek: Ruch ludowy, S. 75f.; vgl. auch: Wyzwolenie Nr. 3 vom 19. 1. 1919, S. 37; Wyzwolenie Nr. 18 vom 1. 5. 1921, S. 182; Wyzwolenie Nr. 30 vom 24. 7. 1921, S. 294; Wyzwolenie Nr. 49 vom 3. 12. 1922, S. 586.

112 Do kobiet wiejskich [An die Landfrauen], AZHRL: U–II/14. Die Partei verbreitete ihren Standpunkt zu Fragen der Religion und der Kirche in den Monaten Oktober und November 1922 auf zahlreichen weiteren Flugblättern. Siehe z.B. Obywatele i obywatelki, Warszawa w październiku 1922 r. [Bürger und Bürgerinnen, Warschau im Oktober 1922], ebd.; Wiedza, Ziemia i Władza dla Ludu [Wissen, Land und Macht für das Volk], Warszawa o.J., ebd.; siehe weiter die Broschüre des Führungsmitglieds J. Smoła: Heretyki, bezbożniki, niedowiarki! [Ketzer, Gottlose, Ungläubige!], Warszawa 1922.

Ein wirksames Mittel, Vorbehalte von Landfrauen gegen die „Wyzwolenie" abzubauen, wurde in der Bildungsarbeit gesehen. Insbesondere die Mädchen und jungen Bäuerinnen, die bereits Kurse einer Landwirtschaftsschule besucht hatten, wurden aufgefordert, entsprechende Initiativen zu ergreifen.[113] Im Jahre 1924 bot die Organisationsabteilung des Hauptvorstandes den Grundorganisationen die Entsendung von Referentinnen zu Landfrauenversammlungen an.[114] Der Anteil der Wählerinnen der „Wyzwolenie" lag sicherlich unter dem Anteil der Landfrauen an der ländlichen Gesamtbevölkerung, doch wird er wohl trotz der erwähnten Abstriche immer noch einige -zig Prozent betragen haben.

Ebenfalls nicht genau bekannt ist der Anteil der weiblichen Parteimitglieder. Er muß weit unter dem Anteil der Wählerinnen und Sympathisantinnen gelegen haben. Zu berücksichtigen ist, daß Frauen infolge der bestehenden Arbeitsteilung in Haus und Hof wesentlich ungünstigere Voraussetzungen für eine parteipolitische Betätigung hatten als die Männer.[115] Entsprechend selten nahmen sie daher an Versammlungen der Ortsvereine teil. In einem Bericht der Starostei von Włodawa über eine Versammlung mit Senator Osiński im Dorf Utrusk am 10. Februar 1924 wurden 64 Männer und 4 Frauen als Teilnehmer genannt.[116]

Völlig vereinzelt übten Frauen Parteiämter an der Basis aus. Dies zeigt sich bei der Durchsicht Hunderter von im Parteiorgan in den Jahren 1918 bis 1926 veröffentlichten Berichten über Parteiveranstaltungen, die allerdings nicht komplett sind. So ist erkennbar, daß im Jahre 1919 eine Frau als Vorsitzende einer Ortsvereinsversammlung amtierte[117] und eine weitere Frau als Beisitzerin in das Präsidium einer Ortsvereinsversammlung berufen wurde[118], daß im Jahre 1921 eine Frau als Sekretärin der Kreisparteiorganisation, d.h. als Mitglied des Kreisvorstandes, von Zamość fungierte[119] und schließlich, daß im Jahre 1923 eine Bäuerin an die Spitze einer neugegründeten Ortsparteiorganisation in Wolhynien trat.[120] Dies waren gewiß nicht alle diejenigen Frauen, die an der Parteibasis Funktionen übernahmen. Doch wird sich die festgestellte Relation auch durch die Ergänzung um wenige weitere Beispiele nicht ändern. In der Position einer Kreisparteivorsitzenden konnte überhaupt keine Frau nachgewiesen werden.

---

113 Dogorywający Sejm i kobiety w przyszłych wyborach [Der abtretende Sejm und die Frauen in den bevorstehenden Wahlen], in: Wyzwolenie Nr. 26 vom 25. 6. 1922, S. 277; Do kobiet [An die Frauen], in: Wyzwolenie Nr. 49 vom 3. 12. 1922, S. 582; A. LANGER: Do was niewiasty – obywatelki zwracam swój głos [An Euch, Frauen – Bürgerinnen, richte ich meine Stimme], in: Wyzwolenie Nr. 9 vom 28. 2. 1926, S. 7.

114 Zawiadomienie Wydziału Organizacyjnego P.S.L. [Bekanntmachung der Organisationsabteilung der PSL], in: Wyzwolenie Nr. 19 vom 11. 5. 1924, S. 8.

115 Wie in der Vorkriegszeit über mehrere Jahre hinweg ermittelt wurde, arbeiteten die polnischen Bäuerinnen im Jahr durchschnittlich fast 500 Stunden mehr als ihre Männer. Vgl. J. MAJEWSKI: Rozwój gospodarki chłopskiej w okresie międzywojennym [Die Entwicklung der Bauernhöfe in der Zwischenkriegszeit], in: Historia chłopów polskich, T. 3, S. 64.

116 WAPL: UWL. WSP. sygn. 2170, S. 189 (Włodawa, 20. 2. 1924).

117 Wyzwolenie Nr. 27 vom 6. 7. 1919, S. 335.

118 Wyzwolenie Nr. 51 vom 21. 12. 1919, S. 628.

119 Wyzwolenie Nr. 21 vom 22. 5. 1921, S. 209.

120 Wyzwolenie Nr. 51 vom 16. 12. 1923, S. 6.

2.7. Angehörige der Intelligenz in der Partei

Wie bereits verschiedentlich sichtbar wurde, gehörten der bäuerlichen „Wyzwolenie" nicht nur Bauern, sondern eine ganze Reihe von Vertretern anderer Berufe an. Das Parteistatut ließ deren Mitgliedschaft ausdrücklich zu, wenn es bestimmte: „Außerdem können zur PSL in der Bauernbewegung aktive Personen (działacze ludowi) gehören, die auf dem Boden der Interessen des Landvolkes stehen und für dessen Wohl arbeiten wollen."[121] Auf der untersten Ebene waren dies Landarbeiter, Handwerker, Angestellte, Beamte und vor allem Lehrer. Bei letzteren handelte es sich um Lehrer der siebenklassigen allgemeinbildenden Schulen – das Elementarschulwesen wurde in Kongreßpolen nach 1915 verstärkt und nach 1919 mit großer Energie weiter ausgebaut[122] –, die in jeder Gemeinde lebten und trotz ihrer geringen Anzahl einen großen Anteil der schmalen Intelligenzschicht auf dem Lande stellten.[123]

Wohl weit mehr als die Hälfte dieser Lehrer stammte selbst vom Lande.[124] Viele von ihnen vermochten es, gute Beziehungen zur dörflichen Bevölkerung aufzubauen und am öffentlichen Leben teilzunehmen. Häufig leisteten sie durch ehrenamtliche volksbildnerische Tätigkeit am Abend, durch Pflege der Bibliothek, Leitung von Chören, Theatergruppen, Jugendgruppen usw. einen wichtigen Beitrag zur kulturellen Entwicklung des Dorfes. Aufgrund ihrer Herkunft, ihrer Tätigkeit und ihrer engen sozialen Kontakte zur jüngeren Generation der Bauern fühlten sich viele von ihnen zur „Wyzwolenie" hingezogen. Es ist belegt, daß es in einigen Dörfern Lehrer waren, die die Gründung und Entwicklung der Ortsorganisation der „Wyzwolenie" in Gang setzten und vorantrieben.[125]

Die Parteimitgliedschaft relativ zahlreicher Dorfschullehrer – die Dorfschullehrerschaft hatte gleichzeitig insgesamt einen hohen gewerkschaftlichen Organisationsgrad[126] – schuf im übrigen intensive Kontakte zwischen der „Gewerkschaft der Lehrer an allgemeinbildenden Schulen" (ZPNSP) und der „Wyzwolenie", und zwar auf allen Ebenen bis hinauf zur Führung. Dem Landesvorstand der Gewerkschaft gehörten mehrere Jahre hindurch die prominenten „Wyzwolenie"-Parlamentarier Jan Woźnicki und Zygmunt Nowicki an.[127] Nowicki war sogar stellvertretender Vorsitzender der Gewerkschaft und Chefredakteur der „Lehrerstimme" (Głos Nauczycielski).[128] Ihr Wirken dürfte die Entscheidung der Lehrergewerkschaft mit herbeigeführt haben, am

---

121 Ustawa, S. 3.

122 H. Radlińska: Zeitgenössisches Bildungswesen in Polen, in: Jahrbuch für Polen 1929/30, Warszawa o.J., S. 484, 488f.

123 Im Jahre 1920 betrug der Anteil der ländlichen Schulen mit ein oder zwei Lehrern 88,7 %, mit drei bis fünf Lehrern 8,8 %, mit sechs bis sieben oder mehr Lehrern nur 2,5 %. E. Podgórska: Oświata i szkolnictwo na wsi w okresie międzywojennym [Bildung und Schulwesen auf dem Lande in der Zwischenkriegszeit], in: Historia chłopów polskich, T. 3, S. 398.

124 Nach einer Erhebung im Jahre 1921 waren 49 % der Lehrer an allgemeinen Schulen (Stadt und Land) bäuerlicher Herkunft. Bei den Lehrerinnen betrug dieser Anteil 20 %. Vgl. J. Socha: Wpływy, S. 83.

125 Ebd., S. 82; S. Kielak: Ruch ludowy w pow. Radzymińskim [Die Bauernbewegung im Kreis Radzymin], AZHRL: 0–144, S. 19. Wyzwolenie Nr. 24 vom 15. 6. 1919, S. 302; Wyzwolenie Nr. 26 vom 25. 6. 1922, S. 283.

126 T. Szczechura: Związek Nauczycielstwa Polskiego. Zarys dziejów 1919–1939 [Der Verband der polnischen Lehrerschaft. Abriß der Geschichte 1919–1939], Warszawa 1957, S. 67.

127 Ebd., S. 54–57; J. Socha: Wpływy, S. 78f.

128 Zjazd nauczycieli szkół powszechnych [Kongreß der Lehrer an allgemeinbildenden Schulen], in: Wyzwolenie Nr. 42 vom 19. 10. 1924, S. 8.

1. November 1924 eine „Ländliche Volksuniversität“, eine Art Heimvolkshochschule, mit Halbjahreskursen für Landjugendliche zu eröffnen.[129] Erwähnt werden soll auch das vereinzelte Interesse von geistig Arbeitenden anderer Fachrichtungen, etwa Ärzten und Rechtsanwälten, für die Parteiarbeit. Es sei hier zum Beispiel auf Dr. Adam Małkowski, Arzt in Węgrów, hingewiesen, dessen Eltern und Geschwister Bauern waren.[130]

Es gibt allerdings kaum Hinweise darauf, daß bereits die Leitung der Ortsvereine in den Händen von Angehörigen der Intelligenz lag. Zweifellos stellten Bauern fast überall die Ortsvereinsvorsitzenden. Nichtbauern und hier insbesondere die Intelligenzler werden hingegen nicht selten Mitglieder von Ortsvereinsvorständen gewesen sein. Relativ häufig müssen sie als Delegierte zu Kreisparteitagen entsandt worden sein, auf denen sie stimmberechtigt und auch wählbar waren. Anders kann ihr beträchtlicher Anteil an der Besetzung der Positionen der Kreisvorsitzenden, der – wie oben ermittelt – zwischen einem Viertel und einem Drittel gelegen haben dürfte, nur schwer erklärt werden. Für ihre Wahl werden gewiß persönliche Qualifikationen wie Engagement, organisatorisches und rhetorisches Geschick sowie Sachkenntnis von Bedeutung gewesen sein.

Der Anteil an Nichtbauern nahm in der Parteihierarchie nach oben hin ständig zu; es waren nun ausschließlich Angehörige der Intelligenz. Im Hauptvorstand besetzten sie bis zu 60 % und in der Fraktion ab Ende 1922 sogar etwa 70 % der Plätze. Mit 75 %–80 % extrem hoch lag ihr Anteil in den Präsidien von Partei und Fraktion, in denen nach 1922 Bauern in der Regel nur noch eine der vier bis fünf Positionen des Vorsitzenden oder seiner Vertreter einnahmen.[131]

Auf der zentralen Ebene der Partei wirkten neben Angehörigen der Intelligenz bäuerlicher Abstammung – beispielsweise der Lehrer Jan Woźnicki[132], der Redakteur Aleksander Bogusławski[133], der Ministerialbeamte im Landwirtschaftsministerium Antoni Langer[134] und der Redaktionssekretär Jan Ledwoch[135] – auch solche, die allenfalls noch eine Herkunft vom Lande oder aus der ländlich geprägten Kleinstadt vorweisen konnten. Sie kamen aus Gemeindeschreiber-, Dorfschullehrer- und Handwerkerfamilien, z.B. der Direktor eines Lehrerseminars Jan Dębski[136], der Lehrer Zygmunt Nowicki[137] und der Schulinspektor Eustachy Rudziński[138] oder entstammten (zum Teil verarmten)

---

[129] Wiejski Uniwersytet Ludowy Związku Polskiego Nauczycielstwa Szkół Powszechnych w Szycach [Die Ländliche Volksuniversität des Verbandes der polnischen Lehrerschaft an allgemeinbildenden Schulen in Szyce], in: Wyzwolenie Nr. 40 vom 5. 10. 1924, S. 7.

[130] W. Okulus: Pierwszy okres niepodległości [Die erste Phase der Unabhängigkeit], in: RDRL 10 (1968), S. 409f.

[131] Vgl. Władze, S. 607ff.

[132] Parlament, S. 258.

[133] T. Kisielewski: Heroizm, cz. I, S. 268. A. Bogusławski gehörte von Anfang 1920 bis Mai 1923 zum „Piast“ und trat danach mit der Gruppe „Jedność Ludowa“ wieder der „Wyzwolenie“ bei.

[134] Parlament, S. 248. A. Langer erörterte übrigens im Herbst 1924 in einem Leitartikel im Parteiblatt das Verhältnis zwischen Landvolk und Intelligenz: Lud wiejski a inteligencja [Das Landvolk und die Intelligenz], in: Wyzwolenie Nr. 41 vom 12. 10. 1924, S. 1.

[135] Parlament, S. 234.

[136] J. Sałkowski: Jan Dębski (1889–1976), in: RDRL 19 (1977–1978), S. 290.

[137] A. Wiącek: Zygmunt Nowicki, jakiego poznałem [Zygmunt Nowicki, wie ich ihn kannte], AZHRL: Ż-17, S. 3.

[138] Parlament, S. 251.

Gutsbesitzerfamilien. Letzteres traf auf den Ministerialbeamten Jerzy Barański[139], die Journalisten Tadeusz Niedzielski[140], Ludwik Chomiński[141] und Sylwester Wojewódzki[142], den Offizier Marian Kościałkowski[143] und den Agronomen Juliusz Poniatowski[144] zu.

Andere Parteiprominente hingegen waren rein städtischer Herkunft. So gelangte beispielsweise der Publizist Stanisław Thugutt, ein Arztsohn, der seine Jugend in Warschau verbracht hatte und zunächst über keine persönliche Beziehung zum bäuerlichen Milieu verfügte, zur Bauernpartei.[145] Vermögenden bürgerlichen Familien entstammten sämtliche vier Frauen, die den Spitzengremien der Partei oder der Fraktion angehörten: Irena Kosmowska[146], Jadwiga Dziubińska[147], Helena Radlińska[148] und Aleksandra Karnicka.[149]

Die Gründe für die Zugehörigkeit zahlreicher Angehöriger der Intelligenz zur Partei waren vielfältig. Bereits die im Jahre 1915 zur PSL fusionierenden Gruppen „Zaranie“ und „Stronnictwo Ludowe“ wiesen eine große Zahl von in der Bildungs- und Aufklärungsarbeit engagierten Vertretern geistiger Berufe auf. Neben emotionalen Bindungen an das bäuerliche Milieu führten vor allem gesellschaftspolitisches oder nationalpolitisches Engagement zu einer Annäherung an die Bauernbewegung. Oft verbanden sich auch beide Impulse miteinander. Eine Reihe von Intelligenzlern aus dem Piłsudski-Lager förderte während des Ersten Weltkrieges die Gründung und Entwicklung der Bauernpartei, um der eigenen Unabhängigkeitskonzeption bessere Durchsetzungsmöglichkeiten zu verschaffen.

Stanisław Thugutt, der nach Kriegsbeginn zunächst mit einer Gruppe von Intellektuellen eine geheime Unabhängigkeitsorganisation unter dem Namen „Verband der Patrioten“ (Związek Patriotów) gegründet hatte, die später in die „Partei der Nationalen Unabhängigkeit“ (Partia Niezawisłości Narodowej) umgestaltet wurde, zog aus seiner Enttäuschung über die Fruchtlosigkeit der politischen Diskussionen in diesen kleinen Gruppen im Sommer 1917 die Konsequenz und trat der ein Jahr zuvor gegründeten „Wyzwolenie“ bei.[150] Die Wahl des neuen Umfeldes entsprang vor allem der Überzeugung Thugutts, durch seine politische Tätigkeit in der sich dynamisch entwickelnden Bauernpartei Kongreßpolens einen wirksameren Beitrag im Kampf für die Unabhängigkeit Polens leisten zu können.[151] Die Notwendigkeit einer Agrarreform begründete er Anfang 1918 denn auch eher patriotisch-staatspolitisch: „Es liegt nicht im Interesse des Bauern, sondern Polens, daß das Land in starke und zuverlässige Bauernhände übergeht.“[152] Im Jahre 1918 stießen weitere Angehörige der Bildungs-

[139] J. Borkowski: Baza społeczna, S. 97.
[140] Parlament, S. 234.
[141] Ebd., S. 347.
[142] Ebd., S. 261.
[143] Ebd., S. 223f.
[144] J. Borkowski: Baza społeczna, S. 97.
[145] A. Więzikowa: Stanisław Thugutt (1873–1941), in: Przywódcy ruchu ludowego, S. 324.
[146] T. Kisielewski: Heroizm, cz. I, S. 220.
[147] Ebd.
[148] Ebd.
[149] Parlament, S. 256.
[150] S. Thugutt: Wybór pism, S. 67.
[151] A. Więzikowa: Stanisław Thugutt, S. 327.
[152] S. Thugutt: Coby szlachta mogła dać Polsce [Was der Adel Polen geben könnte], in: Wyzwolenie Nr. 10 vom 10. 3. 1918, S. 96.

schicht wie die Rechtsanwälte Piotr Zubowicz, Wacław Łypacewicz und andere zur Partei.[153]

Der Blick auf die Partei allein unter dem Aspekt ihrer Nutzbarkeit für Fortschritte bei der Erlangung der nationalen Souveränität bedeutete in manchen Fällen sicherlich eine Instrumentalisierung der „Wyzwolenie", wenn auch zu bedenken ist, daß es eben dieser Punkt war, der bis Ende 1918 in ihrem Programm an vorderster Stelle stand. Einige Personen verließen nach Jahren wieder die Bauernpartei. Viele andere hingegen identifizierten sich auch mit dem übrigen Programm und blieben. Es muß gesehen werden, daß das radikaldemokratische Programm der „Wyzwolenie" sowohl vor als auch nach Erlangung der Unabhängigkeit eine starke Anziehungskraft auf einzelne Angehörige der linken und liberalen Intelligenz ausübte. Einige prominente Parteimitglieder aus diesen Kreisen gehörten auch Freimaurerlogen an.[154]

Eine Besonderheit der „Wyzwolenie" im Vergleich zu den anderen Bauernparteien war die Mitarbeit etlicher sehr qualifizierter Frauen in ihren Reihen, die bereits in ihrer Schul- und Studienzeit mit dem Gedankengut des radikalen Teiles der polnischen Intelligenz in Berührung gekommen waren. Sie hatten sich in der Regel intensiv in die Bildungs- und Aufbauarbeit der ersten bäuerlichen Organisationen eingeschaltet und umfangreiche fachliche und politische Erfahrungen erworben. Jadwiga Dziubińska, Irena Kosmowska und Helena Radlińska arbeiteten als Pädagoginnen – verstanden jeweils unterschiedlich und in einem sehr weiten Sinne –, Aleksandra Karnicka war eine vielseitig gebildete, gesellschaftlich engagierte Politikerin. Dziubińska gelangte im Jahre 1919 in den Sejm, Kosmowska in den Jahren 1919, 1922 und 1928, Karnicka 1922 in den Senat und 1928 in den Sejm. Alle vier Frauen gehörten in diesen Jahren in der Regel dem Parteivorstand der „Wyzwolenie" an. Über ihre pädagogische, wissenschaftliche, gesellschaftliche und politische Tätigkeit ist in den vergangenen Jahrzehnten verschiedentlich berichtet worden.[155]

Das Übergewicht von Angehörigen der Intelligenz in führenden Positionen der jungen Bauernpartei war an sich nichts Außergewöhnliches, sondern hatte seine Parallele, wenn auch abgeschwächt, in der zwei Jahrzehnte vorher gegründeten galizischen Bauernpartei sowie in den frühen Organisationen der Arbeiterbewegung.[156] Die beson-

---

[153] L. Hass: Z socjalnych źródeł przewrotu majowego (Inteligencja – piłsudczycy) [Zu den sozialen Ursachen des Mai-Umsturzes (Intelligenz – Piłsudski-Anhänger)], in: KH 77 (1970), S. 373.

[154] Die Zahl der „Wyzwolenie"-Politiker, die Freimaurerlogen angehörten, wird bisweilen überschätzt. So zuletzt wohl durch Leon Chajn (Wolnomularstwo w II Rzeczypospolitej [Die Freimaurerei in der Zweiten Republik], Warszawa 1975, S. 370–374). Läßt man Gerüchte aus der Vorkriegszeit und zweifelhafte Quellen unberücksichtigt, kann von der Zugehörigkeit folgender Personen zu Logen ausgegangen werden: Maksymilian Malinowski, Stanisław Thugutt, Eugeniusz Śmiarowski, Zygmunt Graliński, Kazimierz Bartel, Alfred Fiderkiewicz. Vgl. L. Hass: Liberałowie, ezoterycy, piłsudczycy [Liberale, Esoteriker und Piłsudski-Anhänger], in: DN 5 (1973), Nr. 3, S. 61; ders.: Rataj, Ponikowski, Askenazy – masonami? [Waren Rataj, Ponikowski und Askenazy Freimaurer?], in: Więź 19 (1976), Nr. 6, S. 118.

[155] R. Kociowa: Irena Kosmowska, Warszawa 1960; K. Bagiński: Helena Radlińska w ruchu ludowym [Helena Radlińska in der Bauernbewegung], in: ZH 19 (1971), S. 128–132; T. Wieczorek: Wkład Jadwigi Dziubińskiej w organizację i rozwój ludowych szkół rolniczych [Der Beitrag von Jadwiga Dziubińska zur Organisation und Entwicklung der bäuerlichen Landwirtschaftsschulen], Warszawa 1975; M. Mioduchowska: Działalność kobiet w ruchu ludowym [Die Tätigkeit von Frauen in der Bauernbewegung], in: WW 39 (1985), Nr. 6, S. 89–103.

[156] Vgl. H. Laeuen: Die polnische Intelligenz- und Führungsschicht, in: Osteuropa-Handbuch Polen, S. 14; K. Dunin-Wąsowicz: Uwagi o artykule Jana Borkowskiego: Kilka uwag o „Siewbie", „Zaraniu" i ruchu ludowym [Bemerkungen zum Artikel von Jan Borkowski: Einige Bemerkungen zu „Siewba", „Zaranie" und Bauernbewegung], in: DN 4 (1972), Nr. 3, S. 83.

deren Bedingungen für eine politische Betätigung im russischen Teilgebiet sowie die Umstände der Parteigründung während des Ersten Weltkrieges führten lediglich zu einer Verstärkung dieses Phänomens. Die Partei war im übrigen auf Fachleute angewiesen. Dies wurde im Jahre 1919 deutlich, als zuwenige ihrer Abgeordneten in der Lage waren, die Positionen der Partei in den Ausschüssen und im Plenum des Sejm kompetent zu vertreten. Die konkurrierende Bauernpartei „Piast" hielt der „Wyzwolenie" im Jahre 1922 im Kampf um bäuerliche Anhänger und Wähler ihren hohen Anteil an Akademikern in der Leitung vor.[157] Im selben Wahlkampf versuchten die Rechtsparteien (Christlicher Verband der Nationalen Einheit) mit ihrer teils primitiven Propaganda die „Wyzwolenie" als eine von Freimaurern und Ungläubigen geleitete Partei zu zeichnen, die Polens nationale Interessen an Juden, Deutsche und Bolschewisten verrate.[158]

Von Ausnahmen abgesehen scheint die Zugehörigkeit von Intelligenzlern zur „Wyzwolenie" nicht zu größeren innerparteilichen Problemen mit der Basis geführt zu haben. Diese Politiker und Funktionäre wurden von den Mitgliedern und Sympathisanten der Partei im allgemeinen als Vertreter bäuerlicher Interessen akzeptiert. Selbstverständlich waren hierfür Auftreten, Haltung, Sprache, Sachkenntnis und die Bereitschaft, sich überzeugend mit den tatsächlichen Problemen des Dorfes zu befassen, von Bedeutung. Mancher Politiker wurde selbst in den Hochburgen der Partei von der Basis abgelehnt. Es ist zu vermuten, daß es denjenigen unter den nichtbäuerlichen Vorstandsmitgliedern und Abgeordneten bzw. Bewerbern um Mandate leichter fiel, Vertrauen und Autorität bei den Bauern zu erwerben, die nicht ausgesprochen intellektuell wirkten und zumindest Bauern im ideellen Sinne waren, d. h. sich mit dem Bauerntum und seinen Problemen aufrichtig verbunden fühlten.

Probleme entstanden jedoch durch den Beitritt weiterer Nichtbauern vor allem für Fraktion und Parteispitze. Bereits im Herbst 1922, noch vor der Parlamentswahl, äußerte Jadwiga Dziubińska in einem Brief an den Parteivorstand ihr Unbehagen über die Nominierung etlicher erst kurz zuvor zur Partei gestoßener Kandidaten.[159] Im Ergebnis der Wahl wiesen Fraktion und Führung nicht nur eine hohe Zahl, sondern auch ein besonders breites Spektrum von Angehörigen der Intelligenz auf. Neben denjenigen, die bereits auf eine langjährige Arbeit in der Bauernbewegung zurückblicken konnten, saßen frühere Sozialisten und gegenwärtige Piłsudski-Anhänger, Liberale, Bürgerliche und radikale Weißrussen. Überzeugung und Grundsatztreue, Ehrgeiz und persönliche Eitelkeiten sowie Ungeduld und Radikalität kreuzten sich ab 1924 oft in unguter Weise und brachten eine Reihe von innerparteilichen Konflikten hervor, die der gesamten Partei erheblichen Schaden zufügten.

---

157 M. ROLA: W rękach Twoich Twój los czyli jakie prawa przysługują wyborcom wedle ordynacji wyborczej do Sejmu i Senatu [In deinen Händen liegt dein Schicksal, oder anders gesagt: Welche Rechte stehen den Wählern nach der Sejm- und Senatswahlordnung zu?], Cieszyn 1922, S. 23.

158 Vgl. die Kampfschrift von A. KŁOS: Stronnictwa i Partje. Partja Tugutowców (Polskie Stronnictwo Ludowe – Wyzwolenie) [Parteien. Die Partei der Thugutt-Anhänger (Polnische Bauernpartei – Wyzwolenie)], Warszawa 1922, S. 14.

159 Wyjaśnienie posła J. Dziubińskiej [Eine Erklärung der Abgeordneten J. Dziubińska], in: Wyzwolenie Nr. 45 vom 5. 11. 1922, S. 532.

3. Das Programm der „Wyzwolenie“

Die Partei verfügte während der anderthalb Jahrzehnte ihrer Existenz über insgesamt drei Programme. Diese wurden in den Jahren 1916, 1921 und 1925 beschlossen und bildeten die Richtschnur für das Handeln aller Parteigremien und Mitglieder in grundsätzlichen politischen Fragen. In Kursen und Schulungen für ehrenamtliche Funktionäre, aktive Mitglieder und Sympathisanten stand die Behandlung der programmatischen Ziele obenan.[1] Nicht jedem Parteimitglied und Wähler wird allerdings das Programm der Partei in vollem Umfang gegenwärtig gewesen sein. Gerade auf dem Lande hing bei Wahlen viel davon ab, ob ein populärer Name auf der Kandidatenliste stand, der den Bauern häufig mehr sagte als ein kompliziertes Parteiprogramm. Doch zumindest in Auszügen, in Gestalt der auf den Massenkundgebungen verkündeten Wahlplattformen, wurde auch die große Schar der Anhänger mit den wichtigsten Aussagen des Programms bekannt. Bei der Darstellung der Programme wird, sofern dies die Quellen ermöglichen, auch auf die Umstände ihrer Entstehung und auf den mit ihrer Abfassung betrauten Personenkreis eingegangen.

3.1. Schwerpunkte des Parteiprogramms von 1916: Unabhängigkeit und Volksherrschaft

Das erste Programm soll, obwohl es aus der Gründungsphase der Partei stammt, in die Betrachtung einbezogen werden, da es immerhin bis März 1921 galt und die Grundlage der nachfolgenden Fassungen darstellte. Es war Aleksander Bogusławski, Führungsmitglied der Lubliner Parteiorganisation und Redakteur des dort erscheinenden Parteiorgans „Polska Ludowa“, dem der Hauptvorstand im Jahre 1916 die Ausarbeitung eines Programms anvertraute.[2] Bogusławskis Entwurf wurde zunächst im Lubliner Bezirksvorstand auch von bäuerlichen Parteiaktivisten erörtert und beim Parteitag vom 11. bis 13. Juni 1916 der am ersten Tag gewählten neunköpfigen Programmkommission vorgelegt. Mit etlichen Veränderungen und wohl auch sprachlichen Vereinfachungen wurde er am folgenden Tag dem Parteitag zur Diskussion zugeleitet. Es wird berichtet, daß die Delegierten, vor allem die Bauern unter ihnen, den Entwurf lebhaft diskutierten und zahlreiche Abänderungsvorschläge machten. Inhalt und Richtung dieser Anträge sind leider nicht überliefert.

Abschließend entschied der Parteitag, das überarbeitete Programm – unter Berücksichtigung eventuell noch eintreffender Änderungswünsche aus den Gebietsorganisationen – in Kraft treten zu lassen. Da keine Einwände von dieser Seite erhoben wurden, konnte es Anfang Juli 1916 veröffentlicht werden. „Dieses Programm“, schreibt Bogusławski in seinen Erinnerungen, „wurde nicht von Intelligenzlern für Bauern aus-

[1] W. Fijałkowski: Pamiętniki, cz. III, AZHRL: P–282a, S. 377.

[2] Zur Entstehung des Programms vgl. J. Molenda: Polskie Stronnictwo Ludowe, S. 42–44.

gearbeitet, sondern zum erstenmal gemeinsam mit Bauern für Bauern und für mit deren Bestrebungen eng verbundene Intelligenzler bearbeitet."[3]

Das Programm gliederte sich in die sechs Teile Politik, Gesellschaft und Wirtschaft, Schutz für besitzlose Bauern und Auswanderer, Bildung, Moral sowie öffentliche Gesundheit.[4] Der Schwerpunkt des Programms lag, auch quantitativ gesehen, bei den ersten beiden Teilen. An die Spitze ihrer politischen Ziele setzte die Bauernpartei Kongreßpolens, wie bereits erwähnt, die völlige Unabhängigkeit der polnischen Nation. Zur Begründung hieß es, daß unter den bisherigen Bedingungen der Abhängigkeit von fremden Regierungen letztlich keinerlei Bedürfnisse der arbeitenden Menschen befriedigt werden könnten. Zur Erlangung dieses Zieles sollte die Bauernpartei zum einen die Bevölkerung auf den bewaffneten Kampf vorbereiten, zum anderen bereits während des Krieges alle Möglichkeiten wahrnehmen, Grundlagen für eine polnische Staatlichkeit zu schaffen.[5]

Der erste Abschnitt berührte auch die politische Verfassung des künftigen polnischen Staates. Die Partei setze sich, so Punkt 6, „ein freies Volkspolen (Polska Ludowa) als Ziel und wird fordern, den polnischen Staat mit einer umfassenden und demokratischen Verfassung zu versehen, die jegliche gesetzgebende Gewalt, die Entscheidung über Steuern und das Kontrollrecht über die Verwaltung des Landes in die Hände des Volkes legt".[6] Bezüglich der dritten Gewalt wurde die Schaffung einer Justiz verlangt, die jedem den Weg zum Recht zugänglich machen sollte.[7] Große Bedeutung maß die junge Partei der Entwicklung der Selbstverwaltung im Lande bei, insbesondere der Entwicklung der Gemeindeselbstverwaltung, die sie als die „Schule des staatsbürgerlichen Lebens" bezeichnete. Die Entfaltung der Selbstverwaltung sollte mit einem Abbau von „schädlichem Zentralismus" einhergehen.[8]

Auf Landesebene war die Einberufung eines Sejm, mit einer „angemessenen Vertretung für das Volk (lud)"[9] vorgesehen, dem auf diese Weise ein entsprechender Einfluß auf die Regierung des Landes gesichert werden sollte. Als Weg hierzu wurden allgemeine, gleiche, geheime und direkte Wahlen genannt.[10] Es versteht sich vor dem Hintergrund des skizzierten Verfassungsrahmens fast von selbst, daß das Programm von der Gleichheit aller Bürger einschließlich der Frauen vor dem Gesetz ausging und umfassende Freiheitsrechte postulierte. Der Militärdienstpflicht sollten „gerechterweise" alle Bürger in gleichem Maße unterliegen, während eine gerechte Verteilung der Steuerlast allein in der Anwendung progressiver Steuersätze auf Einkommen gesehen wurde.[11]

Beim zweiten Programmteil, der die gesellschaftlichen und wirtschaftlichen Ziele umriß, war die Partei im Jahre 1916 noch relativ zurückhaltend. Es klang allerdings

---

[3] A. Bogusławski: Ruch ludowy, cz. 1, S. 286.

[4] Der Text des Programms von 1916 in: Materiały źródłowe, T. I, S. 422–426.

[5] Ebd., S. 422.

[6] Ebd.

[7] Ebd., S. 423.

[8] Ebd.

[9] Jan Molenda ist zuzustimmen, wenn er unter Berufung auf den Kontext meint, daß die Partei den Begriff „lud" in diesem konkreten Fall nicht wie üblich zur Bezeichnung der Bauern (chłopi) verwandte, sondern ihm hier eine breitere Bedeutung gab (masy ludowe). Vgl. J. Molenda: Polskie Stronnictwo Ludowe, S. 45, Fußnote 18.

[10] Materiały źródłowe, T. I, S. 422.

[11] Ebd.

bereits die später sehr viel deutlicher unterstrichene Notwendigkeit einer Veränderung der Agrarverhältnisse an, wenn formuliert wurde:

> „Da es für die Entwicklung der Nation am nutzbringendsten und gerechtesten sein wird, wenn der Boden, den der Landwirt mit eigenen Händen bearbeitet und den er liebt und festhält, sich in den Händen des Landvolkes befindet, strebt die PSL a) nach Schaffung einer größtmöglichen Zahl bäuerlicher Wirtschaften, die besitzlosen Landbewohnern zugänglich sind, b) nach einer Arrondierung klein- und kleinstbäuerlicher Siedlungen auf eine für die Ernährung einer Familie und die Entwicklung der Landwirtschaft im Lande notwendige Fläche."[12]

Diese an sich recht weitgehenden Wünsche nach Übergabe von Land an kleinere Bauern fanden in dem sich anschließenden Passus, der die beschreitbaren Wege zur Realisierung aufzählte, jedoch keine Entsprechung. Der für eine Kolonisation vorgeschlagene Boden (Güter der Zarenfamilie, Majoratsgüter, Staatsland) war in seiner Fläche sehr begrenzt. Außerdem war seine Verfügbarkeit durch eine Reihe von Bedingungen und Vorbehalten eingeschränkt, so daß sich die Möglichkeiten einer Parzellierung stark verminderten. So sollten Majoratsgüter, deren frühere Eigentümer an den nationalen Aufständen teilgenommen hatten, diesen zurückgegeben werden, während Staatsland nur dann parzelliert werden sollte, wenn dies „ohne Schaden für das Wohl des Landes" möglich war.[13]

Als einzige realistische Möglichkeit des Landerwerbs blieb die gleichfalls erwähnte Parzellierung von Privatland aus großem Grundbesitz. Hier wollte die Partei den Interessenten durch Einrichtung einer Parzellierungsbank bessere Bedingungen verschaffen. Zwischenhandel und Spekulation mit Land sollten ausgeschaltet werden. Über die Ermittlung des Preises und über die Größe des für eine Parzellierung in Frage kommenden Landes wurde nichts gesagt, ebensowenig über eine Obergrenze für Großgrundbesitz, von der ab etwa Land automatisch einer Parzellierung unterliegen sollte. Es handelte sich somit um eine freiwillige Parzellierung gegen Entschädigung, um einen Verkauf von Land zu Marktpreisen also. Einen solchen Landkauf konnten sich in der Regel nur wohlhabendere Bauern leisten, die über entsprechendes Bargeld verfügten.

Die Partei nannte in diesem Programmteil als weiteres wichtiges Ziel die Steigerung der Ertragsfähigkeit der bäuerlichen Betriebe, die auf dem Wege der Selbsthilfe erfolgen sollte. Vom Staat wurde hierbei als Unterstützung die Beseitigung einer Reihe von Mängeln und Hindernissen verlangt. Für besonders dringlich hielt man Flurbereinigungsmaßnahmen, die Regulierung von Weide- und Holzberechtigungen (Servituten), Meliorationen, die Bereitstellung günstiger kurz- und langfristiger Kredite, die Einrichtung staatlicher Feuer-, Hagel- und Seuchenversicherungen, Maßnahmen des Waldschutzes, des Wegebaus, der Flußregulierung und anderes mehr.[14] Die Partei sicherte dem gesamten landwirtschaftlichen Genossenschaftswesen ihre energische Unterstützung zu. Sie sah in ihm „ein mächtiges Mittel zur gesellschaftlichen und wirtschaftlichen Entwicklung des Volkes".[15]

Relativ viel Aufmerksamkeit widmete man zwei weiteren Bereichen in je einem Programmteil: der Fürsorge für Landarbeiter und Auswanderer und dem Bildungswesen. Diese Bereiche sollten später, wenn auch unterschiedlich lange, wichtige Tätigkeitsfelder der Partei werden. In diesem ersten Programm erhob die Partei den

[12] Ebd., S. 423.
[13] Ebd.
[14] Ebd., S. 424.
[15] Ebd.

Anspruch, nicht nur die Interessen der Bauern, sondern ebenfalls die der Landarbeiter zu vertreten. Im einzelnen versprach sie letzteren u.a. folgende Ziele anzustreben: die Einführung allgemein geltender Tarifverträge zwischen ihnen und den arbeitgebenden Gutsbesitzern, die Einführung von Schiedsgerichten in Streitfragen mit Arbeitgebern, die Schaffung von Pflichtversicherungen gegen Krankheit, Unfall, Invalidität sowie eine Altersrentenversicherung.[16] In einem gesonderten Absatz wurde auch das Problem der Emigration angesprochen. Die Partei wollte die schwierigen Arbeits- und Lebensbedingungen der Polen im Ausland mildern, ihnen bei der Bewahrung ihrer polnischen Identität beistehen und über eine entsprechende Entwicklung des Heimatlandes die Rückkehrmöglichkeit eröffnen.[17]

Zur Volksbildung wurde im Teil IV erklärt, daß die PSL sie für den wichtigsten Faktor bei der Hebung des kulturellen Niveaus des Volkes halte. Da die ungebildete ländliche Bevölkerung nicht imstande sei, selbst bei formaler Gleichheit vor dem Gesetz, in ausreichendem Maße von ihren Rechten Gebrauch zu machen und ihre Interessen zu verteidigen, sei der sofortige Ausbau eines für alle zugänglichen elementaren, mittleren und höheren Schulwesens erforderlich. Verlangt wurde außerdem die Schaffung außerschulischer Bildungseinrichtungen wie Volkshochschulen, Gemeindeleseräume und -büchereien, Bildungsvereine, Volkshäuser usw. Die Partei versicherte, die materiellen Interessen der Volksschullehrerschaft wahrnehmen zu wollen, „damit nichts (sie) hindere ..., sich begeistert und mit Hingabe ihrer erhabenen Mission zu widmen".[18]

Die Teile V und VI betrafen Fragen der Moral und der öffentlichen Gesundheit. Als Ziele bezeichnete das Programm die Weckung der Vaterlandsliebe und die Bekämpfung der Selbstsucht des einzelnen. Dem Gemeinwohl seien zur Not Eigentum und Leben zu opfern. Die Partei werde insbesondere danach streben, das sittliche und kulturelle Niveau auf dem Lande zu heben und gegen Trunksucht und andere verderbliche Laster anzugehen.[19] Im Schlußteil wurde der mangelhafte Zustand des ländlichen Gesundheitswesens beklagt. Ärztliche Hilfe sollte endlich die Tätigkeit von Kurpfuschern ablösen. Gefordert wurden auch ein ländliches Spitalwesen sowie eine wirksame Erziehung zur Hygiene auf dem Lande.[20]

Die Schwerpunkte des vorstehend skizzierten Programms der Bauernpartei lassen sich mit den Stichworten nationale Unabhängigkeit und parlamentarisch-demokratisches System umreißen. Soziale, ökonomische und kulturelle Zielvorstellungen und Wünsche bestanden zwar, doch waren sie den großen nationalpolitischen Fragen untergeordnet. Das Programm blieb in seinen Grundzügen unverändert. Auf dem Parteitag am 1./2. November 1918 sollte es um einige wichtige Punkte ergänzt werden.

3.2. Die Agrardebatte des Jahres 1918

Es waren vor allem die im Agrarteil des Programms beschriebenen Positionen, die gegen Ende des Ersten Weltkrieges eine erhebliche Veränderung erfuhren. Während eine öffentliche Diskussion über die künftige Agrarverfassung Polens in der Partei noch bis Ende 1917 kaum geführt wurde, setzte sie zu Beginn des Jahres 1918 mit großer

---

[16] Ebd., S. 425.
[17] Ebd.
[18] Ebd., S. 425f.
[19] Ebd.
[20] Ebd.

Intensität ein. Es liegt nahe, hier einen Zusammenhang zur russischen Oktoberrevolution bzw. zum von den Bolschewiki am 8. November 1917 erlassenen Landdekret zu vermuten. Die Agrarproblematik wurde sowohl auf dem regionalen Parteitag am 20. Januar 1918 in Lublin als auch auf dem Landesparteitag am 27./28. Januar 1918 in Warschau erörtert. Beide Parteitage faßten den Beschluß, vor einer endgültigen Entscheidung der Leitungsgremien in der Agrarfrage die Ansicht der Ortsvereine hierzu zu erkunden.[21]

Die Führungspersönlichkeiten der Partei Tomasz Nocznicki, Stanisław Thugutt und Juliusz Poniatowski sprachen sich in dieser Zeit, wenn auch mit unterschiedlichem Akzent, übereinstimmend für einen Übergang des Landes in den Besitz der Bauern aus.[22] Am weitesten ging Poniatowski, der für die Übergabe des 100 ha übersteigenden Großgrundbesitzes an die Bauern plädierte. Thugutt und Poniatowski wiesen allerdings darauf hin, daß die Verteilung des Großgrundbesitzes den Landhunger der Bauern nicht stillen, sondern lediglich mildern könne. Im Lande gab es zu jener Zeit etwa 600000 landlose Familien. Aus dem in Frage kommenden Grund und Boden würden sich, so Poniatowski, allenfalls 100000 bäuerliche Wirtschaften schaffen lassen. Dennoch hielt er diesen Schritt für wichtig, aus politischen Gründen geradezu für unerläßlich: „Beim Bau des polnischen Staates ist es notwendig, das Gros der Bevölkerung zufriedenzustellen, damit es sich nicht nach anderen Bedingungen sehnt. Mit dieser Frage ist auch die Agrarfrage verbunden.“[23] Die Anspielung auf die Ereignisse in Rußland ist unübersehbar. Die überschüssige arbeitslose Landbevölkerung sollte in der Industrie und im Handwerk Arbeit finden. Thugutt hingegen hielt die Aussichten einer Industrialisierung eher für unsicher und verwies auf die Möglichkeit, in den künftigen Ostgebieten des Staates bäuerliche Siedlungen zu gründen.

Auch der Friedensschluß von Brest-Litowsk vom 9. Februar 1918 war ein die Agrarreformdiskussion in der Partei beschleunigendes Moment. Die Mittelmächte sprachen in ihm bekanntlich der sogenannten Ukrainischen Volksrepublik eine Reihe von Gebieten des früheren polnischen Reiches, darunter das Cholmer Land, zu.[24] Die Polen aller politischen Richtungen reagierten mit Unverständnis, Verbitterung oder Unruhe auf die Politik der Besatzungsmächte. Im Cholmer Land kam es zu Auftritten ukrainischer Agitatoren, die mittels radikaler, gegen den Gutsbesitz gerichteter Parolen die Bauern gewinnen wollten. Die polnische Seite begegnete ihnen mit der Entfaltung einer ebenfalls sozial angelegten Reformpropaganda.[25]

In diese Arbeit schaltete sich auch die Führung der Lubliner Organisation der PSL ein. Sie wies in einem Rundschreiben vom 5. März 1918 an die ihr unterstehenden Parteigliederungen darauf hin, daß Forderungen in der Agrarfrage „heute schon deutlich gestellt werden müßten, um für die Sache die gesamte Masse des Volkes zu wecken, die erst dann sich klar davon überzeugt, daß es in einem solchen Polen keine Regierung der Herren geben wird. Polen wird polnische Menschen hinzubekommen, die sich

[21] J. Molenda: Polskie Stronnictwo Ludowe, S. 202.

[22] S. Thugutt: Skąd wziąć ziemię? [Woher das Land nehmen?], in: Wyzwolenie Nr. 2 vom 13. 1. 1918, S. 12–14; T. Nocznicki: O Polskim Stronnictwie Ludowym [Über die Polnische Bauernpartei], in: Wyzwolenie Nr. 5 vom 3. 2. 1918, S. 43–45; Rede von J. Poniatowski bei der Krakauer Besprechung der Unabhängigkeitsparteien am 3. 2. 1918, vgl. Narada krakowska z lutego 1918 r. [Die Krakauer Besprechung vom Februar 1918], in: PH 49 (1958), Nr. 3, S. 558f.

[23] Ebd.

[24] H. Roos: Geschichte, S. 36ff.

[25] J. Molenda: Polskie Stronnictwo Ludowe, S. 204.

nicht der ukrainischen Agitation ergeben."[26] Das konkrete Programm der Partei für das Cholmer Land sah neben der Festsetzung einer Obergrenze für Landbesitz bei 100–300 Morgen auch eine Enteignung des diese Grenzen übersteigenden Landes zugunsten der Landlosen und Kleinbauern vor.[27] Ein solches Programm mußte trotz seines zunächst lokalen Charakters unter den damaligen Bedingungen Bedeutung für die Position der Gesamtpartei bekommen.

Die in den Winter- und Frühjahrsmonaten 1918 in den Ortsvereinen sowie auf Kreis- und Bezirkskonferenzen geführten Diskussionen über den Charakter der künftigen Reform mündeten in der österreichischen Besatzungszone schließlich in die Verabschiedung eines provisorischen Agrarreformprojekts. Im Beschluß des Lubliner Parteitages vom 17. April 1918 hieß es u. a.:

> „Die Polnische Bauernpartei strebt nach der Abschaffung des Großgrundbesitzes. Es ist jedoch angesichts der finanziellen und technischen Schwierigkeiten infolge der Zerstörungen im polnischen Staate unmöglich, ohne Nachteil für die Landwirtschaft gleichzeitig eine große Anzahl von Kleinwirtschaften, die ausreichend mit Wirtschaftsgebäuden und übrigem Inventar ausgestattet sind, zu schaffen. Daher betrachtet die PSL die zwangsweise Begrenzung des Großgrundbesitzes auf ein Höchstmaß von 150 Morgen[28] als ersten Schritt auf diesem Wege."[29]

Damit hatte sich die Partei zum ersten Mal den Grundsatz der zwangsweisen Begrenzung des Großgrundbesitzes in ganz Polen zu eigen gemacht, der fortan das wichtigste Element ihres Agrarprogramms sein sollte. Lediglich in bezug auf die Obergrenze für den Besitz von Land wurden später noch andere Beschlüsse gefaßt. Das Cholmer Beispiel hatte sich deutlich auf die ganze südliche Besatzungszone ausgewirkt.

Die Führungsinstanzen der Gesamtpartei hegten zunächst Vorbehalte gegen die radikalen Forderungen der Lubliner Organisation. Dies läßt ein Beschluß des Parteirates vom 2. Juni 1918 erkennen, in dem die Obergrenze für Grundbesitz auf 300 Morgen festgesetzt und die Parzellierung von privatem Grundbesitz derjenigen von Majoratsgütern und Staatsland wieder nachgeordnet wurde. Doch brachte die Basis ihren Standpunkt auf einem weiteren Kongreß in Lublin am 29. und 30. Juni 1918 erneut zur Geltung.[30] In allen genannten Vorschlägen war eine Entschädigung für die Gutsbesitzer vorgesehen.

In den Sommer- und Herbstmonaten 1918 polemisierte die Parteizeitung „Wyzwolenie" gegen die Agrarvorstellungen anderer politischer Richtungen. Besonders intensiv befaßte sich dort Aleksander Bogusławski mit dem Agrarreformprojekt der Polnischen Sozialistischen Partei.[31] Die PPS wünschte eine Enteignung des Großgrundbesitzes zugunsten des Staates und eine langjährige Verpachtung des Landes an Landlose und Kleinbauern zur individuellen Bewirtschaftung bzw. auch an Arbeiterkooperativen zur

---

26 Okólnik [Rundschreiben], Nr. 3 vom 5. 3. 1918, Wydział Wykonawczy PSL w Lublinie [Exekutivabteilung der PSL in Lublin], in: Materiały źródłowe, T. I, S. 464 f.

27 Ebd., S. 464.

28 84 ha (ein polnischer Morgen entspricht 0,56 ha).

29 Okólnik [Rundschreiben], Nr. 9 vom 5. 5. 1918, zitiert nach J. Molenda: Polskie Stronnictwo Ludowe, S. 207.

30 Ebd., S. 209 f.

31 J. Młot (Pseudonym von A. Bogusławski): Jak socjaliści chcą rozwiązać sprawę rolną [Wie die Sozialisten die Agrarfrage lösen wollen], in: Wyzwolenie Nr. 32 vom 11. 8. 1918, S. 289 f.; ders.: Jeszcze w sprawie socjalistycznej reformy rolnej [Noch einmal zur Frage der sozialistischen Agrarreform], in: Wyzwolenie Nr. 36 vom 8. 9. 1918, S. 322; ders.: Jeszcze o socjalistycznej reformie rolnej [Noch einmal zur sozialistischen Agrarreform], in: Wyzwolenie Nr. 39 vom 29. 9. 1918, S. 346 f.

kollektiven Bearbeitung.[32] Bogusławski wandte sich entschieden gegen den Gedanken der Verpachtung und begründete die von der PSL geforderte Eigentumsübertragung für das parzellierte Land mit ökonomischen Argumenten, wobei er auch auf Momente des Bewußtseins und der bäuerlichen Psyche hinwies. Er versicherte, „daß alle Kleinbauern und Landlosen heute das Land lieber als Eigentum erwerben wollen, als ständig Pächter zu sein. Und die Bauernparteien, die das Landvolk organisieren, müssen diesen ihren Willen in die Tat umsetzen".[33] Vor dem Hintergrund der das ganze Jahr 1918 hindurch geführten Diskussion zur Agrarfrage war die Ausformulierung eines neuen Agrarprogramms und dessen Verabschiedung durch den Parteitag am 1./2. November 1918 nicht mehr weiter erstaunlich.

3.3. Die Neugewichtung des Programms an der Schwelle zur Unabhängigkeit

Der Sonderparteitag fand am 1. und 2. November 1918 in einer außerordentlich bewegten Zeit statt. Die politischen und militärischen Positionen der Mittelmächte in Europa waren bereits ins Wanken geraten und das Ende ihrer Besatzungsherrschaft in Kongreßpolen war absehbar. Zum Parteitag kamen etwa 1000 Delegierte und Gäste aus beiden Besatzungszonen Kongreßpolens nach Warschau. Nachdem der Parteivorsitzende Błażej Stolarski den Parteitag eröffnet und dieser Jan Tabor zum Versammlungspräsidenten gewählt hatte, sprach als Gast namens der galizischen Bauernpartei „Piast" deren Generalsekretär Gabriel Dubiel, der gemeinsam mit Helena Radlińska aus Krakau angereist war, ein Grußwort. Dubiel und Radlińska informierten die Teilnehmer über die jüngsten Ereignisse in Krakau, insbesondere über die Entwaffnung der österreichischen Truppen und den Übergang der Macht in polnische Hände. „Diese Nachrichten", berichtet Aleksander Bogusławski, „riefen bei den Versammelten Begeisterung hervor, die sich in Beifall und Rufen äußerte."[34] Eine Stimmung der Unruhe und Erwartung weiterer wichtiger Ereignisse, dies bestätigen auch andere Teilnehmer, war für die gesamte Versammlung charakteristisch.[35]

Der Parteitag verabschiedete einmütig das neue, wesentlich radikalere Agrarreformprogramm[36], dessen Grundzüge wahrscheinlich der damalige stellvertretende Parteivorsitzende Juliusz Poniatowski in seinem Referat vorgetragen hatte.[37] Und er trug ebenfalls mit Programmveränderungen und -ergänzungen den sonstigen bereits eingetretenen bzw. bevorstehenden Änderungen im politischen Leben des Landes Rechnung. Im ersten Satz des Programms, der das politische Hauptziel der Partei benannte, war bereits vorher eine Anpassung vorgenommen worden. In ihm hieß es noch 1916, daß

---

32 J. Holzer: Polska Partia Socjalistyczna w latach 1917–1919 [Die Polnische Sozialistische Partei in den Jahren 1917–1919], Warszawa 1962, S. 131.

33 J. Młot: Jak socjaliści chcą rozwiązać sprawę rolną [Wie die Sozialisten die Agrarfrage lösen wollen], in: Wyzwolenie Nr. 32 vom 11. 8. 1918, S. 289.

34 A. Bogusławski: Wspomnienia, T. II (1916–1919), AZHRL: P–31, S. 414.

35 S. Thugutt: Wybór pism, S. 73; Notatka G. Dubiela [Eine Aufzeichnung von G. Dubiel], in: F. Honowski: Parlament i rząd w Polsce niepodległej. Część prawno-polityczna. Rok 1918 [Parlament und Regierung im unabhängigen Polen. Rechtlich-politischer Teil. Das Jahr 1918], Warszawa 1938, S. 536.

36 Ebd., S. 537; A. Bogusławski: Wspomnienia, T. II (1916–1919), AZHRL: P–31, S. 415.

37 Ebd., S. 414.

„die Polnische Bauernpartei (...) vor allem nach der völligen Unabhängigkeit der polnischen Nation (strebt)“.[38] Angesichts der seitdem erreichten großen Fortschritte auf dem Wege zur polnischen Eigenstaatlichkeit mußte die Wahrung des Besitzstandes an nationalen Institutionen ein Teilziel sein. Der Satz lautete daher seit 1917: „Die Polnische Bauernpartei strebt nach der Erlangung und Festigung der völligen Unabhängigkeit der polnischen Nation.“[39]

In das Programm wurde auf dem Parteitag Anfang November 1918 als Ergänzung des Teiles I (Politische Ziele) ein völlig neuer Absatz aufgenommen, der die sich herauskristallisierenden Vorstellungen der Partei zu Fragen der äußeren Beziehungen enthielt. Das Verhältnis zu den Nachbarstaaten wie zu den Völkern bzw. Nationalitäten des Raumes, den man gemeinsam besiedelte, wurde von Tag zu Tag klärungsbedürftiger. Im Osten, im Westen und im Süden zeichneten sich schwerwiegende Probleme ab. Vor allem in Ostgalizien mußten die Grenzen des Staates festgelegt werden. Die Partei forderte hier, „daß der polnische Staat alle mehrheitlich von Polen bewohnten Gebiete umfassen soll, demnach nicht nur das frühere Königreich Polen, sondern auch die beiden anderen Teilgebiete, das österreichische und das preußische (mit Schlesien) zur Gänze“.[40] Mit den östlichen Nachbarn – den Ukrainern, Weißrussen und Litauern – sollte eine Verständigung erreicht werden.[41]

Gleichfalls neu war im Programmteil II (Gesellschaftliche und wirtschaftliche Ziele), in dem bisher ausschließlich vom Privateigentum in der Wirtschaft ausgegangen wurde, der Punkt 13, der erstmals für verschiedene Bereiche eine Verstaatlichung in Betracht zog. Er lautete wörtlich:

> „Die PSL erstrebt, ausgehend vom Grundsatz, daß die wichtigsten Produktions- und Verkehrsmittel sich in den Händen des Staates befinden sollen, die Verstaatlichung a) der Eisenbahnen und des Wasserverkehrswesens, b) der Bergwerke und Fabriken, die für die Verteidigung des Staates und das gesellschaftliche Leben unentbehrliche Mittel produzieren sowie die Überführung städtischer Unternehmen in Staatseigentum.“[42]

Die Formulierung läßt erkennen, daß die Verstaatlichung der Verkehrsmittel und der Schwerindustrie zwar nicht als Sofortmaßnahme anstand, im Interesse des Gemeinwohls allerdings allmählich verwirklicht werden sollte. Bezüglich Ausmaß und Tempo unterschied sich die von der „Wyzwolenie“ geplante Nationalisierung nicht grundlegend vom entsprechenden Programm der PPS.[43] Es muß festgehalten werden, daß die Bauernpartei dem Staat eine wichtige Rolle im Wirtschaftsleben zubilligte. Er sollte nicht nur normative Akte erlassen, sondern einen großen Teil der Industrie selbst übernehmen und über ihn disponieren können. In der Industrie erhielt der staatliche bzw. gesellschaftliche Sektor eindeutig die Priorität vor dem Privatsektor.

Weiter wurde das Bildungsprogramm der Partei um einige konkrete Punkte ergänzt.[44] Es forderte nun die unverzügliche Einführung einer einheitlichen Volksschule, deren Besuch die Grundlage für den Besuch der Mittel- und der Berufsschule sein sollte. Als Nahziel wurde die Einrichtung eines siebenklassigen kostenlosen Pflichtun-

---

[38] Materiały źródłowe, T. I, S. 422.
[39] Ebd., S. 487, 489.
[40] Ebd., S. 487.
[41] Eine umfassende Erörterung des ostpolitischen Programms der Partei folgt in den Kapiteln zur Minderheiten- und Außenpolitik.
[42] Materiały źródłowe, T. I, S. 488.
[43] E. Kulwicki: Doktryny, S. 119.
[44] Materiały źródłowe, T. I, S. 488f.

terrichts mit gleichem Niveau in Stadt und Land und die Eröffnung einer ausreichenden Anzahl von Lehrerseminaren formuliert. Verlangt wurde außerdem der baldige Bau Tausender von Schulen im ganzen Land und die Einführung eines kostenlosen, drei Jahre dauernden Mittelschul- oder Berufschulunterrichts. Der Erwerb höherer Bildung sollte begabten Kindern aus finanziell bedürftigen Familien durch Bereitstellung staatlicher Mittel ermöglicht werden. Der „Wyzwolenie“ schwebte ferner die Beseitigung des damals in Polen noch erheblich verbreiteten Analphabetismus binnen drei Jahren vor. Eine entsprechende Aktion sollte zumindest alle Männer und Frauen unter 40 Jahren erfassen. Im letzten Punkt wurde eine Erhöhung des Niveaus der Lehrerausbildung und die Ausstattung der Lehrer „mit einem Gehalt im Sinne der Forderungen der Vereinigung der polnischen Lehrer an Grundschulen“ verlangt. Etwas grundsätzlich Neues war damals die Absicht der „Wyzwolenie“, über die Volksschule hinaus eine zusätzliche dreijährige Schulpflicht anzustreben. Eine solche Forderung war bis dahin von keiner anderen polnischen Partei erhoben worden.[45]

Zeitgleich mit dem Parteitag hielt am 1. und 2. November 1918 in Warschau die „Vereinigung der Lehrerschaft polnischer Grundschulen“ ihren Kongreß ab. Sie war eine der Organisationen, aus der im April 1919 die gesamtpolnische Volksschullehrergewerkschaft ZPNSP hervorgehen sollte.[46] In Anbetracht der erwähnten relativ hohen Zahl von Lehrern in der „Wyzwolenie“ ist es naheliegend, einen Zusammenhang zwischen den umfassend und konkret ausformulierten Forderungen des Parteitages und dem Lehrergewerkschaftskongreß zu vermuten. Noch „vor Schließung der Verhandlungen“, hieß es im Bericht der deutschen Vertretung bei der Königlich Polnischen Staatsregierung vom 4. 11. 1918 über den Parteitag der Bauernpartei, „wurde ein Delegierter in die Versammlung der Lehrerschaft entsandt“.[47]

Erwähnt werden soll schließlich noch der Beschluß des Parteitages, den Parteinamen „Polskie Stronnictwo Ludowe“ (Polnische Volks- bzw. Bauernpartei) offiziell mit dem Zusatz „Wyzwolenie“ (Befreiung) zu versehen.[48] Dieser Name, der bisher schon als Titel des zentralen Presseorgans der Partei fungiert hatte, sollte im künftig wiedervereinigten Polen die Identifizierung der kongreßpolnischen Bauernpartei ermöglichen. Denn die Bauernparteien Galiziens hießen ebenfalls „Polskie Stronnictwo Ludowe“ und trugen bereits Zusätze wie „Piast“ und „Lewica“ im Namen. Überdies sollte der Namensbestandteil „Wyzwolenie“ auch weiterhin das Programm der Partei charakterisieren. Mit der teils vollzogenen, teils bevorstehenden Erlangung der staatlichen Unabhängigkeit war nach dem Selbstverständnis der Partei das Ziel der Befreiung des polnischen Volkes noch längst nicht erreicht. Diese hatte nicht nur eine nationale, sondern auch eine sehr stark ausgeprägte soziale Komponente, die in Zukunft deutlicher hervortreten sollte. Der Begriff „Wyzwolenie“ bzw. das Programm „Wyzwolenie“

45 E. Kulwicki: Oświata i szkolnictwo jako czynniki przekształcające stosunki społeczno-ekonomiczne w doktrynach i działalności polskich stronnictw chłopskich [Bildung und Schulwesen als Faktoren, die die sozial-ökonomischen Beziehungen in den Doktrinen und in der Tätigkeit der polnischen Bauernparteien veränderten], in: Międzyuczelniane Zeszyty Naukowe. Studia z Historii Myśli Społeczno-Ekonomicznej, Nr. 20: 1973, S. 83.

46 T. Szczechura: Związek, S. 24.

47 Bericht des Kaiserlich Deutschen Kommissariats bei der Königlich Polnischen Staatsregierung vom 4. 11. 1918 an das Auswärtige Amt, PA: IV Polen, Krieg 1914, 20c, Bd. 44, Bl. 127. Vgl. auch J. Schoenbrenner: Stronnictwa ludowe a zagadnienie oświaty w latach 1918–1923 [Die Bauernparteien und das Problem der Bildung in den Jahren 1918–1923], in: RDRL 5 (1963), S. 169.

48 Z czym idzie Polskie Stronnictwo Ludowe na Sejm [Womit die Polnische Bauernpartei in den Sejm geht], in: Wyzwolenie Nr. 3 vom 19. 1. 1919, S. 34; S. Giza: Kalendarz wydarzeń, S. 46.

schloß auch den Gedanken der Befreiung aus Unwissen, Unmündigkeit und Armut ein. Die Partei strebte, wie es Anfang 1921 im Zentralorgan in dem Artikel „Unser Handlungsprogramm" hieß, „nach der Befreiung des Volkes im allerbreitesten Sinne dieses Wortes".[49]

3.4. Die Weiterentwicklung des Programms im Jahre 1921

Das zweite Programm der „Wyzwolenie" wurde im Jahre 1921 beschlossen. Auf dem Parteitag, der vom 4. bis 6. März 1921 stattfand, bezeichnete Thugutt das Programm von Juni 1916 als in mancher Hinsicht überholt. So sei an die Stelle des damaligen Hauptziels, der Erlangung der nationalen Unabhängigkeit, inzwischen das Bemühen um Stabilisierung der Unabhängigkeit getreten. Auch sei der frühere Kampf für eine Agrarreform – der Sejm hatte sie in den Jahren 1919 und 1920 unter dem Druck der Bauernparteien beschlossen – in einen Kampf für die Durchführung dieser Reform hinübergewachsen.[50]

Die Quellen sagen nichts darüber aus, wer das neue Programm verfaßte. Die Tagesordnung des Parteitages zeigt, daß die Aufgabe, den Delegierten das neue Programm vorzustellen, auf verschiedene Personen der Führungsmannschaft verteilt war.[51] Den wichtigen politischen Teil des Programms referierte, wie bereits im November 1918, Stanisław Thugutt, das Agrarprogramm wiederum der Agronom und bisherige Landwirtschaftsminister Juliusz Poniatowski.[52] Maksymilian Malinowski, zu diesem Zeitpunkt noch Redakteur des Parteiblattes, hatte sich inzwischen immer häufiger zu Wirtschaftsfragen geäußert und begründete nun den Wirtschaftsteil des Programms.

Den Bildungsteil trug der Lehrer Zygmunt Nowicki vor. Er konzentrierte sich dabei vermutlich auf die Organisation und die Ziele des allgemeinen Bildungswesens, während Helena Radlińska, so war es jedenfalls geplant, über das außerschulische Bildungswesen sprach.[53] Die Abgeordnete Irena Kosmowska stellte die moralischen Leitsätze der Partei vor[54], zu Fragen der staatlichen Verwaltung und zu Selbstverwaltungsangelegenheiten referierten laut Tagesordnung Wacław Januszewski, Beamter im Heeresministerium, und der Abgeordnete Andrzej Waleron, zum Genossenschaftswesen der Fachmann Chmielewski.[55] Alle genannten Personen mit Ausnahme von Chmielewski gehörten zu jenem Zeitpunkt dem Parteivorstand an.[56] Man darf vermuten, daß dieses

---

[49] R. W.: Nasz program działania [Unser Programm des Handelns], in: Wyzwolenie Nr. 1 vom 2. 1. 1921, S. 2; vgl. auch die Ausführungen von A. Langer: O wyzwolenie ludu [Über die Befreiung des Volkes], in: Wyzwolenie Nr. 5 vom 28. 1. 1923, S. 7.

[50] Walny doroczny zjazd [Der Jahresparteitag], in: Wyzwolenie Nr. 11 vom 13. 3. 1921, S. 111.

[51] Porządek dzienny Zjazdu Walnego PSL Wyzwolenie [Tagesordnung des Parteitages der PSL Wyzwolenie], in: Wyzwolenie Nr. 10 vom 6. 3. 1921, S. 97.

[52] A. Bogusławski: Wspomnienia, T. II (1916–1919), AZHRL: P–31, S. 414.

[53] In den Berichten über den Verlauf des zweiten Beratungstages ist der Auftritt von Radlińska nicht eigens erwähnt. Vgl. Walny doroczny zjazd [Der Jahresparteitag], in: Wyzwolenie Nr. 11 vom 13. 3. 1921, S. 111, und Kurjer Polski Nr. 62 vom 6. 3. 1921, S. 3.

[54] Der Auftritt von I. Kosmowska ist nicht in der Tagesordnung enthalten, jedoch in den Parteitagsberichten der Zeitungen „Wyzwolenie" und „Kurjer Polski" verzeichnet. Vgl. ebd.

[55] Die Auftritte von W. Januszewski, A. Waleron und Chmielewski fehlen in der Berichterstattung. Vgl. ebd.

[56] Zarząd Polskiego Stronnictwa Ludowego „Wyzwolenie" [Der Vorstand der Polnischen Bauernpartei „Wyzwolenie"], in: Wyzwolenie Nr. 9 vom 29. 2. 1920, S. 104.

Gremium eine Programmkommission hervorgebracht hatte, deren Mitgliedern zunächst die Formulierung der einzelnen Programmteile oblag.

Im neuen Programm waren die Bestrebungen und Ziele der „Wyzwolenie" nicht grundsätzlich neu gefaßt, sondern lediglich weiter und präziser ausformuliert und die einzelnen Teile stärker ausgebaut. Der Gesamtumfang des Programmtextes nahm um ca. 50% zu. Unter den politischen Zielen rangierten Unabhängigkeit und territoriale Integrität des Landes an erster Stelle. Diese konnten nach Auffassung der Partei nur „durch Schaffung tatsächlicher Volksregierungen" gewährleistet werden.[57] Die Partei bekannte sich erneut zur Republik als Staatsform und zum parlamentarisch-demokratischen System, als dessen einzigen gesetzgebenden Körper sie auf zentraler Ebene den Sejm als ein Einkammerparlament wünschte.

Die angestrebte kurze Legislaturperiode des Sejm von zwei bis drei Jahren, die Direktwahl des Präsidenten und das Instrument des Referendums waren in den vorangegangenen Monaten seitens der „Wyzwolenie"-Fraktion im Parlament zur Aufnahme in die zu erarbeitende Verfassung vorgeschlagen worden, hatten jedoch keine Mehrheit gefunden. Die Partei mußte dies hinnehmen, mochte jedoch für die Zukunft nicht völlig auf diese Ziele verzichten und nahm sie in ihr Programm auf.

Erheblich ausführlicher im Vergleich zum früheren Programm waren nun die Forderungen nach einer umfassenden Selbstverwaltung entwickelt. „Diese bringt uns", hieß es im Punkt 11 des Programms, „der unmittelbaren Volksregierung nahe. Wir werden angesichts dessen die stärksten Bemühungen darauf richten, einerseits in der Bevölkerung die Verbundenheit mit der Selbstverwaltung zu entwickeln, sie lehren, sich ihrer zu bedienen und tüchtige Mitarbeiter der Selbstverwaltung heranzubilden, andererseits die Aufsicht der staatlichen Behörde auf das allernotwendigste Ausmaß zu begrenzen."[58]

Im einzelnen verlangte das Programm die Übergabe des Vorsitzes im Kreistag und im Wojewodschaftsrat an gewählte Vorsitzende, die Einführung einer Wojewodschaftsselbstverwaltung, Öffentlichkeit der Beratungen der Selbstverwaltungsorgane, ein Einspruchsrecht der Selbstverwaltung bei der Ernennung von Starosten und Wojewoden sowie die Bildung der Selbstverwaltung auf der Grundlage allgemeiner, geheimer, direkter und proportionaler Wahlen. Damit wurde die Novellierung verschiedener die Selbstverwaltung regulierender Gesetze gefordert. Die Mitglieder des Kreistages zum Beispiel wurden in den zwanziger Jahren, je nach früherem Teilgebiet, teils in mittelbarer, teils in unmittelbarer Wahl, teils mit einfacher Mehrheit, teils nach den Grundsätzen der Verhältniswahl und teils in noch anderen Verfahren gewählt.[59]

Ein längerer Passus behandelte die Verhältnisse in der Verwaltung und sagte Mißständen den Kampf an. Von der Regierung wurde verlangt, die Beamten zwar ausreichend zu entlohnen, jedoch „zugleich ihren Überschuß zu begrenzen und ihre Ausschreitungen zu zügeln".[60] Der Beamtenschaft sollte die Überzeugung vermittelt werden, Betreuer und Berater zu sein. Ein vergleichbarer Punkt findet sich im Programm der Bauernpartei „Piast" vom 20. November 1921.[61] Für die Bauern war der Umgang mit Beamten und Behörden häufig sehr beschwerlich. Wegen ihres oftmals niedrigen Informationsstandes und anderer Defizite waren sie auf korrekte Unterrichtung und wohl-

[57] Materiały źródłowe, T. II, S. 49.
[58] Ebd., S. 50.
[59] M. Swietoslawski: Der Organismus, S. 26, 36, 62, 88.
[60] Materiały źródłowe, T. II, S. 51.
[61] Ebd., S. 63f.

wollende Behandlung angewiesen. Legten Beamte nun Gleichgültigkeit oder gar Überheblichkeit an den Tag, fühlten sich Behördenbesucher vom Land gedemütigt und der Beamtenwillkür ausgeliefert. Erfolglose Behördengänge verursachten bei Bauern infolge der längeren Wege stets einen erheblichen Zeitverlust. Forderungen nach Beseitigung von Unfähigkeit, Willkür und Nachlässigkeit von Beamten waren daher bei Bauern stets populär.

Auf der Linie des bisherigen Programms sowie des Verfassungsentwurfs der Partei lag die Erklärung, die Menschen- und Grundrechte aller Bürger schützen zu wollen. Stand, Bekenntnis oder Nationalität sollten weder eine Diskriminierung noch eine Privilegierung nach sich ziehen.[62] Im neuen Programm definierte die Partei zum erstenmal ihre Haltung zu Fragen von Religion und Kirche. Sie stellte fest, daß der Staat und die politischen Parteien sich nicht in Angelegenheiten der Religion, die persönliche Gewissenssache jedes Bürgers seien, einzumischen hätten. Von der Geistlichkeit verlangte sie ebensolche Enthaltsamkeit bezüglich der Politik und sprach sich gegen die Übernahme von Sejmmandaten und Selbstverwaltungsposten durch Priester aus. Mit der Absicht, die Gebührenhöhe für geistliche Dienste nach oben zu begrenzen, wünschte die „Wyzwolenie“ die Einführung von Pfarrgemeinderäten. Diese sollten gemeinsam mit den Geistlichen die Tarife festlegen.[63]

Der Bildungsteil des Programms enthielt alle bisherigen Ziele. Neu hinzu kamen die Forderungen nach Schulgeldfreiheit auf allen Stufen und in allen Schularten sowie nach einer gründlichen allgemeinwissenschaftlichen und pädagogischen Ausbildung für Volksschullehrer, die mit derjenigen der Mittelschullehrer gleichwertig sein sollte.[64] An die Gesellschaft erging der Appell, in den neuen Institutionen der Schulselbstverwaltung engagiert mitzuarbeiten.[65] Besonderes Gewicht wurde auf den Ausbau der außerschulischen und der landwirtschaftlichen Bildung gelegt. Bildungsmaßnahmen für Erwachsene wie Kurse zur Allgemein- und Spezialbildung, Bibliotheken, Wanderausstellungen, Volkstheater u.a.m. sollten auch einer schnelleren Entwicklung des staatsbürgerlichen Bewußtseins der bäuerlichen und ländlichen Bevölkerung dienen.

Für jeden Verwaltungskreis wurde weiter die Errichtung von Landwirtschaftsschulen mit Musterhöfen gefordert. Betrachtet man die damaligen objektiven Möglichkeiten für eine Realisierung aller Postulate auf dem Bildungssektor, entsteht die Frage, ob die Verfasser des Programms sich an etlichen Stellen nicht eher von propagandistisch-taktischen Motiven leiten ließen.[66] Andererseits ist zu erkennen, daß die Partei der Bildungsproblematik sowohl in der Theorie als auch in der praktischen Tätigkeit stets große Bedeutung beimaß, und dies unabhängig von der jeweiligen Situation in der Partei und im Lande.[67]

---

[62] Ebd., S. 51.

[63] Ebd.

[64] Ebd., S. 52f.

[65] Dem Schulinspektor eines Kreises stand als beratendes und kontrollierendes Organ ein Kreisschulrat (Rada szkolna powiatowa) zur Seite, in den am Schulwesen Interessierte ehrenamtlich berufen wurden. Ein örtlicher Schulrat (Rada szkolna miejscowa/gminna) wurde zur Mitwirkung bei der Verwaltung einer Schule in einer Stadt und Gemeinde bestellt. Vgl. E. Meyer: Der polnische Staat, seine Verwaltung und sein Recht, Posen 1924, S. 29.

[66] W. Stankiewicz: Ruch ludowy w pierwszych latach niepodległości (1918–1923) [Die Bauernbewegung in den ersten Jahren der Unabhängigkeit (1918–1923)], in: Zarys historii polskiego ruchu ludowego [Abriß der Geschichte der polnischen Bauernbewegung], T. 2, Warszawa 1970, S. 80.

[67] E. Kulwicki: Oświata i szkolnictwo, S. 85.

Beträchtlich erweitert wurde der Wirtschaftsteil des Programms. Die Partei billigte dem Staat die führende Rolle bei der Leitung und Förderung des gesamten Wirtschaftslebens zu.[68] Vom Staat erwartete sie Maßnahmen zur Entwicklung neuer Industriezweige. Eine Vorzugsbehandlung wurde für jene Industriezweige verlangt, „die mit dem Acker verbunden sind, damit die Hauptquelle unseres Wohlstandes, die Arbeit des Landwirts, so schnell wie möglich die größte Produktivität erreicht".[69] Dies betraf zum Beispiel die Produktion von Kunstdünger, für den ein großer, ständig wachsender Bedarf bestand. Die Bereitstellung zusätzlicher Mengen zu günstigen Preisen und in guter Qualität sollte durch eine staatliche Förderung für entsprechende Fabrikgründungen, insbesondere wenn diese von Genossenschaften vorgenommen würden, sowie durch die Ausweitung der staatlichen Aufsicht über die gesamte Produktion erreicht werden. Als ebenso wichtig galt die Entwicklung des Landmaschinenbaus und der Veredelungsindustrie für landwirtschaftliche Produkte. Die bereits im vorherigen Programm enthaltene Forderung nach Verstaatlichung von Wirtschaftszweigen wurde insofern eingegrenzt, als nicht mehr von einer Verstaatlichung „der wichtigsten Produktionsmittel" die Rede war. Diejenigen Teile der Schwerindustrie, die nicht der Waffenproduktion dienten, waren somit wieder aus dem Verstaatlichungsprogramm der Partei von 1918 herausgenommen.[70]

Einen eigenen Teil bildete diesmal das Agrarprogramm. Dessen Schwerpunkte sollen hier nur angedeutet werden, da sie bei der Darstellung der Haltung der „Wyzwolenie" zur Agrarreform in den Jahren 1918/1919 bis 1926 in größerem Zusammenhang berücksichtigt werden. Ausgangspunkt aller Forderungen war der Grundsatzbeschluß vom 10. Juli 1919, mit dem der Verfassunggebende Sejm die Durchführung einer Agrarreform in Polen in die Wege geleitet hatte. Kritisiert wurden vor allem die anschließend erlassenen, „von den Rechtsparteien aufgezwungenen" Ausführungsbestimmungen hierzu und der nach wie vor funktionierende freie Handel mit Land, der lediglich den wohlhabenden Landwirten den Erwerb weiteren Landes ermöglichte.[71]

Der Schlußteil des Programms – er enthielt moralische Richtlinien – war ein Spezifikum der „Wyzwolenie".[72] Sie setzte hiermit die Tradition der kongreßpolnischen Bauernbewegung aus der Zeit vor 1918 fort. Insbesondere eine ihrer Vorgängerorganisationen, die „Zaranie", hatte sich der Aufgabe verschrieben, das kulturelle und moralische Niveau des Landvolkes zu heben. Die Partei erklärte, ihre Stärke beruhe nicht nur auf der Zahl ihrer Mitglieder, sondern liege ebenso in deren moralischem Wert. Die Stärkung der moralischen Kräfte der Nation wurde als wichtigste Bedingung für die Erhaltung der errungenen Unabhängigkeit bewertet. Von Bauernparteilern erwartete die „Wyzwolenie" im Privatleben Tugenden wie Besonnenheit, Zuverlässigkeit, Ehrlichkeit, Bereitschaft zum Dienst für das Vaterland, Ausdauer im Kampf um Gerechtigkeit und Opferwilligkeit für jede gute Sache. „Zuverlässigkeit und Ehrlichkeit", hieß es, „wollen wir auch in das heute durch Korruption, Intrige und Karrierismus versumpfte politische Leben einführen."[73]

Nicht eingegangen wird an dieser Stelle auf die in diesem Programm nach den Friedensschlüssen von Versailles und Riga weiterentwickelten Aussagen zum Minderheiten-

---

[68] Materiały źródłowe, T. II, S. 53.
[69] Ebd., S. 54.
[70] Ebd.
[71] Ebd., S. 55ff.
[72] W. Stankiewicz: Ruch ludowy, in: Zarys, T. 2, S. 80.
[73] Materiały źródłowe, T. II, S. 57.

problem und zur Gestaltung der Außenpolitik. Sie finden sich in den entsprechenden Kapiteln.

Die Delegierten verbrachten beinahe den gesamten zweiten Tag des Parteitages mit der Erörterung des neuen Programms. Den Berichten nach zu urteilen, erhoben sie keine größeren Einwände. Kleinere Veränderungen und Ergänzungen nahmen sie hingegen vor. Hiervon zeugt die Resolution am Schlußtag, das „Programm zusammen mit den Ergänzungen“ zu drucken.[74] Am lebhaftesten wurde über die Wahlen zu den gesetzgebenden Organen und über das Verhältnis Staat—Kirche diskutiert. Mehrere Sprecher regten an, in die Sejm-Wahlordnung einen Passus aufzunehmen, der es den Wählern gestatten würde, unter bestimmten Umständen einen Abgeordneten abzuberufen. Gegen diesen Vorschlag für ein imperatives Mandat wandte sich vor allem Thugutt. Er war der Ansicht, daß sich Enttäuschungen durch Mandatsträger nicht auf formale Weise vermeiden ließen, sondern lediglich durch eine sorgfältige Auswahl der Kandidaten.[75]

Im Hinblick auf das zweite die Gemüter bewegende Thema hieß es im „Kurjer Polski“: „Obwohl im Programm die Frage der Trennung der Kirche vom Staat nicht berührt wird, verlangten viele Sprecher (Landwirte) energisch diese Reform.“[76] Nach langer Diskussion, die schließlich abgebrochen wurde, sprach sich die riesige Mehrheit der Delegierten für die Annahme des vom Hauptvorstand vorgelegten Passus aus, in dem die Trennung nicht verlangt wurde. Dagegen stimmten nur sieben von über 800 Delegierten, zwei enthielten sich der Stimme. Das Parteiprogramm wurde Punkt für Punkt – in der Regel ohne Gegenstimme – und anschließend noch einmal als Ganzes einstimmig beschlossen.

3.5. Die Radikalisierung der Partei und das Programm von 1925

Die Partei konnte selbstverständlich nicht davon ausgehen, ihr gesamtes Programm der Landbevölkerung detailliert nahebringen zu können. Handelte es sich dabei doch zumindest seit 1921 um eine Broschüre von ansehnlichem Umfang (30 Seiten).[77] Die Parteiführung ließ daher, insbesondere in Wahlkampfzeiten, Flugblätter drucken, auf denen sie in aller Kürze das Programm vorstellte.[78] Vor den Wahlen im November 1922 faßte sie es auf Flugblättern mit hoher Auflage in der einprägsamen Losung „Land,

[74] Walny doroczny zjazd [Der Jahresparteitag], in: Wyzwolenie Nr. 11 vom 13. 3. 1921, S. 116.

[75] Ebd., S. 115.

[76] Zjazd walny PSL „Wyzwolenie“. Drugi dzień Zjazdu [Parteitag der PSL „Wyzwolenie“. Zweiter Tag], in: Kurjer Polski Nr. 62 vom 6. 3. 1921, S. 3. Im Parteiorgan Wyzwolenie wurden hingegen der Rechtsanwalt Zubowicz und der Lehrer Ciborowski als Befürworter einer Trennung von Kirche und Staat genannt. Vgl. Walny doroczny zjazd [Der Jahresparteitag], in: Wyzwolenie Nr. 11 vom 13. 3. 1921, S. 115; Nasze listy kandydatów do Sejmu [Unsere Kandidatenlisten für den Sejm], in: Wyzwolenie Nr. 44 vom 29. 10. 1922, S. 515.

[77] Vgl. Polskie Stronnictwo Ludowe „Wyzwolenie“. Program [Polnische Bauernpartei „Wyzwolenie“. Programm], Warszawa 1922 (Druk: W. Maślankiewicz), AZHRL: 5585 Br.

[78] Vgl. z.B. Polskie Stronnictwo Ludowe (Nadszedł czas ...) [Polnische Bauernpartei (Es ist die Zeit gekommen ...)], Warszawa 29. 12. 1918, ZG PSL, CA KC PZPR: 27/III/17; Czego chce Polskie Stronnictwo Ludowe „Wyzwolenie“ [Was die Polnische Bauernpartei „Wyzwolenie“ will], ZG PSL „Wyzwolenie“, AZHRL: U–II/9; T. Nocznicki: Czego my, Wyzwoleńcy, chcemy [Was wir, die Wyzwoleńcy, wollen], in: Wyzwolenie Nr. 38 vom 17. 9. 1922, S. 421.

Macht und Wissen für das Landvolk" zusammen, wobei die Reihenfolge der drei Begriffe variierte.[79]

Das im März 1921 beschlossene Programm war in der Partei zunächst völlig unumstritten. Aus den Jahren 1921 und 1922 liegen keinerlei Hinweise darauf vor, daß eine Veränderung des Gesamtprogramms oder einzelner seiner Teile auch nur erwogen wurde. Eine solche Tendenz wurde erst auf dem Parteitag vom 11. und 12. März 1923 sichtbar, als ein Teil der Delegierten kurz vor Ende der Beratungen in einer Resolution vorschlug, Großgrundbesitz ohne Entschädigung zu enteignen, und sich hieraus eine sehr hitzige Diskussion entwickelte. Auf Vorschlag des Partei- und Fraktionsvorsitzenden Thugutt wurde der Parteivorstand schließlich damit beauftragt, „der Programmkommission ein gründliches Nachdenken über die Frage der Bezahlung für Land aus der Bodenreform zu empfehlen".[80] Die zwölfköpfige Programmkommission wurde vom Vorstand in seiner Sitzung am 2. Mai 1923 berufen. Ihr gehörten folgende Vorstandsmitglieder an: S. Thugutt (Parteivorsitzender), B. Stolarski (stellvertretender Parteivorsitzender), E. Rudziński, J. Woźnicki, M. Malinowski, J. Sanojca, T. Nocznicki, J. Poniatowski, I. Kosmowska, H. Radlińska, S. Wojewódzki, J. Smoła.[81] Bis auf Helena Radlińska saßen alle Kommissionsangehörigen gleichzeitig im Parlament. Diese Kommission ist vermutlich nach dem November 1923 noch um neue Vorstandsmitglieder, die aus der bisherigen Partei „Jedność Ludowa" zur „Wyzwolenie" stießen, verstärkt worden. In jedem Falle gehörte ihr später auch der neue Parteivorsitzende Jan Dąbski an.[82]

Über die Tätigkeit der Kommission im Jahre 1923 ist nichts Näheres bekannt. Die Gespräche, entweder in der Kommission oder in anderen Spitzengremien, haben in dieser Zeit jedoch zweifellos den Plan einer erneuten Überarbeitung des Parteiprogramms heranreifen lassen. Anders kann die Ankündigung im Parteiblatt Anfang Februar 1924, der nächste Parteitag werde ein neues Programm für die Partei beschließen, nicht verstanden werden.[83] Obwohl dann im Jahre 1924 kein Parteitag stattfand und die „Wyzwolenie" manche inneren Turbulenzen durchlebte, wurde der Gedanke nicht wieder fallengelassen, sondern nahm Anfang 1925 bei der Vorbereitung auf den Parteitag im März konkrete Gestalt an.

Am 18. Januar 1925 bezeichnete Andrzej Waleron, der Nachfolger Thugutts im Fraktionsvorsitz, die Verabschiedung des Programms als Hauptaufgabe des bevorste-

---

[79] Ziemia, władza i wiedza dla ludu (Ziemię otrzymać ...) [Land, Macht und Wissen für das Volk (Land erhalten ...)], AZHRL: U–II/13; Wiedza, ziemia i władza dla ludu (Wyzwolenie nie walczy ...) [Wissen, Land und Macht für das Volk (Die Wyzwolenie kämpft nicht ...)] ebd.: U–II/14; Wiedza, władza i ziemia dla ludu [Wissen, Macht und Land für das Volk], CA KC PZPR: 109/II, 10. Nach Maksymilian Malinowski war Tomasz Nocznicki der Schöpfer der Losung „Land, Macht und Wissen für das Landvolk". Vgl. M. Malinowski: Pierwszy Rząd Ludowy (Z moich wspomnień z roku 1918) [Die erste Volksregierung (Aus meinen Erinnerungen an das Jahr 1918)], in: Myśl chłopska 2 (1948), Nr. 1, S. 80.

[80] Po Walnym Dorocznym Zjeździe [Nach dem Jahresparteitag], in: Wyzwolenie Nr. 12 vom 18. 3. 1923, S. 4.

[81] Posiedzenie Zarządu Głównego [Sitzung des Hauptvorstandes], in: Wyzwolenie Nr. 20 vom 13. 5. 1923, S. 3.

[82] Obrady Zarządu Głównego [Beratungen des Hauptvorstandes], in: Wyzwolenie Nr. 4 vom 25. 1. 1925, S. 3.

[83] W sprawie Kongresu ZPSL „Wyzwolenie" i „Jedność Ludowa" [Zur Frage des Kongresses von ZPSL „Wyzwolenie" und „Jedność Ludowa"], in: Wyzwolenie Nr. 5 vom 3. 2. 1924, S. 9.

henden Parteitags.[84] Am selben Tag schon stellte Jan Dąbski dem Hauptvorstand den Entwurf des neuen Programms vor. Einzelheiten aus der Diskussion – möglicherweise gab es unterschiedliche Ansichten in dem zahlenmäßig großen Vorstand – sind nicht überliefert. Im Parteiblatt hieß es lediglich, daß nach der Diskussion eine besondere Kommission gewählt wurde, die zwölf Mitglieder umfaßte und das Programm vorbereiten sollte.[85] Es ist unbekannt, wie sich die Kommission zusammensetzte und wie die Zuständigkeiten in ihr verteilt waren. Fest steht lediglich, daß ihr der stellvertretende Parteivorsitzende Maksymilian Malinowski vorsaß und ihr auch der Agrarexperte Juliusz Poniatowski sowie Józef Putek und Andrzej Waleron angehörten. Letztere waren für die Vorstellung der Programmaussagen hinsichtlich des Verhältnisses zu Kirche und Geistlichkeit verantwortlich.[86]

Die Partei hatte sich in den Jahren 1923 und 1924 zur stärksten Bauernpartei entwickelt und in dieser Zeit eine ganze Reihe neuer Mitglieder und Funktionäre anderer Bauernparteien für sich gewonnen. Genaugenommen begann der Zufluß neuer Kräfte bereits im Jahre 1922, als die Partei sich auf die Nordostgebiete ausdehnte. Viele ihrer dortigen Mitglieder vertraten in der Gesamtpartei radikale Positionen. Auch der entschiedene Oppositionskurs der „Wyzwolenie" gegen die Regierung im Jahre 1923 brachte die Partei in eine relativ radikale Haltung. Die Partei, die seit ihrer Entstehung Probleme mit dem Zusammenwachsen verschiedener Kräfte hatte und erst seit 1920 eine gewisse Geschlossenheit erreichte, wies von 1922 an wieder eine stärkere Heterogenität auf.

Insbesondere in den Führungsgremien, am stärksten wohl in der Sejmfraktion, wurden die Auffassungsunterschiede immer deutlicher und waren zunehmend schwerer zu überbrücken. Im Juli 1924 traten schließlich zwei Abgeordnete des linken Flügels aus der Partei aus (Adolf Bon und Włodzimierz Szakun) und im November desselben Jahres folgten ihnen weitere vier (Stanisław Ballin, Feliks Hołowacz, Antoni Szapiel und Sylwester Wojewódzki). Sie gründeten gemeinsam die „Unabhängige Bauernpartei" (Niezależna Partia Chłopska – NPCh). Doch auch an der Parteibasis wurde die Stimmung radikaler. Dies zeigte sich deutlich während des Parteitages im März 1925, der über das Programm beraten sollte.[87] Für besonderen Unmut sorgte die bisher außerordentlich schwerfällige Verwirklichung der Agrarreform durch den Staat.

Der Entwurf der Programmkommission des Vorstandes wurde vom Parteitag im Ganzen akzeptiert[88], auch wenn er einer Reihe von Delegierten in einigen Forderungen vermutlich nicht weit genug ging. Größeren Widerstand rief der Passus zur Agrarreform hervor.[89] Die Programmkommission hatte sich trotz der seit längerem in der Partei zu diesem Thema geführten lebhaften Diskussion nicht dazu durchringen können, vom bisher verfolgten Plan einer Entschädigungszahlung an von der Reform

---

[84] A. Waleron: Samorząd parafjalny [Pfarrgemeinde-Selbstverwaltung], in: Wyzwolenie Nr. 3 vom 18. 1. 1925, S. 1.

[85] Obrady Zarządu Głównego [Beratungen des Hauptvorstandes], in: Wyzwolenie Nr. 4 vom 25. 1. 1925, S. 3.

[86] Regulamin Zjazdu Walnego ZPSL „Wyzwolenie" i „Jedność Ludowa" [Geschäftsordnung des Parteitages von ZPSL „Wyzwolenie" und „Jedność Ludowa"], in: Wyzwolenie Nr. 10 vom 8. 3. 1925, S. 1.

[87] Zjazd Wyzwolenia. Przebieg obrad [Der Parteitag der Wyzwolenie. Verlauf der Beratungen], in: Kurjer Poranny Nr. 75 vom 16. 3. 1925, S. 2.

[88] Pismo Okólne – Komunikat Polityczno-Organizacyjny [Rundschreiben – Politisch-organisatorische Mitteilung], in: Wyzwolenie Nr. 34 vom 23. 8. 1925, S. 3.

[89] A. Fiderkiewicz: „Dobre czasy", S. 184ff.

betroffene Großgrundbesitzer abzugehen. Der Parteitag beschloß jedoch nun kurzerhand die entschädigungslose Enteignung des eine bestimmte Grenze übersteigenden Landbesitzes.[90] Diese Weichenstellung seitens der Basis brachte die Parteiführung in große Verlegenheit und führte in der Folge auch zu innerparteilichen Problemen.[91]

Hervorzuheben ist das Votum der Delegierten in einer anderen Frage. Unter dem Eindruck des kurz zuvor mit dem Vatikan abgeschlossenen Konkordats (10. 2. 1925), das katholischer Kirche und Geistlichkeit eine privilegierte Stellung in Polen sicherte und von der Parteiführung abgelehnt wurde, erhob der Parteitag die Forderung nach einer völligen Trennung von Kirche und Staat.[92] In der Parteiführung wurde, so scheint es, keine einheitliche Auffassung zur Regelung des Verhältnisses Staat – Kirche vertreten. Während der stellvertretende Fraktionsvorsitzende Józef Putek bei jeder sich bietenden Gelegenheit für eine Trennung der Kirche vom Staat plädierte[93], riet zum Beispiel Andrzej Waleron, zu jenem Zeitpunkt ebenfalls stellvertretender Fraktionsvorsitzender, zur Vorsicht. Er hielt es für falsch und undemokratisch, eine Maßnahme zu propagieren, die nicht dem Willen der Mehrheit des Volkes entsprach. Im Gegenteil, ein solcher Schritt „würde zur gegenwärtigen Zeit", schrieb er im Zentralorgan der Partei am 22. Februar 1925, „von der Mehrheit des polnischen Volkes als Kampf mit der katholischen Religion betrachtet".[94] Statt dessen schlug er die Schaffung einer Selbstverwaltung der Kirchengemeinden vor. Möglicherweise ergriff neben Putek auch Waleron zu diesem Punkt das Wort, so daß den Delegierten beide Standpunkte deutlich wurden.[95]

Eine Diskrepanz zwischen Parteibasis und Parteiführung in dieser Angelegenheit brachte der Beschluß des Parteitages nicht direkt mit sich. Auch unter den Delegierten gab es in dieser Frage unterschiedliche Ansichten. In der Parteitagsberichterstattung des Warschauer „Kurjer Poranny" klang dies deutlich an, wenn es hieß: „Im allgemeinen sprachen sich alle Delegierten gegen das Konkordat aus, viele für eine Trennung der Kirche vom Staat."[96] Viele waren aber, wohl aus einer ganzen Reihe von Gründen, nicht dazu bereit. Ihre Erfahrungen mit der Kirche als Institution und dem Klerus waren sicherlich unterschiedlich. Die Mitglieder und Wähler der Partei waren, wie die polnischen Bauern insgesamt, mehr oder weniger gläubige bzw. praktizierende Katholiken. Ein Teil der aktiven Parteimitglieder wandte sich allein dagegen, daß einige Geistliche ihre hohe Autorität dazu benutzten, die Bauernbewegung bzw. die „Wyzwo-

---

90 Den entsprechenden Antrag stellte der Abgeordnete Alfred Fiderkiewicz. Er berichtete, daß die große Mehrheit der Teilnehmer für den Antrag stimmte. Vgl. ebd., S. 189. Im Parteiorgan hieß es lediglich, daß der Antrag „mit Stimmenmehrheit" angenommen wurde. Nasz Walny Zjazd [Unser Parteitag], in: Wyzwolenie Nr. 12 vom 22. 3. 1925, S. 2.

91 A. Fiderkiewicz: „Dobre czasy", S. 190ff.

92 Nasz Walny Zjazd [Unser Parteitag], in: Wyzwolenie Nr. 12 vom 22. 3. 1925, S. 2.

93 Józef Putek, der zunächst Abgeordneter der „PSL-Lewica", später der „Wyzwolenie" war, galt als einer der kompromißlosesten Kirchengegner im Sejm. Vgl. R. Żmuda: Stosunek polskich stronnictw ludowych do Kościoła w latach 1918–1926 [Das Verhältnis der polnischen Bauernparteien zur Kirche in den Jahren 1918–1926], in: Chrześcijanin w świecie 15 (1983), Nr. 3, S. 35.

94 A. Waleron: Oddzielenie Kościoła od Państwa [Die Trennung von Kirche und Staat], in: Wyzwolenie Nr. 8 vom 22. 2. 1925, S. 3.

95 Das Parteiorgan vermerkte nur ein Referat Walerons zu Selbstverwaltungsfragen. Vgl. Nasz Walny Zjazd [Unser Parteitag], in: Wyzwolenie Nr. 12 vom 22. 3. 1925, S. 2.

96 Zjazd Wyzwolenia. Przebieg obrad [Der Parteitag der Wyzwolenie. Verlauf der Beratungen], in: Kurjer Poranny Nr. 75 vom 16. 3. 1925, S. 2.

lenie“ und ihre Ziele zu diffamieren.[97] Ein anderer Kritikpunkt war die Höhe der Gebühren für religiöse Dienstleistungen (Taufen, Eheschließungen, Begräbnisse).

Manche Delegierte waren wohl auch aus taktischen Erwägungen nicht über den Parteitagsbeschluß, die Trennung von Staat und Kirche zu fordern, erfreut. Konnte eine solche Forderung der „Wyzwolenie“ doch politisierenden Geistlichen tatsächlich erst recht den Anlaß zu der Behauptung liefern, die Partei bekämpfe die Religion. Die „Wyzwolenie“ erschwerte sich auf diese Weise – darüber waren sich vermutlich nicht wenige der Provinzpolitiker im klaren – die Arbeit unter der politisch weitgehend ungebildeten und leicht manipulierbaren Landbevölkerung. Der in der Literatur erwähnte Antiklerikalismus der Bauernpartei „Wyzwolenie“[98] war stärker in der von Intelligenzlern geprägten Führung gegeben als an der bäuerlichen Parteibasis. Er tauchte, von der Führung ausgehend, dann relativ häufig in den programmatischen Erklärungen der Partei auf.

Die beiden Parteitagsbeschlüsse zur entschädigungslosen Enteignung des Großgrundbesitzes und zur Trennung von Kirche und Staat wurden in das Programm aufgenommen und stellten das eigentlich Neue dar.[99] Zum Umfang des Gesamttextes ist zu bemerken, daß er etwa doppelt so lang war wie der des Programms von 1921. Auch war er stärker untergliedert als dieser. Der Vergleich zeigt weiter, daß ansonsten beinahe alle bisherigen Ziele und Forderungen, zumindest ihrem Kern und Wesen nach, aufrechterhalten blieben. Vieles wurde anders gefaßt, auch detaillierter ausformuliert. Mancher Programmpunkt, der bisher in einem Absatz untergebracht war, erhielt nun zwei oder sogar drei Absätze. Um unnötige Wiederholungen zu vermeiden, sollen hier nur die neuen Elemente des Programms von 1925 vorgestellt werden. Sofern diese die Bereiche Minderheiten und Außenpolitik betreffen, wird auf die gesonderten Kapitel verwiesen.

Die Partei sah selbstverständlich wiederum allein in einer republikanischen und demokratischen Ordnung die Gewähr dafür, daß die Bauernschaft, die große Mehrheit des polnischen Volkes, den ihr gebührenden Anteil an der Leitung der Geschicke des Landes erhielt. Sie erklärte nun jedoch zusätzlich, diese Ordnung gegen ihre inneren Gegner, seien es Anhänger eines bolschewistischen oder monarchistischen Systems oder brutaler Gewalt, verteidigen zu wollen.[100] In den Ausführungen zur Gerichtsbarkeit fanden sich – über den bisher angestrebten Schutz der Bürger vor Behördenwillkür hinaus – Vorschläge für eine Ausgestaltung des Rechtsstaates, die an den Bestimmungen der Verfassung vom März 1921 orientiert waren. So sollten etwa Friedensrichter von der Bevölkerung gewählt und sofort Geschworenengerichte berufen werden.[101] Das Programm forderte weiter die Verkürzung des Armeedienstes auf ein Jahr, um einen größeren Teil der in Frage kommenden Bevölkerungsgruppe auszubilden, und unterstrich die Notwendigkeit, den Soldaten als Bürger zu behandeln, dessen Würde zu respektieren sei.[102]

Wesentlich ausführlicher als vorher ging man auf das Verhältnis zu anderen sozialen Schichten ein. Ausgangspunkt dieses Teils war eine feierlich klingende Erklärung, die

---

[97] Zur Haltung des katholischen Klerus und der kirchlichen Hierarchie gegenüber der Bauernbewegung siehe R. Żmuda: Stosunek, S. 22f.

[98] Vgl. S. Lato: Ruch ludowy a Centrolew, S. 34f.; J. Borkowski: Wyklęci sprawiedliwi [Exkommunizierte im Recht], Warszawa 1974, S. 46ff.

[99] Materiały źródłowe, T. II, S. 124, 128.

[100] Ebd., S. 116.

[101] Ebd., S. 117f.

[102] Ebd., S. 120.

ein gestiegenes Selbstbewußtsein der Bauernbewegung insgesamt verriet. Sie soll hier wörtlich angeführt werden:

> „Das polnische Volk (lud), das in der bäuerlichen Schicht versammelt ist, stellt nicht nur die riesige Mehrheit der Nation (naród) dar, sondern ist überdies Urquelle ihres Gedankens und Charakters und Schatzkammer ihrer wichtigsten geistigen und moralischen Werte. Ihm entwächst die Gesamtheit des nationalen und staatlichen Lebens. Als Schöpfer der Zukunft muß sich das polnische Volk selbst die Freiheit einer ungehinderten selbständigen Entwicklung erkämpfen ...“[103]

Als Gegner der bäuerlichen Volksmassen bezeichnete das Programm „die reaktionären Schichten Adel und Klerus“[104], deren übermächtigen Einfluß und politische und geistige Führung es zu beseitigen gelte. Freunde und Verbündete wurden hingegen in der Intelligenz und in der Arbeiterschaft erblickt. So wurde der „aufrichtig patriotischen, demokratischen polnischen Intelligenz“ die Mitarbeit in der Bauernbewegung angeboten, während man mit den politischen Gruppierungen der Arbeiterschaft gemeinsam ein „Polen des Volkes“ schaffen wollte. Dieses Werk sollte „durch Bildung einer Bauern-Arbeiter-Regierung“ begonnen werden.[105] Den Parteien, die nach einer Verbesserung der Rechte und Arbeitsbedingungen der arbeitenden Menschen, nach ihrem Schutz vor Ausbeutung strebten, wurde die Unterstützung der Bauernpartei zugesagt. Ausführlicher und präziser wurde der Bereich der Selbstverwaltung behandelt.[106]

Für den Bereich Wirtschaft nannte die „Wyzwolenie“ den Umbau der Agrarverfassung, der aus Polen „ein Land der kleinen Landwirtschaft“ machen sollte, als ihr Hauptziel.[107] Sie bekräftigte, für die Erhaltung des Privateigentums, „das durch das Recht reguliert ist“, eintreten zu wollen.[108] Vom Staat forderte die Partei solche Eingriffe in das Wirtschaftsleben, die zur Senkung der Preise für Industriegüter bzw. zur Schließung der Preisschere von Industriegütern und Agrarprodukten führen sollten. Gefördert werden sollte der Ausbau bestimmter, mit der ländlichen Wirtschaft verbundener Handwerke und Industrien (Weberei, Hanf-, Wolle- und Leinenbearbeitung, Holzverarbeitung, Korbflechten) auf genossenschaftlicher Grundlage.[109] Sie sprach sich wiederum für eine Verstaatlichung großer Teile der Industrie aus. Zu den bisher dafür bereits in Aussicht genommenen Zweigen kamen die gesamte Schwerindustrie und die für Bauern so wichtige Düngemittelindustrie hinzu.[110]

Es bleibt festzuhalten, daß das insgesamt lückenhafte und zum Teil widersprüchliche Wirtschaftsprogramm, das sehr deutlich aus der Sicht bäuerlicher bzw. kleinlandwirtschaftlicher Interessen formuliert war und antikapitalistische Züge trug, sich nicht generell gegen den Markt und wirtschaftsliberale Prinzipien wandte. Es ging vielmehr darum, das Privateigentum auf ein gewisses Maß zu begrenzen, das keinem der am Wirtschaftsleben Beteiligten eine Vormachtstellung zu Lasten anderer erlauben sollte. Für die Beurteilung dieses wie auch anderer Programmteile ist es nicht unwesentlich, daß die Partei sich zum Zeitpunkt der Abfassung seit längerer Zeit in der Opposition befand. Forderungen und Deklarationen konnten daher bisweilen darauf gerichtet sein, einen propagandistischen Effekt zu erzielen.

[103] Ebd., S. 121.
[104] Ebd.
[105] Ebd., S. 121 f.
[106] Ebd., S. 123 f.
[107] Ebd., S. 129.
[108] Ebd., S. 133.
[109] Ebd., S. 131 f.
[110] Ebd., S. 133.

Teil II: Die „Wyzwolenie“ in Parlament und Regierung

4. Die Rolle der „Wyzwolenie“ während und nach Erlangung der Unabhängigkeit im November 1918

4.1. Die Situation in Kongreßpolen am Vorabend der Unabhängigkeit

Die sich Anfang Oktober 1918 abzeichnende militärische Niederlage der Mittelmächte – deutliche Hinweise gaben der Regierungswechsel in Deutschland und die Noten Österreich-Ungarns und Deutschlands an Wilson – beschleunigte die Vorbereitungen der verschiedenen polnischen politischen Zentren, die Macht im Lande zu übernehmen.[1] In Warschau bemühte sich der Regentschaftsrat in letzter Minute, eine von den beiden Besatzungsmächten unabhängige Stellung zu erlangen und damit das Vertrauen der Bevölkerung zu gewinnen. Er kündigte am 7. Oktober 1918 in einem Aufruf an die Nation, ohne die Generalgouverneure der beiden Besatzungszonen noch zu befragen, die Berufung einer breiten Koalitionsregierung aus Vertretern aller Parteien sowie Wahlen zu einem verfassunggebenden Sejm an. Er berief sich dabei auch auf das von Wilson proklamierte Selbstbestimmungsrecht der Völker.[2]

Da dem Regentschaftsrat die Bildung einer Koalitionsregierung nicht gelang, konnte er am 23. Oktober 1918 lediglich das nationaldemokratisch geprägte Kabinett Świeżyński einsetzen.[3] Der Versuch Świeżyńskis, sein Kabinett nachträglich um Vertreter der Linksparteien zu erweitern, scheiterte ebenfalls. Thugutt berichtet, daß der Innenminister der Regierung Świeżyński, Zygmunt Chrzanowski, ihm und A. Śliwiński von der PPS Ministerposten ohne Portefeuille angeboten habe.[4] Noch während des Parteitages der „Wyzwolenie“ am 1. und 2. November 1918 soll sich Premierminister Józef Świeżyński persönlich bemüht haben, die Führer der „Wyzwolenie“ zum Eintritt in seine Regierung zu bewegen.[5]

Die „Wyzwolenie“ und die PPS gingen auf diese Angebote des Regentschaftsrates und der Nationaldemokratie nicht mehr ein. Sie taten dies vermutlich weniger aus prinzipiellen Gründen, wenn auch den eigenen Anhängern ein solcher Schritt nur schwer zu erklären gewesen wäre, sondern hauptsächlich deswegen, weil sie meinten, ihren eigenen Zielen auf diesem Wege nicht näherkommen zu können. Die Linksparteien

---

1 Allgemein zur Lage im Lande gegen Ende des Ersten Weltkrieges W. CONZE: Der Weg zur Unabhängigkeit Polens im ersten Weltkrieg, in: Osteuropa-Handbuch Polen, S. 10f.; H. ROOS: Geschichte, S. 44–52.

2 Der Wortlaut des Aufrufs: Powstanie Drugiej Rzeczypospolitej. Wybór dokumentów 1866–1925 [Die Entstehung der Zweiten Republik. Dokumentenauswahl 1866–1925], Warszawa 1981, S. 415f.; deutsche Übersetzung: SCHULTHESS, Europäischer Geschichtskalender 59 (1918), 2. Teil, S. 508f.

3 H. JABŁOŃSKI: Narodziny Drugiej Rzeczypospolitej (1918–1919) [Die Geburt der Zweiten Republik (1918–1919)], Warszawa 1962, S. 134f.

4 S. THUGUTT: Wybór pism, S. 72.

5 Notatka G. Dubiela, S. 537. Das damalige „Wyzwolenie“-Vorstandsmitglied Stanisław Osiecki erklärte gegenüber dem Historiker Andrzej Ajnenkiel, daß die „Wyzwolenie“ keinerlei offizielle Gespräche mit Świeżyński geführt habe. Vgl. A. AJNENKIEL: Z dziejów Tymczasowego Rządu Ludowego w Lublinie [Zur Geschichte der Provisorischen Volksregierung in Lublin], in: KH 65 (1958), S. 1068.

strebten – ebenso wie das die Regierung Świeżyński im wesentlichen tragende nationaldemokratische Lager – zu diesem Zeitpunkt danach, sich die führende Rolle beim Aufbau des künftigen Staates und bei der Gestaltung seines politischen Lebens zu sichern.[6] Sie konnten kein Interesse daran haben, möglicherweise nur als Minderheit einem vom Regentschaftsrat abhängigen Kabinett anzugehören, zumal das Ende der Besatzungsherrschaft absehbar und das weitere Schicksal des Regentschaftsrates eher ungewiß war. Es war sehr viel aussichtsreicher, auf die von Deutschland ausgehende Welle der Demokratisierung und auf den Zusammenbruch der Mittelmächte zu vertrauen und im gegebenen Moment den Anspruch auf die Leitung im Lande zu verwirklichen. Hierauf begann sich die Führung der nach Unabhängigkeit des Landes strebenden Linksparteien insgeheim vorzubereiten.[7]

Verlauf und Ergebnisse des Sonderparteitages der „Wyzwolenie" am 1. und 2. November 1918 spiegelten die heraufziehenden Veränderungen im Lande wider. Die auf dieser Veranstaltung herrschende Atmosphäre wurde bereits charakterisiert. Der Parteitag verabschiedete nicht nur Neuerungen im Parteiprogramm, sondern nahm daneben zu einer Reihe aktueller politischer Fragen Stellung. Diese Beschlüsse wie überhaupt eine Berichterstattung über den Parteitag fehlen im zentralen Parteiorgan „Wyzwolenie" völlig. Für dieses Versäumnis waren wahrscheinlich die innenpolitischen Ereignisse kurz nach dem Parteitag sowie möglicherweise die gerade erfolgte personelle Veränderung in der Redaktion des Parteiblattes verantwortlich.[8] Die wichtigsten Beschlüsse lassen sich inhaltlich jedoch aus Berichten der Warschauer Tagespresse rekonstruieren.[9] Ebenso finden sie sich in einem umfangreichen Bericht der diplomatischen Vertretung des Deutschen Reiches bei der polnischen Regierung an das Auswärtige Amt vom 4. November 1918.[10] Mit Blick auf die „Regierung des Regentschaftsrates"[11] erklärte der „Wyzwolenie"-Parteitag unmißverständlich:

> „Die Versammlung der Polnischen Volkspartei versagt dieser Regierung ihr Vertrauen, sie behält dem polnischen Volk das Recht des Protestes vor, sofern die Notwendigkeit hierfür eintritt. Die Versammlung der Polnischen Volkspartei beauftragt den Vorstand, dahin zu wirken, daß in allernächster Zeit eine provisorische nationale Regierung mit unstrittiger demokratischer Mehrheit im Einvernehmen mit den linksstehenden Parteien des Königreiches und mit den Volksparteien in Galizien gebildet wird."[12]

Der Parteitag forderte die Einleitung sofortiger Vorbereitungen zur Wahl eines verfassunggebenden Sejm und billigte allein diesem das Recht auf Einberufungen zu einem polnischen Volksheer zu. Das wenige Tage zuvor (28. 10. 1918) von der Regierung ver-

---

[6] I. PAWŁOWSKI: „Rządy ludowe" w Polsce 1918–1919. Z polityki wewnętrznej i zagranicznej [Die „Volksregierungen" in Polen 1918–1919. Zur Innen- und Außenpolitik], Opole 1978, S. 19.

[7] A. AJNENKIEL: Z dziejów, S. 1068.

[8] Der Parteivorstand löste den bisherigen Redaktionsleiter Aleksander Bogusławski Ende Oktober 1918 von seinem Posten ab. Bogusławski redigierte die „Wyzwolenie" bis zur Nummer 43 vom 27. 10. 1918. Vgl. A. BOGUSŁAWSKI: Ruch ludowy, cz. 2, S. 315; DERS.: Wspomnienia, T. II, S. 197.

[9] Sprawozdanie ze zjazdu Polskiego Stronnictwa Ludowego [Bericht vom Parteitag der Polnischen Bauernpartei], in: Kurjer Warszawski vom 3. 11. 1918; Uchwała zjazdu PSL-„Wyzwolenie" z 1. 11. 1918 [Beschluß des Parteitages der PSL-„Wyzwolenie" vom 1. 11. 1918], in: Czas vom 5. 11. 1918.

[10] Bericht des Kaiserlich Deutschen Kommissariats bei der Königlich Polnischen Staatsregierung an das Auswärtige Amt, PA: IV Polen, Krieg 1914, 20c, Bd. 44, Bl. 127–129.

[11] Ebd., Bl. 128.

[12] Ebd.

kündete Gesetz über die allgemeine Wehrpflicht bewertete die Partei als „eine niemanden bindende Rechtlosigkeit".[13] „Da die Angelegenheit der Bildung eines Heeres nicht einen Augenblick beiseitegelegt werden kann," hieß es weiter, „unterstützen wir bis zum Zeitpunkt der Einberufung des Landtages oder der Bildung einer Regierung, die das Vertrauen des Volkes besitzt, mit allen möglichen Mitteln die POW und die militärischen Organisationen, die unter dem Kommando Piłsudskis und seines Unterführers, Oberst Śmigły, stehen".[14]

Deutlicher konnte die Feindseligkeit der „Wyzwolenie" gegenüber der Regierung Świeżyński kaum zum Ausdruck gebracht werden. Sie grenzte an offene Rebellion. Stanisław Thugutt, der zu jenem Zeitpunkt Sekretär des Vorstandes war, bestätigt dies in seiner Autobiographie. Er berichtet, daß „der Ton von Anfang an scharf" war und die Delegierten „trotz der relativ ruhigen Referate", die Poniatowski und er hielten, sehr erregt waren. „Von einer gemeinsamen Regierung mit den Endeken wollte man nicht einmal hören." Er habe das Vorstandsmitglied Teofil Kurczak am Nachmittag des ersten Beratungstages (1. 11. 1918) unter Aufbietung aller Kräfte daran hindern müssen, die Versammelten zur Entwaffnung der Deutschen aufzurufen. Es sei schließlich „nur eine Ablehnung des Rekruten und der Steuern erfolgt und hiergegen konnte sich niemand mehr widersetzen".[15]

Das auf Mäßigung abzielende Verhalten Thugutts auf dem Parteitag war von dem Wunsch diktiert, eine verfrühte Aktion der Linken gegen die Besatzungsherrschaft und die mit ihr kooperierenden polnischen Institutionen zu vermeiden. Eine solche konnte seiner Ansicht nach nur unerwünschte Folgen haben. Tatsächlich wäre ein gewaltsames und obendrein unkoordiniertes Vorgehen gegen die deutsche Besatzungsverwaltung am 1. November in Warschau noch riskant gewesen und hätte zu einem Blutvergießen führen können. Es darf angenommen werden, daß Thugutt über die Pläne des sogenannten Konvent-Kreises[16], bald eine Regierung der Linksparteien zu bilden, informiert war.[17] Jede vorzeitige und isolierte Aktion hätte möglicherweise die Erfolgsaussichten des Vorhabens geschmälert. Weitere Vorstandsmitglieder, jedoch vermutlich nicht alle,

---

[13] Ebd.

[14] Ebd.

[15] S. Thugutt: Wybór pism, S. 73.

[16] Der „Konvent" der „Organisation A" stellte die überparteiliche Leitung des Unabhängigkeitslagers dar. Er wurde im Sommer 1917 auf Initiative J. Piłsudskis gegründet und faßte die vertrauenswürdigsten Politiker der Piłsudski unterstützenden Parteien zusammen. Seitens der „Wyzwolenie" gehörte ihm Juliusz Poniatowski an. Vgl. I. Pawłowski: „Rządy ludowe", S. 7.

[17] Es ist eher unwahrscheinlich, „daß Thugutt erst auf der Versammlung bei A. Śliwiński von dem Projekt erfuhr", wie A. Ajnenkiel meint. Vgl. A. Ajnenkiel: Z dziejów, S. 1072. Thugutt behauptet dies im übrigen auch nicht. Vgl. S. Thugutt: Wybór pism, S. 73. Zu bedenken ist, daß Thugutt bereits in den Tagen zwischen dem 9. und 13. 10. 1918 wieder auf freien Fuß gesetzt wurde und nicht erst Ende Oktober 1918, wie A. Więzikowa schreibt. Vgl. A. Więzikowa: Stanisław Thugutt (1873–1941), in: Przywódcy ruchu ludowego, S. 328. Das offiziöse Wolffsche Telegraphen-Bureau teilte am 13. 10. 1918 mit, daß auf das Telegramm des Direktors des Politischen Departements, Prinz Janusz Radziwiłł, vom 7. 10. 1918 an den Reichskanzler „die Freilassung Thugutts erfolgt (ist)". Schulthess, Europäischer Geschichtskalender 59 (1918), 2. Teil, S. 510. Thugutt kehrte nach seiner Freilassung aus deutscher Haft sofort wieder in die Führungsgruppe seiner Partei zurück und verfügte in ihr über großen Einfluß. So nahm er am Treffen der Bauernparteiler Kongreßpolens und Galiziens vom 17. bis 19. 10. 1918 teil und vertrat die Partei beim Gespräch mit Z. Chrzanowski, an dem auch A. Śliwiński und E. Rydz-Śmigły teilnahmen. S. Thugutt: Wybór pism, S. 72; A. Bogusławski: Ruch ludowy, cz. 2, S. 291.

könnten in groben Zügen ebenfalls schon zu diesem Zeitpunkt über die Richtung der weiteren Ereignisse unterrichtet gewesen sein.[18]

Zur von Bogusławski aufgestellten Behauptung, Thugutts Verhalten sei in den Tagen des Umbruchs widersprüchlich gewesen, ist folgendes zu bemerken: Thugutt übte im Parteiblatt „Wyzwolenie" zwar heftige Kritik an der Regierung Świeżyński, bezeichnete sie andererseits jedoch als „polnische Regierung, in einem Augenblick entstanden, in dem Polen ohne Regierung nicht existieren kann". Deshalb müsse sie, ob schlecht oder gut, vorläufig anerkannt werden.[19] Es ist schwer zu beurteilen, ob Thugutt mit Äußerungen dieser Art tatsächlich für größere Nachsicht gegenüber der Regierung plädierte und, wie Bogusławski meinte, dem radikal ablehnenden Standpunkt des Parteivorstandes nicht Rechnung trug.[20] Thugutt könnte sich auch aus taktischen Gründen einiger maßvoller Formulierungen bedient haben. Zu berücksichtigen ist ferner, daß das Wochenblatt, wie Bogusławski selbst mitteilt, drei bis vier Tage vorher gedruckt wurde und beim Erscheinungstermin oft nicht mehr aktuell war.[21]

Die deutsche Vertretung in Warschau teilte dem Auswärtigen Amt in dem erwähnten Bericht außerdem den Text eines Telegramms mit, das der Parteitag der „Wyzwolenie" an den Präsidenten des Deutschen Reichstages, Constantin Fehrenbach, abgesandt hatte. In ihm wandte sich „die Versammlung der polnischen Bauern an den Vertreter des deutschen Volkes mit der Forderung, Schritte zu unternehmen und darauf zu drängen, daß Piłsudski und Sosnkowski[22] und überhaupt alle politischen Gefangenen, die von den Okkupationsmächten in Gefängnissen und Gefangenenlagern gehalten werden, sofort freigelassen werden". Das polnische Volk habe, so wurde erklärt, den Wunsch und die Versicherungen der Vertreter des deutschen Volkes über ein einträchtiges, auf Gerechtigkeit gestütztes Zusammenleben mit seinen Nachbarn gehört.[23]

Józef Piłsudski, der unumstrittene Führer des Unabhängigkeitslagers, der durch seine kompromißlose Haltung gegenüber den Besatzungsmächten in breiten Bevölkerungskreisen populär geworden war, befand sich zum Zeitpunkt der Parteitagsberatungen noch immer in deutscher Internierung. Seine Entlassung aus der Haft war in den Tagen und Wochen zuvor bereits vom Regentschaftsrat, von den Sozialisten und von der Regierung Świeżyński gefordert worden. Erst am 5. November 1918 beschloß die Reichsregierung seine Freilassung, mit deren Durchführung einen Tag darauf Harry Graf Kessler beauftragt wurde. Am 8. November 1918 brachte Graf Kessler Piłsudski

---

[18] Diese Möglichkeit läßt die Mitteilung Bogusławskis, er sei gegen Ende des Parteitages durch Poniatowski darüber informiert worden, „daß die Linksparteien gestern auf einer Sitzung der Verständigungskommission die Bildung einer Linksregierung in Lublin beschlossen haben", durchaus zu. A. Bogusławski, ebd., S. 295.

[19] S. Thugutt: Pańskie rządy [Herrschaft der Herren], in: Wyzwolenie Nr. 44 vom 3. 11. 1918, S. 387f.; Czego żądać od rządu [Was von der Regierung zu fordern ist], in: Wyzwolenie Nr. 45 vom 10. 11. 1918, S. 397.

[20] A. Bogusławski: Ruch ludowy, cz. 1, S. 293. Als Beweis hierfür nennt Bogusławski nur seinen eigenen, sehr viel deutlicheren Artikel in Heft 11/1918 des „Polak" [Der Pole]. Es muß die Frage gestellt werden, wann genau dieser Artikel geschrieben wurde und wann das Novemberheft des „Polak" erschien.

[21] Ders.: Wspomnienia, T. II (1916–1919), AZHRL: P–31, S. 411.

[22] Kazimierz Sosnkowski war einer der bedeutendsten Anhänger und militärischen Führer Piłsudskis. Gemeinsam mit ihm wurde er im Juli 1917 verhaftet und auf der Festung Magdeburg festgehalten. In späteren Jahren war er mehrfach polnischer Kriegsminister.

[23] Bericht des Kaiserlich Deutschen Kommissariats bei der Königlich Polnischen Staatsregierung an das Auswärtige Amt, PA: IV Polen, Krieg 1914, 20c, Bd. 44, Bl. 129.

und Sosnkowski von Magdeburg nach Berlin. Einen Tag später, am Tag der deutschen Revolution, deren Augenzeuge Piłsudski in Berlin wurde, konnte er dann die Rückfahrt nach Warschau antreten.[24]

Vorher jedoch spielte sich noch die letzte Phase der zum Teil verborgenen Kämpfe um die Macht im Lande ab. Am 3. November erklärte die Regierung Świeżyński in einem öffentlichen Aufruf den Regentschaftsrat faktisch für abgesetzt, proklamierte die Republik und bekundete den Willen zur Bildung einer breiten nationalen Koalition unter Einschluß der Linksparteien, woraufhin sie vom Regentschaftsrat umgehend entlassen wurde. Die Regierung unternahm den Staatsstreichversuch gegen den unpopulären Regentschaftsrat im wesentlichen deshalb, um mit der Linken noch eine günstige Einigung erzielen zu können.[25] Mitveranlaßt hierzu hatten sie wohl auch die radikalen Beschlüsse des tags zuvor zu Ende gegangenen „Wyzwolenie"-Parteitages. In einem am Nachmittag des 4. November im Auswärtigen Amt eingegangenen Telegramm des deutschen Diplomaten Lerchenfeld hieß es zu dem Vorgang:

> „Nach vorläufiger Information ist Aufruf ohne Vorwissen und Einverständnis Regentschaftsrates ergangen. Führer der Nationaldemokratie, die Ministerium beherrscht, fürchteten Aktion der Linken zum Sturze Ministerium und zwar eine Aktion nicht nur Sozialistischer Partei, sondern auch radikaler polnischer Volkspartei, die in letzten Tagen hier gut besuchte Versammlung abgehalten. Sie befürchten aus Initiative Linken außerdem Schwächung ihrer Partei und entschlossen sich deshalb rasch zu Staatsstreich, der auf Gründung eines Nationalrates von 32 Mitgliedern aus Kongreßpolen und Galizien, darunter 16 Angehörige Linker und 16 Koło-Leute und Aktivisten bestehen soll."[26]

Auf der Gegenseite fiel am Abend des 1. oder 2. November 1918[27] in einer geheimen Sitzung des Konvents in Warschau die endgültige Entscheidung, den bereits gefaßten Plan zu realisieren, d.h. eine provisorische Regierung unter Führung der Linken für das gesamte Land (Kongreßpolen und Galizien) zu bilden, die bis zur Rückkehr Piłsudskis tätig sein sollte. Als Sitz der Regierung sah man Lublin vor, da im südlichen Teil Kongreßpolens die österreichische Besatzungshoheit bereits zusammengebrochen war und sich in der Stadt und im Umland starke Abteilungen der POW befanden, die den Erfolg der Aktion sicherstellen sollten.[28] Die Tatsache, daß die dortige Region eine Hochburg der „Wyzwolenie" war, dürfte für die Wahl Lublins ebenfalls nicht ohne Bedeutung gewesen sein.

4.2. Die Teilnahme der „Wyzwolenie" an der Ausrufung der Lubliner Regierung

Nachdem man sich mit den Sozialisten und den Bauernparteilern des österreichischen Teilgebiets über deren Teilnahme an der Lubliner Regierung verständigt hatte, wurde in der Nacht vom 6. auf den 7. November 1918 in Lublin die Bildung der „Provisorischen

---

[24] H. Graf Kessler: Tagebücher 1918–1937, Frankfurt/M. 1982, S. 9–17.

[25] J. Pajewski: Odbudowa państwa polskiego 1914–1918 [Der Wiederaufbau des polnischen Staates 1914–1918], Warszawa 1980, S. 280ff.

[26] Telegramm des Kaiserlich Deutschen Kommissariats bei der Königlich Polnischen Staatsregierung an das Auswärtige Amt, Warschau, 4. 11. 1918, PA: IV Polen, Krieg 1914, 20c, Bd. 43, Bl. 253–254.

[27] Eine genaue Datierung ist schwierig. Siehe A. Ajnenkiel: Z dziejów, S. 1069; J. Holzer: Polska Partia Socjalistyczna, S. 183; J. Pajewski: Odbudowa, S. 286.

[28] W. Pobóg-Malinowski: Najnowsza historia polityczna Polski 1864–1945 [Neueste politische Geschichte Polens 1864–1945], T. I, Paris 1953, S. 364.

Volksregierung der Polnischen Republik" (Tymczasowy Rząd Ludowy Republiki Polskiej) bekanntgegeben.[29] Als Ministerpräsident fungierte in dieser „ersten, vollkommen unabhängigen polnischen Regierung"[30] Ignacy Daszyński, der Führer der gemäßigten galizischen Sozialisten (PPSD). Gleichzeitig veröffentlichte man ein „Manifest an das polnische Volk", das Tadeusz Hołówko (PPS) und Stanisław Thugutt („Wyzwolenie") ausgearbeitet hatten.[31]

Dieses Manifest enthielt eine Reihe radikaler Ankündigungen. So proklamierte man nicht nur die Auflösung des Regentschaftsrates, die Befreiung des von den Deutschen besetzten Teils Kongreßpolens, die Vereinigung aller polnischen Gebiete zu einer polnischen Republik mit Zugang zum Meer und das sofortige Inkrafttreten umfassender bürgerlicher Freiheiten, sondern dekretierte auch die sofortige Verstaatlichung aller Schenkungsgüter, Majorate und Wälder und führte in der Industrie, im Handwerk und im Handel ab sofort den achtstündigen Arbeitstag ein.[32] Man beabsichtigte ferner, umfangreiche soziale Reformen vorzubereiten: eine Agrarreform („zwangsweise Enteignung und Beseitigung des großen und mittleren Großgrundbesitzes und seine Übergabe unter staatlicher Kontrolle an das schaffende Volk"), eine Verstaatlichung der Bergwerke und anderer großer Industriebetriebe, Mitbestimmungsrechte für Arbeiter in privaten Industriebetrieben und die Einführung eines allgemeinen, kostenlosen und weltlichen Pflichtunterrichts.

Die vorstehenden Sozialreformprojekte, die durchaus der Stimmung der radikalisierten Massen entsprachen[33], wollte die Lubliner Regierung allerdings dem Verfassunggebenden Sejm zur Entscheidung vorlegen, wie sie überhaupt in ihrer Proklamation versicherte, die Macht nur bis zum Zusammentreten eines aus demokratischen Wahlen hervorgegangenen Sejm ausüben zu wollen. Diese Haltung der die Lubliner Regierung tragenden großen Linksparteien muß trotz des streckenweise revolutionären Tons des Manifests als klares Bekenntnis zur parlamentarischen Demokratie und gegen ein Rätesystem gewertet werden.[34]

---

[29] Die Berichte darüber, ob tatsächlich eine Abstimmung mit der galizischen Bauernpartei PSL „Piast" erfolgte, gehen auseinander. Thugutt, einer der Hauptorganisatoren der Lubliner Regierung, behauptete später, man habe ihn dahingehend informiert, daß die Führer des „Piast" zur Mitarbeit in der Regierung bereit gewesen seien. Aus diesem Grunde habe er Witos' Namen auf die Kabinettsliste gesetzt. Nach Witos' Eintreffen in Lublin habe dieser dann seine Mitarbeit von der Hereinnahme mindestens eines Nationaldemokraten in das Kabinett abhängig gemacht, was man abgelehnt habe. Als Grund für seine Weigerung, in das Kabinett einzutreten, gibt Witos an, daß er es in jenem Moment der Entstehung des polnischen Staates für staatspolitisch unklug gehalten habe, neben der Regierung in Warschau und der Krakauer „Polnischen Liquidations-Kommission" (Polska Komisja Likwidacyjna), deren Vorsitzender er selbst war, eine dritte Regierung in Lublin zu bilden. Vgl. A. Zakrzewski: Wincenty Witos – chłopski mąż stanu w latach 1918–1926 [Wincenty Witos – ein bäuerlicher Staatsmann in den Jahren 1918–1926], in: KH 75 (1968), S. 568. A. Zakrzewski meint, daß der radikale Charakter der Lubliner Regierung, den Witos sehr negativ bewertete, der Hauptgrund für dessen Absage war. Vgl. A. Zakrzewski: Wincenty Witos – chłopski polityk i mąż stanu [Wincenty Witos – Bauernpolitiker und Staatsmann] (im folgenden: Wincenty Witos), Warszawa 1977, S. 87.

[30] W. Pobóg-Malinowski: Najnowsza historia, T. I, S. 364.

[31] Vgl. S. Thugutt: Wybór pism, S. 75.

[32] Der Text des „Manifestes an das polnische Volk" in: Powstanie, S. 429–431.

[33] W. Pobóg-Malinowski: Najnowsza historia, T. I, S. 364.

[34] In der PPS war die Haltung zu den ebenfalls Anfang November 1918 entstandenen Arbeiterdelegiertenräten (Rady Delegatów Robotniczych) in den ersten Monaten der Eigenstaatlichkeit allerdings keineswegs einheitlich. Vgl. G. W. Strobel: Die parlamentarische Idee und die polnischen Parteien, in: Die Krise des Parlamentarismus in Ostmitteleuropa zwischen den beiden Weltkriegen, hrsg. von H. E. Volkmann: Marburg/L. 1967, S. 38ff.

Die „Wyzwolenie“ hatte fünf Mitglieder ihres Führungskreises, darunter die gesamte Parteispitze[35], in die Regierung entsandt: Stanisław Thugutt als Innenminister, Juliusz Poniatowski als Landwirtschaftsminister, Tomasz Nocznicki und Błażej Stolarski als Minister ohne Portefeuille und Irena Kosmowska als Vizeminister. Ihr wichtigster und aktivster Vertreter war Stanisław Thugutt, dem im Innenressort die Aufgabe zufiel, schnellstmöglich einen Verwaltungsapparat zu schaffen. Dabei stand er vor großen Schwierigkeiten, da er zunächst versuchen mußte, die Verbindung zu allen Landesteilen aufzunehmen und sich die Behörden der Warschauer Regierung zu unterstellen. Zu diesem Zweck ernannte er sogenannte Volkskommissare, die als Leiter der Verwaltungskreise (powiaty) fungieren sollten.[36] Zu Volkskommissaren wurden vielfach Angehörige der „Wyzwolenie“ und der PPS ernannt, von denen Thugutt annahm, daß sie sich würden durchsetzen können. Aus den Reihen der „Wyzwolenie“ waren dies beispielsweise Andrzej Waleron in Jędrzejów[37], Maciej Rataj in Biłgoraj[38], Stanisław Wrona in Krasnystaw[39], Jan Ledwoch in Włoszczowa[40], Eustachy Rudziński in Radomsko[41] und etwas später Michał Gwiazdowicz in Rawa.[42]

Vermutlich noch am 7. November hatte der Parteivorstand ein Flugblatt an die Landbevölkerung verteilen lassen, in dem diese über die Ausrufung der Polnischen Volksrepublik (Republika Polska Ludowa) unterrichtet wurde. Die Bauern wurden aufgefordert, den von der Volksregierung ernannten Volkskommissaren Gehorsam zu leisten und ihnen Hilfe zu erweisen.[43] Zu einer tatsächlichen Übernahme der Macht durch die Volkskommissare kam es in den meisten Fällen, insbesondere außerhalb der Lubliner Region, jedoch nicht mehr, da die Regierung am 11. November 1918 auf Verlangen des am Vortag aus Magdeburg nach Warschau zurückgekehrten Piłsudski zurücktrat. Überall im nördlichen Kongreßpolen brach in diesen Tagen die deutsche Besatzungsherrschaft zusammen. Die Entwaffnung der ohnehin kriegsmüden deutschen Soldaten wurde im wesentlichen von der POW, in deren Reihen viele Mitglieder der „Wyzwolenie“ Dienst taten, durchgeführt.[44] Piłsudski kam es darauf an, die volle Handlungsfreiheit für die Schaffung einer gesamtpolnischen Regierung des nun endgültig unabhängig gewordenen Staates zu erlangen.[45]

Piłsudskis Rückkehr nach Polen war es zu verdanken, daß eine sehr verwickelte Situation ihr schnelles Ende fand. Die Lubliner Volksregierung hatte ihr Einflußgebiet

---

35 Parteivorsitzender war zu jenem Zeitpunkt Błażej Stolarski, stellvertretende Parteivorsitzende waren Juliusz Poniatowski und Tomasz Nocznicki, Sekretär des Vorstandes war Stanisław Thugutt.

36 S. Thugutt: Wybór pism, S. 76.

37 Parlament, S. 237; A. Waleron: Pamiętniki, T. II, AZHRL: P–129/II, S. 309f.

38 M. Rataj: Pamiętniki (1918–1927) [Tagebücher (1918–1927)], Warszawa 1965, S. 27. M. Rataj nahm die Ernennung nicht an.

39 Parlament, S. 238.

40 Ebd., S. 234.

41 Ebd., S. 252.

42 M. Gwiazdowicz: Wspomnienia, S. 145f.

43 Bracia chłopi! [Brüder Bauern!], AZHRL: U–I/13.

44 A. Ajnenkiel: Od „rządów ludowych“ do przewrotu majowego. Zarys dziejów politycznych Polski 1918–1926 [Von den „Volksregierungen“ bis zum Mai-Umsturz. Abriß der politischen Geschichte Polens 1918–1926], 1. Aufl. Warszawa 1964, S. 22.

45 H. Malinowski: Z zagadnień wyzwalania ziem polskich spod panowania okupantów w listopadzie 1918 r. [Zu den Problemen der Befreiung der polnischen Länder von der Herrschaft der Besatzer im November 1918], in: PH 59 (1968), S. 681–709.

nicht wesentlich über die Lubliner Region hinaus ausweiten können[46], während der Regentschaftsrat in der deutschen Besatzungszone noch weitgehend Herr der Lage geblieben und aus taktischen Gründen von den Rechtsparteien, die gegen die sozialistische Regierung Daszyński protestierten, unterstützt worden war. In Westgalizien hatte sich die Polnische Liquidations-Kommission als eine Art Landesregierung etabliert und es abgelehnt, sich der Lubliner Regierung unterzuordnen. In ihr besaßen die galizischen Nationaldemokraten und die Bauernpartei „Piast" unter Witos' Führung das stärkste Gewicht. Beide Parteien waren bereits mit aus Warschau angereisten Vertretern des passivistischen Interparteilichen Klubs und kleinerer Gruppen übereingekommen, eine gesamtpolnische Regierung mit Witos als Premierminister zu bilden, als die Nachricht von der Rückkehr Piłsudskis eintraf.[47]

Der Autorität Piłsudskis beugte sich nicht nur die Lubliner Regierung unter Daszyński, sondern ebenfalls der Regentschaftsrat und schließlich die Liquidations-Kommission in Krakau. Sein Eintreffen am Tage des Zerfalls der Besatzungsherrschaft in Warschau war für das Land von großer Bedeutung, da hierdurch die Errichtung einer einheitlichen Gewalt sichergestellt und die Gefahr bürgerkriegsähnlicher Vorgänge abgewendet wurde. Piłsudski gelang es überdies, gemeinsam mit den deutschen Soldatenräten den schnellstmöglichen Abtransport der deutschen Truppen aus Kongreßpolen einzuleiten und durchzuführen. Nachdem die drei Regenten ihn am 11. November zum Oberbefehlshaber ernannt hatten, verzichteten sie am 14. November auch auf die Zivilgewalt und ernannten ihn zum Staatschef (Naczelnik Państwa). Piłsudski konnte nun seinerseits Ignacy Daszyński, den Premier der Lubliner Volksregierung, mit der Bildung eines Kabinetts beauftragen. Diesem gehörten zahlreiche Minister der Lubliner Regierung an. Damit trug Piłsudski einer relativ starken radikalen Strömung im Lande Rechnung, handelte jedoch eher gegen die eigene Überzeugung von der Zweckmäßigkeit eines Koalitionskabinetts unter Einschluß der Rechten und des Zentrums. Die Berufung Daszyńskis rief bei den Rechtsparteien eine solche Entrüstung hervor, daß Piłsudski ihn zur Entspannung der Situation bereits nach drei Tagen wieder entlassen mußte. An seine Stelle trat der als gemäßigt geltende Jędrzej Moraczewski, der ein Vertrauensmann Piłsudskis war und ebenfalls der galizischen PPSD entstammte.[48]

4.3. Die „Wyzwolenie" in der Regierung Moraczewski

Das Kabinett Moraczewski war in gewissem Sinne eine Fortsetzung der Lubliner Regierung. Seine erste programmatische Erklärung vom 20. November 1918 wiederholte, wenn auch in gemäßigterem Ton, den Inhalt des Lubliner Manifests.[49] Eine bedeutsame Abweichung von ihm stellte allerdings das Weglassen des Passus über die sofortige Verstaatlichung der Schenkungsgüter, Majorate und Wälder dar, da Piłsudski den Premier angewiesen hatte, mit seinen Verordnungen nicht in die sozialen Verhält-

---

[46] W. Pobóg-Malinowski: Najnowsza historia, T. II, S. 142.

[47] Vgl. J. Pajewski: Odbudowa, S. 291.

[48] Die Sozialisten Kongreßpolens (PPS-Frakcja rewolucyjna) und Galiziens (PPSD) vereinigten sich erst im April 1919 zur PPS.

[49] D. Górecki: Tymczasowy Rząd Ludowy Republiki Polskiej – jego geneza i charakter [Die Provisorische Volksregierung der Polnischen Republik – ihre Entstehung und ihr Charakter], in: Acta Universitatis Lodziensis. Zeszyty Naukowe Uniwersytetu Łódzkiego. Nauki Humanistyczno-Społeczne. Seria I, Łódź 1977, Nr. 23, S. 55.

nisse des Landes einzugreifen.[50] Die Regierung war als vorläufige Administration konzipiert, die ihr Amt lediglich bis zum Zusammentritt eines verfassunggebenden Sejm ausüben sollte. Sie setzte sich, ähnlich wie die Lubliner Regierung, aus Vertretern der Sozialisten beider Teilgebiete, der „Wyzwolenie" und der radikalen Intelligenz zusammen, nachdem die Nationaldemokraten sofort und der „Piast" später die Mitarbeit in einer Regierung mit linker Mehrheit abgelehnt hatten. Die für den „Piast" reservierten Ressorts übernahmen dann Vertreter der kleinen galizischen Bauernpartei „PSL-Lewica".[51]

Von der „Wyzwolenie" gehörten der Regierung Stanisław Thugutt als Innenminister und Tomasz Nocznicki als Minister ohne Portefeuille an. Ende Dezember (29. 12. 1918) kam noch Błażej Stolarski als Landwirtschaftsminister hinzu.[52] Trotz der Verminderung der Zahl ihrer Kabinettsposten gegenüber der Lubliner Regierung übte die „Wyzwolenie", vor allem wieder dank der Tätigkeit Thugutts, einen bedeutenden Einfluß innerhalb der Regierung aus. „Die größte Rolle in diesem Kabinett", schreibt Andrzej Ajnenkiel, „spielte neben dem Premierminister der Innenminister Stanisław Thugutt".[53] Nach Ansicht von Tadeusz Kisielewski galt Thugutt „insbesondere in der Regierung Moraczewski, dessen Freund er war, als bedeutendste Persönlichkeit, die nicht nur die Richtung der Arbeiten des eigenen Ministeriums, sondern der ganzen Regierung beeinflußte".[54]

In der Tat erwarb sich Thugutt erhebliche Verdienste um die Schaffung und Gestaltung der staatlichen Administration und der Selbstverwaltung in den ersten Wochen nach Erlangung der Unabhängigkeit. Besonders intensiv befaßte er sich mit Fragen der Selbstverwaltung in Gemeinden, Städten und Kreisen, so daß die Regierung noch im November und Dezember mehrere Dekrete zur Demokratisierung bzw. zur Einführung der Selbstverwaltung erlassen konnte. Auch Regelungen für die Wahlen zu den Selbstverwaltungsorganen wurden unter Federführung Thugutts ausgearbeitet.[55]

Der Innenminister wurde in der Öffentlichkeit jedoch rasch zum am meisten kritisierten Mitglied der Regierung. In den Erinnerungen von Witos, der ein sehr kritisches Verhältnis zu Thugutt und der gesamten Regierung Moraczewski hatte, heißt es zu den Gründen dafür:

> „Mit einigen Maßnahmen machte er die Regierung und sich nicht nur lächerlich, sondern provozierte einen großen Teil der Gesellschaft. Mit der Beseitigung der anerkannten nationalen Heiligtümer und Symbole jedoch brachte er eine allgemeine Empörung zustande. Sein Werk war auch die Besetzung verschiedener Ämter mit Leuten, die nicht entsprechende Qualifikationen besaßen ..."[56]

Witos spielt damit zunächst auf Thugutts voreilige Anordnung an, den Adler im Staatswappen in Zukunft nur noch ohne Königskrone darzustellen.[57] Ebenso unternahm die Regierung den Versuch, Polen offiziell als „Republika Ludowa" (Volksrepublik) zu bezeichnen. Beide Maßnahmen ließen sich angesichts der Gefühle in der Bevölkerung,

---

50 H. Roos: Geschichte, S. 49.

51 A. Ajnenkiel: Od „rządów ludowych", S. 23.

52 H. Roos: Die polnischen Regierungen 1916–1939, in: Osteuropa-Handbuch Polen, S. 674.

53 A. Ajnenkiel: Od „rządów ludowych", S. 24.

54 T. Kisielewski: Heroizm i kompromis, cz. II, S. 156.

55 I. Pawłowski: „Rządy ludowe", S. 77, 83; vgl. S. Thugutt: Wybór pism, S. 81.

56 W. Witos: Moje wspomnienia [Meine Erinnerungen], T. 2, Paris 1964, S. 236.

57 S. Mackiewicz: Geschichte Polens vom 11. November 1918 bis zum 17. September 1939, Marburg/L. 1956, S. 106.

die den historischen Traditionen den Vorzug gab, nicht durchsetzen. In richtiger Erkenntnis dieser Sachlage erließ Staatschef Piłsudski einen Militärbefehl, die Soldaten auf die „Rzeczpospolita Polska" (Republik Polen) zu vereidigen.[58] Thugutt und Moraczewski, die den Charakter ihrer Regierung als den einer Volksregierung unterstreichen und außerdem die republikanische Staatsform Polens betonen wollten[59], hatten sich politisch zweifellos ungeschickt verhalten. Den Rechtsparteien lieferten diese Vorkommnisse einen wichtigen Trumpf im Kampf gegen die Regierung. Sie richteten dabei ihre Hauptangriffe auf den Innenminister, der als linksradikal und national unzuverlässig diffamiert und geradezu zur Haßfigur stilisiert wurde.

Was die Personalpolitik betrifft, so scheint Thugutt bei der Auswahl von neuen Starosten nicht immer eine glückliche Hand gehabt und auch Personen ohne entsprechende sachliche Qualifikation bzw. Dienstzeit ernannt zu haben.[60] Thugutt meint dazu in seiner Autobiographie nur knapp, daß es ihm „in jenen halbrevolutionären Zeiten vor allem auf Leute ankam, die die Gewähr für die Aufrechterhaltung der Ruhe im Kreise boten".[61] Auf Schwierigkeiten bei der Ausübung seines Amtes ist Thugutt nach eigenen Angaben im Ministerium selbst gestoßen, wo manche der Nationaldemokratie nahestehende Beamte seine Anweisungen z.T. ignorierten bzw. deren Ausführung verzögerten. Ein anderer Teil der Beamtenschaft arbeitete jedoch loyal mit ihm zusammen.[62] Dies war von großer Bedeutung, da nur so die mit der Schaffung der neuen Verwaltung zusammenhängenden Probleme bewältigt werden konnten. Eine große Hilfe bedeutete ihm Wacław Januszewski von der eigenen Partei, der im Ministerium Chef der Verwaltungsabteilung und zugleich Inspektor für die Volkskommissariate war.[63]

In Ausführung ihrer Ankündigungen erließ die Regierung eine Reihe von Verordnungen zugunsten der sozial Schwächeren, ohne die entsprechenden Beschlüsse der Konstituante abzuwarten. Zu nennen ist an erster Stelle die Einführung des Achtstundentags, einer Krankenversicherung und eines Lohnminimums für Staatsbedienstete. Weiter schuf sie Büros für Arbeitsvermittlung und richtete eine Arbeitsinspektion ein. Andere Regelungen betrafen den Mieterschutz, die Organisation der Arbeitslosenhilfe, die Inangriffnahme öffentlicher Arbeiten und die Versorgung der Bevölkerung mit Lebensmitteln. Größte Anstrengungen mußte die Regierung neben der Schaffung der notwendigen Ämter und Behörden dem Aufbau des Heeres, der Miliz und des Schulwesens widmen. Allerwichtigste Aufgabe war es jedoch, die Voraussetzungen für die Durchführung allgemeiner, freier, geheimer und direkter Wahlen zum verfassunggebenden Parlament zu schaffen.[64] Bereits am 28. November 1918 konnte Moraczewski dem Staatschef die Wahlordnung zur Konstituante vorlegen. Zur Politik der Regierung, die in breiteren Schichten vorhandene soziale Gärung und Unruhe abzustellen, gesellte

[58] Ebd.

[59] S. K. Kuczyński: Spory o godło Rzeczypospolitej [Streitigkeiten über das Wappen der Republik], in: Kultura 16 (1978), Nr. 39, S. 13.

[60] S. Głąbiński: Wspomnienia polityczne [Politische Erinnerungen], Pelplin 1939, S. 386; A. Bogusławski: Wspomnienia, T. II (1916–1919), AZHRL: P-31, S. 440.

[61] S. Thugutt: Wybór pism, S. 82.

[62] Ebd., S. 79ff.

[63] Ebd., S. 89.

[64] A. Próchnik: Pierwsze piętnastolecie Polski niepodległej [Die ersten 15 Jahre des unabhängigen Polen], Warszawa 1957, S. 39f.

sich ihr entschlossenes Vorgehen gegen Absichten, die Situation für gewaltsame Veränderungen zu nutzen.[65]

Die Regierung wurde von rechts und zugleich von links sehr heftig angegriffen. Von rechts waren es die Parteien von der Nationaldemokratie bis hin zum „Nationalen Arbeiterverband" sowie die gemäßigten Bauernparteiler Galiziens („Piast"), von links die Mitte Dezember 1918 entstandene „Kommunistische Arbeiterpartei Polens" (Komunistyczna Partia Robotnicza Polski – KPRP).[66] Demonstrationen und Protestkundgebungen gegen die Regierung waren in Warschau an der Tagesordnung. Verteidigt wurde die Regierung im wesentlichen von der PPS, der „Wyzwolenie" und der Bauernpartei „PSL-Lewica". So trug das Parteiorgan „Wyzwolenie" von Nr. 47/1918 (13. 11. 1918) bis Nr. 3/1919 (19. 1. 1919) durchgehend als Überschrift die Losungen: „Es lebe die Polnische Volksrepublik! Es lebe die Provisorische Regierung der Polnischen Volksrepublik!" In verschiedenen Flugblättern, Broschüren und Artikeln in diesen Wochen wurde die Regierung als Errungenschaft des Volkes bezeichnet, die es zu bewahren gelte, wobei die Vorzüge gerade dieser Regierung für die arbeitende Bevölkerung in Stadt und Land gegenüber anderen möglichen unterstrichen wurden.[67] Die das Kabinett tragenden Parteien schritten allerdings nur zögernd zu demonstrativen Gegenaktionen. Eine der wenigen war die Kundgebung der „Wyzwolenie" zur Unterstützung der Volksregierung am 8. Dezember 1918, auf der die Minister Thugutt und Nocznicki zu 8000 Versammelten, überwiegend Bauern, sprachen.[68] In der Schlußresolution dieser Veranstaltung hieß es unter anderem:

> „Die Vertreter der Bauern aus dem gesamten früheren Moskauer Teilgebiet begrüßen mit inniger Freude die Entstehung der ersten vorläufigen Volksregierung. Sie halten diese Regierung für eine wahrhaftige Vertretung des polnischen Volkes und glauben, daß sie in Kürze im Lande eine auf Gerechtigkeit beruhende Ordnung wird einführen können (...). Die versammelten Abgeordneten des Volkes verurteilen mit Empörung die Überfälle auf die Volksregierung. Mit Bedauern sehen sie, wie in Warschau, diesem Herz Polens, sich dunkle Kräfte anmaßend benehmen und Verwirrung herbeiführen, um die Regierung zu stürzen. Die Versammelten erklären, daß die Provisorische Volksregierung in der Provinz zur Zufriedenheit der Bevölkerung Ordnung schafft, und fordern, daß die Regierung eine Mißachtung ihrer Anordnungen nicht zuläßt."[69]

Regierungsfeindliche Kundgebungen und Demonstrationen richteten sich sehr stark gegen die Außenpolitik der Regierung Moraczewski. Die Rechtsparteien forderten insbesondere den Abbruch der Beziehungen zu Deutschland.[70] Obwohl die Regierung Mitte Dezember 1918 dem Druck ihrer Gegner in diesem Punkt nachgab, gelang es ihr nicht, ihre Position zu stärken. Passiver Widerstand seitens der Wirtschafts- und Beamtenkreise sowie eigene finanz- und steuerpolitische Ungeschicklichkeit, engten ihren

[65] M. Pietrzak: Zagadnienie wolności słowa w Polsce burżuazyjno-obszarniczej w latach 1918–1926 [Das Problem der Freiheit des Wortes im von Bourgeoisie und Großgrundbesitz geprägten Polen in den Jahren 1918–1926], in: Czasopismo Prawno-Historyczne 8 (1956), Nr. 2, S. 109.

[66] A. Próchnik: Pierwsze piętnastolecie, S. 42.

[67] Siehe z. B. A. Mur: W Rządzie ludowym – nasza moc [In der Volksregierung liegt unsere Stärke], in: Wyzwolenie Nr. 48 vom 1. 12. 1918, S. 434; Bracia chłopi [Brüder Bauern] (Flugblatt), Lublin, 25. 11. 1918, CA KC PZPR: Polskie Stronnictwo Ludowe w Królestwie Polskim [Die Polnische Bauernpartei im Königreich Polen], 27/III/16.

[68] A. Bogusławski: Wspomnienia, T. II (1916–1919), AZHRL: P–31, S. 444 f.; Nasz głos [Unsere Stimme], in: Wyzwolenie Nr. 50 vom 15. 12. 1918, S. 457.

[69] Ebd.

[70] Vgl. H. Graf Kessler: Tagebücher 1918–1937, S. 44–69; W. Pobóg-Malinowski: Najnowsza historia, T. II, S. 164.

Spielraum weiter ein.[71] In der Nacht vom 4. auf den 5. Januar 1919 unternahmen Oberst Marian Januszajtis und Fürst Eustachy Sapieha mit Unterstützung bzw. Billigung nationaldemokratischer Kreise einen Aufstand gegen die Regierung, der zwar sehr schnell zusammenbrach, jedoch die Schwäche der Regierung demonstrierte und – dies ist entscheidend – die politischen Manövriermöglichkeiten des Staatschefs erweiterte.[72]

Wenig später, am 16. Januar 1919, mußte die Regierung Moraczewski zurücktreten. Piłsudski opferte sie, um über die Bildung eines auf die Mittelparteien gestützten Ausgleichskabinetts unter Ignacy Paderewski einen Kompromiß mit dem von Roman Dmowski geleiteten Polnischen National-Komitee in Paris erreichen zu können. Diesen Schritt hielt der Staatschef in Anbetracht der anhaltenden Diskriminierung der polnischen Regierung durch die Ententemächte am Vorabend der Pariser Friedenskonferenz für dringend geboten.[73] Mit der Demission Moraczewskis war die Periode der von den Linksparteien gebildeten „Volksregierungen" beendet.

Für die „Wyzwolenie", die eine der Hauptkräfte in den „Volksregierungen" darstellte, waren die wenigen Wochen der Regierungsbeteiligung ein wichtiger Abschnitt ihrer Parteigeschichte, der ihr Selbstverständnis noch viele Jahre danach mitprägen sollte. Sie mußte in sehr kurzer Zeit die Rolle einer beinahe alles negierenden Oppositionspartei aufgeben und in der Gemeinschaft der sogenannten „Unabhängigkeitslinken" die Rolle einer staatstragenden, ja sogar staatsschaffenden Partei übernehmen. Auf dem Lande beteiligten sich in dieser Zeit, hierzu von der Parteispitze aufgerufen[74], zahlreiche Mitglieder der „Wyzwolenie" an der Einrichtung des Staatsapparates und übernahmen Aufgaben in der territorialen Selbstverwaltung.[75]

Zu bedenken sind die Dimensionen der Aufgaben, vor denen die „Volksregierungen" standen: Es waren grundlegende Prozesse der Integration der polnischen Gesellschaft einzuleiten und dauerhafte Grundlagen ihrer staatlichen Organisation zu schaffen. Es darf als das Verdienst der linken „Volksregierungen" gesehen werden, daß die Polen in jener unruhigen Staatsgründungsphase den Weg in die parlamentarische Demokratie antraten und nicht in ein Rätesystem.[76] Es ist durchaus ungewiß, ob eine breite Koalitionsregierung unter Einschluß der politischen Rechten oder gar eine nationale Rechtsregierung die Anhänger der Linken ebenso erfolgreich an den Staat hätte heranführen können wie dies die „Volksregierungen" vermochten.[77] Parallelen zwischen den „Volksregierungen" Daszyński bzw. Moraczewski und dem zur gleichen Zeit in Deutschland ebenfalls übergangsweise tätigen „Rat der Volksbeauftragten" sind für den deutschen Betrachter unübersehbar.

---

[71] Ebd., S. 170; H. Dzitkowska: Polityka finansowa rządu Jędrzeja Moraczewskiego [Die Finanzpolitik der Regierung Jędrzej Moraczewski], in: Rocznik Łódzki, T. 23: 1978, S. 144f.

[72] W. Pobóg-Malinowski: Najnowsza historia, T. II, S. 175f.; J. Pajewski: Odbudowa, S. 326ff.

[73] W. Pobóg-Malinowski: Najnowsza historia, T. II, S. 171.

[74] Siehe das Flugblatt „Do wszystkich mieszkańców gmin. Wezwanie" [An alle Einwohner in den Gemeinden. Aufruf], das dem Parteiorgan (Nr. 46 vom 13. 11. 1918) beilag, AZHRL: U–I/9, Zb.-B. S. 26.

[75] Vgl. z.B. S. Kielak: Ruch ludowy w pow. Radzymińskim, AZHRL: O–144, S. 18.

[76] Auf die Gefahren, denen der junge Staat damals ausgesetzt war, wies Thugutt später wiederholt hin. Vgl. z.B. S. Thugutt: Rząd lubelski [Die Lubliner Regierung], in: Wyzwolenie Nr. 44 vom 2. 11. 1919, S. 543f.

[77] Piłsudskis Kalkül erörtert anregend in seinen Erinnerungen B. Miedziński: Moje wspomnienia [Meine Erinnerungen], in: ZH 37 (1976), S. 160–164.

5. Die „Wyzwolenie“ im Parlament: Zwischen Kooperation und Opposition

5.1. Die „Wyzwolenie“ im Verfassunggebenden Sejm (Februar 1919 – November 1922)

5.1.1. Das Ergebnis der ersten Sejmwahl

Den Linksparteien kam der Rücktritt der von ihnen getragenen Regierung Moraczewski zehn Tage vor den Wahlen zum Verfassunggebenden Sejm sehr ungelegen, mußten sie doch damit rechnen, daß dieser Schritt von den Wählern als Flucht aus der Verantwortung gedeutet wurde, zumal die Rechte in ihrer Propaganda alles tat, um diesen Eindruck hervorzurufen.[1] Die „Wyzwolenie“ warb im Wahlkampf mit ihrem Anfang November 1918 ergänzten Programm um die Stimmen der Landbewohner Kongreßpolens und stieß vor allem mit ihrem Agrarprogramm auf deren lebhaftes Interesse. Für die Partei hatten die Wahlen zum ersten polnischen Parlament, das sie stets gefordert hatte, allergrößte Bedeutung, da sie ihre Ziele ja auf parlamentarischem Wege erreichen wollte. Eine Parlamentsmehrheit aus Vertretern der Bauern und Arbeiter sollte, so ihre Vorstellung, die Regierung bilden und ähnlich der Lubliner Volksregierung, jedoch entschiedener, da nun durch das Wahlergebnis legitimiert, die erforderlichen Reformen verwirklichen.[2]

An den Wahlen am 26. Januar 1919 nahm die Bevölkerung des größten Teils Kongreßpolens und Westgaliziens teil. In den anderen Gebieten, die später zu Polen gehören sollten, konnten wegen der noch andauernden Kampfhandlungen oder wegen ausstehender Entscheidungen der Friedenskonferenz noch keine Wahlen stattfinden. Von hier gelangten erst in den folgenden Monaten oder Jahren Vertreter in den Sejm. Das beste Ergebnis erzielte mit 116 von insgesamt 340 Mandaten die rechtsgerichtete Parteiengruppierung „Nationaler Volksverband“ (ZLN). Doch auch die Linke – hierzu zählten die „Wyzwolenie“ (57 Mandate), die „PSL-Lewica“ (13 Mandate) und die PPS (32 Mandate) – erreichte mit 102 Mandaten ein gutes Ergebnis. Auf die vier Parteien im Zentrum entfielen insgesamt 105 Mandate. Davon erlangten im einzelnen die Bauernpartei „Piast“ 44, die „Polnische Volksvereinigung“ (PZL) 27, der „Klub der konstitutionellen Arbeit“ 18 und der „Nationale Arbeiterverband“ (NZR) 16 Mandate. Die jüdische Fraktion bestand aus zehn und die deutsche aus zwei Abgeordneten.[3]

Die Stimmenverteilung im Lande war unterschiedlich. So waren die Linke und die Mitte in Galizien sehr viel stärker als die Rechte, während in Kongreßpolen – insbesondere im nördlichen Teil – die Rechte fast die absolute Mehrheit erreichte. Kein Lager, geschweige denn eine Partei, besaß im Sejm die Mehrheit. Die Mitte, die unter

[1] A. Ajnenkiel: Parlamentaryzm, S. 118.

[2] S. den Artikel: Z czem idzie PSL na Sejm [Womit die Polnische Bauernpartei in den Sejm geht], in: Wyzwolenie Nr. 3 vom 19. 1. 1919, S. 34f.

[3] A. Próchnik: Pierwsze piętnastolecie, S. 54f.; Wyzwolenie Nr. 7 vom 16. 2. 1919, S. 92.

diesen Umständen eine Schlüsselstellung hätte einnehmen können, war infolge ihrer Heterogenität zu Beginn der Legislaturperiode hierzu nicht in der Lage. In den Nachwahlen wurde die Position der Parteien der politischen Mitte und der Rechtsparteien gestärkt.[4]

5.1.2. Die bäuerlich geprägte Fraktion der „Wyzwolenie“

Die „Wyzwolenie“, deren 57 Abgeordnete zahlenmäßig die zweitstärkste Sejmfraktion bildeten, konnte mit ihrem Ergebnis zufrieden sein. Es war ohne Zweifel ein Erfolg für die erst drei Jahre existierende Partei, auf Anhieb die Stimmen von nahezu 850000 Wählern zu erhalten. Es hätten möglicherweise noch mehr werden können, wenn nicht, so die Ansicht einiger bäuerlicher Politiker der „Wyzwolenie“, antiklerikale und radikale Parolen etlicher Führer und Kandidaten zahlreiche Bauern abgeschreckt hätten. Romuald Wasilewski nennt hier an erster Stelle Tomasz Nocznicki, der es dem politischen Gegner durch sein auffälliges Äußeres und seine verbissen antikirchliche Haltung erleichterte, Verleumdungen gegen die Partei in die Welt zu setzen.[5] Doch auch Thugutt und andere Vertreter der Intelligenz boten manchen Anlaß zum Argwohn. Ein Teil der gläubigen Bauern mag in der Tat zum Beispiel den Behauptungen der Rechten, Thugutt sei Jude, Freimaurer oder Ungläubiger, Glauben geschenkt und Mißtrauen gegen die Kandidaten und Führer der „Wyzwolenie“ gehegt haben.[6]

Etwa drei Viertel der Abgeordneten der „Wyzwolenie“ waren, dies wurde bereits dargelegt, Bauern. In den Fraktionen der anderen Bauernparteien war die Situation vergleichbar. Michał Pietrzak schreibt hierzu:

> „Bei den ersten Sejmwahlen im Jahre 1919 setzten die Parteien, um ihren gesellschaftlichen Charakter zu unterstreichen, Arbeiter oder Bauern auf die ersten Plätze der Kandidatenlisten und erst auf den zweiten oder dritten Platz die aus der Intelligenz stammenden Führer. Infolge dieser Taktik wurden S. Thugutt, der Führer der ‚Wyzwolenie‘, T. Nocznicki oder J. Dąbski, einer der herausragenden Politiker des ‚Piast‘, der spätere Gründer der ‚Stronnictwo Chłopskie‘ (Bauernpartei), nicht zu Abgeordneten gewählt.“[7]

Wenn diese Aussage insgesamt auch richtig sein mag, so läßt sich für die „Wyzwolenie“ doch weniger ein konsequentes Handeln der Führung zugunsten bäuerlicher Kandidaten als eher ein Gewährenlassen der Provinzorganisationen in diesem Sinne erkennen. Es ist schwer zu sagen, in welchem Maße die Parteiführung auf den Kandidatenlisten, die ihr zur Bestätigung vorzulegen waren[8], tatsächlich noch Veränderungen vornahm.

Die Berufsstruktur der „Wyzwolenie“-Fraktion hatte erhebliche Folgen für die Qualität ihrer parlamentarischen Arbeit, denn viele bäuerliche Abgeordnete verfügten nur über eine unvollkommene Allgemeinbildung und eine relativ niedrige berufliche Qualifikation. In der Fraktion wurden deshalb seitens der Parteispitze rasch Maßnah-

[4] In Nachwahlen wurden am 16. 2. 1919 im Bezirk Suwałki vier Abgeordnete, am 15. 5. 1919 im Bezirk Białystok elf Abgeordnete, am 1. 6. 1919 im Posener Land 42 Abgeordnete, und am 2. 5. 1920 in Pommerellen 20 Abgeordnete für den Sejm bestimmt. Per Sejmbeschluß wurden am 14. 3. 1919 sechs Abgeordnete aus dem Teschener Land und am 24. 3. 1922 20 Abgeordnete des Wilnalandes aufgenommen.

[5] R. Wasilewski: Wspomnienia o Aleksandrze Bogusławskim [Erinnerungen an Aleksander Bogusławski], AZHRL: P–221, S. 43f.

[6] Z. Hemmerling: Klub, S. 31.

[7] M. Pietrzak: Rządy parlamentarne w Polsce w latach 1919–1926 [Die parlamentarischen Regierungen in Polen in den Jahren 1919–1926], Warszawa 1969, S. 113f.

[8] Vgl. Okólnik [Rundschreiben] Nr. 14. Wskazówki przy wyborach [Hinweise zu den Wahlen], in: Wyzwolenie Nr. 50 vom 15. 12. 1918, S. 470.

men getroffen, um die Situation zu verbessern.[9] So hielten Fraktionsmitglieder mit akademischer Bildung wie Stanisław Thugutt, Jadwiga Dziubińska, Irena Kosmowska, Wacław Sieroszewski und Juliusz Poniatowski regelrechte Schulungsveranstaltungen mit den Bauern ab, in denen sie zu verschiedenen politischen und sozialen Themen referierten, die in den Sejmberatungen eine Rolle spielten. Weiter wurden Bücher und Materialien bereitgestellt sowie Hinweise zu Arbeitstechniken usw. erteilt. Die Teilnehmer profitierten gewiß von diesen Bemühungen.[10] Dennoch mußte von der Tatsache ausgegangen werden, daß ein Teil der bäuerlichen Abgeordneten nicht in der Lage war, sachkundig in den Ausschüssen des Parlaments mitzuarbeiten oder gar eine Rede vor dem Plenum zu halten.

Für die Fraktion war es deshalb schwierig, alle ihr zustehenden Ausschußsitze angemessen zu besetzen. Maciej Rataj berichtet, daß es zwar genügend Kandidaten für die Ausschüsse Landwirtschaft und Haushalt/Finanzen gab, weil eben hier Fragen der Landparzellierung und der Besteuerung behandelt werden sollten, daß jedoch kaum jemand Interesse an den Ausschüssen für Verfassungsfragen oder Auswärtige Angelegenheiten hatte.[11] Die Intelligenzler waren daher oft gezwungen, in zwei oder drei Ausschüssen mitzuarbeiten. In drei Ausschüssen gleichzeitig waren etwa J. Dziubińska, J. Poniatowski, M. Rataj, E. Rudziński und J. Wóznicki tätig; in sogar vier Ausschüssen saßen J. Małupa und S. Osiecki.[12] Nur wenige Bauern nahmen im gleichen Maße an den Ausschußarbeiten teil. Zu erwähnen ist hier vor allem Błażej Stolarski.

Wie Zygmunt Hemmerling ermittelt hat, hielten von den insgesamt 458 Redebeiträgen der Wyzwolenie-Fraktion im Verfassunggebenden Sejm der Lehrer Jan Woźnicki allein 97 und der Agronom Juliusz Poniatowski 92. Weitere häufige Redner waren der Journalist Kazimierz Bagiński (34), der Mathematiker und Fabrikdirektor Stanisław Osiecki (33), der Bauer und Publizist Jan Smoła (33), die Lehrer Eustachy Rudziński (26) und Jan Dębski (25) und schließlich die Bauern Błażej Stolarski (18) und Andrzej Waleron (14).[13]

Zum Fraktionsvorsitzenden wurde Stolarski gewählt, der bereits den Parteivorsitz innehatte. Er war es auch, der am 22. Februar 1919 im Plenum für seine Fraktion eine Erklärung zum Bericht von Premierminister Paderewski abgab und damit als erster polnischer Bauer im Parlament des wiedervereinigten Landes das Wort ergriff.[14]

5.1.3. Das Verhältnis zu den anderen Bauernparteien

Rechnet man zu den 57 Mandaten der „Wyzwolenie" die der beiden anderen Bauernparteien „Piast" (44) und „PSL-Lewica" (13) hinzu, so verfügten die Bauernparteien über insgesamt 114 von 340 Abgeordneten. Dies entsprach noch längst nicht dem Anteil der Bauern an der Gesamtbevölkerung. Es war jedoch offenkundig, daß in der Politik des neuen Staates mit den Vertretern der Bauernschaft gerechnet werden mußte,

[9] Klub dyskusyjny Polskiego Stronnictwa Ludowegeo [Der Diskussionsklub der Polnischen Bauernpartei], in: Wyzwolenie Nr. 9 vom 2. 3. 1919, S. 126f.; siehe auch H. Brodowska: Wstęp [Einleitung], in: H. Radlińska: Oświata i kultura wsi polskiej. Wybór pism [Bildung und Kultur auf dem Lande in Polen. Ausgewählte Schriften], Warszawa 1979, S. 23.

[10] S. Ciekot: Wspomnienia, S. 188f.

[11] M. Rataj: Pamiętniki, S. 38.

[12] Z. Hemmerling: Klub, S. 34.

[13] Ebd., S. 36.

[14] Sejm Ustawodawczy. Sprawozdania stenograficzne [Verfassunggebender Sejm. Stenographische Sitzungsberichte], 4. Sitzung am 22. 2. 1919, Sp. 110.

und daß die Bauern, zumindest potentiell, zu einem wichtigen politischen Faktor herangewachsen waren. Die Frage war allerdings, ob es der Bauernbewegung gelingen würde, ihre Spaltung zu überwinden. Nur durch ein geschlossenes Vorgehen – diese Einsicht wurde von allen Bauernparteien geteilt – würden sich die gemeinsamen Ziele, an deren Spitze die Agrarreform stand, verwirklichen lassen. Da die Bestrebungen, die polnische Bauernbewegung in den Jahren nach 1918 zu einigen, bereits gründlich untersucht wurden[15], soll an dieser Stelle lediglich die Entwicklung auf der Parlamentsebene skizziert werden.

Die Kontakte zwischen den großen bäuerlichen Parteien „Piast" und „Wyzwolenie" waren gegen Ende des Ersten Weltkrieges enger geworden, wurden jedoch unmittelbar nach Erlangung der Unabhängigkeit im Winter 1918/1919 keineswegs weiter intensiviert. Verantwortlich hierfür waren vor allem ihre Bindungen an unterschiedliche politische Lager. „Wyzwolenie" und „PSL-Lewica" waren Teil der linken Regierungskoalition, der „Piast" hielt sich abseits und hätte ein Bündnis mit der Rechten vorgezogen. Nach den für die Bauernbewegung insgesamt erfolgreichen Wahlen setzte ein erneuter Annäherungsprozeß ein. Es waren vor allem die einfachen Mitglieder, die darauf drängten. In der „Wyzwolenie" wurde dies auf dem Parteitag am 23./24. Februar 1919 deutlich, als in der lebhaften Diskussion zu diesem Punkt bäuerliche Delegierte eine schnelle Vereinigung der Bauernparteien befürworteten. Die Sejmfraktion und der Parteivorstand wurden von den 700 Delegierten durch einen Parteitagsbeschluß regelrecht aufgefordert, sich um eine Verständigung mit den anderen Bauernparteien und um die Schaffung einer Fraktionsgemeinschaft zu bemühen.[16]

In der Parteiführung war man unterschiedlicher Ansicht. Während eine Gruppe unter Führung von Maciej Rataj einer engen Zusammenarbeit der „Wyzwolenie" mit dem „Piast" zuneigte, war eine andere Gruppe skeptischer, ja letztlich sogar einer Fusion abgeneigt. Zu letzterer gehörten S. Thugutt, K. Bagiński, I. Kosmowska, J. Poniatowski, T. Nocznicki und andere. Sie hatten insbesondere Bedenken gegen die Orientierung der „Piast"-Führung nach rechts und befürchteten einen dominierenden Einfluß des „Piast" in einer Einheitspartei.[17] Auch manche Befürworter einer Vereinigung hegten bis zu einem gewissen Grad diese Vorbehalte, stellten sie allerdings angesichts des starken Wunsches nach einer schlagkräftigen parlamentarischen bäuerlichen Kraft zurück.

Am 14. März 1919 richtete die „Wyzwolenie"-Fraktion einen Brief an die Fraktionen der Parteien „Piast", „PSL-Lewica", PZL sowie an parteilose Bauern, die über die Liste des „Nationalen Volksverbandes" (ZLN) ein Mandat erlangt hatten. In ihm schlug sie ein Bündnis aller im Sejm vertretenen bäuerlichen Gruppen in Gestalt einer gemeinsamen Fraktion vor. Nach monatelangen bi- und multilateralen Gesprächen zwischen den Führern der einzelnen Parteien wurde schließlich am 23. Juni 1919 der Sejmverband der Bauernabgeordneten gegründet, der insgesamt 134 Abgeordnete umfaßte. Die Selbständigkeit der Parteien wurde hierdurch nicht aufgehoben. Ausschlaggebend für diesen Schritt war die im Sejm bevorstehende Abstimmung über die Grundsätze einer Agrarreform. Der für die Bauernschaft günstige Sejmbeschluß vom 10. Juli 1919 war eine Frucht des erfolgreichen Zusammenwirkens aller bäuerlichen Gruppierungen im Parlament.

---

[15] S. das Kapitel: Tendencje zjednoczeniowe w ruchu ludowym w latach 1918–1920 [Vereinigungstendenzen in der Bauernbewegung in den Jahren 1918–1920] bei S. LATO: Ruch ludowy a Centrolew, S. 13–57; Zarys, T. II, S. 48–59, 102–106.

[16] Nasz Zjazd [Unser Parteitag], in: Wyzwolenie Nr. 9 vom 2. 3. 1919, S. 128.

[17] S. LATO: Ruch ludowy a Centrolew, S. 35.

Am 8. Oktober 1919 wurde die bisherige Fraktionsgemeinschaft der Bauernparteiler in eine Fraktion umgewandelt, in die allerdings die Abgeordneten der „PSL-Lewica" aus Abneigung gegen die Führung des „Piast" nicht eintraten. Diese Fraktion war immerhin 109 Abgeordnete stark.[18] Sehr rasch, bereits wegen der Wahl der Fraktionsspitze, kam es in dem Zusammenschluß zu Unstimmigkeiten. Zum Fraktionsvorsitzenden wurde Wincenty Witos („Piast"), zu dessen Stellvertreter Maciej Rataj („Wyzwolenie") und zum Fraktionssekretär Jan Dębski („Wyzwolenie") gewählt. In das zwölfköpfige Präsidium gelangten zwar formal je sechs Abgeordnete beider Parteien, doch sicherte die Postenverteilung in Wirklichkeit dem „Piast" und seinen Sympathisanten in der „Wyzwolenie" ein starkes Übergewicht.

Die Gruppe um Thugutt, die die „Wyzwolenie" und sich selbst in den Führungsgremien der neuen Fraktion ungenügend repräsentiert sah, suchte deshalb nach einer Gelegenheit, die Vereinigung der Fraktionen wieder rückgängig zu machen. Eine solche bot sich, als die „Piast"-Führung im November/Dezember 1919 Gespräche mit der gemäßigten „Nationalen Volksvereinigung" unter Leopold Skulski mit dem Ziel der Bildung einer Koalition der Mitte führte und dabei Kompromissen bei der Agrarreform und in Verfassungsfragen zustimmte. Die von Thugutt und seinen Parteifreunden gewünschte Fraktionstrennung wurde daraufhin vom Parteirat der „Wyzwolenie" – die „Radikalen" hatten sich in ihm statutenwidrig durch Kooptation der Kreisvorsitzenden eine Mehrheit gesichert[19] – in seiner Sitzung am 14. und 15. Dezember 1919 beschlossen. Allerdings fügten sich diesem Beschluß nur 23 „Wyzwolenie"-Abgeordnete.[20] Eine größere, aus 34 Abgeordneten bestehende Gruppe blieb in der gemeinsamen Fraktion, die in der Folgezeit zur vergrößerten „Piast"-Fraktion wurde. Die „Wyzwolenie"-Führung konnte somit zwar die Selbständigkeit der Partei wiederherstellen, mußte dafür jedoch einen hohen Preis zahlen. Die Bedeutung der Fraktion im Verfassunggebenden Sejm fiel fortan erheblich hinter die des „Piast" zurück.

5.1.4. Die Stellung der „Wyzwolenie" zu den einzelnen Regierungen

Während der Legislaturperiode des Verfassunggebenden Sejm amtierten, beginnend mit der im Januar 1919 die Volksregierung Moraczewski ablösenden Regierung Paderewski, insgesamt acht Regierungen. Zu ihnen hatte die „Wyzwolenie" ein sehr unterschiedliches Verhältnis. Bestimmend hierfür war u.a., ob die Partei an der Bildung der Regierung beteiligt war, welche Parteien die Regierung trugen und welche Ziele das Regierungsprogramm umfaßte. Zu bedenken ist auch: Die „Wyzwolenie" hatte sich mit den Volksregierungen Daszyński und Moraczewski, die sie programmatisch und personell aktiv mittrug, voll identifiziert und fand hiervon ausgehend ihren Maßstab zur Beurteilung aller weiteren Kabinette.

Dem Fachkabinett Paderewski (16.1.1919–9.12.1919) wurde mit einer gewissen Skepsis begegnet, hatten diesem doch die eigenen Minister kurz vor den Sejmwahlen weichen müssen. In den ersten Monaten des Jahres 1919 kritisierte die „Wyzwolenie" die Regierung jedoch nur sehr zurückhaltend und unterstützte sie angesichts der Notlage des aufzubauenden Staatswesens vielfach. Kritische Worte richteten sich weniger gegen den in der Öffentlichkeit populären Premierminister selbst, der formal parteipolitisch nicht festgelegt war, als gegen einzelne seiner Minister oder gegen Sachentschei-

[18] Ebd., S. 50f.; Zarys, T. II, S. 50.
[19] A. Bogusławski: Wspomnienia, T. II (1919–1922), AZHRL: P–189/IIa, S. 31f.
[20] Ebd., S. 54f.

dungen des Kabinetts. Das Mißfallen der Partei galt insbesondere der Wirtschafts-, Agrar- und Innenpolitik.[21] Gefordert wurde von der Regierung u.a. eine wirksame staatliche Hilfe beim Wiederaufbau der Dörfer, die Verbesserung der Versorgung mit Lebensmitteln, die Ausarbeitung eines Agrarreformgesetzes und die Bekämpfung von Spekulation und Korruption.

Nachdem Malinowski die Regierung Paderewski bereits anläßlich der Budgetdebatte von Mitte Juli 1919 im Zentralorgan als „von den Grundsätzen der Politik der Endecja durchdrungen" bezeichnet hatte[22], wandte sich der Parteirat am 31. August 1919 scharf gegen die Personalentscheidungen Paderewskis, in denen eine weitere Ausrichtung des Kabinetts nach rechts gesehen wurde.[23] Thugutt erhob Paderewski gegenüber den Hauptvorwurf, dieser sei ohne ein klares Arbeitsprogramm angetreten.[24] Paderewskis Rücktritt wurde von der „Wyzwolenie" ohne Bedauern aufgenommen; ein neues Kabinett unter seiner Leitung war sie nicht bereit zu akzeptieren.[25]

Die Bildung einer Regierung der Mitte, der auch die vereinigte Bauernpartei-Fraktion angehörte, durch den NZL-Vorsitzenden Leopold Skulski (13. 12. 1919–9. 6. 1920) führte zum Austritt von 23 Bauernparteilern aus der Fraktion und zur Wiederherstellung der Fraktion der „Wyzwolenie". Die „Wyzwolenie"-Gruppe um Thugutt begründete ihre Ablehnung der Koalition mit Konzessionen, die die „Piast"-Führung der „Nationalen Volksvereinigung" (NZL) bei Verfassung und Agrarreform gemacht hatte.[26] Die Vereinbarung zwischen Witos und Skulski sah u.a. ein aus zwei Kammern bestehendes Parlament und eine höhere Obergrenze für Landbesitz vor. Aus der Sicht der „Wyzwolenie" war vor allem der Agrarteil der Koalitionsvereinbarung unannehmbar. Er besagte, daß bei der Durchführung der Agrarreform die Aufteilung des in Staatsbesitz befindlichen Landes Priorität haben sollte und daß neben dem Staat auch Privateigentümer die Parzellierung durchführen konnten. Wald aus Großgrundbesitz sollte lediglich noch im Falle schlechter Bewirtschaftung aufgeteilt werden.[27]

Hiermit war in der Tat eine teilweise Abkehr vom Sejmbeschluß vom 10. Juli 1919 gegeben, der von der „Wyzwolenie" bereits zu diesem Zeitpunkt in den Rang einer „Magna Charta" erhoben und als unantastbar bezeichnet wurde. In der entscheidenden Sitzung des Parteirates am 14./15. Dezember 1919, in der die Weichen für den Erhalt der Selbständigkeit der „Wyzwolenie" gestellt wurden, wurde der Regierung Skulski „im Hinblick auf die schwere Lage Polens" zunächst noch eine gewisse Unterstützung bei der Bewältigung dringender Aufgaben zugesichert.[28] Es darf allerdings vermutet werden, daß dieser Erklärung mehr oder weniger taktische Erwägungen zugrunde lagen. Es sollten möglichst viele der noch unentschiedenen Abgeordneten für die Position der Führung, d.h. für eine selbständige „Wyzwolenie"-Fraktion, gewonnen werden.[29]

---

[21] Z. Hemmerling: Klub, S. 45; vgl. z.B. den Artikel: Ale co robi rząd? [Was aber macht die Regierung?], in: Wyzwolenie Nr. 32 vom 10. 8. 1919, S. 395f.

[22] Budżet [Das Budget], in: Wyzwolenie Nr. 30 vom 27. 7. 1919, S. 371.

[23] Zjazd Rady Naczelnej PSL [Sitzung des Obersten Rates der PSL], in: Wyzwolenie Nr. 36 vom 7. 9. 1919, S. 452.

[24] Rząd ustąpił [Die Regierung ist zurückgetreten], in: Wyzwolenie Nr. 49 vom 7. 12. 1919, S. 599.

[25] M. Rataj: Pamiętniki, S. 62.

[26] S. Lato: Ruch ludowy a Centrolew, S. 52f.

[27] Ebd.

[28] Zjazd Rady Naczelnej PSL [Sitzung des Obersten Rates der PSL], in: Wyzwolenie Nr. 51 vom 21. 12. 1919, S. 619.

[29] Vgl. A. Bogusławski: Wspomnienia, T. II (1919–1922), AZHRL: P–189/IIa, S. 30–34.

Kurz nach der im Januar 1920 erfolgten Klärung der innerparteilichen Situation verstärkte die Partei ihre Kritik an der Regierung. So stellte der Parteitag im Februar 1920 fest, daß das Land „nach einem Jahr der Herren-Regierungen, der polizeilichen Unterdrückung, der Ausnahmegesetze, der Beamtenwillkür und der Geringschätzung des Volkes die unverzügliche Berufung einer Bauern- und Arbeiterregierung braucht".[30] In den folgenden Monaten erhob die „Wyzwolenie" gegenüber der Regierung Skulski ähnliche Vorwürfe wie gegenüber deren Vorgängerin.[31] Das Kabinett Skulski hielt sich nur ein halbes Jahr, da sich der „Piast" wegen der zögernden Haltung seines Koalitionspartners bei der Durchführung der Agrarreform aus ihm zurückzog. Ein weiterer Grund für seinen Sturz waren die sich verändernden Bedingungen auf militärischem Gebiet; die Lage der polnischen Armeen an der sowjetischen Front wurde allmählich kritisch.

Zwischen der Demission des Kabinetts Skulski (9. 6. 1920) und der Bildung eines neuen lag eine zwei Wochen währende Regierungskrise. In dieser Zeit verhandelten die Parteien intensiv über die Regierungsbildung. Zunächst versuchte man, die Konzeption einer Regierung der Mitte und der Linken zu verwirklichen. Dies sollte durch Beibehaltung der bisherigen Koalition von NZL und „Piast" unter Hinzunahme der Linksparteien „Wyzwolenie", „Nationale Arbeiterpartei" (NPR) und PPS geschehen. Da die NZL sich jedoch gegen eine Zusammenarbeit mit den Sozialisten sperrte, mußte von einer solchen Koalition, die eine Mehrheit der Abgeordneten umfaßt hätte, abgesehen werden.[32]

Danach wurde der Plan verfolgt, eine Regierung aus den Bauern- und Arbeiterparteien („Piast", „Wyzwolenie", NPR und PPS) unter Führung des „Piast"-Vorsitzenden Witos zu bilden. Diese Koalition der Linksparteien und der linken Mitte besaß mit 166 von 412 Abgeordneten keine Mehrheit im Sejm.[33] Jede andere Kombination war jedoch noch aussichtsloser bzw. schwächer. Außerdem sicherten anfänglich zwei weitere Parteien, die Bauernpartei „PSL-Lewica" und der kleine „Klub der konstitutionellen Arbeit", mit insgesamt 30 Stimmen einer solchen Koalition ihre Unterstützung zu. Die Regierungsplattform, auf die man sich geeinigt hatte, sah u. a. die Fortführung der bisherigen Außenpolitik, einen schnellen Friedensschluß, die Verabschiedung der Verfassung ohne zweite Parlamentskammer, die Durchführung der Agrarreform unter Beachtung der Grundsätze vom 10. Juli 1919 und einen Ausbau der Sozialgesetzgebung vor.[34]

Diese Regierung kam schließlich dennoch nicht zustande, weil die beteiligten Parteien über die Verteilung der Ministerämter keine Einigung erzielen konnten. Die gemäßigten Parteien „Piast" und NPR stießen sich auch an der Nominierung der früheren Minister aus der Zeit der Volksregierungen, Daszyński, Moraczewski und Thugutt, durch Sozialisten und „Wyzwolenie".[35] Endgültig zerschlugen sich die Verhandlungen wegen der Person Moraczewskis. Ihn hatte die PPS für das Postministerium vorge-

---

[30] Uchwały Zjazdu Walnego PSL „Wyzwolenie" w dn. 22 i 23 lutego w Warszawie [Beschlüsse des Parteitages der PSL „Wyzwolenie" vom 22. und 23. Februar in Warschau], in: Wyzwolenie Nr. 9 vom 29. 2. 1920, S. 104.

[31] Z. Hemmerling: Klub, S. 46.

[32] W. Pobóg-Malinowski: Najnowsza historia, T. II, S. 446f.

[33] Ebd., S. 447.

[34] A. Próchnik: Pierwsze piętnastolecie, S. 86.

[35] Ebd.; Jak tworzyli rząd? [Wie wurde die Regierung gebildet?], in: Wyzwolenie Nr. 26 vom 27. 6. 1920, S. 285; S. Thugutt: Rząd ludowy nie powstał [Eine Volksregierung ist nicht zustande gekommen], in: Wyzwolenie Nr. 27 vom 4. 7. 1920, S. 293.

schlagen, was von der NPR erbittert abgelehnt wurde.[36] Der Streit über die personelle Zusammensetzung der Regierung hatte selbstverständlich tiefere, politische Ursachen. Intrigen der Nationaldemokratie könnten außerdem dazu beigetragen haben, die Bildung einer Regierung, von der sie ausgeschlossen war, zu verhindern.[37]

Die Rolle der „Wyzwolenie“ während der schweren Regierungskrise läßt sich nicht mit völliger Gewißheit klären. Doch spricht einiges dafür, daß von ihrer Seite keine wesentlichen Belastungen der Verhandlungen ausgingen. Da ihr Gewicht mit 23 Abgeordneten nicht allzugroß war, konnte sie lediglich einen Teil ihrer Forderungen durchsetzen. Sie erlangte die Zustimmung der anderen Parteien zur Nominierung Poniatowskis für den Posten des Landwirtschaftsministers.[38] Thugutt hingegen wurde von den Parteien der Mitte als Kandidat für das Amt des Innenministers nicht akzeptiert, wie überhaupt der Partei ein zweites Ministerium zunächst nicht zugestanden wurde. Es scheint, daß die Partei sich letztlich mit dem Kultusressort als zweitem Ministerium zufriedengegeben hätte.[39] Ihr Kandidat hierfür war Eustachy Rudziński. Thugutt habe seine Kandidatur zurückgezogen, ebenso habe die Partei eine Reihe von Zugeständnissen gemacht, „um die Linksregierung nicht zu zerschlagen“, berichtete das Zentralblatt der Partei am 27. Juni 1920.[40] „Wir verzichteten sogar“, hieß es dort weiter, „überhaupt auf Plätze in der Regierung und versprachen eine breitestmögliche unentgeltliche Unterstützung, aber auch das stellte die Witos-Leute nicht zufrieden.“ Eine derart weitgehende Konzessionsbereitschaft der „Wyzwolenie“, wie sie hier den Mitgliedern vorgeführt wurde, wird durch andere Quellen nicht bestätigt.[41]

Ebensowenig überzeugen kann andererseits Witos' Behauptung, Thugutt habe nach dem Fehlschlag der letzten Verhandlungen zwischen den Fraktionen gewissermaßen als i-Punkt „eine Erklärung im Namen der ‚Wyzwolenie‘ abgegeben, die alle Bemühungen zunichte machte und jeder anderen Regierung den Weg bahnte, auf keinen Fall jedoch einer Mitte-Links-Regierung“.[42] Läßt man gegenseitige Beschuldigungen und unbelegte Behauptungen einmal beiseite, bleibt als wahrscheinlicher Kern, daß der „Wyzwolenie“ sehr am Zustandekommen der Mitte-Links-Regierung gelegen war und sie hierfür auch zu beträchtlichen personellen und politischen Zugeständnissen bereit war. Der „Piast“-Führer Wincenty Witos, Vorsitzender der stärksten Fraktion, scheint sich der ihm von verschiedenen Seiten angetragenen Aufgabe der Regierungsbildung nur ungern unterzogen zu haben, da er vom Scheitern dieses Ansatzes überzeugt war.[43]

Im Sejm war keine Parteienkonstellation vorhanden, die eine auf Dauer angelegte Regierung tragen konnte, deshalb verblieb als einziger Ausweg eine außerparlamentarische Regierung. Diese bildete am 23. Juni 1920 der bisherige der Nationaldemokratie

---

36 A. Bogusławski: Wspomnienia, T. II (1919–1922), AZHRL: P–189/IIa, S. 69; Kryzys państwa [Die Staatskrise], in: Kurjer Polski Nr. 169 vom 23. 6. 1920, S. 1.

37 Ebd.

38 Rokowania o gabinet trwały przez cały dzień [Die Verhandlungen über ein Kabinett dauerten den ganzen Tag], in: Kurjer Polski Nr. 168 vom 22. 6. 1920, S. 1; Jak tworzyli rząd? [Wie wurde die Regierung gebildet?], in: Wyzwolenie Nr. 26 vom 27. 6. 1920, S. 285.

39 Ebd.; M. Rataj: Pamiętniki, S. 92.

40 Jak tworzyli rząd? [Wie wurde die Regierung gebildet?], in: Wyzwolenie Nr. 26 vom 27. 6. 1920, S. 285.

41 In der Historiographie wird sie lediglich von Adam Próchnik als Tatsache angeführt. Vgl. A. Próchnik: Pierwsze piętnastolecie, S. 85.

42 W. Witos: Moje wspomnienia, T. II, S. 266.

43 Ebd., S. 262ff.; M. Rataj: Pamiętniki, S. 90; A. Zakrzewski: Wincenty Witos, S. 106f.

nahestehende Finanzminister Władysław Grabski.[44] Die Minister wurden teils aus der bisherigen Regierung übernommen, teils neu ernannt und waren überwiegend Beamte. Grabski bezeichnete seine Regierung vor dem Sejm als unparteiliches Fachkabinett und schlug mit Rücksicht auf die militärische Lage die schnelle Bildung eines Staatsverteidigungsrates vor. Die „Wyzwolenie“, die gemeinsam mit den anderen Linksparteien die Regierung Grabski ablehnte[45], stimmte jedoch im Hinblick auf die schwierige Situation des Staates dem Projekt zu und benannte den Abgeordneten Jan Woźnicki als ihren Vertreter für das am 1. Juli 1920 vom Parlament einmütig beschlossene Gremium.[46]

Der Staatsverteidigungsrat, dem außer dem Staatschef und dem Sejmmarschall der Premierminister, die Regierungsmitglieder, drei Vertreter des Militärs und zehn vom Sejm bestimmte Abgeordnete angehörten, überragte faktisch bald die ohnehin schwache Regierung an Bedeutung, da er nicht nur den Sejm ersetzte, sondern auch über exekutive Befugnisse verfügte. Als Polen nach seinen militärischen Niederlagen auf der Konferenz von Spa einen politischen Mißerfolg hinnehmen mußte, der dem Premierminister von der Öffentlichkeit persönlich angelastet wurde[47], mußte die Regierung am 23. Juli 1920 nach nur einem Monat Amtszeit zurücktreten.

Im Staatsverteidigungsrat war bereits die Entscheidung für die unverzügliche Bildung einer Koalitionsregierung auf breitester Grundlage gefallen, so daß am 24. Juli 1920 die sogenannte Regierung der nationalen Verteidigung mit dem Bauern Wincenty Witos an der Spitze ihr Amt antreten konnte.[48] Es war dies die erste und bedeutendste von insgesamt drei Regierungen, die der Führer des „Piast“ im Laufe der Jahre bilden sollte. Sämtliche Parteien von links bis rechts, d.h. von der PPS und der „Wyzwolenie“ bis hin zu den Nationaldemokraten, trugen die Regierung. Von der „Wyzwolenie“ trat der Agronom Juliusz Poniatowski als Landwirtschaftsminister in das Kabinett ein. Partei- und Fraktionschef Stolarski begrüßte im Sejm die Bildung dieser Regierung.[49] Er äußerte zugleich die Hoffnung, sie werde Reformen einleiten und nichts versäumen, um den Frieden herbeizuführen.

Während der Bedrohung von außen stand die „Wyzwolenie“ völlig loyal zur Regierung, deren Verteidigungsanstrengungen sie auf vielfältige Weise unterstützte.[50] Gleichzeitig konnte sie zu ihrer Befriedigung die Bauern über das am 15. Juli 1920 vom Sejm in großer Eile einstimmig verabschiedete Gesetz über die Durchführung der Agrarreform informieren. Nach Abwendung der schweren militärischen Bedrohung wollte die „Wyzwolenie“, wie die anderen Parteien auch, zunächst das Ende der Friedensverhandlungen mit Sowjet-Rußland abwarten und verblieb in der Koalitionsregierung Witos.

Die „Wyzwolenie“ machte allerdings keinen Hehl aus ihren Erwartungen an den Premier und wies insbesondere auf die Notwendigkeit hin, die während der Mobilisierung angekündigte Landparzellierung schnell zu verwirklichen.[51] Außerdem wandte sie

---

44 S. Thugutt: Rząd lewicowy nie powstał [Eine Linksregierung kam nicht zustande], in: Wyzwolenie Nr. 27 vom 4. 7. 1920, S. 293f.

45 Obrady Sejmu Walnego [Beratungen des Sejmplenums], in: Kurjer Polski Nr. 177 vom 1. 7. 1920, S. 2; Z Sejmu [Aus dem Sejm], in: Wyzwolenie Nr. 28 vom 11. 7. 1920, S. 305f.

46 Vgl. Sejm Ustawodawczy, 157. Sitzung am 1. 7. 1920, Sp. 28.

47 Auch die Wyzwolenie übte heftige Kritik an der Verhandlungsführung Grabskis. Vgl. den Artikel: Niesłychane! [Unerhört!], in: Wyzwolenie Nr. 29 vom 18. 7. 1920, S. 323.

48 A. Próchnik: Pierwsze piętnastolecie, S. 91f.

49 Sejm Ustawodawczy, 166. Sitzung am 24. 7. 1920, Sp. 16–17.

50 Näheres hierzu in den Ausführungen über die Ostpolitik der Partei.

51 M. Malinowski: Pokój i nowe troski [Frieden und neue Sorgen], in: Wyzwolenie Nr. 45 vom 7. 11. 1920, S. 490.

sich in den Herbstmonaten des Jahres 1920 wiederholt scharf gegen das Vorgehen der Sicherheitskräfte in den vorübergehend von der Roten Armee besetzten Gebieten. Ihren Darlegungen zufolge führten die Behörden häufig Untersuchungen gegen Unschuldige wegen angeblicher Zusammenarbeit mit dem Feind durch.[52] Auf Parteiversammlungen und im Parteiblatt verstärkte sich allmählich die Kritik am „Piast" und an der Regierung, nicht zuletzt wegen unterschiedlicher Positionen bei den Verfassungsberatungen.

Ministerrücktritte hatten ab November eine Verringerung der Koalitionsbasis zur Folge. Premierminister Witos, infolgedessen zu verschiedenen Manövern und Ernennungen genötigt, wurde deshalb Anfang Dezember 1920 von der „Wyzwolenie" im Parteiblatt vorgeworfen, eine in ihrer Mehrheit ausgesprochen „reaktionäre Regierung" gebildet zu haben.[53] Als die Führung der PPS in der zweiten Dezemberhälfte ihren Vertreter, Vizepremier Daszyński, aus dem Kabinett abberief, beschloß die Fraktion der „Wyzwolenie", Poniatowski vorerst noch auf seinem Posten zu belassen, um die Regierung nicht zu stürzen. „Die langwierige Bildung einer neuen Regierung heute, da der Friede noch nicht endgültig geschlossen und unterzeichnet ist, könnte Polen schaden", hieß es im Parteiorgan Anfang Januar 1921.[54] Doch leitete die Partei bereits zu diesem Zeitpunkt ihren Rückzug aus der Regierung ein, als sie z.B. Innenminister Skulski öffentlich vorwarf, die ihm unterstellten Behörden hätten die von Poniatowski erlassenen Ausführungsbestimmungen zum Gesetz über die Verpachtung von Brachland nicht an die Gemeinden weitergegeben.[55] Kurz darauf hieß es deutlicher, daß die in einer Notsituation entstandene Koalitionsregierung Witos keine Daseinsberechtigung mehr habe.[56]

Der widersprüchliche Zustand, der sich darin äußerte, daß die „Wyzwolenie" die Regierung Witos einerseits attackierte, sie andererseits jedoch aus angeblich staatspolitischer Notwendigkeit nicht fallen sehen wollte, hielt noch einige Wochen an. In einer Besprechung aller Fraktionsvorsitzenden mit Witos am 19. Januar 1921 erklärte der Abgeordnete Woźnicki:

> „Meiner Ansicht nach ist es sehr nützlich, wenn es im Lande ein bestimmtes oppositionelles Zentrum gibt, das durch keinerlei Teilnahme an der Regierung eingeschränkt ist, das sowohl der Regierung als auch dem Volk Fehler und Unzulänglichkeiten des Staates zeigt. In eine solche vom Gesichtspunkt des Staates aus notwendige Opposition wünschen wir so schnell wie möglich überzutreten, deshalb möchten wir aus der Regierung austreten."[57]

Aus außenpolitischen Gründen jedoch wollte die Partei ihren Vertreter „für kurze Zeit" im Kabinett belassen. Als Bedingung hierfür nannte Woźnicki eine Umbildung des

---

[52] Vgl. die Berichte im Parteiblatt: M. MALINOWSKI: Szaleństwo [Wahnsinn] (Nr. 38 vom 19. 9. 1920, S. 421); W sprawie Kubata i prześladowania ludzi niewinnych [In der Sache Kubat und der Verfolgung unschuldiger Menschen] (Nr. 39 vom 26. 9. 1920, S. 434f.); Niecne prześladowania [Schändliche Verfolgungen] (Nr. 40 vom 3. 10. 1920, S. 449f.); W sprawie nadużyć – jak za nie karzą? [Zur Frage des Mißbrauchs – wie bestraft man ihn?] (Nr. 43 vom 24. 10. 1920, S. 478); Gdzie jest sprawiedliwość? [Wo ist die Gerechtigkeit?] (Nr. 48 vom 28. 11. 1920, S. 520).

[53] Nowy skład rządu [Die neue Zusammensetzung der Regierung], in: Wyzwolenie Nr. 49 vom 5. 12. 1920, S. 528.

[54] Rząd Witosa trwa [Die Regierung Witos bleibt], in: Wyzwolenie Nr. 1 vom 2. 1. 1921, S. 4.

[55] Czy odłogi będą odłogami? [Werden die Brachflächen weiterhin brachliegen?], in: Wyzwolenie Nr. 2 vom 9. 1. 1921, S. 12.

[56] Rząd obecny jeszcze trwa [Die jetzige Regierung bleibt noch], in: Wyzwolenie Nr. 3 vom 16. 1. 1921, S. 18.

[57] Do przesilenia nie doszło [Es kam nicht zur Krise], in: Wyzwolenie Nr. 5 vom 30. 1. 1921, S. 39.

Kabinetts „im demokratischen Geiste", worunter wohl eine vom Regierungschef nicht zu leistende Ausrichtung des Kabinetts nach links verstanden werden mußte.

Am 11. Februar 1921 reichte Poniatowski schließlich sein Rücktrittsgesuch ein. Wenige Tage später schied er aus der Regierung aus.[58] Als Gründe für die Entscheidung der Partei nannte Woźnicki im Sejm vor allem das Fehlen eines klaren Programms und eines entschlossenen, einheitlichen Handelns der Regierung. Er hob hervor, daß seine Partei auf keine Kompromisse eingehen werde und könne, die zu stark dem eigenen Programm widersprächen.[59] Der Kurswechsel der Parteiführung in der Frage der Regierungsbeteiligung wurde von dem drei Wochen danach stattfindenden Parteitag gebilligt.[60] Witos setzt sich in seinen Erinnerungen nicht ernsthaft mit den Motiven der „Wyzwolenie", die Regierung zu verlassen, auseinander.[61] Thugutt schweigt völlig zu diesem Thema. Die in Woźnickis Äußerungen vom 19. Januar 1921 genannten staatspolitischen Gründe stellen sicherlich nur einen Teil der Wahrheit dar. Ein Handeln aus der Opposition heraus mußte der Parteiführung wohl vor allem deshalb verlockend erscheinen, weil sie von baldigen Neuwahlen ausging und hoffte, den unzufriedenen Teil der Landbevölkerung noch rechtzeitig an sich binden zu können.

Die Regierung Witos amtierte allen Anfeindungen von links und rechts zum Trotz noch bis zum 9. September 1921. In diesen Zeitraum fielen für das Land wichtige Ereignisse wie die Verabschiedung der Verfassung am 17. März 1921, die Unterzeichnung des Rigaer Friedensvertrages am 18. März 1921 und die Volksabstimmung in Oberschlesien am 20. März 1921.

Die Partei, die bereits seit der gravierenden Dezimierung ihrer Fraktion Anfang 1920 regelmäßig die Forderung nach Neuwahlen erhoben hatte[62], tat dies nach ihrem Übergang in die Opposition nun in verstärktem Maße. Erste Vorbereitungen traf sie auch im Organisationsbereich[63], da sie die sichere Erwartung einer Korrektur des bestehenden parlamentarischen Kräfteverhältnisses durch die Wähler hegte, an deren Votum vorbei sich die Übertritte zahlreicher ihrer Abgeordneten zum „Piast" vollzogen hatten. Nach Annahme der Verfassung – es bedurfte nun nur noch der Verabschiedung einer Wahlordnung und der Verfassunggebende Sejm hätte die ihm gestellten Aufgaben erfüllt gehabt – zeigte es sich, daß den meisten Parteien nicht an einer schnellen Parlamentsauflösung gelegen war. Darunter waren auch die Regierungsparteien „Piast" und „Nationale Volksvereinigung", die beide starke Positionen im Sejm innehatten, und zwar als Nutznießer von Übertritten größerer Gruppen von Abgeordneten.

Als der Verfassunggebende Sejm am 18. Mai 1921 per Gesetz die Geltungsdauer der sogenannten kleinen Verfassung und damit die eigene Existenz auf eine nicht näher

---

58 Czy grozi nowe przesilenie gabinetowe? [Droht eine neue Kabinettskrise?], in: Kurjer Polski Nr. 43 vom 13. 2. 1921, S. 3; Ob. Poniatowski podał się do dymisji [Der Bürger Poniatowski hat seine Entlassung eingereicht], in: Wyzwolenie Nr. 8 vom 20. 2. 1921, S. 72.

59 Sejm Ustawodawczy, 210. Sitzung am 15. 2. 1921, Sp. 55–67.

60 Walny doroczny Zjazd [Der Jahresparteitag], in: Wyzwolenie Nr. 11 vom 13. 3. 1921, S. 111.

61 „Wenn die Sozialisten aus der Regierung und aus der Sejmmehrheit austraten, dann mußten die ‚Wyzwolenie'-Leute, die stets deren Schatten und Echo waren, dasselbe tun." W. Witos: Moje wspomnienia, T. II, S. 408.

62 Entschließungen hierzu faßten etwa der Parteitag im Februar 1920 und der von der Partei inspirierte Warschauer Bauernkongreß am 6. Juni 1920. Vgl. Wyzwolenie Nr. 9 vom 29. 2. 1920, S. 103, und Nr. 24 vom 13. 6. 1920, S. 272.

63 Der Parteitag beschloß am 6. 3. 1921 die Schaffung eines Wahlkampffonds und rief alle Mitglieder zu Spenden in diesen Fonds auf. Vgl. Walny doroczny Zjazd [Der Jahresparteitag], in:Wyzwolenie Nr. 11 vom 13. 3. 1921, S. 116.

begrenzte Zeit verlängerte, geschah dies gegen die Stimmen der „Wyzwolenie“[64], deren Gremien in Anbetracht der Lage bereits eine Öffentlichkeitskampagne für Neuwahlen eingeleitet und am 5. Mai ein zentrales Wahlkomitee gebildet hatten.[65] Auf Kundgebungen und in Versammlungen forderten Vertreter der Zentrale in den darauffolgenden Monaten die unverzügliche Verabschiedung einer Wahlordnung und die Inkraftsetzung der neuen Verfassung. Der Parteirat drohte auf seiner Sitzung am 8./9. Dezember 1921 sogar mit der Niederlegung der Mandate durch die Abgeordneten der Partei.[66] Die „Wyzwolenie“, die von allen Parteien am konsequentesten eine schnelle Auflösung des Sejm betrieb, errang hierbei keinen unmittelbaren Erfolg, konnte jedoch auf diesem Wege die Sympathien zahlreicher ländlicher Wähler erringen.[67]

Im Zeitraum vom Ende der Regierung Witos I im September 1921 bis zu den Neuwahlen im November 1922 amtierten außerparlamentarische Regierungen, da keine Seite zu einer Regierungsbildung in der Lage war. Die „Wyzwolenie“ betrachtete sowohl die beiden Regierungen Ponikowski (19. 9. 1921–5. 3. 1922 und 10. 3. 1922–6. 6. 1922) als auch die Regierung Nowak (31. 7. 1922–14. 12. 1922) als reine Übergangsregierungen, die die laufenden Geschäfte zu erledigen und die Wahlen durchzuführen hatten und gewährte ihnen die notwendige Unterstützung. Dabei fand das erste Kabinett, das der Ingenieur und Professor des Warschauer Polytechnikums Antoni Ponikowski bildete, ein größeres Wohlwollen der Partei als dessen zweites[68], da sich insbesondere mit dem energisch tätigen Finanzminister J. Michalski im Laufe der Zeit Meinungsverschiedenheiten wegen der Verteilung der Steuerlast entwickelten.[69]

Als es nach dem Rücktritt der Regierung Ponikowski II am 6. Juni 1922 zu einer schweren, sich über sieben Wochen hinziehenden Regierungskrise kam, die im Kern ein Konflikt zwischen der Sejmmehrheit und Staatschef Piłsudski war, stellte sich die Partei auf dessen Seite.[70] Dementsprechend begrüßte sie die Bildung einer neuen Regierung durch Artur Śliwiński, einen Vertrauensmann Piłsudskis, die allerdings nur eine Woche Bestand hatte, und bekämpfte den Versuch der Rechtsparteien, eine Regierung unter Führung von Wojciech Korfanty zu bilden.[71] Es ist allerdings erkennbar, daß mancher in der Parteiführung Mühe hatte, für das die Krise auslösende, destruktive Vorgehen Piłsudskis volles Verständnis aufzubringen, und ein Weiteramtieren der Regierung Ponikowski vorgezogen hätte.[72] Die Lösung der Krise, die in der Bildung eines Kom-

---

[64] Vgl. die Rede des Abgeordneten Jan Woźnicki, Sejm Ustawodawczy, 227. Sitzung am 18. 5. 1921, Sp. 10–11.

[65] Rezolucje Rady Naczelnej P.S.L. „Wyzwolenie“ [Resolutionen des Obersten Rates der PSL „Wyzwolenie“], in: Wyzwolenie Nr. 20 vom 15. 5. 1921, S. 193; Do wszystkich organizacji, mężów zaufania i czytelników „Wyzwolenia“ [An alle Organisationen, Vertrauensmänner und Leser der „Wyzwolenie“], in: Wyzwolenie Nr. 21 vom 22. 5. 1921, S. 205; Obywatele! [Bürger!] (Flugblatt des Parteivorstandes und der Fraktion vom Mai 1921), AZHRL: U–1/28.

[66] Uchwały Rady Naczelnej [Beschlüsse des Obersten Rates], in: Wyzwolenie Nr. 51 vom 18. 12. 1921, S. 461.

[67] A. Bogusławski: Wspomnienia, T. II (1919–1922), AZHRL: P–189/IIa, S. 154.

[68] S. die Stellungnahme J. Woźnickis: Sejm Ustawodawczy, 249. Sitzung am 1. 10. 1921, Sp. 2–10.

[69] Z. Hemmerling: Klub, S. 48.

[70] Sejm Ustawodawczy, 318. Sitzung am 16. 6. 1922, Sp. 58–65; zu den Vorgängen insgesamt: H. Roos: Geschichte, S. 103, sowie A. Próchnik: Pierwsze piętnastolecie, S. 124ff.

[71] Sejm Ustawodawczy, 324. Sitzung am 5. 7. 1922, Sp. 43–66.

[72] So erklärte Jan Woźnicki am 5. 7. 1922, der Sejm dürfe eine Regierung, die ihre Arbeit halbwegs ehrlich und mit gutem Willen verrichte, nicht stürzen, es sei denn, er brächte gleichzeitig mit Mehrheit eine andere, eine starke Regierung zustande. „Und deshalb hätten wir niemals zum Sturz des Kabinetts von Herrn Ponikowski beigetragen.“ Ebd., Sp. 45.

promißkabinetts durch den Krakauer Professor Julian Nowak bestand, wurde von der „Wyzwolenie“ gebilligt und unterstützt.[73]

Zusammenfassend läßt sich sagen, daß die „Wyzwolenie“ in der 46 Monate dauernden Legislaturperiode des Verfassunggebenden Sejm während etwa der Hälfte der Zeit auf seiten der jeweiligen Regierung stand. Dies war in den sieben Monaten ihrer Beteiligung an der Regierung Witos I am deutlichsten der Fall, doch auch in der 14 Monate währenden Zeit der nichtparlamentarischen Fachkabinette, die sie ermöglichte und denen sie parlamentarischen Rückhalt gewährte. In der übrigen Zeit befand sie sich in der Opposition, wobei sie diese Rolle auf unterschiedliche Weise ausübte. Während sie etwa der Regierung Paderewski anfangs nur reserviert gegenüberstand, ihr jedoch keineswegs die Zusammenarbeit insgesamt verweigerte und erst allmählich ihre Kritik verschärfte, schlug sie gegenüber der Regierung Skulski schon bald einen schärferen Ton an. Die stärkere Ablehnung und Abwertung gerade dieser Regierung war vermutlich durch den Rechtfertigungsdruck diktiert, dem die „Wyzwolenie“ sich gegenüber ihren Anhängern ausgesetzt sah, weil sie den Abschluß des Koalitionsvertrags zwischen Witos und Skulski zum Anlaß für die Spaltung der Einheitsbauernpartei genommen hatte. Eine ausgesprochene Schlüsselrolle konnte die Partei wegen der seit Anfang 1920 geringen Zahl ihrer Mandate und aufgrund des herrschenden Kräfteverhältnisses im Verfassunggebenden Sejm nicht wahrnehmen.

5.2. Die „Wyzwolenie“ in der 1. Legislaturperiode des Sejm bis zum Staatsstreich Piłsudskis (Dezember 1922–Mai 1926)

5.2.1. Das Kräfteverhältnis im neuen Sejm

Nach Annahme der Wahlordnung durch den Verfassunggebenden Sejm am 28. Juli 1922 konnten endlich Neuwahlen angesetzt werden.[74] Sie fanden diesmal im gesamten Staatsgebiet gleichzeitig statt, für den Sejm am 5. November 1922 und für den Senat am 12. November 1922. Am erfolgreichsten schnitt erneut der Rechtsblock der nationalen und christlichen Parteien ab, der unter der Bezeichnung „Christlicher Verband der Nationalen Einheit“ kandidierte. Er erhielt 163 von 444 Sitzen im Sejm. Es folgten der „Piast“ mit 70, die „Wyzwolenie“ mit 48, die PPS mit 41 und die „Nationale Arbeiterpartei“ (NPR) mit 18 Sitzen. Die nationalen Minderheiten errangen insgesamt 89 Sitze. Dies war ihr größter Erfolg im Polen der Zwischenkriegszeit.[75]

Verglichen mit der Verteilung der Sitze im Verfassunggebenden Sejm zum Zeitpunkt seiner Auflösung erfuhren die Rechte eine leichte, die Linke eine deutliche und die nationalen Minderheiten eine gewaltige Stärkung.[76] Alle nahmen auf Kosten der Parteien der Mitte zu, die ihre im vorigen Sejm im Laufe der Jahre durch Umgruppierungen erlangte Mehrheit nun einbüßten. Einige Zentrumsparteien wie die „Bürgerliche Vereinigung“ und der „Klub der konstitutionellen Arbeit“ verschwanden völlig, andere wie die „Nationale Volksvereinigung“ Skulskis kehrten stark geschwächt in den Sejm

[73] Sejm Ustawodawczy, 333. Sitzung am 3. 8. 1922, Sp. 22–27.

[74] Der deutsche Text der Wahlordnung bei R. Styra: Das polnische Parteiwesen und seine Presse, Posen 1926, S. 140–164.

[75] Statystyka wyborów, S. 118.

[76] Zur Zusammensetzung des Verfassunggebenden Sejm im Juli 1922 siehe A. Próchnik: Pierwsze piętnastolecie, S. 61, Tabelle 6.

zurück. Auch der „Piast", der im Juli 1922 noch über 96 Sitze verfügt hatte, erlitt eine Niederlage, blieb jedoch mit 70 Abgeordneten eine zahlenmäßig starke Fraktion. Auf der linken Seite konnte die „Wyzwolenie" ihren bisherigen Stand von 24 Mandaten auf 48 verdoppeln und die PPS sich von 34 auf 41 Mandate verbessern. Die Bauernpartei „PSL-Lewica" erhielt nur noch 2 Mandate (bisher 11) und die der NPR gingen von 21 auf 18 zurück. Die „Radikale Bauernpartei" (Chłopskie Stronnictwo Radykalne) erlangte 4 Mandate. Bei den Wahlen zur zweiten Kammer des Parlaments schnitten der Rechtsblock und die Minderheiten im Vergleich zu den Sejmwahlen noch besser ab. Sie erhielten 48 bzw. 27 der 111 Senatssitze. Demgegenüber erzielten der zur Mitte zählende „Piast" mit 17 Mandaten und die Linksparteien „Wyzwolenie", PPS und NPR mit 8, 7 bzw. 3 Mandaten etwas schlechtere Ergebnisse.[77]

Während im Verfassunggebenden Sejm Regierungen durch die politischen Kräfte der Mitte gebildet werden konnten, schufen deren Zusammenschmelzen und der Einzug zahlreicher Vertreter der nationalen Minderheiten nun völlig andere Bedingungen für das parlamentarische Spiel der Kräfte und für die Regierungsbildung. Eine Mehrheit zu finden, war grundsätzlich nur noch auf zwei Wegen möglich: Entweder gelang es der Rechten, mit dem „Piast" zu koalieren, oder die Linke, verstärkt um den „Piast", nahm Kontakt zu den Abgeordneten der nationalen Minderheiten auf.

Der Sejm erlebte im Laufe der folgenden fünf Jahre seines Bestehens noch zahlreiche Veränderungen. Allerdings waren diese Parteiwechsel nicht so einschneidend wie diejenigen im Verfassunggebenden Sejm; dort hatte es einen regelrechten Kristallisierungsprozeß gegeben. Die sich jetzt vollziehenden Umgestaltungen spiegelten bereits stärker bestimmte politische Ereignisse wider, als daß sie das Ergebnis ideeller Orientierungsprozesse waren.[78] Die größten Veränderungen gab es im Lager der Bauernparteien, in dem einzelne Abgeordnete oder ganze Abgeordnetengruppen die Parteien wechselten oder neue gründeten. Bemerkenswert war das Auftreten einer kleinen prokommunistischen Bauernpartei im Jahre 1924. Auch wuchs die Zahl der kommunistischen Abgeordneten durch den Anschluß von fünf linksorientierten Ukrainern an die beiden Abgeordneten des „Verbandes des Proletariats in Stadt und Land". Alle Umgruppierungen, Abspaltungen, Neugründungen usw., die insgesamt gesehen eine leichte Zunahme der Linken bedeuteten, änderten nichts oder nur wenig an der durch die Wahlen geschaffenen Ausgangssituation, in deren Logik die beiden oben beschriebenen Kombinationen lagen.

5.2.2. Die Fraktion der „Wyzwolenie"

Die „Wyzwolenie"-Fraktion war im November 1922 mit ihren 48 Abgeordneten eine der größeren des neuen Sejm. Der große Abstand zwischen ihr und dem „Piast", der nach wie vor mehr Abgeordnete stellte (70), hatte sich erheblich verringert. Anders als im Jahre 1919 verfügte nun ein Teil der Abgeordneten der „Wyzwolenie" – 15 Abgeordnete hatten bereits dem Verfassunggebenden Sejm angehört – über Erfahrungen in der Parlamentsarbeit.[79] Wie bereits bei der Erörterung der Sozialstruktur der Partei er-

[77] Statystyka wyborów, S. 119.

[78] A. Próchnik: Pierwsze piętnastolecie, S. 137.

[79] Folgende Abgeordnete hatten bereits der Konstituante angehört: K. Bagiński, W. Baranowski, J. Duro, I. Kosmowska, J. Ledwoch, J. Poniatowski, E. Rudziński, J. Smoła, B. Stolarski, J. Szafranek, J. Tabor, S. Tatarczak, A. Waleron, ebenso Senator J. Woźnicki. Hinzu kamen J. Putek und T. Seib, die seit 1919 Abgeordnete der „PSL-Lewica" waren.

wähnt, waren nur noch 14, allenfalls 15 von 48 Abgeordneten von Beruf Bauer[80], während Lehrer, Journalisten, Beamte und Angehörige anderer städtischer und akademischer Berufe die Fraktionsmehrheit ausmachten.

Verantwortlich für die veränderte Zusammensetzung der Fraktion war die Parteiführung, die – anders als im Jahre 1919 – stärkeren Einfluß auf die Aufstellung der Kandidaten genommen hatte. Die Organisationsabteilung legte 1922 in ihren Wahlinstruktionen u.a. verbindlich fest, daß der Parteivorstand einen der Kandidaten in jedem Wahlkreis selbst bestimmen konnte.[81] Wohl um möglichen Mißverständnissen über die Plazierung des Kandidaten der Zentrale vorzubeugen, verlautbarte der Parteirat am 3. September 1922, daß „der Parteivorstand das Recht hat, die ersten Plätze auf den Wahlkreislisten zu besetzen“[82]. Weiter hat man in Betracht zu ziehen, daß die in der neuen Wahlordnung geschaffene „Staatsliste“ – es handelte sich hierbei um eine Landesliste für ganz Polen – der Zentrale zusätzliche Möglichkeiten eröffnete, ihr genehme Kandidaten aufzustellen oder abzusichern.

Die Parteiführung machte deutlich von ihren Kompetenzen Gebrauch und stellte diesmal den Einzug aller Spitzenpolitiker ins Parlament sicher. Diese wurden auf die ersten Plätze der Wahlkreislisten gesetzt – Juliusz Poniatowski sogar in zwei Wahlkreisen gleichzeitig – und außerdem mit einem der vorderen Plätze auf der Staatsliste versehen.[83] Das einzige Mandat, das die „Wyzwolenie“ in einigen Wahlkreisen gewann, erhielten auf diese Weise in etlichen Fällen ortsfremde, jedoch prominente Politiker, z.B. S. Thugutt, J. Poniatowski, Z. Nowicki, M. Malinowski und W. Łypacewicz. Błażej Stolarski, der bisherige Fraktionschef, fiel zwar in seinem Wahlkreis durch, erlangte aber dennoch ein Mandat, da er auf Platz 2 der Staatsliste abgesichert war. Auf aussichtsreichen Plätzen der Staatsliste standen auch die im Sommer 1922 aus der „PSL-Lewica“ zur „Wyzwolenie“ übergetretenen Politiker J. Putek, J. Sanojca und T. Seib.

Bei der Aufstellung von Kandidaten durch den Parteivorstand ging es Thugutt zufolge wesentlich darum, die Arbeitsfähigkeit der Fraktion zu sichern und zu verbessern. Mit Befriedigung stellte er später fest:

> „Wir brachten ohne jeglichen Widerstand seitens der Bauern eine ziemlich große Anzahl hervorragender Intelligenzler (Śmiarowski, Bartel, Kalinowski, Gaszyński, Januszewski, Karnicka, Łypacewicz), die für die parlamentarische Arbeit unentbehrlich waren, hinein.“[84]

Gewiß fügte sich die Provinz in der Regel den Wünschen des Vorstandes.[85] Als Beispiel hierfür soll die positive Stellungnahme der Delegiertenversammlung von Zamość am 17. 9. 1922 zur Kandidatur Malinowskis in ihrem Wahlkreis genannt werden, die vom Parteiblatt abgedruckt wurde.[86] Es gab jedoch auch Fälle – das ist in solchen Situatio-

---

[80] Vgl. Tabelle 3, S. 53.

[81] Ordynacja wyborcza i instrukcje wyborcze [Wahlordnung und Wahlinstruktionen], Beilage zu Wyzwolenie Nr. 35 vom 27. 8. 1922, S. 5.

[82] Rada Naczelna P.S.L „Wyzwolenie“ [Der Oberste Rat der PSL „Wyzwolenie“], in: Wyzwolenie Nr. 37 vom 10. 9. 1922, S. 405.

[83] Lista państwowa do Sejmu numer 3 [Die Staatsliste Nr. 3 für den Sejm], in: Wyzwolenie Nr. 39 vom 24. 9. 1922, S. 436; Nasze listy kandydatów do Sejmu [Unsere Kandidatenlisten für den Sejm], in: Wyzwolenie Nr. 43 vom 22. 10. 1922, S. 497–499, sowie Nr. 44 vom 29. 10. 1922, S. 515–517.

[84] S. Thugutt: Wybór pism, S. 97.

[85] A. Fiderkiewicz: „Dobre czasy“, S. 41.

[86] Z Zamojskiego [Aus dem Gebiet von Zamość], in: Wyzwolenie Nr. 42 vom 15. 10. 1922, S. 491.

nen nicht ungewöhnlich – von Unzufriedenheit und Protesten der Basis. Im Wahlkreis Krasnystaw (Wojewodschaft Lublin) rebellierte die Delegiertenversammlung sogar gegen die Entscheidung des „Zentralen Wahlkomitees“ der Partei und bestand auf der Spitzennominierung ihres Kandidaten Stanisław Wrona.[87]

In vollem Umfang setzte sich die Parteiführung bei der Aufstellung der Kandidaten für den Senat durch. Betrachtet man die entsprechenden Listen für die fünf zentralpolnischen und die vier ostpolnischen Wojewodschaften Polesien, Łuck, Nowogródek und Wilna, so findet man auf den aussichtsreichen ersten beiden Plätzen, d.h. in insgesamt 18 Positionen, lediglich einen einzigen Bauern.[88] Bei ihm handelte es sich um Ignacy Klimek aus der Wojewodschaft Lodz auf Platz 2, der jedoch leer ausging, da der Ingenieur Wacław Januszewski das einzige hier auf die Partei entfallende Mandat bekam und auch annahm. Letzterer sprach in seinem Lebenslauf sicher zutreffend davon, daß es ihm von der „Wyzwolenie“, vermutlich von Thugutt selbst, angeboten worden sei.[89]

Mit Januszewski wurde jemand Senator, der immerhin langjähriges Parteimitglied und Thugutt, dem er in der Volksregierung im Innenministerium als Sektionschef gedient hatte, bestens bekannt war.[90] Bei anderen Senatoren hingegen ist nicht immer klar erkennbar, welche Faktoren bei ihrer Aufstellung die ausschlaggebende Rolle spielten. Dies mögen bestimmte Qualifikationen, die Zugehörigkeit zum alten Unabhängigkeitslager im weitesten Sinne, persönliche Verbindungen und politische Nützlichkeitserwägungen gewesen sein.[91] Der Einzug neuer und zugleich qualifizierter Abgeordneter führte zu einer günstigeren Verteilung der Aufgaben in der Fraktion. Dies betraf vor allem die Ausschußmitarbeit und Auftritte im Plenum, wenn das Beratungsergebnis eines Ausschusses oder die Haltung der eigenen Fraktion vorzustellen waren.

Nach dem Wechsel des Lehrers und versierten Parlamentariers Jan Woźnicki in den Senat führten in dieser Legislaturperiode der Rechtsanwalt Józef Putek mit 79 und der Agronom Juliusz Poniatowski mit 74 von 680 Beiträgen die Rednerliste der Fraktion an.[92] Ihnen folgten der Rechtsanwalt Wacław Łypacewicz (70 Redebeiträge), die Redakteure Maksymilian Malinowski (46) und Józef Sanojca (44)[93], der Ministerialbeamte Antoni Langer (25), die Lehrer Eustachy Rudziński (23) und Zygmunt Nowicki (22), der Redakteur Kazimierz Bagiński (21), der Bauer und Publizist Jan Smoła (20) und im weiteren erst an siebzehnter Stelle der Bauer Błażej Stolarski (12). Stanisław Thugutt, den die Fraktion zu ihrem Vorsitzenden wählte, hielt in den anderthalb Jahren seiner Zugehörigkeit zur Fraktion zwar nur 17 Reden, darunter jedoch solche aus sehr wich-

---

87 A. Fiderkiewicz: „Dobre czasy“, S. 41ff.

88 Vgl. Nasze listy kandydatów do Senatu [Unsere Kandidatenlisten für den Senat], in: Wyzwolenie Nr. 44 vom 29. 10. 1922, S. 517.

89 Parlament, S. 254.

90 S. Thugutt: Wybór pism, S. 78.

91 Der Industrielle Stanisław Gaszyński, der gemeinsam mit Thugutt Direktor einer Leinenfabrik war, gab an, daß die Partei ihm als „aufrichtigem Bauernparteiler und Finanzpraktiker“ das Senatorenmandat angetragen habe. Parlament, S. 225. S. auch A. Bogusławski: Wypomnienia, T. II (1919–1922), AZHRL: P–32, S. 234.

92 Die Ermittlung der Zahlen ermöglicht das von der Sejmkanzlei herausgegebene Register: Skorowidz osobowy do Sprawozdań Stenograficznych z posiedzeń plenarnych Sejmu, pos. 1 (28. XI. 1922) – pos. 340 (3. XI. 1927) [Personenregister zu den Stenographischen Sitzungsberichten des Sejm, 1. Sitzung (28. 11. 1922) – 340. Sitzung (3. 11. 1927)], Warszawa 1962.

93 Berücksichtigt wurden lediglich Reden von Józef Sanojca, die er bis zu seinem Austritt aus der „Wyzwolenie“ am 12. 1. 1926 hielt.

tigem Anlaß, etwa bei Haushalts- und Generaldebatten über die Gesamtpolitik der Regierung.

Die meisten Abgeordneten arbeiteten in ein bis zwei Ausschüssen mit.[94] Lediglich zwei von ihnen, Józef Putek und Józef Sanojca, saßen in drei Ausschüssen. Unter den zehn „Wyzwolenie"-Abgeordneten, die keinem Ausschuß angehörten, befanden sich sechs der 14 Bauern.[95] Die Kompetenz der Fraktion für die Bereiche Haushalt und Finanzen, Steuern, Landwirtschaft und Agrarreform hatte die breiteste personelle Basis. Experten für Haushaltsfragen waren etwa die Abgeordneten W. Łypacewicz, J. Poniatowski und J. Sanojca, für Landwirtschaft und Fragen der Agrarreform waren es die Abgeordneten M. Malinowski, J. Poniatowski, A. Kordowski, J. Smoła und B. Stolarski. Recht gut ausgestattet war man auch für die Bereiche Verwaltung, Besoldung und Heerwesen. Hier ergriffen J. Putek, M. Kościałkowski und Z. Nowicki häufig das Wort. Zuständig für das Bildungswesen waren A. Langer und Z. Nowicki, für Fragen Ostpolens L. Chomiński und A. Kordowski und für außenpolitische Fragen zunächst vor allem E. Rudziński. Später, im November 1923, kamen noch zwölf frühere Abgeordnete des „Piast" hinzu, von denen sich K. Polakiewicz und B. Miedziński vor allem für Heeresfragen, A. Bogusławski und H. Wyrzykowski für Haushalts- und Verwaltungsangelegenheiten und Jan Dąbski für den Bereich Außenpolitik interessierten. Charakteristisch für die Spitzenleute der Fraktion war, daß sie auf mehreren Gebieten gleichzeitig Sachkompetenz besaßen und im Stande waren, dort die Position der Partei zu vertreten.

Der neuen „Wyzwolenie"-Fraktion gehörten – dies war ein Novum – auch Abgeordnete nichtpolnischer Nationalität an. Da die Partei in den Jahren 1920 bis 1922 ihre Organisation im Nordosten des Landes ausgebaut und mit dem Anschluß der regionalen Bauernpartei „Odrodzenie" (Wiedergeburt) aktive Mitstreiter und Sympathisanten unter den weißrussischen Bauern des Wilnalandes gewonnen hatte, wurden hier in einigen Wahlkreisen weißrussische Parteimitglieder auf die Wahllisten gesetzt. Weißrussen oder zumindest weißrussischer Abstammung waren die Abgeordneten Stanisław Ballin, Adolf Bon, Feliks Hołowacz, Włodzimierz Szakun und Antoni Szapiel.[96]

5.2.3. Die Stellung der Partei zu den einzelnen Regierungen

Da die Wahlen zu Sejm und Senat für niemanden eine Mehrheit ergeben hatten, mußten die Parteien versuchen, ihren Einfluß auf die Gestaltung der polnischen Politik durch die Teilhabe an Koalitionen geltend zu machen. Dabei waren die Rechtsparteien, die die stärkste Gruppierung stellten und sich im vorigen Sejm erfolglos um eine Regierungsbeteiligung bemüht hatten, ebenso wie die Linksparteien auf eine Zusammenarbeit mit dem „Piast" angewiesen. Für den Realpolitiker Wincenty Witos kam, wie Andrzej Zakrzewski überzeugend dargelegt hat, allein ein Zusammengehen mit der Rechten in Frage.[97] Schon rein rechnerisch hätte eine Verständigung mit der Linken relativ geringe Chancen gehabt und nur unter bestimmten Bedingungen funktionieren

[94] Vgl. Komisje Sejmu Rzeczypospolitej Polskiej w dniu 1 stycznia 1923 r. [Die Kommissionen des Sejm der Republik Polen mit Stand vom 1. Januar 1923], Warszawa 1923, S. 20–28.

[95] J. Adamowicz, F. Chyb, J. Duro, S. Hellman, A. Szapiel und J. Tabor.

[96] S. Stępień: Działalność posłów białoruskich w Sejmie RP w latach 1922–1927 [Die Tätigkeit der weißrussischen Abgeordneten im Sejm der Republik Polen in den Jahren 1922–1927], in: Studia Historyczne Nr. 24 (1981), z. 2, S. 263. Feliks Hołowacz war weißrussischer Herkunft, fühlte sich jedoch als Pole. Vgl. B. Dymek: Niezależna Partia Chłopska, S. 404.

[97] A. Zakrzewski: Wincenty Witos, S. 141 ff.

können.[98] Dennoch nahm der „Piast“ auch mit den Linksparteien offizielle Gespräche auf.

Es ist nicht mit Bestimmtheit zu sagen, ob Thugutt und die übrigen Führer der „Wyzwolenie“ ihrerseits tatsächlich fest entschlossen waren, damals eine Mitte-Links-Koalition mit PPS, NPR und „Piast“ einzugehen, die im Sejm über 177 von 444 Stimmen verfügt hätte.[99] Aleksander Bogusławski, der zu jenem Zeitpunkt noch Abgeordneter des „Piast“ war, hebt in seinen Erinnerungen immer wieder die Unversöhnlichkeit und mangelnde Kompromißbereitschaft der „Wyzwolenie“-Führer gegenüber dem „Piast“ und seinem Vorsitzenden Witos hervor.[100] Einen „gewissen Widerstand„ in der Fraktion der „Wyzwolenie“ gegen eine solche Unternehmung nennt auch Thugutt. Er selbst habe, so berichtet er, auf Initiative des Herausgebers des „Kurjer Poranny“, F. L. Fryze, wenige Tage vor Zusammentritt des neuen Sejm ein vertrauliches Gespräch mit Witos geführt, in dessen Verlauf vorgeschlagen worden sei (wahrscheinlich durch Fryze[101]), die beiden Spitzenämter des Präsidenten und des Premierministers untereinander aufzuteilen und auf diese Weise die Voraussetzungen für eine Mitte-Links-Koalition zu schaffen.[102] Er habe den Gedanken für realisierbar gehalten, schreibt Thugutt später und fährt fort:

> „Mir schien jedoch, daß es nach einem so scharfen Wahlkampf noch zu früh für den Abschluß einer so weitgehenden Übereinkunft war, daß sie nach einer Teilung der Beute ausgesehen hätte. Und deshalb habe ich diesen Vorschlag, obwohl ich grundsätzlich ein Anhänger der Verständigung der verschiedenen Richtungen der Bauernbewegung war, sofort abgelehnt.“

Es ist nicht überliefert, wie Witos sich in diesem Gespräch verhalten hat. In den offiziellen Gesprächen hingegen schlug Thugutt im Namen seiner Fraktion am 30. November 1922 dem „Piast“ und den beiden Arbeiterparteien die Unterzeichnung eines gemeinsamen Textes vor. In ihm sollten diese Fraktionen, „die eine relative Mehrheit bilden“, eine entsprechende Regierungsbildung ankündigen und erklären, sich an keinen Versuchen zu beteiligen, eine auf die Parteien der Rechten gestützte Regierung zu bilden. Witos lehnte dies ab, womit die Gespräche beendet waren.[103]

Eine andere Frage ist, ob Thugutt vom Erfolg einer solchen Kombination überzeugt gewesen sein kann, die lediglich eine relative Mehrheit im Sejm erbracht hätte. Streng genommen war nicht einmal die von der „Wyzwolenie“ behauptete „Mehrheit der polnischen Stimmen“[104] gegeben. Sie war erst bei einer Beteiligung der zwei bzw. vier Abgeordneten der beiden kleinen linken Bauernparteien „PSL-Lewica“ und „Radikale Bauernpartei“ erreichbar. Eine Regierung, hinter der 183 Abgeordnete aus sechs Parteien gestanden hätten, wäre, selbst wenn die elf weißrussischen und 20 ukrainischen Abgeordneten sie unterstützt hätten – dies wurde wie selbstverständlich erwartet, war jedoch noch keineswegs ausgemacht[105] –, als Minderheitsregierung immer noch

[98] Ebd.; vgl. J. Borkowski: Wincenty Witos w naszej historiografii i publicystyce. Uwagi krytyczne [Wincenty Witos in unserer Historiographie und Publizistik. Kritische Bemerkungen], in: KH 78 (1971), Nr. 1, S. 117.

[99] Vgl. M. Pietrzak: Rządy parlamentarne, S. 96.

[100] A. Bogusławski: Wspomnienia, T. III (1922–1925), S. 3, 5, 9, AZHRL: P–189/IIIa.

[101] A. Zakrzewski: Wincenty Witos, S. 142.

[102] S. Thugutt: Wybór pism, S. 98.

[103] Przed wyborem Marszałków Sejmu i Senatu [Vor der Wahl der Marschälle von Sejm und Senat], in: Kurjer Polski Nr. 329 vom 1. 12. 1922, S. 2.

[104] Ebd.

[105] Ebd.

stark gefährdet gewesen. Es ist wenig wahrscheinlich, daß Thugutt diese Realitäten nicht vor Augen hatte. Die Forderung nach Bildung einer Bauern- und Arbeiter-Regierung ließ sich freilich in der Folgezeit in der Propaganda der Partei gut einsetzen.

Bereits bei der Konstituierung des Parlaments wurde indes deutlich, daß es inzwischen zu einer Annäherung zwischen dem „Piast" und der Rechten, die seit Wochen unentwegt ihre Forderung nach einer „Regierung der polnischen Mehrheit" propagierte, gekommen war. Allein polnische Parteien dürften, so lautete dieses Dogma, eine Regierung bilden; sich auf die Stimmen der nationalen Minderheiten zu stützen, sei unter allen Umständen auszuschließen. Sejmmarschall, d.h. Präsident der ersten Kammer, wurde am 1. Dezember 1922 der „Piast"-Politiker Maciej Rataj, der sich gegen den „Wyzwolenie"-Kandidaten Eugeniusz Śmiarowski durchsetzte; Senatsmarschall wurde der Kandidat der Rechten Wojciech Trąmpczyński, der den PPS-Kandidaten Ksawery Prauss aus dem Felde schlug. Der „Piast" und die Rechtsparteien gewährten sich bei der Wahl ihrer Kandidaten gegenseitig Unterstützung.[106]

Komplizierter gestaltete sich die Wahl des Präsidenten am 9. Dezember 1922, zumal Piłsudski, dessen Kandidatur sowohl vom „Piast" als auch von den Linksparteien befürwortet wurde, verzichtete.[107] Da es keinem Lager gelang, Wahlabsprachen zu treffen, wurden insgesamt fünf Kandidaten nominiert: von der Rechten Maurycy Zamoyski, vom „Piast" Stanisław Wojciechowski, von der „Wyzwolenie" Gabriel Narutowicz, von der PPS Ignacy Daszyński und von den nationalen Minderheiten der bekannte Sprachwissenschaftler Baudouin de Courtenay. Nach dem Ausscheiden der übrigen Kandidaten kam es im fünften Wahlgang zur Entscheidung zwischen Zamoyski und Narutowicz. Der „Piast" mußte sich für eine Stimmabgabe zugunsten von Narutowicz entscheiden, da eine Wahl Zamoyskis, des größten Großgrundbesitzers des Landes, nicht mit dem eigenen Selbstverständnis als Bauernpartei zu vereinbaren war.[108] Für Narutowicz wurden in der 555 Abgeordnete und Senatoren umfassenden Nationalversammlung 289 Stimmen, für Zamoyski 227 Stimmen abgegeben. Wichtig für die Wahl von Narutowicz waren auch die Stimmen der Vertreter der nationalen Minderheiten.

Die Wahl von Narutowicz, der übrigens nicht Parteimitglied war, kam für die „Wyzwolenie" ebenso wie für die übrige Öffentlichkeit verhältnismäßig unerwartet, da sie weniger das Ergebnis eines planmäßigen Vorgehens als vielmehr eines taktischen Verhaltens bzw. Reagierens der verschiedenen Gruppierungen war. Nichtsdestoweniger eröffnete sich der „Wyzwolenie" hierdurch noch einmal, wenn auch nur kurzfristig, ein gewisser Spielraum für eine eigene Initiative zur Regierungsbildung. So konnte der deutsche Gesandte Ulrich Rauscher am 13. Dezember 1922 nach Berlin melden:

> „Die Bauernpartei Wyzwolenie, die durch die Wahl ihres Kandidaten zum Staatspräsidenten an Ansehen gewonnen hat, ist, wie vor der Wahl der Marschälle, für die Bildung der ‚relativen polnischen Mehrheit' – Witospartei, Wyzwolenie, Nationale Arbeiterpartei, Sozialisten – tätig. Diese Koalition wird wohl oder übel auch regieren müssen. Sie kann es aber nur mit Zustimmung der Minderheiten."[109]

---

[106] Wczorajsza sytuacja polityczna [Die politische Situation gestern], in: Kurjer Polski Nr. 330 vom 2. 12. 1922, S. 3.

[107] Näheres zu den Ereignissen um die Präsidentenwahl im Dezember 1922 bei A. Próchnik: Pierwsze piętnastolecie, S. 149–158; H. Roos: Geschichte, S. 104f.

[108] A. Zakrzewski: Wincenty Witos, S. 144.

[109] Bericht K. Nr. 833 Rauscher, Warschau, 13. 12. 1922, PA: IV Polen. Politik 11. Nr. 1: Staatsoberhäupter und deren Familien, Bd. 1, Bl. 238–239.

Tatsächlich ließ das überraschende Wahlergebnis vom 9. Dezember, das durch ein Zusammengehen des „Piast“ mit der Linken zustande gekommen war, den Gedanken an eine Mitte-Links-Koalition wieder aufleben. Mehr noch waren es jedoch die schweren nationalistischen Ausschreitungen von Anhängern der Rechten nach der Präsidentenwahl, die zu einer Verschärfung der Gegensätze zwischen dem „Piast“ und der Rechten und zu seiner vorübergehenden Annäherung an die Linksparteien führten. Rauscher hatte zweifellos die verschiedenen Gespräche im Blick, zu denen in jenen Tagen die Vertreter der genannten vier Fraktionen zwecks Erörterung der nunmehr entstandenen Situation zusammenkamen.

Nachdem „Wyzwolenie“, „Piast“, NPR und PPS am 11. Dezember darin übereingestimmt hatten, gemeinsam der sich ausbreitenden Unruhe („Anarchie und Reaktion“) entgegentreten und Rechtsstaat sowie Verfassung schützen zu wollen[110], schlug Thugutt im Namen der „Wyzwolenie“ den anderen drei Parteien einen Tag darauf noch einmal die Bildung einer Koalition vor.[111] Das Projekt wurde von den Parteivertretern wohl weder akzeptiert noch abgelehnt, sondern erst einmal in den einzelnen Fraktionen erörtert. Am 13. Dezember fanden erneut Gespräche zwischen den vier Parteien statt[112], in deren Verlauf – dies berichtet allein Rataj – sogar eine gemeinsame Regierung mit Piłsudski als Premierminister ins Auge gefaßt wurde.[113]

Die Entwicklung, die hoffnungsvoll begonnen hatte, nahm dann jedoch eine jähe Wendung. Bereits am 14. Dezember teilten Witos und Thugutt dem Staatspräsidenten, der die Führer der einzelnen Sejmfraktionen zu getrennten Unterredungen empfing, das Scheitern der Verhandlungen mit.[114] Entscheidend dürfte wiederum, wie schon am 30. November vor der Wahl der Parlamentspräsidenten, die Haltung des „Piast“ gewesen sein.[115] Rataj gibt an, Witos am 13. Dezember auf die Konsequenzen einer solchen Regierungsbildung aufmerksam gemacht zu haben. Letzterer wird allerdings wohl selbst Bedenken gehegt haben. Eine gewisse Scheu vor einem Kabinett, das auf die Unterstützung der nationalen Minderheiten angewiesen gewesen wäre, darf auch bei den anderen drei Parteien unterstellt werden.[116] Die „Wyzwolenie“ als treibende Kraft bei diesen Gesprächen mußte endgültig zur Kenntnis nehmen, daß keine ausreichende Basis für die Bildung einer Mitte-Links-Regierung bestand und daß auch die Präsidentenwahl keine neuen Bedingungen dafür geschaffen hatte. Die Stimmabgabe des „Piast“ für Narutowicz war lediglich durch bestimmte Umstände erzwungen worden und konnte nicht, wie mancher in der „Wyzwolenie“ erhoffte, als Präzedenzfall dienen.

Nach der Ermordung von Narutowicz durch einen nationalistischen Fanatiker am 16. Dezember 1922 wählte dieselbe Mehrheit in der Nationalversammlung am 20. Dezember den Kandidaten des „Piast“ Stanisław Wojciechowski zum Präsidenten. Die Frage einer Koalitionsbildung war nun nicht mehr aktuell, da der verfassungsgemäß die Funktionen des Präsidenten ausübende Sejmmarschall Rataj noch am 16. Dezember

---

110 Porozumienie centrum i lewicy [Verständigung zwischen der Mitte und der Linken], in: Kurjer Polski Nr. 340 vom 12. 12. 1922, S. 3.

111 Życie parlamentarne [Parlamentarisches Leben], in: Kurjer Polski Nr. 341 vom 13. 12. 1922, S. 3.

112 Życie parlamentarne [Parlamentarisches Leben], in: Kurjer Polski Nr. 342 vom 14. 12. 1922, S. 3.

113 M. Rataj: Pamiętniki, S. 127f.

114 Die Bildung des neuen Kabinetts, in: Posener Tageblatt vom 17. 12. 1922.

115 Vgl. den Beschluß der „Piast“-Fraktion vom 14. 12. 1922: Tworzenie nowego rządu [Die Bildung einer neuen Regierung], in: Kurjer Polski Nr. 343 vom 15. 12. 1922, S. 5.

116 Bericht K. Nr. 844 Rauscher, Warschau, 19. 12. 1922, PA: IV Polen. Politik 5: Innere Politik, Parlaments- und Parteiwesen, Bd. 4, Bl. 262–264.

Generalstabschef Władysław Sikorski mit der Bildung einer außerparlamentarischen Regierung betraut hatte.

General Sikorski, der gleichzeitig das Innenministerium übernahm, bildete schnell ein Kabinett, verhängte den von PPS und „Wyzwolenie“ verlangten Ausnahmezustand über Warschau und garantierte Ruhe und Ordnung. Fast alle Minister der vorhergehenden Regierung Nowak blieben im Amt; Piłsudski wurde zum Generalstabschef ernannt. Neu hinzu kam der bisherige Gesandte in Bukarest, Aleksander Skrzyński, als Außenminister. Im Januar 1923 gelang es Sikorski, den mit der Rechten lose verbundenen Władysław Grabski für das Finanzministerium zu gewinnen. Gern hätte er die Basis seiner Regierung weiter verbreitert und namhafte Vertreter der Rechten und des „Piast“ in die Regierung aufgenommen, diese versagten sich ihm jedoch. Am 19. Januar 1923 erläuterte der Premierminister die Ziele seines Kabinetts. Er erklärte, mit keiner Partei und Klasse verbunden zu sein und normale Bedingungen für das politische Leben herstellen zu wollen. Seine scharfen Worte über die Urheber der Dezemberereignisse von 1922 riefen Widerspruch auf der Rechten und Linken hervor. Als Schwerpunkte der zukünftigen Politik seiner Regierung nannte Sikorski eine Reform der Verwaltung und eine sparsame Finanzpolitik.

In der anschließenden Debatte hoben sowohl die Links- als auch die Rechtsparteien noch einmal hervor, daß ihnen eigentlich an einer parlamentarischen Regierung gelegen war. Ihre Vorstellungen hiervon gingen freilich stark auseinander. Vertreter der Rechten formulierten ihre Theorie der „polnischen Mehrheit“ und umwarben versteckt oder offen den „Piast“.[117] Thugutt, der zum erstenmal am Rednerpult des Sejm stand, appellierte ebenfalls an den „Piast“, sich endlich für rechts oder links zu entscheiden, und warf ihm vor, aufgrund seiner Politik des Lavierens „ein Hemmnis für die Staatsmaschine in Polen zu sein.“[118] An die Rechte gewandt, lehnte er eine ungleiche Behandlung der Abgeordneten der nationalen Minderheiten ab. Die Regierung Sikorski, sagte Thugutt, sei nicht die Regierung der „Wyzwolenie“. Er gestand ihr jedoch guten Willen und energisches Handeln zu und erklärte die Bereitschaft seiner Fraktion, sie zu unterstützen. Für das Programm der Regierung stimmten die Linksparteien PPS und „Wyzwolenie“, die NPR, der „Piast“ und die weißrussischen und ukrainischen Abgeordneten; dagegen stimmten die Parteien des Rechtsblocks, die Juden und die Kommunisten. Die Deutschen nahmen an der Abstimmung nicht teil.[119]

Die Regierung fand zwar eine Mehrheit, doch wurde in der Debatte deutlich, daß dies nur eine Mehrheit auf Zeit sein würde. „Piast“-Fraktionschef Witos deutete an, daß seine Partei mit demjenigen zusammengehen würde, mit dem sich ein bestimmter, von ihm vorgestellter Katalog von Maßnahmen in Politik und Wirtschaft realisieren lassen würde. Es handelte sich dabei zweifellos um eine Offerte des „Piast“ an die Rechte.[120] Noch Ende Januar begannen vorbereitende Gespräche über die Schaffung einer entsprechenden Mehrheit. Die Verhandlungen zogen sich sehr in die Länge, da die „Piast“-Führer, deren Fraktion nur halb so stark war wie die des Kartells der Rechtsparteien, sich sehr umsichtig verhielten, um auf diese Weise ein Maximum an Zugeständnissen der Rechtsparteien zu erreichen.

---

[117] Sejm R.P., 9. Sitzung am 22. 1. 1923, Sp. 19 (E. Dubanowicz); ebd., 10. Sitzung am 23. 1. 1923, Sp. 14 (W. Korfanty).

[118] Ebd., 8. Sitzung am 20. 1. 1923, Sp. 33.

[119] A. Próchnik: Pierwsze piętnastolecie, S. 162.

[120] A. Zakrzewski: Wincenty Witos, S. 148.

Eine Begleiterscheinung dieser Verhandlungen war im Frühjahr 1923 die Verschlechterung des Verhältnisses zwischen den beiden Bauernparteien „Piast" und „Wyzwolenie", die in gegenseitigen Verdächtigungen ihren Ausdruck fand. Dabei war einer der Konfliktpunkte der Umgang mit den Minderheiten Ostpolens. Die „Wyzwolenie" mußte sich u. a. gegen den nationalistischen Vorwurf des „Piast" wehren, sie wolle den polnischen Bauern das für eine Agrarreform in Aussicht genommene Ackerland Ostpolens vorenthalten.[121]

Während der „Piast" sich allmählich von der Regierung Sikorski zu distanzieren begann, behielt die „Wyzwolenie" ihre positive Einstellung dieser gegenüber bei und bekräftigte sie noch einmal auf ihrem Jahresparteitag am 11. und 12. März 1923.[122] In diesem Sinne würdigten die „Wyzwolenie"-Abgeordneten Sanojca und Thugutt denn auch die Leistungen der Regierung (Wiederherstellung des inneren Friedens, Anerkennung der Ostgrenze durch den Völkerbundsrat, Stabilisierung der Währung) und plädierten für deren Weiterexistenz, als die neue Mehrheit aus Rechtsparteien und „Piast" diese am 26. Mai 1923 stürzte.[123]

Das zweite Kabinett Witos, dessen Bildung am 28. Mai 1923 abgeschlossen war, stellte nach längerer Pause wieder eine parlamentarische Regierung dar. Bereits am 17. Mai 1923 hatten die daran beteiligten Parteien ein Koalitionspapier unterzeichnet, das sogenannte „Abkommen von Lanckorona".[124] Die Vereinbarung betraf beinahe alle Gebiete des politischen und wirtschaftlichen Lebens des Landes und wies eine gegen die nationalen Minderheiten gerichtete Tendenz auf. In der schwierigen Frage der Bodenreform war ein Kompromiß zwischen den Wünschen der galizischen Bauernpartei und den Interessen des Großgrundbesitzes gefunden worden, der zwar eine jährliche Parzellierung von 200000 ha Land vorsah, sich jedoch beträchtlich von den im Juli 1920 beschlossenen Grundsätzen einer Agrarreform entfernte. Deutlich gegen Piłsudski und dessen Anhänger in der Armee richtete sich die Forderung nach einer Unterordnung aller militärischen Stellen unter das Ministerium für Heeresfragen.[125] Der Text des Abkommens wurde zunächst nicht veröffentlicht, sondern erst allmählich bekannt. In seiner am 1. Juni 1923 vorgetragenen Regierungserklärung gab Witos die politische und wirtschaftliche Stabilisierung des Landes als wesentliches Ziel seines Kabinetts an und beschränkte sich hinsichtlich der nationalen Minderheiten auf die Versicherung, er werde keine chauvinistische Politik betreiben.

In der Aussprache über das Regierungsprogramm am folgenden Tage kündigten die Politiker der Linksparteien und aller Minderheiten der Regierung einen entschiedenen Kampf an. Am interessantesten war der Auftritt des Führers der anderen großen Bauernpartei neben dem „Piast", der „Wyzwolenie".[126] Der Parteivorstand hatte der Fraktion bereits einen Monat zuvor, am 2. Mai 1923, empfohlen, „alle Versuche der Rechts-

---

[121] E. Rudziński: Ofensywa na PSL „Wyzwolenie" [Eine Offensive gegen die PSL „Wyzwolenie"], in: Wyzwolenie Nr. 13 vom 25. 3. 1923, S. 1f.

[122] Po Walnym Dorocznym Zjeździe [Nach dem Jahresparteitag], in: Wyzwolenie Nr. 12 vom 18. 3. 1923, S. 2.

[123] Sejm R.P., 40. Sitzung am 26. 5. 1923, Sp. 25–35, 45–50.

[124] Entstehung und Charakter des Abkommens erörtert W. Stankiewicz: Pakt Lanckoroński (Metodologiczne omówienie źródeł) [Der Pakt von Lanckorona (Methodologische Erörterung der Quellen)], in: RDRL 1 (1959), S. 196–218; Zarys, T. II, S. 112–115.

[125] Vgl. A. Ajnenkiel: Od „rządów ludowych", S. 222, 226.

[126] A. Zakrzewski: Wincenty Witos, S. 156.

gruppen, die Macht an sich zu reißen, kategorisch zu bekämpfen".[127] Thugutt nannte in geschliffener Rede Witos – ohne ihn persönlich zu diffamieren, jedoch eingedenk eigener Erfahrungen mit ihm – einen „bäuerlichen Hamlet", der seine Möglichkeiten, eine große Rolle in der Bauernbewegung zu spielen, nicht wahrnehme, vielmehr alles vernichte, was er bisher erreicht habe. Er bezweifelte die Tragfähigkeit der neuen Mehrheit und verurteilte Witos' Kompromißpolitik gegenüber der Rechten.[128] Weniger wählerisch in ihrem Vokabular war hingegen die Parteizeitung, die vom „Verrat des Herrn Witos" an den polnischen Bauern sprach.[129]

Die Regierung stand, was ihre Rahmenbedingungen anging, von Anfang an unter einem ungünstigen Stern. Sie mußte ebenso wie ihre Vorgängerin versuchen, die katastrophale Finanz- und Valutalage Polens zu verbessern. Dies erwies sich jedoch aus einer Reihe von Gründen als außerordentlich schwierig bzw. unmöglich. Noch im Juni 1923 kam es, vor allem infolge der Inflation in Deutschland, zu einem gewaltigen Kursverfall der Polnischen Mark, der sich in den folgenden Monaten noch beschleunigte. Weitere Krisenphänomene waren eine kontinuierlich vermehrte Geldumlaufmenge und enorme Preissteigerungen im Laufe der Sommer- und Herbstmonate.[130] Schnelle Wechsel im Amt des Finanzministers zeigten an, daß die Regierung über kein erfolgversprechendes Programm auf diesem Gebiet verfügte. Ab Mitte des Jahres waren gehäuft Unmutsäußerungen der Bevölkerung, insbesondere schwere Streiks der Industriearbeiterschaft, zu verzeichnen.

Verständlicherweise nutzten die Oppositionsparteien den krisenhaften finanz- und währungspolitischen Zustand des Landes, um innerhalb und außerhalb des Parlaments scharfe Kritik an der Regierung Witos' zu üben. Gleichzeitig konsolidierten sie im Spätsommer ihre Position. Dies geschah zum einen durch verstärkte Kontakte zwischen der PPS und den deutschen und jüdischen Sozialisten Polens[131], zum anderen durch eine immer engere Zusammenarbeit zwischen der „Wyzwolenie" und der vom „Piast" abgespaltenen Dąbski-Gruppe „Jedność Ludowa" (Bauerneinheit).[132] Letztere vereinbarten am 15. September 1923 sogar ihren Zusammenschluß, der zwar noch der endgültigen Zustimmung durch die beiden Parteitage bedurfte, jedoch in der Praxis, wie dem Protokoll der Beratung der Verständigungskommission beider Parteien über „gemeinsame Sitzungen der Fraktionen bzw. ihrer Präsidien mit dem Ziel, die Taktik auf parlamentarischem Gebiet abzusprechen" zu entnehmen ist, sofort verwirklicht wurde.[133]

---

[127] Posiedzenie Zarządu Głównego PSL „Wyzwolenie" [Sitzung des Hauptvorstandes der PSL „Wyzwolenie"], in: Wyzwolenie Nr. 20 vom 13. 5. 1923, S. 3.

[128] Sejm R.P., 42. Sitzung am 2. 6. 1923, Sp. 6–16.

[129] Zdrada p. Witosa [Der Verrat des Herrn Witos], in: Wyzwolenie Nr. 22 vom 27. 5. 1923, S. 1f.

[130] Ein Beispiel für die starken Preissteigerungen zeigen die Einzelpreise für ein Exemplar der Parteizeitung „Wyzwolenie". Es kostete am 1. Januar 1923 nur 200 Polnische Mark, am 1. Juli 1200, am 19. August 3000, am 14. Oktober 7000, am 11. November 20000, am 2. Dezember 45000, am 16. Dezember 70000 und am 30. Dezember 100000.

[131] Bericht K. Nr. 449 Dönhoff, Warschau, 16. 8. 1923, PA: IV Polen. Politik 5: Innere Politik, Parlaments- und Parteiwesen, Bd. 5, Bl. 190.

[132] Rozłam w klubie Piasta [Spaltung in der Fraktion des Piast], in: Wyzwolenie Nr. 23 vom 3. 6. 1923, S. 2; List posła Dąbskiego do posła Thugutta [Brief des Abgeordneten Dąbski an den Abgeordneten Thugutt], in: Wyzwolenie Nr. 26 vom 24. 6. 1923, S. 4.

[133] Co uchwalił Zarząd Główny i Kluby Poselski i Senatorski PSL „Wyzwolenie" [Was der Hauptvorstand und die Fraktionen der PSL „Wyzwolenie" in Sejm und Senat beschlossen haben], in: Wyzwolenie Nr. 39 vom 23. 9. 1923, S. 2.

Als der Sejm nach der Sommerpause am 9. Oktober wieder eröffnet wurde und Premier Witos nüchtern über die bisherige Tätigkeit seiner Regierung berichtete, erneuerten die Oppositionsparteien unter Hinweis auf die verzweifelte Stimmung im Lande und auf Teuerung und Währungsverfall ihre Angriffe. Ein von Thugutt am 17. Oktober 1923 gegen das Kabinett Witos eingebrachter Mißtrauensantrag wurde zunächst mit 211 gegen 189, dann mit 208 gegen 191 Stimmen zurückgewiesen. Die Regierung konnte sich somit mit einer Mehrheit von nur noch 17 Stimmen behaupten, während sie im Mai noch über ein Plus von 55 Stimmen verfügt hatte.[134] In dem Abstimmungsergebnis kam auch der Übergang der „Nationalen Arbeiterpartei" in die Opposition zum Ausdruck. Die Gegensätze zwischen Regierung und Opposition vertieften sich weiter, als die bedeutendsten Führer der rechten Regierungsparteien (Roman Dmowski, Wojciech Korfanty, Stanisław Grabski) am 28. 10. 1923 Ministerämter übernahmen und sich das Schwergewicht der Regierung noch weiter nach rechts verlagerte.

Als die Regierung in den ersten Novembertagen verschiedenen Arbeitsniederlegungen und einem von der PPS befürworteten Generalstreik der Gewerkschaften mit harter Hand begegnete, kam es in Krakau und Borysław zu blutigen Zwischenfällen, die zahlreiche Todesopfer forderten. Die „Wyzwolenie" verurteilte das Vorgehen der Regierung scharf und erklärte sich mit der PPS und den Gewerkschaften völlig solidarisch.[135] Sie beschränkte sich allerdings auf eine moralische Unterstützung ihrer Verbündeten, da sie vom Programm her erstens gegen revolutionäre Methoden des Kampfes eingestellt war und zweitens am Brennpunkt des Geschehens, in Krakau, kaum über Einfluß verfügte. Höhepunkt ihrer gegen die Regierung gerichteten Kampagne war am 25. November 1923 der Demonstrationszug Tausender von Bauern, der Delegierten des Vereinigungsparteitages von „Wyzwolenie" und „Jedność Ludowa", zum Sitz des Premierministers.

Es waren nicht die weiteren Attacken und Mißtrauensvoten der Opposition[136] – die Oppositionsparteien „Wyzwolenie" und PPS entwickelten im übrigen in dieser Zeit zu sämtlichen vier nationalen Minderheiten außergewöhnlich enge Kontakte[137] –, sondern ein Konflikt innerhalb der Regierungspartei „Piast" selbst, der die Regierung Witos schließlich zu Fall brachte. Anlaß für den Austritt einer Gruppe von 15 Abgeordneten aus der Fraktion am 14. Dezember 1923 war das von Minister Osiecki („Piast") vorgelegte Projekt einer Agrarreform. Witos verlor damit seine Mehrheit und trat noch am selben Tage zurück. Für einen Dollar waren am Tage der Bildung der Regierung Witos 52 500, am Tage ihres Rücktritts 4 316 667 Polnische Mark zu zahlen.[138]

Völlig den Regeln und der Logik des parlamentarischen Systems folgend, beauftragte Präsident Wojciechowski am 15. Dezember 1923 den Chef der größten Oppositionsfraktion, Stanisław Thugutt, mit der Regierungsbildung. Die „Wyzwolenie", die im März auf ihrem Parteitag eine Mitte-Links-Regierung als die ihr einzig möglich erscheinende bezeichnet, im Mai das Sikorski-Kabinett angesichts der Mehrheitsverhältnisse als geeignete Fachregierung angesehen und auf dem Novemberparteitag noch

---

[134] Sejm R.P., 72. Sitzung am 17. 10. 1923, Sp. 68f.

[135] Vgl. die gesamte Berichterstattung und Kommentierung im Parteiblatt „Wyzwolenie", Nr. 46ff.

[136] Die am 16. 11. 1923 und am 5. 12. 1923 von dem PPS-Abgeordneten Czapiński gestellten Mißtrauensanträge wurden mit 195 gegen 176 und 183 gegen 149 Stimmen zurückgewiesen.

[137] Näheres zum Verhältnis der „Wyzwolenie" zu den nationalen Minderheiten in diesem Zeitraum weiter unten.

[138] A. Ajnenkiel: Od „rządów ludowych", S. 227, 241.

eine „demokratische Bauern- und Arbeiter-Regierung"[139] – was immer das im einzelnen heißen mochte – gefordert hatte, mußte nun zeigen, wie sie ihrer Verantwortung gerecht werden wollte.

Thugutt unternahm interessanterweise gar nicht erst den Versuch, eine Regierung der linken Mitte bzw. der relativen polnischen Mehrheit zu formieren, die zumindest einen Teil der Stimmen der nationalen Minderheiten gebraucht hätte, sondern favorisierte von vornherein andere Konzepte: zunächst das einer Fachregierung, dann das einer breiten Koalition von der linken bis hin zur rechten Mitte. Die Gründe für den Positionswechsel der „Wyzwolenie" lassen sich in etwa ausmachen. Bereits Anfang November mutmaßte der deutsche Gesandte Rauscher in einem Bericht nach Berlin bezüglich einer künftigen Regierungskombination, „daß die Linksparteien nach dem Feldzuge gegen die Minderheiten, der unter der jetzigen Regierung erfolgt, es nicht wagen werden, mit Unterstützung dieser Minderheiten ein Kabinett aufzumachen".[140]

In der Tat hatte der Gedanke eines Mitte-Links-Kabinetts, sicher auch aus dem von Rauscher angeführten Grund, an Boden verloren. Die „Wyzwolenie" wollte und konnte hieran nicht mehr festhalten, denn sie war auf die Zusammenarbeit mit dem „Piast" angewiesen und hatte ganz realistisch zu bedenken, was diesem in einer Koalition zugemutet werden konnte.[141] Wie Thugutt berichtet, erwärmte sich ein zunehmend größerer Kreis maßgeblicher Personen auf der Linken für die Konzeption, die Christdemokraten (Ch. D.) Korfantys aus dem Rechtsblock herauszubrechen und in eine Koalition einzubeziehen.[142] Damit näherte man sich, auch wenn man dies nicht offen eingestand, dem von der Rechten propagierten Grundsatz der „polnischen Mehrheit".

Thugutt bemühte sich zunächst – allerdings ohne Erfolg –, ein außerparlamentarisches Kabinett, dann im Gespräch mit dem „Piast" und der Christlich-Demokratischen Partei ein Koalitionskabinett von der PPS bis hin zur Ch. D. zustande zu bringen.[143] In den Verhandlungen mit den anderen Parteien akzeptierte Thugutt die von den Christdemokraten aus taktischen Gründen gestellte Forderung nach Herstellung einer rein polnischen Mehrheit für eine parlamentarische Regierung. Auch dieses Projekt scheiterte schließlich an der Haltung der Ch. D. und des „Piast". Sejmmarschall Rataj schrieb damals in sein Tagebuch:

> „Thugutt, der anfangs sehr stark betonte, daß er keinen Unterschied zwischen polnischen und nichtpolnischen Klubs (gemeint sind die Fraktionen im Sejm, G. D.) machen möchte, der den Grundsatz der ‚polnischen Mehrheit' verneinte, griff eilfertig nach dieser Konzeption, nach dieser Falle! Dieser Opportunismus wurde ihm auf der Linken und von den Minderheiten sehr übelgenommen, ..."[144]

Thugutt rechtfertigte sein Vorgehen wenige Tage später vor dem Sejm und auch in der Parteizeitung „Wyzwolenie". Es sei ihm, erklärte er, bei seinem Versuch, eine Regierung mit einer beträchtlichen polnischen Mehrheit zu schaffen, ausschließlich darum gegangen, „nicht einer Demagogie des Kampfes mit dieser Regierung Vorschub zu

---

139 Przeciwko rządowi Chjeny i Piasta [Gegen die Regierung von Christlichnationalen und Piast], in: Wyzwolenie Nr. 49 vom 2. 12. 1923, S. 4.

140 Bericht K. Nr. 599 Rauscher, Warschau, 1. 11. 1923, PA: IV Polen. Politik 7: Ministerien, Bd. 3, Bl. 122–123.

141 Die Linke hatte insofern in der Tat kein tragfähiges Programm hinsichtlich der Minderheiten, das ihr deren Unterstützung hätte sichern können. Vgl. A. Ajnenkiel: Od „rządów ludowych", S. 242.

142 S. Thugutt: Wybór pism, S. 111.

143 Ebd., S. 111–113; Przesilenie gabinetowe [Die Kabinettskrise], in: Kurjer Polski Nr. 341 vom 16. 12. 1923, S. 4.

144 M. Rataj: Pamiętniki, S. 175.

leisten".[145] Er habe gewußt, „daß eine auf die Minderheiten gestützte Regierung auf Krawalle seitens der Rechten treffen wird, so wie es Narutowicz vor einem Jahr ergangen ist". Einen Bürgerkrieg habe er nicht in Kauf nehmen wollen.[146] Auf den gleichen Zusammenhang wies auch der deutsche Gesandte in seinem Bericht vom 20. Dezember 1923 hin. Ulrich Rauscher schrieb:

„Der Hauptgrund aber, warum Thugutt scheitern mußte, war die Ungeklärtheit der Frage, welche Mittel wohl die Rechte anwenden würde, wenn sie radikal aus Regierung und Verwaltung verdrängt würde und auf absehbare Zeit von der Macht ausgeschlossen wäre."[147]

Für Thugutt persönlich war der Versuch der Regierungsbildung im Dezember 1923, wie er in seiner Autobiographie bekennt, der Höhepunkt seiner politischen Tätigkeit überhaupt.[148] Er verwahrt sich gegen später erhobene Vorwürfe, die Macht zu jenem Zeitpunkt nicht gewollt zu haben, vor ihr geflohen zu sein[149], wenn er auch erklärt, nicht über Witos' Machthunger, den er als etwas Positives und Natürliches an seinem Konkurrenten würdigt, verfügt zu haben.[150] Einer weiteren Vorhaltung, nämlich zu sehr im Alleingang und ohne Abstimmung mit seinen Parteifreunden gehandelt und diese mit seinen Beschlüssen überrascht zu haben, gesteht er im Rückblick eine gewisse Berechtigung zu.[151] Die Fraktion war wohl des öfteren durch Thugutts Eröffnungen, nachdem er sie vorher nicht oder nur unzureichend informiert und an seiner Meinungsbildung nicht beteiligt hatte, überfordert und tat sich dann sehr schwer, ihn uneingeschränkt zu unterstützen.

Seinen Hauptfehler im Zusammenhang mit der versuchten Regierungsbildung sieht Thugutt zu Recht, allerdings erst „bedeutend später", woanders.[152] Ihn überraschte die Absage der christlich-demokratischen Führer, da er aus Gesprächen mit deren Fraktionsvorsitzendem Chaciński den Eindruck gewonnen hatte, daß dieser Interesse an dem skizzierten Koalitionsprojekt hatte, es sogar befürwortete. Thugutt hatte es versäumt, rechtzeitig ein Gespräch mit dem in dieser Fraktion ebenfalls sehr mächtigen Wojciech Korfanty, der allerdings parlamentarisch gesehen als Vizepremier im Kabinett Witos sein Gegner war, zu führen. Chaciński hingegen war nicht willens und auch gar nicht in der Lage sich durchzusetzen. Er verstand als Politiker nur zu gut, daß „Gruppen langsam denken"[153] und daß man sie auf Entscheidungen vorbereiten muß. Thugutt hingegen verschloß sich dieser Erkenntnis damals noch weitgehend und maß einer umfassend angelegten und rechtzeitig begonnenen Überzeugungsarbeit unter Parteifreunden ebenso wie unter potentiellen Partnern zu wenig Gewicht bei.

Nachdem innerhalb eines Jahres nach den Neuwahlen alle parlamentarischen Lösungsmöglichkeiten gescheitert waren oder sich als nicht dauerhaft erwiesen hatten, bildete der politisch zwar rechts der Mitte stehende, jedoch parteipolitisch nicht gebundene Finanzexperte Professor Władysław Grabski auf Wunsch des Staatspräsidenten ein überparteiliches Fachkabinett. Grabski, der im Sommer 1920 schon einmal

---

[145] Sejm R.P., 90. Sitzung am 21. 12. 1923, Sp. 6.

[146] S. Thugutt: Czego chciałem i czego potrzeba [Was ich wollte und was notwendig ist], in: Wyzwolenie Nr. 53 vom 30. 12. 1923, S. 2.

[147] Bericht K. Nr. 653 Rauscher, Warschau, 20. 12. 1923, PA: IV Polen. Politik 7: Ministerien, Bd. 3.

[148] S. Thugutt: Wybór pism, S. 108.

[149] Ebd., S. 113.

[150] Ebd., S. 109.

[151] Ebd., S. 113.

[152] Ebd., S. 114.

[153] Ebd.

einen Monat lang eher glücklos das Amt des Premiers und verschiedene Male das des Finanzministers bekleidet hatte, übernahm das wichtige Finanzressort wiederum selbst. Während sich die „Wyzwolenie“ beim Amtsantritt Grabskis im Verein mit den anderen Linksparteien noch der Stimme enthielt[154], gab sie bereits kurz darauf, am 4. Januar 1924, ihre Zustimmung zu den Ermächtigungsgesetzen[155], um die der Premier den Sejm zwecks Sanierung der Staatsfinanzen und Durchführung einer Währungsreform ersuchte.

Die Partei empfand den Zusammenbruch von Währung und Staatsfinanzen als derart gravierend, daß sie, wie Thugutt erklärte, der Regierung gegenüber „wohlwollende Neutralität wahren und ihr die Arbeit ermöglichen“ wollte.[156] An dieser positiven Haltung hielt sie in den folgenden Monaten, in denen das Sanierungswerk voranschritt, fest. Die Stabilisierung der Währung durch die eigens zu diesem Zweck gegründete „Bank Polski“ – am 14. April 1924 erfolgte die Ablösung der polnischen Mark durch die Goldwährung Złoty (Gulden) – wurde von der Parteiführung ausdrücklich begrüßt.[157] Die „Wyzwolenie“ hegte allerdings gleichzeitig starke Vorbehalte gegen einige Minister, insbesondere von Anfang an gegen Außenminister Graf Maurycy Zamoyski.[158] Sie hielt der Regierung ebenfalls Unzulänglichkeiten auf verschiedenen anderen Gebieten vor und verlangte Kredite und steuerliche Erleichterungen für die kleinbäuerliche Landwirtschaft.[159]

Grabski, der sich durch sein Geschick bei der Berufung seiner Minister die Unterstützung sowohl der Linken als auch der Rechten zu sichern wußte, versuchte auch Thugutt für eine Mitarbeit zu gewinnen.[160] Dieser war dem Vorschlag durchaus zugänglich. So erstattete er etwa dem Premierminister nach seiner politischen Studienreise durch die Hauptstädte Westeuropas im Frühjahr 1924 Bericht und ließ sich anschließend in eine Kommission berufen, die sich mit der Erarbeitung von Sprachengesetzen für die Minderheiten Ostpolens befaßte. Grabski beabsichtigte ferner, Mitte Juli 1924 Thugutt das Außenministerium zu übertragen, während sein Bruder Stanisław Grabski, gleichfalls ein hervorragender Parlamentarier, gewissermaßen als rechtes Gegengewicht das Bildungsressort übernehmen sollte.

Die Fraktion der „Wyzwolenie“, die durch Thugutts Engagement an die Regierungspolitik gebunden wurde – dies empfand sie bei der Verabschiedung der Sprachengesetze kurz zuvor als besonders schmerzlich[161] –, war nicht bereit, seinen Eintritt in das Kabinett Grabski zu akzeptieren. Thugutt verzichtete daraufhin auf seine Absicht, legte den Fraktionsvorsitz nieder und trat enttäuscht aus der Fraktion aus. Außenminister wurde an seiner Stelle der auch als linksstehend geltende parteilose Aleksander Skrzyński, Agrarreformminister wurde Wiesław Kopczyński. Beide erfreuten sich einer gewissen Sympathie in der „Wyzwolenie“. Stanisław Thugutt trat erst im November

[154] Nowy rząd przed Sejmem [Die neue Regierung vor dem Sejm], in: Wyzwolenie Nr. 53 vom 30. 12. 1923, S. 5.

[155] Sejm R.P., 91. Sitzung am 4. 1. 1924, Sp. 27–30 (Rede Thugutts).

[156] Ebd., 90. Sitzung am 21. 12. 1923, Sp. 8.

[157] M. Malinowski: Bank Polski emisyjny [Die Polnische Emissionsbank], in: Wyzwolenie Nr. 17 vom 27. 4. 1924, S. 4.

[158] M. M.: Nasze żądania [Unsere Forderungen], in: Wyzwolenie Nr. 4 vom 27. 4. 1924, S. 3; Sejm R. P., 116. Sitzung am 7. 4. 1924, Sp. 13f. (J. Dąbski).

[159] Ebd., Sp. 16f.; 128. Sitzung am 12. 6. 1924, Sp. 29–43 (Rede Thugutts); A. Bogusławski: Wspomnienia, T. III (1922–1925), AZHRL: P–189/IIIa, S. 138.

[160] S. Thugutt: Wybór pism, S. 117–123.

[161] A. Bogusławski: Wspomnienia, T. III (1922–1925), AZHRL: P–189/IIIa, S. 152.

1924, jetzt parteiloser Parlamentarier, als Vizepremier ohne Portefeuille in die Regierung Grabski ein.

Trotz der positiven Gesten Grabskis gegenüber der Linken ging die Fraktion, die Andrzej Waleron zum Vorsitzenden wählte und keine Rücksicht mehr auf Thugutt zu nehmen brauchte, nach der Sommerpause zu einer wesentlich kritischeren Bewertung der Regierungspolitik über. Sie nahm hiervon lediglich einige Teilbereiche, vor allem die neue Außenpolitik Skrzyńskis, aus. Ihre Vertreter erklärten innerhalb und außerhalb des Sejm warnend, daß die Regierung bei einer Fortführung ihrer bisherigen Politik nicht mehr mit der Nachsicht der Partei rechnen könne.[162]

Den formellen Übergang in die Opposition vollzog die „Wyzwolenie" dann etappenweise in den ersten Wochen des Jahres 1925. Dabei gab es in der Parteiführung hierzu möglicherweise unterschiedliche Standpunkte. Während Walerons Nachfolger Rudziński auf der Vorstandssitzung vom 18./19. Januar 1925 noch sehr nachdrücklich die Notwendigkeit unterstrich, das Land vor einer Wiederholung einer Mitte-Rechts-Regierung zu bewahren[163] – dieses Ziel implizierte bei aller Kritik und Distanz eine gewisse weitere Stützung der Fachregierung Grabski –, wurde im Vorstandsbeschluß vom selben Tage auf eine entschiedenere Opposition hingesteuert, falls die Regierung nicht sofort einige wirtschafts- und steuerpolitische Minimalforderungen der Bauernschaft erfülle.[164] Wohl im Hinblick auf die bereits zu erahnende radikale Stimmung des bevorstehenden Parteitages beschloß die Fraktion Anfang März, ihre Taktik gegenüber der Regierung noch zu verschärfen, und zwar nun, wie es hieß, „unabhängig von der Situation, in der sich die Regierung infolgedessen befinden könnte".[165] Dieser Fraktionsbeschluß wurde vom Parteitag am 15./16. März 1925 bestätigt, ebenso die von der Fraktion gestellte Forderung nach Auflösung des Parlaments und nach Abhaltung von Neuwahlen.[166]

Faktoren, die die Haltung der „Wyzwolenie" gegenüber der Regierung beeinflußten, waren der Abschluß des Konkordats mit dem Vatikan im Februar 1925, das von der „Wyzwolenie" im März im Sejm entschieden abgelehnt wurde, sowie gewisse von der Partei als beunruhigend empfundene Aspekte der polnischen Außenpolitik im Frühjahr 1925. Auch ging die relativ günstige wirtschaftliche Entwicklung, die mit der Währungsreform von 1924 eingesetzt hatte, in der ersten Jahreshälfte 1925 ihrem Ende entgegen. Anzeichen hierfür waren ein Anstieg der Arbeitslosigkeit, ein starkes Anwachsen des Handelsbilanzdefizits und der Wertverlust des Złoty.[167] Auf den hartnäckigen Widerstand der „Wyzwolenie" stieß der im Frühjahr 1925 von der Regierung in der Verwaltungskommission des Sejm eingebrachte Gesetzentwurf einer Wahlordnung für die Dorfgemeinden, weil er statt des allgemeinen und gleichen Wahlrechts ein Pluralwahlrecht, d.h. ein System von Zusatzstimmen, vorsah. Die Mobilisierung der Mitglie-

[162] Sejm R.P., 157. Sitzung am 29./30. 10. 1924, Sp. 17–29 (J. Poniatowski); ebd., 168. Sitzung am 10. 12. 1924, Sp. 12–15 (E. Rudziński).

[163] Obrady Zarządu Głównego [Beratungen des Hauptvorstandes], in: Wyzwolenie Nr. 4 vom 25. 1. 1925, S. 3.

[164] Uchwały Zarządu Głównego ZPSL „Wyzwolenie" i „Jednośċ Ludowa" [Beschlüsse des Hauptvorstandes von ZPSL „Wyzwolenie" und „Jednośċ Ludowa"], in: Wyzwolenie Nr. 5 vom 1. 2. 1925, S. 5.

[165] Uchwały Klubu naszego [Beschlüsse unserer Fraktion], in: Wyzwolenie Nr. 11 vom 15. 3. 1925, S. 3; M. Rataj: Pamiętniki, S. 307.

[166] Nasz Walny Zjazd [Unser Parteitag], in: Wyzwolenie Nr. 12 vom 22. 3. 1925, S. 2.

[167] A. Próchnik: Pierwsze piętnastolecie, S. 199f.

der über die Parteipresse und über Resolutionen auf Kundgebungen führte zu einer großen Zahl an den Sejm gerichteter Petitionen in dieser Frage.[168]

Grabski versuchte durch Ministerberufungen gemäß den Wünschen der Rechtsparteien seine Stellung zu festigen, was auf der Linken kritisch vermerkt wurde. Durch die Demission des Agrarreformministers Kopczyński am 25. April 1925 sowie den definitiven Rücktritt Thugutts am 28. Mai 1925 nahm das Kabinett stärker den Charakter einer Rechtsregierung an.

Den Kern der Opposition bildeten zu diesem Zeitpunkt jedoch lediglich die „Wyzwolenie" und die nationalen Minderheiten. Die Sozialisten hegten ebenfalls keine Zuneigung zu dieser Regierung, wollten sie aber andererseits mangels einer Alternative nicht stürzen. Der Antrag auf Parlamentsauflösung, den die „Wyzwolenie" am 2. April 1925 stellte, wurde von ihnen deshalb nicht unterstützt.[169] Parteivorstand und Fraktion der „Wyzwolenie" hielten jedoch an dieser Forderung fest[170] und erweiterten ihre Kritik im Laufe des Sommers auf Grabskis Methoden der Machtausübung. In einem Rundschreiben des Parteivorstandes hieß es im August 1925 u.a.:

> „Wir treten gegen diese Regierung auch deswegen an, weil sie, um sich die Unterstützung verschiedener Parteien zu verschaffen, Mittel anwendet, die das moralische Niveau des politischen Lebens herabwürdigen."[171]

Im Parteiorgan kritisierte der Abgeordnete Niedzielski wenig später, daß Grabski lediglich vertraulich Mitglieder des Seniorenkonvents (Ältestenrat) über die tatsächliche wirtschaftliche und politische Situation des Landes unterrichtet habe, nicht jedoch den Sejm insgesamt, sowie daß beschlossen worden sei, solche „privaten, geheimen Versammlungen" öfter abzuhalten. Dieses „System" müsse die Partei auf das Schärfste bekämpfen.[172]

Als Grabski am 6. Oktober 1925 vor dem Sejm eine Regierungserklärung zum Budget abgab, hatte die „Wyzwolenie"-Fraktion bereits beschlossen, ein Mißtrauensvotum gegen ihn zu beantragen.[173] Diesen Plan konnte sie infolge einer durch außenpolitische Notwendigkeiten bedingten Vertagung des Sejm erst am 20. Oktober verwirklichen. Zwar wurden die an diesem Tage von Stolarski eingebrachten Anträge auf Entzug des Vertrauens und auf Auflösung des Sejm mit 182 gegen 153 Stimmen abgelehnt[174], doch waren die geringe Autorität und die schwache Stellung der Regierung sehr deutlich geworden. Drei Wochen später, am 13. November, reichte Grabski nach fast zweijähri-

---

168 Walka o równe prawo wyborcze do gminy [Der Kampf für ein gleiches Wahlrecht in der Gemeinde], in: Wyzwolenie Nr. 14 vom 5. 4. 1925, S. 8; Wznowienie walki o równe prawo wyborcze do gmin [Erneuerung des Kampfes für ein gleiches Wahlrecht in der Gemeinde], in: Wyzwolenie Nr. 40 vom 4. 10. 1925, S. 6.

169 Jak posłowie i kluby zachowały się w sprawie naszego wniosku [Wie sich die Abgeordneten und die Fraktionen zu unserem Antrag stellten], in: Wyzwolenie Nr. 15 vom 12. 4. 1925, S. 5.

170 Siehe die Beschlüsse des Parteivorstandes auf seinen Sitzungen am 26./27. April und 14. Juni 1925, in: Wyzwolenie Nr. 18 vom 3. 5. 1925, S. 1, und Nr. 25 vom 21. 6. 1925, S. 1.

171 Pismo Okólne – Komunikat Polityczno-Organizacyjny [Rundschreiben – Politisch-organisatorische Mitteilung], in: Wyzwolenie Nr. 34 vom 23. 8. 1925, S. 4f.

172 T. Niedzielski: Ciężka odpowiedzialność [Eine schwere Verantwortung], in: Wyzwolenie Nr. 39 vom 27. 9. 1925, S. 2.

173 M. Róg: Odroczenie obrad Sejmu [Vertagung der Beratungen des Sejm], in: Wyzwolenie Nr. 42 vom 18. 10. 1925, S. 2.

174 M. M.: Rząd p. Grabskiego został [Die Regierung von Herrn Grabski bleibt], in: Wyzwolenie Nr. 44 vom 1. 11. 1925, S. 2.

ger Amtszeit den Rücktritt seines Kabinetts ein. Anlaß hierfür war ein Konflikt mit dem Präsidenten der „Bank Polski", der die weitere Auszahlung von Valuten zur Stützung des Złotykurses ablehnte.

Noch bevor eine neue Regierung gebildet werden konnte, schaltete sich der seit Mitte 1923 im Ruhestand lebende Józef Piłsudski in die Ereignisse ein, indem er den Staatspräsidenten plötzlich und unaufgefordert aufsuchte und ihn hinsichtlich der Besetzung des Amts des Heeresministers zu beeinflussen suchte. Damit erreichte der zwischen Piłsudski und seinen Gegnern geführte Kampf um die Herrschaft über die polnische Armee einen weiteren Höhepunkt. Piłsudskis Forderungen, deren wichtigste die Ablösung General Sikorskis als Heeresminister war, sollten bei der Kabinettsbildung Berücksichtigung finden.

Die Regierungskrise, in deren Verlauf die „Wyzwolenie" erneut den Gedanken einer Mitte-Links-Regierung ins Spiel brachte[175], der jedoch keinerlei Aussicht auf Realisierung hatte, fand am 20. November 1925 mit der Bildung des Kabinetts Skrzyński ihr Ende. Angesichts der schwierigen wirtschaftlichen Lage hatte sich die Konzeption einer möglichst breiten Koalition durchsetzen können. In die Regierung traten fünf Parteien ein: die rechten Parteien „Nationaler Volksverband" (NZL) und „Christliche Demokratie" (Ch. D.), die Mittelpartei „Piast" und die linken Parteien „Nationale Arbeiterpartei" (NPR) und PPS. Für die „Wyzwolenie" wurde das Agrarreformministerium freigehalten. Die Partei lehnte jedoch ihre Teilnahme ab, stimmte gemeinsam mit den slawischen Minderheiten und den Kommunisten gegen das Kabinett Skrzyński und kündigte ihre Opposition an.[176]

Józef Putek begründete im Sejm diese Entscheidung damit, daß die anderen Parteien die Bildung dieser Regierung über den Kopf der „Wyzwolenie" hinweg vereinbart und die Erfüllung einer Reihe ihrer wirtschaftlichen und politischen Forderungen rundweg abgelehnt hätten. Zu den politischen Forderungen der Fraktion gehörte u.a. die nach einer Rückkehr Piłsudskis in die Armee. Die von der Fraktion bezogene Position wurde vom Parteivorstand am 6. Dezember 1925 in vollem Umfang gutgeheißen.[177] In einem Flugblatt rechtfertigte der Parteivorstand am Jahresende die Haltung der Partei noch einmal damit, daß sie in der Regierung „sogar gemeinsam mit den Sozialisten keinen angemessenen Einfluß und kein Übergewicht über die Reaktion hätte ..."[178] Auch gegen die Person des parteilosen Premierministers selbst wurden Vorbehalte geäußert, die sich im wesentlichen auf dessen Locarno-Politik bezogen.[179] Lediglich die Ernennung von General L. Żeligowski, eines Vertrauensmannes Piłsudskis, zum Heeresminister wurde positiv bewertet.[180]

Das Kabinett Skrzyński verfügte über die breiteste parlamentarische Mehrheit einer polnischen Regierung seit 1918 – ausgenommen die Allparteien-Koalition während des

175 Ustąpienie rządu p. Wł. Grabskiego [Rücktritt der Regierung von Herrn Wł. Grabski], in: Wyzwolenie Nr. 47 vom 22. 11. 1925, S. 1–3.

176 Sejm R.P., 255. Sitzung am 25. 11. 1925, Sp. 19–23 (J. Putek).

177 Co uchwalił Zarząd Główny naszego Stronnictwa [Was der Hauptvorstand unserer Partei beschlossen hat], in: Wyzwolenie Nr. 50 vom 13. 12. 1925, S. 2.

178 O nowym Rządzie i obecnym stanie rzeczy w Polsce. Zarząd Główny Z.P.S.L. „Wyzwolenie", Warszawa. Na nowy rok 1926 [Über die neue Regierung und den gegenwärtigen Stand der Dinge in Polen. Der Hauptvorstand der ZPSL „Wyzwolenie", Warschau. Zum neuen Jahr 1926]. CA KC PZPR: 109/II, poz. 22.

179 Ebd.

180 Nowy minister spraw wojskowych [Der neue Minister für Heeresangelegenheiten], in: Wyzwolenie Nr. 49 vom 6. 12. 1925, S. 9.

polnisch-sowjetrussischen Krieges im Jahre 1920 –, doch hatten die Koalitionsparteien teilweise sehr unterschiedliche Vorstellungen und Interessen.[181] Besonders gravierend waren die Gegensätze zwischen Finanzminister Zdziechowski und den Sozialisten, von denen eine starke Minderheit gegen die Koalition votiert hatte.

Die „Wyzwolenie“ bezog tatsächlich von Anfang an im Parlament die angekündigte Position gegen die Regierung, indem sie beispielsweise gegen deren Budgetprovisorien für das erste Quartal 1926 sowie für die Monate April und Mai 1926 stimmte.[182] Zu scharfen Attacken der Partei auf die Regierung kam es indes nicht. Die Fraktion und die gesamte Organisation der „Wyzwolenie“ durchlebten in dieser Zeit infolge der Abspaltung der Dąbski-Gruppe eine schwere innere Krise. Ihre Aufmerksamkeit galt daher in erster Linie der Eindämmung des Parteizerfalls. Die „Wyzwolenie“ verblieb bis zum Rücktritt der Regierung Skrzyński am 5. Mai 1926 dieser gegenüber in der vom Parteitag am 15./16. März 1926 noch einmal bestätigten Opposition.[183]

Hervorzuheben ist, daß sich die Partei mit der von ihr gewählten Haltung bereits zur Zeit der Regierung Grabski, stärker dann noch während des Skrzyński-Kabinetts, von ihrem bisherigen sozialistischen Bündnispartner, der indirekt oder direkt Regierungsverantwortung trug, entfernte. Gewisse Unstimmigkeiten hatten zwischen der Arbeiterlinken und der Bauernlinken stets existiert, doch wurden unterschiedliche Interessen beider Parteien im Laufe des Jahres 1925, besonders während der Abstimmungen über das Agrarreformgesetz, deutlicher sichtbar. Es ist schwer zu ermitteln, ob, ähnlich wie in der PPS, an der Jahreswende 1925/26 in der „Wyzwolenie“ eine interne Diskussion über die Frage einer Regierungsbeteiligung stattfand. Geht man von den vorliegenden Quellen aus, scheint dies nicht der Fall gewesen zu sein. Eine Ahnung, geschweige denn ein Bewußtsein davon, daß es sich bei dem Kabinett der großen Koalition um die letzte aussichtsreiche Möglichkeit handelte, Polen weiterhin parlamentarisch zu regieren, war in der Partei offensichtlich nicht vorhanden.

Zusammenfassend ist festzustellen, daß die „Wyzwolenie“ in den ersten 42 Monaten der ersten regulären Legislaturperiode des polnischen Parlaments, d.h. von seinem Zusammentritt Ende November 1922 bis zum Staatsstreich Piłsudskis im Mai 1926, zu keinem Zeitpunkt an einer Regierung beteiligt war und die weit überwiegende Zeit in der Opposition zur jeweiligen Regierung verbrachte. Mitgetragen wurden von ihr lediglich die außerparlamentarische Regierung Sikorski in der ersten Jahreshälfte 1923 und die ebenfalls außerparlamentarische Regierung Grabski II während ihrer ersten sechs Monate, d.h. in der ersten Jahreshälfte 1924. Da die außerparlamentarischen Regierungen politisch teilweise sehr heterogen zusammengesetzt waren, konnte es geschehen, daß einzelnen Ministern, unabhängig von der grundsätzlichen Haltung der Fraktion zur Regierung, ein geringeres oder größeres Vertrauen entgegengebracht wurde.

Stanisław Thugutt, der ein tieferes Verständnis des Parlamentarismus als die meisten seiner Fraktionskollegen besaß, akzeptierte aus voller Überzeugung sowohl die Oppositionsrolle der „Wyzwolenie“ während des Kabinetts Witos II als auch den anschließenden Auftrag zur Regierungsbildung, den er freilich nicht auszuführen vermochte.

---

181 Entstehung und Tätigkeit dieses Kabinetts behandelt J. Tomaszewski: Gabinet Aleksandra Skrzyńskiego [Das Kabinett Aleksander Skrzyński], in: Najnowsze Dzieje Polski. Materiały i studia z okresu 1914–1939, T. 11, Warszawa 1967, S. 5–24.

182 Sejm R.P., 258. Sitzung am 11. 12. 1925, Sp. 16–27; ebd., 282. Sitzung am 29. 3. 1926, Sp. 15–20; ebd., 285. Sitzung am 26. 4. 1926, Sp. 30–35.

183 Uchwały Zjazdu [Parteitagsbeschlüsse], in: Wyzwolenie Nr. 13 vom 28. 3. 1926, S. 3.

Auch seine weiteren Bemühungen scheiterten, die Partei an konstruktivere Positionen heranzuführen.

Nach Thugutts Parteiaustritt versteifte sich die Partei immer stärker auf ihre Oppositionshaltung. Diese zeigte sich besonders deutlich im November 1925, als sogar die PPS in die Regierung Skrzyński eintrat, und diesen Schritt mit der Notwendigkeit, die Interessen der Arbeiterschaft in der Krise wahren zu müssen, begründete. Die Ablehnung von Kompromissen ging einher mit abstrakten und monotonen Forderungen nach einer „wahrhaft demokratischen Regierung" bzw. nach Neuwahlen. Die „Wyzwolenie" war am Vorabend des Staatsstreichs Piłsudskis zu einer sich verweigernden Oppositionspartei par exellence geworden, die zwar aufgrund ihrer zahlenmäßigen Stärke jederzeit ihren Beitrag zum Sturz einer ihr unliebsamen Regierung leisten konnte und dies auch tat, jedoch nicht imstande war, eine neue zu bilden. Sie bahnte auf diese Weise – selbstverständlich war sie hierbei nur eine unter anderen Kräften – der Diktatur den Weg.

5.2.4. Die „Wyzwolenie" und der Staatsstreich Piłsudskis im Mai 1926

Der Lauf der Ereignisse beschleunigte sich nach dem Auseinanderbrechen der großen Koalition am 5. Mai 1926 erheblich. Premierminister wurde am 10. Mai 1926 noch einmal Wincenty Witos an der Spitze einer von der Rechten (NZL, Christliche Demokratie, Christlich-Nationale) und dem Zentrum („Piast" und diesmal auch NPR) getragenen Mehrheitsregierung. Diese wurde von den Linksparteien sofort feindselig als Fortsetzung der zweiten Regierung Witos des Jahres 1923 angesehen, die unter sehr schweren Bedingungen regiert und die Abneigung größerer Bevölkerungsteile auf sich gezogen hatte.

Bereits während der Regierungskrise hatte die Gesamtfraktion der „Wyzwolenie" am 5. Mai eine Erklärung abgegeben, in der sie sich auf die Ereignisse des Jahres 1923 wie Inflation, Unruhen usw. bezog und jeden Versuch einer solchen Regierungsbildung als „Provokation für das arbeitende Polen" bezeichnete.[184] Um zu verhindern, daß die Bevölkerung das Vertrauen in den Staat völlig verliere, hieß es weiter, werde die Fraktion „jede, auch die schonungsloseste Form des Kampfes mit einer Regierung des Chjeno-Piast als richtig und für das Wohl der Nation gerechtfertigt ansehen". Auch der am 6. Mai unter maßgeblicher Beteiligung der „Wyzwolenie" zustande gekommene „Block der polnischen demokratischen Linken im Sejm" hatte am selben Tage „entschlossenen und schärfsten Widerstand seitens der polnischen Demokratie" gegen eine solche Regierung angekündigt.[185] Auf seiner Sitzung am 9. Mai 1926 hatte der Parteivorstand die Haltung der Fraktion gebilligt und „zur Verteidigung des Parlamentarismus" eine Verstärkung der Propaganda für die Auflösung des Sejm beschlossen.[186]

Diese Festlegungen der „Wyzwolenie" und der anderen Linksparteien wirkten in jenen Tagen zweifellos auf die Meinungs- und Stimmungsbildung eines erheblichen Teiles der Bevölkerung ein.[187] Während die Linksparteien die Regierung Witos verurteilten

[184] Nowy rząd Chjeno-Piasta [Eine neue Chjeno-Piast-Regierung], in: Wyzwolenie Nr. 20 vom 16. 5. 1926, S. 2.

[185] Ebd.

[186] Co uchwalił Zarząd Główny PSL Wyzwolenie [Was der Hauptvorstand der PSL Wyzwolenie beschlossen hat], in: Wyzwolenie Nr. 20 vom 16. 5. 1926, S. 4.

[187] A. Ajnenkiel: Od „rządów ludowych", S. 299.

und ihr jede Zusammenarbeit verweigerten[188], bereitete Piłsudski mit einem für Witos außerordentlich beleidigenden Zeitungsinterview psychologisch das Terrain für seine Machtergreifung vor.[189] Die Behörden reagierten am 11. Mai, dem Erscheinungstag des Interviews, mit einer Beschlagnahme des „Kurjer Poranny", wodurch die öffentliche Meinung zusätzlich stark erregt wurde. Demonstrationen von Anhängern Piłsudskis in Warschau waren lediglich der sichtbare Teil dramatischer Vorgänge, die in die Endphase des Kampfes um die Macht im polnischen Staat führten.

Im Hintergrund setzte Piłsudski ihm treu ergebene Truppenteile in Bewegung und nahm am 12. Mai den militärischen Kampf gegen die verfassungsmäßige Regierung auf. Die Linksparteien, die völlig auf seiner Seite standen, appellierten noch am selben Tage an Staatspräsident Wojciechowski, ein Blutvergießen zu vermeiden, d.h. Piłsudski gegenüber nachzugeben.[190] Der Staatsstreich endete bereits zwei Tage später vor allem deswegen erfolgreich, weil der von der PPS ausgerufene Generalstreik der Eisenbahner den Widerstand der Regierung und des Präsidenten zermürbt hatte. Beide erklärten ihren Rücktritt und machten den Weg frei für Verhandlungen des nun als Staatsoberhaupt fungierenden Sejmmarschalls Rataj mit Piłsudski über die Beendigung des Bürgerkrieges und die Wiederherstellung geordneter Verhältnisse. Es sollte dies freilich eine neue Ordnung, eine Ordnung der „moralischen Diktatur" Piłsudskis werden, die nicht nur die negativen Seiten der Herrschaft der Parteien, sondern die parlamentarische Demokratie in Polen schlechthin beseitigte.

Die „Wyzwolenie" verfügte als Bauernpartei während der Kämpfe zwar über keine so scharfe Waffe wie die PPS mit dem Generalstreik, doch nutzte sie deutlich die ihr zu Gebote stehenden Mittel, um auf seiten der Umstürzler einzugreifen. Indem die Partei am 12. Mai gemeinsam mit ihren Partnern im Linksblock den Präsidenten aufforderte, die legal zustande gekommene Regierung Witos fallenzulassen, verstärkte sie den verfassungswidrigen Druck Piłsudskis auf dieses Staatsorgan. Am 13. Mai rief der Parteivorstand in einem Flugblatt die Bevölkerung dazu auf, die Mobilisierungsmaßnahmen der rechtmäßigen Regierung zu sabotieren.[191] Und gegen Ende der Kämpfe schließlich, vermutlich am 14. Mai, wandte sich der Parteivorstand noch einmal an die gesamte Bevölkerung und rief dazu auf, den bereits vollzogenen Staatsstreich zu unterstützen.[192]

Wenn es auch nicht einfach ist, die Wirkung der in jenen Tagen von der Parteiführung abgegebenen Stellungnahmen genauer zu ermitteln, so läßt sich doch vermuten, daß sie eine nicht zu unterschätzende Hilfe für Piłsudski darstellten. Dies gilt nicht nur für die Hauptstadt, wo es in der Situation des Bürgerkrieges für Piłsudskis Truppen äußerst wichtig war, der Sympathien und der Unterstützung der Gesellschaft sicher zu sein, sondern vor allem für die Provinz, wo die Partei immer noch eine der bedeutendsten politischen Kräfte darstellte. Hier übernahm sie eine wichtige Funktion bei der Mobilisierung der Öffentlichkeit zugunsten der Person und des Vorgehens Piłsudskis. Sie organisierte Märsche, Kundgebungen und Solidaritätsveranstaltungen, auf denen von Tausenden Dank- und Huldigungsadressen an Piłsudski abgegeben wurden. Dabei

---

188 Nowy rząd Chjeno-Piasta [Eine neue Chjeno-Piast-Regierung], in: Wyzwolenie Nr. 20 vom 16. 5. 1926, S. 3.

189 A. Garlicki: Przewrót majowy [Der Mai-Umsturz], Warszawa 1978, S. 221.

190 Stronnictwa demokratyczne w Belwederze [Die demokratischen Parteien im Belvedere], in: Kurjer Poranny Nr. 131 vom 13. 5. 1926, S. 2; s.a. Wyzwolenie Nr. 21 vom 23. 5. 1926, S. 4.

191 Obywatele! [Bürger!], CA KC PZPR: 109/II, poz. 25.

192 Obywatele! [Bürger!], ebd.: 109/II, poz. 24.

konnte die Partei an die von ihr seit jeher betriebene Piłsudski-Verehrung und -Propaganda anknüpfen.

Aus Berichten der Verwaltungsbehörden der Wojewodschaft Lublin geht hervor, daß untere Parteigliederungen sehr schnell entsprechende Aktivitäten entfalteten, in der Regel bereits unmittelbar nach den Kämpfen in Warschau, als die Lage im gesamten Lande noch keineswegs als vollständig geklärt betrachtet werden konnte. Viele Kundgebungen fanden am 16. Mai 1926, einem Sonntag, im Anschluß an den Gottesdienst statt. In der Kreisstadt Zamość versammelten sich an diesem Tage beispielsweise auf Initiative der dortigen „Wyzwolenie" einige tausend Menschen, sowohl städtische als auch dörfliche Bevölkerung.[193] Zu ihnen sprachen der dort ansässige Rechtsanwalt und „Wyzwolenie"-Senator Piotr Zubowicz sowie Bolesław Wnuk, der bei den Bauern sehr populäre bäuerliche Ortsverbandsvorsitzende der „Wyzwolenie". Der zuständige Starost berichtete seiner vorgesetzten Behörde:

> „Die Versammlung trug den Charakter einer Kundgebung zu Ehren Marschall Piłsudskis. Die einzelnen Redner unterstrichen die weittragende Bedeutung der Aktion Marschall Piłsudskis, wobei sie die bisherigen bürgerlichen Regierungen anprangerten und eine Arbeiter- und Bauern-Regierung verlangten. Die Stimmung der Versammelten war aufgeregt."[194]

Nach der Sitzung des Parteirates am 23. Mai 1926, in der Kazimierz Bagiński seitens des Parteivorstandes entsprechende Vorschläge unterbreitete, kam in den Orts- und Kreisorganisationen eine regelrechte Resolutionskampagne in Gang.[195] In Hunderten von Briefen und Telegrammen an Sejmmarschall Rataj und an den Parteivorstand wurde nun die Wahl Piłsudskis in das Präsidentenamt und die Ausschreibung von Neuwahlen gefordert.[196]

Wie kam es zu einer derart eindeutigen Unterstützung des gewaltsamen Vorgehens Piłsudskis durch die sich von Anfang an als demokratisch verstehende Partei „Wyzwolenie"? Handelte es sich hierbei doch um einen Staatsstreich, der sich klar gegen die verfassungsmäßige Ordnung in der Republik Polen richtete. Bei einer Beantwortung dieser Frage sind zweifellos mehrere Dinge ins Auge zu fassen. Zunächst einmal ist die innenpolitische Situation, wie sie sich damals der polnischen Linken darstellte, zu berücksichtigen. Sie sah in den von der Rechten und dem „Piast" getragenen Regierungen einen politischen Gegner, dessen Politik nicht nur die besitzenden Klassen begünstigte, sondern der Neigungen zu undemokratischen Veränderungen der Märzverfassung erkennen ließ und ankündigte, das Land mit starker Hand regieren zu wollen.

Gerüchte über Planungen eines Putsches von rechts beschäftigten die Gesellschaft seit Jahren. Vorurteile, gegenseitige Unterstellungen, alte persönliche Animositäten und Rivalitäten zwischen den Bauernparteilern beider Lager mögen mit bewirkt haben, daß die Führer der einen Bauernpartei es billigten, daß Vertreter der anderen Bauernpartei mit Gewalt aus ihren Staatsämtern gejagt wurden und daß polnische Soldaten – unter ihnen viele Bauernsöhne – aufeinander schossen. Zum Wunsch, die parlamentarische Demokratie gegen Gefahren von rechts zu verteidigen und die Position der eigenen Partei dauerhaft zu sichern, kam die Überzeugung, daß ein Eingreifen Piłsudskis sich auf die sozialen und wirtschaftlichen Verhältnisse des Landes vorteilhaft auswirken wür-

[193] WAPL: UWL. WSP. sygn. 2074, S. 19 (Zamość, 7. 6. 1926).

[194] Ebd.

[195] Co uchwaliła Rada Naczelna [Was der Oberste Rat beschlossen hat], in: Wyzwolenie Nr. 22 vom 30. 5. 1926, S. 1f.

[196] Tam nie śpią [Dort schläft man nicht], in: Wyzwolenie Nr. 24 vom 13. 6. 1924, S. 8f.

de, so daß sich zumindest ein Teil ihres Parteiprogramms verwirklichen lassen würde. Eine Garantie hierfür erblickten viele Parteimitglieder in der sozialistischen Vergangenheit Piłsudskis.[197]

Die „Wyzwolenie“ war, wie oben bereits erwähnt, seit ihrer Entstehung auf vielfältige Weise mit Piłsudski verbunden. Sowohl an der Basis als auch in der Parteiführung wurden die Traditionen der von Piłsudski und seinen Anhängern gegründeten Polnischen Militär-Organisation POW, der Legionen und der Schützen gepflegt. Die Partei betrachtete Piłsudski geradezu als Verkörperung der Unabhängigkeitsidee und als Hoffnungsträger für eine demokratische und sozial fortschrittliche Entwicklung des Landes.[198] Hiervon zeugen zahllose Reden, Resolutionen und Zeitungsartikel in den Jahren zwischen 1918 und 1926. Nach seinem Austritt aus der Armee Mitte 1923 wurde von der Partei immer wieder seine Rückkehr verlangt. Zweifellos war der Einfluß Piłsudskis auf die „Wyzwolenie“ im gesamten Zeitraum vor 1926 beträchtlich; diesen gewährleistete schon eine Reihe von Anhängern, die er in der Führungsgruppe der „Wyzwolenie“ ebenso wie in anderen Parteien besaß.

Die Berichte darüber, wer zu seinen Parteigängern in der „Wyzwolenie“ gehörte, gehen auseinander. In den ersten Jahren zählten wohl unter anderem Juliusz Poniatowski, Irena Kosmowska, Kazimierz Bagiński und Stanisław Thugutt dazu.[199] Nicht alle gingen wie Thugutt mit der Zeit auf Distanz zu Piłsudski. Bei der Aufspaltung der gemeinsamen Fraktion Ende 1919 verblieben einige von ihnen im „Piast“, zum Beispiel Antoni Anusz, der allerdings 1923 in die Partei zurückkehrte. Andere Vertrauensmänner Piłsudskis gelangten in den Sejmwahlen 1922 oder aber durch die Angliederung der Dąbski-Gruppe im Herbst 1923 in die entscheidenden Gremien der „Wyzwolenie“. Unter ihnen waren die Offiziere Marian Kościałkowski, Bogusław Miedziński und Karol Polakiewicz.[200] Stanisław Giza nennt auch den Dąbski-Gegner Eustachy Rudziński einen „erklärten Piłsudskisten“.[201] Hinzu kamen sicherlich weitere Sympathisanten Piłsudskis, von denen sich einige eventuell auch bedeckt gehalten haben werden. Wie dem im einzelnen auch gewesen sein mag: Fest steht, daß insbesondere Vertreter der Intelligenz in der „Wyzwolenie“ dem Piłsudski-Lager im engeren Sinne angehörten. Hieran änderten auch die Parteispaltungen und -zusammenschlüsse, von denen die Partei betroffen war, wenig. In der Partei gab es bis 1926 weit mehr Piłsudski-Anhänger als etwa in der PPS, wo sie in den Monaten vor dem Staatsstreich unter den Abgeordneten keine Mehrheit besaßen.[202] Der Anteil, den die „Wyzwolenie“ bei der Herausbildung und Pflege positiver Ansichten der Bauern über Piłsudski hatte, muß hoch veranschlagt werden.

Übertrieben wäre es andererseits, die „Wyzwolenie“ als eine vollständig von Piłsudski abhängige bzw. ihm absolut ergebene Partei zu bezeichnen, wie es die politischen

---

[197] A. Garlicki: Przewrót majowy, S. 284.

[198] J. Jachymek: Myśl polityczna, S. 243.

[199] J. Molenda: Polskie Stronnictwo Ludowe, S. 62; A. Waleron: Pamiętniki, T. II, AZHRL: P–129/II, S. 392; T. Kurczak: Pamiętnik [Memoiren], cz. II, AZHRL: P–56, S. 9; R. Wasilewski: Wspomnienia o współpracy z Thuguttem [Erinnerungen an die Zusammenarbeit mit Thugutt], AZHRL: P–68, S. 18ff.; W. Stankiewicz: Życie i działalność Ireny Kosmowskiej [Leben und Wirken von Irena Kosmowska], in: Wspomnienia o Irenie Kosmowskiej [Erinnerungen an Irena Kosmowska], Warszawa 1974, S. 23.

[200] A. Garlicki: Przewrót majowy, S. 68, 95, 134, 144, 168.

[201] S. Giza: Jan Dąbski. Całe życie dla ludu [Jan Dąbski. Das ganze Leben für das Volk], Warszawa 1979, S. 145, 149.

[202] A. Garlicki: Przewrót majowy, S. 189.

Gegner der Partei gern taten. Hinzuweisen ist hier beispielsweise auf die Vorbehalte der Partei gegen Piłsudskis Kiew-Feldzug, auf ihren Widerstand gegen die von ihm Ende 1922 vorgeschlagene Präsidentschaftskandidatur Witos' und auf ihre Irritation über sein Vorgehen gegen Premierminister Ponikowski im Sommer 1922. Manche „Wyzwolenie"-Politiker mögen bereits zu einem relativ frühen Zeitpunkt erkannt haben, daß ihre Partei für Piłsudski lediglich ein Instrument seines Machtstrebens war. Bei den meisten von ihnen war dies jedoch erst nach dem Mai 1926 der Fall.

Ernüchtert mußte schon am 14. Mai 1926 eine aus Woźnicki, Poniatowski und Rudziński bestehende „Wyzwolenie"-Delegation, die von Piłsudski die Verkündung eines Dekrets über die entschädigungslose Enteignung des Großgrundbesitzes forderte, erfahren, daß dieser hierzu keineswegs bereit war.[203] Diese Abfuhr entmutigte die Partei noch keineswegs, glaubte sie doch, auf das innenpolitische Kräfteverhältnis setzen zu können, das Piłsudski dazu bewegen mußte, sich auf die Linke zu stützen. Piłsudski dachte indes gar nicht daran, ihrer Forderung nach Neuwahlen zu entsprechen, die in der damaligen Situation vermutlich eine Stärkung der Linken gebracht hätten, sondern zog es vor, seinen Staatsstreich zunächst in legale Bahnen münden zu lassen und sich weder auf die Rechte noch auf die Linke zu stützen. Freilich gab er seine Absicht, eine autoritäre, die Interessen konservativer Kreise berücksichtigende Stabilisierungspolitik unter weitgehender Ausschaltung des Parlaments durchzuführen, anfangs nicht zu erkennen. Der Staatsstreich war Gipfel- und zugleich Wendepunkt der Unterstützung der „Wyzwolenie" für Piłsudski. Binnen weniger Monate breitete sich die Enttäuschung über ihn in der Partei aus, zunächst bei der Führung, später auch an der Basis. Im Jahre 1927 wandte sich die Partei dann von ihm ab und schwenkte im Jahr darauf schließlich in das Lager der Opposition über.

5.2.5. Integrations- und Desintegrationsprozesse in Fraktion und Partei

Die Fraktion war – wie auch in der vorangegangenen Legislaturperiode – nichts Festgefügtes und Fertiges, sondern ein höchst veränderliches Gebilde. Sie durchlebte sowohl Phasen des Wachstums als auch der Schrumpfung. Nachdem sich ihr im Jahre 1922 die „Odrodzenie" und die Putek-Gruppe der „PSL-Lewica" angeschlossen hatten, setzte sich diese Ausweitungstendenz nach den Wahlen zunächst noch gut anderthalb Jahre fort. Im November 1923 gelangten zwölf Abgeordnete und drei Senatoren, die im Mai des Jahres den „Piast" verlassen und die „Jedność Ludowa" (Bauerneinheit) gebildet hatten, in die „Wyzwolenie".[204] Formell gesehen handelte es sich dabei um die Fusion zweier Parteien. Sie ließ die „Wyzwolenie"mit nun 60 Abgeordneten zur stärksten Bauernpartei im Sejm werden. Seit Mitte 1924 etwa kehrte sich die Entwicklung dann um, als bereits vorher angelegte, bis dahin jedoch verdeckte innerparteiliche Konflikte sich schnell zuspitzten.

Thugutts Austritt aus der Partei im Juli 1924 war der Beginn einer ganzen Reihe von Abspaltungen. Noch im Jahre 1924 verließen sechs Abgeordnete des linken Flügels die „Wyzwolenie". Es waren dies vor allem Abgeordnete aus Nordostpolen, denen die Minderheiten- und Agrarreformpolitik der Parteiführung nicht weit genug ging und die

---

203 Ebd., S. 285.

204 Dies waren die Abgeordneten A. Anusz, A. Bogusławski, A. Bujak, J. Dąbski, A. Dubrownik, W. Fijałkowski, B. Miedziński, K. Polakiewicz, B. Wędziagolski, T. Wilkoński, W. Wojtowicz und H. Wyrzykowski sowie die Senatoren G. Dobrucki, S. Nowak und B. Wysłouch.

gegen den gemäßigten Kurs der Parteiführung insgesamt opponierten.[205] Sie gründeten am 11. November 1924 die „Unabhängige Bauernpartei" (Niezależna Partia Chłopska – NPCh). Hiermit war der linke Flügel der Partei stark geschwächt, jedoch keineswegs ganz verschwunden. Auf dem Parteitag vom 15./16. März 1925 konnten sich die Linken immerhin mit ihrer radikalen Position in der Entschädigungsfrage durchsetzen.

Es war dieser Parteitagsbeschluß, eine vor allem von der Basis her bewirkte Bewegung nach links, die drei Senatoren und fünf Abgeordnete des rechten Flügels im März und April 1925 mit der Begründung, die Partei stehe nicht mehr mit ihrem gesamten Programm auf dem Boden der Verfassung, zum Austritt veranlaßte.[206] Aus Protest wiederum gegen die Reserve, mit der die Fraktionsmehrheit die radikalen Beschlüsse des Parteitages behandelte, wechselte der linke Abgeordnete Alfred Fiderkiewicz am 25. März 1925 zur NPCh.[207] Am 31. 12. 1925 traten schließlich noch die beiden Abgeordneten A. Ćwiakowski und S. Hellman aus der Partei aus, von denen der erstere eine monarchistische Organisation gründete, der letztere sich zunächst keiner anderen Partei anschloß.[208] Im Ergebnis all dieser Austritte verfügte die „ZPSL ‚Wyzwolenie' und ‚Jedność Ludowa'", wie sie sich seit dem Zusammenschluß mit der Dąbski-Gruppe offiziell nannte, am Jahresende 1925 nur noch über 45 Abgeordnete und neun Senatoren, war jedoch immer noch eine der großen Parteien im Parlament.

Zu ihrer wirklich ernsthaften Schwächung kam es erst kurz darauf, als sich am 12. Januar 1926 15 Abgeordnete mit dem am 3. Januar 1926 aus der Partei ausgeschlossenen Jan Dąbski solidarisierten und Fraktion und Partei verließen.[209] Damit hatte der Prozeß des Abbröckelns und der Abspaltungen auf der Ebene des Parlaments seinen Höhepunkt erreicht. Mit dem Parteiaustritt dreier weiterer Abgeordneter Ende Januar 1926 und noch eines Abgeordneten im Februar 1926 flaute er endlich ab.[210] Er währte noch eine Zeitlang in der Provinz, wo es den Sezessionisten gelang, ganze Kreisparteiorganisationen der „Wyzwolenie" in die von Jan Dąbski inzwischen gegründete „Bauernpartei" (Stronnictwo Chłopskie – SChł) zu überführen.[211] Im Mai 1926, dem Schlußpunkt dieser Untersuchung, gehörten nur noch 25 Abgeordnete und neun Senatoren der „Wyzwolenie" an.

Dank der hohen Autorität Thugutts und seiner geschickten Führung der Fraktion setzte der Abspaltungsprozeß nicht schon früher ein. Thugutt versuchte lange Zeit hindurch, sowohl den linken als auch den rechten Parteiflügel sowie – dies war beinahe

---

[205] S. Ballin und W. Szakun verließen die Partei am 9. 7. 1924, A. Bon, F. Hołowacz, A. Szapiel und S. Wojewódzki am 11. 11. 1924. Vgl. B. Dymek: Niezależna Partia Chłopska, S. 25f.

[206] Zu dieser Gruppe gehörten die Abgeordneten K. Bartel, J. Barański, L. Chomiński, M. Kościałkowski und E. Śmiarowski sowie die Senatoren G. Dobrucki, S. Gaszyński und B. Wysłouch. Vgl. A. Bogusławski: Wspomnienia, T. IV (1925–1926 maj), AZHRL: P–189/IVa, S. 300f.; S. Lato: Procesy integracyjne w ruchu ludowym w latach 1918–1931 [Integrationsprozesse in der Bauernbewegung in den Jahren 1918–1931], in: Siedemdziesiąt lat ruchu ludowego. Materiały z sesji naukowej [Siebzig Jahre Bauernbewegung. Materialien einer wissenschaftlichen Tagung], Warszawa 1967, S. 78.

[207] Vgl. B. Dymek: Niezależna Partia Chłopska, S. 55.

[208] S. Hellman trat dann im Januar 1926 der neuen „Bauernpartei" (Stronnictwo Chłopskie) bei. Vgl. A. Bogusławski: Wspomnienia, T. IV (1925–1926 maj), AZHRL: P–189/IVa, S. 303f.

[209] Zu dieser Gruppe gehörten A. Bujak, F. Chyb, J. Duro, W. Fijałkowski, T. Jemielewski, J. Ledwoch, T. Niedzielski, K. Polakiewicz, J. Sanojca, J. Szafranek, J. Tabor, A. Waleron, W. Wojtowicz, S. Wrona und J. Zalewski. Vgl. A. Więzikowa: Stronnictwo Chłopskie, S. 29.

[210] Ende Januar traten die Abgeordneten J. Adamowicz, A. Dubrownik und B. Wędziagolski, im Februar der Abgeordnete S. Tatarczak zu Dąbski über. Ebd., S. 32.

[211] Ebd., S. 37.

noch wichtiger – die stärksten Persönlichkeiten der Fraktion in die gemeinsame Arbeit einzubinden und die Einheit der Partei aufrechtzuerhalten. Die Probleme nahmen freilich bereits in seiner Amtszeit zu, nicht zuletzt wegen der von ihm angestrebten Zusammenarbeit mit Regierungschef Grabski. Die Linke um Sylwester Wojewódzki, die infolge der zunehmenden Unzufriedenheit der Bevölkerung in den Ostgebieten immer radikalere Forderungen stellte, verlangte in den ersten Monaten des Jahres 1924 erfolglos eine Änderung der Taktik Thugutts.[212]

Immer häufiger kam es in der Fraktion zu Streitigkeiten zwischen den verschiedenen Gruppen. Fiderkiewicz, der zum linken Flügel gehörte, berichtet von „Kämpfen der Linken mit allen reaktionären oder opportunistischen Ansichten“ und erwähnt eine erregte Auseinandersetzung zwischen seinem Gesinnungsfreund S. Wojewódzki und dem entschiedenen Piłsudski-Anhänger Oberst B. Miedziński, der Gegner einer konsequenten Agrarreform bei entschädigungsloser Enteignung des Großgrundbesitzes gewesen sei. Auch zwischen der Rechten und der Mitte habe es Reibereien gegeben.[213]

Der Beitritt der Dąbski-Gruppe „Jedność Ludowa“ im November 1923 hatte zu einer Vergrößerung der Partei geführt, ihre inneren Probleme andererseits verstärkt, da Dąbski – ein talentierter und nach Macht strebender Politiker – sich nicht ohne weiteres in die bestehende Ordnung der „Wyzwolenie“ fügte. Die „Jedność Ludowa“ verlangte für sich am Vorabend des Zusammenschlusses von der „Wyzwolenie“ eines der Vorsitzendenämter in der Gesamtpartei, entweder das des Hauptvorstandes oder das der Fraktion. Thugutt überließ Dąbski, um ein Scheitern des bevorstehenden Vereinigungsparteitages zu vermeiden, den Vorstands-, d.h. den Parteivorsitz.

In seiner Autobiographie bewertet Thugutt die Vereinigung beider Parteien als Stärkung des rechten Flügels in der Fraktion, auf dessen Zusammensetzung er nicht näher eingeht. Man habe danach von ihm die Entfernung der „ganzen Gruppe der Ultralinken“, d.h. der Linken, gefordert, was er jedoch mit der Feststellung, daß die Fraktion dann nach rechts „umstürzt“, abgelehnt habe.[214] Dennoch war das Verhältnis zwischen Thugutt und Dąbski wohl nicht durch schwerwiegende politische oder persönliche Gegensätze belastet. Vermutlich bildete sich eine Art sachlicher Arbeitsteilung zwischen beiden heraus. Stanisław Giza meint sogar, Thugutt habe neben A. Waleron und S. Wrona zu den wenigen in der Fraktion gehört, die Dąbski Sympathie entgegenbrachten.[215] Freilich gab es in der Fraktion eine Reihe von einflußreichen Personen, die Dąbski abgeneigt waren. Zu nennen sind hier vor allem E. Rudziński und K. Bagiński, doch auch J. Smoła und B. Stolarski.

Eine Abgeordnetengruppe, die zunächst nicht unmittelbar an den fraktionsinternen Auseinandersetzungen teilnahm, war die relativ kleine Gruppe der kongreßpolnischen Bauern, als deren Führer Andrzej Waleron galt. Sie schaute mit einem gewissen Unverständnis und mit Beklommenheit auf die Streitigkeiten zwischen den „Intelligenzlern“ und auf die sich lockernde Fraktionsdisziplin.

Stanisław Thugutt, der sein ganzes politisches Gewicht einsetzte, um die Fraktion von der Richtigkeit seines Vorgehens zu überzeugen, geriet in ihr von Tag zu Tag unter stärkeren Druck. Für seine Anträge fand er eine immer knapper werdende Mehrheit,

---

212 B. Dymek: Niezależna Partia Chłopska, S. 19.

213 A. Fiderkiewicz: „Dobre czasy“, S. 156f.

214 S. Thugutt: Wybór pism, S. 119.

215 S. Giza: Jan Dąbski, S. 145. Nach Romuald Wasilewski mißbilligte Thugutt die Sprengung der Regierung Witos II durch Jan Dąbski im Dezember 1923. Vgl. R. Wasilewski: Wspomnienia o współpracy z Thuguttem, AZHRL: P–68, S. 38f.

die er schließlich ganz verlor, als er die Fraktion im Juli 1924 mit seinem Wunsch konfrontierte, als Außenminister in die Regierung Grabski einzutreten.[216] Nach dem Scheitern und Rücktritt Thugutts wurde am 31. Juli 1924 Andrzej Waleron, einer der bisherigen Stellvertreter Thugutts, für eine Übergangszeit Fraktionsvorsitzender.[217]

Damit überging man bewußt den ehrgeizigen Dąbski, der schon seit Monaten dafür plädierte, mit der im Dezember 1923 vom „Piast“ abgespaltenen Gruppe von 13 Abgeordneten unter Führung von Jan Bryl Fusionsgespräche aufzunehmen. Ziel sollte, so argumentierte Dąbski, eine vereinigte Partei für eine konsequente bäuerliche Politik sein. In diesem Zusammenhang tauchten die Begriffe „bäuerliche Klassenpartei“ und „bäuerliche Klassenpolitik“ auf. Diese Position wurde jedoch von der Mehrheit in der Parteiführung – es waren dies vor allem die „Intelligenzler“ nichtbäuerlicher Herkunft – als eine Verengung der Rolle und der Ziele der Partei abgelehnt. Gewiß hätte man durch eine Hereinnahme der galizischen Abgeordneten das Einflußgebiet der „Wyzwolenie“ nach Süden ausdehnen können, es wäre jedoch zugleich – und dies dürfte die eigentliche Befürchtung in der Führung gewesen sein – der Anhang Dąbskis in der Fraktion gestärkt worden.[218] Eustachy Rudziński, erbitterter Gegner Dąbskis und einer Fusion mit dem „Bauernbund“ (Związek Chłopski – ZCh), d.h. der Bryl-Gruppe, hatte am 31. Juli 1924 ebenfalls kandidiert, jedoch nur eine Handvoll Stimmen erhalten.[219]

In den folgenden Monaten wurde in den Parteigremien darüber gestritten, ob man eine Vereinigung mit dem „Bauernbund“ anstreben sollte oder nicht.[220] Der Kampf zwischen den Anhängern und den Gegnern Dąbskis, der nach wie vor Parteivorsitzender war, wurde nicht nur offen, sondern wohl auch verdeckt und mit Anspielungen geführt, wobei Rudziński auch haltlose Verdächtigungen gegnerischer Parteien gegen Dąbski aufgriff.[221] Es wurde schnell deutlich, daß Andrzej Waleron nicht das Format und die Fähigkeit besaß, das durch Thugutts Ausscheiden entstandene Vakuum zu füllen. Er verzichtete daher bei der Ende November 1924 fälligen Neubesetzung des Fraktionspräsidiums auf eine erneute Kandidatur.[222]

Wiederum griff nun Rudziński nach dem Amt des Fraktionschefs, während sein Gegenspieler Dąbski dies aufgrund der zu geringen Anzahl seiner Anhänger nicht wagen konnte. Eine leichte Mehrheit für den kandidierenden Senator Woźnicki, für den wahrscheinlich auch die Dąbski-Gruppe stimmte, verhinderte am 28. November

[216] S. Thugutt: Wybór pism, S. 119ff.

[217] Nowy prezes Klubu poselskiego [Ein neuer Fraktionsvorsitzender], in: Wyzwolenie Nr. 32 vom 10. 8. 1924, S. 2.

[218] S. Giza: Jan Dąbski, S. 146.

[219] Bei der Wahl des Fraktionsvorsitzenden stimmten 33 Abgeordnete für Waleron, 7 für Rudziński und 13 enthielten sich der Stimme. Bei der Wahl für einen der freien Stellvertreterposten kandidierte Rudziński auf Vorschlag Walerons erneut, empörte dann jedoch durch ungeschickte Äußerungen eine Reihe von Abgeordneten, so daß er mit 21 Stimmen gegen Józef Sanojca, für den 24 Stimmen abgegeben wurden, unterlag. Wybór w klubie Z.P.S.L. [Wahl in der ZPSL-Fraktion], in: Kurjer Polski Nr. 209 vom 1. 8. 1924, S. 4.

[220] S. z.B. A. Langer: O zjednoczeniu ruchu ludowego [Zur Vereinigung der Bauernbewegung], in: Wyzwolenie Nr. 35 vom 31. 8. 1924, S. 1f.; J. Smoła: Jak i z kim się łączyć [Wie und mit wem sich verbinden], in: Wyzwolenie Nr. 47 vom 23. 11. 1924, S. 1f.

[221] A. Więzikowa: Stronnictwo Chłopskie, S. 20; S. Giza: Jan Dąbski, S. 161f.; vgl. auch Wyzwolenie Nr. 37 vom 14. 9. 1924, S. 2, und Nr. 45 vom 9. 11. 1924, S. 10.

[222] Zawiadomienie [Bekanntmachung], in: Wyzwolenie Nr. 49 vom 7. 12. 1924, S. 2.

1924 noch einmal den Sieg Rudzińskis.[223] Woźnicki, ein erfahrener Parlamentarier der ersten Stunde und ein Mann des Ausgleichs, gehörte allerdings in dieser Legislaturperiode nicht dem Sejm an, sondern dem Senat, der zweiten Kammer des Parlaments. Als Rudziński ihm eine loyale Zusammenarbeit versagte, entschied er sich nach wenigen Tagen für einen Verzicht auf das Amt.[224] Gegen Rudziński nominierten seine Gegner am 2. Dezember 1924 den Veteranen der Partei, Maksymilian Malinowski, der in den ersten beiden Wahlgängen ebenso wie Rudziński 24 bzw. 25 Stimmen erhielt, im dritten ihm jedoch mit 20 gegenüber 27 Stimmen unterlag.[225] Damit hatte Rudziński sein Ziel erreicht.

Die Wahl Rudzińskis in den Fraktionsvorsitz bezeichnet Aleksander Bogusławski als unglücklich. Dieser habe keine Verbindung zu den Bauern gehabt und sei wegen seines leicht entflammbaren, ehrgeizigen und grellen Charakters in der Fraktion nicht beliebt gewesen.[226] Rudziński war in der Tat kein Politiker, der ausgleichend wirkte, sondern Fraktion und Partei sehr stark polarisierte. Die Rivalität zwischen ihm und Dąbski eskalierte rasch und erreichte auf dem am 15. und 16. März 1925 in Warschau stattfindenden Parteitag ihren Höhepunkt, als Dąbski, der von der Bauerngruppe um Waleron unterstützt wurde, für einen sofortigen Zusammenschluß mit dem „Bauernbund“ warb, während Rudziński und andere Vorstandsmitglieder angesichts der Stimmung der Basis den Vereinigungsgedanken nicht rundweg ablehnen konnten, aber eine Reihe von moralischen Vorwürfen gegen Jan Bryl und Jan Stapiński, die Führer des „Bauernbundes“, erhoben.[227] Rudziński schreckte hierbei nicht vor persönlichen Angriffen auf Dąbski zurück. Die Resolution des Parteitages, die eine enge Zusammenarbeit mit dem „Bauernbund“ vorsah, eine Vereinigung jedoch ausschloß[228], bedeutete einen Sieg Rudzińskis über Dąbski.

Rudziński und seine Umgebung unternahmen nun alles, um Dąbski völlig zu entmachten, d.h. seine Wiederwahl zum Parteivorsitzenden zu vereiteln, was ihnen ebenfalls gelang.[229] Dąbski lehnte es daraufhin ab, dem 43köpfigen Vorstand weiterhin, nun als gewöhnliches Mitglied, anzugehören und trat am 17. März 1925, einen Tag nach Beendigung des Parteitages, auch vom Amt des stellvertretenden Fraktionsvorsitzenden zurück.[230] Mit ihm solidarisierte sich – und dies war ein weiteres Warnsignal – Andrzej Waleron, der ebenfalls den stellvertretenden Fraktionsvorsitz niederlegte. Das Vorgehen der Rudziński-Gruppe war zweifellos ein schwerer Fehler, da Dąbski – aus den hohen Parteigremien verstoßen und an den Rand gedrängt – sich nun nicht mehr für die Partei verantwortlich fühlen und sich nicht mehr zur Solidarität mit der Parteiführung verpflichtet sehen mußte.

---

[223] Nowy prezes klubu Z.P.S.L. [Der neue Vorsitzende der ZPSL-Fraktion], in: Kurjer Polski Nr. 327 vom 29. 11. 1924, S. 5.

[224] Kryzys w klubie Z.P.S.L. [Krise in der ZPSL-Fraktion], in: Kurjer Polski Nr. 331 vom 3. 12. 1924, S. 3.

[225] Ebd.; Zawiadomienie [Bekanntmachung], in: Wyzwolenie Nr. 49 vom 7. 12. 1924, S. 2.

[226] A. Bogusławski: Wspomnienia, T. IV (1925–1926 maj), AZHRL: P–189/IVa, S. 291.

[227] Ebd., S. 294; Zjazd Wyzwolenia [Der Parteitag der Wyzwolenie], in: Kurjer Poranny Nr. 75 vom 16. 3. 1925, S. 2.

[228] Nasz Walny Zjazd [Unser Parteitag], in: Wyzwolenie Nr. 12 vom 22. 3. 1925, S. 2; A. Bogusławski: Wspomnienia, T. IV (1925–1926 maj), AZHRL: P–189/IVa, S. 294.

[229] Ebd., S. 295; M. Rataj: Pamiętniki, S. 309.

[230] Echa zjazdu Wyzwolenia i Jedności Ludowej [Nachklänge des Parteitages von Wyzwolenie und Jedność Ludowa], in: Kurjer Poranny Nr. 77 vom 18. 3. 1925, S. 3; Nowy Zarząd Główny [Der neue Hauptvorstand], in: Wyzwolenie Nr. 12 vom 22. 3. 1925, S. 4.

Die Wahl Maksymilian Malinowskis in den Parteivorsitz war nicht weiter kontrovers. Malinowski wurde von vielen in der Partei vor allem als Symbol der „Zaranie“-Tradition, doch auch als fleißiger Fachmann für Fragen der Landwirtschaftspolitik und des Genossenschaftswesens respektiert.[231] Eine überragende Führungspersönlichkeit war er indes nicht. Er besaß, so berichtet Bogusławski, nicht genügend Vitalität, intellektuelles Niveau, Organisationsgabe und politischen Scharfsinn, um die verschiedenen Strömungen in der Partei zusammenführen zu können. Die Wahl eines energischeren Politikers, etwa K. Bagińskis oder J. Poniatowskis, hätte jedoch die Situation in der Partei verschärft.[232] Die Wahl Malinowskis, eine ausgesprochene Kompromißlösung, konnte ein weiteres Auseinanderdriften der Parteiflügel und ihrer führenden Persönlichkeiten nicht mehr verhindern.

Die Auseinandersetzungen auf dem Parteitag im März 1925 und die auf ihn folgende Welle von Austritten prominenter Parteimitglieder ließen die Fraktion die Person Rudzińskis wohl zunehmend als Belastung für die Partei empfinden. Ein am 26. März 1925 eingebrachter Mißtrauensantrag gegen ihn wurde von der Fraktionsmehrheit noch zurückgewiesen.[233] Als Rudziński es jedoch in den folgenden Wochen nicht vermochte, die innerparteiliche Situation zu entspannen, sondern im Gegenteil in Zeitungsartikeln mit Angriffen auf Dąbski im April 1925 noch Öl ins Feuer goß[234], mußte er am 7. Mai 1925 den Fraktionsvorsitz niederlegen.[235] Er schied damit aus der engeren Fraktionsführung, der er jahrelang angehört hatte, völlig aus, gewann jedoch wenige Wochen später einen Teil seines alten Einflusses zurück, als er im Parteivorstand zum Leiter der Organisationsabteilung gewählt wurde.[236] Fraktionsvorsitzender wurde nun Błażej Stolarski, der das Amt bereits im Verfassunggebenden Sejm (1919–1922) bekleidet hatte.[237] Von ihm muß ähnlich wie von M. Malinowski gesagt werden, daß er nicht bzw. nicht mehr die starke Führerpersönlichkeit darstellte, die die Partei in dieser Krisensituation gebraucht hätte.

Dąbski blieb zunächst noch in der Partei. Der Streit zwischen ihm und der Mehrheit im Parteivorstand und in der Fraktion war lediglich eingedämmt, nicht jedoch beendet. In der ihm zur Verfügung stehenden „Gazeta Ludowa“ (Volkszeitung) kritisierte er die Linie der Führung weiterhin[238], während diese die von ihm angestrebte Verbindung mit dem „Bauernbund“ als schädlich für die Partei und die gesamte Bauernbewegung ablehnte.[239] Es scheint, daß die zu jenem Zeitpunkt in der Führung tonangebende Gruppe um Bagiński, Poniatowski und Rudziński zu keiner Verständi-

---

231 A. Bogusławski: Wspomnienia, T. IV (1925–1926 maj), AZHRL: P–189/IVa, S. 296.

232 J. Sałkowski: Działalność społeczno-polityczna M. Malinowskiego (1860–1948), Praca mag., Uniwersytet Warszawski 1973 [Die gesellschaftlich-politische Tätigkeit von M. Malinowski (1860–1948), Magisterarbeit, Universität Warschau 1973], AZHRL: 0–332, S. 76.

233 W klubie sejmowym „Wyzwolenie“ [In der Sejmfraktion der „Wyzwolenie“], in: Kurjer Poranny Nr. 86 vom 27. 3. 1925, S. 4.

234 Vgl. E. Rudziński: Znaczenie naszego Walnego Zjazdu [Die Bedeutung unseres Parteitages], in: Wyzwolenie Nr. 15 vom 12. 4. 1925, S. 2f.

235 S. Giza: Kalendarz wydarzeń, S. 81.

236 Co uchwalił Zarząd Główny naszego Stronnictwa [Was der Hauptvorstand unserer Partei beschlossen hat], in: Wyzwolenie Nr. 25 vom 21. 6. 1925, S. 3.

237 Nowe władze naszego klubu w Sejmie [Die neue Leitung unserer Sejmfraktion], in: Wyzwolenie Nr. 20 vom 17. 5. 1925, S. 2.

238 S. Giza: Jan Dąbski, S. 148.

239 Pismo Okólne – Komunikat Polityczno-Organizacyjny [Rundschreiben – Politisch-organisatorische Mitteilung], in: Wyzwolenie Nr. 34 vom 23. 8. 1925, S. 8.

gung mit Dąbski, der sich in einer schwächeren Position befand, bereit war. Sie rechnete damit, daß er resignieren und die Partei verlassen würde.[240]

Die Möglichkeiten Dąbskis verbesserten sich hingegen, als die Bauerngruppe Walerons immer deutlicher ihre Sympathie für seine Vorstellungen zeigte. Gerüchte über seinen bevorstehenden Austritt aus der „Wyzwolenie“ bzw. über eine von ihm geplante Spaltung der Partei verdichteten sich in den letzten Wochen des Jahres 1925. In dieser Situation setzten die Dąbski-Gegner im Parteivorstand am 3. Januar 1926 seinen Ausschluß aus der Partei sowie ein Parteigerichtsverfahren gegen weitere neun Abgeordnete durch. Diese Maßnahmen erwiesen sich für die Partei als äußerst verhängnisvoll, da zur großen Bestürzung ihrer Initiatoren nicht nur sämtliche neun, sondern auch zahlreiche weitere Abgeordnete Solidarität mit Dąbski übten und mit ihm gemeinsam die neue Bauernpartei „Stronnictwo Chłopskie“ (Bauernpartei) gründeten.[241]

Die „Wyzwolenie“ durchlebte in den darauffolgenden Monaten die Phase ihres größten Niedergangs, der von der Zentrale bzw. der Ebene des Parlaments ausgehend auch die Organisation in der Provinz erfaßte. Hier gelang es den Abweichlern unter den Abgeordneten während des ersten Halbjahres 1926, eine ganze Anzahl von Kreisorganisationen der „Wyzwolenie“ an Dąbskis „Stronnictwo Chłopskie“ anzuschließen.[242] Erst im Jahre 1927 sollte sich die „Wyzwolenie“ auf dem Lande wieder etwas konsolidieren.

Die geschilderte Entwicklung der Partei in den Jahren 1922 bis 1926, die aussichtsreich begann und später in einen sich geradezu dramatisch beschleunigenden Verfall überging, wirft Fragen nach den Ursachen hierfür auf. Beim Versuch, diese zu beantworten, stößt man auf eine Reihe außer- und innerparteilicher Faktoren, die zusammenfassend angeführt werden sollen. Von Bedeutung war zweifellos die Position der Partei im Parlament bzw. die Haltung der Fraktion gegenüber der Regierung. So wirkte die „Wyzwolenie“ während ihrer Oppositionszeit im Jahre 1923 anziehend auf andere oppositionelle Kräfte, darunter auch auf die innerparteiliche Opposition im „Piast“, während ihr gemäßigter Kurs im Jahre 1924 die Radikalen am eigenen linken Flügel geradezu abstieß. Ein Faktor, der zunächst außerhalb der Organisation lag, jedoch rasch in sie hineinwirkte, war die wachsende Ungeduld und die Radikalisierung der Bauernschaft aufgrund ihrer ökonomischen Lage Mitte der zwanziger Jahre.

Ebenso bedeutsam waren jedoch die innerhalb der Partei liegenden Faktoren. Zu nennen ist vor allem die große Heterogenität der Parteiführung und der Fraktion. In diesem Kreis waren neben Bauern und Intelligenzlern bäuerlicher Abstammung, die in gleichem Maße bäuerliche Gruppeninteressen und nationale Ziele im Auge hatten, auch Intelligenzler vertreten, denen es primär um ein Betätigungsfeld zur Erlangung nationalpolitischer Ziele ging. Es waren dies zum einen „Delegierte“ Piłsudskis, zum anderen Angehörige der linken und liberalen städtischen Intelligenz. Beide waren bisweilen nur locker mit der Bauernbewegung verbunden. Eine andere potentielle Bruchstelle bestand zu den weißrussischen Parteimitgliedern im Nordosten. Diese hatte die Partei nur durch ihr tolerantes Minderheitenprogramm gewonnen. Es lag auf der Hand, daß deren Verbleib in der Partei immer davon abhängen mußte, ob sie ihre Interessen durch die „Wyzwolenie“ in der praktischen Politik noch vertreten sahen oder nicht. Hintergrund vieler Meinungsverschiedenheiten waren schließlich die persönlichen Ambitionen zahlreicher Provinz- und Spitzenpolitiker. Sie konnten im engeren Führungskreis

240 S. Giza: Jan Dąbski, S. 149f.
241 Ebd., S. 150–153.
242 A. Więzikowa: Stronnictwo Chłopskie, S. 37.

rasch zu Rivalitäten führen, die mit Sachargumenten nur notdürftig verschleiert waren. Oft kamen persönliche Animositäten hinzu.

Von der Parteibasis wurden die Zerwürfnisse, Streitigkeiten und wiederholt auftretenden Krisen in der Führung und der Parlamentsfraktion sehr ungern gesehen und mit wachsendem Unverständnis, ja Befremden aufgenommen.[243] Die Basis wurde, falls überhaupt, erst im nachhinein von ihren Abgeordneten oder von Angehörigen der Zentrale über interne Entwicklungen informiert und dann auch schon aufgefordert, in vorformulierten Resolutionen die Handlungsweise von Sezessionisten zu verurteilen. Die Parteiaktivisten auf mittlerer und unterer Ebene, die die Ergebnisse ihrer jahrelangen, oftmals aufopferungsvollen Arbeit durch das Verhalten der Parteispitze zunichte gemacht oder zumindest gefährdet sahen, gaben ihrer Unzufriedenheit hierüber vermutlich des öfteren deutlich Ausdruck. Allerdings gelangten ihre kritischen Äußerungen nur höchst selten in die von der Führung kontrollierte Parteipresse. Manche Berichte der Behörden, die Versammlungen der „Wyzwolenie" durch Vertrauensmänner beobachten ließen, geben hingegen den Unmut der bäuerlichen Basis über ihre Parteioberen klarer wieder. Der Starost von Lubartów in der Wojewodschaft Lublin berichtete über Versammlungen im Mai 1926, auf denen sich die Teilnehmer die Aufrufe von Mitgliedern des Parteivorstandes und des Bezirksvorstandes zu Einheit und Geschlossenheit keineswegs mehr schweigend anhörten:

> „Władysław Jędrzejewski (ein örtliches Parteimitglied) warf den Vertretern der Partei vor, daß sie selber nicht Einheit und Einvernehmen bewahren. Er wunderte sich, daß er erst jetzt etwas über das schlechte Verhalten einiger Abgeordneten hört und früher davon nicht die Rede war."[244]

Von einer anderen Versammlung heißt es ähnlich, daß deren Vorsitzender von anwesenden höheren Parteifunktionären zu wissen wünschte, warum man denn – wenn das Verhalten einiger Abgeordneter angeblich wirklich so schlecht gewesen sei und sie sich Mißbräuche und Vertrauensbrüche hätten zuschulden kommen lassen – nicht rechtzeitig darauf hingewiesen habe.[245] Über die Antworten werden wir leider nicht informiert. In den Äußerungen der Basis kam deutlich Mißtrauen zum Ausdruck. Man hegte wohl, wenn man die Vorgänge auch nicht immer ganz durchschauen konnte, den Verdacht, daß Angehörige der Parteiführung die Partei für persönliche Zwecke ausnutzten und sich Karriere, Geld oder Macht durch Ausschalten von Rivalen sicherten.

Gesondert einzugehen wäre noch auf die Abspaltung der Abgeordnetengruppe aus den Nordostgebieten im Laufe des Jahres 1924 und die Rolle, die die Kommunistische Arbeiterpartei Polens (KPRP) hierbei spielte. So traten am 11. Juli 1924 zunächst die beiden weißrussischen Abgeordneten Stanisław Ballin und Włodzimierz Szakun aus Protest gegen die Haltung der Fraktion in der Frage der Sprachengesetze aus der Partei aus. Am 11. November verließen die Weißrussen Adolf Bon, Antoni Szapiel und Feliks Hołowacz sowie der Pole Sylwester Wojewódzki, unzufrieden mit dem gemäßigten Kurs der Parteiführung, die Fraktion und gründeten am selben Tage die „Unabhängige Bauernpartei" (Niezależna Partia Chłopska – NPCh), der sich auch Ballin und Szakun anschlossen. Das Manifest dieser Gruppe vom 16. November 1924[246] wie auch ihr Pro-

---

243 A. Bogusławski: Wspomnienia, T. IV (1925–1926 maj), AZHRL: P–189/IVa, S. 312f.

244 WAPL: UWL. WSP. sygn. 2074, S. 12 (Lubartów, 31. 5. 1926).

245 Ebd., sygn. 2170, S. 256f. (Lubartów, 20. 5. 1926).

246 Do chłopów wszystkich narodowości Rzeczypospolitej Polskiej! [An die Bauern aller Nationalitäten der Polnischen Republik!], in: Materiały źródłowe, T. II, S. 111–115.

gramm vom November 1925[247] waren sehr viel radikaler als die bisherigen Programme der Bauernparteien. Gefordert wurden u.a. die „Übernahme der Staatsmacht durch tatsächliche Vertreter der Massen der Werktätigen", die sofortige, entschädigungslose Enteignung des Großgrundbesitzes und dessen Übergabe an Landarbeiter und Kleinbauern sowie die „völlige Befreiung der nationalen Minderheiten".[248] Zum parlamentarischen Weg hieß es: „Die Unabhängige Bauernpartei steht auf dem Standpunkt, daß die Tätigkeit unserer Abgeordneten im Sejm den Werktätigen nicht die Befreiung bringt. ... Die völlige Befreiung bringt allein der Kampf der Bauern- und Arbeitermassen, die von einer dem Volke ergebenen Partei geführt werden."[249]

Bereits von Zeitgenossen wurde diese radikale Bauernpartei, die mit der Kommunistischen Partei Polens kooperierte und für ein Bündnis Polens mit der Sowjetunion eintrat, als kommunistisch beeinflußt bzw. als Filiale der Kommunisten angesehen. Benon Dymek hat die Entstehung und die kurze Geschichte der NPCh untersucht und dabei den starken kommunistischen Einfluß in dieser linken bäuerlichen Organisation bis zu ihrem Verbot im März 1927 nachgewiesen.[250]

Dymek geht vor allem auf den Zusammenhang mit dem in der ersten Hälfte des Jahres 1923 von Mitgliedern der KPRP-Führung entwickelten neuen, leninistischen Agrarprogramm und dessen Kernforderung nach Aufteilung des entschädigungslos zu enteignenden Großgrundbesitzes an die Bauern ein. Nachdem sich auf dem 2. Kongreß der KPRP vom 19. September bis 2. Oktober 1923 die Ansicht durchgesetzt hatte, die Bauernschaft sei revolutionärer Bündnispartner und das Proletariat habe ihr bei der Lösung der Landfrage zu helfen, entwickelte die KPRP ein lebhaftes Interesse daran, Programm und Taktik der „Wyzwolenie" zu beeinflussen. Eine erste Gelegenheit hierzu bot der große, von mehreren Tausend Bauern besuchte Vereinigungskongreß von „Wyzwolenie" und „Jedność Ludowa" am 25. November 1923 in Warschau. In Abstimmung mit dem Landwirtschaftskomitee des Zentralkomitees beschloß das Warschauer Wojewodschaftskomitee der KPRP, den Bauernkongreß mit möglichst vielen Kommunisten und Sympathisanten zu besuchen, d.h. ihn zu infiltrieren.[251] Den etwa einhundert Kommunisten, die sich Zutritt zum Versammlungsplatz verschaffen konnten, gelang es immerhin – gegen den Willen des Präsidiums des Parteitages –, Resolutionen im Namen der Gewerkschaften einzubringen und in einem Redebeitrag das Bündnis zwischen Arbeiter- und Bauernschaft zu propagieren.

In den folgenden Monaten setzte die KPRP ihre auf die „Wyzwolenie" gerichteten Bemühungen fort und führte, vor der Öffentlichkeit verborgen, zahlreiche Gespräche mit den Führern der linken innerparteilichen Opposition in der „Wyzwolenie", insbesondere mit dem Abgeordneten Sylwester Wojewódzki.[252] Die Gespräche, die aus der Sicht der „Wyzwolenie"-Oppositionellen den Zweck gehabt haben mögen, das Maß der Übereinstimmung in politischen Fragen und die Perspektiven einer möglichen Zusammenarbeit zu erkunden, wurden von der KPRP mit der Absicht geführt, die Entwicklung der linken Opposition in der „Wyzwolenie" zu lenken und diesen Flügel nach sei-

[247] Program Niezależnej Partii Chłopskiej [Programm der Unabhängigen Bauernpartei], in: Materiały źródłowe, T. II, S. 164–175.
[248] Materiały źródłowe, T. II, S. 114.
[249] Ebd., S. 115.
[250] B. Dymek: Geneza Niezależnej Partii Chłopskiej, in: RDRL 9 (1967), S. 10–65; ders.: Niezależna Partia Chłopska 1924–1927, Warszawa 1972.
[251] B. Dymek: Geneza, S. 31.
[252] Ebd., S. 53.

ner Abspaltung möglichst eng an sich zu binden. Geleitet wurden die Gespräche seitens der KPRP vom Mitglied der Landwirtschaftsabteilung des Zentralkomitees Roman Jabłonowski. Auch nachdem die KPRP als Folge des 5. Komintern-Kongresses in Moskau (17. 6.–8. 7. 1924) eine neue Führung erhalten hatte, änderte sich an der Situation wenig: Die nun an die Macht gekommenen, später als Ultralinke bezeichneten Führer maßen der Gewinnung der linken Opposition in der „Wyzwolenie" ebenfalls große Bedeutung bei.[253]

Am 24. September 1924 erörterte das ZK der KPRP die Frage, wie man mit der sich von der „Wyzwolenie" abwendenden und zur Zusammenarbeit mit der KPRP tendierenden Gruppe verfahren sollte.[254] Das Plenum beschloß, daß die betreffenden Abgeordneten keine Bauernpartei, sondern eine „provisorische, radikale bäuerliche Gruppe" bilden sollten. Diese Gruppe wollte die KPRP dann für die Entwicklung ihres Einflusses auf die Bauern nutzen. Die „Wyzwolenie"-Dissidenten waren aber offensichtlich von der KPRP noch unabhängig genug, um ihre abweichenden eigenen Vorstellungen zu verfolgen und am 11. November 1924 die „Unabhängige Bauernpartei" (NPCh) zu gründen.[255] Deutlich zu erkennen ist jedoch das geschickte Vorgehen der illegalen KPRP gegenüber der „Wyzwolenie". Indem die Kommunisten die sich anbahnende Abspaltung eines Teils des linken Flügels förderten und die beteiligten Personen ideologisch prägten, gelang es ihnen, sich einen legalen Bündnispartner zu verschaffen, mit dessen Hilfe sie ihre Anhängerschaft auf dem Lande zu vergrößern suchten.

[253] Ebd., S. 47, 58.

[254] B. Dymek: Niezależna Partia Chłopska, S. 31 f.

[255] Möglicherweise geschah dies in Übereinstimmung mit Mitgliedern der im Sommer 1924 abgelösten Führungsspitze der KPRP. Der Frage, aus welcher parteitaktischen Richtung in der ideologisch zerstrittenen polnischen Kommunistischen Partei diese Abspaltung von der „Wyzwolenie" beeinflußt wurde und welche Rolle hierbei eventuell der Internationale Bauernrat der Kommunistischen Internationale in Moskau spielte, kann in dieser Arbeit nicht weiter nachgegangen werden; sie sollte bei künftigen Forschungen zur Geschichte der Kommunistischen Partei Polens aufgegriffen werden.

Teil III:
Die „Wyzwolenie“ und Grundfragen der polnischen Politik

6. Die „Wyzwolenie“ in der Verfassungsdiskussion der Jahre 1919–1921

Die innenpolitischen Auseinandersetzungen um die Verfassung für den neuen Staat waren in den ersten Jahren seiner Existenz das „Leitthema aller politischen Kräfte des Landes“.[1] Ging es hierbei doch darum, dem aus verschiedenen Teilen zusammenwachsenden Land eine Ordnung zu geben, die es sowohl im Inneren als auch nach außen stärken sollte. Es versteht sich, daß die unterschiedlichen politischen Richtungen bemüht waren, Verfassungsvorstellungen gemäß ihrer bisherigen Programmatik zu entwickeln und wenn möglich durchzusetzen.

Der am 10. Februar 1919 zusammentretende Verfassunggebende Sejm nahm seine Hauptaufgabe, die Ausarbeitung und Verabschiedung einer Verfassung, bereits am 14. Februar 1919 mit der Einsetzung einer Verfassungskommission in Angriff. Gleichzeitig setzte er für eine Übergangszeit die „Kleine Verfassung“ (Mała Konstytucja) in Kraft und beendete damit die erste Etappe des Aufbaus des polnischen Staates. Die Arbeiten an der eigentlichen Verfassung zogen sich allerdings relativ lange hin – bis März 1921 –, wozu zum einen der polnisch-sowjetrussische Krieg, zum anderen innere Faktoren beitrugen, unter denen das Fehlen einer stabilen Mehrheit im Sejm sowie die große Zahl von Sejmfraktionen mit ihren krassen Meinungsunterschieden in der Verfassungsfrage die wichtigsten waren.

Da die Entstehung der „Märzverfassung“ von der polnischen Geschichtswissenschaft inzwischen abschließend untersucht ist[2] und stets auch auf den Zusammenhang mit der Verfassung der Dritten Französischen Republik hingewiesen wird, sollen hier Verlauf und Ergebnis der Beratungen in der Verfassungskommission des Sejm lediglich in groben Zügen vorgestellt werden. Angezeigt ist vor allem ein Eingehen auf den Verfassungsentwurf der „Wyzwolenie“ und auf ihre Taktik während der Beratungen bis hin zur Verabschiedung der Verfassung. Ein Ausblick gilt schließlich dem weiteren Verhältnis der Partei zur Verfassung und zur durch diese gesetzten Ordnung.

6.1. Der Verfassungsentwurf der „Wyzwolenie“ vom Mai 1919

Die „Wyzwolenie“ nahm in den späteren Beratungen der Verfassungskommission in der Regel gemeinsame Positionen mit der PPS, der „PSL-Lewica“ und von Fall zu Fall mit der „Nationalen Arbeiterpartei“ und dem „Piast“ ein.[3] Dadurch entfernte sie sich von ihren ursprünglichen, allerdings reichlich ungenauen radikaldemokratischen Verfassungsvorstellungen, die sie in einem eigenen Gesetzentwurf im Mai 1919 dem Sejm präsentiert hatte.

---

[1] H. Roos: Geschichte, S. 101.

[2] S. Krukowski: Geneza konstytucji z 17 marca 1921 r. [Die Entstehung der Verfassung vom 17. März 1921], Warszawa 1977.

[3] Vgl. ebd., S. 229f.

Der Entwurf der „Wyzwolenie"[4] trug den Titel „Grundlage der Ordnung der Polnischen Republik" (Podstawa Ładu Rzeczypospolitej Polskiej) und war in einer altertümlichen Sprache abgefaßt, für die offensichtlich der Wortlaut der Verfassung vom 3. Mai 1791 als Muster gedient hatte.[5] Autor des Textes war Włodzimierz Wakar, Direktor des „Büros für gesellschaftliche Arbeit" und Mitglied der Partei.[6]

Der polnische Staat, die Rzeczpospolita, wurde in diesem Entwurf als „Bund freier Bürger" (Związek Wolnych Obywateli) bezeichnet. Charakteristisch für ihn war die Verbindung von Elementen direkter Demokratie mit einem System parlamentarischer Regierungen, wobei „der Staat zu einer eigentümlichen Föderation von Gemeinden und Interessengruppen wurde".[7] Grundlegende Bedeutung kam den sich selbst verwaltenden Gemeinden und Städten zu, in denen die Bevölkerung sämtliche legislativen und exekutiven Organe wählte. Diese Selbstverwaltung war gegenüber den Zentralbehörden nicht weisungsgebunden. Die zentrale legislative Gewalt lag bei einem auf drei Jahre gewählten Einkammersejm. Mit dem Recht der Gesetzesinitiative waren aber auch die Bürger ausgestattet. Gesetze von grundlegendem Charakter – wobei nicht präzisiert wurde, welche Gegenstände außer den Bürgerrechten betroffen sein konnten – sollten erst nach einem zweiten Durchlauf durch den Sejm, für den sich jedoch ein von einer halben Million Bürger unterstützter Antrag aussprechen mußte, in Kraft treten.

Ebenfalls sehr ungewöhnlich war die Konstruktion der Regierung. Sie läßt sich im Entwurf der „Wyzwolenie" als ein Zusammenschluß von auf Selbstverwaltungsorganen basierenden Körperschaften, die dem Sejm verantwortlich waren, bezeichnen.[8] Im einzelnen sollten sieben Ämter mit dem Charakter von Ministerien bestehen: ein von den in der Landwirtschaft tätigen Bürgern gewähltes Agraramt, eine von den Lohnarbeitern gewählte Kammer der Arbeit, ein von den Selbstverwaltungskörperschaften berufenes Schatzamt sowie, auf ähnliche Weise gebildet, ein Erziehungs-, ein Außen-, ein Gerichts- und ein Heeresamt. Die Vorsitzenden dieser sieben Behörden stellten die parlamentarisch verantwortliche Regierung dar. Die Kontrolle der Regierung führte das von den Oppositionsparteien geleitete sogenannte Rechnungsamt (Urząd Obrachunkowy) durch, das im Sejm Anträge auf Entlastung der Regierung stellte bzw. dieses unterließ. An der Spitze des Staates stand schließlich das durch eine allgemeine Wahl auf sechs Jahre bestimmte „Oberhaupt der Republik" (Zwierzchnik Rzeczypospolitej).

Starken Nachdruck legte der Entwurf der „Wyzwolenie" auf die Verankerung der Gewissens- und der Bekenntnisfreiheit. Es sollte keiner Glaubensgemeinschaft ein bevorzugter Platz im Staat eingeräumt werden. Gerichte wie auch die anderen Machtorgane im Staat sollten aus Wahlen hervorgehen. Bemerkenswert war schließlich, daß das Privateigentum nicht unter allen Umständen unangetastet bleiben sollte. Vorgesehen war seine staatliche Begrenzung auf Größen, die von den Besitzern und deren Familien allein genutzt werden konnten. Der Grundsatz der Aufteilung großen Eigentums sollte „vor allem die Scholle betreffen, seit undenklichen Zeiten die Stätte polni-

[4] Der Text findet sich in: Projekty Konstytucji Rzeczypospolitej Polskiej [Entwürfe für eine Verfassung der Republik Polen], cz. I, Warszawa 1920, S. 36–46.

[5] Vgl. A. Ajnenkiel: Spór o model parlamentaryzmu polskiego do roku 1926 [Der Streit über das Modell des polnischen Parlamentarismus bis zum Jahre 1926], Warszawa 1972, S. 215.

[6] Vgl. Wyzwolenie Nr. 4 vom 26. 1. 1919, S. 52; S. Krukowski: Geneza, S. 83.

[7] A. Ajnenkiel: Spór, S. 215.

[8] Ebd.

scher Arbeit (...), um sie der größten Zahl gesunder Wirtschaften zukommen zu lassen".[9]

Am 9., 10. und 13. Mai 1919 wurden im Plenum des Sejm sowohl der erste Entwurf der Regierung als auch der diesem ähnliche der „Wyzwolenie" behandelt. Beide Entwürfe wurden als wirklichkeitsfremd scharf kritisiert. Der Entwurf der „Wyzwolenie" rief nur relativ wenige gesonderte Stellungnahmen der 18 Abgeordneten, die in der Debatte das Wort ergriffen, hervor. Der Jurist Władysław Seyda, nationaldemokratischer Abgeordneter und zugleich Vorsitzender der Verfassungskommission, setzte sich sachlich mit beiden Texten auseinander.[10] Er tadelte insbesondere die Verwendung einer künstlich archaisierten Sprache, die eine Unklarheit des Denkens und eine Vermischung von Rechtsnorm und deren Begründung mit sich bringe. Seyda verlangte die Berücksichtigung der Errungenschaften des europäischen Verfassungsrechts des 19. Jahrhunderts und schlug vor, eine in einem westeuropäischen Land erprobte Verfassung zum Ausgangspunkt polnischer Verfassungsarbeiten zu nehmen. Am Entwurf der „Wyzwolenie" kritisierte er u.a. die Radikalität in Fragen des Eigentumsrechts.

Der Abgeordnete Fichna von der „Nationalen Arbeiterpartei" (NPR) erörterte das „Wyzwolenie"-Projekt ausführlicher und bezeichnete es als ein zu gefährliches Experiment für den im Inneren und nach außen noch wenig gefestigten Staat.[11] Für völlig inakzeptabel hielt er vor allem die geplante konsequente Dezentralisierung und den Ausbau von Formen direkter Demokratie zu Lasten des Parlaments. Witold Kamieniecki, Abgeordneter der „Polnischen Volksvereinigung" (PZL), bezeichnete den Entwurf schlicht als utopisch und fruchtlos und sah sich an die Bestrebungen religiöser Schwärmer während der Reformationszeit in verschiedenen deutschen Städten erinnert.[12] Keinerlei Unterstützung erhielt die „Wyzwolenie" auch von ihrem traditionellen Bundesgenossen, der PPS. Deren Vertreter kritisierten pauschal die vorgelegten Entwürfe und machten das Parlament mit eigenen Verfassungsvorstellungen bekannt.[13]

Während der Debatte erkannte man in der Fraktion „Wyzwolenie" deutlich die Schwächen des eigenen Entwurfs, der in vielen Punkten ungenügend, d.h. unpräzise und wirklichkeitsfremd war. Dies gab Jan Smoła, der kurz vor Schluß der Debatte am 13. Mai für seine Partei das Wort ergriff, zu verstehen.[14] Im Gegensatz zu seinem Fraktionskollegen Juliusz Poniatowski, der am 9. Mai mit großem Pathos den Verfassungsentwurf eingebracht hatte, meinte er lediglich, daß der Entwurf gemeinsam mit dem der Regierung als Diskussionsgrundlage für die weitere Arbeit an der Verfassung dienen sollte. Seine Partei werde allerdings danach streben, so betonte er, übermäßig großes Eigentum zum Nutzen aller zu begrenzen. Umgekehrt lehne sie, dies war gegen sozialistische Tendenzen gerichtet, die Verstaatlichung von Eigentum ab. Beide dem Sejm vorgelegten Entwürfe wurden am 13. Mai 1919 in die Verfassungskommission überwiesen, wo die „Wyzwolenie" ihren Entwurf jedoch weitgehend aufgab. Sie konzentrierte sich dann darauf, gemeinsam mit Verbündeten auf der Linken realistischere Ziele bei der Gestaltung der Verfassung anzustreben.

Es bleibt zu fragen, welche Gründe die Parteiführung Anfang Mai 1919 bewogen, eilig einen eigenen Verfassungsentwurf zu präsentieren und weshalb der erwähnte Text

---

9 Projekty Konstytucji, cz. I, S. 40.

10 Sejm Ustawodawczy, 35. Sitzung am 9. 5. 1919, Sp. 61–70.

11 Ebd., Sp. 89–93.

12 Ebd., 36. Sitzung am 10. 5. 1919, Sp. 27–31.

13 I. Daszyński, ebd., Sp. 13–27, und F. Perl, ebd., 37. Sitzung am 11. 5. 1919, Sp. 43–54.

14 Ebd., Sp. 62–65.

vorgeschlagen wurde, über den an der Parteibasis zuvor keine Diskussion stattgefunden hatte. Mehr noch: Die Parteimitglieder erfuhren von ihm erst nachträglich aus dem Parteiblatt „Wyzwolenie“.[15]

Bis zum Frühjahr beschäftigte sich allein die Parteispitze damit, eigene Grundsätze und Positionen in der Verfassungsfrage zu entwickeln. Dies war eine Aufgabe, vor die sich auch die Führungsgremien der anderen polnischen Parteien im Winter 1918/1919 und besonders nach dem Zusammentritt des Verfassunggebenden Sejm im Februar 1919 gestellt sahen. Gewisse konkrete Vorstellungen von der Verfassung des Staates waren natürlich in der gesamten Partei seit ihrer Gründung vorhanden, wenn man an die im Parteiprogramm genannten Ziele denkt: Eine republikanische Staatsform mit einem parlamentarisch-demokratischen System war der unumstrittene Rahmen, in dem auch die Landbevölkerung ihre ökonomischen und sozialen Bürgerrechte wahrnehmen sollte. Der Text der Proklamation der Lubliner Volksregierung, dessen Mitautor Stanisław Thugutt war, lag auf dieser Linie.

Weiter sprach sich die „Wyzwolenie“, nachdem an der Jahreswende 1918/1919 die öffentliche Diskussion über die Gestalt des künftigen Parlaments begonnen hatte, schon früh deutlich für einen Einkammersejm aus. Eine solche Festlegung findet sich bereits in der Erklärung der Fraktion, die am 22. Februar 1919 vom damaligen Partei- und Fraktionschef Błażej Stolarski im Sejm verlesen wurde.[16] (Es ist freilich möglich, daß manche Angehörige der Führung, sei es auch nur vorübergehend, sachlich anderer Meinung waren.[17] Nach außen drangen solche Stimmen jedoch nicht; sie fanden, da sie von einer Minderheit ausgingen, keinen Eingang in irgendwelche Beschlüsse der Partei.)

In der Parteiführung hielt man es zu diesem Zeitpunkt offensichtlich für notwendig, die Mitglieder auf die Verfassung als wichtiges Thema hinzuweisen. Ab Anfang März 1919 erschien in der Parteizeitung eine vierteilige Artikelserie eines ungenannten Autors „Über das parlamentarische System“ (O ustroju parlamentarnym), in der unterschiedliche Regierungsformen sowie die Verfassungen verschiedener Staaten und deren Lösungen für die Arbeit von Legislative und Exekutive vorgestellt und erörtert wurden.[18] Sachlich wurden auch die Argumente für und gegen ein Zweikammersystem dargelegt. Die Artikel hatten allerdings rein informativen und belehrenden Charakter und kündigten keinerlei eigene Initiative der Partei für die folgenden Wochen an. Ein wie auch immer geartetes Echo der Basis lösten sie nicht aus.

Die überraschende Entscheidung für die Vorlage eines eigenen Verfassungsentwurfs dürfte in der Parteiführung erst relativ spät gefallen sein, vermutlich in den Tagen zwischen dem 3. und 6. Mai 1919. In der Parteizeitung gab es bis zur Nr. 19, die am 11. Mai erschien und noch über die Ereignisse bis zum 4. Mai einschließlich berichtete, keiner-

---

[15] Wniesienie projektu Konstytucji Polski pod obrady Sejmu Ustawodawczego [Vorlage eines Entwurfs für die Verfassung Polens in den Beratungen des Verfassunggebenden Sejm], in: Wyzwolenie Nr. 20 vom 18. 5. 1919, S. 252.

[16] Sejm Ustawodawczy, 4. Sitzung am 22. 2. 1919, Sp. 111.

[17] A. Bogusławski berichtet, daß in einer Versammlung der wichtigsten Mitglieder der Fraktion und des Parteivorstandes beide Positionen vertreten wurden, nachdem der geladene Referent und Experte Tadeusz Jankowski aus dem „Büro für gesellschaftliche Arbeit“ die Frage erörtert und sich für die Einrichtung eines Zweikammerparlaments ausgesprochen hatte. A. Bogusławski: Wspomnienia, T. II (1919–1922), AZHRL: P–189/IIa, S. 193.

[18] O ustroju parlamentarnym [Über das parlamentarische System], in: Wyzwolenie Nr. 9 vom 2. 3. 1919, Nr. 10 vom 9. 3. 1919, Nr. 12 vom 23. 3. 1919 und Nr. 14 vom 6. 4. 1919.

lei Hinweis darauf. Es findet sich in dieser Nummer lediglich die aus den ersten Beratungen gleich nach den Osterfeiertagen (20./21. April 1919) stammende Mitteilung der Fraktion, sie habe „beschlossen, fortan mit ganzer Entschiedenheit nach der sofortigen Erledigung der Fragen, die den Kern der Aufgaben des Verfassunggebenden Sejm ausmachen, zu streben (d.h. Verfassung, Agrarreform, Arbeitsgesetzgebung)“.[19] Der Plan einer eigenen Initiative der Partei wäre hier sicherlich angekündigt worden.

Das Geschehen wird verständlicher, wenn man sich vor Augen führt, daß Włodzimierz Wakar seinen Entwurf ursprünglich nicht für die Partei, sondern im Auftrage des Innenministers Wojciechowski erarbeitete, da die Regierung von der Verfassungskommission am 9. April aufgefordert worden war, dem Sejm schnellstmöglich einen Verfassungsentwurf vorzulegen.[20] Wakar schien für diese Aufgabe besonders geeignet, da er und das von ihm geleitete „Büro für gesellschaftliche Arbeit“ bereits am Projekt einer Sejmwahlordnung unter der Regierung Świeżyński mitgearbeitet hatten.[21] Der von Wakar binnen kurzem erstellte Text wurde von Wojciechowski zwar nicht übernommen, diente diesem jedoch als Grundlage für die Erarbeitung der Regierungserklärung, die vom 30. April bis zum 3. Mai im Kabinett beraten und in einer Reihe von Punkten noch einmal verändert wurde. Am 3. Mai, dem Jahrestag der Verfassung von 1791, verabschiedete das Kabinett die Deklaration, am 6. Mai wurde sie vom Innenminister im Sejm eingebracht.

Über die Überlegungen in der Führung der „Wyzwolenie“ fehlt jede Nachricht. Doch sah man dort offensichtlich angesichts der an Wakars Text vorgenommenen Änderungen plötzlich die Möglichkeit, ebenfalls am 6. Mai den Ursprungstext mit geringen Abweichungen als einen eigenen Entwurf einzureichen. Man konnte so nach außen deutlich machen, daß die Partei zu den führenden Kräften des Landes zählte, die ihren Beitrag in einer so wichtigen Angelegenheit wie der Schaffung der Grundlagen des Staates leistete. Erleichtert wurde der Parteiführung die Entscheidung durch den Umstand, daß der Autor der Partei verbunden war. Er war erst wenige Monate zuvor zwar nicht in ihren allerengsten Führungskreis, jedoch in den Kreis der Parteiprominenz gerückt. Nachdem er im Januar 1919 bei den Sejmwahlen im Wahlkreis Płock auf Platz 1 ihrer Liste kandidiert hatte[22] – Mandate errang die Partei hier nicht –, gehörte er seit dem Parteitag im Februar 1919 der dreiköpfigen Revisionskommission des Vorstandes an.[23] Das von Wakar geleitete „Büro für gesellschaftliche Arbeit“ war eine Institution, die wegen ihrer Beratungstätigkeit und organisatorischen Hilfe den in der kommunalen Selbstverwaltung tätigen Mitgliedern der „Wyzwolenie“ gut bekannt war.[24] Wakar war seinerseits daran interessiert, sein Projekt als Verfassungsentwurf eingereicht zu sehen, und hatte es zu diesem Zweck wohl von vornherein nicht nur dem Innenminister, sondern auch Abgeordneten seiner Partei übergeben.[25]

---

[19] Ważna uchwała posłów z naszego klubu poselskiego P.S.L. [Ein wichtiger Beschluß der Abgeordneten unserer PSL-Fraktion], in: Wyzwolenie Nr. 19 vom 11. 5. 1919, S. 245.

[20] S. Krukowski: Geneza, S. 70.

[21] C. Kozłowski: Działalność polityczna koła międzypartyjnego w latach 1915–1918 [Die politische Tätigkeit des Interparteilichen Klubs in den Jahren 1915–1918], Warszawa 1967, S. 258; M. Pietrzak: Rządy parlamentarne, S. 86.

[22] Nasi kandydaci [Unsere Kandidaten], in: Wyzwolenie Nr. 4 vom 26. 1. 1919, S. 52.

[23] Nasz Zjazd [Unser Parteitag], in: Wyzwolenie Nr. 9 vom 2. 3. 1919, S. 128.

[24] Ważne zjazdy [Wichtige Kongresse], in: Wyzwolenie Nr. 21 vom 25. 5. 1919, S. 270.

[25] Projekty Konstytucji, cz. I, S. 185.

6.2. Die Beratungen in der Verfassungskommission des Sejm in den Jahren 1919/20

Die Verfassungskommission des Sejm setzte sich im Februar 1919 aus insgesamt 30 Abgeordneten zusammen. Unter ihnen befanden sich zehn Vertreter der Bauernparteien[26], die während der Erarbeitung der Verfassung allerdings keinen einheitlichen Block bildeten. Wesentlicher hingegen war für den Verlauf der Beratungen, daß einerseits 20 Abgeordnete dem Zentrum und der Rechten und andererseits neun Abgeordnete der Parlamentslinken angehörten und die nationalen Minderheiten lediglich durch einen jüdischen Abgeordneten vertreten waren.[27] Zur Linken waren die Vertreter der „Wyzwolenie" (5), der PPS (3) und der „PSL-Lewica" (1) zu rechnen.

Der Kommission unter Vorsitz des Nationaldemokraten Władysław Seyda wurden im Mai 1919 insgesamt fünf Verfassungsentwürfe vorgelegt: der Regierungsentwurf, der Text der „Wyzwolenie" sowie drei weitere von den Parteien PPS, „Nationaler Volksverband" (ZLN) und „Klub der konstitutionellen Arbeit" (KPK). In vielen Punkten stimmten alle diese Entwürfe überein. Alle sahen eine Republik mit einem parlamentarisch-demokratischen System vor, das sich auf einen aus allgemeinen, gleichen, unmittelbaren, geheimen und proportionalen Wahlen hervorgegangenen Sejm stützen sollte. Unumstritten war ebenfalls der Grundsatz der Gleichheit aller Bürger ohne Unterschied des Geschlechts, der Herkunft, der Konfession und der Nationalität.[28] Relativ schnell, bis Herbst 1919, konnte man infolgedessen die Kapitel, die die Bürgerrechte und -pflichten betrafen, erarbeiten; auch über den Aufbau der Behörden und der Selbstverwaltungsorgane konnte trotz gewisser Meinungsunterschiede bald Einigung erzielt werden.[29]

Die langwierige, oftmals leidenschaftliche Diskussion entzündete sich im Grunde an zwei Fragen: Soll das Parlament aus einer oder aus zwei Kammern bestehen und welche Kompetenzen sollen diesen zukommen? Wie soll die Wahl des Staatsoberhauptes erfolgen und welche Befugnisse sind ihm zuzuerkennen?[30] Beim zweiten Punkt stießen zwei Konzeptionen aufeinander. Die eine strebte die Wahl des Staatsoberhauptes durch das Volk bzw. durch eine vom Volk gewählte Wahlmännerversammlung an. Sie wurde von der Linken vertreten und mit der Notwendigkeit eines übergeordneten, stabilen und starken Machtzentrums begründet, das als Sicherung gegen die bereits bestehende und auch für die Zukunft wahrscheinliche Kräftezersplitterung im Sejm dienen müsse.[31] Die andere Konzeption, von der Rechten verfochten, strebte die Wahl des Staatsoberhauptes durch den Sejm an, wobei man argumentierte, daß die Wahl des Staatsoberhauptes durch das Volk jeglicher Demagogie Tür und Tor öffne und der Sejm besser die Qualifikation eines Kandidaten beurteilen könne als die Wähler.[32] In Wirklichkeit aber ging es der um die Nationaldemokraten gescharten Rechten um etwas anderes. Władysław Pobóg-Malinowski meint in Übereinstimmung mit anderen polnischen Historikern:

---

[26] Die „Wyzwolenie" entsandte fünf Abgeordnete, der „Piast" vier und die „PSL-Lewica" einen Abgeordneten in die Kommission. Vgl. S. Krukowski: Geneza, S. 67.

[27] Ebd.

[28] Vgl. W. Pobóg-Malinowski: Najnowsza historia, T. II, S. 207.

[29] Ebd.

[30] Ebd.

[31] Ebd.

[32] Ebd., S. 208.

„Diese brüchige Argumentation war nur ein Deckmantel für das Verhältnis zum damaligen Staatschef Piłsudski; seine Popularität war bei den Massen zu groß und einzig das Prinzip, den Staatspräsidenten durch den Sejm zu wählen, konnte die Grundlage zwar nicht für die Sicherheit, aber zumindest für die Hoffnung abgeben, daß Piłsudski nicht erster Präsident der Republik werden würde.“[33]

In der ebenfalls umstrittenen Frage der Sejmkammern stand am Beginn der Diskussion die vom kleinen „Klub der konstitutionellen Arbeit“ vorgebrachte Überlegung, daß unter Umständen übereilt gefaßte Beschlüsse der juristisch nicht vorgebildeten Abgeordneten von einer mit entsprechend qualifizierten Personen besetzten zweiten Kammer überprüft werden müßten.[34] Die Rechte und die Linke vertraten jedoch zugleich völlig entgegengesetzte Standpunkte hinsichtlich der Kompetenzen und der personellen Zusammensetzung einer zweiten Kammer. Während die PPS, unterstützt von der „Wyzwolenie“, die Einrichtung einer aus Arbeitnehmervertretern gebildeten „Kammer der Arbeit“ (Izba Pracy) mit Vetorecht gegen Sejmbeschlüsse sowie der Befugnis, Gesetze einem Referendum überantworten zu können, vorschlug[35], forderte die Rechte die Schaffung eines Senats, dem sie die Rolle eines Gegengewichts zum aus ihrer Sicht oftmals zu reform- und experimentierfreudigen Sejm zudachte.[36]

Am Ende langer und erbitterter Diskussionen forderte die Gruppierung der Linksparteien in der Kommission ein Einkammerparlament, die Bezeichnung „Leiter“ (Naczelnik) für das Staatsoberhaupt und dessen Wahl durch das Volk. Die Forderung nach einem Einkammersejm wurde auch vom „Piast“ unterstützt, der längere Zeit in dieser Frage geschwankt hatte. Die Kommissionsmehrheit hingegen plädierte für ein Zweikammerparlament und für die Wahl des sich „Prezydent“ nennenden Staatsoberhauptes durch die beiden sich zu diesem Zweck zur „Nationalversammlung“ (Zgromadzenie Narodowe) zusammenschließenden Kammern des Parlaments. Versuche, durch Kompromißlösungen die Meinungsunterschiede zwischen beiden Lagern zu überbrücken, scheiterten. In den folgenden Abstimmungen wurden die meisten der von den Rechtsparteien gewünschten Lösungen angenommen. Nach 17 Monaten legte die Kommission im Juli 1920 dem Sejm endlich ihren Verfassungsentwurf vor; dieser mußte dann die endgültige Entscheidung in allen strittigen Fragen treffen.

Als besonders beunruhigend empfand die „Wyzwolenie“ die Kompetenzen und die geplante Zusammensetzung des Senats. Ihm sollten angehören: 70 vom Sejm (jedoch nicht aus seiner Mitte) gewählte Personen, je zwei Vertreter der Selbstverwaltung aus jeder Wojewodschaft sowie der Stadträte von Warschau, Lemberg (Lwów), Krakau, Posen, Wilna und Lodz, fünf Vertreter des katholischen Episkopats, drei Vertreter anderer Bekenntnisse, Vertreter der Hochschulen und wissenschaftlichen Institutionen, die Vorsitzenden des Obersten Gerichts sowie des Verwaltungsgerichtshofs, Vertreter der Obersten Wirtschaftskammer und der Rechtsanwaltschaft. Vom Sejm beschlossene Gesetze sollten erst nach Ablauf eines Monats, in dem der Senat Änderungen beschließen konnte, in Kraft treten, und zwar nur, wenn der Sejm mit drei Fünfteln seiner Stimmen das etwaige Senatsprojekt zurückweisen würde.[37]

[33] Ebd. Vgl. auch A. Ajnenkiel: Od „rządów ludowych“, S. 125, und S. Krukowski: Geneza, S. 248.
[34] W. Pobóg-Malinowski: Najnowsza historia, T. II, S. 208.
[35] A. Ajnenkiel: Spór, S. 226.
[36] A. Ajnenkiel: Konstytucja marcowa [Die Märzverfassung], in: Historia Polski [Geschichte Polens], T. 4 (1918–1939), cz. I (1918–1926), Warszawa 1969, S. 475.
[37] Projekty Konstytucji, cz. II, S. 18ff.

Die Kommissionsarbeiten an der Verfassung waren zumindest seit Mai/Juni 1919 auch ein Thema in der Parteiorganisation. Die Führung der „Wyzwolenie“ legte nun größeren Wert als vorher darauf, ihre Haltung ihren Mitgliedern und der Öffentlichkeit insgesamt zu vermitteln. Dies geschah auf Versammlungen, Kundgebungen und in der Parteipresse. Letztere informierte die Mitglieder über die Auseinandersetzungen und die kritischen Phasen in der Kommissionsarbeit und gab den Rechtsparteien die Schuld für jede Verzögerung.[38] Die Partei präsentierte sich geradezu als treibende Kraft in der Verfassungsfrage. Parteitag, Parteirat und Vorstand mahnten immer wieder eine beschleunigte Beratung und Verabschiedung der Verfassung an[39]; Abgeordnete der Partei forderten dies im Parlament.[40]

Im Frühjahr 1920, wenige Wochen vor dem Ende der Kommissionsberatungen, als sich eine Niederlage der Linken bereits deutlich abzeichnete, versuchte die Partei über eine Mobilisierung ihrer bäuerlichen Basis ihre Forderungen noch einmal verstärkt zur Geltung zu bringen. Höhepunkt dieser Kampagne war eine Massenkundgebung am 6. Juni 1920 in Warschau, auf der Resolutionen in der Verfassungs- und Agrarreformfrage verabschiedet wurden.[41] Die mehr als 10000 Teilnehmer zogen anschließend zum Parlamentsgebäude und überreichten ihre Forderungen dem Sejmmarschall.

6.3. Verlauf und Ergebnis der Beratungen im Sejmplenum in den Jahren 1920/21

Die am 8. Juli 1920 begonnene Debatte im Sejm über den von der Kommissionsmehrheit vorgelegten Verfassungsentwurf mußte bereits am 16. Juli 1920 wegen des sowjetischen Vormarsches auf Warschau vertagt werden. Erst Ende September konnte sie wieder aufgenommen werden. Auch im Plenum fanden leidenschaftliche Auseinandersetzungen um die Fragen des Zweikammersystems und des Staatsoberhauptes statt. Außer diesen beiden Punkten waren die Rechte der nationalen Minderheiten und die Stellung der katholischen Kirche im Staat am umstrittensten.

Die erste Abstimmung über die Einführung eines Senats führte am 21. Oktober 1920 zu heftigen Zusammenstößen zwischen den Gegnern und den Anhängern einer zweiten Kammer. Für den Antrag von „Wyzwolenie“ und PPS, den Artikel des Kom-

---

38 Siehe z.B.: Izba wyższa, czyli Senat [Eine höhere Kammer, das heißt ein Senat], in: Wyzwolenie Nr. 2 vom 11. 1. 1920, S. 10f.; J. Smoła: A kiedyż Sejm uchwali Konstytucję? [Wann verabschiedet der Sejm endlich eine Verfassung?], in: Wyzwolenie Nr. 6 vom 8. 2. 1920, S. 66f.; Prezydent czy Naczelnik Państwa [Präsident oder Staatschef], in: Wyzwolenie Nr. 8 vom 22. 2. 1920, S. 97; S. Thugutt: Jak obierać Naczelnika Państwa? [Wie soll man den Staatschef wählen?], in: Wyzwolenie Nr. 11 vom 14. 3. 1920, S. 125f.

39 Siehe die Beschlüsse der Parteigremien und der Fraktion: Zjazd Rady Naczelnej [Sitzung des Obersten Rates], in: Wyzwolenie Nr. 36 vom 7. 9. 1919, S. 452; Co uchwalił i postanowił Zarząd Główny i Klub poselski [Was der Hauptvorstand und die Fraktion verabschiedet und beschlossen haben], in: Wyzwolenie Nr. 39 vom 28. 9. 1919, S. 489; Zjazd Rady Naczelnej [Sitzung des Obersten Rates], in: Wyzwolenie Nr. 51 vom 21. 12. 1919, S. 619; Uchwały Zjazdu Walnego [Beschlüsse des Parteitages], in: Wyzwolenie Nr. 9 vom 29. 2. 1920, S. 103.

40 Walka P.S.L. „Wyzwolenie“ o przyśpieszenie uchwalenia Konstytucji [Der Kampf der „Wyzwolenie“ für eine beschleunigte Verabschiedung der Verfassung], in: Wyzwolenie Nr. 16 vom 18. 4. 1920, S. 178; Sejm Ustawodawczy, 145. Sitzung am 7. 5. 1920, Sp. 35–44 (E. Rudziński).

41 Jak odbył się nasz wiec w Warszawie [Wie unsere Kundgebung in Warschau verlief], in: Wyzwolenie Nr. 24 vom 13. 6. 1920, S. 271.

missionsentwurfs, der einen Senat vorsah, zu streichen, sprachen sich 183 Abgeordnete aus, während 195 Abgeordnete, sieben deutsche Vertreter eingeschlossen, dagegen stimmten.[42] Ebenfalls abgelehnt wurden daraufhin der Antrag der „Wyzwolenie", den Sejm aufzulösen und Neuwahlen auszuschreiben, der Antrag der NPR, diese Frage durch ein Referendum entscheiden zu lassen sowie der Antrag von PPS und „PSL-Lewica", die Entscheidung über die Einführung eines Senats dem nächsten Sejm zu überlassen. Angesichts dieser festen Entschlossenheit der Rechtsparteien und eines Teiles der Mitte, einen Senat einzuführen, erkannten die Linksparteien sowie „Piast" und NPR, daß es nicht mehr möglich war, die eigenen Forderungen durchzusetzen.

Die „Wyzwolenie", die sich wohl am entschiedensten gegen die Einführung eines Senats, in dem sie einen „Maulkorb für den Sejm" erblickte, festgelegt hatte, blieb bei ihrer völlig ablehnenden Haltung.[43] In der zweiten Lesung sprach sie sich noch einmal entschieden gegen die Institution des Senats aus, da diese dem Prinzip der Volksherrschaft widerspreche. Als die Konstituante sich am 27. Januar 1921 erneut mit 195 gegen 184 Stimmen für die Einrichtung eines Senats aussprach, verließen die Abgeordneten der „Wyzwolenie" demonstrativ den Plenarsaal und verzichteten auf die Teilnahme an den Abstimmungen über die Zusammensetzung und die Länge der Sitzungsperiode dieses Gremiums.[44] PPS und „Piast" dagegen waren bereit, sich mit dem Senat abzufinden, versuchten jedoch in der zweiten Lesung, allerdings vergeblich, die seine Zusammensetzung bestimmenden Regelungen abzuändern. Der Entwurf sah vor, daß nur 80 % der Senatssitze durch Wahlen besetzt werden, die restlichen 20 % hingegen Vertretern der Geistlichkeit, der Hochschulen usw. zustehen sollten. Auch in der Frage des Staatsoberhauptes setzte sich die Rechte mit ihrem Antrag, der die Wahl des Präsidenten durch eine „Nationalversammlung" vorsah, völlig durch. Die Bestimmung, daß der Präsident nicht gleichzeitig Oberbefehlshaber der Armee sein durfte, zielte gegen Piłsudski.[45]

Während der dritten Lesung, die vom 6. bis 16. März 1921 stattfand, schritt die Linke zunächst zur Taktik der aktiven technischen Obstruktion. Zu zahlreichen sachlichen und redaktionellen Änderungsanträgen wurde jedesmal eine namentliche Abstimmung verlangt. Hinzu kamen Lärmszenen mit Pultdeckeln, Tischglocken, Pfeifen usw. Schließlich fanden sich die Rechtsparteien zu einigen Kompromissen bereit, da ihnen an der Verabschiedung der Verfassung vor dem Tag der Volksabstimmung in Oberschlesien lag, die am 20. März 1921 stattfinden sollte.[46] So wurde die Bestimmung, daß der Staatspräsident ein Katholik sein müsse, fallengelassen, und die Formulierung, daß das römisch-katholische Bekenntnis die „höchste Stellung" im Staat einnehme, wurde um den Zusatz „unter den gleichberechtigten Bekenntnissen" ergänzt.[47] Von größerer Bedeutung war die Streichung des Artikels, der die Einführung der Bekennt-

[42] Die Tatsache, daß die Stimmen der deutschen Minderheit den Ausschlag gegeben hatten, löste bei der Linken, wie Zwischenrufe bezeugen, besondere Empörung aus. Vgl. Sejm Ustawodawczy, 176. Sitzung am 21. 10. 1920, Sp. 28.

[43] Vgl. den Aufruf zum Protest gegen die Schaffung des Senats: Walka o sejm jednoizbowy [Der Kampf für einen Einkammersejm], in: Wyzwolenie Nr. 47 vom 21. 11. 1920, S. 505f.

[44] S. Krukowski: Geneza, S. 273.

[45] W. Pobóg-Malinowski: Najnowsza historia, T. II, S. 539.

[46] Das bevorstehende Plebiszit in Oberschlesien wird von polnischen Historikern übereinstimmend als Motiv für die Konzessionsbereitschaft der Rechtsparteien genannt. Vgl. z.B. A. Próchnik: Pierwsze piętnastolecie, S. 103; W. Pobóg-Malinowski: Najnowsza historia, T. II, S. 539; A. Ajnenkiel: Konstytucja marcowa, S. 477; S. Krukowski: Geneza, S. 300.

[47] Ebd.

nisschule vorsah. Die allgemeine Schulpflicht wurde bis zum 17. Lebensjahr einschließlich festgelegt.

Weiter fiel die beabsichtigte Aufnahme von Virilmitgliedern (Vertreter von Konfessionen und wissenschaftlichen Institutionen) in den Senat weg.[48] Dies war eine beachtliche Änderung, da hiermit der Weg zu einer in allgemeinen und direkten Wahlen bestimmten zweiten Kammer geebnet war. Aufgegeben wurde ferner die vorgesehene Bestimmung über eine zehnjährige Amtszeit des Senats und statt dessen für Sejm und Senat eine gleich lange Legislaturperiode von fünf Jahren angenommen.

Schließlich konnte auch hinsichtlich der von der Linken geforderten Bestimmung über eine möglichst baldige Revision der Verfassung ein Kompromiß erzielt werden.[49] Der in zweiter Lesung bestätigte Kommissionsentwurf hatte eine erste Möglichkeit hierzu erst nach Ablauf von zehn Jahren, danach alle 25 Jahre vorgesehen; beteiligt sein sollte auch der Senat. Der Antrag der „Wyzwolenie" hingegen sah die erste Möglichkeit zur Revision der Verfassung bereits ein Jahr nach Festlegung der Grenzen vor, anschließend alle zehn Jahre, doch ausschließlich durch die Mehrheit des Sejm. Andere Anträge enthielten hierfür längere Fristen. Der Kompromiß gab nun bereits dem zweiten auf der Grundlage der Verfassung gewählten Sejm das Revisionsrecht. Nach Abschluß der dritten Lesung konnte am 17. März 1921 endlich die Schlußabstimmung über die Verfassung als Ganzes stattfinden.

Die Parteigliederungen wurden von der Parteispitze und der Fraktion in der Phase der Plenarberatungen zwischen Ende September 1920 und März 1921 wesentlich intensiver über den Stand der Dinge informiert als vorher und in gewissem Sinne auch in die Diskussion einbezogen. Einer der Gründe hierfür dürfte gewesen sein, daß nun alle Abgeordneten der Partei die Auseinandersetzungen um die Verfassung persönlich verfolgen konnten bzw. an ihnen selbst teilnahmen. Sie konnten hierüber auf Versammlungen und Kundgebungen berichten.

Ob dieses Thema die Masse der bäuerlichen Mitglieder und Sympathisanten tatsächlich bewegte, läßt sich nur schwer beurteilen. Es wird dabei sicher auch sehr stark darauf angekommen sein, ob es ein Abgeordneter vermochte, die möglichen Konsequenzen dieser oder jener Verfassungsbestimmung für die Bevölkerung anschaulich zu machen. Gewiß wurden die Dinge vielfach auch vergröbert dargestellt. Eine Vorstellung davon, wie die Senatsfrage argumentativ behandelt worden sein mag, vermittelt der Text einer Resolution, den eine Versammlung im Dorf Zamostek, Kreis Krasnystaw (Wojewodschaft Lublin), am 4. November 1920 verabschiedete. Er lautete:

> „Wir protestieren gegen einen Senat; ein Senat würde die Rechte des arbeitenden Volkes begrenzen und den Großgrundbesitzern, den Kapitalisten und dem Klerus Privilegien geben. Alle für das Volk guten Sejmbeschlüsse würden durch einen Senat nicht bestätigt werden ...[50] Wir fordern von den Fraktionen der Bauernparteien: Falls der Senat beschlossen wird, sollen die Bauernparteiler den Sejm verlassen."[51]

Zahlreiche Resolutionen gleichen oder ähnlichen Inhalts finden sich in fast allen Nummern des Parteiblattes von Oktober 1920 an.

---

[48] Ebd., S. 301.

[49] Ebd., S. 300.

[50] Hiermit sind wahrscheinlich vor allem die beiden auf Betreiben der Bauernparteien zustande gekommenen Parlamentsbeschlüsse vom 10. 7. 1919 und vom 15. 7. 1920 über die Grundsätze einer Agrarreform und deren Durchführung gemeint.

[51] Nasze wiece [Unsere Kundgebungen], in: Wyzwolenie Nr. 47 vom 21. 11. 1920, S. 509.

Nachdem Parteiführung und Fraktion sich während der zweiten Lesung der Verfassung noch relativ kämpferisch gegeben hatten – unter anderem appellierten sie am 20. November 1920 an die Öffentlichkeit, sich dem Kampf gegen den Senat mit „großer und gewaltiger Stimme" anzuschließen[52] –, schienen sie nach Abschluß der zweiten Lesung stark unter dem Eindruck der Vergeblichkeit ihrer Bemühungen zu stehen. In einem Leitartikel im Parteiorgan räumte Stanisław Thugutt am 6. Februar 1921 ein, daß die Partei „im Kampf gegen den Senat erneut eine Schlacht verloren hat".[53] In derselben Ausgabe der „Wyzwolenie" erfuhren die Leser nicht nur, daß die Einrichtung des Senats am 27. Januar 1921 mit nur elf Stimmen Mehrheit beschlossen worden war, sondern auch, daß man die Abgeordneten der Partei nach ihrer Rückkehr in den Beratungssaal geradezu feindselig empfangen hatte.[54] Die anderen Abgeordneten der Linken und der Mitte, die weiter auf verlorenem Posten gegen die den Senat betreffenden Regelungen gestimmt hatten, betrachteten das Verhalten der „Wyzwoleńcy" als unsolidarisch. Das Blatt rechtfertigte deshalb das Verlassen der Abstimmung und legte ausführlich dar, daß dies keine „Verschlechterung" der Verfassung mehr verursachen konnte.[55]

Eine solche Aufklärung der eigenen Anhänger war nötig, um die Beschuldigungen anderer Parteien, vor allem der Konkurrenz „Piast", zu entkräften. Auch mit der Reaktion der verärgerten PPS in deren Zeitung „Robotnik" (Der Arbeiter) mußte sich das Zentralorgan auseinandersetzen.[56] Daß Mitglieder in der Provinz sich dennoch verleumderischer Behauptungen der Art, die „Wyzwolenie" habe zur Einrichtung des Senats aktiv beigetragen, erwehren mußten, belegen Mitteilungen an die „Wyzwolenie"-Redaktion.[57] Die Parteiführung wies in einem Aufruf, den das Zentralorgan eine Woche darauf (am 13. 2. 1921) veröffentlichte, noch einmal alle Kritik von seiten des „Piast" und der Sozialisten zurück und warf diesen beiden Parteien ihrerseits erhebliche Inkonsequenzen in ihrer Verfassungspolitik vor.[58] Vor allem der „Piast" habe durch sein Schwanken zwischen Ein- und Zweikammerparlament der Rechten den Weg zum Erfolg freigemacht. Für den Fall, daß der Senat auch in dritter Lesung beschlossen würde, kündigte die Partei für den neuen Sejm den sofortigen Versuch seiner Abschaffung an. „Und wir allein", wurde hinzugefügt, „werden das moralische Recht dazu haben, eine solche Forderung zu stellen, weil wir allein in einem bestimmten Augenblick zum Protest dagegen, der Nation gegen ihren Willen einen Senat aufzuzwingen, fähig waren."

Selbstverständlich war die Verfassung auch ein Thema des Parteitages, der mitten in der innenpolitisch spannungsvollen Zeit vom 4. bis 6. März 1921 stattfand. Die Delegierten hörten hierzu am ersten Beratungstag einen „umfassenden und detaillierten"

---

[52] Obywatele [Bürger], in: Wyzwolenie Nr. 49 vom 5. 12. 1920, S. 525.

[53] S. Thugutt: W walce przeciwko Senatowi [Im Kampf gegen den Senat], in: Wyzwolenie Nr. 6 vom 6. 2. 1921, S. 49.

[54] Sprawa Senatu w Sejmie [Die Senatsfrage im Sejm], in: Wyzwolenie Nr. 6 vom 6. 2. 1921, S. 51.

[55] Andrzej Ajnenkiel neigt deutlich der Ansicht zu, daß die Nichtteilnahme der „Wyzwolenie"-Abgeordneten an der weiteren Abstimmung keinen Einfluß auf das Ergebnis hatte. Vgl. A. Ajnenkiel: Spór, S. 236.

[56] J. Smoła: W odpowiedzi „Robotnikowi" [Dem „Robotnik" zur Antwort], in: Wyzwolenie Nr. 7 vom 13. 2. 1921, S. 58f.; s. auch die „Piast"-Schrift: Poznaj zdradę Tugutowców (sic!)! [Erkenne den Verrat der Thugutt-Leute!], Warszawa 1921 (Polskie Stronnictwo Ludowe).

[57] Vgl. List II [Brief II], in: Wyzwolenie Nr. 8 vom 20. 2. 1921, S. 71, und: Obłudnicy [Heuchler], in: Wyzwolenie Nr. 10 vom 6. 3. 1921, S. 101.

[58] Obywatele [Bürger], in: Wyzwolenie Nr. 7 vom 13. 2. 1921, S. 57f.

Bericht des Abgeordneten Woźnicki und nahmen nach einem weiteren Bericht Thugutts zur äußeren und inneren Lage des Landes verschiedene von diesem vorgestellte Resolutionen an.[59] Der Beschluß zur Verfassung reduzierte sich völlig auf die Senatsfrage. Nach einer allgemeinen Bekundung, den Senat verhindern zu wollen, wurde die Fraktion darin aufgerufen, „diesen Kampf mit allen ihr zugänglichen Mitteln, den Auszug aus dem Sejm eingeschlossen, weiterzuführen". Die bisherige Taktik der Fraktion wurde ausdrücklich als ganz und gar angemessen anerkannt; Fraktion und Vorstand erhielten die Vollmacht, über weitere Maßnahmen gegen den Senat selbständig zu entscheiden.

6.4. Die Partei und die Abstimmung vom 17. März 1921

Der Kompromiß über die Verfassung vom 16. März 1921 wurde vom Sejmmarschall angeregt und kam durch eine Beratung der Vertreter von zehn Sejmfraktionen zustande.[60] Lediglich die „Wyzwolenie" und die unbedeutende „PSL-Lewica" nahmen hieran nicht teil. Die Weigerung der „Wyzwolenie", den Kompromiß mitzutragen, begründete das Parteiblatt mit der unbefriedigenden Regelung der Revisionsmöglichkeit in Artikel 125.[61] Sie wurde lediglich als theoretische Möglichkeit zu einer Revision betrachtet, denn drei Fünftel der Stimmen im übernächsten Sejm waren selbstverständlich schwerer zu erlangen als die einfache Mehrheit von elf Stimmen, mit der der Block der Rechtsparteien die Existenz des Senats durchsetzte. „Die Rechte hat sich", hieß es dort, „auf diese Weise gerettet und der ‚Piast' und die PPS haben ihr nachgegeben." Letzteres trifft sicherlich zu. Nur die Verständigung der beiden Parteien mit der Rechten schuf die Voraussetzung für eine einvernehmliche Behandlung des Verfassungsgesetzes. Doch ist schwer zu erkennen, inwiefern die Mittel- und Linksparteien einen größeren Spielraum gehabt haben sollen als die Rechtsparteien, die nun einmal über eine, wenn auch geringe Mehrheit verfügten.

Die Senatsgegner hätten ihren Kampf lediglich wie bisher weiterführen können und wären, legt man das Kräfteverhältnis im Sejm und die bis dahin gemachten Erfahrungen zugrunde, der Rechten dennoch unterlegen. Das Mittel der technischen Obstruktion taugte allein zur Erlangung eines Kompromisses, und dies auch nur unter der Bedingung zunehmenden Zeitdrucks. Unter diesen gerieten im Hinblick auf die oberschlesische Abstimmung allerdings nicht nur die Rechts-, sondern auch die Mittel- und Linksparteien. Selbst wenn man berücksichtigt, daß die anderen Fraktionen die Bedeutung einer bereits verabschiedeten Verfassung für die Chancen Polens in Oberschlesien weit überschätzten, erscheint die Haltung der „Wyzwolenie" keineswegs realitätsbezogener.

Vor der Schlußabstimmung am 17. März gaben die Abgeordneten M. Niedziałkowski von der PPS, B. Fichna von der NPR und J. Woźnicki von der „Wyzwolenie" im Namen ihrer Fraktionen Erklärungen ab.[62] Während der Vertreter der „Nationalen Arbeiterpartei" trotz gewisser Kritikpunkte seine Zustimmung zur Verfassung zum Ausdruck brachte und der Vertreter der Sozialisten Vorzüge und Mängel rekapitulierte,

[59] Nasz Zjazd [Unser Parteitag], in: Wyzwolenie, Dodatek Nadzwyczajny [Sonderbeilage], 6. 3. 1921.
[60] S. Krukowski: Geneza, S. 300.
[61] Jak uchwalono Konstytucję? [Wie wurde die Verfassung beschlossen?], in: Wyzwolenie Nr. 13 vom 27. 3. 1921, S. 134.
[62] Sejm Ustawodawczy, 221. Sitzung am 17. 3. 1921, Sp. 4–6.

um dann anzukündigen, daß seine Partei „ihre Stimmen nicht für die ganze Verfassung abgeben“ könne, blieb die „Wyzwolenie“ ihrer bisherigen Position treu. Ihr Vertreter Woźnicki sprach sich als einziger entschieden gegen den Verfassungsentwurf aus. Dieser demonstrative Schritt hatte jedoch keinerlei praktische Folgen. Die Verfassung wurde vom Sejm en bloc mit überwältigender Mehrheit (ohne Auszählung) angenommen.[63]

Die Entscheidung der Parteispitze der „Wyzwolenie“, im Sejm gegen die Verfassung zu stimmen, fand nicht bei allen Fraktionsmitgliedern Verständnis. Thugutt berichtet, daß vor der Abstimmung eine Gruppe ausschließlich bäuerlicher Abgeordneter zu ihm gekommen sei und sich darüber beklagt habe, daß der Fraktionsvorstand befehle, gegen die gesamte Verfassung zu stimmen, was sie aber als eine unpatriotische Tat betrachte. Thugutt fährt fort:

> „Ich erklärte ihnen nicht ohne Mühe, daß, wenn wir in einem so wichtigen Punkt der Verfassung wie der Existenz des Senats, dem wir uns widersetzt hatten, verloren haben, wir jetzt gegen das Ganze stimmen müssen. Was übrigens keine Gefahr mit sich bringt, denn die Verfassung wird ohnehin verabschiedet werden. Trotz unseres Widerstandes. Sie stimmten dagegen, aber ich sah, daß sie es mit großem Widerwillen taten.“[64]

Es ist durchaus nachvollziehbar, daß die Parteiführung darauf bedacht sein mußte, die Partei konsequent erscheinen zu lassen, nachdem sie sich nun einmal so strikt gegen den Senat ausgesprochen hatte. Hinzu kommt, daß sich die Parteiführung aufgrund eigener Initiative durch den kurz zuvor abgehaltenen Parteitag (4. bis 6. März 1921) auf ihre Positionen noch einmal hatte verpflichten lassen.

Der geschilderte Vorfall deutet darauf hin, daß die Parteiführung mit ihrem starren Festhalten an ihrer Position in der Verfassungsfrage in einen gewissen Gegensatz zur Parteibasis geraten war. Für letztere mag die Tatsache wesentlicher gewesen sein, daß der wiederentstandene polnische Staat endlich eine Verfassung erhalten sollte. Für die in der Parteiführung überwiegenden Vertreter der Intelligenz hingegen stand eine gewisse Prinzipientreue stärker im Vordergrund, was ihnen in der eigenen Partei Unverständnis und von ihren Gegnern bisweilen den Vorwurf des Doktrinarismus eintrug.[65]

Dem Bedürfnis der Parteimitglieder nach einem positiven Bezug zur Verfassung entsprach Maksymilian Malinowski am 27. 3. 1921 mit seinem Artikel „Die Verfassung ist beschlossen“.[66] Er hob darin vor allem die historische Bedeutung dieses Ereignisses für die Stabilisierung des eigenen, selbständigen Staates hervor. Er erinnerte kurz daran, daß die „Wyzwolenie“ selbst einen Entwurf eingebracht hatte, verschwieg nicht das aus ihrer Sicht Kritikwürdige an der beschlossenen Verfassung und unterstrich dann das Positive wie die Festschreibung von demokratischen Wahlen, Menschenrechten, Selbstverwaltung, Gleichberechtigung, kostenlosem Unterricht usw. Die Verfassung könne man sich für das Volk zwar noch besser vorstellen, meinte Malinowski, fuhr dann aber fort:

---

[63] Deutsche Übersetzungen der Verfassung: Die Verfassung der Polnischen Republik vom 17. März 1921. Hrsg. von der Vereinigung des deutschen Volkstums in Polen und dem Deutschtumsbund Posen e.V., Bromberg o.J.; Die Verfassung der Republik Polen, in: Jahrbuch für Polen 1929/30, Warszawa o.J., S. 29–60; Die Konstitution der Polnischen Republik, Beilage zur „Neuen Lodzer Zeitung“, o.O., o.J.

[64] S. Thugutt: Wybór pism, S. 81.

[65] Vgl. ebd., S. 77.

[66] M. Malinowski: Konstytucja uchwalona [Die Verfassung ist beschlossen], in: Wyzwolenie Nr. 13 vom 27. 3. 1921, S. 134.

„Aber diese unsere Verfassung ist nicht schlechter als die Verfassungen vieler anderer Staaten und Völker. Sie ist nicht schlechter und so wollen wir sie auch ansehen. Daß dies so ist, das kann man mutig sagen, berechtigt unsere ‚Wyzwolenie', dies als ihr Verdienst zu betrachten. Die Standhaftigkeit und die Härte der bäuerlichen Grundsätze unserer Fraktion und Partei, die Unnachgiebigkeit unserer Gesinnung und des Rufens nach den unveräußerlichen Rechten des Volkes – dies alles trug sehr dazu bei, daß unsere Verfassung so ist, wie sie ist, daß sie besser ist, als die Reaktion sie haben wollte."

Der Senat werde überdies nur begrenzte Kompetenzen und keine lange Lebensdauer haben. Im ganzen – dies ist der Leitgedanke Malinowskis – könne die Bauernschaft stolz sein auf ihre neue gesellschaftliche Rolle, stolz auch auf die Verfassung des Landes.

6.5. Die Partei und die Märzverfassung in der Folgezeit

Beinahe unmittelbar nach der Verabschiedung der Verfassung begann die „Wyzwolenie", deren Verkündung und Inkrafttreten zu fordern.[67] Anschließend sollten der Verfassunggebende Sejm aufgelöst und Neuwahlen ausgeschrieben werden, von denen sich die Partei einen Zuwachs an Mandaten erhoffte. Die Verfassung wurde schon am 1. Juni 1921 in Kraft gesetzt. Auf das neue Wahlgesetz hingegen, die Voraussetzung für Neuwahlen, mußte die Partei noch länger als ein Jahr warten. Im Parteiblatt bezeichnete es Malinowski noch einmal als erstrangige Pflicht jeden Bürgers, „demnach auch des Bauern und des Arbeiters", Artikel und Geist der Verfassung kennenzulernen.[68]

Die „Wyzwolenie" respektierte in der Praxis die gesamte Verfassung, auch wenn sie sich bei deren Verabschiedung gegen Teile derselben ausgesprochen hatte und das Parteiprogramm nach wie vor ein Einkammerparlament, eine kürzere Legislaturperiode des Sejm, eine Direktwahl des Staatspräsidenten und ein Referendum forderte. So beschloß der Parteirat am 8. und 9. Dezember 1921, die Wahlen zum Senat nicht, wie von einigen verlangt, zu boykottieren, sondern an ihnen teilzunehmen.[69] Die Partei forderte allerdings auch die Verwirklichung der Verfassung auf verschiedenen Gebieten durch die Regierung und mahnte ihre Einhaltung durch jedermann an.[70] Am 23. Januar 1923 verurteilte Stanisław Thugutt, zu jenem Zeitpunkt Partei- und Fraktionschef, in seiner großen Sejmrede die zur Gewalttat aufwiegelnden Aufrufe aus dem Lager der politischen Rechten, die im Dezember 1922 dem Mord an Präsident Narutowicz vorangegangen waren, als Verbrechen an Staat und Verfassung.[71]

Unter dem Eindruck der erheblichen Schwierigkeiten des parteipolitisch zersplitterten Sejm, eine stabile Regierung hervorzubringen, entwickelte der „Piast" im Laufe des Jahres 1924 Vorstellungen in bezug auf eine Veränderung der Verfassung und des Wahlgesetzes. Sie beinhalteten eine Erhöhung der Machtbefugnisse des Staatspräsidenten (Recht zur Auflösung des Parlaments) bzw. der staatlichen Exekutive gegenüber der Legislative sowie eine Einschränkung des Verhältniswahlrechts und eine Verringerung

---

[67] Rezolucje Rady Naczelnej PSL Wyzwolenie [Die Resolutionen des Obersten Rates der PSL Wyzwolenie], in: Wyzwolenie Nr. 20 vom 15. 5. 1921, S. 193; Flugblatt „Obywatele" [Bürger], AZHRL: U-I/28.

[68] M. Malinowski: Konstytucja Rzeczypospolitej Polskiej [Die Verfassung der Republik Polen], in: Wyzwolenie Nr. 24 vom 12. 6. 1921, S. 229f.

[69] Zjazd Rady Naczelnej [Sitzung des Obersten Rates], in: Wyzwolenie Nr. 52 vom 25. 12. 1921, S. 469.

[70] R.W.: W rocznicę Konstytucji [Zum Jahrestag der Verfassung], in: Wyzwolenie Nr. 13 vom 26. 3. 1922, S. 119.

[71] Sejm R.P., 8. Sitzung am 20. 1. 1923, Sp. 31–43.

der Mandate. Die vorgesehenen Veränderungen im Wahlrecht zielten auf eine Benachteiligung der nationalen Minderheiten. Ähnliche Überlegungen begannen auch die anderen Parteien der Mitte und der Rechten zu beschäftigen.[72]

Die „Wyzwolenie“ reagierte auf derartige Pläne im Parlament und in ihrer Presse scharf ablehnend.[73] Das Volk werde sich seine Errungenschaften nicht nehmen lassen, erklärte Juliusz Poniatowski am 30. Oktober 1924 im Sejm mit Blick auf das Wahlrecht.[74] Am 18./19. Januar 1925 mußte sich auch der Parteivorstand mit dem zunehmend stärker von der Öffentlichkeit diskutierten Wahlrechtsthema befassen. Er empfahl der Fraktion, „alle Anstrengungen zu unternehmen, um die Verfassung und das Wahlgesetz gegen die Reaktion zu verteidigen und, sofern das möglich sein wird, in diese beiden Grundgesetze Veränderungen zum Besseren im Geiste bäuerlicher und demokratischer Forderungen einzuführen“.[75] Mit dem zweiten Teil der Empfehlung stellte der Vorstand die „Wyzwolenie“ in die Reihe derjenigen Parteien, die im neu zu wählenden Sejm die Möglichkeiten einer Verfassungsrevision nutzen wollten. Die Richtung der angestrebten Änderungen war durch das geltende Parteiprogramm gewiesen. Dieses zielte auf die Abschaffung des Senats und auf die Stärkung der Stellung des Präsidenten durch eine Volkswahl. In Übereinstimmung mit anderen Parteien befand sich die „Wyzwolenie“ lediglich mit ihrer Forderung, dem Präsidenten die Kompetenz der Sejmauflösung zuzuerkennen. Einen Eingriff in das Wahlrecht lehnte sie entschieden ab.[76]

Es ist nicht weiter verwunderlich, daß Verfassungsfragen auf dem März-Parteitag 1925 kaum eine Rolle spielten; Gegenstand seiner hitzigen Diskussionen war die Agrarreform. Allerdings bereitete der programmatische Beschluß des Parteitages, eine Landenteignung ohne Entschädigung vorzusehen, der Parteiführung erhebliche Probleme. Der Parteivorstand beauftragte daher in seiner Sitzung am 26./27. April 1925 die Fraktion, einen Antrag auf Verfassungsänderung auszuarbeiten und einzubringen, in dem alle Punkte in der Verfassung, die nicht dem Parteiprogramm entsprachen, berücksichtigt werden sollten.[77] Diesen Auftrag erneuerte und bekräftigte der Parteitag am 21./22. März 1926.[78] Zu den ursprünglichen Zielen der Partei waren nun neue hinzugekommen: die entschädigungslose Enteignung von Großgrundbesitz, die Einrichtung einer Territorialautonomie für die nationalen Minderheiten, die Aufhebung des Konkordats und die Trennung von Kirche und Staat.

Die Partei mußte wegen ihres Agrarbeschlusses nach dem März 1925 in der Öffentlichkeit manche Anfeindung ertragen. Sie wurde als „bolschewistisch“ diffamiert bzw. ihr Programm als verfassungs- und staatsfeindlich bezeichnet. Das Parteiorgan setzte

---

[72] A. Ajnenkiel: Spór, S. 274ff.

[73] A. Langer: Prawica i piastowcy chcą odebrać ludowi dotychczasowe prawo wyborcze [Die Rechte und die Piast-Leute wollen dem Volk das bisherige Wahlrecht nehmen], in: Wyzwolenie Nr. 50 vom 14. 12. 1924, S. 1f.

[74] Sejm R.P., 157. Sitzung am 30. 10. 1924, Sp. 28.

[75] Obrady Zarządu Głównego Z.P.S.L. „Wyzwolenie“ i „Jedność Ludowa“ [Beratungen des Hauptvorstandes von ZPSL „Wyzwolenie“ und „Jedność Ludowa“], in: Wyzwolenie Nr. 4 vom 25. 1. 1925, S. 4.

[76] J. Mężyk: O zmianie Konstytucji [Über die Änderung der Verfassung], in: Wyzwolenie Nr. 5 vom 1. 2. 1925, S. 2–4.

[77] Co uchwalił Zarząd Główny [Was der Hauptvorstand beschlossen hat], in: Wyzwolenie Nr. 18 vom 3. 5. 1925, S. 1.

[78] Uchwały dotyczące naprawy ustroju Rzeczypospolitej [Beschlüsse betreffend die Verbesserung der inneren Ordnung der Republik], in: Wyzwolenie Nr. 13 vom 28. 3. 1926, S. 9.

sich im Mai 1925 ausführlich mit diesen Vorwürfen auseinander und legte seinen bäuerlichen Lesern dar, daß eine Partei, die vom Revisionsartikel 125 der Verfassung Gebrauch machen möchte, weder verfassungs- noch staatsfeindlich handelt.[79] „Verfassungsfeindlich wäre ein solches Programm", heißt es erläuternd, „welches Veränderungen nicht durch den Sejm, nicht auf legalem Wege fordern würde, sondern durch eine Revolution, durch einen gewaltsamen Umsturz mit der Waffe in der Hand. Aber dieses will die ‚Wyzwolenie' nicht!" Man könnte hinzufügen: Sie wollte es n o c h nicht.

In der Tat gab es bis dahin keinen Anlaß, die Verfassungstreue der „Wyzwolenie" zu bezweifeln, zumal sie sich in ihrem neuen Programm von 1925 noch einmal ausdrücklich zur republikanisch-demokratischen Ordnung bekannte, in der die Interessen des arbeitenden Volkes am besten gesichert seien.[80] Deshalb werde die Partei, so hieß es dort, „diese Ordnung stets gegen deren innere Feinde, seien es Monarchisten oder Kommunisten, verteidigen".

Auf die tatsächliche Gefahr, die der parlamentarischen Demokratie in Polen, nämlich von seiten Piłsudskis, schon zu drohen begann, ging die „Wyzwolenie" allerdings nicht ein. Sie nahm sie wohl nicht einmal wahr. Im Gegenteil: Sie förderte und betrieb sogar die Rückkehr ihres Idols aus der Zeit des Unabhängigkeitskampfes an die Spitze von Armee und Staat und erhoffte sich hiervon einen Gewinn für die Demokratie. Als Konsequenz dieser Haltung bezog die Partei dann in den Maitagen 1926, als sie den Staatsstreich Piłsudskis unterstützte, eine klar verfassungsfeindliche Position.

Es scheint, daß die Beurteilung des Verhältnisses der „Wyzwolenie" zur Verfassung auch die Antwort auf die Frage einbeziehen muß, inwiefern die Partei in den Jahren nach 1921 aktive Beiträge zum Funktionieren der in der Verfassung festgelegten demokratischen Ordnung leistete. Betrachtet man zum Beispiel ihr konkretes Verhalten in Koalitionsverhandlungen, ihr Zögern, sich zur Zusammenarbeit und zum notwendigen Kompromiß bereitzufinden, und ihre permanent erhobene Forderung von Neuwahlen, dann wird bei der „Wyzwolenie" auch in den früheren Jahren ein Defizit an aktiver Verfassungstreue erkennbar.

[79] J. Mężyk: Program a Konstytucja [Das Programm und die Verfassung], in: Wyzwolenie Nr. 20 vom 17. 5. 1925, S. 1.

[80] Program Polskiego Stronnictwa Ludowego Wyzwolenie i Jedność Ludowa, Warszawa, 16. 3. 1925 [Programm der Polnischen Bauernpartei Wyzwolenie und Jedność Ludowa, Warschau, 16. 3. 1925], in: Materiały źródłowe, T. II, S. 117.

7. Die „Wyzwolenie“ und die Agrarreform

7.1. Zur Agrarstruktur Polens

Polen war in den zwanziger Jahren wie in der gesamten Zwischenkriegszeit ein ausgesprochener Agrarstaat mit einer schnell wachsenden Bevölkerung. Seine Bevölkerungszuwachsrate machte in den Jahren zwischen 1921 und 1931 mit durchschnittlich 17 pro 1000 Einwohner[1] eine der höchsten Europas aus und verstärkte die bereits bestehenden sozialen und wirtschaftlichen Probleme. Im Jahre 1921 hatte Polen 27,2 Millionen Einwohner, von denen 20,6 Millionen, d.h. 75,4 %, auf dem Lande lebten. Zehn Jahre später zählte man bereits 32,1 Millionen Menschen, davon 23,3 Millionen (72,6 %) auf dem Lande.[2] Größere Städte lagen vor allem im Westen und Süden des Landes, während sie im Osten beinahe völlig fehlten. In den östlichen Wojewodschaften wohnten lediglich 13 % der Bevölkerung in Städten.[3] Das außerordentlich starke Gewicht der Landwirtschaft in der Wirtschaft Polens wird auch an den Zahlen über die Erwerbstätigkeit der Bevölkerung deutlich: 63,8 % arbeiteten 1921 in der Landwirtschaft, 17,2 % in der Industrie und im Bergbau, 6,2 % im Handels- und Versicherungssektor, 3,4 % im Verkehrswesen und 9,4 % in sonstigen Berufen.[4]

Ein ungefähres Bild von der Agrarstruktur Polens vermittelt Tabelle 4, deren Angaben auf den Ergebnissen der allerdings nicht vollständigen Volkszählung von 1921 basieren.[5]

Das Hauptcharakteristikum der polnischen Landwirtschaft, die weitgehende Zersplitterung des bäuerlichen Besitzes, ist klar ersichtlich. So standen einem Drittel (34,0 %) aller bäuerlichen Betriebe weniger als 2 ha Land zur Verfügung und einem weiteren knappen Drittel (30,7 %) zwischen 2 und 5 ha. Insgesamt besaßen diese 64,7 % aller Wirtschaften jedoch nur 14,8 % des Ackerlandes. Die Erträge, die in diesen Klein- und Zwergbetrieben erzielt wurden, deckten trotz größter Bedürfnislosigkeit der Besitzer und ihrer kinderreichen Familien oft nicht einmal deren Lebensunterhalt.

---

[1] J. Żarnowski: Społeczeństwo Drugiej Rzeczypospolitej 1918–1939 [Die Gesellschaft der Zweiten Republik 1918–1939], Warszawa 1973, S. 20.

[2] Ebd., S. 326.

[3] A. Ajnenkiel: Od „rządów ludowych“, S. 152.

[4] J. Żarnowski: Społeczeństwo, S. 22.

[5] Rocznik Statystyki R.P. 1925/1926 [Jahrbuch für Statistik der Republik Polen 1925/1926], Warszawa 1927, S. 106; E. Kulwicki: Koncepcje społeczno-ekonomiczne ruchu ludowego w latach 1918–1931 [Die sozialökonomischen Konzeptionen der Bauernbewegung in den Jahren 1918–1931], Warszawa 1971, S. 126. Die Volkszählung von 1921 erfaßte noch nicht das gesamte Staatsgebiet (ohne Wilnaland und Ostoberschlesien) und enthält Ungenauigkeiten in bezug auf die Ostgebiete. M. Mieszczankowski erörtert die Stichhaltigkeit der Ergebnisse. Vgl. M. Mieszczankowski: Struktura agrarna Polski międzywojennej, S. 339, 341. Zur Problematik auch K. Ballerstedt: Erbrecht, Erbsitte und Grundbesitzzersplitterung in Polen, Stuttgart 1939, S. 15–18.

Tabelle 4. Struktur des Landbesitzes in Polen im Jahre 1921

Größe des landwirtschaftlichen Betriebes	landwirtschaftliche Betriebe		Fläche des landwirtschaftlichen Betriebes		durchschnittliche Größe
in ha	Anzahl	in %	in ha	in %	in ha
bis 2	1108758	34,0	1075610	3,5	1,0
2– 5	1001851	30,7	3432560	11,3	3,4
5– 10	733256	22,5	5156848	17,0	7,0
10– 20	311529	9,6	4190220	13,8	13,4
20– 50	76436	2,3	2141374	7,1	28,6
50–100	11163	0,3	754880	2,5	67,6
über 100	18916	0,6	13589177	44,8	718,4
Summe	3261909	100,0	30340669	100,0	9,3

Diese Kleinbauern waren gezwungen, einen zusätzlichen Verdienst durch Arbeit auf großen Bauernhöfen oder Gütern zu suchen.

Bis 1914 konnte der Druck des hohen Bevölkerungswachstums durch die Emigration in andere europäische Länder und nach Übersee – sie betrug bis 1913 jährlich 250000 Personen[6] – sowie durch die Aufnahme in die sich schnell entwickelnde Industrie noch abgefangen werden. Auch fanden bis 1913 jährlich ca. 800000 Landarbeiter Saisonbeschäftigung im Ausland.[7] Nach dem Ersten Weltkrieg verringerten sich die Emigrationsmöglichkeiten und der Ausbau der Industrie stagnierte bzw. kam nur sehr langsam in Gang.

Es bleibt zu ergänzen: Die Abwanderung in die nahe gelegene Stadt oder Kleinstadt, um dort Arbeit bzw. eine Existenzgrundlage im Handel oder im Handwerk zu finden, war im Vorkriegspolen nicht möglich, da die kleinen Städte ebenfalls sehr dicht bevölkert waren.[8] Die ländliche Überbevölkerung war ein an Schärfe zunehmendes soziales Problem.

Das zweite Charakteristikum war, wie Tabelle 4 zeigt, ein relativ starker Großgrundbesitz. Obwohl dieser in den Jahrzehnten seit der Aufhebung der Leibeigenschaft zugunsten des bäuerlichen Besitzes zurückgegangen war, verfügten die Höfe bzw. Güter der Größe über 50 ha im Jahre 1921 noch über 47,3 % des Landbesitzes (laut späterer Korrekturen sogar über 48,1 %), wobei sie nur 0,9 % der Gesamtzahl der Betriebe ausmachten. Dieses Land war zu 73,9 % in privater Hand, 23,6 % waren staatliches und 1,6 % kirchliches Eigentum.[9] Private Landgüter hatten im allgemeinen eine beträchtliche Größe. Von den 11,5 Mio. ha, die sich in Privathand befanden, gehörten ca. 75 % zu Gütern, die größer als 500 ha waren. Die Güter einiger adliger Familien waren sogar von riesigen Ausmaßen. So besaßen z. B. die Familien Zamojski 191000 ha, Radziwiłł 177000 ha und Potocki 19000 ha.[10]

Die Verhältnisse waren in den einzelnen Landesteilen jedoch durchaus unterschiedlich. Im früher preußischen Teil Posen und Pommerellen etwa machte der Grundbesitz

---

6 A. Polonsky: Politics in Independent Poland 1921–1939, Oxford 1972, S. 12.
7 Ebd.
8 W. Staniewicz: Das Agrarproblem Polens, in: OE 12 (1936/1937), S. 439.
9 M. Mieszczankowski: Struktura agrarna Polski międzywojennej, S. 21.
10 Ebd.

mit mehr als 100 ha über 50% der Wirtschaftsfläche aus. Ihm folgten zahlreiche großbäuerliche Wirtschaften von 20–100 ha mit 20,8% der Anbaufläche und noch einmal stärkere mittelbäuerliche Betriebe von 10–20 ha mit einem Flächenanteil von 15,7%. Diesem Sektor gut entwickelter und wirtschaftlich zumeist gesunder Betriebe stand eine große Zahl von bis zu 2 ha großen Kleinstwirtschaften (43,6%) und 2–5 ha großen Kleinwirtschaften (14,1%) mit 1,8% bzw. 3,0% des Bodens gegenüber, deren Besitzer sich in der Regel als Tagelöhner verdingen mußten. Die Schicht der ausgesprochenen Mittelbauern mit 5–10 ha war mit 14% auf einem Flächenanteil von 6,6% relativ schwach vertreten.[11]

Für die vier galizischen Wojewodschaften hingegen war eine außerordentlich starke Zersplitterung des Bodens typisch. Etwa 80% aller dortigen Bauern besaßen Zwergbetriebe bis zu 2 ha bzw. kleine Parzellen bis zu 5 ha. Knapp 30% der Wirtschaftsfläche des Landes waren in diese kleinen Wirtschaften zersplittert, die selbst auf den fruchtbaren Böden Ostgaliziens den viele Köpfe zählenden Bauernfamilien oft kein Auskommen boten. Demgegenüber waren ca. 45% des Landes Großgrundbesitz über 50 ha. Ebenfalls charakteristisch war für die galizische Agrarstruktur das geringe Vorkommen der beiden mittelbäuerlichen Wirtschaftstypen: Bäuerliche Betriebe der Größe von 5–10 ha hatten einen Anteil von 15% aller Wirtschaften auf 17% der Fläche, Betriebe der Größe von 10–20 ha einen Anteil von etwa 3,5% auf knapp 8%[12] der Fläche. Praktisch kaum vorhanden waren Großbauern (20–50 ha) mit 0,6% auf etwa 3%[13] der Fläche.

Zwischen diesen Extremen lag die Agrarstruktur Zentralpolens. In den fünf Wojewodschaften des früheren Kongreßpolen war eine ca. 45% starke mittelbäuerliche Schicht vorherrschend: 31,8% der Bauern zählten zur Gruppe der typischen Mittelbauern (5–10 ha) und waren im Besitz von 22,3% des Bodens, 13,6% der Bauern waren größere Mittelbauern (10–20 ha) und besaßen 18% des Bodens. Relativ schwach vertreten waren hingegen einerseits die Gruppen der Parzellenbauern mit einem Anteil von 22,1% der Bauern auf 2%[14] der Fläche und der Kleinbauern mit einem Anteil von 30% auf 11%[15] der Fläche sowie andererseits Güter von über 50 ha, die 37,3% der Fläche ausmachten.

In den vier östlichen Wojewodschaften dominierte der Großgrundbesitz. Er umfaßte hier mehr als 50% des Landes und lag damit knapp unter der Stärke des Großgrundbesitzes in der Wojewodschaft Posen. Der absoluten Fläche nach war er freilich in diesem Teil des Staates am umfangreichsten; er befand sich überwiegend in polnischen Händen. Viel niedriger als in den anderen Landesteilen war im Osten der Anteil der Parzellenbauern mit bis zu 2 ha, der nur 13,8% auf 1%[16] der Fläche betrug. Am zahlreichsten waren mit 35,6% die Wirtschaften zwischen 2 und 5 ha auf einer Fläche von 8,5%.[17] Zwar hatten die Wirtschaften unter 5 ha damit zusammen „nur" einen Anteil von 49,4% und lagen um ca. 15% unter dem Landesdurchschnitt, doch sind

[11] Sämtliche hier angeführten Zahlen, sofern nicht anders vermerkt, bei M. Mieszczankowski: Struktura agrarna i społeczna wsi polskiej, S. 123ff. In ihnen sind zahlreiche Korrekturen der Ergebnisse der Erhebung von 1921 berücksichtigt.

[12] Eigene Berechnungen auf der Grundlage der Tabellen Nr. 21 und 22, ebd., S. 150–151.

[13] Ebenso.

[14] Ebenso.

[15] Ebenso.

[16] Ebenso.

[17] Ebenso.

dabei schlechtere Böden und primitivere Wirtschaftsweise zu berücksichtigen. Zu den Kleinbauern mußten hier auch Bauern mit 7–8 ha Land gezählt werden. Dies war ein beträchtlicher Teil der eigentlich mittelbäuerlichen Betriebsklasse von 5–10 ha, die 33 %[18] aller Wirtschaften auf 15,9 %[19] des gesamten Landes umfaßte. Der Landanteil der gut bis sehr gut ausgestatteten Bauernhöfe (20–50 ha) entsprach mit 7,2 % dem Landesdurchschnitt von 7,1 %.

Betrachtet man vor dem Hintergrund des immensen Geburtenüberschusses die weitgehend unzureichende Ausstattung mit Land von fast zwei Drittel aller bäuerlichen Betriebe – mehr als zwei Millionen Höfe – sowie die Landlosigkeit nicht weniger Dorfbewohner[20], so erhält man ein realistisches Bild der sozialen Not des polnischen Dorfes nach dem Ersten Weltkrieg. Die Folge der unzureichenden Existenzgrundlage eines erheblichen Teiles der Landbevölkerung war ein niedriger Lebensstandard, dessen Merkmale schlechte Wohnbedingungen sowie mangelhafte Ernährung, Kleidung und medizinische Versorgung waren.[21]

Es war daher nicht weiter erstaunlich, daß unter den Kleinbauern Polens ein ungeheuer großer Landhunger herrschte. Der Bodenerwerb war für sie schlicht eine Frage der Existenz. Dies galt nicht minder auch für die Mittelbauern, die ebenfalls durch Erbteilungen ständig von der Proletarisierung bedroht waren. In dem Bestreben, ihre Existenzbasis zu festigen, kauften die Bauern bereits vor dem Ersten Weltkrieg von den Großgrundbesitzern parzelliertes und angebotenes Ackerland zu nahezu jedem Preis. Die Mittel hierfür brachten sie im wesentlichen durch entbehrungsreichen Konsumverzicht, durch Saisonarbeit im Ausland oder durch Zuwendungen nach Übersee emigrierter Familienangehöriger auf.

Zur Verteilung der Besitzfläche bleibt noch zu ergänzen, daß nur ein Teil des im privaten Großgrundbesitz befindlichen Landes landwirtschaftliche Nutzfläche darstellte. Nach M. Mieszczankowski waren dies im Jahre 1921 von 11,5 Mio. ha rund 6,4 Mio. ha. Es ist zu beachten, daß diese allerdings nur etwa 25 % der gesamten landwirtschaftlichen Nutzfläche Polens ausmachten.[22] Der Rest, mehr als 5 Mio. ha, entfiel auf Ödland, Gewässer, natürliche Wiesen, Wege usw., doch vor allem auf Wald. Etwa die Hälfte der Waldfläche des Landes war privater Großgrundbesitz. Selbst eine radikale Bodenreform hätte nicht die gesamte Fläche als Landvorrat für eine Verteilung nutzen können. Es war eine Tatsache, daß letztlich nicht genügend Ackerland für die gesamte bäuerliche Bevölkerung zur Verfügung stand. Abgemildert werden konnte der stärkste Landhunger freilich sehr wohl durch eine Bodenreform.

7.2. Das Agrarreform-Programm der Partei im November 1918

Die Vorstellungen und Ziele der jungen Bauernpartei hatten sich im Laufe der letzten beiden Kriegsjahre, vor allem im Jahre 1918, erheblich weiterentwickelt. Forderte man kurz nach der Parteigründung im Jahre 1916 noch sehr bescheiden nur die Aufteilung der in Kongreßpolen liegenden Güter der Zarenfamilie sowie der Ländereien in Staatsbesitz, so nahm ein Teil der Partei ab April 1918 bereits die Position einer gesetzlichen

[18] Ebenso.
[19] Ebenso.
[20] I. Lifszyc: Die Agrarfrage in Polen, Łódź 1928, S. 21.
[21] Vgl. J. Majewski: Rozwój gospodarki chłopskiej, S. 108–120.
[22] M. Mieszczankowski: Struktura agrarna i społeczna wsi polskiej, S. 126f.

Begrenzung des Großgrundbesitzes auf 150 Morgen (84 ha) ein.[23] Nur so konnte nach Ansicht der Teilnehmer des Lubliner Parteitages am 17. April 1918 die Agrarfrage einer Lösung nähergebracht werden. Die vollständige Abschaffung des Großgrundbesitzes gaben sie als Endziel an.

Auf dem Parteitag in Warschau am 1./2. November 1918 diente der Lubliner Beschluß als Grundlage für das neue Agrarprogramm, das dann formell als Ergänzung zum bisherigen Parteiprogramm verabschiedet wurde.[24] In ihm wurde erklärt, daß die Agrarreform nur durch den Staat schnell durchgeführt werden könne. Ausgehend von diesem Grundsatz kündigte die Partei an, daß sie im Sejm die Errichtung eines staatlichen Ansiedlungsamtes (Urząd Kolonizacyjny) und die Annahme eines Gesetzes über die Enteignung des Großgrundbesitzes zugunsten dieses Amtes beantragen werde.

Die Enteignungen sollten gegen Entschädigungen zu amtlich festzulegenden Preisen durchgeführt werden. Wie spätere Forderungen der Vertreter der „Wyzwolenie" zeigen werden, sollte dieser amtliche Preis beträchtlich niedriger liegen als der Marktpreis. Bezüglich der Wälder in Privatbesitz hieß es, sie sollten vom Ansiedlungsamt übernommen und unter staatliche Verwaltung gestellt werden. Für den von dieser Behörde gebildeten Landfonds sah das Programm folgende Verwendung vor:

a) die Schaffung neuer selbständiger Wirtschaften bis zur Größe von 20 Morgen
b) die Vergrößerung kleiner Wirtschaften
c) die Gründung von genossenschaftlichen Betrieben der Landarbeiter
d) den Verkauf an größere Wirtschaften, deren Größe dann jedoch 40 Morgen nicht überschreiten durfte.

Ohne Bevorzugung der Landarbeiter bei der Verteilung der Parzellen war das Agrarprogramm nach Ansicht der Partei nicht zu realisieren, da die Landarbeiter bei einer Beseitigung des Großgrundbesitzes ihre Verdienstmöglichkeiten verlieren würden.

Beabsichtigt war eine stufenweise Realisierung der Agrarreform. Zunächst plante man die Parzellierung des öffentlichen und kirchlichen Grundbesitzes sowie des brachliegenden Landes von Gütern, während erst für später eine Beschneidung der Landfläche der großen Güter ins Auge gefaßt war. Eine Obergrenze für landwirtschaftlich genutzte Fläche, deren Besitz einer Person gestattet sein sollte, wurde im Programm noch nicht genannt. Für eine ferne, nicht näher bezeichnete Zeit war schließlich die völlige Beseitigung des Großgrundbesitzes vorgesehen. Das Land aber sollten die Bauern vom Ansiedlungsamt als Eigentum erhalten und dafür langfristige niedrige Ratenzahlungen leisten.

Die Grundsätze des Agrarprogramms der „Wyzwolenie" von Anfang November 1918 fanden wenige Tage später bereits Eingang in das Manifest der Lubliner Regierung und – was wichtiger ist – sollten bald darauf die Grundlage des Agrarreformprojektes werden, das der „Sejmverband der bäuerlichen Abgeordneten" im Parlament einbrachte.

Was die Haltung der anderen beiden damals existierenden Bauernparteien in der Agrarreformfrage betrifft, so läßt sich folgendes feststellen: Der galizische „Piast" hatte im Mai 1918 in einer Resolution seines Abgeordnetenklubs erstmals die flächenmäßige Begrenzung des Großgrundbesitzes sowie die teilweise Beseitigung der Kirchengüter

[23] Zum Verlauf der Agrardebatte des Jahres 1918 siehe Abschnitt 3.2. dieser Arbeit.

[24] Vgl. Uzupełnienie do programu PSL w Królestwie Polskim z 1916 r. [Ergänzung zum Programm der PSL im Königreich Polen aus dem Jahre 1916], in: Materiały źródłowe, T. I, S. 487ff.

gefordert.[25] Allerdings enthielt diese Erklärung keine konkreten Maßnahmen zur Realisierung der Forderungen. Erst in seinem Programm vom 29. Juni 1919 ging der „Piast" einen bedeutenden Schritt weiter, als er forderte, daß „alle großen Güter ... einer Zwangsaufteilung unter landlose und landarme Bauern sowie unter andere Landwirte unterliegen müssen".[26] Es ist durchaus denkbar, daß das bereits vorliegende radikalere Programm der „Wyzwolenie" dazu beigetragen hat, daß der „Piast" am Vorabend der Sejmdebatte über die Agrarreform ebenfalls den Grundsatz des zwangsweisen Aufkaufs von Gutsland in sein Programm aufnahm.

Die „PSL-Lewica", die wie der „Piast" in Galizien beheimatet war, verkündete in der Agrarreformfrage die radikalste Losung. Sie forderte in ihrem Programm vom 1. Juni 1919, also auch erst sehr spät, die entschädigungslose Enteignung sämtlichen privaten und kirchlichen Großgrundbesitzes.[27] Diese Partei war jedoch sehr klein, so daß ihre radikalen Forderungen nicht das Gewicht derjenigen der beiden großen Parteien haben konnten.

In den Wochen vor, während und nach Erlangung der Unabhängigkeit kam es in einigen Gebieten Kongreßpolens und Galiziens zu spontanen lokalen Aktionen von Bauern und Landarbeitern gegen den Großgrundbesitz. Sie nahmen Gutsland in Besitz, griffen vereinzelt Gutshäuser an und schlugen Holz in den Gutswäldern.[28] Einen eindrucksvollen Augenzeugenbericht solcher Ereignisse vermittelt uns der Vorsitzende des „Piast" Wincenty Witos.[29] So sei er, als er im November 1918 nach den Verhandlungen mit den Linksparteien von Lublin auf einem Pferdefuhrwerk gemeinsam mit einem Parteifreund nach Krakau zurückfuhr, unterwegs auf Gruppen von Bauern gestoßen, die unerlaubterweise in Gutswäldern Holz schlugen und ihn, als er sie auf die Unrechtmäßigkeit ihres Tuns hinwies, bedrohten. Witos berichtet ferner von einem Gespräch mit einem Gastwirt, bei dem er unterwegs übernachtete, was deswegen besonderes Interesse verdient, weil dieser Mann angeblich Mitglied der „Wyzwolenie" war.

> „Aus seinen Mitteilungen erfuhr ich, daß er zur ‚Wyzwolenie' gehört und in ihr sogar einen bedeutenderen Posten einnimmt. Er ist Anhänger der sozialen Umwälzung und der Revolution, weil die Herren nichts freiwillig geben werden. Die Lubliner Regierung betrachtet er nur als kleine Etappe auf diesem Weg."

Das Gespräch mit diesem Mann sei dann, nachdem dieser ihn gefragt habe, ob in Galizien die Bauern schon die Ländereien und Wälder der Güter in Besitz nähmen, folgendermaßen weiter verlaufen:

---

[25] Vgl. Artykuł z „Piasta" pt. „Ludowcy a reforma agrarna" wraz z rezolucją klubu posłów PSL Piast w sprawie reform agrarnych [Artikel aus der Zeitung „Piast" mit dem Titel „Die Bauernparteiler und die Agrarreform" und eine Resolution der PSL Piast-Fraktion zur Frage der Agrarreformen], 5. 5. 1918, ebd., S. 470–473.

[26] Program Polskiego Stronnictwa Ludowego Piast [Programm der Polnischen Bauernpartei Piast], 29. 6. 1919, ebd., T. II, S. 27.

[27] Vgl. Deklaracja i program PSL-Lewica [Erklärung und Programm der PSL-Lewica], Kraków, 1. 6. 1919, ebd., S. 23.

[28] Vgl. C. Madajczyk: Burżuazyjno-obszarnicza reforma rolna w Polsce 1918–1939 [Die Bodenreform der Bourgeoisie und des Großgrundbesitzes in Polen 1918–1939], Warszawa 1956, S. 111 f. Hiermit im Zusammenhang steht auch die Proklamation der „Republik Tarnobrzeg" (Republika Tarnobrzeska), die am 6. November 1918 auf einer Bauernkundgebung erfolgte. An der Spitze der Bewegung, die mit der Aufteilung der Gutsländereien begann, stand der Pfarrer Eugeniusz Okoń. Vgl. W. Witos: Moje wspomnienia, T. II, S. 225 ff.

[29] Ebd., S. 222 f.

„‚Nein', antwortete ich ihm scharf. ‚Unsere Bauern sind abmarschiert, um Lemberg und Ostgalizien zu verteidigen, weil es ihre und die aller Polen Pflicht ist, und wenn sie sie erfüllt und den Staat gestärkt haben werden, dann erst werden sie überlegen, was mit den Wäldern und Ländereien zu tun ist.' Er überlegte einen Moment und sagte dann langsam zu mir: ‚Na, da waren wir aber nicht so dumm, loszuziehen, um die Herrengüter in Ruthenien zu verteidigen. Die muß man eben den Ruthenen überlassen, weil das doch unsere Brüder sind, denen das Land dort zusteht, wie es uns hier zusteht.'"

Witos' Bericht ist in zweifacher Hinsicht interessant. Zum einen gibt er ein Bild von der Stimmung der Bauern während des Zusammenbruchs der staatlichen Autoritäten, zum anderen zeigt er die Radikalität der Ansichten eines „Wyzwoleniec". Dieser Mann war sicherlich nicht unbedingt ein typisches Mitglied der „Wyzwolenie". Er repräsentierte aber doch wohl eine Strömung in der Partei, die gerade in jenen Monaten an Stärke zugenommen hatte. Zu bedenken ist selbstverständlich, daß der „Piast"-Führer Witos stets ein sehr kritisches Verhältnis zur „Wyzwolenie" und ihren Führern hatte, das von persönlichen Animositäten, Vorurteilen und sicherlich zum Teil auch begründeten Vorbehalten geprägt war. Man muß deshalb auch mit der Möglichkeit rechnen, daß Witos' Angaben über den Radikalismus und die „unpatriotische" Haltung des „Wyzwolenie"-Mitglieds übertrieben sind.

7.3. Im Kampf um den Grundsatzbeschluß des Verfassunggebenden Sejm vom 10. Juli 1919

Im Wahlkampf zum Verfassunggebenden Sejm war die Forderung nach Durchführung einer Agrarreform eine der Hauptparolen sowohl der „Wyzwolenie" als auch der übrigen Bauernparteien. Bereits in den ersten Sitzungen des Parlaments betonten die Vertreter beinahe aller Parteien, nicht nur der bäuerlichen, in ihren Erklärungen, daß die Agrarreform möglichst schnell auf die Tagesordnung des Sejm zu setzen sei.[30] Vorher hatte bereits Staatschef Piłsudski in seiner Rede zur Eröffnung des Sejm am 10. Februar 1919 die Aufmerksamkeit der Abgeordneten auf die Notwendigkeit gerichtet, sich mit der Frage der „unerläßlichen agrarischen Reform im Geiste des Fortschritts und der großen Demokratien des Westens" zu befassen.[31]

Seitens der Regierung sprach sich Premierminister Paderewski im Sejm ebenfalls für eine Agrarreform aus, appellierte jedoch gleichzeitig an die polnischen Bauern, Ruhe und Ordnung zu bewahren, „damit bei diesen so wichtigen Auseinandersetzungen, bei diesen weitreichenden Gesetzen, niemandem ein Leid geschehe".[32] Damit meinte Paderewski die Welle von Streiks und Demonstrationen der Fabrik- und Landarbeiter im Winter 1918/19, die drohte, auch auf die bäuerliche Bevölkerung überzugreifen, zumal es schon zu vereinzelten Gewalttaten gegen Gutshöfe gekommen war.[33]

Diese Ungeduld eines Teils der Landbevölkerung dürfte anfangs die Haltung auch der nichtbäuerlichen Parteien, besonders die Einstellung der Rechtsparteien, zugunsten einer Agrarreform beträchtlich beeinflußt haben. Pobóg-Malinowski meint:

---

30 W. Stankiewicz: Ruch ludowy, S. 40.
31 Sejm Ustawodawczy, 1. Sitzung am 10. 2. 1919, Sp. 4.
32 Ebd., 3. Sitzung am 20. 2. 1919, Sp. 73.
33 Vgl. W. Pobóg-Malinowski: Najnowsza historia, T. II, S. 192.

„Diese Stimmungen schlugen sich am stärksten im Verhältnis zum wichtigsten Problem des Sejm, der Agrarreform, nieder. Sie hatte hier keine offenen Gegner. Alle, wenn auch aus verschiedenen Gründen, erkannten sie als unumgängliche soziale und politische Notwendigkeit an."[34]

Einmütig berief der Sejm eine Agrarkommission und beauftragte diese, ein Agrarreformprojekt auszuarbeiten. Ihr Vorsitzender wurde Wincenty Witos vom „Piast", dessen Stellvertreter der „Wyzwolenie"-Vorsitzende Błażej Stolarski. In der Kommission legten die Parteien „Wyzwolenie", „Piast", „PSL-Lewica", „Polnische Volksvereinigung" (PZL) und der Rechtsblock „Nationaler Volksverband" (ZLN) eigene Entwürfe als Arbeitsmaterialien vor.[35]

Es zeigte sich, daß die Entwürfe der Bauernparteien in den wesentlichen Punkten übereinstimmten. Alle drei Parteien forderten die Zwangsenteignung von Gütern zum Zweck der Agrarreform und die Übertragung des aufgeteilten Landes als Eigentum an die Bauern sowie die Verstaatlichung der Wälder. Nur geringe Unterschiede waren in ihren Ansichten zur Größe der privaten Restgüter, deren Besitz erlaubt sein sollte, zu finden. So plädierte der „Piast" für ein Maximum, das in Abhängigkeit von der Güte des Bodens zwischen 100 und 200 Morgen (56–112 ha) betragen sollte[36], während sich die „PSL-Lewica" für ein Maximum von 100 Morgen (56 ha) aussprach.[37] Einer Obergrenze von 100 Morgen neigte offensichtlich auch die „Wyzwolenie" zu. Sie brachte einen Antrag ein, in dem gefordert wurde, daß als vorbereitende Maßnahme für die Agrarreform für alle Landgüter von über 100 Morgen ein Fragebogen ausgefüllt werden sollte.[38]

Eine Differenz bestand in der Frage der Entschädigung. Hier traten „Wyzwolenie" und „Piast" für eine Zahlung an die betroffenen Besitzer ein[39], während die „PSL-Lewica" diesen Punkt überhaupt nicht berührte, sondern sich erst auf ihrem Kongreß am 1. Juni 1919 entschied. Sie sprach sich dann gegen jegliche Entschädigungsleistung aus.[40]

Die anderen beiden Entwürfe unterschieden sich sehr stark von denen der Bauernparteien. In den Reformprojekten von ZLN und PZL fehlte nicht nur der Grundsatz der Zwangsenteignung, sondern auch die Angabe eines Maximums. Beide beschränkten sich darauf, die Übernahme und Parzellierung von Majoraten, Schenkungsgütern und Gütern der ehemals regierenden Dynastien sowie die Parzellierung von Staats- und früheren kirchlichen Gütern ins Auge zu fassen.[41] Der Entwurf des ZLN, der „Endecja" (Nationaldemokraten) also, erkannte darüber hinaus dem Staat das Recht zu, den Handel mit Boden zu kontrollieren, sah ein staatliches Vorkaufsrecht bei zum Verkauf angebotenem Land sowie eine freiwillige Parzellierung zu von staatlicher Seite festgelegten Preisen für Grund und Boden vor.[42]

---

[34] Ebd., S. 193.

[35] W. Stankiewicz: Sprawa reformy rolnej w Sejmie Ustawodawczym R.P. w 1919 r. [Die Frage der Bodenreform im Verfassunggebenden Sejm der Republik Polen im Jahre 1919], in: RDRL 3 (1961), S. 51.

[36] Ebd., S. 52.

[37] Ebd.

[38] Wnioski złożone przez naszych posłów w Sejmie [Anträge, die unsere Abgeordneten im Sejm gestellt haben], in: Wyzwolenie Nr. 9 vom 2. 3. 1919, S. 130.

[39] W. Stankiewicz: Sprawa, S. 52f.

[40] Ebd., S. 53.

[41] Ebd., S. 54f.

[42] Ebd.

Die Beratungen der Agrarkommission über die vorgelegten Entwürfe dauerten von März bis Mai 1919 und nahmen einen teilweise stürmischen Verlauf.[43] In der Kommission besaßen die Vertreter der Bauernparteien zusammen mit den Sozialisten (PPS) eine knappe Mehrheit. Dies ermöglichte den „Ludowcy“, die die sie trennenden geringfügigen Differenzen rasch überwanden, die Ausarbeitung des Projekts gemäß ihren eigenen Vorstellungen.[44] So wurden durch Beschluß der Kommissionsmehrheit der Grundsatz der Enteignung von Großgrundbesitz gegen Entschädigung sowie ein Maximum an Grundbesitz zwischen 36 und 180 ha angenommen. Als oberste Grenze für aus der Landreform zuzuteilendes Land setzte man 24 ha fest. Auch beschloß man mit der Mehrheit der Stimmen die Verstaatlichung der Wälder gegen Entschädigung. Damit hatten sich die Bauernparteiler gegenüber der Rechten völlig durchgesetzt, doch auch die verbündeten Sozialisten bewogen, von ihrem ursprünglichen Programm einer Verpachtung verstaatlichten Landes an die Bauern abzugehen.

Am 22. Mai 1919 legte der Berichterstatter der Agrarkommission, der „Piast“-Abgeordnete Jan Dąbski, dem Sejm den Entwurf der Kommission vor. Er trug den Titel „Beschluß des Verfassunggebenden Sejm über die Grundsätze der Agrarreform“ (Uchwała Sejmu Ustawodawczego o przedmiocie zasad reformy rolnej) und sollte der Regierung als Grundlage für die Ausarbeitung von Einzelgesetzen dienen. Die Debatte im Plenum des Sejm begann am 3. Juni 1919. Die Rechtsparteien hatten den Beginn der Debatte so lange hinausgezögert, um die am 1. Juni 1919 in der Wojewodschaft Posen stattfindenden Ergänzungswahlen zum Sejm abzuwarten. Aus diesen Wahlen gingen die Nationaldemokraten erwartungsgemäß als Sieger hervor, was ihre Position im Sejm erheblich stärkte.

Der Berichterstatter brachte sowohl wirtschaftliche als auch politische Argumente zugunsten des vorgelegten Projekts vor. Er betonte, daß weder die noch offenen Grenzfragen noch die Fragen der noch auszuarbeitenden Verfassung und der abzuschließenden Verträge mit anderen Staaten die Landbevölkerung so stark erregten wie die Agrarreformfrage. Ziel der Reform sei es daher auch, durch Übergabe von Land an die Landlosen und die landarmen Bauern diese zu beruhigen und fest mit dem nun eigenen Staat zu verbinden.[45]

Während der Debatte im Plenum des Sejm kam es zu erbitterten Auseinandersetzungen zwischen den beiden politischen Blöcken. Hauptstreitpunkte waren die Festsetzung eines Besitzmaximums, die Enteignung der Kirchengüter und die Verstaatlichung der Wälder. Anfangs traten die Rechtsparteien außerdem gegen den Grundsatz der Zwangsenteignung auf. Sie argumentierten, daß derartige Maßnahmen gegen geltendes Recht verstoßen und zu einem Rückgang in der landwirtschaftlichen Produktion führen würden.[46]

Die Sprecher der „Wyzwolenie“ verteidigten in der Debatte energisch die von der Kommissionsmehrheit vorgelegte Fassung des Entwurfes, insbesondere die vorgeschlagene variable Höchstgrenze für Landbesitz von 60–300 Morgen (34–168 ha) und die vorgesehene Verstaatlichung aller Wälder.[47]

---

[43] Ebd.

[44] Vgl. W. Stankiewicz: Ruch ludowy, S. 42.

[45] Sejm Ustawodawczy, 44. Sitzung am 3. 6. 1919, Sp. 28–53.

[46] Auf das ausschließlich betriebswirtschaftlich gemeinte Argument, daß die Produktion auf Gütern der bäuerlichen überlegen sei, kann an dieser Stelle nicht eingegangen werden. Eine ausführliche Erörterung dieses Themas unter Berücksichtigung der damaligen polnischen Verhältnisse bei W. Pobóg-Malinowski: Najnowsza historia, T. II, S. 196f.

[47] Sejm Ustawodawczy, 60. Sitzung am 1. 7. 1919, Sp. 21 (J. Poniatowski); ebd., Sp. 49–54 (J. Smoła).

Scharf wandte sich die Partei auch gegen die Absicht der Rechtsparteien, die Kirchengüter von der Agrarreform auszunehmen bzw. ihre Einbeziehung in die Reform bis zu einem Abkommen mit dem Vatikan aufzuschieben. Zur Verteidigung des kirchlichen Besitzes ergriffen in der Debatte auch etliche katholische Geistliche aus den Fraktionen der Rechtsparteien – dem Sejm gehörten mehr als 30 Geistliche an – das Wort. Sie bezeichneten die geforderte Zwangsenteignung auch des Kirchenbesitzes über 300 Morgen als „Raub und Gewalt“[48] sowie als „Anschlag auf die elementaren Grundsätze des katholischen Glaubens“.[49]

Die Verquickung des Problems der Agrarreform mit Fragen des Glaubens in der Argumentation der geistlichen Abgeordneten sowie ihre Drohung mit dem Ausbruch eines Religionskrieges für den Fall der Einziehung der kirchlichen Güter ohne vorherige Verständigung mit dem Vatikan[50] riefen bei den Bauernparteilern und den Sozialisten heftigen Widerspruch hervor. Jan Smoła von der „Wyzwolenie“ entgegnete ihnen, daß dies, wenn es um Kirchenland gehe, keine religiöse, sondern eine ökonomische Frage sei.[51] Die Partei warnte die Geistlichkeit davor, sich im Kampf um die Agrarreform auf die Seite des Großgrundbesitzes zu stellen und sprach sich prinzipiell gegen Verhandlungen mit Rom in dieser Frage aus.[52] Der insgesamt wesentlich kirchenfreundlicher eingestellte „Piast“ erklärte ebenfalls, daß er zwar keinen Krieg mit dem Klerus wolle, die kirchlichen Besitztümer jedoch nicht mit unantastbaren Rechten der Kirche gleichsetze.[53]

Gegen Ende der sich einen Monat hinziehenden Plenardebatte kamen die Bauernparteien am 23. Juni 1919 überein, ihr weiteres Vorgehen in der Agrarreformfrage noch stärker aufeinander abzustimmen. So entstand vorübergehend der „Sejmverband der bäuerlichen Abgeordneten“ (Związek Sejmowy Posłów Ludowych), in den 57 Abgeordnete der „Wyzwolenie“, 44 des „Piast“, 11 der „PSL-Lewica“ sowie mehrere bäuerliche Abgeordnete aus PZL und ZLN eintraten. Er verfügte zum Zeitpunkt seiner Gründung insgesamt über 134 von 394 Stimmen im Sejm.[54]

Dieser Schritt erhöhte zwar die Autorität des bäuerlichen Lagers innerhalb und außerhalb des Parlaments und wurde sicherlich auch von den bäuerlichen Wählern begrüßt, bei denen die Zerrissenheit ihrer politischen Vertretung immer sehr unpopulär war. Eine konkrete Stärkung der Position der Bauernparteien im Sejm, die auch Konsequenzen für die bevorstehenden Abstimmungen gehabt hätte, hatte er jedoch – abgesehen von einigen Stimmen von bäuerlichen Abgeordneten aus anderen Fraktionen, die aber wohl ohnehin die Agrarreform unterstützt hätten – kaum zur Folge.

Am 7. Juli 1919 wurde der Antrag der Mehrheit der Agrarkommission bezüglich des festzusetzenden Besitzmaximums mit 184 gegen 178 Stimmen abgelehnt.[55] Daraufhin beschlossen die Bauernparteien, für einen ihnen akzeptabel erscheinenden Antrag einiger PZL-Abgeordneter zu stimmen. Dieser sah ein allgemeines Maximum an Grundbesitz von 300 Morgen (168 ha) vor, das in stadtnahen und industrialisierten Gebieten bis auf 60 ha gesenkt und in einigen Landesteilen bis auf 360 ha erhöht werden konnte. Als

[48] Ebd., Sp. 28f. (Pfarrer K. Lutosławski).
[49] Ebd., 49. Sitzung am 13. 6. 1919, Sp. 53 (Pfarrer J. Kurzawski).
[50] Ebd., 46. Sitzung am 5. 6. 1919, Sp. 59 (Erzbischof Teodorowicz).
[51] Ebd., 56. Sitzung am 26. 6. 1919, Sp. 17 (J. Smoła).
[52] Ebd., 52. Sitzung am 17. 6. 1919, Sp. 43f. (J. Smoła).
[53] Ebd., 56. Sitzung am 26. 6. 1919, Sp. 40 (W. Witos).
[54] M. Pietrzak: Rządy parlamentarne, S. 91; A. Próchnik: Pierwsze piętnastolecie, S. 75.
[55] W. Stankiewicz: Sprawa, S. 59.

dieser Antrag mit 181 gegen 181 Stimmen ebenfalls abgelehnt wurde, verließen alle Bauernparteiler unter heftigem Protest und Absingen der Bauernhymne „O cześć wam, panowie magnaci“ (O Ehre euch, ihr Herren Magnaten) den Plenarsaal.[56]

Es folgte dann erneut ein heftiges Tauziehen in der Agrarkommission, wo die Koalition aus Bauern und Linksparteien inzwischen die Mehrheit verloren hatte. Nachdem dort Vertreter der Rechtsparteien zunächst die Festsetzung des Maximums auf 840 ha, später auf 500 ha verlangt hatten, kam es dann doch noch zu einer Einigung, die eine Obergrenze für Grundbesitz von 60 ha in industrialisierten Gebieten, 400 ha in den Ostwojewodschaften und einigen Teilen des ehemals preußischen Teilgebiets und 180 ha im übrigen Gebiet vorsah.[57]

Am 10. Juli 1919 nahm das Plenum schließlich in einer Atmosphäre höchster Spannung den Vorschlag der bäuerlichen Sejmgruppierung hinsichtlich des Maximums an Grund und Boden mit 183 gegen 182 Stimmen an.[58] Mit der Annahme dieses grundlegenden Punktes war die Verabschiedung des Grundsatzbeschlusses zur Agrarreform insgesamt gesichert. Andere umstrittene Fragen waren bereits in den Tagen zuvor entschieden worden. Und zwar hatte der Sejm sich für die Verstaatlichung der Wälder gegen eine Entschädigung ausgesprochen und die Einbeziehung der Kirchengüter in die Reform von einer vorhergehenden Übereinkunft mit Rom abhängig gemacht. Die Größe neugeschaffener Betriebe bzw. vergrößerter Zwerghöfe sollte 25 Morgen (14 ha) nicht übersteigen. Lediglich 20 % des zur Verfügung stehenden Landfonds waren für bereits bestehende selbständige Wirtschaften gedacht, die nach der Vergrößerung 40 Morgen (etwa 22 ha) nicht überschreiten sollten.

Der Beschluß des Verfassunggebenden Sejm vom 10. Juli 1919 war kein Gesetz, sondern stellte eine Resolution des Parlaments dar, die lediglich die Grundsätze der durchzuführenden Agrarreform für die Zukunft absteckte. In einer weiteren Resolution wurde die Regierung dazu aufgefordert, Gesetze zur Errichtung von Kreislandämtern und zur Regelung der Servitutsangelegenheiten binnen eines Monats auszuarbeiten.[59]

Diese Grundsatzentscheidung des Sejm unterschied sich in ihrer endgültigen Fassung durchaus von dem ursprünglichen Entwurf der Agrarkommission. Deren radikale Tendenzen waren durch die von den Rechtsparteien erzwungenen Änderungen in bedeutendem Maße entschärft worden. Trotzdem hielt neben dem gemäßigteren „Piast“ auch die „Wyzwolenie“ den Beschluß, dessen wesentliche Bestimmungen sich mit ihren Hauptforderungen deckten, für einen großen Erfolg.[60] Dabei hatte sie vor allem die Möglichkeit des Zwangsaufkaufs von privatem Großgrundbesitz sowie die festgelegten Höchstgrenzen vor Augen. Eben diese Punkte sowie die angestrebte Verstaatlichung der Wälder wurden denn auch von den Gutsbesitzern als erhebliche Verletzung ihrer Interessen betrachtet, gegen die sie scharf protestierten.[61]

---

56 Sejm Ustawodawczy, 64. Sitzung am 7. 7. 1919, Sp. 31.

57 W. Stankiewicz: Sprawa, S. 59.

58 Aller Wahrscheinlichkeit nach stimmte der dem Rechtsblock ZLN angehörende Abgeordnete Seweryn Czetwertyński, ein Gutsbesitzer, für den Antrag der Bauernparteien. Kurze Zeit später wurde er wegen verbandsschädigenden Verhaltens aus dem „Verband der Gutsbesitzer“ ausgeschlossen. Vgl. A. Ajnenkiel: Od „rządów ludowych“, S. 65.

59 W. Stankiewicz: Sprawa, S. 61.

60 Praca Klubu P.S.L. w Sejmie [Die Arbeit der PSL-Fraktion im Sejm], in: Wyzwolenie Nr. 28 vom 13. 7. 1919, S. 345; Zwycięstwo nasze w Sejmie [Unser Sieg im Sejm], in: Wyzwolenie Nr. 29 vom 20. 7. 1919, S. 359.

61 W. Stankiewicz: Sprawa, S. 67.

In Zentralpolen wurde das dramatische Geschehen im Parlament aufmerksam verfolgt. Der Parteizeitung nach zu urteilen war die Agrarreform im Frühjahr und Sommer 1919 bei bäuerlichen Zusammenkünften und Parteiversammlungen eines der Hauptdiskussionsthemen, vermutlich der wichtigste Gesprächsgegenstand überhaupt. Dabei hatten die programmatischen Ankündigungen der „Wyzwolenie" und der anderen Bauernparteien während des vorangegangenen Wahlkampfes zur Entstehung großer Erwartungen beigetragen.

Der am 3. und 4. Juni 1919 in Warschau tagende Kongreß der Gemeinderäte aus ganz Polen, eine gewählte Körperschaft, brachte den großen Wunsch der Landbevölkerung nach einem umfassenden Agrarreformwerk gemäß dem Mehrheitsprojekt der Sejmkommission sehr deutlich zum Ausdruck[62], ebenso ein von der „Wyzwolenie" am 15. Juni einberufener Kongreß von mindestens 3000 Gemeinde- und Dorfvertretern.[63] Tausende von Bauern faßten auf Massenkundgebungen ähnliche Resolutionen.[64] Für den Fall des Nichtzustandekommens der Reform im Sejm wurden der Rückzug der Bauernparteien aus dem Parlament, dessen sofortige Auflösung und die Ausschreibung von Neuwahlen verlangt.

Maciej Rataj, bis Anfang 1920 noch Abgeordneter der „Wyzwolenie", berichtet in seinen Erinnerungen über die damalige Stimmung in den Dörfern:

> „Nur wenige wissen, wie kritisch für den Sejm und vielleicht auch für Polen der Juli 1919 war. Im Sejm entschied sich das Schicksal der Bodenreform. Es schien uns damals, daß ein Beschluß ausreicht, um diese riesige Reform zu einer vollendeten Tatsache zu machen. Auf dem Lande fand der Kampf der Parteien im Sejm ein lebhaftes Echo. Wenn von der Sejmtribüne über die Durchführung der Reform mit Hilfe von Sensen und Wagenrungen gesprochen wurde, dann waren das nicht nur rhetorische Wendungen. Die russische Revolution war noch zu frisch, ihre negativen Folgen waren noch zu wenig sichtbar, als daß sie nicht auf die Gemüter in Polen eingewirkt, nicht die hitzigsten Elemente auf dem Lande, besonders in Kongreßpolen, animiert hätte."[65]

Die Nachricht von der Verabschiedung des Grundsatzbeschlusses bewirkte sofort einen Rückgang der innenpolitischen Spannungen. Die Parteiführung informierte über ihre Presse und in Versammlungen über Einzelheiten des erzielten Ergebnisses, wobei sie selbstbewußt auf den Anteil der 57köpfigen „Wyzwolenie"-Fraktion an dem Erreichten hinweisen konnte. Sie wußte jedoch zugleich, daß sich der Parlamentsbeschluß nicht ohne Schwierigkeiten würde verwirklichen lassen. „Der Kampf", schrieb Irena Kosmowska zehn Tage nach der Entscheidung im Sejm im Parteiorgan, „beginnt erst in diesem Augenblick."[66] Es bedarf keiner besonderen Betonung, daß Ansehen und Einfluß der „Wyzwolenie" wie der übrigen Bauernparteien bei der Landbevölkerung wegen des von ihnen durchgesetzten Grundsatzbeschlusses stiegen.[67]

---

[62] W sprawie reformy rolnej [Zur Frage der Bodenreform], in: Wyzwolenie Nr. 24 vom 15. 6. 1919, S. 302.

[63] Uchwały Zjazdu przedstawicieli gmin i wsi urządzonego dn. 15 czerwca 1919 r. w Warszawie przez PSL Wyzwolenie [Beschlüsse des von der PSL Wyzwolenie am 15. Juni 1919 in Warschau veranstalteten Kongresses der Gemeinde- und Dorfvertreter], in: Wyzwolenie Nr. 25 vom 22. 6. 1919, S. 308.

[64] Vgl. z.B. die Berichte im Parteiorgan „Wyzwolenie" Nr. 24 vom 15. 6. 1919, S. 302; Nr. 25 vom 22. 6. 1919, S. 312; Nr. 26 vom 29. 6. 1919, S. 319; Nr. 27 vom 6. 7. 1919, S. 335f.; Nr. 29 vom 20. 7. 1919, S. 366.

[65] M. Rataj: Pamiętniki, S. 51f.

[66] I. K., in: Wyzwolenie Nr. 29 vom 20. 7. 1919, S. 356.

[67] Vgl. Versammlungsberichte, z.B. in: Wyzwolenie Nr. 31 vom 3. 8. 1919, S. 391.

7.4. Das Gesetz über die Durchführung der Agrarreform vom 15. Juli 1920

Da die Realisierung der Agrarreform in den Wochen und Monaten nach dem Sejmbeschluß vom Juli 1919 keine wesentlichen Fortschritte machte, forderten die „Wyzwolenie" und die anderen Bauernparteien von der Regierung Paderewski immer energischer, der Grundsatzentscheidung nachzukommen und unverzüglich Entwürfe entsprechender Ausführungsgesetze vorzulegen.[68] Auf dem Lande bahnte sich inzwischen eine Entwicklung an, die drohte, die beabsichtigte Agrarreform auf eine unerwünschte Weise vorwegzunehmen. Nach dem Sejmbeschluß sollte die Durchführung der zukünftigen Agrarreform ausschließlich beim Staat liegen. Viele Gutsbesitzer begannen jedoch damit, einen Teil ihres über dem vorgesehenen Maximum liegenden Landes auf eigene Faust zu parzellieren und meistbietend an Bauern zu verkaufen.[69] Zwar hatte die Regierung am 1. September 1919, auch auf Drängen der „Wyzwolenie"[70], eine Verordnung erlassen, die für jeden Landverkauf eine vorherige behördliche Erlaubnis vorschrieb[71], doch scheint diese Maßnahme die freiwillige Parzellierung, wie aus einem späteren Bericht des Vorsitzenden des Hauptlandamtes (Główny Urząd Ziemski), Wilkoński, vor dem Sejm hervorgeht, nicht aufgehalten zu haben. Dieser gab an, daß die Behörden auf dem Gebiet Kongreßpolens vom 1. 9. 1919 bis zum 1. 4. 1920 bei einer Gesamtzahl von 817 gestellten Anträgen die Genehmigung zum Landverkauf nur in 126 Fällen (ca. 15 %) verweigerten.[72]

Unter den Forderungen, die die Landarbeitergewerkschaft vor und während des Mitte Oktober 1919 beginnenden Landarbeiterstreiks an die Regierung richtete, stand diejenige nach einem sofortigen Ende der „wilden Parzellierung" an erster Stelle.[73] Die Landarbeiter sahen sich verständlicherweise als die Geschädigten einer solchen Entwicklung, da nur wohlhabendere Bauern das Land zu relativ hohen Preisen erwerben konnten und der Vorrat an parzellierbarem Land sank. Entlassungen von Landarbeitern waren eine weitere Folge der privaten Parzellierung.

Die „Wyzwolenie" forderte im Herbst 1919 in ihrem Presseorgan von der Regierung Paderewski, sofort jene Beamten von allen verantwortlichen Posten zu entfernen, die sich offensichtlich der Ausführung des Sejmbeschlusses widersetzten. Weiter hieß es warnend:

> „Für den Fall, daß die Agrarreformfrage von der Regierung weiter verschleppt wird, erklären wir, daß wir nicht davor zurückschrecken werden, einen entschlossenen und unerbittlichen Kampf aufzunehmen, um die Betreffenden zur Respektierung des Willens der höchsten staatlichen Gewalt, des Sejm, zu zwingen."[74]

---

[68] Vgl. die Beschlüsse des Parteirates der Wyzwolenie vom 31. 8. 1919, in: Wyzwolenie Nr. 37 vom 14. 9. 1919, S. 464.

[69] Starania naszych posłów, by przerwany został szkodliwy handel ziemią [Bemühungen unserer Abgeordneten, den schädlichen Handel mit Land zu unterbinden], in: Wyzwolenie Nr. 34 vom 24. 8. 1919, S. 423; W. Kuszyk: Wrzenie rewolucyjne na wsi polskiej w latach 1917–1919 [Revolutionäre Unruhe in polnischen Dörfern in den Jahren 1917–1919], Warszawa 1957, S. 157ff.

[70] Po co byliśmy u p. Ministra Rolnictwa? [Wozu waren wir beim Herrn Landwirtschaftsminister?], in: Wyzwolenie Nr. 35 vom 31. 8. 1919, S. 436.

[71] Deutsche Übersetzung der Verordnung vom 1. 9. 1919 in: Die neuen Agrargesetze der ost- und südosteuropäischen Staaten, hrsg. von Gerhard Fenner und Karl von Loesch, Berlin 1923, S. 66–68.

[72] Sejm Ustawodawczy, 143. Sitzung am 30. 4. 1920, Sp. 9.

[73] Vgl. W. Kuszyk: Wrzenie, S. 162.

[74] Vgl. Uchwała, in: Wyzwolenie Nr. 48 vom 30. 11. 1919, S. 590f.

In den ersten Monaten des Jahres 1920 richteten Abgeordnete der „Wyzwolenie" parlamentarische Anfragen an die Regierung und das Landhauptamt in der Frage der freiwilligen Parzellierung von Gütern, wobei sie auf konkrete Verstöße gegen die Verordnung vom 1. September 1919 hinwiesen. Allmählich kam die Partei aber zu der Überzeugung, daß nicht nur ein Teil der Ministerialbürokratie, sondern auch die Regierung Skulski selbst nicht gewillt war, den Sejmbeschluß zu respektieren und bald zu verwirklichen. Darauf deutet die Parlamentsrede von Juliusz Poniatowski am 23. April 1920 hin, in der er die Haltung der Regierung mit bisher nicht dagewesener Schärfe kritisierte.[75] Um Druck auf die Regierung auszuüben, berief die Partei für den 6. Juni 1920 eine große Bauernkundgebung nach Warschau ein, auf der neben der Verabschiedung der Verfassung vor allem die rasche Umsetzung der Agrarresolution des Sejm vom Vorjahr gefordert wurde.[76]

Überraschend schnell, nämlich schon am 15. Juli 1920, wurde dann aber doch ein Ausführungsgesetz zur Agrarreform verabschiedet. Der Grund für sein schnelles Zustandekommen war zweifellos die äußerst kritische militärische Lage Polens angesichts des Vormarsches der Roten Armee im Sommer 1920. Die Bauern sollten so für die Verteidigung des Landes gewonnen werden. Franciszek Bujak schrieb damals:

> „Der gefährdete Zustand des Staates gebot, kein Mittel auszulassen, das in der Armee und in der Bevölkerung den Durchhaltegeist und den entschlossenen Siegeswillen stärken würde. Zu diesen Mitteln zählte man mit Fug und Recht auch das Agrarreformgesetz. Das wiederum bewirkte, daß es im Sejm nach einer kurzen Rede des Berichterstatters einstimmig angenommen wurde."[77]

Die Kernpunkte des Gesetzes waren folgende: Es sollte zunächst ein Landfonds gebildet werden, in den privater Großgrundbesitz, der die vom Grundsatzbeschluß des Jahres 1919 festgelegten Höchstgrenzen (60, 180, 400 ha) überschritt, gelangen sollte. Aus diesem Fonds sollten 80 % an Landlose und Kleinbauern abgegeben werden. Priorität beim Erwerb der Parzellen war jedoch ehemaligen Soldaten – insbesondere Invaliden – zugedacht. Alle diese Interessenten sollten mit langfristigen Krediten zum Erwerb des Landes ausgestattet werden. Im Gegensatz zum Grundsatzbeschluß wurde in diesem Gesetz die Höhe der Entschädigungssumme festgelegt. Die betroffenen Großgrundbesitzer sollten die Hälfte des in der betreffenden Gegend gezahlten Marktpreises erhalten. Bezüglich des Kirchenbesitzes bestimmte man, daß dieser nach Abstimmung mit dem Heiligen Stuhl gleichfalls zu parzellieren sei.[78]

Insgesamt war das Ausführungsgesetz in seinen Bestimmungen für die Bauernparteien sicher noch akzeptabel. Die Hoffnungen auf dem Lande richteten sich sogleich auf seine Umsetzung. Als großer Nachteil sollten sich aber bald die Bestimmungen erweisen, die den betroffenen Gutsbesitzern umfangreiche Einspruchsrechte gegen die Entscheidungen der Landämter einräumten.[79] Im Falle eines Streites zwischen Gutsbesitzer und Landamt konnte sich der Landkauf leicht über einige Jahre hinziehen, wie es später in der Praxis auch die Regel war. Dieser sowie andere Mängel des Gesetzes

---

[75] Sejm Ustawodawczy, 139. Sitzung am 23. 4. 1920, Sp. 68–70.

[76] Vgl. das Flugblatt: Wezwanie na wielki zjazd chłopski z całej Polski do Warszawy, Zarząd Główny, Warszawa, przed 6. 6. 1920 [Aufruf zum großen Bauernkongreß für ganz Polen in Warschau, Hauptvorstand, Warschau, vor dem 6. 6. 1920], CA KC PZPR: 109/II, poz. 3.

[77] F. Bujak: Uwagi krytyczne o naszej reformie rolnej [Kritische Bemerkungen über unsere Bodenreform], Warszawa 1921, S. 25.

[78] Ustawa o wykonaniu reformy rolnej [Gesetz über die Durchführung der Bodenreform], in: Programy, S. 480–490. Deutsch in: Die neuen Agrargesetze, S. 76–83.

[79] Vgl. F. Bujak: Uwagi, S. 62.

bewirkten, daß die Agrarfrage auch nach dem Juli 1920 keineswegs entschärft werden konnte. Friedrich Hellwege urteilte:

> „Das Gesetz war in jeder Beziehung unzulänglich. Die Siedlung auf privatem Wege wurde nicht geregelt; die Bestimmungen über den Zwangsverkauf von Privatgütern zum Zwecke der Parzellierung erwiesen sich als undurchführbar, und hierdurch und durch seine mannigfachen Unklarheiten hat das Gesetz wohl manchmal die Agrarreform mehr behindert als gefördert.“[80]

Da am 12. Dezember 1920 Zusatzgesetze erlassen wurden, die die private Parzellierungstätigkeit regelten, rückte diese bald wieder in den Vordergrund des Geschehens. Das Mißfallen der „Wyzwolenie“ gegenüber dieser Form der Bodenumverteilung bei gleichzeitigem Stillstand der staatlichen Parzellierung brachte ihr Vertreter Poniatowski im Sejm zum Ausdruck, als er erklärte:

> „Die private Parzellierung schafft nur ein Feld für unnötige Spekulationen, sie wird zum Instrument in den Händen der politischen Organisationen ... und strebt danach, der Regierung den Trumpf des Segens der Agrarreform aus den Händen zu nehmen ... und es wäre, ich wage es zu behaupten, ein Verbrechen gegen die polnische Staatsräson, wenn man ihr dieses wichtige Instrument aus den Händen schlagen würde. Mehr noch: Die private Parzellierung bietet die Möglichkeit, die Grundsätze der Agrarreform völlig zu umgehen und das Land denjenigen zu übergeben, die über angesammeltes Kapital verfügen, nicht denjenigen, denen das Land mit der Agrarreform zugedacht wurde. Ich bin ebenso wie meine Partei gegen die private Parzellierung.“[81]

Der Redner wies damit sicherlich zu Recht auf die außerordentliche Bedeutung der Agrarreform für die innere Stabilität des Staates hin. Diese hing, wie es während des polnisch-sowjetischen Krieges 1920 deutlich geworden war, wesentlich von der Einstellung der breiten bäuerlichen Massen zum Staat ab. Bereits Mitte Februar 1921 hatte die „Wyzwolenie“ die Regierung Witos verlassen. Dieser Schritt erfolgte wohl generell zwecks Profilierung mit Blick auf die kommenden Sejmwahlen, doch lagen ihm auch eine Reihe zwischen den beiden großen Bauernparteien entstandener Differenzen zugrunde. Die „Wyzwolenie“ warf Witos' „Piast“ öffentlich vor, er habe begonnen, sich mit der freiwilligen Parzellierung abzufinden, und sei bestrebt, in Geheimverhandlungen mit dem Großgrundbesitz von diesem die Zusicherung zu erlangen, jährlich eine bestimmte Mindestfläche freiwillig zu parzellieren.[82] Wiederholt kritisierte die Partei in den folgenden Monaten in ihrem Presseorgan scharf die Praxis der freiwilligen Parzellierung und zeigte anhand zahlreicher Beispiele, daß nur wohlhabende Bauern und auch Beamte von Gutsbesitzern Land erworben hatten.[83]

Bald schien sich in der „Wyzwolenie“ die Erkenntnis durchzusetzen, daß bei den bestehenden Mehrheitsverhältnissen im Verfassunggebenden Sejm keine radikale Durchführung der Agrarreform mehr zu erwarten war.[84] Während des letzten Jahres der Existenz dieses Sejm, die im Oktober 1922 endete, erhob die „Wyzwolenie“ mehr oder weniger als einzige große Partei noch die Forderung nach einer Verwirklichung des Grundsatzbeschlusses zur Agrarreform. Zwar nahm auch die „PSL-Lewica“ diese Posi-

---

[80] F. Hellwege: Agrarverfassung und Agrarreform in Polen, S. 175.

[81] Sejm Ustawodawczy, 232. Sitzung am 7. 6. 1921, Sp. 12.

[82] Uwadze Czytelników [Unseren Lesern zur Beachtung], in: Wyzwolenie Nr. 17 vom 24. 4. 1921, S. 172.

[83] Jak się wykonuje reformę rolną? [Wie wird die Bodenreform durchgeführt?], in: Wyzwolenie Nr. 27 vom 27. 6. 1921, S. 262f.; Obrady Komisji [Beratungen der Kommission], in: Wyzwolenie Nr. 37 vom 11. 9. 1921, S. 347.

[84] Vgl. die Stellungnahme E. Rudzińskis in der Haushaltsdebatte: Sejm Ustawodawczy, 245. Sitzung am 30. 7. 1921, Sp. 110ff.

tion ein; die Partei war jedoch nur von lokaler Bedeutung und spielte auch im Sejm eine wesentlich geringere Rolle als der „Piast“ und die „Wyzwolenie“. Die Arbeiterparteien PPS und NPR äußerten sich in der Agrarreformfrage hingegen nur sehr zurückhaltend.

Zu erwähnen bleibt noch, daß die Forderung nach Umsetzung des Grundsatzbeschlusses vom 10. Juli 1919 seit März 1921 den ersten und zugleich wichtigsten Punkt des gesamten Agrarprogramms der Partei darstellte. Von diesem einmal erreichten Stand wollte man keinerlei Abstriche hinnehmen.

Zügig lief die Parzellierung hingegen im ehemaligen preußischen Teilgebiet an, obwohl hier das Gesetz über die Durchführung der Agrarreform ebensowenig angewandt wurde wie in den anderen Teilen Polens. In den Wojewodschaften Posen und Pommerellen konnte die Parzellierung aufgrund des Annullationsgesetzes vom 14. Juli 1920 und des Liquidationsgesetzes vom 15. Juli 1920 erfolgen. Durch das Annullationsgesetz zog der polnische Staat gemäß Art. 256 des Versailler Vertrages allen Grund und Boden ein, der am 11. November 1918 Eigentum des Deutschen Reiches, der deutschen Bundesstaaten oder deutscher Fürstenhäuser gewesen war. Durch das Liquidationsgesetz, zu dessen Erlaß Polen nach dem Versailler Vertrag (Art. 92 und 297) ebenfalls berechtigt war, enteignete es das Eigentum Reichsdeutscher, die sich nach dem 1. 1. 1908 in den damaligen Provinzen Posen und Westpreußen niedergelassen hatten.

Diese Maßnahmen haben die „Wyzwolenie“ wie auch der größte Teil der polnischen Öffentlichkeit zweifellos gebilligt und für rechtens gehalten, da damit ihrer Ansicht nach die in den über 120 Jahren der Teilungszeit erfolgte Überfremdung bzw. Germanisierung rückgängig gemacht werden konnte. Die Partei befaßte sich selbst jedoch wenig hiermit, sondern richtete ihr Augenmerk auf die Parzellierung allen Großgrundbesitzes in ganz Polen, der ja doch vor allem polnisch war.

7.5. Die Radikalisierung in der „Wyzwolenie“ angesichts der stagnierenden Agrarreform

Die Sejmwahlen im November 1922 hatten keiner Partei bzw. keinem politischen Lager die zur Regierungsbildung nötige Mehrheit gebracht (s. Seite 107f.). Nach sich über mehrere Monate hinziehenden Koalitionsverhandlungen zwischen der Rechten und dem „Piast“ kam es zwischen ihnen am 17. Mai 1923 zum Abschluß eines Vertrages, des sogenannten Pakts von Lanckorona (bei Krakau).[85] Dieser sah die Bildung einer Mitte-Rechts-Regierung unter Wincenty Witos als Premierminister vor und betraf fast alle Gebiete des politischen und wirtschaftlichen Lebens, u.a. auch die völlig steckengebliebene Agrarreform.

Entscheidungen des obersten Gerichtshofes hatten inzwischen den Weg des Zwangsverkaufs von Land zu 50% des Marktpreises als verfassungswidrig bezeichnet und damit endgültig blockiert. Es wurde nun vereinbart, daß jährlich mindestens 200000 ha Land, sowohl Staats- als auch Privatland, parzelliert werden sollten, und daß diese Parzellierung auch von Privatpersonen und privaten Gesellschaften vorgenommen werden durfte. Die Regelung der Entschädigung sah letztlich eine Orientierung an den aktuellen Marktpreisen vor.

---

[85] Der Text des Abkommens: Zasady współpracy stronnictw polskich polskiej większości parlamentarnej w Sejmie w r. 1923 [Grundlagen der Zusammenarbeit der politischen Parteien der polnischen parlamentarischen Mehrheit im Sejm im Jahre 1923], in: Programy, S. 490–503.

Zu einer Verwirklichung dieses Planes kam es infolge der inneren Entwicklung im „Piast" indes nicht. Die Zugeständnisse der Parteiführung an die Rechte führten in der Fraktion des „Piast" selbst sofort zu heftigen Auseinandersetzungen, die mit der Abspaltung einer linken 14köpfigen Abgeordnetengruppe um Jan Dąbski endeten.[86] Als die Regierung im Dezember 1923 ihren Entwurf eines Agrargesetzes dem Sejm vorlegte, kam es zu einer zweiten Abspaltung, diesmal von 15 Abgeordneten, so daß die Regierung wegen des Verlustes der Mehrheit im Sejm am 14. Dezember 1923 zurücktreten mußte. Witos' Versuch, wenigstens eine gemäßigte Agrarreform durchzusetzen – die allerdings die wohlhabenderen Bauern begünstigt hätte –, war damit gescheitert und die Agrarreformfrage blieb weiterhin ungelöst.

Gegen Witos' Agrarpolitik hatte nicht nur die Linke im „Piast", sondern die gesamte Linke im Parlament, d.h. vor allem „Wyzwolenie" und PPS, entschieden Stellung bezogen. Poniatowski bezeichnete Witos' Projekt am 12. Dezember im Sejm in einer scharfen Kritik als ein Durchkreuzen aller bisherigen Schritte der Agrarreform, als Rückkehr zur früheren Konzeption der privaten Parzellierung, die angeblich unter behördlicher Aufsicht durchgeführt werden solle, in Wirklichkeit jedoch nur den am meisten zahlenden Kandidaten zugute kommen werde.[87] Witos' Bündnis mit der Rechten trug sehr stark dazu bei, daß die Kluft zwischen den beiden Bauernparteien „Piast" und „Wyzwolenie" in der Folgezeit psychologisch gesehen unüberbrückbarer wurde als je zuvor.

In der „Wyzwolenie" bekamen währenddessen radikalere Agrarreformvorstellungen Auftrieb. In der Provinz wie auch in der Fraktion wurde zunehmend die Frage diskutiert, ob man nicht auf eine Entschädigung für den enteigneten Großgrundbesitz verzichten oder zumindest deren Höhe begrenzen sollte. Auf dem Parteitag im März 1923 wurde der Parteivorstand deshalb damit beauftragt, eine Programmkommission diese Frage klären zu lassen. Die Ansichten zu dem Problem gingen in der Partei auseinander. Die Diskussion wurde im Frühjahr 1924 auch öffentlich wahrnehmbar, als Gegner und Befürworter einer entschädigungslosen Enteignung ihre Standpunkte im Parteiorgan „Wyzwolenie" präsentierten. Das völlig eindeutige Plädoyer des Abgeordneten Tadeusz Niedzielski in seinem Artikel „Bez odszkodowania" (Ohne Entschädigung)[88] beantwortete sein Fraktionskollege Zygmunt Nowicki mit dem Verlangen, die Agrarreform im Einklang mit der Verfassung und auf friedlichem Wege durchzuführen.[89] Meinungsäußerungen von der Basis, die eher gegen Entschädigungszahlungen gestimmt war, schlossen sich an. Eine Entscheidung sollte erst auf dem Parteitag im März 1925 fallen.

Vorher jedoch ergriff die „Wyzwolenie" noch einmal auf parlamentarischer Ebene die Initiative, um die Agrarreform in Gang zu bringen, indem sie am 11. April 1924 im Sejm einen eigenen, von Juliusz Poniatowski verfaßten Entwurf für ein neues Agrargesetz vorlegte.[90] Dieser trug den Titel „Gesetz über die Durchführung der Agrarre-

[86] Diese Abgeordneten gründeten im Mai 1923 die „Bauerneinheit" (Jedność Ludowa), die sich im Herbst 1923 mit der „Wyzwolenie" vereinigte.

[87] Sejm R.P., 86. Sitzung am 12. 12. 1923, Sp. 30–42.

[88] T. Niedzielski: Bez odszkodowania [Ohne Entschädigung], in: Wyzwolenie Nr. 12 vom 23. 3. 1924, S. 2f.

[89] Z. Nowicki: Z wykupem, czy bez wykupu [Mit oder ohne Kauf], in: Wyzwolenie Nr. 18 vom 4. 5. 1924, S. 2f.

[90] Nasz projekt reformy rolnej [Unser Entwurf für eine Bodenreform], in: Wyzwolenie Nr. 16 vom 20. 4. 1924, S. 2–3; Sejm R.P., 119. Sitzung am 11. 4. 1924, Sp. 46, und 120. Sitzung am 20. 5. 1924, Sp. 52–54.

form. Einführung einer neuen Agrarordnung in der Polnischen Republik". Er sah die radikale Enteignung des gesamten 60 ha, in Industriegebieten 30 ha übersteigenden Großgrundbesitzes vor, allerdings noch gegen eine Entschädigung. Größere private Waldflächen sowie der 5 ha übersteigende Landbesitz von Kirchen und Klöstern sollten verstaatlicht werden.

Es war jedoch beabsichtigt, die Entschädigungssummen, die der Staat den betroffenen Gutsbesitzern für Ackerland zu zahlen gehabt hätte, möglichst niedrig zu halten. Hierfür sollten einmal die Bemessungsgrundlage der Entschädigung selbst, dann jedoch die progressiv steigende Besteuerung der Entschädigungssumme (5–75 %) sorgen. Aus dem so entstehenden Landvorrat sollten erstens neue selbständige landwirtschaftliche Betriebe geschaffen, zweitens bestehende Kleinsthöfe auf ein selbständiges Wirtschaften erlaubendes Maß vergrößert und drittens in der Nähe von Städten Gartenkolonien für Arbeiter und Angestellte angelegt werden. Die Enteignung des Landes sollten staatliche Bodenkommissionen vornehmen, nicht jedoch private Gesellschaften.

Begründet wurde die drastische Senkung des vorgesehenen Maximums für Landbesitz von 180 ha auf 60 ha mit der großen Zunahme der Zahl landloser und kleiner Bauern sowie der dichten Besiedlung Polens. Zwar nannte der Entwurf keine Größe für die zu schaffenden Höfe, doch dürfte die Partei etwa 10 bis 15 ha als ideal betrachtet haben.[91] Die Verwirklichung dieses Plans hätte in der Tat zu einem Umbau der Agrarstruktur Vorkriegspolens geführt. Es versteht sich von selbst, daß ein solcher Antrag bei dem gegebenen Kräfteverhältnis im Sejm keine Mehrheit finden konnte.

Die Diskussion über die Entschädigungsfrage wurde mit dem Parteitag am 15./16. März 1925 schließlich beendet. Die Delegierten, die ein neues Parteiprogramm anzunehmen hatten, wichen in diesem Punkt von der durch die Programmkommission und den Vorstand vorgezeichneten Linie ab und votierten für die entschädigungslose Enteignung.[92] Diese Entscheidung rief zunächst innerparteiliche Konflikte, insbesondere in der Führung, hervor – eine Reihe von Senatoren verließ aus Protest die Partei –, wurde dann aber mehr oder weniger akzeptiert. Die Führung war allerdings zu Recht von der Nichtdurchsetzbarkeit des Beschlusses überzeugt.

Nichtsdestoweniger versuchte die „Wyzwolenie" am 23. Mai 1925, die neue Forderung ihres Agrarprogramms als Antrag in der Agrarkommission des Sejm einzubringen und kündigte außerdem einen Antrag auf Verfassungsänderung an.[93] Das neue, im eigenen Gesetzentwurf von April 1924 festgelegte Maximum für Landbesitz (60 ha), das im Vergleich zu den Beschlüssen des Sejm von 1919 und 1920 nur noch ein Drittel betrug, war ebenfalls im März 1925 im Parteiprogramm festgeschrieben worden.

7.6. In der Isolation: Die Partei und das Gesetz vom 28. Dezember 1925

Zu einer Wiederaufnahme der Plenarberatungen des Parlaments in der Agrarreformfrage kam es erst im Juni 1925, als die Regierung Grabski den Entwurf einer Novelle zum Ausführungsgesetz von 1920 vorlegte. Die Bestimmungen dieses Entwurfs ähnel-

---

91 E. Kulwicki: Koncepcje, S. 179f.

92 Nasz Walny Zjazd [Unser Parteitag], in: Wyzwolenie Nr. 12 vom 22. 3. 1925, S. 2; Materiały źródłowe, T. II, S. 128.

93 Deklaracja ZPSL Wyzwolenie i Jedność Ludowa w sprawie „odszkodowania" [Erklärung von ZPSL Wyzwolenie und Jedność Ludowa zur Frage der „Entschädigung"], in: Wyzwolenie Nr. 27 vom 5. 7. 1925, S. 5.

ten den Grundsätzen des „Pakts von Lanckorona". So plante man, eine volle Entschädigung für das von den Gutsbesitzern zu verkaufende Land zu zahlen und verzichtete auf die zwangsweise Durchführung der Parzellierung durch staatliche Organe. Als Höchstgrenze für Landbesitz hatte man unverändert 180 ha (bzw. 60 ha in Industriegebieten) beibehalten, jedoch eine Reihe von Ausnahmeregelungen aufgenommen.

Wie schon 1923 nahmen auch diesmal die beiden Bauernparteien in der Frage der Verwirklichung der Agrarreform unterschiedliche Positionen ein. Witos erklärte im Sejm, daß der „Piast" für das Gesetz stimmen werde, und bekannte sich offen zum Kompromiß mit der Rechten, da es seiner Partei „nicht darum geht, die Parolen der Agrarreform auf ewig im Klub an der Wand hängen zu sehen, sondern darum, daß die Agrarreform verwirklicht wird".[94] Die „Wyzwolenie" hingegen lehnte das Gesetz anfangs entschieden ab. Aber auch in den Reihen der Rechten gab es Widerstand gegen die Bestimmungen der Novelle. In der Fraktion der Nationaldemokraten drohte die mit dem Grundbesitz verbundene Gruppe mit ihrer Abspaltung.[95] Es wurde bald erkennbar, daß im Sejm eine zur Annahme des Regierungsentwurfs entschlossene Mehrheit existierte. Diese war das Ergebnis vertraulicher Beratungen bei Sejmmarschall Maciej Rataj im Mai 1925, an denen Premierminister Grabski, Vertreter der Nationaldemokraten, des „Piast" und der PPS teilgenommen hatten.[96]

In dieser Situation versuchten die „Wyzwolenie"-Abgeordneten, das Mittel der Obstruktion anzuwenden. Durch Lärm, Einbringen von demonstrativen Anträgen zum Gesetz und das Verlangen nach namentlicher Abstimmung über jeden der 615 vorliegenden Abänderungsanträge führten sie mehrfach eine Unterbrechung der Sitzungen herbei.[97] Von der PPS, die in den Vorverhandlungen in gewissem Umfang die Berücksichtigung der Interessen der Gutsarbeiter erreicht hatte, nicht unterstützt, gab die „Wyzwolenie" ihren Widerstand schließlich gegen kleinere Zugeständnisse auf[98], zumal sie – wenn auch uneingestanden – erkennen mußte, daß die Reform selbst in dem vorliegenden Regierungsentwurf den Interessen eines Teils ihrer Mitglieder und Anhänger entgegenkam („... daß dennoch dieser und jener Bauer von ihr profitieren kann").[99] In der Schlußabstimmung stellte es die Fraktion ihren Angehörigen frei, wie sie stimmen wollten.

Am 20. Juli 1925 schließlich wurde das Gesetz mit 200 gegen 90 Stimmen angenommen. Von den knapp 50 Abgeordneten der „Wyzwolenie" sprachen sich 25 gegen das Gesetz aus, fünf dafür und die übrigen enthielten sich der Stimme.[100] In den sich anschließenden Beratungen des Senats wurden noch einige Veränderungen am Text vorgenommen, und am 28. Dezember 1925 wurde das Gesetz endgültig vom Sejm verabschiedet.[101] Die „Wyzwolenie" verweigerte auch da ihre Zustimmung, isolierte sich dadurch jedoch von fast allen polnischen Parteien. Ukrainer und Weißrussen verließen protestierend den Saal, da sie eine Polonisierung ihrer Siedlungsgebiete befürchteten.

---

94 Sejm R.P., 221. Sitzung am 25. 6. 1925, Sp. 64.

95 Vgl. A. Próchnik: Pierwsze piętnastolecie, S. 204.

96 Vgl. M. Rataj, Pamiętniki, S. 313.

97 Vgl. Sejm R.P., 231. Sitzung am 10. 7. 1925, 232. Sitzung am 11. 7. 1926, 233. Sitzung am 13. 7. 1925 und 234. Sitzung am 14. 7. 1925.

98 A. Bogusławski: Wspomnienia, T. III (1922–1925), AZHRL: P–189/IIIa, S. 199f.; M. Rataj: Pamiętniki, S. 332f.

99 M. Malinowski: Walka o reformę rolną [Der Kampf für die Bodenreform], in: Wyzwolenie Nr. 30 vom 26. 7. 1925, S. 3.

100 Vgl. das Ergebnis der namentlichen Abstimmung: Sejm R.P., 239. Sitzung am 20. 7. 1925, Sp. 27–30.

101 Sejm R.P., 263. Sitzung am 28. 12. 1925, Sp. 24.

Das Gesetz von 1925 blieb im Prinzip bis zum Jahre 1939 in Kraft.[102] Dieses zweite Agrarreformgesetz, das im Vergleich zu demjenigen vom 15. Juli 1920 und zum Grundsatzbeschluß vom 10. Juli 1919 wesentlich gemäßigter war, entsprach selbstverständlich keineswegs den Wünschen der „Wyzwolenie", zumal es in ihren Reihen – wie oben ausgeführt – in den Jahren 1923 bis 1925 noch zu einer Radikalisierung der Ansichten in der Reformfrage gekommen war. Die Partei hielt denn auch nach der Abstimmung über das Gesetz an ihren weitergehenden Forderungen fest. Das geht aus den Entschließungen ihres am 21. und 22. März 1926 in Warschau abgehaltenen Parteitages hervor. In ihnen bewerteten die Delegierten das Gesetz als rückschrittlich und stellten fest, daß ihre Forderungen in der Agrarreformfrage bestehen blieben. So hieß es u.a.:

> „Wir fordern die Übernahme des Landes ohne Entschädigungen und die Bereitstellung des so geschaffenen Landfonds für die schnellstmögliche Übergabe an die den Boden unmittelbar bebauende Landbevölkerung."[103]

Ihre Position in der Agrarreformfrage behielt die Partei nach dem Mai 1926 bei, wenn sie sie auch in der ersten Zeit des Piłsudski-Regimes aus taktischen Gründen nicht so stark akzentuierte.

Betrachtet man zusammenfassend Programmatik und Vorgehen der „Wyzwolenie" in der Agrarreformfrage, so wird folgendes deutlich: Eine Agrarreform war nach 1918 eindeutig das Hauptanliegen der „Wyzwolenie". Die Partei vertrat dabei von Anfang an unmißverständlich die Ansicht, daß eine Agrarreform keinem Sonderinteresse etwa nur des Dorfes oder der Bauern entsprach, sondern geradezu eine staatliche Notwendigkeit darstellte. Sie sollte die Bauern als riesige Mehrheit der Nation fest an den wiedererlangten Staat binden, seine Existenz stärken und sichern. Vor allem jedoch sollte eine Agrarreform die soziale und auch die historische Gerechtigkeit im Land herstellen und den in den vergangenen Jahrhunderten vom Adel unterdrückten Bauern den Status gleichberechtigter Bürger verschaffen. Die Partei strebte eine durch klein- und mittelbäuerliche landwirtschaftliche Betriebe gekennzeichnete Agrarstruktur an.

Verwirklichen wollte sie ihre Vorstellungen auf friedlichem, auf parlamentarischem Wege. Hierbei erzielte sie anfangs – in den Jahren 1919 und 1920 – gemeinsam mit den anderen Bauernparteien beträchtliche Erfolge, die sich später jedoch nicht mehr ausbauen ließen. Nach dem Ende der inneren und äußeren Bedrohung des Landes und der Herausbildung und Konsolidierung des Parteiensystems hätte die „Wyzwolenie" ihre Vorstellungen nur über die Beteiligung an Regierungskoalitionen stärker durchsetzen können. In Anbetracht der gegebenen Verhältnisse im Parlament war eine Regierungsbeteiligung jedoch teils nicht möglich, teils von ihr auch gar nicht gewünscht.

Als Oppositionspartei trug die „Wyzwolenie" wiederholt stark zur Belebung der Diskussion über die Notwendigkeit und den Charakter einer Agrarreform bei, u.a. durch einen eigenen Gesetzentwurf im Jahre 1924. Da sich die Partei im Jahre 1925 immer deutlicher der politischen Zusammenarbeit verweigerte, begab sie sich auch gewisser Einflußmöglichkeiten. Das neue Ausführungsgesetz zur Bodenreform wurde im Juli 1925 im wesentlichen gegen sie beschlossen. Einen gewissen Handlungsspielraum konnte sie allerdings durch ihre Obstruktionspolitik wiedererlangen, die sie erst

[102] Der deutsche Text: Gesetz über die Durchführung der Agrarreform vom 28. Dezember 1925 mit den wichtigsten Nebengesetzen, hrsg. von Udo Milbradt, Bydgoszcz 1938. Eine ausführliche Darstellung und Erörterung des Gesetzes gibt Hasso von Wedel: Die Agrarreform in Polen, in: OE (1927/28), S. 343–361.

[103] Uchwały Zjazdu [Beschlüsse des Parteitages], in: Wyzwolenie Nr. 13 vom 28. 3. 1926, S. 4.

beendete, nachdem ihr etliche kleinere Veränderungen am Gesetzestext zugesichert worden waren.[104] Die so doch noch in letzter Minute erreichte, wenn auch geringe Mitsprache dürfte für fünf Abgeordnete Grund gewesen sein, für das Gesetz zu stimmen und für knapp 20, sich der Stimme zu enthalten.

Nach außen wollte die Fraktionsspitze in einer Presseerklärung freilich den Eindruck vermitteln, die gesamte Fraktion und nicht nur etwas mehr als die Hälfte habe gegen das Gesetz gestimmt.[105] Ein halbes Jahr später, am 28. Dezember 1925, verzichtete die Partei von vornherein auf eine gewaltsame Obstruktion, die Beratungen und Abstimmung noch einmal erheblich hätte verzögern können. Józef Sanojca erklärte dazu namens der Fraktion, daß seine Partei nach wie vor das Gesetz nicht billige, der Regierungskoalition jedoch nicht die Möglichkeiten eröffnen werde, die Verantwortung für seine Nichtverabschiedung und Nichtdurchführung auf andere abzuwälzen.[106] Die Partei fürchtete wohl tatsächlich den Vorwurf, sie als Bauernpartei habe eine Agrarreform verhindert. Dieser wäre unweigerlich von beinahe allen polnischen Parteien von der Rechten bis hin zur PPS, vor allem jedoch von der mit ihr konkurrierenden Bauernpartei „Piast“ gegen die „Wyzwolenie“ erhoben worden.

[104] So wurde z.B. die von den Landerwerbern zu zahlende Anzahlung auf den geschätzten Landpreis sozial gestaffelt. Sie lag nun zwischen 5 % für Landlose und 50 % für größere Betriebe. Landlose und Kleinbauern bekamen eine Abzahlungsfrist von 40 Jahren eingeräumt, vermögende Bauern nur von 20 Jahren. Weiter wurde eine Bestimmung aufgenommen, daß das parzellierte Land „vor allem“ zur Vergrößerung von Zwergwirtschaften der in der Nähe gelegenen Dörfer verwandt werden sollte. Eingeführt wurde auch eine gewisse Aufsicht über die privaten Parzellierungsgesellschaften. A. Bogusławski: Wspomnienia, T. III (1922–1925), AZHRL: P–189/IIIa, S. 200.

[105] Vgl. Oświadczenie Klubu Poselskiego Z.P.S.L. Wyzwolenie i Jednośċ Ludowa [Erklärung der Fraktion von ZPSL Wyzwolenie und Jednośċ Ludowa], in: Wyzwolenie Nr. 30 vom 26. 7. 1925, S. 3.

[106] Sejm R.P., 263. Sitzung am 28. 12. 1925, Sp. 12.

8. Die „Wyzwolenie" und die nationalen Minderheiten

Die bäuerlichen Parteien widmeten Fragen der Minderheitenpolitik in der ersten Hälfte der zwanziger Jahre im allgemeinen relativ wenig Aufmerksamkeit.[1] Fragen der Agrarreform und -politik, der Verfassung, der Finanz- und Steuerpolitik sowie der Bildung hatten in der Regel den Vorrang. Eine deutliche Ausnahme machte hier die „Wyzwolenie", deren Haltung den Minderheiten gegenüber durch die Bereitschaft, sich mit den Problemen der nichtpolnischen Bevölkerungsteile auseinanderzusetzen, gekennzeichnet war.[2] Interesse und Engagement der „Wyzwolenie" richteten sich allerdings in erster Linie auf die bäuerliche weißrussische und ukrainische Bevölkerung Ostpolens und nur gelegentlich auf die jüdische und die deutsche Bevölkerung.

8.1. Die Nationalitätenstruktur Polens nach dem Ersten Weltkrieg

Zu den schwersten Belastungen des inneren Lebens der polnischen Republik nach 1918 gehörte die ungelöste Frage der Behandlung der nationalen Minderheiten. Dem neuen Staat, der auf einer Fläche von 386300 km² zwar nur etwas mehr als die Hälfte des Gebietes (51,2 %) umfaßte, das vor der ersten Teilung im Jahre 1772 zur Rzeczpospolita gehört hatte, war es in einem Jahre andauernden Prozeß der Grenzziehung gelungen, die Siedlungsgebiete der polnischen Bevölkerung in einem hohen Maße zusammenzuführen. Außerhalb der Grenzen verblieben, von den Emigranten nach Westeuropa und Übersee abgesehen, nur kleine Inseln polnischen Volkstums. Die in den Jahren 1918 bis 1923 festgelegten Grenzen schlossen allerdings, weit über das Siedlungsgebiet des polnischen Volkes hinausgehend, eine große Zahl von Menschen nichtpolnischer Nationalität ein. Bei der Volkszählung von 1921, die bereits die durch den Rigaer Vertrag vom 18. März 1921 angegliederten Ostgebiete, nicht jedoch das Wilnagebiet und Oberschlesien einbezog, gaben lediglich 69,2 % der 27,2 Millionen zählenden Gesamtbevölkerung ihre Nationalität als polnisch an, während 30,8 % eine nichtpolnische Nationalität nannten. Unter den Nichtpolen stellten die Ukrainer 14,3 %, die Juden 7,8 %, die Weißrussen 3,9 %, die Deutschen 3,9 %, die Litauer 0,3 % und sonstige Minderheiten („Hiesige", Russen, Tschechen u. a.) 0,6 % der Gesamtbevölkerung.[3]

Diese Zahlen der Volkszählung von 1921 wurden – wie auch die auf die Nationalitäten bezogenen Ergebnisse der amtlichen Volkszählung von 1931 – von den Vertretern

[1] J. Holzer: Mozaika, S. 168.
[2] Nach 1924 galt dies auch für die durch Abspaltung von der „Wyzwolenie" entstandene „Unabhängige Bauernpartei" (NPCh).
[3] H. Roos: Polen zwischen den Weltkriegen, in: Osteuropa-Handbuch Polen, S. 37.

der Minderheiten oftmals als manipuliert bzw. gefälscht zurückgewiesen.[4] Der damals geäußerte Verdacht, die polnischen Behörden hätten die statistischen Angaben über Nationalität und Muttersprache zum Zweck einer zahlenmäßigen Vergrößerung der polnischen Bevölkerung entstellt, ist in der Nachkriegszeit von polnischen Wissenschaftlern für die östlichen Wojewodschaften bestätigt worden.[5] Die Forschungsbemühungen polnischer Historiker richten sich in diesem Zusammenhang seit etlichen Jahren auch auf das Phänomen eines in der Zwischenkriegszeit noch nicht voll ausgeprägten bzw. schwankenden Nationalbewußtseins bei Teilen der weißrussischen und ukrainischen Bauern, aber auch bei Teilen der schlesischen und jüdischen Bevölkerung.[6] Alle genannten Zahlen werden somit nur einen Näherungswert haben können. Es dürfte allerdings dennoch gerechtfertigt sein, von höheren Anteilen der einzelnen Nationalitäten, insbesondere der Ukrainer und Weißrussen, an der Gesamtbevölkerung auszugehen. Neuere polnische Berechnungen und Schätzungen nennen für das Jahr 1931 einen nichtpolnischen Bevölkerungsanteil von 34% bis 37%.[7]

Die Verteilung der nationalen Minderheiten über das Staatsgebiet war sehr ungleichmäßig. Während die zentralen und westlichen Wojewodschaften im ethnischen Sinne weitgehend polnisch waren, waren die weiten Gebiete östlich einer Linie entlang der Flüsse Bug und San nahezu geschlossen von Weißrussen und Ukrainern besiedelt. Die Bezeichnung „nationale Minderheit" müßte hier – die Städte Lemberg, Wilna, Tarnopol u.a. ausgenommen – eigentlich auf die polnische Bevölkerung angewandt werden, die in den östlichen und südöstlichen Wojewodschaften lediglich zwischen 11% und 37% der Einwohner ausmachte.[8]

Die zahlenmäßig bedeutendste Nationalität stellten mit über fünf Millionen Angehörigen die Ukrainer dar.[9] Sie lebten im ehemals österreichischen Teilgebiet östlich des San, in der Wojewodschaft Wolhynien und im südlich des Pripjet gelegenen Teil der Wojewodschaft Polesien. Konfessionell gehörten sie entweder der griechisch-katholischen oder der orthodoxen Kirche an. Die überwiegend bäuerliche Bevölkerung war

[4] M. M. Drozdowski: Społeczeństwo, państwo, politycy II Rzeczypospolitej [Gesellschaft, Staat und Politiker der Zweiten Republik], Kraków 1972, S. 69. Stark kritisiert wurde die bei der Volkszählung 1931 vorgenommene Differenzierung der ukrainischen Bevölkerung in Ukrainer und Ruthenen sowie die Verminderung der Ukrainer und Weißrussen durch die Einführung der Kategorie der „Hiesigen" (tutejsi). Diese Gruppe, die 1921 mit 0,2% (49000) angegeben wurde, erschien in der Zählung von 1931 mit 2,2% (707000 Personen). Vgl. W. Kutschabsky: Allgemeine Ergebnisse der zweiten Volkszählung in Polen, in: OE 8 (1932/33), S. 339–347.

[5] Vgl. hierzu die Mitteilung von Edward Szturm de Sztrem, der von 1920 bis 1939 im Statistischen Hauptamt (Główny Urząd Statystyczny) in Warschau tätig war, davon in den Jahren 1929 bis 1939 als sein Leiter: „Die beiden polnischen Volkszählungen waren, sofern es um die Nationalitätenverhältnisse im Osten Polens geht, gefälscht. Dabei übertrafen die Verlogenheiten in der Zählung von 1931 die Fälschungen von 1921 bei weitem." Vgl. E. Szturm de Sztrem: Prawdziwa statystyka [Die unverfälschte Statistik], Wstęp [Einleitung]: J. Tomaszewski, in: KH 80 (1973), S 666. Siehe weiter Z. Landau/J. Tomaszewski: Społeczeństwo Drugiej Rzeczypospolitej (uwagi polemiczne) [Die Gesellschaft der Zweiten Republik (polemische Bemerkungen)], in: PH 61 (1970), S. 316; H. Zieliński: Historia Polski 1914–1939 [Geschichte Polens 1914–1939], Wrocław etc. 1983, S. 125.

[6] J. Żarnowski: Społeczeństwo, S. 372f.

[7] Vgl. ebd., S. 376; H. Zieliński: Historia, S. 125.

[8] Die Schätzungen von Z. Landau und J. Tomaszewski lauten für die Wojewodschaften Stanislau 15%, Wolhynien 16%, Tarnopol 37%, Polesien 11% und Nowogródek 34%. Vgl. Z. Landau/J. Tomaszewski: Społeczeństwo, S. 318.

[9] M. M. Drozdowski: Społeczeństwo, S. 69.

im österreichischen Teilgebiet jedoch von einer nationalbewußten Intelligenz an ein ukrainisches Genossenschafts- und Bildungswesen herangeführt worden. Politisch gesehen hing eine große Bevölkerungsmehrheit der „Ukrainischen Nationaldemokratischen Vereinigung“ (UNDO) an. Der durch den Botschafterentscheid vom 15. März 1923 besiegelte Anschluß Ostgaliziens an Polen wurde von der Bevölkerung nicht gewünscht. Dennoch kam es zu keiner massenhaften Unterstützung für die radikale nationalistische „Ukrainische Militärorganisation“ (UVO), die sich durch einen terroristischen Kampf gegen die polnische Regierung und deren Entnationalisierungsbestrebungen bemerkbar machte.

Die Weißrussen, die im nördlichen Teil der Wojewodschaft Polesien, in den Wojewodschaften Nowogródek und Wilna sowie im östlichen Streifen der Wojewodschaft Białystok siedelten und zu 75% bis 80% der orthodoxen, zu 20% bis 25% der römisch-katholischen Kirche angehörten, wiesen eine zahlenmäßige Stärke von etwa 1,8 Millionen auf.[10] Ihre Sozialstruktur war nur schwach differenziert: Etwa 95% der Bevölkerung waren Kleinbauern, den Rest bildeten im wesentlichen Handwerker und Kleinhändler. Bürgertum und Großgrundbesitz fehlten völlig. Die Intelligenz war mit ca. 1% Bevölkerungsanteil sehr klein, wobei einen nicht geringen Teil hiervon Geistliche ausmachten.[11] Das Nationalbewußtsein der Weißrussen war bis zum Ende des Ersten Weltkrieges außerordentlich schwach entwickelt. Gegensätze zwischen Weißrussen und Polen hatten weniger einen nationalen, sondern vor allem einen sozialen Charakter, da sich ein großer Teil des Ackerlandes in der Hand polnischer Großgrundbesitzer befand.

Anders als die beiden slawischen Minderheiten lebte die etwa drei Millionen zählende jüdische Bevölkerung über das Staatsgebiet verstreut, wobei sie zu 76% in Städten ansässig war. Das Bild vieler Städte Mittel- und Ostpolens war bis zum Zweiten Weltkrieg sehr stark durch den hohen Anteil jüdischer Kaufleute, Krämer, Zwischenhändler, Handwerker und Freiberufler bestimmt. Vier Fünftel von ihnen waren als Selbständige tätig, oftmals am Rande des Existenzminimums, der Rest vor allem als Lohnabhängige in vielen Tausenden von Handwerksbetrieben.[12]

Auf dem Lande nahmen Juden eine wichtige wirtschaftliche Position als Händler und Pächter von Dorfschenken ein. Landwirtschaftlich tätig im eigentlichen Sinne war nur ein verschwindend geringer Teil (4%).[13] Im Vergleich zu anderen Minderheiten verfügten die Juden über ein gutausgebildetes Schulwesen und zahlreiche kulturelle Institutionen. Unter der jüdischen Bevölkerung wirkten zahlreiche Parteien, insbesondere orthodoxer, zionistischer, folkistischer und sozialistischer Richtung.[14] Die eigentümliche soziale und berufliche Gliederung der jüdischen Bevölkerung war in der Zwischenkriegszeit wie auch schon vorher die Quelle vieler Konflikte mit der jeweiligen Mehrheitsbevölkerung (Polen, Ukrainer, Weißrussen).

In den Volkszählungen von 1921 und 1931 wurde die Stärke der deutschen Bevölkerung – in den Jahren von 1919 bis 1921 war sie bereits erheblich zurückgegangen – mit

---

[10] J. Żarnowski: Społeczeństwo, S. 385.

[11] Ebd., S. 386f.

[12] Ebd., S. 389f.

[13] Vgl. J. Żarnowski: Społeczeństwo, S. 390. Einen interessanten Einblick in das Leben jüdischer Bauern im Wilnagebiet gibt die Detailstudie von S. Tapuach: Wieś żydowska na Wileńszczyźnie [Ein jüdisches Dorf im Wilnagebiet], in: Przegląd Socjologiczny 5 (1937), S. 291–318.

[14] M. M. Drozdowski: Społeczeństwo, S. 85f.

1,1 Millionen bzw. 740000 beziffert. Diese Zahlen waren Gegenstand der Auseinandersetzung zwischen deutschen und polnischen Wissenschaftlern sowohl vor als auch nach dem Zweiten Weltkrieg.[15] Die Zahl der Deutschen war wahrscheinlich höher als in den Volkszählungen angegeben und betrug im Jahre 1926 nach privaten deutschen Schätzungen 1128000[16] und im Jahre 1931 wohl mindestens 820000 Personen.[17] Hauptsiedlungsgebiete der Deutschen waren naturgemäß die früheren preußischen Landesteile (Wojewodschaften Posen und Pommerellen), doch auch Gebiete in Mittelpolen (Wojewodschaften Lodz, Warschau und Lublin) sowie im Osten des Landes (Wojewodschaften Stanislau und Wolhynien).

Etwa 80 % der Deutschen in den Wojewodschaften Posen und Pommerellen, in Mittelpolen – Lodz ausgenommen –, in Galizien und Wolhynien lebten von der Landwirtschaft. In Oberschlesien, in Bielitz und in Lodz hingegen waren die Deutschen in der Industrie tätig. Ein großer Teil des Großgrundbesitzes im ehemaligen preußischen Teilgebiet war in deutscher Hand verblieben. Die deutschen Bauern in Polen gehörten in der Regel zur Gruppe der vermögenden Landwirte.[18] Konfessionell gesehen waren die Deutschen zu mehr als 70 % evangelisch, zu über 25 % römisch-katholisch und zu einem geringen Teil Angehörige von aus der evangelischen Kirche hervorgegangenen Sekten. Die Deutschen verfügten über ein vorzügliches Genossenschaftswesen, über ein entwickeltes Schulwesen und eine Vielzahl von politischen, kulturellen, sozialen und berufsständischen Organisationen.

Die kleine litauische Volksgruppe mit etwa 80000 Angehörigen – wahrscheinlich war auch diese Zahl zu niedrig – wies in den an Litauen angrenzenden Gebieten der Wojewodschaften Białystok und Wilna ein relativ geschlossenes Siedlungsgebiet auf. Sie setzte sich vorwiegend aus Bauern zusammen, die politisch zum litauischen Nationalstaat tendierten.[19] Andere nationale Minderheiten (Tschechen, Russen) waren ohne Bedeutung.

8.2. Die rechtliche Lage der nationalen Minderheiten

Die nationalen Minderheiten Polens genossen einen rechtlichen Schutz, der sich aus von der polnischen Regierung unterzeichneten internationalen Abkommen und aus der innerstaatlichen Gesetzgebung ableitete. Von den internationalen Abkommen kam dem Minderheitenschutzvertrag vom 28. Juni 1919, den Polen gleichzeitig mit der Unterzeichnung des Friedensvertrages von Versailles abzuschließen gezwungen war, die größte

[15] Zu den Schätzungen deutscher und polnischer Autoren vergleiche A. SZEFER: Mniejszość niemiecka w Polsce i w Czechosłowacji w latach 1933–1938 [Die deutsche Minderheit in Polen und in der Tschechoslowakei in den Jahren 1933–1938], Katowice/Kraków 1967, S. 34–35; R. DĄBROWSKI: Mniejszość niemiecka w Polsce i jej działalność społeczno-kulturalna w latach 1918–1939 [Die deutsche Minderheit in Polen und ihre sozialkulturelle Tätigkeit in den Jahren 1918–1939], Szczecin 1982, S. 49ff. Zuletzt diskutierte Otto Heike die Ergebnisse der amtlichen polnischen und der privaten deutschen Zählungen. Vgl. O. HEIKE: Die deutsche Minderheit in Polen bis 1939, Leverkusen 1985, S. 162–165.

[16] Ebd., S. 164.

[17] A. SZEFER: Mniejszość, S. 34.

[18] Zur wirtschaftlichen, sozialen und kirchlichen Gliederung siehe TH. BIERSCHENK: Die deutsche Volksgruppe in Polen 1934–1939, Kitzingen/Main 1954, S. 11–16.

[19] M. M. DROZDOWSKI: Społeczeństwo, S. 79; B. MAKOWSKI: Litwini w Polsce 1920–1939 [Die Litauer in Polen 1920–1939], Warszawa 1986, S. 28.

Bedeutung zu.[20] Bei seiner Abfassung ließen sich die Westmächte von der Absicht leiten, die jüdische und die deutsche Bevölkerung vor allzu starker Assimilierung zu schützen. Er besaß auch für die nichtpolnische Bevölkerung Ostpolens Gültigkeit. Der Minderheitenschutzvertrag, den man außer Polen noch der Tschechoslowakei, Rumänien, Ungarn, Österreich, Bulgarien und anderen Staaten, nicht jedoch dem Deutschen Reich, Frankreich, Italien etc. auferlegte, wurde wegen seines angeblich Polen diskriminierenden und demütigenden Charakters von bedeutenden Teilen der polnischen Öffentlichkeit stark kritisiert und abgelehnt.[21]

Der am 18. März 1921 in Riga zwischen Polen und Sowjetrußland abgeschlossene Friedensvertrag verpflichtete in Artikel VII beide Seiten, die Rechte der jeweiligen nationalen Minderheiten zu achten.[22] Hiernach waren den Angehörigen der russischen, ukrainischen und weißrussischen Nationalität in Polen „nach dem Grundsatz der Gleichberechtigung der Völker alle Rechte, die die freie Entwicklung der Kultur und die Erfüllung der religiösen Bräuche sichern", zu gewähren.

Schließlich muß noch das deutsch-polnische Abkommen über Oberschlesien vom 15. Mai 1922 genannt werden, dessen Abschluß Deutschland und Polen von den alliierten und assoziierten Hauptmächten auferlegt wurde.[23] Sein Zweck war es, für eine 15 Jahre währende Übergangszeit den Fortgang des oberschlesischen Wirtschaftslebens und den Schutz der Minderheiten zu sichern. Da die Bestimmungen dieses Abkommens den Minderheiten in beiden Teilen des früheren Abstimmungsgebietes eine privilegierte Stellung gewährten, befanden sich die Deutschen in Ost-Oberschlesien in einer wesentlich günstigeren Situation als die im übrigen polnischen Staatsgebiet.

Die wichtigsten innerstaatlichen Regelungen der rechtlichen Lage der Minderheiten sind in der Verfassung der Polnischen Republik vom 17. März 1921 enthalten. Sie sicherte den Angehörigen aller Minderheiten völlige Gleichberechtigung, den Gebrauch ihrer Sprache und die Bewahrung ihrer nationalen Identität zu. Dies erfolgte in den Artikeln 95 (Schutz des Lebens, der Freiheit und des Eigentums), 96 (Gleichheit vor dem Gesetz), 107 (Petitionsfreiheit), 108 (Koalitionsfreiheit, Versammlungsfreiheit, Recht auf Vereine und Verbände), 109 (autonome Minderheitenverbände öffentlich-rechtlichen Charakters im Bereich der allgemeinen Selbstverwaltung), 110 (Schulwesen, kulturelle und soziale Einrichtungen) und 111 (Gewissens- und Religionsfreiheit).[24] Der polnische Staat war mit der Verabschiedung der genannten Verfassungsartikel seiner Pflicht nachgekommen, die ihm im Minderheitenschutzvertrag vom 28. Juni 1919 auferlegten Verpflichtungen in das innerstaatliche Recht zu überführen.[25]

---

[20] Traktat między Głównymi Mocarstwami Sprzymierzonymi i Stowarzyszonymi a Polską [Vertrag zwischen den Alliierten und Assoziierten Hauptmächten und Polen], in: Powstanie II Rzeczypospolitej, S. 494–500.

[21] P. KORZEC: Polen und der Minderheitenschutzvertrag (1919–1934), in: JGO N.F. 22 (1974), S. 515–555. In der Historiographie Nachkriegspolens findet sich im Prinzip eine Weiterführung der alten Wertungen, indem man im Minderheitenschutzvertrag eine Diskriminierung Polens durch die Entente-Mächte sieht. Vgl. z.B. A. AJNENKIEL: Od „rządów ludowych", S. 94, und H. ZIELIŃSKI: Pozycja Polski, S. 290.

[22] Dziennik Ustaw Rzeczypospolitej Polskiej [Gesetzblatt der Republik Polen], 1921, Nr. 49, Pos. 300, Art. VII.

[23] W. RECKE: Die historisch-politischen Grundlagen der Genfer Konvention vom 15. Mai 1922, Marburg/L. 1969, S. 116f. Der Text des Abkommens: Reichsgesetzblatt, 1922, Teil II, Nr. 10, S. 238–540.

[24] Konstytucja Rzeczypospolitej Polskiej [Verfassung der Republik Polen], in: Powstanie II Rzeczypospolitej, S. 629–631.

[25] Vgl. hierzu W. SCHÄTZEL: Entstehung und Verfassung der Polnischen Republik, in: Jahrbuch des öffentlichen Rechts der Gegenwart 12 (1923/24), S. 298f.

Um die Billigung des bereits vollzogenen und im Rigaer Vertrag bestätigten Anschlusses von Ostgalizien an Polen durch die Westmächte zu erlangen, verabschiedete der Sejm am 26. September 1922 das „Gesetz über die Grundsätze einer allgemeinen Wojewodschaftsselbstverwaltung, unter besonderer Berücksichtigung der Wojewodschaften Lemberg, Tarnopol und Stanislau".[26] Hierin wurden den ostgalizischen Ukrainern gewisse Selbstverwaltungsrechte zur Einrichtung von Nationalitätenkurien in Wojewodschaftslandtagen zugestanden. Außerdem war die Errichtung einer ukrainischen Universität vorgesehen. Beide Maßnahmen sollten binnen zweier Jahre durchgeführt werden, wurden jedoch niemals realisiert.

8.3. Tendenzen der polnischen Nationalitätenpolitik in den Jahren 1918–1926

Die beiden Grundströmungen in der polnischen Nationalitätenpolitik nach 1918 waren der Unitarismus bzw. Nationalismus und der Föderalismus. Die unitarische bzw. nationalistische Idee wurde von der politisch bedeutenden Nationaldemokratischen Partei unter Führung von Roman Dmowski vertreten. Sie strebte einerseits die Schaffung eines ethnisch weitgehend homogenen Staates, andererseits freilich die Angliederung großer vor 1772 zu Polen gehörender Gebiete im Nordosten, Osten und Südosten an. Diese Gebiete, in denen polnische Einflüsse ökonomischer und kultureller Art stark spürbar waren, sollten durch Polonisierung der weißrussischen, ukrainischen und litauischen Bevölkerung fest in einen polnischen Nationalstaat eingeschmolzen werden. Auf ethnisch rein nichtpolnische Gebiete war man bereit, zugunsten Rußlands zu verzichten.[27]

Im Gegensatz hierzu beinhaltete die föderalistische Konzeption Piłsudskis und der Linksparteien, die in der Romantik der jagiellonischen Traditionen Polens ihre Wurzeln hatte und niemals klar ausformuliert wurde, die Anerkennung der Selbständigkeit Litauens, Weißrußlands und der Ukraine, d.h. jener Gebiete, die vor den Teilungen zum alten Polen gehört hatten. Allerdings sollten sich diese Länder gleichzeitig zu einer Föderation unter der Führung Polens zusammenschließen.[28] Auf diese Weise sollte – dies war der Leitgedanke Piłsudskis – eine dauerhafte Schwächung Rußlands, das als der Hauptgegner eines unabhängigen Polen angesehen wurde, erreicht werden.[29] In territorialer Hinsicht griff die föderalistische Konzeption weiter nach Osten aus als das Einverleibungsprogramm der Nationaldemokraten.

---

[26] Text in: Powstanie II Rzeczypospolitej, S. 689–693. Zur Frage des „Export"-Charakters des Gesetzes s. M. M. Drozdowski: Społeczeństwo, S. 61.

[27] Zum Programm Roman Dmowskis und der nationaldemokratischen Bewegung siehe R. Wapiński: Endecka koncepcja polityki wschodniej w latach II Rzeczypospolitej [Die ostpolitische Konzeption der Endecja in den Jahren der Zweiten Republik], in: Studia z Dziejów ZSRR i Europy środkowej, T. 7 (1969), S. 55–100.

[28] Siehe die grundlegende Arbeit zur Herausbildung der Konzeption des Piłsudski-Lagers in ostpolitischen Fragen von J. Lewandowski: Federalizm. Litwa i Białoruś w polityce obozu belwederskiego (XI 1918–IV 1920) [Föderalismus. Litauen und Weißrußland in der Politik des Belvedere-Lagers (November 1918–April 1920)], Warszawa 1962.

[29] Vgl. E. Charaszkiewicz: Przebudowa wschodu Europy. Materiały do polityki wschodniej Józefa Piłsudskiego w latach 1893–1921 [Der Umbau Osteuropas. Materialien zur Ostpolitik Józef Piłsudskis in den Jahren 1893–1921], in: Niepodległość 5 (1955), S. 125–167.

In der Zeit der parlamentarischen Demokratie, d.h. in den Jahren zwischen 1918 und 1926, hat es keine einheitliche Nationalitätenpolitik der polnischen Regierungen gegeben.[30] Die das Verhältnis zwischen dem polnischen Staat und den nichtpolnischen Nationalitäten betreffenden international und innerstaatlich getroffenen Regelungen gingen prinzipiell von der Vorstellung eines nationalpolnischen Einheitsstaates aus, in dem Minderheiten ein Rechtsschutz zugestanden wurde, ohne daß jedoch der Grundsatz allmählicher Polonisierung klar ausgeschlossen gewesen wäre.

Der Wille, die Rechte der nationalen Minderheiten zu achten, war bei den Regierungen der ersten Jahre nach Erlangung der Unabhängigkeit in gewissem Maße durchaus vorhanden. Es handelte sich dabei um die Regierungen bis Ende 1922 bzw. bis Mai 1923, in denen die Piłsudski nahestehenden Parteien und Personen entweder direkt oder indirekt ihren Einfluß geltend machen konnten. In diesem Zeitraum der noch offenen Grenzen Polens – es standen noch die Entscheidungen hinsichtlich Oberschlesiens, des Wilnagebietes und Ostgaliziens aus – nahmen selbst die Nationaldemokraten bisweilen aus taktischen Gründen den Minderheiten gegenüber eine entgegenkommendere Haltung ein.

Von wesentlicher Bedeutung für die eingeschlagene Minderheitenpolitik war die Unterzeichnung des Rigaer Vertrages im März 1921. Mit ihm war der Kampf zwischen der von Piłsudski favorisierten föderalistischen und der nationaldemokratischen Staatskonzeption zugunsten der letzteren bereits entschieden. Von 1923 an kamen direkt oder indirekt die Tendenzen der nationaldemokratischen Minderheitenpolitik zum Tragen. Vor allem in den östlichen Grenzgebieten begann eine Periode verstärkter Polonisierung. Die dort ansässige ukrainische und weißrussische Bevölkerung wurde durch die Unfähigkeit und den Chauvinismus polnischer Beamter, durch die als Bedrohung empfundene Ansiedlungs-, Schul- und Sprachenpolitik und eine Reihe anderer diskriminierender Maßnahmen in entschiedene Opposition zum polnischen Staat getrieben. Obwohl zunächst keines der beiden großen politischen Lager sein Programm hatte durchsetzen können, gelang es der Nationaldemokratie, im Hinblick auf die Minderheiten die Haltung des größeren Teils der politisch aktiven und interessierten polnischen Gesellschaft zu formen.[31]

Während des gesamten Zeitraums zwischen 1918 und 1926 und weit darüber hinaus dauerte der Streit zwischen den polnischen Parteien über die Methoden zur Lösung des Minderheitenproblems an. Das Verhältnis der Parteien zu den Minderheiten war dabei ganz entscheidend durch ihre Unabhängigkeitskonzeption, der sie vor dem Jahr 1918 angehangen hatten, vorgeprägt.

8.4. Die minderheitenpolitische Konzeption der „Wyzwolenie"

Im folgenden soll untersucht werden, welche Aussagen die „Wyzwolenie" zur Minderheitenproblematik machte und wie sich diese entwickelten. In ihrem ersten Programm, das die junge Partei im Juni 1916 verabschiedet hatte, wurde auf Schwierigkeiten oder Aufgaben, die sich aus einem eventuellen Zusammenleben mit anderen Nationalitäten in einem künftigen polnischen Staat ergeben könnten, noch mit keinem Wort eingegan-

---

[30] Vgl. A. Chojnowski: Koncepcje polityki narodowościowej rządów polskich w latach 1921–1939 [Die nationalitätenpolitischen Konzeptionen der polnischen Regierungen in den Jahren 1921–1939], Wrocław etc. 1979, S. 252.

[31] Ebd., S. 68.

gen.[32] Dies kann aber wohl nicht bedeutet haben, daß man sich derartiger Probleme überhaupt nicht bewußt war. Die verwickelten Nationalitätenverhältnisse in Kongreßpolen und Galizien waren auch vor dem Ersten Weltkrieg offenkundig genug. Es bleibt vielmehr zu vermuten, daß man im Sommer 1916 meinte, angesichts noch nicht festgelegter Grenzen des zukünftigen polnischen Staates diesem Thema keine aktuelle Bedeutung beimessen zu müssen. Als weitaus dringlicher wurde damals die Aufgabe angesehen, die bestehenden Ansätze zu einer polnischen Unabhängigkeit auszubauen.

Ausgelöst durch die russische Februarrevolution und ein Anwachsen der Unabhängigkeitsbestrebungen unter den Litauern und Weißrussen kam es im Frühjahr 1917 zu einer relativ plötzlichen Reaktivierung von Föderationskonzeptionen in der PPS. Sie hatten bereits in den späten achtziger und neunziger Jahren des 19. Jahrhunderts in der Partei eine große Rolle gespielt.[33] Diese Entwicklung wirkte außerordentlich rasch auf die Diskussion in der Bauernpartei ein, denn bereits am 22. April 1917 hieß es in einer Resolution anläßlich einer ihrer Kundgebungen in Lublin, daß die polnischen Bauern eingedenk der früheren Union mit den „Brudervölkern Litauens und Weißrußlands" deren Erneuerung wünschten.[34]

Einen Monat später nahm auch die Partei als Ganzes diese Position ein. Gemeinsam mit der PPS und anderen Unabhängigkeitsparteien und -organisationen unterzeichnete ihre Führung im Mai 1917 die „Deklaracja polska w sprawie Litwy" (Polnische Deklaration in der litauischen Frage), in der zwar eine unabhängige staatliche Existenz für das von Polen, Litauern und Weißrussen bewohnte Gebiet des früheren Großfürstentums Litauen gefordert, die Verbindung dieses Staates mit Polen jedoch als Ziel bezeichnet wurde:

> „Polen wird unbeugsam nach einer Erneuerung des Bundes mit einem unabhängigen Litauen streben, in der festen Überzeugung, daß die in Litauen lebenden Völker – Litauer, Polen und Weißrussen – in einer freiwilligen und einmütigen Verbindung beider Staaten die Sicherung der nationalen, kulturellen und wirtschaftlichen Entwicklung aller sozialen Schichten finden werden."[35]

Ausführlicher und konkreter ging die Partei auf Fragen, die das künftige Zusammenleben der Polen mit anderen Nationalitäten berührten, zum ersten Mal in den Parteitagsbeschlüssen vom 28. Januar 1918 ein. In ihnen hieß es, nachdem zunächst die Zugehörigkeit aller von Polen bewohnten Gebiete zum polnischen Staat postuliert wurde, daß „dort jedoch, wo die polnische Bevölkerung mit anderen Nationalitäten vermischt ist, die Abgrenzung der strittigen Gebiete und ihr Anschluß an den polnischen Staat aufgrund des frei zum Ausdruck gebrachten Willens der Bevölkerung und des brüderlichen Einvernehmens einander benachbarter Völker stattfinden muß".[36] Die Gültigkeit des Selbstbestimmungsrechts wurde also auch den Nachbarvölkern zugebilligt.

Hinsichtlich Litauens bestätigte der Parteitag vom Januar 1918 die seit Monaten von der Bauernpartei eingenommene Haltung: Ein unabhängiger, mit Polen freiwillig verbundener Staat sollte das friedliche Zusammenleben aller Völker Litauens gewährleisten.[37] Diese Konzeption einer föderativen Lösung der Nationalitätenfragen im Nord-

---

[32] Program Polskiego Stronnictwa Ludowego w Królestwie Polskim [Programm der Polnischen Bauernpartei im Königreich Polen], in: Materiały źródłowe, T. I, S. 422–426.

[33] Die Rückkehr des Piłsudski-Lagers zur Föderalismuskonzeption erörtert J. Lewandowski: Federalizm, S. 63f.

[34] Ebd.

[35] Powstanie II Rzeczypospolitej, S. 338f.

[36] Materiały źródłowe, T. I, S. 452.

[37] Ebd., S. 453.

osten und Osten des untergegangenen polnisch-litauischen Staates bzw. der Frage der staatlichen Zugehörigkeit Litauens und eines Teiles von Weißrußland – unter dem Einfluß äußerer und innerer Ereignisse in der Folgezeit verschiedentlich korrigiert – wurde im Prinzip fortan verbindlich für die zum Piłsudski-Lager gehörende Bauernpartei „Wyzwolenie".

Auf dem am 1. und 2. November 1918 in Warschau stattfindenden Parteitag wurde das aus dem Jahre 1916 stammende Programm der Partei überarbeitet bzw. ergänzt (s. Seite 70ff.). Erst jetzt gelangten die in den vergangenen anderthalb Jahren getroffenen Aussagen zu Grenz- und Nationalitätenfragen (Unabhängigkeit eines multinationalen litauischen Staates, Grenzziehung nach ethnischen Kriterien, Föderation Polens und Litauens) in das grundlegende Parteidokument. Zu der von Polen dem litauischen Staat gegenüber einzuschlagenden Politik wurde ausgeführt, daß dem arbeitenden Volk Polens eine besondere Rolle bei der Annäherung zukomme und die künftigen Volksvertretungen Polens und Litauens die Aufgabe hätten, die Union zu vollenden.[38]

Erstmals fand, allerdings präzisiert, auch die Forderung des Parteitages vom 28. Januar 1918, wonach der polnische Staat alle von Polen bewohnten Gebiete umfassen müsse, Eingang ins Programm der Partei. So sollten dem polnischen Staat alle Gebiete angehören, „die größtenteils von Polen bewohnt sind, folglich nicht nur das frühere Königreich Polen, sondern die gesamten beiden anderen Teilgebiete, nämlich das österreichische und das preußische (mit Schlesien)".[39]

Mit dieser Formulierung des polnischen Anspruchs verzichtete die Partei unter den veränderten Bedingungen der ersten Novembertage des Jahres 1918 nicht nur auf ihre bisherige Zurückhaltung hinsichtlich der beiden anderen Teilgebiete, sondern nahm auch die Gefahr einer Konfrontation Polens mit anderen Nationalitäten in Kauf. Dennoch erwartete man, die schwierige polnisch-ukrainische Frage in Ostgalizien „nach den Grundsätzen absoluter Gerechtigkeit und brüderlichen Einvernehmens mit dem verwandten ruthenischen[40] Volk" lösen zu können.[41]

Angesichts der Zuspitzung des polnisch-ukrainischen Konflikts in Ostgalizien in jenen Tagen – ein blutiger Zusammenstoß stand unmittelbar bevor –[42], verriet die Aussage der Partei eher eine gewisse Ratlosigkeit, als daß sie Hinweise für eine Lösung des ukrainischen Problems für den Fall der geforderten Angliederung ganz Galiziens an Polen gegeben hätte. Über die anderen Minderheiten sagte das Programm nichts, obwohl zahlreiche Juden und auch Deutsche im polnischen Staat, wie auch immer seine endgültige territoriale Gestalt aussehen würde, beheimatet waren und auch künftig sein würden.

Die minderheitenpolitischen Vorstellungen der „Wyzwolenie" in den Jahren 1917 und 1918 wurden in hohem Maße durch das von Piłsudski propagierte Föderationspro-

[38] Materiały źródłowe, T. I, S. 487.

[39] Ebd.

[40] Im polnischen Originaltext: 'ruski'.

[41] Materiały źródłowe, T. I, S. 487.

[42] In den Gebieten östlich des San, vorwiegend von Ukrainern bewohnt, begannen sich die polnischen Bestrebungen mit den ukrainischen zu kreuzen. Hier verkündete die am 19. 10. 1918 entstandene Ukrainische Nationalversammlung die Schaffung der Westukrainischen Volksrepublik mit Lemberg als Hauptstadt. Mit der Besetzung Lembergs in der Nacht vom 31. 10. zum 1. 11. 1918 durch Truppen des Ukrainischen Nationalrates setzte die Zeit erbitterter militärischer Kämpfe um den Besitz der Stadt und Ostgaliziens ein. Vgl. SCHULTHESS, Europäischer Geschichtskalender 59 (1918), 2. Teil, S. 98f.

gramm und die von ihm vertretene ostpolitische Linie bestimmt. Daß dies auch in den Jahren von 1919 bis 1921 der Fall war, verdeutlichen die vorliegenden Stellungnahmen der Parteiführungsgremien.

So äußerte der Parteirat in seiner Sitzung am 1. Mai 1919 seine höchste Anerkennung für die Proklamation Piłsudskis, die dieser am 22. April 1919, drei Tage nach dem Einmarsch polnischer Truppen in Wilna, an die Bevölkerung des ehemaligen Großfürstentums Litauen gerichtet hatte.[43] Piłsudski hatte darin die litauisch-weißrussischen Gebiete für befreit erklärt und den Einwohnern die Ausübung des Selbstbestimmungsrechts unter dem Schutz einer polnischen Zivilverwaltung zugesichert.[44] Auch in ihrer Erklärung „Die Stimme des polnischen Landvolkes an die brüderlichen Völker Litauens und Weißrußlands" vom 3. Juni 1919 brachte die Partei deutlich ihre Unterstützung für Piłsudskis Vorgehen zum Ausdruck.[45] Interessanterweise wurde in diesem Appell an die Nachbarvölker auf die im Sejm bereits begonnenen Arbeiten am Projekt einer Agrarreform hingewiesen. Die Bedeutung der polnischen Agrarreformbestrebungen für die Förderung der Bereitschaft der litauischen und weißrussischen Bevölkerung, sich für die Union ihrer Länder mit dem polnischen Staat einzusetzen, wurde von der Parteiführung ganz offensichtlich hoch veranschlagt.

Eine radikale und zugunsten der Bauern großzügige Bodenreform in Polen sollte die bäuerlichen Bevölkerungen der litauisch-weißrussischen Gebiete für Polen positiv einnehmen und ihnen die Überzeugung vermitteln, daß eine Verbindung mit Polen ihnen ebenfalls großen Nutzen bringen würde. Dieses Argument gewann noch an Gewicht, nachdem der Sejm am 10. Juli 1919 erste Grundsätze für eine Agrarreform beschlossen hatte. In einer Schrift, die zur Verbreitung in den Ostgebieten gedacht gewesen sein dürfte, stellte das damalige Mitglied des Parteivorstandes der „Wyzwolenie" Aleksander Bogusławski nicht nur den demokratischen Aufbau des neuen Polen gebührend heraus, sondern erörterte auch eingehend die vom Sejm beschlossenen Leitlinien für die bevorstehende Agrarreform. Auf die rhetorisch gestellte Frage, worin der Gewinn für ein anderes Volk in der Verbindung mit Polen liege, führte Bogusławski aus:

> „Es wird den Segen der Agrarreform in Anspruch nehmen. Es wird von der tatsächlichen Freiheit Gebrauch machen und sein Land regieren, denn es wird umfassende Rechte in der Gemeinde, im Kreis und im Sejm – wie in Polen – erhalten."[46]

Die Bevölkerung müsse sich jedoch, falls sie von der Wohltat der im Sejm beschlossenen Agrarreform zu profitieren wünsche, darum bemühen: „Sie muß sagen, daß sie ihr Land in einer Verbindung mit Polen zu sehen wünscht."

In ihren Verlautbarungen blieb die Partei in den folgenden Monaten weiterhin bei der von ihr bisher eingenommenen Haltung, d.h. sie befürwortete und begrüßte die

---

[43] Uchwały Rady Naczelnej PSL [Beschlüsse des Obersten Rates der PSL], in: Wyzwolenie Nr. 20 vom 18. 5. 1919, S. 261.

[44] Die Frage, ob dieses Angebot Piłsudskis tatsächlich ernsthaft gemeint oder ob es nicht vielmehr eine provisorische Lösung war, die im damaligen Augenblick keiner denkbaren Lösung den Weg verbauen sollte, d.h. auch letztlich eine Inkorporation des Wilnagebietes nicht ausschloß, soll hier nicht erörtert werden. Zur Diskussion dieser Frage s. J. Lewandowski: Federalizm, S. 126–129.

[45] Głos ludu polskiego do bratnich narodów Litwy i Białejrusi [Die Stimme des polnischen Landvolkes an die Brudervölker Litauens und Weißrußlands], in: Wyzwolenie Nr. 24 vom 15. 6. 1919, S. 297f.

[46] A. Bogusławski: Jaką reformę rolną uchwalił Sejm Ustawodawczy w Warszawie? [Was für eine Bodenreform hat der Verfassunggebende Sejm in Warschau beschlossen?], (Wydawnictwo Straży Kresowej) [(Verlag der Grenzwacht)], Warszawa 1919, S. 23.

Entstehung unabhängiger, mit Polen eng verbundener Staaten im Osten. Dies kam in den Beschlüssen des Parteirates vom 31. August 1919[47], des Parteitages vom 22./23. Februar 1920[48] und des Parteirates vom 1./2. August 1920[49] deutlich zum Ausdruck. Während des Parteitages im Februar 1920 wurde zum ersten Mal Kritik am Vorgehen der polnischen Behörden in den Nordost- und Ostgebieten laut. Sie kam von bei den Parteitagsberatungen anwesenden Delegierten der „Odrodzenie", der mit der „Wyzwolenie" befreundeten Bauernpartei der weißrussisch-litauischen Gebiete.[50] So beklagte der Weißrusse Kościuk, der sich seiner Muttersprache bediente, daß die polnischen Beamten der Verwaltung der Ostgebiete (Zarząd Ziem Wschodnich) die einheimische Bevölkerung durch ihr Benehmen gegen Polen aufbrächten. Verurteilt wurde insbesondere die Betrauung polnischer Großgrundbesitzer mit wichtigen Ämtern.

Nachdem mit der Unterzeichnung des Vorfriedensvertrages von Riga am 12. Oktober 1920 der polnisch-sowjetrussische Krieg sein Ende gefunden hatte, wurden die Aussichten Piłsudskis und der Föderalisten, ihre Konzeption doch noch – wenn auch nur teilweise – durchzusetzen, immer geringer. Während der Friedensverhandlungen in Riga war es innerhalb der polnischen Delegation zu Spannungen und Auseinandersetzungen über die Grenzziehung zwischen den Anhängern Staatschef Piłsudskis um den Föderationspolitiker Leon Wasilewski (PPS) und einer Gruppe um den nationaldemokratischen Politiker Stanisław Grabski gekommen.[51] Die Kontroverse zwischen beiden Gruppen betraf insbesondere die Frage, ob man die Stadt Minsk für Polen beanspruchen sollte. Während Wasilewski Minsk als ein Symbol für den weißrussischen Nationalismus betrachtete, dessen Zugehörigkeit zu einem mit Polen verbundenen Weißrußland wünschenswert und wohl auch durchsetzbar gewesen wäre, vertrat Grabski die Auffassung, daß die Stadt für Polen nur ein Zentrum künftiger Unruhe sein würde und setzte innerhalb der polnischen Delegation den Verzicht auf sie durch. Ebenfalls wurde beschlossen, keine über Ostgalizien hinausgehenden Ansprüche auf ukrainische Gebiete zu erheben.[52]

Mit der Abstimmungsniederlage in diesen Fragen hatten die Föderalisten endgültig die Basis für eine Verwirklichung ihrer Pläne verloren. Daran konnten auch Bemühungen Piłsudskis, eine Weiterführung des Krieges durchzusetzen bzw. stärkeren Einfluß auf die Rigaer Verhandlungen zu nehmen, nichts mehr ändern. Das durch den Friedensvertrag von Riga zu Polen gekommene weißrussische und ukrainische Siedlungsgebiet war einerseits zu klein, um eine wirkliche Föderation Polens mit diesen Gebieten noch zu ermöglichen; es war andererseits zu groß, um von Polen gemäß der nationaldemokratischen Doktrin noch polonisiert werden zu können.

Das neue Parteiprogramm der „Wyzwolenie" vom 6. März 1921 trug dann in erheblichem Maße der veränderten Situation nach Beendigung des polnisch-sowjetrussischen Krieges Rechnung. Wenn auch der Friedensvertrag zwischen Polen und Sowjetrußland

---

[47] Zjazd Rady Naczelnej PSL [Sitzung des Obersten Rates der PSL], in: Wyzwolenie Nr. 36 vom 7. 9. 1919, S. 451f.

[48] Uchwały Zjazdu Walnego [Beschlüsse des Parteitages], in: Wyzwolenie Nr. 9 vom 29. 2. 1920, S. 103.

[49] Uchwały Rady Naczelnej [Beschlüsse des Obersten Rates], in: Wyzwolenie Nr. 32 vom 8. 8. 1920, S. 354.

[50] Zjazd Walny PSL „Wyzwolenie" [Der Parteitag der PSL „Wyzwolenie"], in: Wyzwolenie Nr. 9 vom 29. 2. 1920, S. 102.

[51] M. Pruszyński: Jak straciliśmy Mińsk i federację z Białą Rusią [Wie wir Minsk und die Föderation mit Weißrußland verloren haben], in: ZH 36 (1976), S. 53.

[52] K. von Jena: Polnische Ostpolitik nach dem Ersten Weltkrieg, Stuttgart 1980, S. 33.

noch nicht unterzeichnet war – dies geschah erst am 18. März 1921 in Riga –, so stand doch zum Zeitpunkt der Abfassung des Programms bereits fest, daß Millionen von anderssprachigen Bürgern zur Republik Polen kommen würden. Für diese nichtpolnische Bevölkerung innerhalb der Grenzen des polnischen Staates forderte die „Wyzwolenie“ in ihrem neuen Programm die Gewährung aller Freiheiten zur Entwicklung ihrer Nationalkultur, einschließlich des Gebrauchs der Muttersprache im Schulwesen, in der Verwaltung und vor Gericht.[53] Weiter hieß es, daß den Minderheiten in den von ihnen geschlossen besiedelten Gebieten Autonomie zu gewähren sei.

Der föderalistische Gedanke, der seine Bedeutung für die Praxis verloren hatte, rückte nunmehr deutlich in den Hintergrund. Zwar forderte man noch, daß Polen mit den auf dem Gebiet des früheren Großfürstentums Litauen gelegenen Staaten in engem Bündnis leben müsse, doch folgte bezeichnenderweise der Zusatz, Polen dürfe keinem dieser Staaten seine Freundschaft oder ein Bündnis aufdrängen.[54] Dieser Einschränkung lag die schmerzliche Erkenntnis zugrunde, daß die Weißrussen, Ukrainer und Litauer einer Union mit Polen keineswegs geneigt waren, sondern im Gegenteil jeden polnischen Schritt in diese Richtung aufgrund ihrer historischen Erfahrungen als polnischen Imperialismus deuteten und entschieden ablehnten. Die maßgebenden Kreise dieser Völker hingen dem Konzept eines eigenen Nationalstaates an.

Das einzige Terrain, auf dem nach dem Friedensschluß von Riga noch eine Föderation möglich erschien, war das Wilnagebiet. Die von Piłsudski mit der Besetzung Wilnas durch General Żeligowski im Oktober 1920 eingeleitete Wilna- bzw. „Mittellitauen“-Politik wurde von der „Wyzwolenie“ in allen ihren Phasen lebhaft unterstützt. Die Kräfte der Föderalisten reichten allerdings nicht aus, im Winter und Frühjahr 1922 die am nationaldemokratischen Konzept orientierte faktische Einverleibung des Wilnalandes zu verhindern. Auch an diesem letzten zu klärenden Grenzabschnitt erlitt die Föderationsidee somit eine Niederlage. Die Ostgrenzen Polens standen damit fest. Offen blieb allein noch die endgültige Bestätigung der Zugehörigkeit Ostgaliziens zu Polen durch die Alliierten, die schließlich am 15. März 1923 erfolgte.

Die „Wyzwolenie“ ging fortan, wie bereits im Programm von 1921 vorgezeichnet, von der Existenz zahlenmäßig starker nationaler Minderheiten aus und betrachtete deren Wohlergehen als eines der grundlegenden Ziele ihrer eigenen Politik. Das Interesse der Partei galt vor allem der Bevölkerung Ostpolens. In der Masse der weißrussischen und ukrainischen Bauern sah man nahe Verbündete im Kampf um die Durchsetzung der eigenen Belange.

In einem die Minderheiten betreffenden Grundsatzartikel „Jakiemi drogami“ (Auf welchen Wegen) erläuterte der in Minderheitenfragen sehr engagierte Abgeordnete Antoni Kordowski am 29. April 1923 im Zentralorgan der Partei, die „Wyzwolenie“ versuche durch ihr Eingehen auf die gerechten Forderungen der weißrussischen und ukrainischen Bevölkerung das Schicksal der gesamten Landbevölkerung Polens zu verbessern.[55] Ein breites bäuerliches Bündnis auf der Grundlage der Brüderlichkeit der „wiedergeborenen Völker“ – Polen, Ukrainer, Weißrussen und Litauer – werde zu einer Stärkung der Linken im Parlament führen. Es gelte daher, den Minderheiten die Fruchtlosigkeit der Politik des Minderheitenblocks, der jüdische und deutsche Kapita-

---

[53] Program PSL Wyzwolenie uzupełniony na Walnym Zjeździe Stronnictwa w dniach 4, 5 i 6 marca 1921 r. [Programm der PSL Wyzwolenie, ergänzt auf dem Parteitag vom 4., 5. und 6. März 1921], in: Materiały źródłowe, T. II, S. 49, Punkt 3.

[54] Ebd., Punkt 4.

[55] Jakiemi drogami [Auf welchen Wegen], in: Wyzwolenie Nr. 18 vom 29. 4. 1923, S. 3f.

listen in den Sejm gebracht habe, vor Augen zu führen und sie auf eine Perspektive der Zusammenarbeit mit der „Wyzwolenie“, wie sie sich bereits seit deren großem Wahlerfolg in den Nordostgebieten – die Partei erhielt dort ein Viertel ihrer Mandate – abzeichne, hinzuweisen. In gleichem Sinne äußerte sich auch der Abgeordnete Karol Polakiewicz am 25. Mai 1924 in seinem Leitartikel „Stosunek nasz do tzw. mniejszości narodowościowych“ (Unser Verhältnis zu den sogenannten nationalen Minderheiten).[56]

Der Forderung der „Wyzwolenie“ nach Autonomie für die slawischen Minderheiten lagen nicht nur Großherzigkeit und Toleranz zugrunde, sondern der Wunsch, diese Minderheiten für den polnischen Staat zu gewinnen. Das Autonomieprogramm entsprang zweifellos der föderalistischen Konzeption, der Idee eines jagiellonischen Polen; es stellte gewissermaßen den Versuch dar, den Besitz der mit dem Rigaer Vertrag erlangten Ostgebiete für Polen dauerhaft zu sichern. Die Vorstellungen der „Wyzwolenie“ zur Lösung des Minderheitenproblems ähnelten denen der PPS. Letztere legte in den Jahren 1922 bis 1924 konkrete Autonomieentwürfe vor, in denen präzise die Form der Autonomie, die Organisation und die Kompetenzen der Behörden der autonomen Provinzen bezeichnet waren.[57] Vorgesehen waren darin autonome Organe der Gesetzgebung (Landessejm), der Exekutive (Landesministerien) und der Rechtsprechung (Landesgerichtswesen).

Ein derart ausformuliertes Konzept zur Lösung der Minderheitenprobleme bzw. für den Aufbau eines lebensfähigen Vielvölkerstaates Polen konnte von der „Wyzwolenie“ aus verschiedenen Gründen nicht selbständig erarbeitet werden. Die Arbeiterbewegung hatte auf diesem Gebiet der Bauernbewegung vieles voraus: internationalistische Traditionen und Erfahrungen, Auseinandersetzungen und Diskussionen über die nationale Frage in SDKPiL und österreichischer Sozialdemokratie, Beiträge brillianter Theoretiker. Die Anlehnung der radikaldemokratischen „Wyzwolenie“ an die Sozialisten wird somit verständlich.

Im Programm vom 16. März 1925 wurde dem Problem der nationalen Minderheiten und den Zielen der Partei in dieser Frage ein spezielles, aus sieben Punkten bestehendes Kapitel und damit wesentlich mehr Raum gewidmet als bisher.[58] Diese Ausführlichkeit hatte vor allem zwei Gründe: Erstens hatte sich der Konflikt mit den Nationalitäten in den Ostgebieten in den vorausgegangenen Jahren gefährlich zugespitzt und zweitens hatte die Partei ihre Tätigkeit seit dem Jahre 1922 auf das Wilnagebiet ausgedehnt, wo sie nicht nur unter den dort ansässigen Polen, sondern ebenso unter den weißrussischen Bauern Anhänger gewonnen hatte. Das Hinzukommen des weißrussischen Elements hatte in der Folgezeit – wie oben bereits angesprochen – Einfluß auf die Radikalisierung der Partei in der Agrarreformfrage und erhöhte ihre Sensibilität für Angelegenheiten und Forderungen der nationalen Minderheiten.

Im Programm wurde zunächst festgestellt, daß die Bauernbewegung seit jeher für die politische Gleichberechtigung der Angehörigen aller Völker eingetreten sei und daß sie über die Einhaltung und Verwirklichung der Verfassungsbestimmungen mit Bezug

---

[56] Stosunek nasz do tzw. mniejszości narodowościowych [Unser Verhältnis zu den sogenannten nationalen Minderheiten], in: Wyzwolenie Nr. 21 vom 25. 5. 1924, S. 1f.

[57] Vgl. M. Śliwa: Federalizm i autonomia narodowościowa w myśli Mieczysława Niedziałkowskiego [Föderalismus und Nationalitätenautonomie im Denken Mieczysław Niedziałkowskis], in: Czasopismo Prawno-Historyczne, 30 (1978), Nr. 2, S. 139–153.

[58] Stosunek do ziem wschodnich i do mniejszości narodowych [Die Haltung zu den Ostgebieten und zu den nationalen Minderheiten] (Punkte 22–28), Program Polskiego Stronnictwa Ludowego Wyzwolenie i Jedność Ludowa, in: Materiały źródłowe, T. II, S. 119–120.

auf die nationalen Minderheiten wachen werde. Das gleiche Schicksal in der Vergangenheit, historische und gegenwärtige Gemeinsamkeiten, Bindungen und Interessen sowie eine gleiche geopolitische Lage würden in der Zukunft zu einer freiwilligen Föderation bzw. zu einem Staatenbund Polens mit Weißrußland, der Ukraine und Litauen führen.

Unter den näherliegenden und konkreten Forderungen wurde an erster Stelle die Einführung einer Autonomie für die Ostgebiete genannt. Diese Forderung war verbunden mit der Feststellung, daß „sich solch große und überdies von den Eroberern vernachlässigte Länder wie die Ostgebiete der Republik nicht ohne die aktive Teilnahme der einheimischen Bevölkerung regieren lassen“[59]. Als konkrete Schritte auf diesem Wege wurden der Aufbau einer lokalen Selbstverwaltung, die Beteiligung der Bevölkerung an der Administration und deren Kontrolle, an der lokalen Gesetzgebung und an Entscheidungen über die Erhebung und Verwendung von Steuern für örtliche Zwecke genannt.

Sichergestellt wissen wollte man ferner „im Rahmen der Verfassung und ohne Schaden für die Integrität und Souveränität der Polnischen Republik“ die nationale, kulturelle und wirtschaftliche Entwicklung der Bevölkerung; Angehörige der Minderheiten sollten endlich bei der Besetzung von Positionen in der staatlichen Verwaltung berücksichtigt werden. Bisher hatten die programmatischen Aussagen der Partei über die nationalen Minderheiten ausschließlich den slawischen Minderheiten, allenfalls noch den Litauern gegolten. In diesem Programm nun erwähnte die „Wyzwolenie“ auch die beiden anderen Minderheiten, Juden und Deutsche, namentlich. Dazu hieß es:

> „Außer einer weißrussischen, ukrainischen und litauischen Volksgruppe, die gemischte Territorien der Polnischen Republik dicht besiedeln, haben wir eine deutsche und eine jüdische Volksgruppe, die verstreut leben und auch den Charakter nationaler Minderheiten haben.“[60]

Es wurde schließlich die Einrichtung eines Amtes für Minderheitenfragen verlangt und unterstrichen, daß es der „Wyzwolenie“ mit der Sorge um die Lage der nationalen Minderheiten nicht nur um die Verwirklichung ihrer eigenen liberalen Ideen gehe, sondern sie eine schöpferische Politik aus Staatsräson im Auge habe.

Die Ausführungen zur Autonomieforderung blieben insgesamt gesehen im Programm vom 16. März 1925 sicherlich bruchstückhaft und unscharf. Deren Konkretisierung muß im Vergleich zu der knappen Formulierung des Programms von 1921 jedoch als eine erhebliche Weiterentwicklung angesehen werden. Ein Blick in die Programme der anderen polnischen Bauernparteien zeigt, daß die „Wyzwolenie“ zu jenem Zeitpunkt die einzige war, die einen derart weitgehenden, den Minderheiten entgegenkommenden Ansatz für eine konstruktive Lösung der Minderheitenfrage in ihrem Programm bot. Auch klammerte die Partei seit Mitte der zwanziger Jahre nicht mehr von vornherein die jüdische und die deutsche Minderheit aus, wie dies in den Programmen der übrigen Parteien des bäuerlichen Lagers üblich war, sondern erkannte deren Belangen ebenfalls eine Berechtigung zu.

---

[59] Ebd., S. 119.
[60] Ebd., S. 120.

8.5. Das Verhältnis der Partei zur ukrainischen und weißrussischen Bevölkerung in den Ostgebieten

Nach der Erörterung der Programmatik der Partei in der Minderheitenfrage soll nun eine Betrachtung der entsprechenden praktischen Tätigkeit und des taktischen Vorgehens angeschlossen werden, die es ermöglicht, die Position der „Wyzwolenie" in dieser für die Existenz der Zweiten Polnischen Republik so wichtigen Frage angemessen zu bewerten. Untersucht werden sollen ihre Aktivitäten und Äußerungen innerhalb und außerhalb des Sejm in bezug auf die einzelnen Minderheiten und deren Probleme. Da sich die „Wyzwolenie" unterschiedlich zu den nationalen Minderheiten in den östlichen „kresy" (wörtlich: Grenzland, Mark) einerseits und den Minderheiten im übrigen Staatsgebiet andererseits verhielt, ist es geboten, diese Zusammenhänge hier sichtbar zu machen. Es wird daher zunächst das Eingehen der Partei auf die Ukrainer und Weißrussen der Ostgebiete behandelt, in den folgenden Abschnitten dann ihr Verhältnis zu Juden und Deutschen.

Die Weißrussen und Litauer im Osten und Nordosten Polens nahmen einen zentralen Platz in den Föderationsplänen ein, die in den Anfangsjahren des wiederentstandenen Staates auch in der „Wyzwolenie" großen Widerhall fanden. Piłsudskis Wilnaer Aufruf vom 22. April 1919, in dem er der gesamten „Bevölkerung des ehemaligen Großfürstentums Litauen" die Ausübung des Selbstbestimmungsrechts zusicherte, wurde von der „Wyzwolenie" positiv aufgenommen. Dies zeigten nicht nur ein Beschluß des Parteirates[61], sondern auch eine Stellungnahme im Sejm[62] und zahlreiche Resolutionen von Bezirks-, Kreis- und Ortsorganisationen.[63]

Die „Wyzwolenie" beteiligte sich im Laufe des Jahres 1919 auch an den – allerdings erfolglos bleibenden – Bemühungen der föderalistisch eingestellten Parteien, weißrussische politische Kreise im Gebiet von Wilna und Grodno zu propolnischen Festlegungen im Hinblick auf das künftige Verhältnis zu Polen zu bewegen.[64] Zu dauerhafteren und erfolgreicheren Beziehungen der Partei zu Teilen der weißrussischen Bevölkerung sollte hingegen ein anderer Weg führen. In Wilna erschien seit Dezember 1918 die Wochenzeitung „Gazeta Ludowa" (Volks- bzw. Bauernzeitung) für die polnische Landbevölkerung. Um die Initiatoren und Redakteure dieser Zeitung, Tadeusz Niedzielski und Ludwik Chomiński, entstand im Jahre 1919 die Organisation „Polski Związek Ludowy" (PZL, Polnischer Bauernverband), die erste polnische Bauernpartei in diesem Gebiet, die enge Kontakte zur „Wyzwolenie" unterhielt.[65]

Beide Parteien stimmten in ihren gesellschaftspolitischen Zielen und ihrer Haltung zu aktuellen politischen Fragen weitgehend überein.[66] Auch sprach sich die Bauernpar-

---

[61] Uchwały Rady Naczelnej [Beschlüsse des Obersten Rates], in: Wyzwolenie Nr. 20 vom 18. 5. 1919, S. 261.

[62] Sejm Ustawodawczy, 31. Sitzung am 29. 4. 1919, Sp. 2–4.

[63] Vgl. die Berichte in: Wyzwolenie Nr. 20 vom 18. 5. 1919, Nr. 23 vom 8. 6. 1919, Nr. 26 vom 29. 6. 1919.

[64] So nahmen an dem Weißrussischen Kongreß in Wilna am 9. und 10. Juni 1919 seitens der Wyzwolenie T. Nocznicki, J. Smoła und A. Waleron teil. Vgl. Polska a Białoruś [Polen und Weißrußland], in: Wyzwolenie Nr. 26 vom 29. 6. 1919, S. 326.

[65] Vgl. die Berichte über die Gespräche von T. Nocznicki und A. Waleron in der Redaktion am 7. 6. 1919, Gazeta Ludowa Nr. 7 vom 19. 6. 1919, sowie über den Besuch von B. Stolarski Ende Juni 1919, Gazeta Ludowa Nr. 8 vom 4. 7. 1919.

[66] Vgl. Program Polskiego Związku Ludowego na Litwie [Programm des Polnischen Bauernverbandes in Litauen], in: Gazeta Ludowa Nr. 3 vom 3. 5. 1919, S. 6–8.

tei PZL „Odrodzenie“ (Wiedergeburt), wie sie sich seit ihrem Kongreß am 14./15. Februar 1920 nannte, für das Föderationsprogramm Piłsudskis aus. Ihr radikales Programm in der Agrarfrage gewann ihr nicht nur Sympathisanten und Mitglieder unter den polnischen Bauern des Wilnagebietes, für die sie ursprünglich gegründet worden war, sondern auch unter der weißrussischen Landbevölkerung.

In den nordöstlichen Wojewodschaften, in denen der private Großgrundbesitz eine sehr starke Position innehatte, spielte in die Agrarfrage auch die nationale Frage hinein, da hier 75 % der großen Ländereien in polnischer Hand waren.[67] Unmut löste hier neben der Vernachlässigung des weißrussischen und litauischen Schulwesens die behördlich betriebene Rückgabe von Land an zurückkehrende Großgrundbesitzer aus. Dieses von ihnen während des Krieges freiwillig oder unfreiwillig verlassene Land war in der Zwischenzeit von bäuerlichen Pächtern bearbeitet worden. Die Eigentümer waren in der Regel polnischer, die Pächter nichtpolnischer Nationalität.[68]

Besondere Erbitterung mußte unter den weißrussischen Bauern die Tendenz der polnischen Behörden hervorrufen, sie, als die Parzellierung von Boden zögernd in Gang kam, bei der Zuteilung zu benachteiligen. Die „Odrodzenie“ griff die Proteste der Weißrussen gegen die Behörden der Zivilverwaltung der Ostgebiete auf und gewann so bis zum Jahre 1922 einen beträchtlichen Einfluß unter der nichtpolnischen Bevölkerung. Bereits zu einem sehr frühen Zeitpunkt, schon im Februar 1920, wurde in dieser Partei die Forderung nach entschädigungsloser Enteignung des Großgrundbesitzes erhoben.[69] Nach der im Frühjahr 1922 vollzogenen Vereinigung des Wilnalandes mit Polen erklärte die „Odrodzenie“ auf einem Kongreß am 24./25. Juni 1922 in Wilna ihren Anschluß an die „Wyzwolenie“.[70]

Für die „Wyzwolenie“, die anläßlich der Übernahme der Regierungsgewalt durch Warschau vor einer ungerechten Behandlung der Nichtpolen im Wilnagebiet und einer auf deren Polonisierung zielenden Politik gewarnt hatte[71], bedeutete der Anschluß der „Odrodzenie“ angesichts des nahenden Wahlkampfes zum ersten regulären Sejm eine erhebliche Stärkung. Sie konnte ihr Einflußgebiet auf diese Weise über ihre traditionellen Hochburgen Kongreßpolens hinaus ausdehnen. Dieses Ereignis hatte jedoch auch andere Konsequenzen für die „Wyzwolenie“: eine Veränderung in der Mitgliederstruktur durch das Hinzukommen von Weißrussen, ein geschärftes Gespür für Nationalitätenfragen und eine Erstarkung des linken Flügels der Partei durch radikalere Kräfte aus der bisherigen „Odrodzenie“.

Etwas anders gestaltete sich das Verhältnis der Partei zu den Ukrainern. Ihnen gegenüber verfügte die „Wyzwolenie“ über keine derart engen Kontakte. Die Anzahl der feststellbaren Stellungnahmen und Äußerungen der Partei, sowohl der Parlamentsfraktion als auch der Führungsgremien, zur Lage der ukrainischen Minderheit ist in den ersten Jahren der Unabhängigkeit deutlich geringer. Bis zum polnisch-sowjetrussischen Krieg im Jahre 1920 wurde zur ostgalizischen Frage in der Partei offiziell nicht klar Stellung genommen. Auch die Parteipresse berührte das Thema kaum. Der einzige

[67] F. Hellwege: Agrarverfassung und Agrarreform in Polen, S. 173.

[68] W. Stankiewicz: Konflikty społeczne na wsi polskiej 1918–1920 [Gesellschaftliche Konflikte im polnischen Dorf 1918–1920], Warszawa 1963, S. 289f.

[69] Vgl. den Bericht über eine Versammlung der „Odrodzenie“ in Wilna, in: Wyzwolenie Nr. 8 vom 22. 2. 1920, S. 91.

[70] Vgl. den Kongreßbericht: „Wyzwolenie“ Ziemi Wileńskiej i Nowogródzkiej [Die „Wyzwolenie“ des Gebietes von Wilna und Nowogródek], in: Wyzwolenie Nr. 31 vom 30. 7. 1922, S. 328f.

[71] Co być musi? [Was muß sein?], in: Wyzwolenie Nr. 14 vom 2. 4. 1922, S. 131.

Hinweis auf bestehende Probleme war im Jahre 1919 eine kurze Meldung im Parteiblatt über den Besuch einer Bauerndelegation aus Wolhynien in Warschau. Sie habe um Schutz der einheimischen Bevölkerung vor Übergriffen polnischer Beamter gebeten.[72] Auf dem Parteitag am 22./23. Februar 1920 hieß es in der Resolution „W sprawie ziem wschodnich" (In der Frage der Ostgebiete) allerdings:

> „Der Parteitag unterstützt mit ganzer Kraft die Forderung des Volkes (lud) der Ostgebiete, ihm sofort eine tatsächliche Selbstverwaltung auf Gemeinde- und Kreisebene zu verleihen und ihm so die völlige Freiheit der Selbstbestimmung zu sichern."[73]

Vermutlich wollte man diese Resolution auf die gesamte nichtpolnische Bevölkerung der östlichen Gebiete bezogen wissen, d.h. auch auf die Ukrainer in Ostgalizien und Wolhynien, sofern sie zu diesem Zeitpunkt polnischer Herrschaft unterstanden. Hierfür sprechen vereinzelte, vage Hinweise im Zentralorgan hinsichtlich einer anzustrebenden föderativen Lösung auch für das polnisch-ukrainische Problem.[74]

Nach dem Ende des polnisch-sowjetrussischen Krieges schritt die Regierung Witos zum Aufbau einer polnischen Verwaltung in Ostgalizien und Wolhynien, wobei sie sich auf dorthin versetzte polnische Beamte oder auf das ortsansässige polnische Element, häufig Gutsbesitzer, stützte. Die Praxis, die einheimische weißrussische und ukrainische Bevölkerung bei der Besetzung von Beamtenstellen nicht zu berücksichtigen, sowie die relativ häufig vorkommenden Fälle von Amtsmißbrauch und Gesetzesverletzungen durch Behörden in den Ostgebieten wurden von der „Wyzwolenie" zwar im Jahre 1921 durchaus kritisch zur Kenntnis genommen[75], in den Erklärungen des Parteirates nach Abschluß seiner Sitzungen am 5. Mai 1921 und 8./9. Dezember 1921 hingegen nicht erwähnt.[76]

Erst im Laufe des Jahres 1922, wenige Monate vor den Wahlen zum Sejm, begann sich die „Wyzwolenie" besorgter und entschiedener zum Verhältnis des Staates auch zur ukrainischen Minderheit zu äußern. So forderte der Abgeordnete Eustachy Rudziński am 5. Mai 1922 im Sejm eine sofortige Änderung der „imperialistischen Politik" gegenüber den Minderheiten, die dahin führe, daß die Ostgebiete zunehmend feindseliger gegenüber Polen eingestellt seien. Er berichtete über zahlreiche Verhaftungen von Weißrussen, Litauern und Ukrainern wegen irredentistischer oder angeblich irredentistischer Tätigkeit und bezeichnete die autonome Verwaltung des Wilnalandes und die Einführung eines Autonomiestatuts in Ostgalizien als dringende Erfordernisse. Am Schluß seiner Rede hieß es:

> „Es ist sehr wichtig und höchste Zeit dafür, daß unsere Politik sowohl gegenüber den Juden als auch gegenüber den Weißrussen und Ukrainern und überhaupt jeder fremden Nationalität dem Geist und den in unserer Verfassung enthaltenen Grundsätzen entspricht."[77]

---

[72] Jak rząd Polskę powiększa [Wie die Regierung Polen vergrößert], in: Wyzwolenie Nr. 41 vom 12. 10. 1919, S. 515.

[73] Uchwały Zjazdu Walnego PSL „Wyzwolenie" [Beschlüsse des Parteitages der PSL „Wyzwolenie"], in: Wyzwolenie Nr. 9 vom 29. 2. 1920, S. 104.

[74] Vgl. z.B. die Überlegungen „Wojna czy pokój" [Krieg oder Frieden], in: Wyzwolenie Nr. 7 vom 15. 2. 1920, S. 78f.

[75] Vgl. den Aufruf „Obywatele" [Bürger] des Parteivorstandes und der Fraktion vom 15. 2. 1921, CA KC PZPR: 109/II, poz. 7, sowie Wyzwolenie Nr. 27 vom 3. 7. 1921, Nr. 33 vom 14. 8. 1921 und Nr. 44 vom 30. 10. 1921.

[76] Vgl. Wyzwolenie Nr. 20–23 vom 15. 5. bis 5. 6. 1921 sowie Nr. 51 vom 18. 12. 1921.

[77] Sejm Ustawodawczy, 303. Sitzung am 5. 5. 1922, Sp. 47.

Kurz zuvor war es bereits zu Kontakten zwischen Ukrainern und Vertretern der „Wyzwolenie“ gekommen. Am 18. April 1922 hatten Vertreter der ukrainischen Bevölkerung der Wojewodschaft Lublin in Chełm (Cholm) über die Frage der Teilnahme an den bevorstehenden Sejmwahlen beraten. Als Gäste waren auch Vertreter der PPS und der „Wyzwolenie“ anwesend.[78] In den folgenden Monaten unternahm die „Wyzwolenie“ Bemühungen, auch die ukrainische Bevölkerung im Wahlkampf anzusprechen, und zwar häufig in ukrainischer Sprache. So wurde ab Mai 1922 auf Versammlungen und Kundgebungen in Wolhynien von Rednern der Partei, die das Ukrainische beherrschten, verstärkt auf die Belange der ukrainischen Bauernschaft eingegangen.[79] Die Parteiführung betraute mit dieser Arbeit das stellvertretende Vorstandsmitglied Antoni Kordowski, der in den Sommer- und Herbstmonaten des Jahres 1922 zahlreiche Wahlversammlungen in den Ostgebieten leitete oder besuchte und das Minderheitenprogramm der Partei erläuterte.

Die Partei setzte in der Zeit des Wahlkampfes auch Propagandamaterial in den Sprachen der beiden slawischen Minderheiten ein. Dies belegen ein ukrainischsprachiges Flugblatt vom 1. September 1922 an die ukrainischen Bauern, worin diese zur Stimmabgabe zugunsten der Kandidaten der „Wyzwolenie“ aufgerufen wurden[80], sowie eine komplette, 32 Seiten umfassende Übersetzung des Parteiprogramms ins Weißrussische von 1921.[81] Welche Auflagen diese Schriften im einzelnen hatten, läßt sich nicht feststellen. Die Herausgabe des umfangreichen Parteiprogramms in einer weißrussischen Version deutet jedoch auf eine intensive Parteiarbeit unter den Weißrussen hin.

Auch die Wilnaer Wochenzeitung „Wyzwolenie Ludu“ erschien zumindest während des Wahlkampfes 1922 in weißrussischer Sprache.[82] In der Geschichte der polnischen Bauernbewegung war dies der erste Fall, daß eine Zeitung in der Sprache einer nationalen Minderheit herausgegeben wurde. Dieser Schritt der Partei erscheint verständlich, wenn man bedenkt, daß die weißrussischen Bauern einen beträchtlichen Anteil der Anhängerschaft der „Wyzwolenie“in den Wojewodschaften Wilna und Nowogródek ausmachten.

Die litauische Minderheit, die in den programmatischen Erklärungen stets genannt wurde, stand in der Praxis am Rande des Interesses der Partei. Lediglich ein Flugblatt vom November 1922 belegt, daß die Partei sich auch an die zahlenmäßig kleine litauische Bauernschaft in Polen wandte und um deren Stimmen warb.[83]

Auf parlamentarischer Ebene wurde in dieser Zeit das sogenannte Autonomieprojekt für Ostgalizien behandelt. In den Beratungen versuchte die „Wyzwolenie“, allerdings vergeblich, den Regierungsentwurf im Sinne einer Erweiterung der Selbstverwaltungsrechte der Ukrainer zu verändern.[84]

---

78 M. Papierzyńska-Turek: Sprawa ukraińska w Drugiej Rzeczypospolitej 1922–1926 [Die ukrainische Frage in der Zweiten Republik 1922–1926], Kraków 1979, S. 142.

79 Vgl. die Ankündigungen der Versammlungen in Równe (Rowno) am 11. 6. 1922 und in Łuck am 18. 6. 1922, in: Wyzwolenie Nr. 22 vom 28. 5. 1922, S. 231.

80 W Polskij deržawi ... [Im polnischen Staat ...], AAN: MSW. Departament Polityczny, Stronnictwa polityczne 870 (Mikrofilm 25440).

81 Pragrama Pol'skaj Narodnaj Partyj „Vyzvalen'ne“ [Programm der Polnischen Volkspartei „Wyzwolenie“], o.O., o.J. Ein Exemplar befindet sich im Archiv des „Instituts für die Geschichte der Bauernbewegung“ in Warschau, AZHRL: 2734 Br.

82 Nach einer Notiz in Wyzwolenie Nr. 43 vom 22. 10. 1922, S. 499.

83 Pisma ulotne, S. 103f.

84 J. Nowak: Wspomnienia z ławy rządowej [Erinnerungen an die Regierungsbank], Kraków 1938, S. 73ff.

In den Wahlen zum Sejm am 5. November 1922 und zum Senat am 12. November 1922 errang der „Block der Nationalen Minderheiten“ in den Ostgebieten, trotz des Wahlboykotts der Ukrainer in Ostgalizien, einen klaren Sieg. Danach hatte es zum Zeitpunkt der Verabschiedung der Wahlordnung am 28. Juli 1922 keineswegs ausgesehen. Denn diese enthielt die Bestimmung, daß von den 444 Sejmabgeordneten 372 in Wahlkreisen und 72 über „Staatslisten“ (Landeslisten) gewählt werden sollten. Nur diejenigen Parteien, die mindestens sechs Sitze in den Wahlkreisen gewonnen hatten, sollten bei der Verteilung der Staatslistenmandate berücksichtigt werden. Grundlage hierfür waren ausschließlich die in den Wahlkreisen bereits erlangten Mandate. Diese Konstruktion sollte für eine Stärkung der stärkeren und für eine Schwächung der kleinen Parteien sorgen und hätte eine Dezimierung bzw. Ausschaltung der zahlreichen kleinen Parteien der nationalen Minderheiten bedeutet.[85] Von der „Wyzwolenie“, die sich im zuständigen Ausschuß erfolglos gegen diese Regelung ausgesprochen hatte[86], wurde sie offen als Unrecht an den Minderheiten bezeichnet.[87]

Zur großen Überraschung der polnischen Öffentlichkeit gelang es den Minderheiten jedoch, sich binnen kurzem über alles sie Trennende hinweg zu einem Wahlblock zusammenzuschließen, der in den Genuß aller Vorteile einer großen Partei kam. Die Stimmenanteile des Blocks lagen in den Wahlbezirken der Wojewodschaften Wilna, Nowogródek und Polesien bei über 30 %, in den Wahlbezirken Wolhyniens sogar bei ca. 75 %.[88] Dieses Wahlergebnis entsprach den Nationalitätenverhältnissen Wolhyniens. Im gesamten Staatsgebiet entfielen auf die Minderheitenparteien insgesamt 89 von 444 Mandaten im Sejm (20 %) sowie 27 von 111 Mandaten im Senat (24 %). Im Sejm saßen nun u. a. 34 jüdische, 20 ukrainische, 17 deutsche und 11 weißrussische Abgeordnete in eigenen Fraktionen.[89]

Die „Wyzwolenie“ war die einzige polnische Partei, der es gelang, in den nordöstlichen Gebieten bei der nichtpolnischen Bevölkerung Wahlerfolge zu erzielen. Sie erreichte knapp 30 % der abgegebenen Stimmen und erwarb dort immerhin 12 ihrer 48 Mandate: je 5 Mandate in den Wojewodschaften Wilna und Nowogródek sowie 2 Mandate in der Wojewodschaft Polesien.[90] Diese Mandate hatte die Partei den Stimmen zahlreicher weißrussischer Bauern zu verdanken, die sie wegen ihres radikalen Programms attraktiv fanden bzw. sie wegen ihrer Agitation in weißrussischer Sprache und der Aufstellung weißrussischer Kandidaten sogar für eine weißrussische Partei gehalten haben mögen. In den südöstlichen Wahlbezirken erhielt die „Wyzwolenie“ nur wenige Stimmen, und diese vermutlich von polnischen und nicht von ukrainischen Bauern, die von der Partei im Wahlkampf allerdings auch wesentlich zurückhaltender umworben worden waren als die weißrussischen Bauern. Es gibt Hinweise darauf, daß die polnischen Behörden den Wahlkampf der „Wyzwolenie“ in den nordöstlichen Grenzgebieten insgeheim finanziell unterstützten.[90a]

---

85 R. Breyer: Polnischer Parlamentarismus und Nationalitätenfrage, in: Die Krise des Parlamentarismus, S. 69.

86 Sejm Ustawodawczy, 329. Sitzung am 25. 7. 1922, Sp. 21 (Mitteilung des Abgeordneten K. Bagiński).

87 J. Bełcikowski: Charakterystyki i programy stronnictw politycznych na terenie Rzeczypospolitej Polskiej [Charakteristik und Programme der politischen Parteien auf dem Gebiet der Republik Polen], Warszawa 1923, S. 42.

88 T. Rzepecki/W. Rzepecki: Sejm i Senat 1922–1927, Anhang, Tabelle III.

89 A. Próchnik: Pierwsze piętnastolecie, S. 135.

90 T. Rzepecki/W. Rzepecki: Sejm i Senat 1922–1927, S. 503 f.

90a B. Dymek: Geneza, S. 24

Im Unterschied zu den Parteien der Rechten und der Mitte akzeptierte die „Wyzwolenie" die andersnationalen Abgeordneten vorbehaltlos als gleichberechtigte Vertreter der nationalen Minderheiten, als Sprecher eines großen Teiles der Bevölkerung des Staates. Sie machte dies gleich zu Beginn der Legislaturperiode deutlich, indem sie vor der Präsidentenwahl am 9. Dezember 1922 nicht nur Gespräche mit den Fraktionen der Linken und der Mitte führte, sondern auch mit denen der Minderheiten.[91] Dies war sinnvoll, um die Chancen ihres eigenen Kandidaten Gabriel Narutowicz zu verbessern. Stanisław Thugutt äußerte sich zu diesem Vorgang einige Jahre später:

> „Übrigens hatte ich vom ersten Moment an und habe auch heute keinen Zweifel, daß man – selbst beim Vorhandensein einer rein polnischen Mehrheit – die Stimmen der anderen Nationalitäten erlangen sollte, da dies die Situation des Präsidenten und Polens festigt. Nebenbei bemerkt berechtigen weder Buchstabe noch Geist der Verfassung zu dem geringsten Zweifel an der völligen Gleichberechtigung aller Mitglieder der Nationalversammlung, ohne Ansehen der Nationalität. In tiefer Überzeugung von der Richtigkeit meines Standpunktes wandte ich mich sodann mit dem Vorschlag, unsere Kandidaten zu unterstützen, an alle vier Minderheitenklubs. Die Deutschen und beide slawischen Klubs taten dies ohne zu zögern und bedingungslos. Die Gespräche mit diesen Klubs dauerten jeweils einige Minuten und beschränkten sich beinahe auf Fragen und Antworten. Etwas länger und schwieriger war das Gespräch mit der jüdischen Arbeitsgruppe, die zwar ihre Stimmen versprach, allerdings gleichzeitig eine Aussage unsererseits zum Verhältnis zur jüdischen Frage vorschlug. (...) Die Klubs der Minderheiten behielten sich lediglich vor, im ersten Wahlgang ihre Stimmen für Professor Baudouin de Courtenay abzugeben."[92]

Die Wahl von Narutowicz, für die die Stimmen der nationalen Minderheiten mit den Ausschlag gegeben hatten, und seine anschließende Ermordung durch einen politischen Fanatiker ließen bei der Rechten eine Forderung aufkommen, die noch über die bisherige nach einer „Regierung der polnischen Mehrheit" hinausging. Am 20. Januar 1923 verlangte der nationaldemokratische Abgeordnete Stanisław Głąbiński im Sejm, daß alle Fragen von grundlegender Bedeutung für den Staat allein von einer polnischen Mehrheit im Parlament entschieden werden dürften.[93] Diese Theorie der „polnischen Mehrheit" wurde von der „Wyzwolenie" durch Thugutt im Sejm noch am selben Tage eindeutig zurückgewiesen.[94] Sie fand auch später in der Partei nicht das geringste positive Echo.

Die relativ offene und konstruktive Haltung der Partei gegenüber den Minderheiten kam zum Zeitpunkt der Präsidentenwahl auch in einem Artikel des Abgeordneten Rudziński in der Parteizeitung „Wyzwolenie" vom 10. Dezember 1922 zum Ausdruck. Die darin enthaltenen Überlegungen zur Bildung einer Regierung durch die Bauern- und Arbeiterparteien „Wyzwolenie", „Piast", PPS und NPR kalkulierten eine Zusammenarbeit mit den Minderheiten bereits ein, wenn es hieß, daß eine solche Regierung „auch mit der Unterstützung durch die bäuerlichen weißrussischen und ukrainischen Abgeordneten rechnen könnte".[95] In der Folgezeit wurden die beiden slawischen Min-

[91] Wybór Prezydenta Rzeczypospolitej [Die Wahl des Präsidenten der Republik], in: Wyzwolenie Nr. 51 vom 17. 12. 1922, S. 606.

[92] S. Thugutt: Przyczynek do historji pierwszego Zgromadzenia Narodowego [Ein Beitrag zur Geschichte der ersten Nationalversammlung], in: Gabrjel Narutowicz. Pierwszy Prezydent Rzeczypospolitej. Księga pamiątkowa [Gabriel Narutowicz. Der erste Präsident der Republik. Gedenkbuch], Warszawa 1925, S. 217.

[93] Sejm R. P., 8. Sitzung am 20. 1. 1923, Sp. 20.

[94] Ebd., Sp. 33.

[95] Marszałek Sejmu i Marszałek Senatu [Sejmmarschall und Senatsmarschall], in: Wyzwolenie Nr. 50 vom 10. 12. 1922, S. 592.

derheiten von Politikern der Partei immer deutlicher als potentielle Partner in einer künftigen Regierung betrachtet. Der Parteitag vom 11./12. März 1923 bestätigte diese Auffassung in einer noch weitergehenden Resolution. In ihr hieß es u.a.:

> „Die einzige Regierung, an der die PSL Wyzwolenie zur Zeit teilnehmen könnte, wäre eine Regierung einer relativen polnischen Mehrheit, gebildet durch die aufrichtig demokratischen Bauern- und Arbeiterparteien, unterstützt durch die weißrussischen und ukrainischen Bauerngruppen."[96]

Diese Konzeption der relativen polnischen Mehrheit vertrat die Partei im Prinzip, wenn auch nicht ohne Schwankungen, bis in die Zeit des Kabinetts Witos II. Zu ihrer Verwirklichung ist es angesichts des komplizierten Kräfteverhältnisses im Sejm freilich niemals gekommen. Konkrete Schritte in diese Richtung hat die „Wyzwolenie" allenfalls im November/Dezember 1923 unternommen, als nach den Krakauer Unruhen der innenpolitische Kampf zwischen der Mitte-Rechts-Regierung unter Witos' Führung und der Opposition, deren unumstrittener Sprecher Thugutt war, seinen Höhepunkt erreichte. Bereits in den vorangegangenen Monaten hatten die Linke und die Minderheiten in etlichen Fällen scharfe Kritik zunächst an der Bildung, dann an der Tätigkeit des Kabinetts geäußert bzw. im Sejm gemeinsam gegen die Regierung gestimmt.[97]

Als die Regierungsparteien in der Sejmsitzung am 30. November 1923 die Aufhebung der Immunität zweier sozialistischer Abgeordneter wegen ihrer Beteiligung an den Krakauer Vorfällen beschlossen, verließen „sämtliche Parteien der polnischen Linken und aller nationalen Minderheiten demonstrativ die Sitzung".[98] Tags darauf, am 1. Dezember 1923, trafen die Fraktionsvorsitzenden der „Wyzwolenie" und der PPS mit denen der nationalen Minderheiten zwecks Konsolidierung des Oppositionslagers zusammen.[99] Bei dieser Gelegenheit kam es zum bis dahin wohl intensivsten Gedankenaustausch zwischen Vertretern der polnischen Linken und denen der Minderheiten. Im „Kurjer Polski" hieß es dazu:

> „Der Abgeordnete Thugutt antwortete den Vorrednern (...) und entwarf ein Bild des Verhaltens der polnischen Demokratie zu den fremdstämmigen Bewohnern der Republik. Er erklärte, als Grundlage jedes wie immer gearteten Zusammengehens seien die Grenzen des Staates als feststehend zu betrachten. Ferner müsse die Verfassung die Grundlage bilden, die für die Entwicklung aller Nationalitäten so weite Rahmen ziehe, daß der Vertrag über die Minderheiten überflüssig werde. (...) Thugutt zeigte sodann an einer Reihe von Beispielen, welche taktischen Fehler die nationalen Minderheiten, namentlich der ukrainische Klub, begangen hätten. Die lange, aufrichtige Rede Thugutts machte auf die versammelten Vertreter der Minderheiten tiefen Eindruck."[100]

Teilnehmer an der Beratung waren außer Thugutt die Fraktionsvorsitzenden Barlicki (PPS), Reich (Jüdische Arbeitsgruppe), Taraszkiewicz (Weißrussischer Klub) sowie die stellvertretenden Fraktionsvorsitzenden Utta (Vereinigung der deutschen Sejmabgeord-

---

[96] Po Walnym Dorocznym Zjeździe [Nach dem Jahresparteitag], in: Wyzwolenie Nr. 12 vom 18. 3. 1923, S. 2.

[97] Vgl. die in vielen Punkten übereinstimmenden Stellungnahmen der Sprecher der Linksparteien und der Minderheiten am 2. 6. 1923 in der Sejmdebatte über die Regierungserklärung Witos' vom Vortage, Sejm R. P., 42. Sitzung am 2. 6. 1923.

[98] Bericht Rauscher, Warschau, 5. 12. 1923, PA: IV Polen. Politik Nr. 5: Innere Politik, Parlaments- und Parteiwesen, Bd. 6, Bl. 63; vgl. Burza w Sejmie [Sturm im Sejm], in: Wyzwolenie Nr. 50 vom 9. 12. 1923, S. 3.

[99] Bericht Rauscher, Warschau, 5. 12. 1923, PA: IV Polen. Politik Nr. 5: Innere Politik, Parlaments- und Parteiwesen, Bd. 6, Bl. 63.

[100] Zitiert nach: Lektorat Polen, Nr. 242, Tagesbericht über die polnische Presse, Berlin, 11. 12. 1923, PA: IV Polen. Politik Nr. 5: Innere Politik, Parlaments- und Parteiwesen, Bd. 6, Bl. 67.

neten) und Podhorski (Ukrainischer Klub).[101] Wahrscheinlich wurde die Fortsetzung des Kontakts vereinbart.[102] Skeptisch merkte Ulrich Rauscher, der aufmerksame Beobachter dieses Dialogs, an: „(Es) läßt sich bei einzelnen Abgeordneten der Linksparteien die Furcht bemerken, daß eine offene Zusammenarbeit mit den nationalen Minderheiten ein gefährliches Argument in den Händen der rechtsparteilichen Agitation werden könnte."[103] In der Parteizeitung wurde über die Zusammenkunft Thugutts und Barlickis mit den Vertretern der Minderheiten bezeichnenderweise nicht berichtet, ebensowenig wird sie von Thugutt in seiner Autobiographie erwähnt.

Die kurz darauf eintretenden Ereignisse bewiesen, daß die eingeleitete Zusammenarbeit mit den Minderheiten von der „Wyzwolenie" nicht als ausreichende Basis für ein gemeinsames Regieren, gleichgültig in welcher Form, angesehen wurde und daß eine weitere Annäherung von der „Wyzwolenie"-Führung möglicherweise als Risiko betrachtet wurde. Vielmehr versuchte Thugutt, als ihm nach dem Sturz der Regierung Witos II am 15. Dezember 1923 der Auftrag zur Regierungsbildung erteilt wurde, von Anfang an – nach rechts über den „Piast" hinausgehend – die Christlichen Demokraten für eine Zusammenarbeit mit der Linken zu gewinnen. In diesem Konzept war den Minderheiten nicht mehr die Rolle unentbehrlicher Bündnispartner zugedacht. Es war von daher nicht verwunderlich, daß sich unter ihnen Enttäuschung über das Verhalten der „Wyzwolenie" und besonders Thugutts bemerkbar machte.[104]

Die Kontakte zwischen der „Wyzwolenie" und den Minderheiten wurden nicht in der am 1. Dezember 1923 begonnenen Weise fortgesetzt. Die Bauernpartei trat jedoch weiterhin sehr deutlich für eine Änderung der Minderheitenpolitik der Regierung gegenüber Ukrainern und Weißrussen ein.[105] Von der Verschlechterung der Lage in den Ostgebieten zeugten die sich häufenden Klagen der einheimischen Bevölkerung über die Ansiedlungs- und Schulpolitik und über ihre Diskriminierung durch die polnischen Behörden ebenso wie die zunehmende Zahl von Verhaftungen und Zwischenfällen.[106] Die weißrussischen und ukrainischen Abgeordneten fanden im Sejm häufig die Unterstützung der „Wyzwolenie" für ihre Dringlichkeitsanträge, in denen die Regierung aufgefordert wurde, Mißstände in den Ostgebieten zu unterbinden.[107]

Ein wesentliches Element der gestiegenen Spannungen in den Ostgebieten war die dort von den polnischen Regierungen betriebene Ansiedlungspolitik. Auf diesem Felde vertrat die „Wyzwolenie" lange Zeit keine ausgesprochen minderheitenfreundliche Position, sondern befand sich in Übereinstimmung mit der Bauernpartei „Piast" und deren Führer Wincenty Witos. Bereits während der Regierung der nationalen Verteidi-

---

[101] Ebd., Bl. 65, 66.

[102] „Eine Fortsetzung dieser Besprechung zwecks Aufstellung von Grundlinien zu gemeinsamer parlamentarischer Taktik ist beabsichtigt." Bericht Rauscher, Warschau, 5. 12. 1923, PA: IV Polen. Politik Nr. 5: Innere Politik, Parlaments- und Parteiwesen, Bd. 6, Bl. 63.

[103] Ebd.

[104] M. Rataj: Pamiętniki, S. 175.

[105] Vgl. die gemeinsame Resolution von Parteivorstand und Fraktion vom 20./21. Februar 1924, in: Wyzwolenie Nr. 9 vom 2. 3. 1924, S. 1.

[106] A. Bogusławski: Wspomnienia, T. III (1922–1925), AZHRL: P-189/III a, S. 146–150.

[107] Vgl. z.B. O prześladowanie ukraińców [Über die Verfolgung der Ukrainer], in: Wyzwolenie Nr. 11 vom 16. 3. 1924, S. 5.

gung des Premierministers Witos wurde am 17. Dezember 1920 im Sejm ein Gesetz mit den Stimmen der beiden großen Bauernparteien verabschiedet[108], das dem Staat in der Folgezeit in großen Teilen Ostpolens einen schnellen Zugriff auf Grund und Boden ermöglichte. Anspruchsberechtigt für dieses Land waren ehemalige Teilnehmer des polnisch-sowjetischen Krieges, die es entweder kostenlos (Invaliden, verdiente Soldaten, Freiwillige) oder zu sehr günstigen Bedingungen (alle anderen) erhielten.[109] Die polnischen Militärkolonisten stießen bei der einheimischen Bevölkerung auf starkes Mißtrauen. Sie wurden von ihr als privilegierte Konkurrenten und Eindringlinge mit Polonisierungsabsichten angesehen.[110] Zu bedenken ist auch, daß die Agrarreform zu jener Zeit noch gar nicht begonnen worden war und die Ortsansässigen noch keinerlei Land erwerben konnten.

Die Führung und weite Kreise der Partei scheinen zunächst negative Auswirkungen der Ansiedlung, die anfangs gewiß noch nicht so deutlich zutage getreten waren, nicht wahrgenommen zu haben. Die Sejmfraktion forderte im Juni 1921 lediglich eine schnelle Ausführung des Gesetzes und eine noch wirksamere materielle Unterstützung der Ansiedler.[111] Erst im März 1922 wurden in der Parteipresse zum ersten Mal negative Begleiterscheinungen der Ansiedlung in einem durchweg wohlwollenden Bericht über eine Versammlung des „Verbandes der Militäransiedler" (Związek osadników żołnierzy) angesprochen:

> „Wir haben erfahren (...), daß die örtliche Bevölkerung die angekommenen Siedler zunächst feindlich behandelt, weil sie ihr Land wegnehmen. Aber nach einer gewissen Zeit beginnt sie freundlicher auf die neuen Nachbarn zu schauen und allmählich kommt es zu einem brüderlichen Verhältnis."[112]

Diese Einschätzung der durch die Militäransiedlung im Verhältnis zur weißrussischen und ukrainischen Bevölkerung entstandenen Probleme erwies sich jedoch rasch als allzu oberflächlich und optimistisch. Aus der eigenen Parteiorganisation in den Ostgebieten erreichten die Parteiführung bald darauf alarmierende Nachrichten. So beschloß etwa am 25. März 1922 der Kreisparteitag von Lida, einer Kreisstadt im weißrussisch besiedelten Nordosten, „über den Abgeordnetenklub der ‚Wyzwolenie' im Sejm gegen die Kolonisation in den Grenzgebieten vorzugehen, die der örtlichen Bevölkerung das Land raubt, ..."[113] Ein solcher Beschluß sowie Meldungen über die Stimmung der eigenen Mitglieder im Nordosten und Osten, unter denen ja zahlreiche Nichtpolen waren, ließen die Parteiführung im Wahlkampf von der bisherigen vorbehaltlosen Unterstützung der Ansiedlungspolitik vorsichtig abrücken. Und so erhob der Parteirat am

---

[108] Vgl. die zustimmenden Stellungnahmen der Abgeordneten J. Smoła (Wyzwolenie) und J. Dębski (Piast), Sejm Ustawodawczy, 198. Sitzung am 17. 12. 1920, Sp. 19–24 und 24–30. Von den Abgeordneten der nationalen Minderheiten – Ukrainer und Weißrussen waren im Verfassunggebenden Sejm nicht vertreten – ergriff der Abgeordnete Hirszhorn vom Jüdischen Klub warnend das Wort. Ebd., Sp. 34–37.

[109] S. Zagórny: Osadnictwo wojskowe w Polsce (1920–1923 r.) [Militäransiedlung in Polen (1920–1923)], in: Zeszyty Naukowe Uniwersytetu Łódzkiego. Acta Universitatis Lodziensis. Nauki Humanistyczno-Społeczne. Seria I. Łódź 1961. Nr. 22, S. 238.

[110] Vgl. K. Srokowski: Sprawa narodowościowa na kresach wschodnich [Die Nationalitätenfrage in den Ostgebieten], Kraków 1924, S. 19f.; J. Rappaport: Die Nationalitätenfrage in Polen, in: Jahrbuch für Soziologie, Bd. 3, Frankfurt/M. 1927, S. 243.

[111] Z Sejmu [Aus dem Sejm], in: Wyzwolenie Nr. 24 vom 12. 6. 1921, S. 231.

[112] Osadnictwo żołnierskie [Ansiedlung von Soldaten], in: Wyzwolenie Nr. 13 vom 26. 3. 1922, S. 124.

[113] Z Lidy [Aus Lida], in: Wyzwolenie Nr. 15 vom 9. 4. 1922, S. 153.

3. September 1922 die vom Wahlparteitag am 24. September bestätigte Forderung nach einer „Regelung“ der Ansiedlungsfragen.[114]

Wesentlich weiter ging währenddessen zum Teil die Parteiorganisation im Osten. Dort wurde in einer Entschließung des Bezirksparteitages von Pińsk am 22. Oktober 1922 „unter Beteiligung von einigen -zig Delegierten (Polen, Ukrainer und Weißrussen)“ die unverzügliche Änderung der Militäransiedlung verlangt, da „die bisherige Praxis den ortsansässigen Bauern Unrecht zufügt, die Ansiedler selbst jedoch unüberwindlichen Schwierigkeiten und Unannehmlichkeiten seitens der benachteiligten Bauern aussetzt“.[115] Es darf angenommen werden, daß die „Wyzwolenie“ ihre fast triumphalen Ergebnisse in den Ostgebieten bei der Sejmwahl am 5. November 1922 nicht zuletzt ihrer dort vorgebrachten Forderung nach einer Einstellung der Militäransiedlung in der bisherigen Form verdankte.

Die erfolgreiche Parteiorganisation der Gebiete von Wilna und Nowogródek verlangte auf ihrem Wilnaer Kongreß am 28./29. Januar 1923 erneut deren Reform, wobei sie der Gesamtpartei Auswege aus dem entstandenen Dilemma aufzeigte. Sie äußerte Verständnis für eine Bevorzugung verdienter Kriegsveteranen bei der Landverteilung, schlug jedoch die Ausweitung der Militäransiedlung auf das gesamte Staatsgebiet vor; die Soldaten sollten ihr Land in der Nähe ihrer bisherigen Heimatgemeinden bzw. in ihren Heimatkreisen erhalten.[116] Diese Gedanken spielten in der Diskussion auf dem Landesparteitag am 11./12. März 1923 in Warschau sicher eine große Rolle, spiegelten sich jedoch in dem kurzen, von der Parteispitze (J. Poniatowski) eingebrachten und vom Parteitag verabschiedeten Antrag kaum wider. In ihm wurde die Fraktion aufgefordert, alles zu unternehmen, um die Interessen sowohl der örtlichen Bevölkerung als auch „der verdienten Soldaten und Siedler aus den überbevölkerten Teilen Polens“ zu sichern.[117]

Kurz darauf nahm ein Mitglied des Parteivorstandes, der Abgeordnete Eustachy Rudziński, ausführlich zur Diskussion um die Ansiedlung im Parteiblatt Stellung. Er erklärte, die Fraktion der „Wyzwolenie“ werde die Ausweitung der Geltung des Gesetzes über die Militäransiedlung vom 17. Dezember 1920 auf ganz Polen verlangen; sie schlage insbesondere eine Bereitstellung von Land aus dem Besitz polnischer und deutscher Großgrundbesitzer im Westen des Landes vor. Auf eine Ansiedlung im Osten im Zuge der Agrarreform sollte jedoch nicht völlig verzichtet werden; sie sollte allerdings nur dann durchgeführt werden, wenn der dringende Landbedarf der einheimischen Bevölkerung aus dem Bodenfonds gedeckt sein würde. Die Fraktion werde sich in jedem Falle für die Unterstützung der bereits Angesiedelten durch längerfristige Kredite einsetzen.[118]

Letzteres war aktuell, da der Sejm am 23. und 24. März 1923 das Gesetz über die Gewährung von Krediten für Ansiedler beriet. Die „Wyzwolenie“ stimmte, wie auch

---

[114] Rada Naczelna PSL „Wyzwolenie“ [Der Oberste Rat der PSL „Wyzwolenie“], in: Wyzwolenie Nr. 37 vom 10. 9. 1922, S. 405, sowie: Zjazd Walny [Der Parteitag], in: Wyzwolenie Nr. 40 vom 1. 10. 1922, S. 448.

[115] Nasz Zjazd Okręgowy w Pińsku [Unser Bezirksparteitag in Pińsk], in: Wyzwolenie Nr. 48 vom 26. 11. 1922, S. 574.

[116] Kongres PSL „Wyzwolenie“ w Wilnie [Der Kongreß der PSL „Wyzwolenie“ in Wilna], in: Wyzwolenie Nr. 9 vom 25. 2. 1923, S. 8.

[117] Po Walnym Dorocznym Zjeździe [Nach dem Jahresparteitag], in: Wyzwolenie Nr. 12 vom 18. 3. 1923, S. 4.

[118] E. Rudziński: Osadnictwo wojskowe na kresach i reforma rolna [Die Militäransiedlung in den Ostgebieten und die Bodenreform], in: Wyzwolenie Nr. 13 vom 25. 3. 1923, S. 2.

der „Piast“ und die anderen polnischen Parteien, für das Gesetz. Die Sprecher der „Wyzwolenie“ Juliusz Poniatowski und Józef Sanojca, die beide dem Parteivorstand angehörten, warfen einerseits den Rechtsparteien seit 1920 Zögern und Verschleppungstaktik in der gesamten Ansiedlungsfrage zugunsten des polnischen Großgrundbesitzes im Osten vor, verlangten aber andererseits von den Minderheiten, die sich scharf gegen das Gesetz aussprachen, den polnischen Ansiedlungswünschen entgegenzukommen. Poniatowski erklärte im Hinblick auf deren ablehnende Haltung: „Die Bestrebungen eines bestimmten Bevölkerungsteiles, das Gebiet, in dem er lebt, als sein ausschließliches Eigentum zu betrachten, müssen wir als chauvinistische Bemühungen behandeln und als solche bedauern.“[119]

Diese Ausführungen, für die der Abgeordnete laut Parlamentsprotokoll den Beifall der rechten Seite des Sejm erhielt, offenbarten, wie begrenzt letztlich auch bei der „Wyzwolenie“ das Verständnis für die Befürchtungen und Nöte der Minderheiten war, wenn wichtige oder vermeintlich wichtige Interessen polnischer Bauern zur Diskussion standen oder man es sich als Bauernpartei aus Gründen des Prestiges glaubte nicht leisten zu können, auf Forderungen zugunsten der eigenen Anhänger zu verzichten. Unter Berufung auf die geringere Bevölkerungsdichte in den Ostgebieten und die dort potentiell vorhandenen großen Landreserven wurde den Minderheiten versichert, daß es lediglich um Fortschritte in der Agrarreform, um eine „gerechte Aufteilung des Landes in der ganzen Republik geht“.[120] Verständlicherweise wurde dieses Argument von den Minderheiten nicht akzeptiert, die zu Recht eine planmäßige und effiziente Durchdringung und Polonisierung ihrer Siedlungsgebiete befürchteten.

Die Militäransiedlung war insgesamt gesehen aus verschiedenen Gründen dennoch wenig erfolgreich. So fehlte es den Ansiedlern oftmals an der erforderlichen beruflichen Qualifikation, an der Neigung zur Landwirtschaft oder an Kapital zum Aufbau eines Betriebes. Bei nur ca. 15 % der Siedler handelte es sich um Bauern im eigentlichen Sinne.[121] Viele wanderten wieder ab. Von gewisser Bedeutung für diesen Entschluß dürften das Gefühl der Isolation sowie die Furcht vor Unannehmlichkeiten und Vergeltungsakten seitens der einheimischen Bevölkerung gewesen sein.[122] Vom Frühjahr 1923 an, nach der im Sejm beschlossenen Versorgung der bis dahin Angesiedelten mit Krediten, wurde die kostspielige Militäransiedlung in den Ostgebieten nicht weitergeführt. Der Staat ging nun zu einer weniger drastischen und weniger konfliktreichen Vergabe von Parzellen an zivile, darunter auch an einheimische Siedler im Rahmen der Agrarreform über.[123]

Die Milderung der Ansiedlungspolitik hat vermutlich bei der Parteiführung und den Mitgliedern in den früher kongreßpolnischen Gebieten keinen Widerspruch hervorgerufen. Ob sie auch die nichtpolnischen Parteimitglieder im Nordosten und Osten zufriedenstellte, muß bezweifelt werden. Die offizielle Haltung der Partei in der Ansiedlungsfrage dürfte u. a. zum Erstarken der innerparteilichen Opposition beigetragen haben, die im Jahre 1924 die Partei verließ und die „Unabhängige Bauernpartei“ (Niezależna Partia Chłopska – NPCh) gründete. Im Programm der NPCh aus dem

---

[119] Sejm R. P., 30. Sitzung am 23. 3. 1923, Sp. 39.

[120] K. Polakiewicz: Stosunek nasz do tzw. mniejszości narodowościowych [Unser Verhältnis zu den sogenannten nationalen Minderheiten], in: Wyzwolenie Nr. 21 vom 25. 5. 1924, S. 1.

[121] K. Srokowski: Sprawa narodowościowa, S. 38.

[122] S. Zagórny: Osadnictwo wojskowe, S. 242.

[123] Ebd., S. 243.

Jahre 1925 wurde die Ansiedlung in den Ostgebieten sowie jegliche politische Ansiedlung als Gewalttat gegenüber der örtlichen bäuerlichen Bevölkerung verurteilt.[124]

Von großer Bedeutung für die Minderheitenpolitik waren im Jahre 1924 die sogenannten Sprachengesetze. Premierminister Władysław Grabski hatte im April eine vierköpfige Expertenkommission für Angelegenheiten der nationalen Minderheiten in den Ostgebieten berufen, die mit der Ausarbeitung von Reformprojekten für die Verwaltung, das Gerichtswesen und das Schulwesen beauftragt wurde. Mitglieder der Kommission waren u. a. Stanisław Thugutt als Repräsentant der Sejmlinken und der Nationaldemokrat Stanisław Grabski, der der Konzeption einer zwangsweisen Polonisierung der Weißrussen und Ukrainer anhing. Die Volksgruppen selbst waren nicht vertreten.

Anlaß für die Bildung eines solchen Gremiums dürften die sich häufenden Beschwerden des Auslandes über die Behandlung der nationalen Minderheiten gewesen sein. Thugutt, der im Frühjahr 1924 nach Genf, Rom, Paris und London gereist war, war dort ständig auf Vorwürfe wegen der Minderheitenfragen gestoßen. Sein wichtigster Eindruck von der Reise war, daß sich Polen mit seiner Minderheitenpolitik in internationalen Kreisen großen Schaden zugefügt hatte und nicht zuletzt deshalb ein befriedigendes Reformprogramm zur Lösung der Minderheitenfrage formuliert und verwirklicht werden mußte.[125]

Die entsprechenden Gesetzentwürfe regelten den Gebrauch der Muttersprache durch Ukrainer, Weißrussen und Litauer in Verwaltung, Schul- und Gerichtswesen. Infolge der unterschiedlichen Zusammensetzung der Expertenkommission trugen die Texte jedoch deutliche Zeichen von Kompromissen. Sie bildeten, wie Thugutt feststellte, „das Minimum dessen, was die Minderheiten forderten, aber zugleich das Maximum dessen, was sich als Kompromiß aller polnischen Parteien erreichen ließ".[126] Die Gesetze wurden im Sejm ausschließlich mit polnischen Stimmen, auch mit denen der polnischen Linksparteien, verabschiedet. Für dic „Wyzwolenie" erklärte der Abgeordnete Chomiński in der Sejmdebatte am 9. Juli 1924, die Gesetze seien „ein erster Schritt auf dem Wege zu einer tatsächlichen Regelung der Nationalitätenfrage".[127] Obwohl die Fraktion beschlossen hatte, für die vorgelegten Gesetze zu votieren, sprach sich eine Minderheit der Abgeordneten gegen sie aus.[128] Die Vertreter der weißrussischen und ukrainischen Minderheiten im Sejm sahen die Sprachengesetze als völlig unbefriedigend an und lehnten sie heftig ab, wobei sie von den jüdischen und deutschen Abgeordneten unterstützt wurden.[129]

Thugutt, der sich in den Kommissionsberatungen persönlich sehr stark für die Belange der Minderheiten eingesetzt hatte und überdies noch den Widerstand eines Teils der eigenen Fraktion gegen den erzielten Kompromiß überwinden mußte, war über die ablehnende Reaktion der Minderheitenvertreter sehr betroffen und tief enttäuscht.[130] Jahre später meinte er dagegen selbstkritisch:

---

[124] Program Niezależnej Partii Chłopskiej, 20. 11. 1925 [Programm der Unabhängigen Bauernpartei, 20. 11. 1925], in: Materiały źródłowe, T. II, S. 173.

[125] P. Korzec: Polen und der Minderheitenschutzvertrag, S. 531.

[126] S. Thugutt: Wybór pism, S. 117.

[127] Sejm R. P., 146. Sitzung am 9. 7. 1924, Sp. 27.

[128] Vgl. Krok naprzód w ważnej sprawie [Ein Schritt vorwärts in einer wichtigen Frage], in: Wyzwolenie Nr. 29 vom 20. 7. 1924, S. 2.

[129] Sejm R. P., 146. Sitzung am 9. 7. 1924, Sp. 27–31, 31–39, 39–47, 47–48, 49–61.

[130] S. Thugutt: Wybór pism, S. 117.

„Ich muß auch mit Bedauern feststellen, daß der Verdacht der Minderheiten, die Gesetze würden in der Praxis nicht verwirklicht werden – ein Verdacht, den ich entschieden zurückgewiesen habe –, sich im gewissen Grade bewahrheitete, insbesondere beim Schulgesetz."[131]

Das Schulgesetz, das sogenannte utraquistische (zweisprachige) Schulen einführte, ließ in der Praxis das Schulwesen der Ukrainer und Weißrussen katastrophal zusammenschrumpfen.[132] Kritisch beurteilte Thugutt allerdings auch das damalige Verhalten der Minderheiten als politisch unausgereift bzw. das der slawischen Minderheiten als kommunistisch beeinflußt. Hätten sich, so schrieb er in seinen Erinnerungen, die Minderheiten und die Linke seinerzeit zur Kooperation bereitgefunden und es fertiggebracht, ein unabhängiges Kontrollgremium zur Überwachung der Gesetzesausführung zu schaffen, wäre es nicht zu einem derartigen Mißbrauch der Gesetze durch die Behörden gekommen.[133]

Der pragmatischere und kompromißbereitere Kurs, den die „Wyzwolenie" gegenüber der Regierung in der Minderheitenfrage unter Führung Thugutts im Jahre 1924 steuerte, hatte bestimmte Konsequenzen für die Partei selbst, aber auch für das Verhältnis zu den östlichen Minderheiten. Wie bereits oben erwähnt wurde, führte Thugutts weitere Annäherung an die Regierung Grabski zwar zum Bruch mit der Fraktion, jedoch hatte in der Zwischenzeit die Unzufriedenheit mit dem Kurs der Parteiführung bei etlichen Abgeordneten in einem Maße zugenommen, daß es in der zweiten Jahreshälfte zu Parteiaustritten kam. Bereits am 11. Juli 1924, unmittelbar nach der Annahme der Sprachengesetze, verließen die weißrussischen Abgeordneten Ballin und Szakun die Fraktion. Am 11. November 1924 folgten ihnen die weißrussischen Abgeordneten Bon, Szapiel und Hołowacz, denen sich der Pole S. Wojewódzki anschloß.

Im Verhältnis der „Wyzwolenie" zu den nationalen Minderheiten und deren parlamentarischen Vertretern führte Thugutts Politik zu einer beträchtlichen Entfremdung, die sich angesichts der zunehmenden politischen Radikalisierung der Minderheiten Ostpolens nie wieder beseitigen lassen sollte. Beide Entwicklungen führten zu einem Rückgang des Einflusses der Partei in den Ostgebieten. Insbesondere nach Gründung der NPCh hatte die „Wyzwolenie" im Jahre 1925 alle Mühe, ihre Organisation im Nordosten aufrechtzuerhalten.[134]

Nichtsdestotrotz ergaben sich auch in den Jahren nach 1924 wiederholt Situationen, in denen die „Wyzwolenie" und ein Teil der Minderheiten sich einander näherten bzw. im Parlament sogar gleiche Positionen einnahmen. Die „Wyzwolenie" distanzierte sich bald vom Schulgesetz und stellte im Dezember 1925, nachdem die negativen Auswirkungen des Gesetzes auf das Schulwesen der Minderheiten sichtbar geworden waren, gleichsam als Korrektur zu ihrer früheren Zustimmung einen entsprechenden Antrag im Sejm.[135] Auch unterstützte die Partei weiterhin berechtigte Forderungen der Minderheiten, etwa die der Ukrainer nach Errichtung einer ukrainischen Universität in

---

131 Ebd., S. 118.

132 A. Chojnowski: Koncepcje, S. 39.

133 S. Thugutt: Wybór pism, S. 118.

134 Hierauf deutet etwa der Aufruf an die Einwohner der Ostgebiete am 13. September 1925 in der Parteizeitung „Wyzwolenie" hin, sich geschlossen hinter die Partei zu stellen, deren Reihen sich durch die Abspaltungen der NPCh und des „Klub Pracy" gelockert hätten. Vgl. J. B. Wojewódzki: Na zjazd w Wilnie! [Zum Parteitag nach Wilna!], in: Wyzwolenie Nr. 37 vom 13. 9. 1925, S. 5. B. Dymek: Niezależna Partia Chłopska, S. 57.

135 M. Papierzyńska-Turek: Sprawa ukraińska, S. 261.

Lemberg, und setzte sich für eine liberalere Minderheitenbehandlung ein.[136] Die Unterstützung der ukrainischen und weißrussischen Abgeordneten hingegen fand die Fraktion der „Wyzwolenie" u.a. für ihre Anträge auf Auflösung des Sejm im April 1925 und im Oktober/November 1925.[137]

Unternimmt man den Versuch, das Verhältnis der „Wyzwolenie" zu den einzelnen Parteien, zu den politischen Interessenträgern der beiden slawischen Minderheiten zu beleuchten, so stößt man auf das Faktum, daß die Quellen hierzu nichts aussagen. In Artikeln der Wochenzeitung der Bauernpartei ist nur von „Weißrussen" (białorusini) oder „Ukrainern" (ukraińcy) die Rede. Parteien dieser nationalen Minderheiten werden überhaupt nicht erwähnt. Das gilt nicht nur für die Zeit des Verfassunggebenden Sejm, dem ja kein einziger Vertreter einer weißrussischen oder ukrainischen Partei angehörte, sondern im Prinzip auch für die auf ihn folgende Legislaturperiode des polnischen Parlaments. Im Ende 1922 gewählten Sejm saßen anfangs elf weißrussische Abgeordnete, die trotz unterschiedlicher politischer Ansichten eine gemeinsame Fraktion (Klub) bildeten. Ebenso taten dies zwanzig ukrainische Abgeordnete, die ein ganzes Spektrum ukrainischer Parteien von links bis rechts vertraten. Die Minderheitenpolitiker versuchten, durch ein möglichst geschlossenes, diszipliniertes Vorgehen die Interessen der von ihnen vertretenen Bevölkerung durchzusetzen. Von außen nahm man daher die ukrainische bzw. die weißrussische Fraktion stärker als Einheiten wahr. Sowohl in der Wochenzeitung „Wyzwolenie" als auch in Parlamentsreden von „Wyzwolenie"-Abgeordneten hieß es infolgedessen nahezu immer: „die Ukrainer", „die ukrainischen Abgeordneten", „der ukrainische Klub" und „die Weißrussen", „die weißrussischen Abgeordneten", „der weißrussische Klub".

Die „Wyzwolenie" hegte, wie bereits erwähnt, eine Zeitlang große Hoffnungen auf eine Zusammenarbeit mit den bäuerlichen Parlamentariern der beiden Minderheiten. In der ukrainischen Fraktion dominierten Intelligenzler der ersten Generation, die noch eng mit dem bäuerlichen Milieu verbunden waren. Die Mehrheit der ukrainischen Abgeordneten hielt sich für Sozialisten. In der weißrussischen Fraktion war dies ähnlich, wobei das bäuerliche Element selbst noch stärker vertreten war. In der „Wyzwolenie" war man vor allem an diesen linksstehenden weißrussischen und ukrainischen Politikern interessiert, sofern und solange diese noch nicht kommunistische Positionen einnahmen.

8.6. Das Verhältnis der Partei zur jüdischen Minderheit

Deutlich anders verhielt sich die Partei gegenüber den beiden anderen Minderheiten, den Juden und den Deutschen. Beiden brachte sie weitaus weniger Wohlwollen und Kooperationsbereitschaft entgegen als den Ukrainern und Weißrussen. In der distanzierten Haltung der Bauernpartei gegenüber beiden Bevölkerungsgruppen gab es viele Parallelen. Die „Wyzwolenie" war eine Partei, deren Programm keine antisemitischen Aussagen enthielt. Die Forderung nach Gleichberechtigung aller Staatsbürger mußte nach ihrem Selbstverständnis auch auf die jüdischen Einwohner des Landes bezogen

[136] Ebd., S. 269; A. Bogusławski: Wspomnienia, T. III (1922–1925), AZHRL: P–189/IIIa, S. 214ff. Am 6. Dezember 1925 beschloß der Parteivorstand die Ausarbeitung eines Autonomieprojekts für die Nordostgebiete. Vgl. Uchwały Zarządu Głównego [Beschlüsse des Hauptvorstandes], in: Wyzwolenie Nr. 51 vom 20. 12. 1925, S. 4.

[137] Sejm R. P., 192. Sitzung am 2. 4. 1925, Sp. 112–113, und 254. Sitzung am 13. 11. 1925, Sp. 21–22.

werden. Wiederholt stellten prominente Parteimitglieder das friedliche Zusammenleben aller Nationalitäten als Voraussetzung für eine stabile Entwicklung des Landes heraus. In der Praxis hielt die Partei diese Linie freilich nicht immer konsequent durch. Der Grund hierfür dürfte in der Einstellung eines großen Teils ihrer Basis gelegen haben.

Der nationale Appell und die antisemitischen Parolen der Nationaldemokratie hatten seit der Jahrhundertwende zwar in erster Linie das Kleinbürgertum angesprochen, wirkten jedoch weit in die Arbeiter- und Bauernschaft hinein.[138] Einfluß auf die Haltung der Bauern, selbst wenn sie nicht der Nationaldemokratie nahestanden, sondern sich in die Bauernbewegung eingereiht hatten, übte die Losung gegen die „Fremden" in der Wirtschaft aus. Es waren nicht die wenigen, sich oftmals in einer schlechten wirtschaftlichen Lage befindlichen jüdischen Bauern, die die kritische Aufmerksamkeit der polnischen Landbevölkerung auf sich zogen, sondern die jüdischen Händler und Pächter von Schenken, die seit langer Zeit in vielen polnischen Dörfern lebten und in ihnen eine wichtige ökonomische und soziale Funktion wahrnahmen.[139] Der ökonomische und soziale Gegensatz zwischen Bauernschaft und jüdischem Handel war vor und nach 1918 in den Dörfern Zentralpolens allerdings geringer ausgeprägt als in den Dörfern Galiziens. Wahrscheinlich liegt hierin die Erklärung für die relativ seltenen und gemäßigt antisemitischen Äußerungen in der kongreßpolnisch geprägten „Wyzwolenie". Es ist aber unbestreitbar, daß der Genossenschaftsgedanke der Bauernbewegung, ein wichtiger Teil des Parteiprogramms, auch darauf gerichtet war, die Abhängigkeit der Bauern von der Schicht der jüdischen Händler und Vermittler zu verringern und insofern antisemitisch wirkte.

Zunächst soll die Reaktion der Partei auf die antijüdischen Pogrome, die sich nach 1918 ereigneten, untersucht werden. Es läßt sich feststellen, daß die Partei das Lemberger Pogrom vom November 1918 bedauerte und als „für den polnischen Namen außerordentlich peinlichen Vorfall"[140] bezeichnete. Ebenso verurteilte sie die Krakauer Unruhen vom Juni 1919 als „bedauerlichen Vorfall" und bezeichnete „verdummte finstere Kräfte" als Urheber derartiger Zwischenfälle.[141] Etwas anders fiel die Reaktion auf die antijüdischen Ausschreitungen in Tschenstochau im Mai 1919 aus. Hier stellte die „Wyzwolenie" durch ihren Abgeordneten Osiecki am 30. Mai 1919 im Sejm einen eigenen Dringlichkeitsantrag, der die Mehrheit erhielt.[142] Sie tat dies im Gegensatz zur PPS, die einen weitergehenden Antrag einiger jüdischer Abgeordneter, sämtliche antijüdischen Ausschreitungen zu verurteilen, unterstützte.[143] Osiecki betonte, daß für ihn keineswegs feststehe, ob es sich tatsächlich um ein Pogrom gehandelt habe, und beantragte eine Untersuchung der Zwischenfälle, die Bestrafung der Schuldigen und Vorbeugemaßnahmen gegen eine Wiederholung solcher Unruhen.

Einer derart zurückhaltenden Bewertung der Ereignisse durch den genannten Abgeordneten mag ein tatsächliches Informationsdefizit zugrunde gelegen haben; es mögen jedoch auch außenpolitische Gesichtspunkte, d.h. Bedenken im Hinblick auf die Wirkung eines solchen Antrages auf das Ausland, maßgebend gewesen sein. Die

---

138 D. Beyrau: Antisemitismus und Judentum in Polen 1918–1939, in: Geschichte und Gesellschaft 8 (1982), H. 2, S. 205–232.

139 F. Golczewski: Polnisch-jüdische Beziehungen 1881–1922, Wiesbaden 1981, S. 60ff., 318.

140 Co słychać w Polsce? [Was gibt es Neues in Polen?], in: Wyzwolenie Nr. 50 vom 15. 12. 1918, S. 465.

141 Krwawe rozruchy w Krakowie [Blutige Unruhen in Krakau], in: Wyzwolenie Nr. 24 vom 15. 6. 1919, S. 307.

142 Sejm Ustawodawczy, 43. Sitzung am 30. 5. 1919, Sp. 74.

143 F. Golczewski: Polnisch-jüdische Beziehungen 1881–1922, S. 251.

Nachrichten von den Pogromen und verschiedenen antisemitischen Vorfällen hatten im Ausland, insbesondere unter den jüdischen Organisationen in den USA und Großbritannien, aber auch bei den Regierungen dort bereits eine beträchtliche Beunruhigung ausgelöst. Kommissionen aus diesen Ländern bereisten im Frühjahr und Sommer 1919 Polen mit dem Auftrag, die Vorfälle zu untersuchen. Die Tätigkeit dieser Untersuchungskommissionen wurde in der polnischen Öffentlichkeit von niemandem begrüßt. Auch die Parteizeitung „Wyzwolenie" äußerte sich zur Mission des amerikanischen Senators Morgenthau abwartend bis skeptisch und erklärte, daß die Verbreitung (!) von Nachrichten über Pogrome Polen schade.[144]

Einige Jahre später, im Juni 1923, kam Stanisław Thugutt im Sejm noch einmal auf die antijüdischen Vorfälle der Jahre 1918/1919 und den Zusammenhang zwischen ihnen und dem Minderheitenschutzvertrag zurück, als er den jüdischen Abgeordneten vorwarf, die Vorfälle der vergangenen Jahre übertrieben und zu Pogromen aufgebauscht zu haben.[145] Thugutts Äußerung war für ihn wie für die Partei durchaus ungewöhnlich. Sie war allerdings wohl weniger darauf gerichtet, einen Anschluß an die antisemitische und nationalistische Propaganda der Rechten zu gewinnen, sondern dürfte eher Ausdruck einer momentanen starken Verärgerung und Enttäuschung über das Verhalten der jüdischen Abgeordneten beim Sturz der von der Linken gestützten Regierung Sikorski gewesen sein. Wenige Wochen zuvor hatte sich im Sejm der Abgeordnete Smoła im Namen der Fraktion von den jüngsten Ausschreitungen am 5. April 1923 in Warschau distanziert.[146] Insgesamt läßt sich feststellen, daß die Partei die antijüdischen Ausschreitungen weder billigte noch rechtfertigte, sondern ihnen kritisch gegenüberstand. Sie rang sich jedoch aus tagespolitischen Gründen nicht in jedem Fall zu einer konsequenten Verurteilung durch.

In der parlamentarischen Arbeit gab es in beiden Legislaturperioden Phasen einer gewissen Annäherung zwischen den Vertretern der „Wyzwolenie" und der jüdischen Parteien. Im Verfassunggebenden Sejm war dies insbesondere während der langwierigen und mühevollen Arbeit an der Verfassung der Fall. So unterstützten die jüdischen Abgeordneten in der Regel liberale, demokratische Positionen und stimmten in der Verfassungskommission u.a. für die Anträge der polnischen Linken auf ein Einkammerparlament und auf die Wahl des Präsidenten durch das Volk.[147] Auch im neuen Sejm, in dem der Jüdische Klub (Fraktion) nach dem Wahlerfolg des Minderheitenblocks mit 34 Stimmen zu einem parlamentarischen Faktor geworden war, ergaben sich von Zeit zu Zeit Berührungspunkte. Diese reichten von der verabredeten Stimmabgabe der jüdischen Abgeordneten für den Präsidentschaftskandidaten der „Wyzwolenie", Gabriel Narutowicz, über die oben geschilderten gemeinsamen Beratungen zur Konsolidierung der Opposition Anfang Dezember 1923 bis hin zur Unterstützung von Mißtrauensanträgen der Linksopposition im Jahre 1925.[148]

Erwähnt werden muß allerdings ebenfalls, daß die Linksparteien für wichtige Probleme der jüdischen Bevölkerung wenig oder überhaupt kein Verständnis aufbrachten.

---

144 Ze świata [Aus aller Welt], in: Wyzwolenie Nr. 32 vom 10. 8. 1919, S. 409.

145 Sejm R. P., 48. Sitzung am 19. 6. 1923, Sp. 13.

146 Ebd., 33. Sitzung am 17. 4. 1923, Sp. 46.

147 L. Halpern: Polityka żydowska w Sejmie i Senacie Rzeczypospolitej Polskiej 1919–1933 [Die jüdische Politik in Sejm und Senat der Republik Polen 1919–1933], in: Sprawy Narodowościowe 7 (1933), Nr. 1, S. 41.

148 P. Korzec: Das Abkommen zwischen der Regierung Grabski und der jüdischen Parlamentsvertretung, in: JGO N.F. 20 (1972), H. 3, S. 339 und 356.

Zu nennen wäre hier in erster Linie die diskriminierende Wirkung verschiedener arbeitspolitischer Maßnahmen, z.B. die des Gesetzes von 1919 über die obligatorische Sonntagsruhe. Die jüdische Fraktion verlangte wiederholt eine Abschaffung der zwangsweisen Sonntagsruhe für die jüdische Minderheit.[149] Sie fand hierfür bei der „Wyzwolenie", die in ihrer Presse mit keinem Wort auf das Problem einging, wie bei den anderen Linksparteien keinerlei Unterstützung.

Mit großer Enttäuschung registrierte die jüdische Seite auch gewisse prinzipielle Einstellungsmuster dieser Parteien ihr gegenüber. Dies machte der Abgeordnete Grünbaum in seiner Stellungnahme zur Regierungserklärung Witos' am 2. Juni 1923 deutlich. Nachdem er auf den Antisemitismus und Chauvinismus der Rechten hingewiesen hatte, warf er der Linken vor, nicht nur vor den Erscheinungen des Antisemitismus aus Angst um ihre Popularität die Augen zu verschließen, sondern insgeheim selbst den Antisemitismus als Waffe gegen den politischen Gegner zu verwenden:

> „Vertreter unserer Linken ... haben gesagt, es wäre am besten, wenn die Juden gemeinsam mit der Rechten stimmten, da sie auf diese Weise die Rechte tödlich kompromittieren würden. Und weshalb würden sie die Rechte kompromittieren? Weil sie nämlich den Vertretern der Linken die Möglichkeit geben würden, in der Agitation dieselben Argumente zu verwenden, mit deren Hilfe die Rechte die sogenannten Linksregierungen terrorisiert hat. Denn die gefährlichste Anschuldigung, vor der die sogenannten Linksregierungen geradezu vor Schreck erstarren, ... war die Anschuldigung, sie steckten mit den Juden irgendwie unter einer Decke. Und ebendasselbe würden Sie, meine Herren von der Wyzwolenie, der NPR und manchmal auch der PPS, jetzt von ganzem Herzen wünschen, um dieselbe Anschuldigung gegen die Rechte erheben zu können."[150]

Dieser Vorwurf des jüdischen Abgeordneten entbehrte in seinem Kern in bezug auf die „Wyzwolenie" nicht einer gewissen Berechtigung. Die Partei hatte sich seit den Tagen der Volksregierungen des Jahres 1918 ständig mit diffamierenden Behauptungen ihrer christlichdemokratischen und nationaldemokratischen Gegner auseinanderzusetzen, sie sei eine jüdische bzw. judenfreundliche Partei.[151] Sie verteidigte sich hiergegen energisch und unterstrich wiederholt, daß es nicht einen einzigen Juden in ihren Reihen gäbe.[152] Es seien hingegen die Rechtsparteien, hieß es in einem Wahlkampfflugblatt der „Wyzwolenie" weiter, die im Sejm mit den Juden gemeinsame Sache zugunsten der Wohlhabenden und Reichen machten; es seien deren Anhänger, die gute Geschäftsbeziehungen mit jüdischen Pächtern, Fabrikanten und Kaufleuten unterhielten und die Entwicklung des Genossenschaftswesens behinderten.[153]

In Meldungen der Parteizeitung „Wyzwolenie" war des öfteren von einer Zusammenarbeit zwischen dem politischen Gegner und Juden die Rede. So berichtete man erstmals im Sommer und Herbst 1918 empört, daß Tausende von Morgen Gutsland an „jüdische Wucherer" bzw. „in fremde Hände" gelangt seien, und veröffentlichte die

---

[149] J. Gitman: The Jews and Jewish Problems in the Polish Parliament, 1919–1939, New Haven 1962, S. 82ff.

[150] Sejm R. P., 42. Sitzung am 2. 6. 1923, Sp. 42f.

[151] Vgl. Wyzwolenie Nr. 5 vom 2. 2. 1919, S. 64f.; A. Kłos: Stronnictwa i Partje. Partja Tugutowców [Parteien. Die Partei der Thugutt-Anhänger], S. 14; Prawda o wyzwoleńcach [Die Wahrheit über die Wyzwolenie-Anhänger], o. O., o. J. (nach 1924), AZHRL: U–III/3.

[152] Vgl. Wyzwolenie Nr. 44 vom 29. 10. 1922, Beilage; Ziemia, władza i wiedza dla ludu [Land, Macht und Wissen für das Volk], Warszawa XI 1922, AZHRL: U–II/14.

[153] Ebd.

Namen der verkaufenden Gutsbesitzer.[154] Kritisiert wurde ferner immer wieder die Verpachtung von Ackerland und Wald bzw. ganzer Güter an Juden.[155] Angesprochen waren neben Gutsbesitzern und Großbauern auch einige Geistliche, denen der Vorwurf gemacht wurde, Land und Gärten ihrer Pfarreien an Juden zu verpachten.

Der Kongreß der Wilnaer Parteiorganisation vom 28./29. Januar 1923 stellte mit spürbarer Genugtuung fest, daß die Regierung Sikorski „gegen die Stimmen der polnischen, jüdischen und deutschen Nationalisten" das Vertrauen der Bauern- und Arbeiterparteien erhalten habe.[156] Mit großem Erstaunen hatte man im September 1922 in der Partei die Entstehung des Wahlblocks der nationalen Minderheiten aufgenommen und sogleich die Gemeinsamkeit der Interessen aller Minderheiten bezweifelt: „Welche Gemeinsamkeit der Interessen gibt es zwischen Bauern und Juden? Der Verbündete des weißrussischen und ukrainischen Bauern, der sich volle Rechte und eine bessere Regierung erkämpfen möchte, wird immer der polnische Bauer sein, niemals der Jude."[157] Nach der Wahl unterteilte man in der Partei bisweilen die Abgeordneten des Minderheitenblocks völlig pauschal in die Abgeordneten der bäuerlichen Weißrussen und Ukrainer und in „jüdische und deutsche Kapitalisten".[158]

Ein Zusammenspiel zwischen der Mitte-Rechts-Regierung Witos II und jüdischen und deutschen Fabrikanten glaubte die Parteizeitung dann anläßlich der blutigen Zusammenstöße zwischen der Polizei und streikenden Arbeitern der Textilindustrie von Lodz und Bielitz (Bielsko) im Sommer 1923 behaupten zu können.[159] Auch später berichtete das Blatt in einer Mischung aus Empörung und Schadenfreude über Fälle einer Zusammenarbeit von Angehörigen der rechtsgerichteten Parteien und der jüdischen Minderheit.[160]

Hingewiesen sei noch auf die Reaktion der Partei auf das Abkommen zwischen der Regierung Grabski und dem Jüdischen Klub vom 4. Juli 1925. Das Abkommen wurde von der „Wyzwolenie" wie auch von den anderen Linksparteien negativ bewertet.[161] Mit großer Genugtuung und Erleichterung hieß es jedoch: „Viele Jahre hindurch, insbesondere bei Wahlen, hat die Rechte immer geschrieen, daß die Linke, besonders die Wyzwolenie, es mit den Juden hält. Endlich hat es damit ein Ende."[162]

Es ist deutlich erkennbar, daß die „Wyzwolenie" dem teils latenten, teils offenen Antisemitismus ihrer bäuerlichen Anhänger Rechnung trug und bisweilen peinlich

---

154 Zaprzepaszczenie ziemi [Vergeudung von Land], in: Wyzwolenie Nr. 29 vom 21. 7. 1918, S. 266; Ziemia w ręce Żydów [Land in den Händen der Juden], in: Wyzwolenie Nr. 30 vom 28. 7. 1918, S. 276; W obce ręce [In fremde Hände], in: Wyzwolenie Nr. 42 vom 20. 10. 1918, S. 373.

155 Siehe z. B. die Artikel: Brońmy interesów masy ludowej naszego Państwa, a zwalczajmy lichwiarzy żydowskich [Verteidigen wir die Interessen der Volksmasse unseres Staates und bekämpfen wir jüdische Wucherer], in: Wyzwolenie Nr. 20 vom 14. 5. 1922, S. 219, und: Jak to nasi obszarnicy popierają żydów [Wie unsere Gutsbesitzer Juden unterstützen], in: Wyzwolenie Nr. 16 vom 15. 4. 1923, S. 4.

156 Kongres PSL w Wilnie [Der Kongreß der PSL in Wilna], in: Wyzwolenie Nr. 9 vom 25. 2. 1923, S. 8.

157 Blok Mniejszości Narodowych Rzeczypospolitej Polskiej [Der Block der Nationalen Minderheiten der Republik Polen], in: Wyzwolenie Nr. 36 vom 3. 9. 1922, S. 397.

158 Vgl. A. Kordowski: Jakiemi drogami [Auf welchen Wegen], in: Wyzwolenie Nr. 18 vom 29. 4. 1923, S. 4.

159 Krew jest złym posiewem [Blut ist eine schlechte Saat], in: Wyzwolenie Nr. 32 vom 5. 8. 1923, S. 7.

160 Niech żyje jedność – Czyja? [Es lebe die Einheit! – Wessen?], in: Wyzwolenie Nr. 12 vom 22. 3. 1925, S. 7.

161 P. Korzec: Das Abkommen, S. 348f.

162 Umowa z żydami czyli żydowski konkordat [Das Abkommen mit den Juden oder das jüdische Konkordat], in: Wyzwolenie Nr. 34 vom 23. 8. 1925, S. 5.

darum bemüht war, den Eindruck zu vermeiden, sie sei eine judenfreundliche Partei. Sie tat dies, indem sie Kontakte und Fälle von Zusammenarbeit ihrer politischen Gegner mit der jüdischen Seite heftig kritisierte. Es wäre nun freilich verfehlt anzunehmen, die „Wyzwolenie" hätte antisemitischen Positionen angehangen. Es gibt in den vorliegenden Quellen kaum Belege dafür, daß die Politiker der Partei öffentlich antisemitische Auffassungen vertreten bzw. solchen Vorschub geleistet hätten. Lediglich im Parteiblatt finden sich einige Spuren[163], doch fallen diese Leserbriefe und Kurzmeldungen mit ausgesprochen antisemitischem Charakter angesichts der riesigen Menge des Materials in dem Zeitraum zwischen 1918 und 1926 nicht allzustark ins Gewicht. Die Führer der „Wyzwolenie" gehörten zu den wenigen Politikern, die sich frühzeitig auf die Realitäten des polnischen Nationalitätenstaates einstellten und zu erkennen gaben, daß sie auch ein Zusammenwirken mit der jüdischen Minderheit und deren Vertretern nicht prinzipiell ausschlossen.[164]

Wie im Falle der ukrainischen und weißrussischen Minderheiten ist es nicht möglich, das Verhältnis der „Wyzwolenie" zu den einzelnen jüdischen Parteien, z.B. „Aguda", „Bund", „Poale Zion" oder „Hitachduth", zu ermitteln und darzustellen. Es sind keine Äußerungen der Gremien oder der Politiker der Bauernpartei aufzufinden, die entsprechende Schlußfolgerungen gestatten würden. Es ist lediglich eine Vermutung, daß die „Wyzwolenie" für die jüdischen sozialistischen Parteien mehr Interesse und Verständnis aufbrachte als für die übrigen jüdischen Parteien.

8.7. Das Verhältnis der Partei zur deutschen Minderheit

Neben der jüdischen war es die deutsche Minderheit, die sehr viel weniger im Mittelpunkt des Interesses der „Wyzwolenie" stand als die Weißrussen und Ukrainer Ostpolens. Ein wenig überspitzt könnte man sagen, daß die Lebensbedingungen, die Probleme und die Aktivitäten der Mitbürger deutscher Nationalität für die Partei kein Thema waren. Dies wurde bereits zu Beginn der Legislaturperiode des Verfassunggebenden Sejm deutlich, als in der am 22. Februar 1919 von Błażej Stolarski verlesenen Deklaration der Sejmfraktion der „Wyzwolenie" die deutsche Bevölkerungsgruppe mit keinem Wort erwähnt wurde.[165] Auch in späteren die Minderheitenfrage betreffenden Stellungnahmen der Spitzengremien der Partei und ihrer Fraktion war in der Regel nur von den slawischen Minderheiten die Rede.

Im Einflußbereich der „Wyzwolenie" lebte nur der kleinere Teil der polnischen Staatsbürger deutscher Nationalität.[166] Es handelte sich hierbei um die mindestens 250000 Personen zählende Gruppe der Deutschen in Kongreß- oder Mittelpolen und Wolhynien, die etwa ein Viertel aller Deutschen Polens ausmachte. Von den Deutschen Mittelpolens lebten ca. 70%, von den Wolhyniendeutschen sogar ca. 95% auf dem Lande[167], so daß durchaus ein nennenswertes deutsches Bauerntum in diesen Gebieten vorhanden war. Die deutschen Bauern lebten fast immer in geschlossenen Siedlungen,

---

[163] Vgl. Wyzwolenie Nr. 38 vom 22. 9. 1918, S. 338f.; Nr. 37 vom 14. 9. 1919, S. 473; Nr. 1 vom 11. 1. 1920, S. 13f.; Nr. 44 vom 2. 11. 1924, S. 11.

[164] Vgl. oben S. 196.

[165] Vgl. Sejm Ustawodawczy, 4. Sitzung am 22. 2. 1919, Sp. 110.

[166] Die Mehrzahl der Deutschen in Polen lebte in den früher preußischen Gebieten Posen, Pommerellen und Ost-Oberschlesien.

[167] O. Heike: Die deutsche Minderheit, S. 164f.

bewahrten ihre Konfession und ihre deutsche Identität und waren vor dem Ersten Weltkrieg – mit Ausnahme derjenigen in Wolhynien – im allgemeinen vermögend.[168]

In der Presse der „Wyzwolenie" finden sich nur relativ wenige Nachrichten über die deutschen Kolonisten. Eine gewisse Nachrichtenhäufung gibt es in der zweiten Hälfte des Jahres 1918, als kurz hintereinander in den Nummern der Parteizeitung über die Rückkehr von bei Kriegsbeginn nach Rußland zwangsausgesiedelten deutschen Kolonisten in ihre angestammten Dörfer bei Płock, Warschau und Chełm (Cholm) berichtet wurde.[169] Viele der heimgekehrten deutschen Bauern fanden damals ihre Höfe zerstört oder von polnischen Pächtern belegt vor. Die Kreisämter und andere Amtsstellen der deutschen Besatzungsmacht bemühten sich, den Rückkehrern bei der Wiedererlangung ihres Eigentums bzw. beim Neuaufbau ihrer Existenz behilflich zu sein. Dabei kam es verständlicherweise zu Reibungen und Konflikten der Heimgekehrten mit den polnischen Nutznießern.[170]

In der Parteizeitung wurde relativ neutral über die Ereignisse berichtet, wobei ein kritischer Unterton zur behördlicherseits den Kolonisten erwiesenen Hilfe sowie eine gewisse Genugtuung darüber, daß polnische Bauern einen Teil des Landes der nun oft mittellosen Kolonisten kauften, durchschimmerten. Die zurückhaltende Kommentierung mag zwar auch mit der damals noch bestehenden Pressezensur der Besatzungsbehörden zusammengehangen haben, dürfte allerdings nicht nur allein durch diese verursacht gewesen sein, da nach deren Fortfall im November 1918 ja durchaus die Möglichkeit zur ungehinderten Meinungsäußerung bestand. Möglicherweise war hier doch ein gewisses Verständnis für die Nöte der deutschen Rückkehrer gegeben.

Auch in den folgenden Jahren wurde in der Parteipresse über deutsche Kolonisten nur wenig geschrieben. So wurde in einem Fall die Verpachtung eines Majoratsgutes an einen Ulrych Dirks, „von Herkunft und Überzeugung ein Deutscher", kritisiert und gefragt, weshalb „das polnische Land Deutsche ernährt", während Tausende Polen nicht genügend Land für ihre eigene Existenz hätten.[171] In einem andern Falle wurde über die angebliche Bevorzugung eines deutschen Kolonisten durch den Leiter des Büros für Wiederaufbau im Kreis Sochaczew und die daraufhin eingeleitete Anfrage des Abgeordneten Tadeusz Niedzielski beim Ministerium für Öffentliche Arbeiten berichtet.[172]

Wesentlich wichtiger als diese wenigen Einzelfälle ist jedoch ein anderes Faktum: Es finden sich in der Parteipresse der Jahre 1918 bis 1926 keinerlei Berichte darüber, daß auf den Ortsversammlungen der „Wyzwolenie" in Gebieten, in denen auch deutsche Siedlungen lagen, von den polnischen Bauern Schwierigkeiten und Probleme im Umgang mit ihren deutschen Nachbarn benannt worden wären. Dieser Befund scheint die in der Literatur anzutreffende Feststellung, die deutschen Dörfer hätten im allgemeinen in einem guten Einvernehmen mit ihrer polnischen Umgebung gelebt[173], zu bestätigen.

168 W. Pruss: Społeczeństwo Królestwa Polskiego w XIX i początkach XX wieku [Die Gesellschaft des Königreichs Polen im 19. und zu Beginn des 20. Jahrhunderts], cz. I, in: PH 68 (1977), Nr. 2, S. 274 ff.

169 Vgl. Wyzwolenie Nr. 32 vom 11. 8. 1918, S. 291; Nr. 33 vom 18. 8. 1918, S. 298, und Nr. 37 vom 15. 9. 1918, S. 332.

170 O. Heike: Die deutsche Minderheit, S. 135.

171 Pytają ludzie ... [Die Leute fragen ...], Wyzwolenie Nr. 7 vom 15. 2. 1920, S. 84.

172 Interpelacja [Interpellation], in: Wyzwolenie Nr. 14 vom 1. 4. 1923, S. 7; Odpowiedź [Antwort], in: Wyzwolenie Nr. 28 vom 8. 7. 1923, S. 7.

173 W. Pruss: Społeczeństwo, S. 274 f.; O. Heike: Die deutsche Minderheit, S. 166.

Hingegen liegen verschiedene Hinweise auf Kontakte zwischen der „Wyzwolenie" und deutschen Bauern in Mittelpolen und Wolhynien vor. So hieß es in einem Bericht über eine Parteiversammlung am 15. April 1923 in der Kreisstadt Włodzimierz in Wolhynien, auf der die Abgeordneten Sylwester Mazecki und Antoni Szapiel sprachen, daß unter den Anhängern der Partei zahlreiche Ukrainer und Deutsche gewesen seien.[174] Am 4. Februar 1926 berichtete der Starost von Chełm, in dessen Kreis in den Tagen vom 31. Januar bis zum 3. Februar 1926 eine Reihe von Versammlungen mit den Abgeordneten Irena Kosmowska und Antoni Kordowski stattgefunden hatte, dem Wojewoden von Lublin: „Es ist ein charakteristisches Moment, daß die Abgeordneten sich in ihren Ansprachen bemühten, die deutschen Kolonisten und die ukrainische Bevölkerung zu gewinnen ..."[175] Eine zeitgenössische deutsche Studie aus Polen über die Situation der Wolhyniendeutschen läßt schließlich eine gewisse Empfänglichkeit der nach dem Ersten Weltkrieg in erheblicher wirtschaftlicher Not lebenden wolhyniendeutschen Bauern für die Propaganda der polnischen Linken nicht ausgeschlossen erscheinen. Kurt Lück bedauerte in den „Deutschen Blättern in Polen" im Jahre 1926 die politische Richtungslosigkeit der Wolhyniendeutschen und stellte fest:

> „Den Eigentümern ist ‚Wyzwolenie-Partei' ein ebenso dunkler Begriff wie ‚Deutsche Sejmfraktion' und die in ihrem Besitz bedrohten Pächter und Landlosen gehören zu 60 % zum ‚Związek Zawodowy Robotników Rolnych Rzeczypospolitej Polskiej' (Berufslandarbeiterverband, PPS angehörend), zahlen 20 Złoty jährlich in Monatsraten in dessen Kasse und lassen sich dafür von dessen Agitatoren den Kopf mit Landversprechungen und kommunistischen Ideen vollpropfen."[176]

Anders war das Verhältnis der Partei zu den Deutschen in den westlichen Wojewodschaften, d.h. außerhalb ihres Einflußgebietes. Mit ihnen bestanden keinerlei nachbarschaftliche Gemeinsamkeiten. Aufgrund der wenigen, einseitigen Berichte in der Parteipresse konnte der Leser den Eindruck gewinnen, daß es sich bei den Deutschen Posens, Pommerellens (Westpreußens) und Ost-Oberschlesiens vor allem um Großgrundbesitzer, Großbauern, Industrielle und Kaufleute handelte, die einen größeren Anteil am Nationalvermögen besaßen, als ihnen zukam.[177] Dementsprechend wurde auch in einem „Wyzwolenie"-Artikel nach dem Bekanntwerden der Oberschlesienregelung eine Verstaatlichung der schlesischen Gruben und Fabriken angeregt[178] und in späteren Jahren im Sejm durch Abgeordnete der „Wyzwolenie" eine beschleunigte Parzellierung des Großgrundbesitzes in den Westgebieten gefordert[179], der ja doch noch zu einem beträchtlichen Teil in deutschen Händen war.

Von der bedrückenden Situation, in der sich die deutsche Bevölkerung in den Provinzen Posen und Pommerellen vielfach befand, wurde in der Parteipresse keinerlei Notiz genommen. Es fehlte jede Information über die Liquidation bäuerlichen Besitzes

---

174 Głosy wsi [Stimmen des Dorfes], in: Wyzwolenie Nr. 18 vom 29. 4. 1923, S. 6.

175 WAPL: UWL. WSP. sygn. 2170. Polskie Stronnictwo Ludowe „Wyzwolenie" – sprawozdania z zebrań i wieców [Polnische Bauernpartei „Wyzwolenie" – Berichte von Versammlungen und Kundgebungen]. 1921–1930, S. 234.

176 K. Lück: Das Deutschtum innerhalb der Bevölkerung Wolhyniens, in: Deutsche Blätter in Polen 3 (1926), Nr. 11/12, S. 524.

177 Vgl. z.B. die Wyzwolenie-Artikel: Powrót Śląska [Die Rückkehr Schlesiens], Nr. 44 vom 30. 10. 1921, S. 407f.; Osadnictwo wojskowe [Militäransiedlung], Nr. 13 vom 25. 3. 1923, S. 2; Brzydka sprawa [Eine häßliche Sache], Nr. 44 vom 2. 11. 1924, S. 11.

178 Powrót Śląska [Die Rückkehr Schlesiens], in: Wyzwolenie Nr. 44 vom 30. 10. 1921, S. 407f.

179 Osadnictwo wojskowe [Militäransiedlung], in: Wyzwolenie Nr. 13 vom 25. 3. 1923, S. 2; Czas zastanowić się nad tem [Es ist Zeit, darüber nachzudenken], in: Wyzwolenie Nr. 32 vom 9. 8. 1925, S. 1f.

auf Ansiedlungsland und über die Aufhebung der Verträge mit Domänenpächtern in den ersten Jahren nach 1918, über das Vorgehen der polnischen Behörden gegen Zeitungen und Organisationen der deutschen Minderheit oder über das Schicksal der deutschen Optanten im Jahre 1925. Ebenso fehlte beinahe jede Erwähnung der zahlreichen Klagen, die in dem gesamten Zeitraum von den Organisationen und Sejmabgeordneten der deutschen Minderheit über Maßnahmen der polnischen Behörden beim Völkerbund geführt wurden.

Eine Ausnahme bildeten lediglich zwei kurze, in mißbilligendem Ton gehaltene Berichte über eine Klage des deutschen Abgeordneten Eugen Naumann gegen das im Juli 1925 im Sejm behandelte Agrarreformgesetz.[180] Letzteres wurde im übrigen nicht von allen deutschen Abgeordneten abgelehnt. Der sozialistische Abgeordnete Artur Kronig aus Lodz befürwortete es in der Sejmdebatte ausdrücklich. Er appellierte an die polnischen Bauern- und Arbeiterparteien, eine Agrarreform anzustreben, die die werktätige Landbevölkerung aller Nationalitäten berücksichtige und auch deutschen Kleinbauern und Landarbeitern Boden zuteile.[181]

Die deutsche Minderheit hatte sowohl Vertreter im Verfassunggebenden als auch im ersten regulären Sejm. Im Verfassunggebenden Sejm besaß sie bis Juni 1920 zwei Abgeordnete aus Mittelpolen (Lodz), nach der Ergänzungswahl in den Wojewodschaften Posen und Pommerellen insgesamt acht Abgeordnete, die eine sehr kleine Fraktion bildeten. Im ersten regulären Sejm ab November 1922 war die deutsche Vertretung mit 17 Abgeordneten mehr als doppelt so stark.

In den Wahlkämpfen wandte sich die „Wyzwolenie" nicht gegen die Deutschen wie auch nicht gegen die anderen Minderheiten. Nur gelegentlich wurde 1919 die Besorgnis führender Parteimitglieder sichtbar, die Minderheiten könnten durch eine hohe Wahlbeteiligung in ethnisch gemischten Gebieten eine verhältnismäßig starke parlamentarische Vertretung, auch zu Lasten der polnischen Landbevölkerung, erhalten.[182] Die Reaktion der Partei auf die Entstehung des Minderheitenblocks vor den Wahlen im Herbst 1922 war einerseits Verständnis für das Vorgehen der Minderheiten, deren Empörung über die Benachteiligung durch die Wahlordnung man akzeptierte[183], andererseits Erstaunen über ein Zusammengehen der „weißrussischen und ukrainischen Bauern mit Juden und Deutschen gegen Polen", das man als unerwünscht betrachtete.[184]

Im Verfassunggebenden Sejm gab es nur wenige Berührungspunkte zwischen den deutschen und den „Wyzwolenie"-Abgeordneten. Auf die Rede des deutschen Sejmabgeordneten Hasbach am 1. Oktober 1920 zur Regierungserklärung von Ministerpräsident Ponikowski – sie stellte das erste bedeutungsvollere parlamentarische Auftreten der deutschen Minderheit in Polen dar – reagierte die „Wyzwolenie" weder im Beitrag ihres Sprechers Jan Woźnicki noch im Bericht ihres Parteiorgans über diese Sitzung.[185]

---

[180] Obrady Ligi Narodów [Die Beratungen des Völkerbundes], in: Wyzwolenie Nr. 38 vom 20. 9. 1925, S. 4; Ze świata [Aus aller Welt], in: Wyzwolenie Nr. 42 vom 18. 10. 1925, S. 9.

[181] Sejm R. P., 224. Sitzung am 1. 7. 1925, Sp. 4–7.

[182] Vgl. das im Januar 1919 in Lodz erschienene Wahlkampfflugblatt „Do wyborów włościan!" [Zur Wahl, Bauern!], AZHRL: U–II/1, Zb.–B. S.–1.

[183] Blok Mniejszości Narodowych [Der Block der Nationalen Minderheiten], in: Wyzwolenie Nr. 36 vom 3. 9. 1922, S. 397.

[184] Kłamstwa wyborcze [Wahllügen], in: Wyzwolenie Nr. 38 vom 17. 9. 1922, S. 422.

[185] Vgl. Sejm Ustawodawczy, 249. Sitzung am 1. 10. 1921, Sp. 2–10, und Wyzwolenie Nr. 41 vom 9. 10. 1921, S. 379.

Ähnlich verhielt es sich mit der Sejmaussprache über das Regierungsprogramm am 5. Mai 1922. Der Abgeordnete der „Wyzwolenie“ Eustachy Rudziński nahm zwar ausführlich zum Problem der nationalen Minderheiten Stellung, erwähnte die deutsche jedoch nicht.[186] Danach ergriff der deutsche Abgeordnete Joseph Spickermann das Wort und trug Beschwerden über die diskriminierende Behandlung der deutschen Bevölkerung vor, wobei er sich mit keiner Silbe auf die von Rudziński vorgebrachte Kritik an der Minderheitenpolitik der Regierung bezog.[187]

Die deutschen Abgeordneten konnten trotz ihrer geringen Zahl auch bei Abstimmungen im Verfassunggebenden Sejm bisweilen den Ausschlag geben. Als im Juli 1919 über den Grundsatzbeschluß zur Agrarreform abgestimmt wurde, wurde die entscheidende Bestimmung hinsichtlich der Größe des erlaubten Großgrundbesitzes mit nur einer Stimme Mehrheit angenommen. Dafür stimmten neben allen Abgeordneten der Bauernparteien die Sozialisten, die Angehörigen der Nationalen Arbeiterpartei und eben auch deutsche und jüdische Abgeordnete.[188] Das Abstimmungsverhalten der Deutschen wurde in der Parteizeitung „Wyzwolenie“ indirekt wohlwollend registriert, indem über einen Annäherungsversuch des christlich-demokratischen Politikers Korfanty an einen deutschen Abgeordneten aus Lodz berichtet wurde; dieser habe Korfanty jedoch eine völlige Abfuhr erteilt und sich deutlich für die Agrarreform ausgesprochen.[189]

Anders sah es bei den Verfassungsberatungen aus. Hier befanden sich die „Wyzwolenie“ und die Deutschen bisweilen in verschiedenen Lagern. In der sehr umstrittenen Frage, ob Polen eine zweite Parlamentskammer (Senat) erhalten sollte, gaben die sechs Stimmen der deutschen Abgeordneten aus Pommerellen den Ausschlag zugunsten der Rechten, d.h. für den Senat.[190] Der damalige pommerellische Abgeordnete Erwin Hasbach schrieb später, daß die deutschen Stimmen von beiden Seiten heftig umworben wurden und man von der Rechten gewisse Zusagen erhalten hatte, die allerdings nicht eingelöst wurden.[191] Abgesehen von der wichtigen Frage des Senats gab es jedoch andererseits in zahlreichen Verfassungsfragen durchaus eine Übereinstimmung zwischen der liberalen „Wyzwolenie“ und den Deutschen.

Im neuen Sejm wurden 89 Sitze (20 %) von Minderheitenvertretern eingenommen. Angesichts der politischen Zersplitterung der polnischen Bevölkerung erlangten die nationalen Minderheiten die Position einer dritten Kraft in der Auseinandersetzung zwischen den Rechtsparteien und den demokratischen Parteien der Linken. Auch die deutsche Fraktion gewann eine gewisse Stellung, wie sich gleich zu Beginn der Legislaturperiode zeigte. Ihre Mitglieder entstammten den verschiedensten Parteirichtungen, vereinbarten jedoch unter dem Druck der Verhältnisse in der Regel ein einheitliches Vorgehen zur Wahrung der kulturellen und wirtschaftlichen Belange der deutschen Bevölkerung.

Der Nationalismus der polnischen Rechtsparteien sorgte dafür, daß die deutschen Parlamentarier, wie auch die der übrigen Minderheiten, ab Ende 1922 bei den parlamentarischen Beratungen häufig mit der polnischen Linken zusammengingen. Spekta-

186 Vgl. Sejm Ustawodawczy, 303. Sitzung am 5. 5. 1922, Sp. 35–57.
187 Ebd., Sp. 87–95.
188 Schulthess, Europäischer Geschichtskalender 60 (1919), 2. Teil, S. 353.
189 Ich patrjotyzm [Ihr Patriotismus], in: Wyzwolenie Nr. 28 vom 13. 7. 1919, S. 349f.
190 F. Drzymała: Przyczynki do historii i działalności Senatu w Polsce 1922–1926 roku [Beiträge zur Geschichte und Tätigkeit des Senats in Polen 1922–1926], Warszawa 1946, S. 16–20.
191 E. Hasbach: Die Lage der deutschen Volksgruppe in Polen vor dem Zweiten Weltkrieg, in: ZfO 1 (1952), S. 262.

kulärstes Beispiel dieser faktischen Zusammenarbeit war am 9. Dezember 1922 die Wahl von Gabriel Narutowicz, des Kandidaten der Linken, zum ersten Staatspräsidenten mit Hilfe der Minderheitenstimmen. Die deutschen Abgeordneten der Nationalversammlung gaben dem Führer der „Wyzwolenie" Stanisław Thugutt ihre an keinerlei Bedingungen geknüpfte Zusage, vom zweiten Wahlgang an für Narutowicz zu stimmen[192], und faßten folgenden Beschluß:

„Die deutsche Fraktion beschließt, ihre Stimmen für Gabriel Narutowicz abzugeben, da sie ihn von allen aufgestellten Kandidaten als den Mann betrachtet, der dank seiner ausgezeichneten Kenntnisse des Auslandes und seiner reichen Erfahrungen auf dem Gebiete der Wissenschaft und Technik der Minderheitenfrage das größte Verständnis entgegenbringen wird."[193]

Während im deutschsprachigen „Posener Tageblatt" erklärt wurde, der gesamte „Block der Nationalen Minderheiten" in der Nationalversammlung, d.h. auch die deutschen Mitglieder, hätte für Narutowicz gestimmt[194], wurde dies seitens der „Wyzwolenie" bezweifelt. In einem Aufruf, der die mit der Wahl und Ermordung des Präsidenten zusammenhängenden Ereignisse zum Inhalt hatte, stellte die Partei fest, daß „ein Teil der Deutschen" den Überredungen der Rechten erlegen sei.[195] Vermutlich noch weiter vom tatsächlichen Geschehen entfernte sich die Parteizeitung „Wyzwolenie", wenn sie am 17. Dezember 1922 einfach erklärte, daß die Deutschen gemeinsam mit den nationalen Parteien für deren Kandidaten Zamoyski gestimmt hätten. Das Blatt führte weder einen Beleg an noch gab es eine plausible Begründung für diese Behauptung. In allen fünf Wahlgängen der Nationalversammlung wurde schließlich geheim abgestimmt. Die Zahlen der für die einzelnen Kandidaten abgegebenen Stimmen änderten sich von Wahlgang zu Wahlgang. Im entscheidenden fünften Wahlgang, der Stichwahl zwischen Zamojski und Narutowicz, stimmten einige Parteien – etwa die Bauernpartei „Piast" und die NPR – nicht einheitlich ab.[196] Ein uneinheitliches Vorgehen und Schwankungen könnte es auch in anderen Fraktionen gegeben haben. Es zeugte daher von starker Voreingenommenheit gegenüber den Deutschen, wenn die „Wyzwolenie" schrieb, daß „man an den Zahlen sehen kann, daß auch dieses Mal nur die Endecja für ihren Kandidaten gestimmt hat, gemeinsam mit den Deutschen".[197]

Nachdem die „Wyzwolenie" und die Deutschen gegenüber der Regierung Sikorski im Sejm unterschiedliche Positionen eingenommen hatten – die „Wyzwolenie" stimmte in der Vertrauensfrage sowohl am 23. Januar 1923 als auch am 26. Mai 1923 für die Regierung, die Deutschen nahmen am 23. Januar 1923 nicht an der Abstimmung teil[198]

---

[192] S. Thugutt: Wybór pism, S. 99; ders.: Przyczynek do historii pierwszego Zgromadzenia Narodowego, S. 217.

[193] Uchwała Niemieckiego Zjednoczenia w Sejmie i Senacie w sprawie wyboru pierwszego Prezydenta Rzeczypospolitej dn. 9 grudnia 1922 r. [Beschluß der Deutschen Vereinigung im Sejm und im Senat in der Frage der Wahl des ersten Präsidenten der Republik am 9. Dezember 1922], in: Gabrjel Narutowicz. Pierwszy Prezydent Rzeczypospolitej, S. 281.

[194] Das neue Staatsoberhaupt, in: Posener Tageblatt vom 12. 12. 1922, S. 1.

[195] Odezwa P.S.L. „Wyzwolenie" [Aufruf der PSL „Wyzwolenie"], in: Gabrjel Narutowicz. Pierwszy Prezydent Rzeczypospolitej, S. 401 f.

[196] A. Próchnik: Pierwsze piętnastolecie, S. 151.

[197] Wybór prezydenta [Die Wahl des Präsidenten], in: Wyzwolenie Nr. 51 vom 17. 12. 1922, S. 607.

[198] Vgl. A. Próchnik: Pierwsze piętnastolecie, S. 162, und A. Bogusławski: W nowym Sejmie [Im neuen Sejm], in: RDRL 5 (1963), S. 360. Die Parteizeitung „Wyzwolenie" brachte die unrichtige Behauptung, die deutschen Abgeordneten hätten, wie auch die Juden, am 23. 1. 1923 gegen die Regierung gestimmt. Vgl. Obrady Sejmu [Beratungen des Sejm], in: Wyzwolenie Nr. 6 vom 4. 2. 1923, S. 7.

und stimmten am 26. Mai 1923 gemeinsam mit allen anderen Minderheiten gegen die Regierung[199] –, kam es zu einer zweiten, diesmal längeren Phase gemeinsamen Handelns beider Fraktionen. Diese umfaßte in etwa die Zeit des Kabinetts Witos II und – abgeschwächt – die Zeit des Kabinetts Grabski II, d.h. sie dauerte von der Jahresmitte 1923 bis in das Jahr 1925 hinein.

Das zweite Kabinett Witos wurde während seiner gesamten Amtszeit von der Linken und von den nationalen Minderheiten abgelehnt. Als nach der Regierungserklärung des neuen Premierministers der deutsche Abgeordnete August Utta am 2. Juni 1923 im Sejm erklärte, die Deutschen könnten zu dieser Regierung nicht das geringste Vertrauen haben, trat der nahezu einmalige Fall ein, daß dies auf der Linken öffentlich mit Bravo-Rufen und Beifall quittiert wurde.[200] Ebenso standen die Deutschen am 17. Oktober 1923 an der Seite der Linksparteien, als sie für den von Thugutt eingebrachten Mißtrauensantrag stimmten[201], der jedoch nicht die Mehrheit erhielt. Höhepunkt dieser Kooperation innerhalb der Opposition war das Treffen der Fraktionsvorsitzenden von „Wyzwolenie" und PPS mit den Vertretern der nationalen Minderheiten am 1. Dezember 1923, an dem für die Deutschen der stellvertretende Fraktionsvorsitzende Utta teilnahm.[202]

Aber auch nach 1923, d.h. nach dem Zerfall des Anti-Witos-Lagers, ergaben sich bisweilen Situationen, in denen die „Wyzwolenie" und die Deutschen faktisch Seite an Seite standen, weil sie parallele Interessen verfolgten. Zu nennen wäre hier zunächst die Debatte über die allgemeine Heeresdienstpflicht im Februar 1924, in deren Verlauf sich die „Wyzwolenie" wie auch die deutsche Fraktion für eine deutliche Verkürzung der von der Regierung geplanten zweijährigen Dienstzeit aussprachen.[203] Übereinstimmung zwischen beiden Seiten herrschte auch bei der positiven Beurteilung der Außenpolitik Graf Skrzyńskis im Oktober 1924. Zum ersten Mal stimmten die Deutschen für die Außenpolitik einer polnischen Regierung.[204] Kurz darauf, am 10. Dezember 1924, entschieden die Stimmen der Deutschen darüber, daß der Mißtrauensantrag des „Wyzwolenie"-Abgeordneten Karol Polakiewicz gegen Bildungsminister Miklaszewski mit einer Stimme Mehrheit angenommen wurde und der Minister zurücktreten mußte.[205] Die Deutschen sahen sich durch die gegen die Minderheiten gerichtete Schulpolitik zu diesem Vorgehen veranlaßt. Gemeinsam mit der „Wyzwolenie" und der PPS stimmten sie schließlich, wenn auch aus anderen Motiven als die Linke, am 27. März 1925 gegen das Konkordat zwischen Polen und dem Heiligen Stuhl.[206]

Es ist bemerkenswert, daß die Parteizeitung „Wyzwolenie" alle vorstehend genannten Fälle gemeinsamen Handelns mit den deutschen Parlamentariern verschwieg. Sie setzte damit nur ihre bis dahin geübte Praxis fort. Dies geschah selbst in Fällen einer

---

[199] Vgl. die Erklärung des Abgeordneten Kronig, die Deutschen hätten kein Vertrauen in die Regierung Sikorski, Sejm R. P., 40. Sitzung am 26. 5. 1923, Sp. 66.

[200] Sejm R. P., 42. Sitzung am 2. 6. 1923, Sp. 95.

[201] Vgl. die Erklärung des Abgeordneten Utta, Sejm R. P., 72. Sitzung am 17. 10. 1923, Sp. 23–29.

[202] Vgl. oben S. 197.

[203] Vgl. Schulthess, Europäischer Geschichtskalender 65 (1924), S. 320f.; Z obrad Sejmu [Aus den Sejmberatungen], in: Wyzwolenie Nr. 1 vom 6. 1. 1924, S. 7.

[204] Vgl. die Erklärung des deutschen Abgeordneten Kronig, Sejm R. P., 157. Sitzung am 30. 10. 1924, Sp. 11.

[205] Sejm R. P., 168. Sitzung am 10. 12. 1924, Sp. 40.

[206] Vgl. die Erklärung des Abgeordneten Kronig, Sejm R. P., 188. Sitzung am 25. 3. 1925, Sp. 61.

relativ ausführlichen Berichterstattung.[207] Im Falle des Vertrauensvotums für die Politik Außenminister Skrzyńskis am 30. Oktober 1924 beispielsweise wurde genau berichtet, welche Parteien gegen und welche für den Antrag waren. Die Abgeordneten der deutschen Fraktion wurden überhaupt nicht erwähnt, obwohl sie ebenfalls für den Antrag der Linken und der Mitte gestimmt hatten.[208] Es sollte dem politischen Gegner offenbar schwerer gemacht werden, die Partei als deutschfreundlich hinzustellen.

Als am 19. März 1924 im Sejm über die Aufhebung der Immunität des deutschen Abgeordneten Naumann verhandelt wurde, stimmte die „Wyzwolenie" vermutlich, wie auch in ähnlichen Fällen, aus prinzipiellen Gründen dagegen.[209] Politische Gegner von rechts bezichtigten sie u.a. deswegen in einem Flugblatt der Deutschfreundlichkeit.[210] Angriffe dieser Art, die an der Minderheitenpolitik der „Wyzwolenie" ansetzten, waren häufig und oftmals primitiv in ihrer Argumentation. In einer Schrift des „Christlichen Verbandes der Nationalen Einheit" hieß es im Jahre 1922 beispielsweise, die Partei stünde „unter dem Kommando des Warschauer Deutschen Tugutt (sic!)"[211], sie habe den Anschluß des Posener Landes an Polen im Dezember 1918 kritisch aufgenommen und sei gleichgültig gegenüber dem Kampf der polnischen Oberschlesier gewesen. Die Partei wies diese Behauptungen zurück.[212]

Man wird in der Tat bei Berücksichtigung aller das Verhältnis zu den Deutschen berührenden Fakten feststellen, daß die „Wyzwolenie" im gesamten Zeitraum zwischen 1918 und 1926 keinerlei ausgesprochen deutschfreundliche Positionen eingenommen, sich zu keinem Zeitpunkt auch als Anwältin der Interessen der deutschen Mitbürger verstanden hat. Sie unterschied sich hierdurch deutlich von der PPS, die sich von Zeit zu Zeit zugunsten der deutschen Bevölkerung äußerte, z.B. etwa die Diskriminierung von Arbeitern deutscher Nationalität verurteilte[213], und ab August 1923 im Zuge der Konsolidierung der gegen Witos gerichteten Opposition engere Kontakte zu den deutschen Sozialisten Polens aufnahm.

Typisch war in der Parteipresse der „Wyzwolenie" ein wenig differenziertes, allerdings haßfreies Bild von den Deutschen. Dieses zielte eher auf Großgrundbesitzer, Fabrikanten und „Kapitalisten" als auf deutsche Handwerker, Industriearbeiter, kleine Kaufleute, Bauern und Landarbeiter, die ja doch die große Mehrheit der deutschen Bevölkerung ausmachten. Die Partei bewahrte selbst in den Jahren 1923 und 1924, als sie mit den Minderheiten faktisch zusammenging, zur deutschen Volksgruppe und deren parlamentarischer Vertretung eine beträchtliche Distanz, die der zur jüdischen in vielem entsprach.

Es kann andererseits jedoch auch nicht behauptet werden, daß die „Wyzwolenie" „nationalistisch und besonders gern deutschfeindlich"[214] gewesen sei. Auch hierfür las-

---

[207] Vgl. z.B. die Artikel zur Abstimmung über die Vertrauensfrage am 17. 10. 1923 (Wyzwolenie Nr. 44 vom 28. 10. 1923, S. 4) und über Sejmdebatte und Abstimmung in der Konkordatsfrage (Wyzwolenie Nr. 14 vom 5. 4. 1925, S. 4).

[208] Vgl. Endecy [Die Endeken (gemeint: Nationaldemokraten, G.D.)], in: Wyzwolenie Nr. 45 vom 9. 11. 1924, S. 3.

[209] Das Abstimmungsergebnis betrug 151 Stimmen für und 132 gegen den Antrag. Sejm R. P., 112. Sitzung am 19. 3. 1924, Sp. 52.

[210] Prawda o wyzwoleńcach [Die Wahrheit über die Wyzwolenie-Anhänger], o.O., o.J. (nach 1924), AZHRL: U–III/3.

[211] A. Kłos: Stronnictwa i partje, S. 4.

[212] B. Stolarski: O czystość wyborów [Über die Sauberkeit der Wahlen], Warszawa 1923, S. 47.

[213] Vgl. z.B. Robotnik Nr. 183 vom 11. 7. 1921.

[214] R. Styra: Das polnische Parteiwesen und seine Presse, S. 18.

sen sich kaum Anhaltspunkte finden. Scharfe nationalistische Töne, die auf eine rasche Polonisierung der Westgebiete abzielten, wie sie etwa bei Witos zu finden sind, der in diesem Zusammenhang die Agrarreform als „heiliges Gebot nationaler Politik" bezeichnete[215], fehlten bei der Bauernpartei „Wyzwolenie" weitgehend.

Richtig ist vielmehr, daß die Partei bereit war, die deutsche Minderheit als Teil der Bevölkerung des polnischen Nationalitätenstaates zu akzeptieren, wobei sie allerdings für eine Minderung der ökonomischen Position der Deutschen in den westlichen Wojewodschaften plädierte. Im Sejm ergaben sich zwar kaum gemeinsam geplante Aktionen, jedoch durch den Verbleib beider Seiten in der Opposition nicht selten parallele Interessen. Diese Tatsache erfuhr – im Unterschied zum gelegentlichen Zusammengehen mit den Weißrussen und Ukrainern – in der Parteipresse und in den Reden der „Wyzwolenie"-Führer keine Publizität. So wie sich die Partei scheute, das Odium des Zusammengehens mit den Juden auf sich zu nehmen, wollte sie es offenbar nicht riskieren, als deutschfreundlich abgestempelt zu werden. Es bleibt dennoch festzuhalten, daß die „Wyzwolenie" als einzige Bauernpartei die Deutschen in ihrem Minderheitenprogramm berücksichtigte.

Hinsichtlich des Parteienwesens oder einzelner Parteien der deutschen Minderheit liegen seitens der „Wyzwolenie" keine Äußerungen vor, die irgendeine Schlußfolgerung zulassen würden. Auch hier wurde in der Regel allein die deutsche Fraktion gesehen.

Eine gewisse Aufgeschlossenheit gegenüber den Minderheiten wurde der Partei auch von deutscher Seite in Polen attestiert. So meinte der deutsche Sejmabgeordnete Emil Zerbe im Jahre 1924: „Von den nichtsozialistischen Parteien ist sie die einzige, die hin und wieder für die nationalen Minderheiten eintritt."[216] Ähnlich urteilte auch der aus Posen stammende Ernst Meyer: „Die polnische Linke dagegen ist in viele gegensätzliche Parteien zersplittert, voran die Sozialisten und die Wyzwolenie (Befreiung-) oder Thuguttpartei, die den Minderheiten freundlicher gegenübersteht ..."[217]

---

[215] W. Witos: Moje wspomnienia, T. II, S. 348.

[216] E. Zerbe: Polen, in: Die politischen Parteien der Staaten des Erdballs, hrsg. von F. Stricker, Münster 1924, S. 52.

[217] E. Meyer: Verfassungsleben und Verwaltungspraxis, in: Süddeutsche Monatshefte 24 (1926), H. 1 (Sonderheft: Das neue Polen), S. 9.

9. Die „Wyzwolenie“ und die Außenpolitik des Landes

9.1. Die außenpolitischen Sprecher und der Einfluß der Partei auf die polnische Außenpolitik

Die Möglichkeiten der „Wyzwolenie“, einen unmittelbaren Einfluß auf die Gestaltung der Außenpolitik zu nehmen, waren in den Jahren 1918 bis 1926 begrenzt. Hierfür waren verschiedene Gründe maßgebend. Die Partei befand sich längere Zeit hindurch in der parlamentarischen Opposition, aus der heraus sie die Außenpolitik einiger Kabinette zwar häufig tolerierte, bisweilen jedoch auch kritisierte oder bekämpfte. Doch selbst dann, wenn die „Wyzwolenie“ Regierungspartei war bzw. die Regierung indirekt mittrug, gelangte keiner ihrer Vertreter in die Leitung der auswärtigen Politik.

Die Außenpolitik wurde in den ersten Jahren der Unabhängigkeit sehr stark durch Staatschef Piłsudski bestimmt; sie wurde in der Regel von der „Wyzwolenie“ unterstützt. Man wird jedoch den Einfluß der Partei in dieser Zeit nicht sehr hoch ansetzen dürfen, da Piłsudski die Außenpolitik als seine Domäne betrachtete und die ihm nahestehenden Parteien oft nicht einmal über seine nächsten außenpolitischen Schritte informierte, geschweige denn konsultierte.[1] Nach dem Rückzug Piłsudskis aus der Politik verhielt sich die „Wyzwolenie“ neutral bis kritisch zur Außenpolitik der polnischen Regierungen. Lediglich im Jahre 1924 engagierte sie sich noch einmal stärker zugunsten einer Neuorientierung Polens angesichts der Wahlsiege der Linken in England und Frankreich.

Die „Wyzwolenie“ verfügte insgesamt über nur wenige Personen mit Erfahrungen und Interessen auf dem Gebiet der Außenpolitik. Es handelte sich bei ihnen ausnahmslos um Angehörige der Intelligenz. Im Verfassunggebenden Sejm konnte die Partei zu Beginn der Legislaturperiode im Jahre 1919 aufgrund ihrer Fraktionsstärke immerhin fünf von 31 Plätzen im Auswärtigen Ausschuß besetzen.[2] Sie hatte damit dort ebensoviele Vertreter wie die beiden anderen Bauernparteien „Piast“ und „PSL-Lewica“ zusammen. Mitglieder des Auswärtigen Ausschusses waren die Schulinspektoren Alfons Erdman und Eustachy Rudziński, die Lehrer Maciej Rataj und Irena Kosmowska sowie der Fabrikdirektor Stanisław Osiecki. Ein hervorragender außenpolitischer Denker und Redner war zweifellos Maciej Rataj. Die oben erwähnte Weigerung eines Großteils der ehemaligen „Wyzwolenie“-Abgeordneten, die Fraktionsgemeinschaft mit dem „Piast“ aufzugeben, führte im Januar 1920 zu einer nachhaltigen Schwächung auch der außenpolitischen Kompetenz der Partei. Die Abgeordneten Rataj, Osiecki und Erdman gehörten der „Wyzwolenie“ nun nicht mehr an. Im Auswärtigen Ausschuß stand der Partei nur noch ein Sitz zu, den Irena Kosmowska bis zum Ende der Legislaturperiode einnahm.[3]

---

[1] M. RATAJ: Pamiętniki, S. 86.

[2] T. RZEPECKI: Sejm, S. 280.

[3] Komisje Sejmu Ustawodawczego Rzeczypospolitej Polskiej w dniu 15 grudnia 1920 roku [Die Kommissionen des Verfassunggebenden Sejm der Republik Polen mit Stand vom 15. Dezember 1920], Warszawa 1921, S. 24.

Im neugewählten Parlament ab Dezember 1922 gestaltete sich die Situation für die Partei wieder etwas günstiger. Die ihr zustehenden drei Sitze im Auswärtigen Ausschuß besetzte sie mit Irena Kosmowska, Eustachy Rudziński und dem neugewählten Abgeordneten Ludwik Chomiński, einem Publizisten.[4] Von ihnen zeichnete sich vor allem Rudziński, der eine Zeitlang in Genf studiert hatte[5], durch sachkundige Beiträge zu außenpolitischen Themen im Plenum aus.

Parteichef Thugutt, der von Dezember 1922 bis Juni 1924 der Fraktion angehörte und in dieser Zeit auch deren Vorsitz innehatte, war an der außenpolitischen Thematik stark interessiert. Nachdem er sich in den ersten Jahren bereits in den Leitungsorganen und in der Presse der Partei häufig zu außenpolitischen Fragen geäußert hatte, berührte er in den Jahren 1923 und 1924 in seinen großen Sejmreden regelmäßig auch dieses Gebiet. Thugutt war einer der wenigen „Wyzwolency“, die Auslandserfahrungen hatten. Staatschef Piłsudski hatte ihn nach dem Rücktritt der Volksregierung Moraczewski im Januar 1919 nach Paris entsandt, wo er während der Friedenskonferenz an den Sitzungen des von Dmowski beherrschten Polnischen Nationalkomitees (Komitet Narodowy Polski – KNP) teilnahm.[6]

Während seines sechsmonatigen Aufenthalts in Paris habe ihm, berichtete Thugutt später, der damalige Premier und Außenminister Paderewski die Übernahme eines Gesandtenposten im Auswärtigen Dienst angeboten, den er aber unter Hinweis auf seine innenpolitische Tätigkeit abgelehnt habe.[7] Einen etwas späteren Vorschlag Paderewskis, einen mehrjährigen Studienaufenthalt in Westeuropa und Übersee anzutreten, habe er angesichts seiner damaligen unsicheren wirtschaftlichen Verhältnisse – er hatte kein Sejmmandat – beinahe akzeptiert.[8] Diese Gespräche Thugutts mit Paderewski deuten in gewisser Weise auf seine Eignung für diesen Bereich hin und zeigen sein Interesse am Ausland und an der Außenpolitik.[9]

Im Frühjahr 1924 unternahm Thugutt eine weitere Reise nach Westeuropa. Er besuchte Genf, Rom, Paris und London und führte vor allem Gespräche mit Linkspolitikern sowie hohen Beamten des Völkerbundes. Thugutt trat diese Reise, die in der Parteipresse zunächst als private Erholungsreise deklariert wurde[10], vermutlich in Absprache mit Premierminister Grabski an.[11] Die Mission des auch im Ausland als politisch linksstehend angesehenen Parlamentariers hatte vor allem den Zweck, die Erfolgsaussichten einer Umorientierung der polnischen Außenpolitik von bis dahin französischen Positionen auf eine Annäherung an England zu sondieren.[12] Premierminister Grabski, dem Thugutt nach seiner Rückkehr Anfang Mai 1924 umfassend Bericht erstattete, berief ihn zunächst in eine Expertenkommission für Angelegenhei-

[4] Komisje Sejmu Rzeczypospolitej Polskiej w dniu 1 stycznia 1923 r. [Die Kommissionen des Sejm der Republik Polen mit Stand vom 1. Januar 1923], Warszawa 1923, S. 18.

[5] Parlament, S. 252.

[6] A. Więzikowa: Stanisław Thugutt (1873–1941), in: Przywódcy ruchu ludowego, S. 332.

[7] S. Thugutt: Wybór pism, S. 91.

[8] Ebd., S. 92.

[9] Vgl. auch den Brief S. Thuguts an Premierminister I. Paderewski vom 7. Juni 1919, in: Archiwum polityczne Ignacego Paderewskiego [Das politische Archiv von Ignacy Paderewski], T. II, 1919–1921, Wrocław 1974, S. 183.

[10] Różne wiadomości [Verschiedene Nachrichten], in: Wyzwolenie Nr. 11 vom 16. 3. 1924, S. 8.

[11] S. Thugutt: Wybór pism, S. 116.

[12] P. Korzec: Polen und der Minderheitenschutzvertrag, S. 531.

ten der nationalen Minderheiten in den Ostgebieten und bot ihm wenige Wochen später das Amt des Außenministers an.[13]

Thugutt, der gern auf dieses Angebot eingegangen wäre, mußte es, wie erwähnt, schließlich ablehnen, da seine Fraktion ihm die Gefolgschaft verweigerte. Er berichtet, daß er Grabski daraufhin die Kandidatur von Aleksander Skrzyński vorgeschlagen und sie dann auch durchgesetzt habe.[14] Skrzyński wurde am 27. Juli 1924 zum Außenminister ernannt. Wenn es auch gerechtfertigt sein mag, einige Abstriche an der Darstellung Thugutts vorzunehmen, so ist doch unbestreitbar, daß der „Wyzwolenie"-Politiker in der ersten Hälfte des Jahres 1924 die außenpolitischen Überlegungen des Premierministers beeinflußt und Änderungen in Polens Außenpolitik mit herbeigeführt hat.

Der Anschluß der aus dem „Piast" ausgetretenen Abgeordnetengruppe um Jan Dąbski an die „Wyzwolenie" im Spätherbst 1923 führte vorübergehend zu einer weiteren Zunahme außenpolitischen Sachverstandes in der Partei. Dąbski hatte von April 1920 bis Oktober 1920 immerhin das Amt des stellvertretenden Außenministers bekleidet und von August 1920 bis März 1921 die polnische Delegation bei den Friedensverhandlungen mit Sowjetrußland in Minsk und Riga geleitet. Zu Beginn der Legislaturperiode war er zum Vorsitzenden des Auswärtigen Ausschusses gewählt worden.[15] Es war daher nicht überraschend, daß er im Jahre 1924, insbesondere in der ersten Jahreshälfte, im Plenum wiederholt im Namen der „Wyzwolenie" zu außenpolitischen Themen sprach.[16] Die inneren Zwistigkeiten in der „Wyzwolenie"-Fraktion, die sich nach dem Austritt Thugutts noch verstärkten, schränkten wohl die parlamentarische Aktivität Dąbskis ein. Im gesamten Jahr 1925, an dessen Ende sein Ausschluß aus der Fraktion stehen sollte, meldete er sich, von einer einzigen Anfrage im März abgesehen, im Sejmplenum nicht mehr zu Wort.[17]

Es fällt auf, daß Eustachy Rudziński, der in der Fraktion bis zum Eintritt Dąbskis neben Thugutt ihr unbestrittener außenpolitischer Sprecher war, sich von November 1923 an aus der Außenpolitik völlig zurückzog.[18] Er mußte dem außenpolitisch versierteren Dąbski den Vortritt lassen und dürfte ihn deutlich als Konkurrenten empfunden haben. Erst nach dem Bruch Thugutts mit der Partei im Juli 1924 und der Zurückdrängung des Einflusses von Dąbski innerhalb der Fraktion Anfang 1925 gewann Rudziński seine frühere Position zurück.[19] Diese war nun sogar stärker als die von ihm bis 1923 eingenommene, da er fortan allein als außenpolitischer Fachmann der Partei fungierte.

Außer Thugutt, Rudziński und vorübergehend auch Dąbski äußerten sich im Sejm gelegentlich zu außenpolitischen Fragen noch Ludwik Chomiński, Juliusz Poniatowski sowie – im Zusammenhang mit Heeresfragen – Marian Kościałkowski.

In den Parteigremien selbst sind auf den verschiedenen Ebenen des öfteren außenpolitische Fragen zur Sprache gekommen.[20] Dies belegen die Nachrichten von Parteitagen, Vorstandssitzungen, Versammlungen des Parteirates und der Kreis- und Ortsgliederungen. In vielen Fällen wurden von den jeweiligen Gremien Entschließungen

13 S. Thugutt: Wybór pism, S. 120.
14 Ebd., S. 121.
15 Komisje Sejmu Rzeczypospolitej Polskiej w dniu 1 stycznia 1923 r., S. 18.
16 Skorowidz osobowy 1922–1927, S. 103.
17 Ebd.
18 Ebd., S. 581.
19 Ebd.
20 Die Ausführungen in diesem wie im folgenden Absatz beruhen vor allem auf der Auswertung des Parteiorgans „Wyzwolenie".

zur Außenpolitik verabschiedet, die entweder grundsätzlicher Art waren oder aber einzelne aktuelle Fragen betrafen. Es läßt sich im einzelnen nicht mehr genau ermitteln, wie die Meinungsbildung verlief, die den Beschlüssen vorausging. Dies gilt vor allem für den Parteirat und für den Parteivorstand. Es ist nicht ausgeschlossen, daß in diesen Gremien bisweilen auch kontroverse Diskussionen stattfanden. Dies könnte vor allem nach dem Herbst 1923 der Fall gewesen sein, als sich in ihnen mehrere Persönlichkeiten befanden, die auf die Außenpolitik gerichtete Ambitionen hatten.[21]

Die Parteitage akzeptierten vermutlich ohne weitere Diskussion die von den Experten vorgetragenen außenpolitischen Berichtsteile und bestätigten die darin enthaltenen Schlußfolgerungen und Empfehlungen. Ähnlich verhielten sich die Kreis- und Ortsorganisationen. An ihren Sitzungen nahmen häufig die Abgeordneten des Wahlkreises teil, die in ihren Reden den Delegierten bzw. Mitgliedern die Beschlüsse und Standpunkte der Führungsgremien und der Sejmfraktion mitteilten. Den Versammelten wurden dabei außenpolitische Probleme, die neben vielen anderen angesprochen wurden, nur oberflächlich und stark vereinfacht dargestellt. Bei der bäuerlichen Basis stießen außenpolitische Themen insgesamt auf relativ wenig Interesse. Stets wurden die von den Abgeordneten vorgeschlagenen Formulierungen in die Versammlungsbeschlüsse übernommen.

9.2. Außenpolitische Ziele im Parteiprogramm

Die vor und während des Ersten Weltkrieges in Galizien und Kongreßpolen entstandene Bauernbewegung hatte keine eigene außenpolitische Konzeption entwickelt, etwa zum Verhältnis zu Deutschland und zu Rußland, sondern ihre außenpolitischen Vorstellungen entweder an die Konzeptionen der Nationaldemokratie oder an diejenigen Piłsudskis angelehnt. Die Umstände der Gründung der „Wyzwolenie“ und ihre Teilnahme an den politischen und militärischen Aktionen des Piłsudski-Lagers bewirkten, daß die Partei bis 1918 und darüber hinaus die außenpolitischen Leitlinien Piłsudskis akzeptierte. In der „Wyzwolenie“, wie auch in anderen bäuerlichen Parteien, war man sich jedoch der Bedeutung der äußeren Beziehungen für die innere Entwicklung des Landes bewußt. Dies wurde in den Reflexionen bäuerlicher Politiker über die Gründe für den Untergang des polnischen Staates im 18. Jahrhundert deutlich. Stets wurde das Ende Polens sowohl als eine Folge seiner durch den Adel verschuldeten inneren Schwäche als auch als das Werk mächtiger und expansiver Nachbarn angesehen.[22]

Das Programm der Partei enthielt vor dem November 1918 explizit keinerlei Aussagen zur Außenpolitik. (Auch in den späteren Fassungen sollten die außenpolitischen Aussagen übrigens sehr knapp und eher allgemein gehalten bleiben.) Allenfalls beinhaltete die im ersten Programm angegebene Forderung nach Wiederherstellung der Unabhängigkeit des Landes indirekt ein außenpolitisches Programm, da ihre Verwirklichung automatisch die Interessen der Teilungsmächte berühren mußte. Hinsichtlich des zum künftigen polnischen Staat gehörenden Territoriums blieb das erste Parteiprogramm

---

21 Vgl. M. Rataj: Pamiętniki, S. 212.

22 J. Jachymek/J. Szaflik: Myśl polityczna ruchu ludowego wobec bezpieczeństwa granic państwowych w II Rzeczypospolitej [Das politische Denken der Bauernbewegung im Hinblick auf die Sicherheit der Staatsgrenzen der Zweiten Republik], in: Na warsztatach historyków polskiej myśli politycznej [Aus der Arbeit der Historiker des polnischen politischen Denkens], Wrocław etc. 1980, S. 224.

betont zurückhaltend. Es forderte für den polnischen Staat lediglich „solche Grenzen, die ihm eine politische und wirtschaftliche Selbständigkeit ermöglichen".[23]

Die Programmergänzung vom 1. November 1918 enthielt deutlichere Aussagen zum territorialen Umfang des polnischen Staates. Wie bereits in anderem Zusammenhang erwähnt, wurden nun für den unabhängig werdenden Staat alle mehrheitlich von Polen bewohnten Gebiete reklamiert.[24] Während man im Osten und Nordosten eine förmliche Wiederherstellung der Grenzen von 1772 für ausgeschlossen hielt und statt dessen eine Föderation mit Litauen und Weißrußland propagierte, schloß man sich der in der damaligen öffentlichen Meinung weitverbreiteten Forderung nach vollständiger Rückgabe aller ehemaligen polnischen Gebiete aus deutschem und österreichischem Besitz an. Im Osten sollten Freundschaft und Zusammenarbeit die Beziehung zum multinationalen Föderationspartner Litauen bestimmen. Gleiche Interessen sollten auch eine sachliche Zusammenarbeit mit einer von Rußland unabhängigen Ukraine ermöglichen. Zu den etwaigen Konsequenzen einer solchen Ostpolitik für die polnisch-russischen Beziehungen findet sich im Programm ebensowenig eine Aussage wie zur Gestaltung der Beziehungen zu Deutschland oder zu einer künftigen polnischen Sicherheits- und Bündnispolitik.

Im Programm vom März 1921 wurde erklärt, Polen müsse sich bemühen, mit all seinen Nachbarn in Eintracht und Freundschaft zu leben. Besonders brüderliche Beziehungen seien zu den auf dem Boden der früheren Teilungsmächte entstandenen Staaten zu unterhalten.[25] Wenn sich auch die konkreten Pläne für eine Föderation mit Litauen und Weißrußland inzwischen zerschlagen hatten, so ließen sich in den Forderungen zur Minderheitenpolitik, wie im vorigen Kapitel gezeigt wurde, durchaus verschleierte Ansatzpunkte und schwache Hoffnungen auf eine eventuelle spätere Wiederaufnahme derartiger Entwürfe finden. Es wurde weiter die Notwendigkeit einer friedlichen polnischen Außenpolitik unterstrichen. Das Polen des Volkes dürfe kein eroberungssüchtiger Staat sein und die Partei werde keinen Krieg unterstützen, der im Namen angeblicher Interessen des Staates geführt werde. Die Sicherheit des Landes könne allerdings nur durch die Unterhaltung einer Armee gewährleistet werden, da „in den derzeitigen internationalen Beziehungen bisher nicht die Gerechtigkeit, sondern Übermacht regiert, ..."[26]

Das Programm von 1925 knüpfte deutlich an die außenpolitischen Vorstellungen von 1921 an, die bereits den Leitgedanken eines einträchtigen und freundschaftlichen Zusammenlebens Polens mit allen Nachbarn enthielten. Neu war nun jedoch die aktive Rolle, die dem eigenen Staat bei der Verwirklichung einer solchen Politik zugedacht war. So hieß es im Text: „Unsere Partei erklärt, es ist der Wille des gesamten werktätigen polnischen Volkes, daß die Polnische Republik des Volkes ein Faktor des Friedens und der Ordnung in Europa wird. Friedenspolitik wird die Grundlage unserer polnischen Außenpolitik."[27] Diese Formulierungen entsprangen sicherlich einer weitverbreiteten Stimmung in der Partei, spiegelten jedoch wohl auch die Atmosphäre einer Wende zur internationalen Zusammenarbeit wider, die nach den politischen Veränderungen in Westeuropa im Jahre 1924 auch in anderen europäischen Staaten spürbar wurde. Streitigkeiten zwischen den Staaten, so hieß es weiter, sollten schiedsgerichtlich

---

[23] Materiały źródłowe, T. I, S. 422.
[24] Uzupełnienie do programu PSL w Królestwie Polskim, ebd., S. 487.
[25] Materiały źródłowe, T. II, S. 49, Punkt 4.
[26] Ebd., S. 49f., Punkt 6.
[27] Ebd., S. 118.

gelöst und der Weltfrieden mit Hilfe des Völkerbundes aufgebaut und gewährleistet werden. Für den Bereich der Ostpolitik wurden nach wie vor vage Hoffnungen auf ein langfristiges Heranreifen einer föderativen Gestaltung des litauisch-weißrussisch-ukrainischen Raumes geäußert.[28]

9.3 Die Haltung der „Wyzwolenie" zur polnischen Außenpolitik in den Jahren 1918–1921

9.3.1. Grundfragen der polnischen Außenpolitik in der Phase der Konsolidierung des polnischen Staates

Wichtigstes Ziel jeder außenpolitischen Tätigkeit nach Erlangung der Unabhängigkeit des Landes im November 1918 mußte zunächst die Festlegung seiner Grenzen sein. Diese waren von einer internationalen Anerkennung weit entfernt. Heftig umstritten waren vor allem die Grenzen zu Deutschland, zu Rußland, zu Litauen und zur Tschechoslowakei.

Der Kurs der polnischen Außenpolitik spiegelte besonders in ihrer ersten Phase stark den sachlichen und persönlichen Gegensatz zwischen den beiden großen Politikern Piłsudski und Dmowski wider.[29] Letzterer prägte die Konzeption der nationaldemokratischen Bewegung im Lande und des Polnischen Nationalkomitees in Paris, die in erster Linie Gebietserwerbungen im Westen vorsah. Zu erlangen hoffte man diese auf dem Weg vertraglicher Abmachungen mit den westlichen Kriegsgegnern Deutschlands. Piłsudski hingegen schätzte Landgewinne im Westen geringer ein („Geschenk der Koalition"). Seine Bestrebungen richteten sich auf die Erweiterung Polens im Osten durch militärische Operationen. Sein Ziel war die Errichtung einer starken Föderation im östlichen Mitteleuropa unter Führung Polens, die ein starkes Bollwerk gegen ein erneutes Ausgreifen Rußlands über seine ethnischen Grenzen hinaus nach Westen bilden sollte. Die Gegensätze zu Deutschland hielt er für zweitrangig und regelungsfähig.

Als Piłsudski am 11. November 1918 die Macht im Lande ergriff, gelang es ihm nicht, in Kontakt zu den Regierungen der Entente zu treten und von diesen anerkannt zu werden. Die französische Regierung ignorierte seine Bemühungen und erklärte, daß sie allein mit dem Polnischen Nationalkomitee Beziehungen unterhalte. Es war nur die junge deutsche Republik, die den neuen Staat international anerkannte. Am 18. November ernannte der Rat der Volksbeauftragten Harry Graf Kessler zum deutschen Gesandten in Warschau, wo dieser am 20. November eintraf und einen Tag darauf sein Beglaubigungsschreiben überreichte. Mit ihm traf die Regierung eine Reihe von Vereinbarungen.[30] Es handelte sich hierbei um die Regelung des Rücktransports der deutschen Truppen vom Bug und aus der Ukraine nach Deutschland, der Räumung des Restes von Kongreßpolen und anderer drängender bilateraler Probleme.

Um eine innen- und außenpolitische Entspannung zu erreichen, gaben die Regierung und Piłsudski schließlich dem Druck der Nationaldemokraten und der Straße nach und unterbrachen am 15. Dezember 1918 die Beziehungen zu Deutschland. Die

---

[28] Ebd., S. 119.

[29] Vgl. H. Roos: Geschichte, S. 52ff.

[30] Vgl. den außerordentlich anschaulichen Bericht von Harry Graf Kessler über seine Tätigkeit als Gesandter in Warschau: H. Graf Kessler: Tagebücher 1918 bis 1937, Frankfurt/M. 1982, S. 34–68.

Berufung der Regierung Paderewski im Januar 1919 schuf dann die weiteren Voraussetzungen für einen Kompromiß zwischen dem Staatschef und dem Nationalkomitee. Letzteres wurde, erweitert um einige Vertreter Piłsudskis (unter ihnen Stanisław Thugutt), zur offiziellen Vertretung Polens auf der Friedenskonferenz bestimmt.

Dmowski hatte als Delegationschef in Paris freie Hand bei der Durchsetzung seiner Grenzforderungen in West und Ost. Diese basierten auf seiner am 8. Oktober 1918 Präsident Wilson vorgelegten Denkschrift und umfaßten im Osten das gesamte ehemalige Großfürstentum Litauen und Teile von Wolhynien und Podolien, im Süden ganz Galizien und im Westen beinahe ganz Oberschlesien, Teile Mittelschlesiens, die Provinzen Posen und Westpreußen mit Danzig, die östliche Spitze Pommerns, das Ermland, Masuren und die Memelniederung.[31] Zur Begründung dieser Ansprüche wurden nur teilweise historische – Ausgangspunkt waren die Grenzen von 1772 –, sondern auch ethnische, sprachliche, strategische, wirtschaftliche oder verkehrstechnische Argumente angeführt.[32] Piłsudski hingegen – dies war die andere Seite des Kompromisses – sollte nach eigenem Ermessen über die Armee verfügen können. „So entschied ein innenpolitischer Kompromiß", schreibt Hans Roos, „über eine nach Osten und Westen expansive und mithin recht gefährliche Außenpolitik."[33]

Die polnische Delegation in Paris bemühte sich, ihre weitreichenden territorialen Forderungen gegenüber Deutschland in enger Abstimmung mit Frankreich zur Geltung zu bringen. Die Erfolge, die sie hierbei erzielte, waren beträchtlich, wohl wegen des Verständnisses, das die westlichen Regierungen der polnischen Nation, die lange einen eigenen Staat entbehrt hatte, glaubten entgegenbringen zu müssen, vor allem jedoch wegen der Haltung Frankreichs, das Polen auf Kosten Deutschlands stärken wollte. Dennoch war die polnische Seite mit dem Erreichten nicht zufrieden. Bemängelt wurde insbesondere, daß Polen das eine nahezu rein deutsche Einwohnerschaft aufweisende Danzig nicht erhielt und daß für die ost- und westpreußischen Gebiete von Allenstein und Marienwerder sowie für Oberschlesien Volksabstimmungen angeordnet wurden.

9.3.2. Das Bündnis mit Frankreich und das Verhältnis zu England

Das Lager der Befürworter einer polnisch-französischen Allianz war in Polen nach 1918 sehr breit. Zu ihnen gehörten selbstverständlich die Nationaldemokraten. Das diesen nahestehende Polnische Nationalkomitee und die polnische Armee in Frankreich befanden sich bei Kriegsende auf der Seite der Alliierten. Ebenso wurde jedoch von den auf das Belvedere – dort befand sich der Amtssitz Piłsudskis – orientierten Parteien in der gegebenen geopolitischen Situation des Landes ein Bündnis mit Frankreich als die wichtigste Grundlage polnischer Außenpolitik betrachtet. Ganz in diesem Sinne nahm die Sejmfraktion der „Wyzwolenie" bereits in ihrer am 22. Februar 1919 von Błażej Stolarski verlesenen Grundsatzerklärung Stellung.[34] Auch die Ende März 1919 vom Ausschuß für Auswärtige Angelegenheiten dem Sejm unterbreitete Vorlage, die die

---

[31] S. die Noten der polnischen Delegation auf der Pariser Friedenskonferenz vom 28. 2. 1919 (zur polnischen Westgrenze) und vom 3. 3. 1919 (zur polnischen Ostgrenze), in: Powstanie II Rzeczypospolitej, S. 481–485, 486–488.

[32] Vgl. A. Ajnenkiel: Od „rządów ludowych", S. 89; H. Roos: Geschichte, S. 57.

[33] Ebd., S. 54.

[34] Sejm Ustawodawczy, 4. Sitzung am 22. 2. 1919, Sp. 110.

Regierung ermächtigte, Verträge über die politische, wirtschaftliche und militärische Zusammenarbeit mit den Ententestaaten abzuschließen, fand deren Zustimmung.[35]

Dennoch ließen sich bei der „Wyzwolenie“ wie auch bei der PPS immer wieder eine gewisse Distanz und eine beträchtliche Dosis Mißtrauen gegenüber Frankreich beobachten. Hier wirkte vor allem die Bevorzugung des KNP durch die französische Regierung im Winter 1918/19 nach. Damals befürchteten die polnischen Linksparteien, daß Frankreich dem Lande eine in Paris zustande gekommene Regierung aufzwingen wollte. So sprach sich die „Wyzwolenie“ am 1. April 1919 zwar grundsätzlich für den von den Rechtsparteien vorgeschlagenen Abschluß eines polnisch-französischen Militärabkommens aus, warnte aber davor, die polnische Armee direkt oder indirekt der französischen Führung zu unterstellen.[36] Dieser Haltung lag die Auffassung zugrunde, daß die Positionen Frankreichs und der polnischen Föderalisten zur polnischen Ostpolitik miteinander unvereinbar waren und Polen sich alle Möglichkeiten offenhalten müsse, eine unabhängige Ostpolitik zu führen.

In der Parteizeitung wurde des öfteren die angeblich unkritische und willfährige Haltung der Rechtsparteien gegenüber der Entente gerügt. Die Entente, so hieß es, erweise Polen keinerlei besondere Wohltaten, sondern verfolge lediglich ihr eigenes Interesse, nämlich die Rettung des französisch-englischen Kapitals in Rußland.[37] Die Polen dürften keine „Marionetten sein, die auf Befehl aus Paris oder London ihr Blut vergießen“.[38] Besonders scharf und ablehnend war die Reaktion der Partei auf die von Clemenceau Ende 1919 vertretene Ansicht, Polen solle die Wächterrolle innerhalb des Cordon sanitaire gegenüber Sowjetrußland übernehmen.[39]

Zur Zufriedenheit der „Wyzwolenie“ zog es Polens Regierung vor, den französischen Forderungen nicht zu entsprechen, sondern verfolgte im Jahre 1920 eine mit militärischen Schritten gekoppelte selbständige Ostpolitik, die sich freilich als außerordentlich riskant erwies. Nach dem schwer errungenen Sieg Polens über die Rote Armee im Sommer und Herbst 1920 sah die Partei wiederum die Gefahr, daß Polen von Frankreich abhängig werden könnte. Sie warnte davor, die französische Hilfe während des polnisch-sowjetischen Krieges, insbesondere die Rolle General Weygands, zu überschätzen. Paris werde sonst als Ausgleich für seine „angeblich so wirksame Hilfe“ die Befolgung seiner Direktiven verlangen.[40]

Der Besuch Staatschef Piłsudskis Anfang Februar 1921 in Frankreich wurde von der „Wyzwolenie“ ohne jeden Vorbehalt begrüßt und freundlich kommentiert. Sie unterstrich die politische Bedeutung des Besuchs und den Nutzen, den beide Seiten aus der Annäherung ziehen würden.[41] Der Bericht des Parteiorgans über den Verlauf der Visite und den günstigen Eindruck, den Piłsudski auf die Gastgeber gemacht habe, zielte darauf ab, die Autorität des Staatschefs hervorzuheben.[42] Einwände gegen die Unterzeichnung der Verträge über eine politische und militärische Zusammenarbeit zwischen Polen und Frankreich – sie erfolgte erst am 19. Februar 1921 – wurden nun nicht mehr

[35] Vgl. ebd., 18. Sitzung am 26. 3. 1919, Sp. 1071–1088 (M. Rataj).
[36] Vgl. ebd., 23. Sitzung am 1. 4. 1919, Sp. 9–14 (K. Bagiński).
[37] Ostrożnie z ogniem! [Vorsicht mit dem Feuer!], in: Wyzwolenie Nr. 5 vom 2. 2. 1919, S. 60.
[38] Do mety! [Zum Ziel!], in: Wyzwolenie Nr. 40 vom 5. 10. 1919, S. 503.
[39] Polska strażą „Drutu kolczastego“ [Polen als Wachtposten am „Stacheldraht“], in: Wyzwolenie Nr. 2 vom 11. 1. 1920, S. 14f.
[40] Sejm Ustawodawczy, 172. Sitzung am 14. 10. 1920, Sp. 9 (J. Woźnicki).
[41] Z całej Polski [Aus ganz Polen], in: Wyzwolenie Nr. 6 vom 6. 2. 1921, S. 55.
[42] Naczelnik Państwa w Paryżu [Der Staatschef in Paris], in: Wyzwolenie Nr. 7 vom 13. 2. 1921, S. 61f.

erhoben. Ganz offensichtlich erblickte die Partei in der Beteiligung Piłsudskis an dem Annäherungsprozeß eine Gewähr für gleichberechtigte Beziehungen zwischen beiden Staaten.

Durchweg ungünstig beurteilte die Partei in den ersten Jahren nach 1918 die Politik der Ententemacht England gegenüber Polen. Die sehr wenigen Äußerungen der „Wyzwolenie" hierzu erfolgten zumeist, nachdem in Polen englische Positionen bei den Verhandlungen über die Festsetzung der Grenze zu Deutschland bekannt geworden waren. England wurde in der Regel als diejenige Macht angesehen, die immer Versuche unternahm, Deutschland auf Kosten Polens zu stärken. So wurde insbesondere Englands Verhalten bei der Regelung der Danzig-Frage und der Grenzziehung in Oberschlesien kritisiert.[43] Aber auch für die für Polen ungemein harten Bedingungen des Protokolls von Spa vom 10. Juli 1920 wurde in erster Linie die englische Regierung verantwortlich gemacht.[44]

9.3.3. Die Festlegung der Grenze zu Deutschland

Erste knappe Äußerungen der „Wyzwolenie" zum deutsch-polnischen Verhältnis stammen aus der kaum drei Monate währenden Zeit im Winter 1918/1919, als die Partei Regierungsverantwortung trug. Mit deutlicher Genugtuung nahm die Partei im November 1918 die Ankunft des deutschen Gesandten zur Kenntnis und würdigte sie als einen Beweis dafür, daß die deutsche Regierung „solche Beziehungen zu Polen unterhält wie mit jedem anderen freien und unabhängigen Staat".[45] Die Verhältnisse in Deutschland nach der Novemberrevolution selbst bewertete sie als positiv. Mit Sympathie hieß es in der Parteizeitung, daß die deutschen Bauern und Arbeiter ihre Herren aus der Regierung verjagt und auch Piłsudski aus der preußischen Gefangenschaft befreit hätten.[46] Kooperative Absichten gegenüber Deutschland äußerte zur gleichen Zeit die von der Partei mitverantwortete Volksregierung Moraczewski. Sie bezeichnete in einer Erklärung zwar die Erlangung der Provinz Posen, Schlesiens – gemeint war zu jener Zeit stets Oberschlesien – und der „polnischen Küste" als eines ihrer Ziele, drückte jedoch zugleich die Überzeugung aus, „daß die Demokratien Polens ... und Deutschlands einen Weg zur Festlegung des Zusammenlebens freier und gleichberechtigter Völker finden werden".[47]

Zu Beginn des Jahres 1919 wurde im Parteiblatt die Beseitigung der deutschen Herrschaft in der Provinz Posen begrüßt, zugleich jedoch scharfe Kritik an den nationaldemokratischen Bestrebungen geübt, die Provinz zu einer Bastion im Kampf um die Macht im Gesamtstaat auszubauen.[48] Die Zeitung wandte sich auch Oberschlesien zu, äußerte nun allerdings Kritik an den deutschen Sozialdemokraten und der von ihnen gestellten Reichsregierung, die sich weigere, Oberschlesien an Polen abzutreten.[49] Der Verlauf der Verhandlungen der Pariser Friedenskonferenz wurde von den Leitungsgremien der Partei mit keinem Wort kommentiert, während das zentrale Presseorgan

[43] Ze świata [Aus aller Welt], in: Wyzwolenie Nr. 30 vom 24. 7. 1921, S. 295.
[44] M. Malinowski: Anglja – Polska [England – Polen], in: Wyzwolenie Nr. 35 vom 29. 8. 1920, S. 386f.
[45] Co słychać w Polsce? [Was gibt es Neues in Polen?], in: Wyzwolenie Nr. 48 vom 1. 12. 1918, S. 438.
[46] Trzymaj się chłopie swego rozumu! [Bauer, bleib bei deiner Vernunft!], in: Wyzwolenie Nr. 50 vom 15. 12. 1918, S. 460.
[47] Do narodu polskiego [An das polnische Volk], in: Wyzwolenie Nr. 47 vom 27. 11. 1918, S. 428.
[48] Z całej Polski [Aus ganz Polen], in: Wyzwolenie Nr. 3 vom 19. 1. 1919, S. 42.
[49] O starą polską dzielnicę [Über einen alten polnischen Landesteil], in: Wyzwolenie Nr. 2 vom 12. 1. 1919, S. 22.

regelmäßig knappe Nachrichten über die Konferenzberatungen veröffentlichte und Hoffnungen auf eine wie auch immer geartete Überlassung Danzigs an Polen zum Ausdruck brachte.[50]

Erst in der Debatte zur Außenpolitik am 22. und 23. Mai 1919 gab Maciej Rataj im Namen der „Wyzwolenie"-Fraktion eine Erklärung zu den sich abzeichnenden Entscheidungen über den zukünftigen Verlauf der Westgrenze ab. Er würdigte die Bemühungen Premierminister Paderewskis auf der Friedenskonferenz und nannte die – wie es damals schien – bevorstehende Entscheidung der Entente, Oberschlesien dem polnischen Staat zuzuerkennen, gerecht und dem Wunsch des polnischen Volkes entsprechend. Gleichzeitig bedauerte Rataj die Absichten der Entente, Danzig nicht an Polen anzuschließen und für das südliche Ostpreußen eine Volksabstimmung vorzusehen.[51] Rataj war sich seinen Ausführungen nach offenbar völlig im klaren, daß es nicht gelingen würde, die Bevölkerung dieser Region in ihrer Mehrheit für eine Stimmabgabe zugunsten Polens zu bewegen.

Nach der Unterzeichnung des Versailler Vertrags und des Minderheitenschutzvertrages fand am 30. und 31. Juli 1919 im Sejm die Ratifizierungsdebatte zum gesamten Vertragswerk statt. Die Annahme des Minderheitenschutzvertrages durch Polen war von den Ententestaaten zur Voraussetzung für das Inkrafttreten des Friedensvertrages erklärt worden. Verständlicherweise nahmen die Vertreter des Rechtsblocks „Nationaler Volksverband" (Związek Ludowo-Narodowy – ZLN) Władysław Grabski, Stanisław Głąbiński und Jan Zamorski eine sehr maßvolle Haltung gegenüber den Verträgen ein und übten nur milde Kritik an den Bestimmungen bezüglich der Grenzziehung und der Minderheitenrechte. Dies hatte seinen einfachen Grund in der Tatsache, daß es ihr Vertreter Roman Dmowski gewesen war, der Polen auf der Friedenskonferenz vertreten hatte.[52] Sie betonten vor allem den Nutzen, den Polen aus seiner im Versailler Vertrag ausgesprochenen internationalen Anerkennung ziehe.

Die Vertreter der Linken hingegen übten Kritik, jedoch nicht an beiden Verträgen in gleichem Maße, sondern vor allem am Minderheitenschutzvertrag. Für die „Wyzwolenie" erklärte Rataj, Mitglied des Auswärtigen Ausschusses, der Minderheitenschutzvertrag beschränke die Souveränität des Staates und privilegiere die Minderheiten. Rataj plädierte für die Annahme des Friedensvertrages, stellte jedoch den Antrag, die Ratifizierung des Minderheitenschutzvertrages auszusetzen.[53] Sein Parteigenosse und Kollege im Auswärtigen Ausschuß Rudziński ging in seiner Stellungnahme noch einen Schritt weiter. Er protestierte gegen die von Premierminister Paderewski und etlichen Abgeordneten abgegebenen Dankeserklärungen an die Adresse der Entente und vertrat die Ansicht, die Unabhängigkeit des Landes sei das ausschließliche Verdienst der Polen selbst und kein Geschenk der Entente.[54] Die Bestätigung der Unabhängigkeit Polens habe im Interesse der Westmächte gelegen und sei ausschließlich deshalb durch sie erfolgt. Auch Rudziński sprach sich im Namen seiner Fraktion ohne Wenn und Aber für die Ratifizierung des Friedensvertrages aus.

Der Sejm lehnte eine getrennte Abstimmung über die beiden Verträge ab und bestätigte sie mit großer Mehrheit gegen die Stimmen der PPS und einiger weniger Abge-

[50] Vgl. z.B. Ze świata [Aus aller Welt], in: Wyzwolenie Nr. 17 vom 27. 4. 1919, S. 230.
[51] Sejm Ustawodawczy, 41. Sitzung am 23. 5. 1919, Sp. 5f.
[52] J. Faryś: Koncepcje polskiej polityki zagranicznej 1918–1939 [Konzeptionen der polnischen Außenpolitik 1918–1939], Warszawa 1981, S. 78f.
[53] Sejm Ustawodawczy, 81. Sitzung am 30. 7. 1919, Sp. 56ff.
[54] Ebd., Sp. 94–98.

ordneter anderer Parteien. Auch die meisten Abgeordneten der „Wyzwolenie" stimmten für die Annahme der Verträge. Die Ablehnung der Ratifizierung durch einen Teil der Parlamentslinken hatte lediglich propagandistischen Charakter und somit eine innenpolitische Funktion.[55] Rataj notierte in seinem Tagebuch, daß er sich des illusorischen Charakters seines Antrages bewußt gewesen sei. Es sei darum gegangen, „daß ein Teil der Kammer gegen die im Minderheitenschutzvertrag enthaltenen ‚Kapitulationen' protestiert hat".[56] Das Wort „Kapitulationen" sollte wohl zum Ausdruck bringen, daß Dmowski in Paris die Interessen des Landes nicht verantwortungsbewußt genug wahrgenommen habe. Zum Friedensvertrag bleibt anzumerken, daß die „Wyzwolenie" ihn akzeptierte und in seinen Bestimmungen die Interessen Polens offensichtlich im wesentlichen gewahrt sah.

Am ehesten erweckte die Frage der Zugehörigkeit Oberschlesiens die Aufmerksamkeit der „Wyzwolenie". Das Interesse an dieser Frage war bis zur Jahresmitte 1919 jedoch sehr gering. Während der Sejmdebatte zur Ratifizierung des Friedensvertrages kritisierten die Abgeordneten Rataj und Rudziński die Vertragsbestimmungen über die in Oberschlesien abzuhaltende Volksabstimmung mit keinem Wort.

Vermutlich begann man sich erst allmählich über die für Polen keineswegs günstigen Aussichten, Oberschlesien automatisch durch eine Volksabstimmung zu erlangen, im klaren zu werden. Solche Zweifel wurden, falls sie vorhanden waren, allerdings nicht ausgesprochen. Die Parteizeitung bemühte sich sogar – wenngleich nur in winzigen Meldungen und Artikeln am Schluß des Blattes – gemeinsam mit fast der gesamten übrigen polnischen Presse[57], eine optimistische Stimmung zu zeigen bzw. zu erzeugen. Das große Thema dieser Monate im Frühling und Sommer 1919 war freilich die Agrarreformfrage.

Oberschlesien geriet eigentlich erst mit dem ersten polnischen Aufstand (17. 8. bis 21. 8. 1919) stärker in das Blickfeld der Partei. Der Parteivorstand versicherte nun in einem Aufruf am 21. August 1919 die polnischen Oberschlesier der Solidarität der polnischen Bauernschaft und rief zu Kundgebungen und Geldsammlungen zugunsten Oberschlesiens auf.[58] Er übte jedoch keinerlei Kritik an der distanzierten Haltung der polnischen Regierung gegenüber den Aufständischen und enthielt sich aller Töne, die zu einer Verschärfung der Situation hätten beitragen können. Vertreter des Vorstandes beteiligten sich an der Gründung eines „Komitees für Oberschlesien" in Warschau.[59] Der Aufruf des Vorstandes, den Aufständischen materielle Hilfe zu leisten, wurde vom Parteirat am 31. August 1919 noch einmal bekräftigt. Er forderte sogar alle Gebietsorganisationen zur Bildung von Hilfskomitees („Komitees für die Verteidigung Schlesiens") auf.[60]

Es ist schwer zu beurteilen, ob diese Appelle tatsächlich überall in der Provinzorganisation ein entsprechendes Echo fanden, denn feststellbar sind für die folgenden Wochen im Parteiblatt nur relativ wenige Aktivitäten wie Spendenaktionen und Solida-

---

[55] K. Więch: Polska Partia Socjalistyczna 1918–1921 [Die Polnische Sozialistische Partei 1918–1921], Warszawa 1978, S. 148.

[56] M. Rataj: Pamiętniki, S. 51.

[57] T. Jędruszczak: Polityka Polski w sprawie Górnego Śląska 1918–1922 [Die Politik Polens in der Oberschlesien-Frage 1918–1922], Warszawa 1958, S. 65.

[58] Vgl. z.B. Powstanie na Górnym Śląsku [Aufstand in Oberschlesien], in: Wyzwolenie Nr. 34 vom 24. 8. 1919, S. 433.

[59] T. Jędruszczak: Polityka Polski, S. 145.

[60] Zjazd Rady Naczelnej [Sitzung des Obersten Rates], in: Wyzwolenie Nr. 36 vom 7. 9. 1919, S. 451.

ritätsveranstaltungen. Zu erwähnen ist das nachweislich stärkere Engagement der Parteiorganisation in den an Oberschlesien grenzenden Kreisen Wieluń und Sieradz in der Wojewodschaft Lodz.[61]

Im Winter 1919/1920 ging das Interesse an der oberschlesischen Frage in der Partei wieder merklich zurück. Auf dem Parteikongreß am 22. und 23. Februar 1920 spielte das Thema im außenpolitischen Berichtsteil Thugutts allenfalls eine untergeordnete Rolle. Im Vordergrund stand völlig die Ostpolitik und die Frage des Friedensschlusses im Osten.[62] Allerdings wurden am Rande, wie das Parteiblatt berichtete, auch „Vertreter des oberschlesischen Volkes (lud)" als Gäste vom Parteitag begrüßt und angehört; im Anschluß daran wurde eine Oberschlesien-Resolution verabschiedet.

Auch in den folgenden Monaten wurde kein weitergehendes Engagement der Partei in dieser Frage sichtbar. Nur sporadisch informierten kleine Artikel über die Vorbereitung des Plebiszits, das von der Sache her für richtig gehalten wurde. Man gab sich weiterhin davon überzeugt, daß die polnischen Schlesier den Sieg erringen würden. Vom zweiten polnischen Aufstand, der in den Tagen vom 18. bis 28. August 1920 Oberschlesien erschütterte, nahmen die Partei und ihre Presse kaum Notiz. Ein Grund hierfür kann im polnisch-sowjetrussischen Krieg gesehen werden, dessen für Polen außerordentlich bedrohliche Zuspitzung gerade erst überwunden war. Er absorbierte die Aufmerksamkeit der Politiker und Parteien des Landes erheblich.

Erst der näherrückende Termin der Volksabstimmung sorgte für eine erneute Aktualität des oberschlesischen Themas. Es verstärkte sich wohl auch die Ungewißheit über den Ausgang der Abstimmung. Nachdem in den Monaten Januar und Februar 1921 in der Parteizeitung das Verhalten der Großmächte, insbesondere Englands, in der Oberschlesienfrage kritisiert worden war[63], erhob sie am Vorabend der Volksabstimmung Vorwürfe gegen Außenminister Fürst Sapieha. Er habe sich unfähig gezeigt, die Interessen Polens gegenüber Lloyd George standhaft zu vertreten.[64] Es muß angemerkt werden, daß die Partei wenige Tage zuvor, am 17. Februar 1921, aus der Regierung Witos ausgetreten war und somit auch bei ihrer Kritik am Kabinett wieder freiere Hand hatte.

Bei der Volksabstimmung am 20. März 1921 wurden 59,6 % der Stimmen für Deutschland und 40,3 % für Polen abgegeben. Die Ergebnisse wurden von der Parteizeitung ruhig, ja beinahe mit Befriedigung kommentiert, wenn sie schrieb: „Das polnische Volk Oberschlesiens hat nicht enttäuscht. Überall, wo es in der Überzahl war, stimmte es für den Anschluß an Polen."[65]

Unter Berufung auf die Abstimmungsergebnisse – südlich und östlich der Oder erlangten die Polen in einer Anzahl von Kreisen die Mehrheit – verlangte der Parteirat in einer Resolution am 5. Mai 1921 den Anschluß des betreffenden Gebietes an Polen.[66]

[61] J. Socha: Polskie Stronnictwo Ludowe „Wyzwolenie" w Sieradzkim (1915–1931) [Die Polnische Bauernpartei „Wyzwolenie" im Gebiet von Sieradz (1915–1931)], cz. I, in: Rocznik Łódzki, T. 21: 1976, S. 95; ders.: Z badań, S. 83.

[62] Vgl. Zjazd Walny [Der Parteitag], in: Wyzwolenie Nr. 9 vom 29. 2. 1920, S. 102ff.

[63] W sprawie Górnego Śląska [Zur Oberschlesien-Frage], in: Wyzwolenie Nr. 4 vom 23. 1. 1921, S. 34; Listy z Paryża [Briefe aus Paris], in: Wyzwolenie Nr. 7 vom 13. 2. 1921, S. 62.

[64] Niedołęstwo i polityka na swoją rękę [Unfähigkeit und Politik auf eigene Faust], in: Wyzwolenie Nr. 10 vom 6. 3. 1921, S. 105.

[65] Śląsk do Polski [Schlesien zu Polen], in: Wyzwolenie Nr. 13 vom 27. 3. 1921, S. 133f.

[66] Rezolucje [Resolutionen], in: Wyzwolenie Nr. 20 vom 15. 5. 1921, S. 193.

Er ignorierte dabei die Tatsache, daß zwar die Landgemeinden für Polen, die großen Städte Königshütte, Beuthen, Kattowitz, Gleiwitz u.a. jedoch für ihren Verbleib bei Deutschland gestimmt hatten. Die gleiche Forderung wurde auf Initiative ihrer Abgeordneten auch auf etlichen Kundgebungen und Versammlungen der „Wyzwolenie" erhoben. Ferner kritisierte der Parteirat erneut die Tätigkeit der Regierung, insbesondere des Auswärtigen Dienstes, in der oberschlesischen Frage und sah in deren angeblichen Versäumnissen die Gründe für einen erneuten, den dritten Aufstand in Oberschlesien (2. 5. bis 18./19. 5. 1921). Wie im Jahre 1919 wurden alle Parteimitglieder zur Unterstützung der Erhebung aufgefordert.

Aufgrund der von allen Seiten erhobenen Kritik an seiner Amtsführung trat Außenminister Sapieha am 17. Mai 1921 zurück. Die Leitung des Außenministeriums übernahm daraufhin für die folgenden sechs Wochen provisorisch Jan Dąbski, Unterstaatssekretär im Ministerium und Angehöriger der Bauernpartei „Piast". Die Parteiführung war sich durchaus bewußt, daß die Zukunft Oberschlesiens weniger von den Fähigkeiten polnischer Diplomaten als vielmehr von den Politikern und Diplomaten der Großmächte abhing, die die Interessen ihrer Länder auszugleichen versuchten. Die weiteren Bemühungen des Obersten Rates der Alliierten und des Völkerbundsrates um eine Grenzziehung in Oberschlesien wurden von der „Wyzwolenie" wie von der gesamten polnischen, aber auch von der deutschen Öffentlichkeit, mißtrauisch beobachtet.[67]

Die Entscheidung der Botschafterkonferenz in Paris vom 21. Oktober 1921 sah die Teilung des Landes vor und mußte von den Regierungen Deutschlands und Polens akzeptiert werden. Die „Wyzwolenie" reagierte mit einer gewissen Erleichterung auf diese Entscheidung. Zwar bedauerte sie, daß es nicht gelungen war, ganz Oberschlesien zu erhalten, doch wies man in der Parteizeitung mit Nachdruck auf die große wirtschaftliche Bedeutung des Polen zuerkannten Gebietes hin.[68] Die Grenzziehung war für Polen in der Tat außerordentlich günstig, wurden ihm doch der größte Teil des eigentlichen Industriedreiecks sowie die großen Kohlevorräte in den Kreisen Pleß und Rybnik zugesprochen.

Das Interesse der „Wyzwolenie" an den übrigen zwischen Polen und Deutschland strittigen Territorien war vergleichsweise gering. Dies galt bereits hinsichtlich Danzigs. Die Partei nahm die Entscheidung der Friedenskonferenz zwar mit Bedauern auf[69], ihre Kritik an der Schaffung der selbständigen Freien Stadt Danzig blieb jedoch sehr maßvoll und ließ kein weitergehendes Engagement in dieser Frage erkennen.

Das südliche Ostpreußen war für die Parteimitglieder wie für die gesamte polnische Bauernschaft ein unbekanntes Land. Das Gebiet hatte bis 1919 in den territorialen Vorstellungen der Partei keinerlei Rolle gespielt und geriet wohl erst unter dem Eindruck der ehrgeizigen Maximalforderungen des Nationalisten Dmowski auf der Pariser Friedenskonferenz als für Polen zu beanspruchen in das Blickfeld der „Wyzwolenie"-Führung. Ohne jeden Nachdruck wurde es in der Erklärung der Sejmfraktion am 22. Februar 1919 zum ersten Mal als eines der Gebiete mit aufgezählt, die mit Polen zu

[67] S. die Artikel des Vorstansmitgliedes Maksymilian Malinowski: Walka o Górny Śląsk [Der Kampf um Oberschlesien], und: Handlarze świata [Die Weltkrämer], in: Wyzwolenie Nr. 26 vom 26. 6. 1921, S. 252, und Nr. 34 vom 21. 8. 1921, S. 323f.

[68] Vgl. Powrót Śląska do Polski [Die Rückkehr Schlesiens zu Polen], in: Wyzwolenie Nr. 44 vom 30. 10. 1921, S. 407f.

[69] Z Sejmu [Aus dem Sejm], in: Wyzwolenie Nr. 23 vom 8. 6. 1919, S. 286.

vereinigen seien.[70] Auf dem gleichzeitig stattfindenden Parteitag (23./24. 2. 1919) war das südliche Ostpreußen, folgt man den Berichten im Parteiorgan, ebensowenig ein Thema wie in den Sitzungen des Parteirates am 12./13. Mai, 31. August und 14./15. Dezember 1919. Auch der Parteitag am 22./23. Februar 1920 befaßte sich nicht weiter damit; die offiziellen Beschlüsse berühren Masuren jedenfalls nicht. Lediglich am Schluß des dreiseitigen Berichts über den Verlauf des Parteitages wird die Anwesenheit von Gästen aus Oberschlesien erwähnt, die das Interesse der Teilnehmer sowohl für Oberschlesien als auch für das bevorstehende Plebiszit in Masuren und im Ermland geweckt hätten.[71]

Ein Blick in die Parteipresse bestätigt den Eindruck, daß das Thema für die Partei allenfalls am Rande Bedeutung hatte. So findet sich im ganzen Jahr 1919 lediglich ein einziger Artikel, der sich – allerdings einseitig polnisch-national – mit den historischen und aktuellen Verhältnissen im ostpreußischen Abstimmungsgebiet befaßt. Die der Partei angehörende Autorin Władysława Weychert-Szymanowska, in dieser Frage wohl sehr engagiert, meint dort zwar bedauernd, doch zugleich realistisch: „Heute sprechen die preußischen Masuren Polnisch, aber es ist ungewiß, ob sie beim Plebiszit für die Vereinigung mit Polen stimmen werden. Das Gefühl des Polentums ist dort gering."[72]

In der „Wyzwolenie" scheint man die polnischen Chancen in den preußischen Regierungsbezirken Allenstein und Marienwerder von vornherein relativ nüchtern eingeschätzt zu haben. Dies sorgte dafür, daß das für Polen außerordentlich ungünstige Ergebnis der dortigen Volksabstimmung vom 11. Juli 1920 – nur 2,2 % bzw. 7,6 % der Stimmberechtigten entschieden sich für Polen, jedoch 97,8 % bzw. 92,4 % für den Verbleib beim Deutschen Reich – von der Partei schnell und wohl ohne große Enttäuschung akzeptiert wurde. Diesem Befund widerspricht auch nicht die nochmalige Forderung des Parteirates vom 1./2. August 1920 nach Anschluß besagter Gebiete an Polen.[73] Sie kann im Zusammenhang aller Äußerungen der Partei nur als Pflichtübung gegenüber der herrschenden nationalistischen Stimmung verstanden werden. Auf dem Parteitag vom 4. bis 6. März 1921 legte Stanisław Thugutt im Anschluß an seinen Bericht zur inneren und äußeren Lage neben zwei Resolutionen zur Innenpolitik (Senat, Regierung) auch zwei zur Außenpolitik vor, die ausschließlich die Ostgebiete und Oberschlesien betrafen und mit keinem Wort auf Ostpreußen eingingen. Die Parteitagsteilnehmerin Władysława Weychert-Szymanowska stellte als Einzelperson einen Antrag zu Ostpreußen, der dann zusammen mit anderen Anträgen einstimmig angenommen wurde. In der Resolution wurde einerseits gegen das Abstimmungsergebnis

---

70 Sejm Ustawodawczy, 4. Sitzung am 22. 2. 1919, Sp. 110. Zu den sprachlichen und ethnischen Verhältnissen in Ostpreußen siehe die Erörterung von H. Jablonowski: Wieviel Polen hat es vor dem Zweiten Weltkrieg in Ostpreußen gegeben?, in: Acta Prussica. Abhandlungen zur Geschichte Ost- und Westpreußens. Fritz Gause zum 75. Geburtstag, Würzburg 1968, S. 306–324.

71 Zjazd Walny [Der Parteitag], in: Wyzwolenie Nr. 9 vom 29. 2. 1920, S. 103f. Der Antrag eines Teilnehmers, des „Bürgers Michalak", daß der Parteitag „mit heißem und ehrlichem Herzen die Vereinigung mit unseren Brüdern in Preußisch-Masuren und im Ermland sowie überall dort, wo das polnische Volk bisher noch in Unfreiheit ist, erwartet", wurde einstimmig angenommen.

72 W. Weychert-Szymanowska: Polacy ewangelicy [Die evangelischen Polen], in: Wyzwolenie Nr. 36 vom 7. 9. 1919, S. 456. Ansonsten kam die Redaktion der Bitte von zwei polnisch-masurischen Gruppen nach und druckte ihr zugegangene Aufrufe ab, ebenso einen Gastkommentar des in Masuren zugunsten eines Anschlusses an Polen tätigen Hugon Bahrke. Vgl. Wyzwolenie Nr. 12 vom 23. 3. 1919, S. 165; Nr. 34 vom 24. 8. 1919, S. 431f., und Nr. 39 vom 28. 9. 1919, S. 491f.

73 Uchwały Rady Naczelnej [Beschlüsse des Obersten Rates], in: Wyzwolenie Nr. 32 vom 8. 8. 1920, S. 354.

in Masuren und im Ermland protestiert (!), andererseits aber indirekt festgestellt, daß der Wunsch der evangelischen Masuren nach einer Vereinigung mit Polen nicht stark genug war.[74] Parteiführung und Basis entwickelten somit in dieser Frage charakteristischerweise keine Initiative; war ein solcher Antrag aber einmal gestellt, konnte und wollte sich der Parteitag diesem offensichtlich nicht entgegenstellen.

Zusammenfassend läßt sich sagen: Größeres Interesse zeigte die Bauernpartei „Wyzwolenie" vor allem an der Angliederung Oberschlesiens, von dessen Industrie und Bodenschätzen sie sich vermutlich einen günstigen Einfluß auf die wirtschaftliche Entwicklung Polens versprach. Wesentlich geringer fiel ihr Einsatz für eine Angliederung Danzigs (bis 1793 Teil der Rzeczpospolita) bzw. für eine Inbesitznahme des südlichen Ostpreußen aus, obzwar sie nicht erklärte, keine Ansprüche auf Masuren und das Ermland erheben zu wollen. Dies konnte sich in der erhitzten patriotisch-nationalistischen Atmosphäre dieser Jahre zweifellos keine politische Kraft erlauben, die sich nicht aus der nationalen Gemeinschaft ausschließen wollte. Die Führungsinstanzen der „Wyzwolenie" wie die der PPS[75] glaubten offensichtlich nicht an die Möglichkeit, bei Ausübung des Selbstbestimmungsrechts der dort lebenden Bevölkerung Danzig und das südliche Ostpreußen erlangen zu können. Dasselbe gilt in noch größerem Maße für ganz Niederschlesien und Hinterpommern; diese Gebiete hat die Partei niemals für Polen beansprucht, ja sie in diesem Zusammenhang nicht einmal erwähnt. Der von J. Jachymek aufgestellten Behauptung, daß zu Beginn der Unabhängigkeit „die PSL Wyzwolenie in Deutschland den ewigen Feind Polens sah und deshalb suggerierte, daß der entstehende polnische Staat sich vor allem um die Rückkehr der uralten piastischen Länder im Westen und Norden des Landes kümmern sollte"[76], muß an dieser Stelle sehr deutlich widersprochen werden. In den Quellen findet sie keinerlei Bestätigung! Es stellt sich allerdings die Frage, weshalb der Bauernpartei „Wyzwolenie" von einem Historiker eine derart chauvinistische Position unterstellt wird.

9.3.4. Die Rußland- und Ukrainepolitik

Mehr als an der Westpolitik war die „Wyzwolenie" im Zeitraum bis 1921 an der Ostpolitik des Landes interessiert. Diese wurde in den ersten Jahren ganz wesentlich durch Staatschef Piłsudski bestimmt, der den Versuch unternahm, die polnische Machtstellung mit Hilfe der Föderationsidee auszuweiten. Die ostpolitischen Bemühungen Piłsudskis in den Jahren 1919 und 1920 wurden von der „Wyzwolenie" in der Regel gebilligt, wenn nicht sogar aktiv unterstützt.

Die Partei sprach sich somit eindeutig für eine Schwächung Rußlands aus, denn hierzu mußte eine Abtrennung der für eine Föderation ins Auge gefaßten bisherigen Westgebiete des Russischen Reiches führen. Die Frage des politischen Systems in Rußland war für die Partei zweitrangig. Sie hegte keinerlei Sympathien für die Bolschewiki, lehnte andererseits aber auch ganz entschieden eine Zusammenarbeit mit den „weißen" Kräften in Rußland ab, da sie von diesen in jedem Falle eine Fortsetzung des traditionellen russischen Imperialismus erwartete.[77]

Die militärischen Auseinandersetzungen zwischen Polen und Sowjetrußland setzten Mitte Februar 1919 ein, als die Polen vom Westen und die Sowjets vom Osten her in

---

[74] Walny doroczny Zjazd [Der Jahresparteitag], in: Wyzwolenie Nr. 11 vom 13. 3. 1921, S. 111.

[75] Vgl. K. Więch: Polska Partia Socjalistyczna 1918–1921, S. 138.

[76] J. Jachymek: Myśl polityczna, S. 191.

[77] Groźna chmura [Eine bedrohliche Wolke], in: Wyzwolenie Nr. 29 vom 20. 7. 1919, S. 361 ff.

das bis dahin von deutschen Truppen besetzte sogenannte Oberostgebiet eindrangen. In Wolhynien stießen die Polen auf die ukrainischen Truppen Petljuras, mit dem bald eine erste Vereinbarung, im Juni 1919 schließlich ein Waffenstillstand abgeschlossen werden konnte. Petljura mußte hierfür freilich zugunsten Polens auf Ostgalizien verzichten. Mit den Regierungen Sowjetrußlands und der Litauisch-Weißrussischen Sowjetrepublik (Litbel) trat Polen hingegen nicht in Friedensverhandlungen ein, sondern besetzte im April 1919 Wilna und anschließend große Gebiete Weißrußlands.[78]

In dieser ersten Phase des polnisch-sowjetrussischen Krieges hielt sich die „Wyzwolenie" mit Äußerungen sehr zurück. Sie kommentierte weder kritisch noch positiv den Beginn des militärischen Konflikts. Anfang Mai 1919 begrüßte sie die Einnahme Wilnas und den Aufruf Piłsudskis an die Bewohner des Landes und erblickte in letzerem einen wichtigen Beitrag zur Verwirklichung der Föderationskonzeption.

Die militärischen Anstrengungen Polens führten im Sommer 1919 zu einer Verschiebung der Front weit nach Osten. Nach der Einnahme von Minsk scheint sich bei einem Teil der Führung der „Wyzwolenie", ähnlich wie in der PPS[79], eine ablehnende Haltung zum polnisch-sowjetrussischen Krieg entwickelt zu haben. So wurden die polnischen Siege zwar in der Parteipresse und in der Stellungnahme des Parteirates vom 31. August 1919 begrüßt und die Verwirklichung einer Föderation mit den zwischen Polen und Rußland siedelnden Völkern gefordert, doch tauchten nun zunehmend Befürchtungen auf, der Krieg könne seinen Verteidigungscharakter verlieren und zu einem Eroberungskrieg werden.[80] Unterstrichen wurde, daß Polen nicht in die inneren Kämpfe zwischen revolutionären und gegenrevolutionären Kräften in Rußland – letztere wurden als reaktionär bezeichnet – eingreifen dürfe.[81]

In eine regelrechte Friedenskampagne mündeten diese Stimmen in der „Wyzwolenie" – anders als bei der PPS – freilich nicht. Eine beträchtliche Intensität erreichten sie zweifellos. Stanisław Thugutt, seit Februar 1919 Mitglied des Parteivorstandes, gab am 5. Oktober 1919 im zentralen Presseorgan zu, daß die Abneigung gegen den Krieg allgemein wachse und die Forderung nach einem Friedensschluß ständig dringender erhoben werde. Er tadelte die Sozialisten, die seit einiger Zeit „immer lauter und drohender nach Frieden schreien", und erklärte, daß allein der Oberbefehlshaber, d. h. Piłsudski selbst, die Frage entscheiden könne, wann das Ziel des Verteidigungskrieges erreicht sei. Er schrieb damals: „Jetzt die Forderung nach einem Friedensschluß zu erheben und die Stimmung der Bevölkerung in diesem Sinne zu schüren, bedeutet, dem Soldaten die Waffe aus der Hand zu schlagen ..."[82] Dieses mahnende Wort von oben tat wohl für einige Zeit seine Wirkung. Denn Berichte in der Parteipresse über eine wachsende Unzufriedenheit an der Parteibasis wegen des Krieges im Osten liegen für die folgenden Wochen nicht mehr vor. Möglicherweise wurde Kritik an der Kriegführung in dieser Zeit von der Redaktion der „Wyzwolenie" zurückgehalten.

[78] Vgl. H. Roos: Geschichte, S. 68ff.

[79] A. Leinwand: Polska Partia Socjalistyczna wobec wojny polsko-radzieckiej 1919–1920 [Die Haltung der Polnischen Sozialistischen Partei zum polnisch-sowjetischen Krieg 1919–1920], Warszawa 1964, S. 91.

[80] Nasz wróg [Unser Feind], in: Wyzwolenie Nr. 33 vom 17. 8. 1919, S. 413f.; Sejmik relacyjny posła Smoły [Berichterstattung des Abgeordneten Smoła auf einer Wahlkreisversammlung], in: Wyzwolenie Nr. 34 vom 24. 8. 1919, S. 429.

[81] Zjazd Rady Naczelnej P.S.L. [Sitzung des Obersten Rates der PSL], in: Wyzwolenie Nr. 36 vom 7. 9. 1919, S. 451f.

[82] Co ma Sejm robić? [Was soll der Sejm tun?], in: Wyzwolenie Nr. 40 vom 5. 10. 1919, S. 499.

Trotz des weitgehenden Stillstandes der Operationen des polnischen Heeres bis zum Frühjahr 1920 – Piłsudski wollte es den Bolschewiki erleichtern, Denikin zu schlagen – flammte in der Partei ab Dezember 1919 die gegen den Krieg gerichtete Stimmung wieder auf. In Anwesenheit von Sejmabgeordneten und Mitgliedern des Parteivorstandes wurden auf Versammlungen in der Provinz Resolutionen verabschiedet, in denen eine möglichst schnelle Beendigung des Krieges, der „zu Angriffszwecken und im Interesse der Ententemächte geführt"[83] werde, gefordert wurde. Hoffnungen auf einen baldigen Friedensschluß nährten gewiß auch die allmählich durchsickernden Nachrichten über die beiden sowjetischen Friedensnoten vom 22. Dezember 1919 und vom 28. Januar 1920, die der Öffentlichkeit von der polnischen Regierung zunächst nicht mitgeteilt worden waren.[84]

Wieder war es seitens der Parteiführung Stanisław Thugutt, der sich in der Friedensfrage zu Wort meldete und die Ostpolitik des Staatschefs verteidigte. Er wandte sich am Vorabend des für den 22./23. Februar 1920 einberufenen Parteitages der „Wyzwolenie" an die Partei und ging dabei geschickt auf das Verlangen breiter Parteikreise nach einem Friedensschluß ein, plädierte jedoch im Interesse der Sicherheit des Landes gegen einen sofortigen „Frieden um jeden Preis".[85] In gleicher Weise äußerte er sich auf dem Parteitag selbst.[86] Es war ohne Zweifel das Verdienst Thugutts, daß die Delegierten schließlich keine noch radikalere Antikriegsresolution verabschiedeten. In dem von den Delegierten angenommenen Text hieß es ohnehin bereits sehr deutlich:

> „Der Kongreß hält eine unnötige Verlängerung des Krieges, sei es auch nur um einen Tag, für ein Verbrechen gegenüber dem Staat und dem polnischen Volk ... Der Kongreß fordert, die Friedensbedingungen Polens so schnell wie möglich zu nennen und auf ihrer Grundlage offene Verhandlungen mit Rußland zu beginnen. Die polnischen Bedingungen sollen so abgefaßt sein, daß sie beiden Seiten den Abschluß eines gerechten und dauerhaften Friedens ermöglichen."[87]

Die Handschrift Thugutts und anderer Vertrauter Piłsudskis in der Parteiführung ließ allerdings der zweite Teil der Resolution erkennen, in dem es hieß, daß der Kongreß als den sichersten Schutz für Polen und somit als Hauptvoraussetzung für den Frieden die Gewährung der Unabhängigkeit für die zwischen Rußland und Polen lebenden Völker, mit denen Polen sich verbünden müsse, ansehe. Diese Aussage stand in einem gewissen Gegensatz zum ersten Teil der Resolution. Mit ihr stellte sich der Kongreß schließlich doch noch hinter die von Thugutt skizzierte Linie der Parteiführung. Im Schlußsatz der Entschließung sprach der Kongreß Piłsudski zwar das Vertrauen aus, erwartete jedoch von ihm, dem Lande nur unbedingt notwendige Opfer abzuverlangen.

Die Partei beobachtete in den folgenden Wochen aufmerksam die Arbeit der Regierung an der Antwortnote an die Sowjetregierung und begehrte hierzu sowohl im Plenum als auch im Auswärtigen Ausschuß des Sejm Auskunft.[88] Das Scheitern der polnisch-sowjetischen Waffenstillstandsverhandlungen mußte viele Mitglieder der Partei enttäuschen. Im zentralen Presseorgan verteidigte Thugutt das Beharren der polnischen Regierung auf dem weißrussischen Städtchen Borissow als Verhandlungsort und erklär-

---

[83] Uchwały i postanowienia [Beschlüsse und Entscheidungen], in: Wyzwolenie Nr. 51 vom 21. 12. 1919, S. 628.

[84] Bolszewicy chcą pokoju [Die Bolschewiki wollen Frieden], in: Wyzwolenie Nr. 6 vom 8. 2. 1920, S. 69f.

[85] Przed Walnym Zjazdem [Vor dem Parteitag], in: Wyzwolenie Nr. 8 vom 22. 2. 1920, S. 89.

[86] Zjazd Walny [Der Parteitag], in: Wyzwolenie Nr. 9 vom 29. 2. 1920, S. 102.

[87] Ebd., S. 103.

[88] Z Sejmu [Aus dem Sejm], in: Wyzwolenie Nr. 10 vom 7. 3. 1920, S. 117.

te, daß Sowjetrußland nicht ehrlich verhandelt, sondern nur den Hintergedanken gehabt habe, Zeit für einen Angriff zu gewinnen. Trotz kritischer Bemerkungen an die Adresse der eigenen Regierung, sie habe Geheimniskrämerei betrieben und ihre Politik der Bevölkerung nicht verständlich machen können, sah er die Schuld für den Abbruch der Verhandlungen allein bei den Sowjets.[89]

Ein neues Stadium des Krieges im Osten leitete am 21. April 1920 der Abschluß eines Offensivbündnisses Polens mit Hetman Petljura, dem Regierungschef der sogenannten Ukrainischen Volksrepublik, ein. Die Ukrainepolitik der Regierung wurde daraufhin umgehend am 23. April 1920 im Auswärtigen Ausschuß des Sejm erörtert und von der Mehrheit seiner Mitglieder, darunter den Vertretern der „Wyzwolenie“, unterstützt. Der entsprechende Beschluß des Auswärtigen Ausschusses, der eine Föderation Polens mit den ihm im Osten benachbarten Völkern als Grundlage eines Friedens mit Rußland bezeichnete, wurde von Thugutt Anfang Mai 1920 ein „Schritt näher zum Frieden“ genannt[90], obwohl bereits am 25. April im Süden die polnische Offensive gegen die Rote Armee begonnen hatte. Der polnische Feldzug in die Ukraine wurde von der Partei innerhalb und außerhalb des Parlaments begrüßt.[91] Sie sah in ihm die Verwirklichung der seit längerem verkündeten Parole, eine unabhängige Ukraine zu schaffen.[92] Anläßlich des Einmarsches in Kiew brachte Stanisław Thugutt freilich nicht nur seine Befriedigung hierüber zum Ausdruck, sondern hielt es auch für geraten, auf die bei etlichen Parteimitgliedern bestehenden Zweifel an der Richtigkeit der von der Regierung betriebenen Ostpolitik einzugehen. Er versicherte, Polen gehe es einzig und allein um die dauerhafte Sicherung seiner Existenz.[93]

Überrascht und ernüchtert wurde die Partei erst durch die Entwicklung an der Front, wo die Initiative ab Ende Mai 1920 in sowjetrussische Hände überging. Die Parteizeitung erwähnte die Räumung Kiews nur sehr knapp und bagatellisierte zunächst die Niederlagen und den fluchtartigen Rückzug der polnischen Truppen.[94] Nachdem der am 1. Juli 1920 entstandene Staatsverteidigungsrat (Rada Obrony Państwa) am 3. Juli einen beschwörenden Appell an die Soldaten erlassen hatte, dem Feind Widerstand zu leisten[95], und der Ernst der Lage deutlich geworden war, begannen auch die einzelnen Parteien und Organisationen, ihre Mitglieder und Anhänger zur Verteidigung des Landes aufzurufen.[96] Vorstand, Parteirat und Sejmfraktion der „Wyzwolenie“ erließen eine Reihe von Aufrufen zur Mobilisierung der Bauernschaft, die in der Parteipresse abgedruckt oder auf Flugblättern in den Dörfern verteilt wurden. In ihnen wurden die Bauern aufgefordert, die so lange entbehrte und nun wiederum aufs schwerste gefährdete Unabhängigkeit des Landes durch ihre freiwillige Meldung zur Armee und

[89] S. Thugutt: Rokowania o pokój [Friedensverhandlungen], in: Wyzwolenie Nr. 15 vom 11. 4. 1920, S. 169f.; S. Thugutt: Pomocnicy bolszewików [Die Helfer der Bolschewiki], in: Wyzwolenie Nr. 16 vom 18. 4. 1920, S. 177f.

[90] S. Thugutt: O krok bliżej do pokoju [Ein Schritt näher zum Frieden], in: Wyzwolenie Nr. 18 vom 2. 5. 1920, S. 202f.

[91] Vgl. die Stellungnahme von J. Poniatowski am 27. 4. 1920 im Sejm: Sejm Ustawodawczy, 141. Sitzung am 27. 4. 1920, Sp. 4–5.

[92] M. Malinowski: My chłopi – lud polski – Ojczyznę obronim! [Wir Bauern – das polnische Volk – verteidigen das Vaterland!], Warszawa 1920, S. 12f.

[93] S. Thugutt: U bram Kijowa [An den Toren Kiews], in: Wyzwolenie Nr. 20 vom 16. 5. 1920, S. 225f.

[94] Poznajmy stan rzeczy [Laßt uns den Stand der Dinge kennenlernen], in: Wyzwolenie Nr. 25 vom 20. 6. 1920, S. 281.

[95] Der Text des Aufrufs findet sich in: Wyzwolenie Nr. 28 vom 11. 7. 1920, S. 306.

[96] A. Bogusławski: Wspomnienia, T. II (1919–1922), AZHRL: P–189/IIa, S. 74.

durch ein entschiedenes Auftreten gegen alle Erscheinungen von Defätismus zu retten.[97]

Die Kreisorganisationen der Partei erhielten von der Parteizentrale die Anordnung, Werbekomitees und -büros für die Annahme von Freiwilligenmeldungen einzurichten.[98] Die Sejmabgeordneten der „Wyzwolenie“ fuhren, wie ihre Kollegen aus den anderen Parteien auch, in ihre Wahlkreise und warben bei den Bauern für den freiwilligen Eintritt in die Armee.[99] Stanisław Thugutt wollte ein Beispiel geben, indem er sich freiwillig an die Front meldete.[100] Mit großer Genugtuung informierte die Partei auf dem Höhepunkt der militärischen Bedrohung die Landbevölkerung über das am 15. Juli 1920 vom Sejm in großer Eile einstimmig verabschiedete Gesetz zur Durchführung der Agrarreform.[101] Die „Wyzwolenie“ wandte sich mit leidenschaftlichen Worten gegen die außenpolitischen Zugeständnisse, die Premierminister Władysław Grabski am 10. Juli 1920 in Spa dem Obersten Rat der Alliierten hatte machen müssen. Besonders heftig lehnte sie die von den Alliierten verlangte Anerkennung einer vom britischen Außenminister Lord Curzon vorgeschlagenen Ostgrenze Polens ab.[102] Nach dem Rücktritt Grabskis beteiligte sich die Partei an der „Regierung der Nationalen Verteidigung“ unter Witos und leistete auf diese Weise ihren Beitrag zur Stärkung des Kampfgeistes auf dem Lande.[103]

Die Konzentration aller Kräfte auf polnischer sowie strategische Fehler auf sowjetischer Seite führten Mitte August 1920 schließlich bei Warschau zu einer schweren Niederlage der Roten Armee und zu deren anschließendem schnellem Rückzug. Aus den Reihen der „Wyzwolenie“ erhoben sich keinerlei Stimmen, die meinten, daß es gelte, diesen Sieg für weitere militärische Aktionen auszunutzen. Die Parteiführung verzichtete angesichts der Kriegsmüdigkeit und Erschöpfung der Bevölkerung, aber wohl auch angesichts der eben erfahrenen Risiken nunmehr völlig darauf, die Verwirklichung ihres Föderationskonzepts mit militärischen Mitteln auch nur zu erwägen.

Nach der am 12. Oktober 1920 erfolgten Unterzeichnung des Waffenstillstands- und Vorfriedensvertrages kam es am 22. Oktober 1920 im Sejm zu einer Aussprache über die Rußlandpolitik, in der auch Błażej Stolarski, der Fraktionsvorsitzende der „Wyzwolenie“, das Wort ergriff. Er erklärte, daß seine Partei über den Abschluß des Vorfriedensvertrages befriedigt sei und hoffe, daß die bisherigen Verhandlungen die Grundlage eines dauerhaften Friedens bilden würden. Stolarski ließ jedoch auch erken-

---

97 Vgl. die Flugblätter der Partei, AZHRL: U–8, U–10, U–17, U–19, U–22.

98 Od Wydziału Organizacyjnego [Von der Organisationsabteilung], in: Wyzwolenie Nr. 29 vom 18. 7. 1920, S. 317.

99 Ebd., S. 320f.; W. Witos: Moje wspomnienia, T. 1, S. 291f.; R. Wasilewski: Wspomnienia z pracy politycznej (1915–1920), AZHRL: P–152, S. 96.

100 S. Thugutt: Wybór pism, S. 94.

101 Ustawa o reformie rolnej [Das Gesetz über die Bodenreform], in: Wyzwolenie Nr. 30 vom 25. 7. 1920, S. 329–331; Ustawa z dnia 15 lipca 1920r. [Das Gesetz vom 15. August 1920], in: Wyzwolenie Nr. 31 vom 1. 8. 1920, S. 344; Wykonanie reformy rolnej [Die Durchführung der Bodenreform], in: Wyzwolenie Nr. 32 vom 8. 8. 1920, S. 353.

102 Vgl. das von Sejmfraktion und Parteivorstand gemeinsam unterzeichnete Flugblatt „Obywatele!“ [Bürger!], AZHRL: U–8. Die sogenannte Curzon-Linie hatte der Oberste Rat der Alliierten bereits am 8. Dezember 1919 als vorläufige östliche Verwaltungsgrenze Polens festgelegt. Sie verlief unter Einschluß des Gebietes von Białystok im wesentlichen entlang der östlichen Grenze Kongreßpolens und entsprach der ethnographischen Ostgrenze Polens.

103 B. Miedziński: Moje wspomnienia, S. 215; W. Stankiewicz: Ruch ludowy w Polsce w latach 1918–1923 [Die Bauernbewegung in Polen in den Jahren 1918–1923], in: Ruch robotniczy i ludowy w Polsce 1914–1923 [Arbeiter- und Bauernbewegung in Polen 1914–1923], Warszawa 1960, S. 454.

nen, daß die „Wyzwolenie“ nicht beabsichtige, völlig auf ihre bisherige Konzeption zu verzichten. „Wir erwarten“, führte er aus, „daß die polnische Regierung bei der Festlegung des Friedens an der Ostgrenze der Republik die Grundsätze des Selbstbestimmungsrechts der Völker und der Rechte der nationalen Minderheiten beachten wird.“[104]

Konkrete Wege einer auch nur ansatzweisen Verwirklichung ihrer ursprünglichen Vorstellungen unter den veränderten Bedingungen zeigte die „Wyzwolenie“ nicht auf. Indem sie auf die ihr zustehende Nominierung eines Vertreters für die polnische Delegation bei den polnisch-sowjetrussischen Friedensverhandlungen in Riga verzichtete, nahm sie eine vorhandene Einflußmöglichkeit nicht wahr.[105] Sie begründete ihre Absage mit dem Argument, allein Regierungsvertreter und Fachleute sollten an den Verhandlungen teilnehmen, nicht hingegen Vertreter der einzelnen Sejmfraktionen.[106] Dieser an sich respektable Standpunkt war in Anbetracht des Willens und der Bereitschaft der anderen Parteien, die Arbeit der Friedensdelegation mitzugestalten, wirklichkeitsfremd. Der Verlauf der Verhandlungen in Riga wurde von der Partei im Winter 1920/21 nicht näher kommentiert. Lediglich der Parteitag bedauerte am 4. März 1921 in einer Resolution die bevorstehende Zerreißung Weißrußlands.[107]

Der am 18. März 1921 in Riga unterzeichnete Friedensvertrag wurde von der „Wyzwolenie“ in der Ratifizierungsdebatte am 14. April 1921 insgesamt positiv beurteilt. Der Abgeordnete Juliusz Poniatowski hob hervor, daß es gelungen sei, den russischen Angriff abzuwehren und die staatliche Existenz Polens zu sichern.[108] Er bedauerte, daß Polen sein zweites Kriegsziel nicht habe erreichen können. Es sei ihm nicht gelungen, den ihm im Osten benachbarten Völkern bei der Erlangung einer unabhängigen staatlichen Existenz wirksame Hilfe zu leisten. Die Verantwortung hierfür sah er weniger bei Polen als bei den Weißrussen und Ukrainern selbst, deren Nationalbewußtsein nicht genügend herangereift gewesen sei, um einen anderen Lauf der Dinge zu ermöglichen. Poniatowski zeigte sich davon überzeugt, daß die Bevölkerung Sowjetweißrußlands und der Sowjetukraine nach Selbständigkeit streben werde, denn die „im Friedensvertrag vorkommenden unabhängigen Staaten Weißrußland und Ukraine sind bis zu diesem Zeitpunkt nichts weiter als eine bolschewistische Fiktion“.[109] Er forderte die polnische Regierung auf, insbesondere der weißrussischen Bevölkerung innerhalb der polnischen Grenzen alle Freiheiten der nationalen Entwicklung bis hin zur Vorbereitung der staatlichen Existenz einzuräumen. Diese sollten auf die Bevölkerung der Weißrussischen Sowjetrepublik ausstrahlen und sie in ihrem Streben nach einem unabhängigen Weißrußland bestärken.

Es fällt auf, daß die „Wyzwolenie“ bei der Analyse der Ursachen des polnisch-sowjetrussischen Krieges allein den traditionellen Eroberungsdrang des östlichen Nachbarn anführte.[110] Im Unterschied zur PPS, in der Teile der Führung außerdem sowohl die Regierung und militärische Kreise Polens – darunter auch den Staatschef – als auch Ententekreise für die Fortsetzung des Krieges verantwortlich machten[111], wurde aus der

[104] Sejm Ustawodawczy, 177. Sitzung am 22. 10. 1920, Sp. 20.

[105] W. Witos: Moje wspomnienia, T. 2, S. 366.

[106] Vgl. Postanowienie Klubu PSL „Wyzwolenie“ [Entscheidung der Fraktion der PSL „Wyzwolenie“], in: Wyzwolenie Nr. 48 vom 28. 11. 1920, S. 520.

[107] Uchwały polityczne [Politische Beschlüsse], in: Wyzwolenie Nr. 11 vom 13. 3. 1921, S. 111.

[108] Sejm Ustawodawczy, 223. Sitzung am 14. 4. 1921, Sp. 45.

[109] Ebd., Sp. 46.

[110] Ebd., Sp. 45.

[111] Vgl. die Ausführungen des PPS-Abgeordneten F. Perl in der Ratifizierungsdebatte zum Rigaer Vertrag am 14. 4. 1921, ebd., Sp. 35.

Führung der „Wyzwolenie“ kaum Kritik am Vorgehen Piłsudskis laut. Dank ihm ergebener Mitglieder in der Parteiführung konnte Piłsudski während des polnisch-sowjetrussischen Krieges mit der Gefolgschaft und Unterstützung der „Wyzwolenie“ rechnen.

Manchen Mitgliedern der Partei, darunter auch Angehörigen ihrer Leitungsgremien, dürfte die Loyalität gegenüber Piłsudski nicht immer leichtgefallen sein. Władysław Fijałkowski, der im Jahre 1920 dem Parteivorstand angehörte, berichtete über das Zögern und die Bedenken vieler Vorstandskollegen, den Krieg gegen die Bolschewiki fortzusetzen.[112] Selbst von Thugutt, der in der Parteiöffentlichkeit immer wieder um Verständnis für Piłsudskis Ostpolitik warb und sie gegen Kritik aus den eigenen Reihen verteidigte, ist bekannt, daß er einer Verwirklichung des Föderationsplanes mit militärischen Mitteln skeptisch gegenüberstand.[113] Über seine häufigen Gespräche mit Piłsudski, in denen er ihn möglicherweise auf die Risiken des eingeschlagenen Weges und die Kriegsmüdigkeit im Lande aufmerksam machte, ist leider nichts Näheres bekannt. Trotz der klaren Orientierung der „Wyzwolenie“ auf die Pläne Piłsudskis wies ihr Föderationskonzept eigene Akzente auf. Es betonte stärker das Recht auf Selbstbestimmung und hob häufiger die Notwendigkeit hervor, demokratische Freiheiten und soziale Reformen einzuführen.

9.3.5. Die Beziehungen Polens zu den übrigen Nachbarn

Die Beziehungen Polens zu den kleineren Nachbarstaaten beanspruchten die Aufmerksamkeit der „Wyzwolenie“ in sehr unterschiedlichem Maße. Am intensivsten beschäftigte sie sich zweifellos mit Litauen und der Tschechoslowakei, zwei Ländern, zu denen das Verhältnis von Anfang an ebenfalls durch territoriale Streitigkeiten geprägt war.

Wie bereits im Kapitel über die Minderheitenpolitik ausgeführt, nahm Litauen in den Föderationsvorstellungen der Parteiführung stets einen zentralen Platz ein. Die Haltung des litauischen Staates – alle seine maßgebenden politischen Kräfte und Persönlichkeiten wünschten den Ausbau des eigenen Nationalstaates und lehnten einen Zusammenschluß mit Polen strikt ab – mußte die Partei daher tief enttäuschen. In einer vom Parteitag am 4. März 1921 verabschiedeten Resolution hieß es: „Wir bedauern … den Starrsinn Litauens, das die ihm entgegengestreckte Hand des polnischen Volkes (ludu polskiego) zurückstößt.“[114] Sie betonte des öfteren, gewissermaßen beruhigend an die litauische Adresse gerichtet, daß es ihr allein um eine von polnischen Hegemonialbestrebungen freie Union gleichberechtigter Partner gehe.[115] Das zwischen beiden Staaten strittige Wilnagebiet sollte nach Auffassung der „Wyzwolenie“ zwar bei Polen verbleiben – allein hierin lag der Unterschied zum Hymans-Projekt des Völkerbundes[116] –, jedoch ein Autonomiestatut erhalten und auf diese Weise eine Brücke zur Verständigung mit Litauen bilden.

---

[112] W. Fijałkowski: Pamiętniki, cz. III, AZHRL: P–282a, S. 386.

[113] R. Wasilewski: Wspomnienia o współpracy z Thuguttem, AZHRL: P–152, S. 27f.

[114] Walny doroczny Zjazd [Der Jahresparteitag], in: Wyzwolenie Nr. 11 vom 13. 3. 1921, S. 111.

[115] Polska a Litwa [Polen und Litauen], in: Wyzwolenie Nr. 4 vom 23. 1. 1921, S. 32f.

[116] Das im Mai 1921 vorgelegte Projekt der Schiedskommission unter Vorsitz des ehemaligen belgischen Außenministers Hymans sah eine Union zwischen den formal selbständig bleibenden Staaten Polen und Litauen (gemeinsame Außenpolitik, Militärbündnis, Wirtschaftsunion usw.) vor, wobei innerhalb des litauischen Staates das eigentliche Litauen mit Kaunas, das Wilnagebiet und das Litauen in Aussicht gestellte Memelland besondere Kantone mit eigenen Landtagen bilden sollten. Die „Wyzwolenie“ lehnte den Vorschlag wegen der fehlenden Zustimmung der im Wilnagebiet ansässigen Polen ab. Vgl. Wyzwolenie Nr. 40 vom 2. 10. 1921, S. 375.

Das Ergebnis der Wahl zum Wilnaer Sejm, ein Sieg der Befürworter des bedingungslosen Anschlusses des Gebietes an Polen, bereitete derartigen Bemühungen ein Ende, hinderte die „Wyzwolenie“ jedoch nicht daran, auch später eine Verständigung und Aussöhnung mit Litauen in gleicher Weise anzustreben. Der polnisch-litauische Konflikt wegen des Wilnagebietes blieb die gesamte Zwischenkriegszeit hindurch bestehen und stellte eine große Belastung für die äußere Stellung Polens dar. Die Grenze zwischen Litauen und Polen wurde von Litauen lediglich als Demarkationslinie und Wilna als Hauptstadt Litauens betrachtet. Diplomatische Beziehungen zwischen beiden Staaten wurden erst am Vorabend des Zweiten Weltkrieges hergestellt.

Das Verhältnis Polens zur Tschechoslowakei beschäftigte die „Wyzwolenie“ bis zum Jahre 1921 beinahe ausschließlich im Zusammenhang mit dem polnisch-tschechischen Streit über das ehemalige Herzogtum Teschen (Cieszyn) sowie kleinere Grenzgebiete in der Orawa und in der Zips.[117] Anfang Januar 1919 informierte die Parteizeitung ihre Leser zum ersten Mal über das tschechische Bemühen um die historische Grenze gegenüber Polen, das als „tschechische Eroberungssucht“ bezeichnet wurde.[118] Das Blatt drückte die Hoffnung aus, daß es nicht zum Konflikt kommen und es der Regierung Moraczewski gelingen werde, „auf friedliche Weise das Nachbarschaftsverhältnis zu den Tschechen zu regeln“. Nach dem für Polen unerwarteten Einmarsch tschechischer Truppen in den westlichen Teil des Teschener Gebietes am 23. Januar 1919 schlossen die Vertreter beider Staaten, Dmowski und Beneš, auf Anraten des Obersten Rates der Alliierten am 1. Februar 1919 eine Vereinbarung, nach der das Teschener Gebiet einer interalliierten Kommission zur Vorbereitung einer Volksabstimmung unterstellt wurde.

In einer Erklärung verurteilte der Parteivorstand den tschechischen „Überfall“ entschieden und machte nicht nur die Alliierten hierfür verantwortlich, sondern vor allem Dmowskis Nationalkomitee in Paris, das sich unfähig gezeigt habe, polnische Interessen zu vertreten.[119] In den folgenden Monaten kamen Abgeordnete der Partei im Sejm verschiedentlich auf die Teschen-Frage zu sprechen und forderten stets die Angliederung des mehrheitlich von einer polnischsprachigen Bevölkerung besiedelten Landes an Polen als Voraussetzung für eine Normalisierung der polnisch-tschechischen Beziehungen.[120] Voller Mißtrauen beobachtete die Partei im Winter und Frühjahr 1920 die Tätigkeit der französisch dominierten interalliierten Plebiszitkommission im Teschener Gebiet und warf Frankreich parteiisches Verhalten zugunsten der Tschechen vor.[121] Der am 21. und 22. Februar 1920 in Warschau tagende Parteikongreß wollte sogar die Anwendung von Gewalt gegen die Tschechen nicht ausschließen.[122]

Während des polnisch-sowjetrussischen Krieges mußte sich der polnische Premierminister Grabski am 10. Juli 1920 im sogenannten Protokoll von Spa verpflichten, eine

[117] Einzelheiten zum Teschen-Konflikt bei J. K. Hoensch: Polen und die Tschechoslowakei – oder das Scheitern der slawischen Solidarität, in: Gleichgewicht, Revision, Restauration, hrsg. von K. Bosl, München/Wien 1976, S. 282–284.

[118] Ze świata [Aus aller Welt], in: Wyzwolenie Nr. 1 vom 5. 1. 1919, S. 14.

[119] Oświadczenie Polskiego Stronnictwa Ludowego [Erklärung der Polnischen Bauernpartei], in: Wyzwolenie Nr. 6 vom 9. 2. 1919, S. 75.

[120] Sejm Ustawodawczy, 4. Sitzung am 22. 2. 1919, Sp. 110 (B. Stolarski); ebd., 18. Sitzung am 26. 3. 1919, Sp. 1075 (M. Rataj); ebd., 41. Sitzung am 23. 5. 1919, Sp. 6 (M. Rataj).

[121] Ze Śląska Cieszyńskiego [Aus dem Teschener Schlesien], in: Wyzwolenie Nr. 7 vom 15. 2. 1920, S. 85; Ze świata [Aus aller Welt], in: Wyzwolenie Nr. 9 vom 29. 2. 1920, S. 111 f.

[122] Zjazd Walny [Der Parteitag], in: Wyzwolenie Nr. 10 vom 7. 3. 1920, S. 115.

Reihe von Entscheidungen des Obersten Rates anzunehmen, u.a. auch den künftigen Beschluß der Alliierten hinsichtlich der polnisch-tschechischen Grenze. Letzterer wurde für erforderlich gehalten, da die interalliierte Kommission inzwischen eine Volksabstimmung im Teschener Gebiet als undurchführbar erkannt hatte. Der Schiedsspruch der Pariser Botschafterkonferenz vom 28. Juli 1920 sprach zwar die östlich des Flüßchens Olsa gelegenen Bezirke mit Bielitz (Bielsko) und der Stadt Teschen Polen zu, ließ der Tschechoslowakei jedoch den mit den Berg- und Hüttenwerken versehenen wertvolleren Teil des Gebietes. Diese Entscheidung, die von der polnischen Regierung akzeptiert werden mußte, wurde von der gesamten Öffentlichkeit Polens als großes Unrecht empfunden und heftig abgelehnt. Auch die „Wyzwolenie", die nun als Regierungspartei die Annahme des Schiedsspruches mittragen mußte, protestierte auf der Sitzung ihres Parteirates am 1./2. August 1920 in einer Resolution gegen die von den Alliierten verfügte Grenzziehung.[123]

Obwohl auch das sonstige Verhalten der Tschechoslowakei während des polnisch-sowjetrussischen Krieges – sie verweigerte etwa den Transport von Hilfslieferungen zugunsten Polens über ihr Territorium – noch lange Zeit in Polen und hier insbesondere bei der politischen Linken nachwirkte, machten in der „Wyzwolenie" antitschechische Ressentiments relativ rasch einer nüchternen und pragmatischen Einstellung gegenüber dem südlichen Nachbarn Platz. Als der neue Außenminister Skirmunt am 24. Juni 1921 eine enge Zusammenarbeit zwischen Polen und der ČSR in Hinsicht auf Deutschland und die russische und ukrainische Frage als unumgänglich bezeichnete, erhob die „Wyzwolenie" im Gegensatz zu anderen Parteien[124] hiergegen keinerlei Einwände.

Der polnisch-tschechoslowakische Vertrag vom 6. November 1921[125], dessen Abschluß einen Wendepunkt in den bis dahin stark getrübten Beziehungen zwischen beiden Ländern zu markieren schien, wurde von der „Wyzwolenie" uneingeschränkt positiv bewertet.[126] Das Parteiblatt betonte, daß Polen damit nach Rumänien bereits mit einem weiteren Nachbarn gute Beziehungen vereinbart habe und sich im internationalen Leben eine stabilere Position verschaffe. Deutlich teilte die Partei die Auffassung Außenminister Skirmunts, daß Polen im eigenen Interesse, um weiteren Spielraum zu gewinnen, gegenüber der ČSR eine Politik der Entspannung betreiben sollte.[127] Die von der „Wyzwolenie" befürwortete Annäherung an Prag kam allerdings nicht zustande, da der Widerstand hiergegen in der polnischen Öffentlichkeit zu stark war und die Regierung es nicht wagen konnte, dem Sejm den Vertrag zur Ratifizierung vorzulegen.[128]

Der einzige Nachbar, mit dem Polen zu Beginn der zwanziger Jahre freundschaftliche Beziehungen unterhielt, war Rumänien. Mit ihm konnte Polen am 3. März 1921

[123] Uchwały Rady Naczelnej [Beschlüsse des Obersten Rates], in: Wyzwolenie Nr. 32 vom 8. 8. 1920, S. 354.

[124] Der Sprecher der PPS (F. Perl) z.B. griff Skirmunts Politik am 1. 7. 1921 im Sejm an. Er erklärte, die ČSR werde alle Vorteile einer Kooperation mit Polen ernten, dafür jedoch weder wohlwollender im Hinblick auf Ostgalizien noch zuverlässiger in bezug auf Deutschland sein. Sejm Ustawodawczy, 239. Sitzung am 1. 7. 1921, Sp. 57f.

[125] Einzelheiten bei P. S. Wandycz: France and her Eastern Allies 1919–1925, Minneapolis 1962, S. 249f.

[126] Umowa polsko-czeska [Das polnisch-tschechische Abkommen], in: Wyzwolenie Nr. 47 vom 20. 11. 1921, S. 431.

[127] Vgl. Skirmunts Runderlaß vom 2. August 1921 an alle diplomatischen Missionen Polens: Polens Außenpolitik zwischen Versailles und Locarno, in: Berliner Monatshefte 18 (1940), S. 17–33.

[128] P. S. Wandycz: France, S. 252.

als eine Ergänzung seines Bündnisses mit Frankreich, kaum zwei Wochen nach Unterzeichnung des polnisch-französischen Abkommens, ein Verteidigungsbündnis gegen Sowjetrußland abschließen. Die „Wyzwolenie" bewertete den Bündnisvertrag mit Rumänien in ihrer Presse zunächst als zu riskant für Polen.[129] Denn Rumänien befand sich wegen Bessarabien im Kriegszustand mit Sowjetrußland, mit dem Polen gerade im Begriff war, Frieden zu schließen. Sie äußerte sich in der Debatte um die Ratifizierung des Vertrages am 1. Juli 1921 jedoch nicht, wenngleich sie die Kritik des PPS-Abgeordneten Perl möglicherweise in manchen Punkten immer noch teilte.[130] Ausschlaggebend für ihre Zurückhaltung könnte der inzwischen erfolgte Wechsel im Amt des Außenministers gewesen sein. Die auf eine Verständigung mit den Nachbarn und auf eine Annäherung an die anderen Staaten Ostmitteleuropas gerichtete Politik Skirmunts entsprach in wesentlichen Punkten den programmatischen Erklärungen der „Wyzwolenie".[131] Die von Anfang an korrekten Beziehungen Polens zu Lettland wurden von der Partei gebilligt und nicht weiter kommentiert.

9.4. Die Haltung der „Wyzwolenie" zur polnischen Außenpolitik in den Jahren 1922–1925/26

9.4.1. Das Ziel: Bewahrung des territorialen Status quo und Erlangung äußerer Sicherheit

Die Entscheidung der Pariser Botschafterkonferenz vom 21. Oktober 1921 über die Teilung Oberschlesiens, die in der ersten Jahreshälfte 1922 durchgeführt wurde, schloß die Phase der Grenzfestlegung im wesentlichen ab. Es folgte nur noch die formelle Bestätigung der im Osten erkämpften und im Rigaer Vertrag bereits vereinbarten Grenze durch den Beschluß der Botschafterkonferenz vom 15. März 1923. Entstanden war eine mittelgroße Macht im östlichen Mitteleuropa. Beinahe die gesamte Grenze, die mit 5529 km sehr langgezogen war, war im Streit mit den Nachbarn oder gegen deren Widerstand erreicht worden. In der polnischen Öffentlichkeit und bei den politischen Parteien wurden die Staatsgrenzen trotz der entsprechenden Friedensschlüsse und Verträge deshalb letztlich keineswegs als gesichert empfunden. Typisch hierfür war eine Äußerung von Außenminister Aleksander Skrzyński im Jahre 1923, wonach 75 % der Grenze ständig bedroht, 20 % ungesichert und lediglich 5 % sicher seien.[132]

Diese problematische Situation ergab sich vor allem aus der Tatsache, daß der neue Staat zu Lasten der bisherigen Teilungsmächte entstanden war und diese – dies gilt für Rußland und Deutschland – zwangsläufig territoriale Verluste allein durch Polens Existenz hinnehmen mußten. Sie wurde jedoch erheblich verschärft durch das Streben der großen politischen Kräfte des Landes einerseits nach Wiederherstellung des „historischen", weit über seine ethnischen Grenzen hinausreichenden Polen, andererseits nach

[129] Niedołęstwo i polityka na swoją rękę [Unfähigkeit und Politik auf eigene Faust], in: Wyzwolenie Nr. 10 vom 6. 3. 1921, S. 105.

[130] Vgl. die überaus spärliche Notiz zur Debatte: Z Sejmu [Aus dem Sejm], in: Wyzwolenie Nr. 28 vom 10. 7. 1921, S. 270; Posener Tageblatt vom 3. Juli 1921.

[131] Vgl. die positive Stellungnahme des außenpolitischen Sprechers Eustachy Rudziński zur Außenpolitik Skirmunts insgesamt: Sejm Ustawodawczy, 303. Sitzung am 5. 5. 1921, Sp. 37f.

[132] P. Łossowski: Druga Rzeczpospolita a jej sąsiedzi [Die Zweite Republik und ihre Nachbarn], in: Polska Niepodległa 1918–1939 [Das unabhängige Polen 1918–1939], Wrocław etc. 1984, S. 34.

Einbeziehung von Gebieten und deren Bewohnern, die aufgrund unterschiedlicher Kriterien als polnisch bzw. polonisierbar angesehen wurden. Eine aktuelle Bedrohung seitens der beiden großen Nachbarn war allerdings in der ersten Hälfte der zwanziger Jahre nicht gegeben. Weder das geschwächte Deutschland noch das durch die Revolution zerrüttete Rußland waren in der Lage, eine Änderung der bestehenden Grenzen anzustreben.

Wenn das Bündnis mit Frankreich grundsätzlich auch unumstritten war, denn nur so ließ sich von Polen aus gesehen die Versailler Ordnung aufrechterhalten, so gab es bei den politischen Parteien Polens doch unterschiedliche Vorstellungen über seine Ausgestaltung und Ergänzung. Die „Wyzwolenie" fürchtete ein politisches Gefolgschaftsverhältnis gegenüber Paris und plädierte hier für eher gleichberechtigte Beziehungen.

Auch richtete sie ihren Blick nicht nur nach Westen, sondern auch in den ostmitteleuropäischen Raum hinein auf die zwischen Rußland und Deutschland gelegenen neuen Staaten. Der seit dem Sommer 1921 unternommene Versuch Außenminister Skirmunts, eine Annäherung an die Staaten der sogenannten Kleinen Entente und an die baltischen Staaten zu erreichen, fand daher die Zustimmung der „Wyzwolenie" wie des Belvedere-Lagers überhaupt.[133] Im Mai 1922 – inzwischen hatten Skirmunts Mißerfolge in der Politik gegenüber Sowjetrußland und der Tschechoslowakei Piłsudski bereits sehr enttäuscht und erzürnt – betonte Rudziński im Sejm, daß durch die Ereignisse der Konferenz von Genua, und hier insbesondere durch das deutsch-sowjetrussische Abkommen von Rapallo, die Notwendigkeit für eine aktive Politik gegenüber dem Baltikum und der Kleinen Entente sehr deutlich hervorgetreten sei.[134] Er sah im schlechten Verhältnis zu Litauen eine „Lücke" im polnischen Verteidigungssystem und forderte zur Änderung der Situation die Gewährung einer vollen Autonomie für das Wilnaland.

Das Parteiorgan, das am 30. April 1922 ebenfalls, einige Tage vor Rudziński, zu Rapallo Stellung bezog, hatte bereits relativ umfangreich über die Vorbereitungen zur Konferenz von Genua berichtet und sogar mit Genugtuung von einer gefestigten Position Polens im Hinblick auf den Verbündeten Frankreich, die Kleine Entente und die baltischen Staaten gesprochen.[135] Um so enttäuschender für Polen verlief die Konferenz selbst, die keinerlei Fortschritte für den Wiederaufbau Osteuropas und die Regelung der Beziehungen der europäischen Staaten zu Sowjetrußland brachte.

Der deutsch-sowjetrussische Vertrag wurde im Parteiblatt von Maksymilian Malinowski, deutlicher noch als in der Rede Rudzińskis, mit großem Mißtrauen betrachtet. Malinowski zog den Schluß, daß Polen zwar Verbündete brauche, jedoch vor allem auf seine eigenen Kräfte bauen müsse, auf einen demokratischen, sozial fortschrittlichen Staat, der von der großen Mehrheit seiner Bürger getragen und jederzeit verteidigt werde.[136] In der zweiten Jahreshälfte 1922 trat die Beunruhigung über Rapallo in den Spalten der Parteipresse und den Reden der „Wyzwolenie"-Führer wieder zurück. Im Vorfeld der Sejmwahl war nur sehr allgemein von der Notwendigkeit einer „aufrichtig

---

[133] Instrukcja K. Skirmunta [Eine Anweisung von K. Skirmunt], hrsg. von J. Lewandowski, in: ZH 22 (1972), S. 95.

[134] Sejm R. P., 303. Sitzung am 5. 5. 1922, Sp. 38ff.

[135] Vgl. die Artikel und Meldungen in: Wyzwolenie Nr. 14 vom 2. 4. 1922, S. 141; Nr. 15 vom 9. 4. 1922, S. 153; Nr. 16 vom 16. 4. 1922, S. 162; Nr. 17 vom 23. 4. 1922, S. 181.

[136] M. Malinowski: W obliczu możliwości wojen [Angesichts der Möglichkeit von Kriegen], in: Wyzwolenie Nr. 18 vom 30. 4. 1922, S. 184.

friedlichen Politik, die jedoch die Interessen und die Würde Polens verteidigt", die Rede.[137]

Im neuen Sejm ergriff Rudziński in der Debatte zur Außenpolitik am 12. Februar 1923 für seine Partei das Wort und benannte nüchtern, ohne Aufgeregtheit und ohne Rapallo zu erwähnen noch einmal Ausgangspunkte und Bedingungen für jede Außenpolitik Polens aus der Sicht seiner Partei. Er sagte u. a.:

> „Wenn wir uns unsere geographische Lage vergegenwärtigen, jenes Hineingepreßtsein zwischen zwei große Mächte, Rußland und Deutschland, wenn wir die Möglichkeit der künftigen Gestaltung unserer Beziehungen einerseits zu Rußland und andererseits zu Deutschland – sogar weit in die Zukunft hinein – analysieren, müssen wir feststellen, daß wir keine Aussichten auf ein freundschaftliches Zusammenleben mit diesen Staaten haben. Wir müssen feststellen, daß wir außer einer entsprechenden nachbarschaftlichen Regelung von Angelegenheiten, die für das Zusammenleben von Nachbarn unumgänglich ist, nicht auf dauerhafte Bande der Freundschaft rechnen können. Der Interessengegensatz zwischen Polen und Deutschland einerseits und Polen und Rußland andererseits ist so klar, daß hier von irgendeiner Annäherung, von irgendeinem wirklichen Bündnis sogar auf weite Sicht keine Rede sein kann."[138]

Deshalb, so Rudziński weiter, müsse Polen sich auf die westlichen Demokratien, nicht auf Frankreich allein, sondern möglichst auch auf Italien stützen. Auch mit England sah er die Möglichkeit, viele Momente der Gemeinsamkeit zu entdecken. Das Schlag- und Schlüsselwort lautete „Solidarität mit dem Westen", mit dem man sich in einer Kultur- und Wertegemeinschaft verbunden sah. Polen nicht nur zwischen Deutschland und Rußland, sondern auch in der Mitte des Gürtels der Staaten zwischen Ostsee und Schwarzem Meer gelegen, sollte die Rolle eines Bindeglieds bzw. die Führungsrolle in einer ostmitteleuropäischen Staatengemeinschaft übernehmen. Kritisch merkte Rudziński an, daß der Gedanke der Schaffung eines ostmitteleuropäischen Blocks von der Warschauer Außenpolitik zu langsam umgesetzt werde, was vor allem am überkommenen diplomatischen Personal liege, das bereits den Teilungsmächten gedient habe.

Das von Rudziński vorgestellte, auf zwei Achsen ruhende Bündnissystem entsprach keineswegs den realen Möglichkeiten. Der Versuch der Verwirklichung eines Randstaatenblocks unter Polens Führung wurde in jenen Jahren, z. B. auf der Warschauer Konferenz vom 14. bis 17. März 1922, durchaus unternommen, stieß jedoch auf verschiedene Hindernisse.[139] So blieb Polens Konflikt mit Litauen von entscheidender Bedeutung für sein Verhältnis zu den übrigen baltischen Staaten. Estland und Lettland mußten auch ihre Beziehungen zu Rußland pflegen, während Finnland sich generell nicht festlegen wollte. Die Gewinnung Englands, das andere Ziele als Frankreich oder Polen verfolgte, war völlig utopisch. Und die Tschechoslowakei und Jugoslawien hatten kein Interesse daran, sich in eine Frontstellung gegenüber Sowjetrußland zu begeben.

Zur Charakterisierung des Verhältnisses der Partei zu Deutschland und zum deutschen Volk, sofern dies aufgrund der spärlichen Anhaltspunkte überhaupt möglich ist, sind einige Anmerkungen angebracht: Nach dem Ende des mit den Grenzregelungen zusammenhängenden großen Gegensatzes und dem Rückgang der Emotionen ist kaum eine grundsätzlich feindselige Haltung zu Deutschland zu registrieren. In den sehr knappen Meldungen im Parteiblatt ist eher eine neutrale und sachliche Einstellung dem Nachbarland gegenüber zu erkennen. Bisweilen schimmert sogar Sympathie für die deutschen Republikaner und die demokratische Linke durch, so etwa in dem Bericht

[137] J. Bełcikowski: Charakterystyki i programy, S. 41.
[138] Sejm R. P., 15. Sitzung am 12. 2. 1923, Sp. 32f.
[139] O. Hoetzsch: Polens außenpolitische Stellung, in: OE 6 (1930/31), S. 382.

über die Lage in Deutschland nach dem Mord an Rathenau (Nr. 28/1922). Mit Besorgnis und ohne Häme wurde im Herbst 1923 das zunehmende Chaos in Deutschland beobachtet (Nr. 42, 44, 46 und 47/1923). Berichtet wurde auch später, daß Monarchisten, Rechte und Kommunisten die demokratischen Kräfte attackierten (Nr. 19/1924, Nr. 9/1925). Die Wahl Hindenburgs zum Reichspräsidenten wurde mit Beunruhigung aufgenommen (Nr. 18/1925). Zu unterstreichen ist, daß die Meldungen und Artikel, die sich mit den Zuständen im Deutschen Reich auseinandersetzten, sehr selten und von geringem Umfang waren. Meldungen über den östlichen Nachbarn Sowjetrußland und die Sowjetukraine waren hingegen sehr viel häufiger, aber stets mit negativer Aussage.

9.4.2. Polens Außenpolitik und die Veränderungen in Westeuropa im Jahre 1924

Der deutsch-französische Gegensatz führte die europäische Politik nach dem Ersten Weltkrieg im Jahre 1922/23 in eine sehr schwere Krise. Deren Höhepunkt bildete die Besetzung des Ruhrgebietes durch Frankreich und Belgien im Januar 1923 und der passive Widerstand hiergegen auf deutscher Seite. Die Gründe hierfür lagen im französischen Sicherheitsbedürfnis und im Versuch Poincarés, die Reparationsfrage dauerhaft als scharfes politisches Instrument gegen Deutschland zu verwenden, sowie in den Reaktionen Berlins bis hin zum Abbruch der Erfüllungspolitik.

Erst der Übergang Deutschlands zur Realpolitik nach Stresemanns Amtsantritt im Spätsommer 1923 leitete eine Entspannung der Situation ein und zwang Frankreich letztlich ab Frühjahr 1924 zur Kooperation bei der Regelung des Reparationsproblems. Erleichtert wurden die Fortschritte in den Beziehungen Deutschlands zu Frankreich bzw. zum Westen außerdem durch Regierungswechsel in England und Frankreich. In London war bereits im Januar 1924 die erste Labour-Regierung in der britischen Geschichte durch Ramsay MacDonald gebildet worden, die allerdings im wesentlichen nur die von Lloyd George begonnene kontinentale Entspannungspolitik fortzuführen brauchte.

In Paris lösten die Wähler im Mai 1924 Poincaré ab und erteilten den Linksparteien den Auftrag zur Regierungsbildung. Sie entschieden sich damit auch gegen den bisherigen unversöhnlichen Kurs der französischen Außenpolitik dem Deutschen Reich gegenüber und für eine Verbesserung der deutsch-französischen Beziehungen, freilich unter Wahrung der französischen Sicherheitsinteressen. Premierminister wurde der Radikalsozialist Herriot, Kammerpräsident der sozialistische Republikaner Painlevé. Die Londoner Konferenz vom 16. Juli bis 16. August 1924, auf der der Dawes-Plan endgültig gebilligt wurde, fand in einem Klima der Entspannung und Verständigung mit Deutschland statt. Die Machtwechsel in Westeuropa, insbesondere der Sieg des Linksblocks in Frankreich, wurden von der „Wyzwolenie" mit Befriedigung zur Kenntnis genommen.[140]

Der polnischen Außenpolitik, die völlig auf die Allianz mit Frankreich gebaut und großes Verständnis für die bisherige französische Hegemonialpolitik in Europa aufgebracht hatte, stellte sich im ersten Halbjahr 1924 die Aufgabe, eine Konzeption zu entwickeln, die der veränderten Lage angemessen war. Außenminister Zamoyski zeigte wenig Ansätze hierzu, Premierminister Grabski unterhielt allerdings schon seit seinem

[140] J. Faryś: Koncepcje, S. 170.

Regierungsantritt verschiedene Kontakte zu England.[141] Mit Wissen und Billigung der Regierung begaben sich im Frühjahr 1924 die PPS-Politiker Mieczysław Niedziałkowski und Zygmunt Żuławski nach London, um die Haltung Englands gegenüber Polen zu erkunden.[142]

Auch der Fraktionsvorsitzende der „Wyzwolenie" Stanisław Thugutt trat Mitte März 1924 eine sechswöchige Sondierungsreise nach Genf, Rom, Paris und London an und verschaffte sich in Gesprächen mit Abteilungsdirektoren des Völkerbundes, mit Mussolini und vor allem mit führenden französischen und britischen Linkspolitikern wie Painlevé und Mac Donald unmittelbare Eindrücke.[143] Er versuchte dort nicht nur die Aussichten für eine Umorientierung der polnischen Außenpolitik zu ermitteln, sondern gab auch zu verstehen, daß die parlamentarische Linke Einfluß auf diesem Gebiet zu nehmen wünschte. Ein wichtiges Ergebnis seiner Gespräche war für Thugutt die Erkenntnis bzw. die Bestätigung, daß die polnische Minderheitenpolitik eine schwere Belastung für die äußere Position und das Ansehen des Landes darstellte. In den Augen der westeuropäischen Linken war die Behandlung der nationalen Minderheiten Ausdruck einer reaktionären und imperialistischen, zumindest aber einer nationalistischen Politik.

Die „Wyzwolenie" beurteilte die wirtschaftliche Sanierungspolitik Grabskis zwar positiv, verhielt sich gegenüber Außenminister Graf Zamoyski jedoch ablehnend. Die Erklärung Zamoyskis vom 23. Mai 1924 vor dem Auswärtigen Ausschuß über die politische Lage – er äußerte u. a. die Ansicht, der Ausgang der französischen Wahlen werde das französisch-polnische Verhältnis nicht erschüttern[144] – wurde von Jan Dąbski scharf kritisiert, weil sie die Veränderungen in Frankreich unberücksichtigt lasse.

In der Plenardebatte zur Außenpolitik am 17. Juni 1924 unterstrich Dąbski in seiner Rede die Notwendigkeit, die neue sicherheitspolitische Entwicklung genauestens zu beobachten und die Interessen Polens zu wahren. Er ging auf das in vielen Staaten wachsende Interesse an Englands Friedens- und Abrüstungspolitik ein, forderte jedoch für Polen eine realistische Außenpolitik, vor allem den Ausbau seiner Bündnisse. Zur Sicherung vor dem östlichen Nachbarn schlug er dann allerdings die Aufnahme von Bündnisbeziehungen zu England, zur Türkei und zu Japan vor. Gegen den westlichen Nachbarn sollte Polen sich in Zusammenarbeit mit den anderen „demokratischen Kräften Europas" vor allem im Rahmen des an Bedeutung zunehmenden Völkerbundes sichern.[145] Als der von allen Linksparteien und den nationalen Minderheiten unterstützte Mißtrauensantrag Dąbskis nur noch mit fünf Stimmen Mehrheit abgelehnt wurde, trat Zamoyski am 20. Juni 1924 von seinem Amt zurück.

Am 10. Juli 1924 bot der Premierminister dem „Wyzwolenie"-Fraktionsführer Thugutt das Außenministerium an.[146] Thugutt schien ihm die geeignete Persönlichkeit zu sein, um Bedenken gegen Polen in Westeuropa auszuräumen und eine Anpassung der Außenpolitik an die veränderte internationale Situation vorzunehmen. Einen Dienst hatte Thugutt der Regierung bereits erwiesen, als er im Mai 1924 einen offenen Brief an

---

[141] Z. Landau/J. Tomaszewski: O polityce zagranicznej Polski w latach 1924–1925 [Zur Außenpolitik Polens in den Jahren 1924–1925], in: KH 68 (1961), S. 732f.

[142] J. Faryś: Koncepcje, S. 152.

[143] S. Thugutt: Wybór pism, S. 114ff.

[144] Schulthess, Europäischer Geschichtskalender 65 (1924), S. 324f.

[145] Sejm R. P., 131. Sitzung am 17. 6. 1924, Sp. 13–18.

[146] S. Thugutt: Wybór pism, S. 120; List posła S. Thugutta [Brief des Abgeordneten Thugutt], in: Wyzwolenie Nr. 30 vom 27. 7. 1924, S. 1–3.

Painlevé richtete und den Protest namhafter französischer Intellektueller und Politiker gegen die Minderheitenpolitik Polens in den Ostgebieten zurückwies.[147] Thugutt mußte allerdings, wie bereits ausgeführt, wegen des Widerstandes der eigenen Fraktion Grabskis Angebot ablehnen. Grabski berief daraufhin Aleksander Skrzyński, den ebenfalls als linksstehend geltenden parteilosen Delegierten Polens beim Völkerbund, zum Außenminister und zeigte damit nach außen eine Korrektur der polnischen Außenpolitik an.

9.4.3. Polen und die Locarno-Verträge von 1925

Die Ernennung Skrzyńskis zum Außenminister wurde von der „Wyzwolenie" gebilligt, ebenso dessen auf eine Zusammenarbeit im Rahmen des Völkerbundes gerichtete Aktivität. In einer gemeinsamen Erklärung mit der PPS und dem „Bauernbund" (Związek Chłopski) begrüßte die Partei am 30. Oktober 1924 im Sejm hoffnungsvoll das am 2. Oktober von einer Reihe von Staaten (u.a. Polen) unterzeichnete Genfer Protokoll.[148] Dessen Hauptgedanke bestand darin, das grundsätzliche Verbot des Krieges mit einem nahezu lückenlosen System der Kriegsvermeidung und friedlichen Regelung internationaler Streitigkeiten zu verbinden. Gegen einen Angreifer waren gemeinsame wirtschaftliche und militärische Maßnahmen als Sanktionen vorgesehen. Da Premierminister Grabski nach den Attacken der Rechtsparteien gegen die Außenpolitik Skrzyńskis die Vertrauensfrage stellte, beantragten die „Wyzwolenie" und die beiden erwähnten Parteien eine Erklärung des Sejm, „daß die Außenpolitik der Regierung den Interessen und der Würde der polnischen Republik entspricht".[149] Der Antrag wurde mit 211 gegen 169 Stimmen angenommen.

Die Hoffnungen, die die „Wyzwolenie" auf die Ergebnisse einer Politik der internationalen Zusammenarbeit gerichtet hatte, wurden bald enttäuscht. England, das am 5. November 1924 einen erneuten Regierungswechsel erlebte, akzeptierte unter dem wiedergekehrten konservativen Premierminister Stanley Baldwin das Genfer Protokoll nicht, u.a. deshalb, weil sich die britischen Dominions weigerten, Verpflichtungen der vorgesehenen Art in Europa zu übernehmen. Der Versuch, das französische Sicherheitsverlangen mit einem kollektiven Sicherheitssystem, das auch den Zielen der polnischen Außenpolitik entsprochen hätte, zu erfüllen, war damit gescheitert. Es war daher nicht verwunderlich, daß Frankreich die Initiative Reichsaußenminister Stresemanns, eine gegenseitige Garantie der deutschen Westgrenze anzustreben, mit Interesse aufnahm.

In Polen bewirkten die Nachrichten über die deutschen an Frankreich, England, Italien und Belgien gerichteten Vorschläge eine gewisse Unruhe. Diese zeigte sich bald in der Parteizeitung „Wyzwolenie".[150] Auf dem Parteitag am 15./16. März 1925 wurde die Notwendigkeit, die Friedensverträge einzuhalten, unterstrichen, und hinsichtlich der Diskussion über einen Garantiepakt erklärt, das polnische Volk werde alle Versuche, die polnischen Staatsgrenzen zu erschüttern oder zu verletzen, abwehren.[151] In der Budgetdebatte am 24. April 1925 äußerte „Wyzwolenie"-Sprecher Rudziński zum

---

[147] Den Protestbrief hatten außer Painlevé u.a. unterzeichnet: Edouard Herriot, Léon Blum, Romain Rolland. Der Text des Briefes: The Reign of Terror in Poland, Geneva 1925, S. 9f.

[148] Sejm R. P., 157. Sitzung am 29./30. 10. 1924, Sp. 6–8.

[149] Ebd., Sp. 15f.

[150] Ze świata [Aus aller Welt], in: Wyzwolenie Nr. 11 vom 15. 3. 1925, S. 14f.

[151] Nasz Walny Zjazd [Unser Parteitag], in: Wyzwolenie Nr. 12 vom 22. 3. 1925, S. 2.

ersten Mal Unbehagen und Kritik an Außenminister Skrzyński, der angesichts der Bedrohung Polens, „das seit längerer Zeit Objekt von Versteigerungen zwischen den europäischen Mächten“ sei, nur mit schönen Phrasen reagiere. Die „Wyzwolenie“ sehe „keine Konzeption, keinen Plan und keine konsequente Linie“ in der polnischen Außenpolitik.[152]

Der Parteivorstand und einzelne Parlamentarier der „Wyzwolenie“ brachten in den folgenden Wochen ihre Besorgnis über die Entwicklung und ihre Vorbehalte gegen Skrzyńskis Außenpolitik zum Ausdruck.[153] Im Gegensatz zu Rudziński, der sich im April auf kritische Bemerkungen beschränkt hatte, gaben sie nun einige, wenn auch eher hilflos wirkende Hinweise für eine Bewältigung der Situation: Neben den alten und immer wiederkehrenden Forderungen nach einer Verbesserung des Kontakts zum Baltikum und mit Prag wurde die Aufnahme von Wirtschaftsverhandlungen mit der Sowjetunion gefordert.[154] Der Parteivorstand verlangte am 14. Juni 1925 die Übergabe der Armeeführung an Józef Piłsudski zur Stärkung der Verteidigungskraft des Landes.[155]

Der am 16. Oktober 1925 in Locarno unterzeichnete Garantiepakt galt allein für die deutsche Westgrenze. Frankreich und Belgien einerseits und Deutschland andererseits verzichteten auf eine gewaltsame Veränderung der bestehenden Grenzen, die von England und Italien garantiert wurden. Ergänzt wurde der Garantievertrag durch Schiedsverträge Deutschlands mit Frankreich und Belgien sowie mit Polen und der Tschechoslowakei. Weiter schloß Paris für den Fall eines deutschen Angriffs Beistandsverträge mit Warschau und Prag ab. Polen war auf der Konferenz durch Außenminister Skrzyński vertreten, der gemeinsam mit dem tschechoslowakischen Außenminister Beneš allerdings erst zur Beratung der Schiedsverträge hinzugebeten wurde. Im Ergebnis war die deutsche Westgrenze mit einer wesentlich stärkeren militärischen Garantie versehen als die Ostgrenze, wobei friedliche Revisionsmöglichkeiten im Osten wie im Westen grundsätzlich offengehalten wurden.

Die in Locarno unterzeichneten Verträge wurden von Rudziński am 28. Oktober 1925 in der Sitzung des Auswärtigen Ausschusses sofort scharf kritisiert. Hierbei wurden Meinungsunterschiede zur PPS deutlich, die an der Politik Skrzyńskis festhielt.[156] Während der Ratifizierungsdebatte am 2. März 1926 unterstrichen Skrzyński, der inzwischen Premierminister war, und Vertreter der Regierungsparteien die Vorteile des Vertragswerks von Locarno für Polen, wobei auch dessen Schwächen angesprochen wurden. Eustachy Rudziński stellte hingegen für die in der Opposition stehende „Wyzwolenie“ fest, daß es zu einer Schwächung des polnisch-französischen Bündnisses gekommen sei und sich die internationale Lage Polens grundlegend verschlechtert habe.[157] Die „Wyzwolenie“ stimmte ebenso wie die zu Beginn des Jahres 1926 durch Abspaltung von ihr entstandene neue „Bauernpartei“ (Stronnictwo Chłopskie) Jan

[152] Sejm R. P., 195. Sitzung am 24. 4. 1925, Sp. 32.

[153] Co uchwalił Zarząd Główny [Was der Hauptvorstand beschlossen hat], in: Wyzwolenie Nr. 18 vom 3. 5. 1925, S. 1.

[154] W senacie rozległy się słowa prawdy [Im Senat waren Worte der Wahrheit zu hören], in: Wyzwolenie Nr. 26 vom 28. 6. 1925, S. 6f.

[155] Co uchwalił Zarząd Główny [Was der Hauptvorstand beschlossen hat], in: Wyzwolenie Nr. 25 vom 21. 6. 1925, S. 1.

[156] J. Faryś: Koncepcje, S. 170f.

[157] Sejm R. P., 274. Sitzung am 2. 3. 1926, Sp. 13–19.

Dąbskis gegen die Verträge, die allerdings mit großer Mehrheit der Regierungsparteien angenommen wurden.

Für die Jahre 1922 bis 1926 bleibt festzuhalten, daß die „Wyzwolenie" die außenpolitische Situation des Landes, wie sie sich aufgrund teils unvermeidlicher, teils vermeidbarer Konfrontation mit den Nachbarn ergeben hatte, realistisch einschätzte. Die von Frankreich in den ersten Jahren nach dem Ende des Ersten Weltkriegs praktizierte „Politik der harten Hand" gegenüber Deutschland akzeptierte sie, jedoch mit wenig Begeisterung. Nach deren Scheitern öffnete sie sich von 1924 an, in Übereinstimmung mit ihrem Programm, bereitwillig Vorstellungen von einer in die internationale Verständigung eingebetteten, ihrem Verständnis nach neuen, friedlicheren polnischen Außenpolitik. Als der schwerwiegende deutsch-französische Gegensatz durch die Locarno-Verträge entschärft wurde, ohne daß die polnische Außenpolitik an den Grundentscheidungen beteiligt war oder Einfluß auf sie hätte nehmen können, wurde dies von der „Wyzwolenie" in Verkennung der realpolitischen Möglichkeiten mißbilligt.

Die von ihr verlangte Ablehnung der Ratifizierung der Verträge hätte vermutlich das polnisch-französische Bündnis gelockert und Polen in die Isolation geführt.[158] Eine über korrekte Beziehungen hinausgehende außenpolitische Hinwendung zur Sowjetunion – eine theoretische Möglichkeit – war weder für die polnische Öffentlichkeit insgesamt noch für die „Wyzwolenie" eine Alternative. Denn das Bild Sowjetrußlands in Polen wie auch bei der kongreßpolnischen „Wyzwolenie" war geprägt durch die Erinnerungen an die zaristische Teilungsmacht, den polnisch-sowjetrussischen Krieg 1920, die weltrevolutionären Ambitionen Moskaus, zahlreiche Grenzzwischenfälle seit dem Rigaer Vertrag sowie Nachrichten über Terror, Erschießungen und Hungersnöte.

[158] W. Balcerak: Polityka zagraniczna Polski w dobie Locarna [Die Außenpolitik Polens in der Locarno-Ära], Wrocław etc. 1976, S. 214.

Schlußbetrachtungen: Zusammenfassung und Ausblick

1. Kontinuität und Wandel in Struktur und Politik der „Wyzwolenie"

Im Schlußkapitel dieser Untersuchung wird nach einer Zusammenfassung der ermittelten Daten über die Organisations- und Sozialstruktur der Partei die Beantwortung der Frage versucht, inwieweit die Politik und das programmatische Profil der „Wyzwolenie" während der achtjährigen Periode der parlamentarischen Demokratie in Polen durch Kontinuität gekennzeichnet waren. Es soll dann eine Positionsbestimmung der „Wyzwolenie" im polnischen Parteienspektrum jener Zeit sowie innerhalb des bäuerlichen politischen Lagers vorgenommen werden, was auch zusammenfassende Bemerkungen über das Verhältnis der Partei zum mit ihr konkurrierenden „Piast" erfordert. Schließlich soll das Verhältnis der Partei zum Parlamentarismus, zur parlamentarischen Idee wie zur gelebten parlamentarischen Praxis betrachtet werden.

Die „Wyzwolenie" war im gesamten Zeitraum von 1918 bis 1926 eine der großen politischen Parteien und zugleich eine der beiden wichtigsten Bauernparteien des Landes. Dies zeigten die Parlamentswahlen von 1919 und 1922, aus denen sie als zweit- bzw. drittstärkste polnische Partei hervorging. Während die galizische Bauernpartei „Piast" jedoch nach 1918 erfolgreiche Anstrengungen unternahm, ihr Einflußgebiet auf das gesamte Staatsgebiet auszudehnen, überschritt die „Wyzwolenie" die Grenzen des bisherigen Kongreßpolen nur zögernd und im Grunde nur in die Ostgebiete hinein. Hier allerdings erzielte sie vor und in den Wahlen 1922 einen sensationellen Erfolg bei der Ausweitung ihres Einflußgebietes. Dennoch blieb die „Wyzwolenie" im wesentlichen eine zentralpolnische Partei mit ihren Hochburgen in den Wojewodschaften Lublin und Kielce.

Zu bestimmten Zeiten, im Jahre 1919 und dann wieder in den Jahren 1923/24, nahm die „Wyzwolenie" im Sejm mit 57 und 60 Abgeordneten die Position der stärksten Bauernpartei ein. Das waren vermutlich auch die Zeiten, in denen sie die meisten Mitglieder hatte. Ihre Mitgliederzahl könnte im Frühjahr 1919 zwischen 35000 und 50000, in den Jahren 1923/24 ebensohoch und im Jahre 1928, nach Überwindung ihrer Schwächezeit, bei 25000 bis 42000 gelegen haben. Eine genauere Bestimmung lassen die zur Verfügung stehenden Quellen nicht zu. Die Mitgliederzahl dürfte in der Regel niedriger als die des „Piast", die für die erste Jahreshälfte 1926 auf 70000 geschätzt wird, gewesen sein.

Die Analyse der Berufs- und Sozialstruktur zeigt: Nahezu alle Parteimitglieder und Sympathisanten waren Bauern, ebenso die große Mehrheit der Führungskräfte auf lokaler und Kreisebene. In den höheren Parteigremien nahm der Anteil der Bauern kontinuierlich ab. Er ging von ca. 65–75 Prozent bei den Kreisvorsitzenden auf ca. 35–40 Prozent im Parteivorstand und 20 Prozent im Parteipräsidium zurück. Die Basis der Partei bildeten in etwa gleichem Maße Klein- und Mittelbauern. Von wesentlicher Bedeutung für die Akzeptanz der Partei bei einem großen Teil der kongreßpolnischen Dorfbevölkerung waren ihre regionale Tradition und die Autorität ihrer lokalen und regionalen, zumeist bäuerlichen Führer. Die Agrarstruktur hatte hingegen keinen oder nur einen sehr geringen Einfluß auf das Wahlverhalten der Bauern im früheren Kongreßpolen. Diejenigen Bauern, die in den zentralen Leitungsgremien oder in der Parlamentsfraktion saßen, waren eher Mittelbauern.

Die Parteiorganisation war zentralistisch und hierarchisch aufgebaut. Das Statut sah fünf Organisationsebenen vor, in der Praxis bildeten sich aber im wesentlichen nur drei heraus. Die unterste, territorial stark verzweigte Ebene stellten die zahlreichen Ortsvereine dar; sie unterstanden den Kreisorganisationen und diese dann bereits der Zentrale. Von der Einsatzbereitschaft der ehrenamtlichen Funktionsträger auf Kreisebene hingen Stärke und Handlungsfähigkeit der Partei in den Kreisen ab, in denen die Partei keine Abgeordneten besaß. Auf der zentralen Ebene läßt sich seit Beginn der zwanziger Jahre eine bemerkenswerte Gewichtsverschiebung beobachten: Der Parteirat und der Parteivorstand verloren zugunsten des Parteipräsidiums und der Parlamentsfraktion an Einfluß.

Dominierend bei den politischen Entscheidungen der Partei war zweifellos die Fraktion bzw. deren Führung, was verschiedene Gründe hatte: die Entscheidung für den parlamentarischen Weg zur Realisierung der Parteiziele, häufige Zusammenkünfte in Warschau, dem Parlaments- und Parteisitz, ein hoher Informationsstand und die wirtschaftliche Absicherung der Abgeordneten. So entschied sich der Partei- und zugleich Fraktionsvorsitzende Stanisław Thugutt im November 1923, als er vor die Entscheidung gestellt wurde, eines der beiden Ämter aufzugeben, für die Beibehaltung des Fraktionsvorsitzes. Die Dominanz der Fraktion gegenüber den Leitungsgremien der Partei ist ein Phänomen, das im sich nach 1918 entwickelnden polnischen Parteiensystem – sieht man von den Kommunisten ab – generell festzustellen ist.[1]

Im gerade unabhängig gewordenen Staat spielte die „Wyzwolenie" von November 1918 an für kurze Zeit als Regierungspartei eine herausragende Rolle. Sie wirkte vor allem über den von ihr gestellten Innenminister Thugutt am Aufbau einer neuen Verwaltung und Selbstverwaltung auf dem Lande mit. Sie leistete in diesen Wochen einen nicht zu unterschätzenden Beitrag dazu, die Bauernschaft als zahlreichste Bevölkerungsgruppe in einer Zeit sozialer Unruhe in den neuen Staat zu integrieren.

Die Erlangung der nationalen Unabhängigkeit war zunächst wichtigster Programmpunkt der jungen kongreßpolnischen Bauernpartei. Sie teilte von Anfang an die Unabhängigkeitskonzeption Piłsudskis und befand sich folgerichtig im Herbst und Winter 1918/19, als Piłsudski und Dmowski um die Macht rangen, im Lager Piłsudskis.

Ab Herbst 1918 entwickelte die Partei dann stärker ihre sozialen und ökonomischen Vorstellungen. Ausgehend von ihrer Überzeugung, daß die Landwirtschaft den wichtigsten Zweig der Volkswirtschaft darstellte, setzte sie sich vor allem den Ausbau klein- und mittelbäuerlicher Strukturen (10–20 ha) zum Ziel. Erreicht werden sollte dies durch eine radikale Agrarreform, deren Realisierung sie mit Konsequenz und Ausdauer auf parlamentarischem Wege betrieb. Hierbei war sie, wie ihre Haltung zum Grundsatzbeschluß des Sejm vom 10. Juli 1919 zeigt, zwar auch zu einigen Abstrichen von ihrem Maximalprogramm bereit. Zu grundsätzlichen Konzessionen in der Agrarreform, wie sie Witos' „Piast" der Rechten angesichts des Kräfteverhältnisses im Sejm bald machte, verstand sich die „Wyzwolenie" hingegen nicht. Gleichwohl hegten ihre Führer – ohne dies freilich allzu deutlich auszusprechen – nicht die Illusion, mit einer Parzellierung des großen Grundbesitzes die Agrarfrage insgesamt lösen zu können; deren Kern lag in der ländlichen Überbevölkerung. Deshalb befürwortete die Partei auch die

[1] M. Pietrzak: Rządy parlamentarne, S. 110.

Schaffung von Arbeitsplätzen durch den Ausbau der Industrie. Die Emigration nach Übersee als einen Lösungsansatz für dieses Problem lehnte sie ab.

Die „Wyzwolenie" griff nicht zu außerparlamentarischen Mitteln wie großen Bauerndemonstrationen, Ablieferungsstreiks usw., obwohl sie bald erkennen mußte, daß eine radikalere Agrarreform nicht mehr durchsetzbar war. Auch innerparteiliche Probleme infolge der Enttäuschung der Mitglieder und Anhänger über die ausbleibende Agrarreform sowie infolge des Erstarkens des linken Flügels der Partei durch den Anschluß der „Odrodzenie" des Wilnagebietes und die daraus entstehende Radikalisierung des Agrarprogramms ab 1923 konnten sie nicht vom parlamentarischen Weg abbringen.

Im Rahmen eines parlamentarisch-demokratischen Systems wollte die „Wyzwolenie" eine angemessene Berücksichtigung der ökonomischen, sozialen und kulturellen Interessen der Landbevölkerung sicherstellen. Ihre Vorstellungen in bezug auf den Staat und die Verfassung könnte man als radikaldemokratisch bezeichnen. Sie zielten auf eine möglichst direkte Beteiligung der Bürger am politischen Geschehen ab. Dies kam nicht nur sehr deutlich in ihrem Verfassungsentwurf, sondern auch in den Äußerungen ihrer Abgeordneten während der Verfassungsdiskussion zum Ausdruck. Sie forderten z.B. eine umfassende Selbstverwaltung, die Wahl des Staatsoberhauptes durch das Volk, einen Einkammersejm, eine Verkürzung der Legislaturperiode des Sejm auf drei Jahre und die Einführung eines Referendums. Ihr Verlangen nach einer stärkeren Stellung des Staatsoberhauptes wirkte neben den anderen Forderungen inkonsequent und entsprang dem Wunsch nach einer Kandidatur Piłsudskis für dieses Amt. Starken Nachdruck legte die „Wyzwolenie" auf die verfassungsmäßige Verankerung umfassender Grund- und Freiheitsrechte, was tatsächlich weitgehend erreicht werden konnte. Später achtete sie auf die Einhaltung dieser Rechte. Weiter waren ein großes Interesse für den Bildungssektor sowie eine antiklerikale Einstellung während des gesamten Zeitraums zwischen 1918 und 1926 für die Partei kennzeichnend. In dieser Hinsicht stand sie deutlich in den Traditionen ihrer Gründerorganisationen. In der „Wyzwolenie" – allerdings ausschließlich bei Angehörigen der Intelligenz in ihrer Führungsgruppe – spielten auch freimaurerische Einflüsse eine gewisse Rolle.

Ihre Bedeutung bezog die Bauernpartei „Wyzwolenie" selbstverständlich nicht allein aus ihrer parlamentarischen Tätigkeit und ihrer Mitwirkung in der „großen Politik", sondern ganz entscheidend auch aus ihrer Aktivität auf anderen Gebieten, die das ländliche Leben viel direkter betrafen, jedoch nicht Gegenstand dieser Untersuchung sind. Zunächst waren ihre Mitglieder, vor allem die lokale und regionale Elite der Partei, im landwirtschaftlichen Genossenschaftswesen aktiv. Die Genossenschaftsbewegung wurde schon früh als ein sehr geeignetes Mittel erkannt, aus der unentwickelten und gleichgültigen Masse des Kleinbauerntums durch Weckung eines Standesbewußtseins eine verantwortungsbewußte Bevölkerungsschicht heranzubilden, die sowohl ihre eigenen Interessen als auch die der Gemeinschaft sah und vertrat. Parteimitglieder arbeiteten auch in den Organen der territorialen Selbstverwaltung mit, d.h. im Gemeinderat, im Kreistag, im Kreisausschuß und im Schulwesen, und nahmen Einfluß auf die wirtschaftliche, soziale und kulturelle Entwicklung ihrer Umgebung. Besonderes Engagement zeigte die Partei bei der Entwicklung des ländlichen Bildungswesens, von Landwirtschaftsschulen sowie bei der Durchführung landwirtschaftlicher Fortbildungskurse. Hier wurden den jungen Bauern Kenntnisse über moderne Technik, wissenschaftliche Bodenbearbeitung, Rechnungsführung, Kultur, Staat, Demokratie u.a.m. vermittelt, die gleichzeitig deren Selbstverständnis als Landwirte und als Staatsbürger stärkten. Durch ihre Tätigkeit in diesen Bereichen leistete die Partei einen wesentlichen

Beitrag zur Überwindung der wirtschaftlichen und kulturellen Rückständigkeit des Dorfes sowie zur Demokratisierung des Landes überhaupt.

Die „Wyzwolenie", die das Föderationskonzept Piłsudskis in den ersten Jahren der neuen Republik innerhalb und außerhalb des Parlaments weitestgehend unterstützt hatte, trat nach dessen Scheitern für Toleranz und Zusammenarbeit mit den nationalen Minderheiten ein, wobei ihr Hauptinteresse stets den weißrussischen und ukrainischen Bauern der östlichen Wojewodschaften als ihren potentiellen Bündnispartnern galt. Im Widerspruch hierzu stand freilich, daß die Partei die von einigen Kabinetten in Gang gesetzte nationalistische Ansiedlungspolitik in den Ostgebieten zeitweise befürwortete und mittrug. Eine deutlich distanzierte Position nahm sie gegenüber Juden und Deutschen ein. Im wesentlichen entsprach die Haltung der „Wyzwolenie" gegenüber den Minderheiten in den Jahren von 1918 bis 1926 dem von ihr erhobenen Anspruch, ein demokratisches Gemeinwesen aufbauen zu wollen, in dem staatsbürgerliche Gleichheit, soziale Gerechtigkeit sowie religiöse und nationale Toleranz herrschen sollten. Ein Recht auf nationale Selbstbestimmung erkannte sie allerdings den geschlossen siedelnden Weißrussen und Ukrainern nicht zu, eine umfangreiche Territorialautonomie für sie im Rahmen des polnischen Staates befürwortete sie hingegen.

Die Außenpolitik stellt von den in dieser Arbeit betrachteten Tätigkeitsfeldern der „Wyzwolenie" wohl das Gebiet dar, auf dem die Partei am wenigsten selbständig war. Die Parteiführung stand hier zunächst völlig hinter Staatschef Piłsudski, der in den Jahren bis 1922 die Außenpolitik der Kabinette sehr stark bestimmte. Sie legte infolgedessen den Schwerpunkt ebenfalls auf die Ostpolitik und zeigte eine vehement antirussische Haltung, die den Teilgebietstraditionen und -erfahrungen der politischen Elite Kongreßpolens entsprach. Gleichzeitig plädierte sie für eine Orientierung des Landes auf die westlichen Demokratien. Im Unterschied zum abgrundtiefen Mißtrauen, verbunden noch mit einem gewissen Überlegenheitsbewußtsein gegenüber dem östlichen Nachbarn, hegte sie gegenüber Deutschland im Westen eine weniger abweisende, aber dennoch skeptische, wachsame und defensive Einstellung. Diese verstärkte sich jedoch im Jahre 1925, als die „Wyzwolenie" es nicht vermochte, ihre Vorstellungen an die durch die Locarno-Verträge geschaffene neue Wirklichkeit anzupassen.

Entstehungsgeschichte, Programmatik, praktische Politik und Zugehörigkeit zum Piłsudski-Lager ließen die „Wyzwolenie" gleich zu Beginn der Unabhängigkeit Polens als Linkspartei erscheinen. Diese Einschätzung durch andere, verbündete wie gegnerische politische Kräfte entsprach durchaus auch überwiegend der Selbsteinschätzung ihrer Führung. Ob ihre Mitglieder und Wähler die „Wyzwolenie" allerdings als „links" im Sinne von sozialistisch oder gar – wie die Propaganda der politischen Gegner – als bolschewistisch betrachteten und erlebten, muß bezweifelt werden. Sie schätzten die „Wyzwolenie" vielmehr als Verfechterin der nationalen Unabhängigkeit und zugleich bäuerlicher Interessen; hinzu kam auch, daß die „Wyzwolenie" in Kongreßpolen die zuerst entstandene und vielerorts auch die einzige Partei war, die sich der bäuerlichen Belange annahm. Für einen großen Teil der Landbevölkerung in diesem früher russischen Teilgebiet war die „Wyzwolenie" deshalb noch Anfang der zwanziger Jahre *die* Bauernpartei schlechthin.

Die Klassifizierung als linke Partei wurde von der „Wyzwolenie", und zwar von der Führung bis zur Basis, nicht als negativ empfunden. Für sie bedeutete der Begriff aktives Eintreten für Demokratie, gerechte Landverteilung, gleiche Bildungschancen und soziale Reformen. Aufruhr und gewaltsamen Umsturz als Mittel zur Erlangung ihrer politischen Ziele lehnte die Partei entschieden ab; diese waren für sie nicht Bestandteile linker und zugleich demokratischer Politik.

Als Ziel ihrer Bemühungen nannten die Politiker der „Wyzwolenie" in Programmen, Reden und Artikeln immer wieder ein Polen, in dem das Volk (lud) bzw. das arbeitende Volk (lud pracujący) die Macht ausüben sollte. Der Begriff „lud pracujący" umfaßte in erster Linie die volkreichsten Schichten der Nation, die Bauern und die Arbeiter, aber auch Handwerker und Intelligenzler. Häufige Ableitungen hiervon waren „republika ludowa" (Republik des Volkes, Volksrepublik), „Polska ludowa" (Polen des Volkes, Volkspolen) und „państwo ludowe" (Staat des Volkes, Volksstaat).

Doch nicht allein die „Wyzwolenie" verwendete diese Begriffe. Auch der „Piast" sprach beispielsweise in seinem Programm vom November 1921 von der „Rzeczpospolita ludowa" (Volksrepublik). Um den Bestrebungen der „Wyzwolenie" und der polnischen Bauernbewegung insgesamt gerecht zu werden, müssen die genannten Begriffe im zeitlichen Kontext betrachtet werden: Mit dem Polen bzw. der Rzeczpospolita des Volkes oder dem Volksstaat war eine radikal demokratische Republik gemeint, in der keinerlei politische, ökonomische oder kulturelle Privilegien für bestimmte Schichten existieren sollten.

Der Begriff „Rzeczpospolita ludowa" sollte den Unterschied zur alten, mit den Teilungen untergegangenen „Rzeczpospolita szlachecka", der Republik des Adels (Schlachta), deutlich machen und eine Vorstellung von Polen als einer modernen Massendemokratie entstehen lassen.

Im polnischen Parteienwesen der Jahre 1918 bis 1926 – es wird hier die damals übliche, notwendigerweise vereinfachende Einteilung verwendet – umfaßte die Linke die PPS, die „Wyzwolenie" und einige kleinere Bauernparteien („PSL-Lewica", Radikale Bauernpartei). Zum Zentrum gehörten der „Piast", die Nationale Arbeiterpartei und einige kleinere christlich-soziale Parteien, zur Rechten der Nationale Volksverband (Nationaldemokraten), die Christlichen Demokraten sowie die Christlich-Nationale Partei. Daneben gab es auf der extremen Linken die Kommunisten und parallel zu den polnischen Parteien dann die Parteien der nationalen Minderheiten.

Als sehr bedeutende überparteiliche Konstellation politischer Gruppierungen ist das sogenannte Belvedere-Lager zu nennen. Zu ihm gehörten die Parteien und Gruppen, die Piłsudski und dessen Anhang unterstützten. Dazu zählten nicht nur überwiegend die PPS und die „Wyzwolenie" sowie einige kleinere liberale und Bauernparteien, sondern auch Teile der Nationalen Arbeiterpartei und des „Piast". Piłsudski ergebene Personen arbeiteten darüber hinaus offen oder verdeckt in einer ganzen Reihe von Organisationen und Parteien bzw. in staatlichen Ämtern, im Heer, in Redaktionen usw.

Nach der formalen Wiederherstellung des Staates im November 1918 mußte die Einheit in vielen Bereichen erst eingeleitet und vollzogen werden. Die ersten Jahre nach 1918 waren eine Zeit, in der die Integrationsprozesse in Politik, Wirtschaft, Kultur, Bildung und sozialem Leben in Gang kamen; im Jahre 1926 waren sie noch keineswegs abgeschlossen. Nicht einmal bis 1939 konnten die großen Unterschiede zwischen den verschiedenen Landesteilen völlig beseitigt werden.

Vor neue Bedingungen für ihre Tätigkeit sah sich im Jahre 1918 auch die Bauernbewegung der polnischen Länder gestellt. Aufgrund der andersartigen politischen Verhältnisse in Galizien und Kongreßpolen vor 1918 waren – bei gleicher sozialer Basis – die Bauernparteien „Wyzwolenie" und „Piast" in den letzten Jahren des Ersten Weltkriegs zu Bündnissen mit entgegengesetzten politischen Kräften gelangt. Während der „Piast" Verbindungen zur Nationaldemokratie unterhielt, bildete die „Wyzwolenie" gemeinsam mit der PPS in Kongreßpolen den Kern des Unabhängigkeitslagers Piłsudskis. Diese Verbindungen beider Bauernparteien mit den sich zum Kampf um die Macht im entstehenden polnischen Staat anschickenden politischen Kräften stellten zu Beginn der Unabhängigkeit das Haupthindernis für eine Annäherung aneinander dar.

Zu den ersten gesamtpolnischen Parlamentswahlen traten alle drei Bauernparteien mit eigenen Listen an: die galizischen Parteien „Piast“ und „PSL-Lewica“ sowie die kongreßpolnische „Wyzwolenie“. Alle Parteien bekannten sich freilich im Wahlkampf und danach gegenüber ihren Anhängern zur Einheit der Bauernbewegung. Der Druck der Basis in allen Parteien und das gemeinsame Interesse an einer Agrarreform führten schließlich zu sich lange hinziehenden Vereinigungsgesprächen zwischen den Führungen. Vorübergehende Erfolge waren der Sejmverband der bäuerlichen Abgeordneten im Juni 1919, mit dessen Hilfe der Sejmbeschluß vom 10. Juli 1919 herbeigeführt werden konnte, und die Fraktionsgemeinschaft der „Wyzwolenie“ mit dem „Piast“ von Oktober bis Dezember 1919.

Die Gründe für das Scheitern aller Vereinigungsansätze in den folgenden Jahren sind vielschichtig. Versuche von seiten Witos’, die Hegemonie im vereinten bäuerlichen Lager zu erringen, sind ebensowenig zu übersehen wie Befürchtungen führender „Wyzwoleńcy“, ihre Machtposition zu verlieren. Die Integrationsversuche waren um so komplizierter, als die „Wyzwolenie“-Führung relativ heterogen zusammengesetzt war. Der Verhandlungspartner Witos konnte darauf spekulieren, sich mit ihren gemäßigteren Elementen zu einigen und die andere, „radikalere“ Gruppierung zu überspielen. Die Erfahrungen vom Herbst 1919 waren den auf Selbständigkeit bedachten „Wyzwoleńcy“ eine Lehre.

Als der „Piast“ Kompromisse bei der Agrarreform erwog, nahm der Gegensatz zwischen „Wyzwolenie“ und „Piast“ schärfere Formen an und steigerte sich dann Mitte 1923, als der „Piast“ mit der Rechten koalierte, zu kaum verhüllter Feindschaft. Die „Wyzwolenie“ verübelte dem „Piast“ unter anderem, daß er der Rechten, die allgemein für den Mord am ersten Präsidenten der Republik im Dezember 1922 verantwortlich gemacht wurde, nur wenig später zur Macht verhalf. Bis zum Jahre 1926 steigerte sich die Konfrontation zwischen „Piast“ und „Wyzwolenie“ kontinuierlich; einer beachtlichen Radikalisierung der „Wyzwolenie“ stand die ständig stärker akzentuierte Ausgleichspolitik des „Piast“ gegenüber. Es kam nicht nur zu keiner Einigung der sich in sozialer und ideeller Hinsicht eigentlich sehr nahestehenden Bauernparteien, sondern im Gegenteil zu ihrer noch größeren Zersplitterung. Spaltungen, Austritte von Abgeordneten, Fusionen, Neugründungen und Umgruppierungen waren an der Tagesordnung. Innerhalb der Gruppe der miteinander konkurrierenden und sich gegenseitig bekämpfenden Bauernparteien stand die „Wyzwolenie“ zwischen 1918 und 1926 auf dem linken Flügel, allerdings eher in taktischer als in programmatischer Hinsicht. Links von ihr befand sich die kleine „PSL-Lewica“, deren Aktivität bisweilen stark von verbalem Radikalismus geprägt war, rechts von ihr der „Piast“.

Von größerer Bedeutung für den Charakter der Politik der „Wyzwolenie“ und das Verhältnis zwischen den beiden großen Bauernparteien war neben der Bündnisfrage noch ein anderes Erbe aus der Zeit der Teilungen. Stanisław Thugutt schreibt hierzu in seiner Autobiographie:

> „Und schließlich der größte, der wichtigste Unterschied: der Unterschied der Herkunft. Es geht nicht darum, ob jemand in einer Bauernkate oder in einer Stadtwohnung geboren wurde, weil dies Unterschiede sind, die das Leben später oft ausgleicht. Am wichtigsten ist der Unterschied der Teilgebietsherkunft. Wir rühmen uns oft – und das mit Recht – vor Fremden, daß binnen weniger Jahre nach dem Kriege der Einfluß der Teilgebietsgrenzen verschwunden ist, aber wenn wir miteinander sprechen, müssen wir höhere Ansprüche stellen. Und zwar ist es nirgends so wichtig wie in der Politik, ob jemand aus der Herrschaft des ‚Moskowiters‘ oder der des ‚Österreichers‘ heraus zur politischen Arbeit kam, mit der Tradition der Aufstände und der Wühlarbeit der Verschwörungen im Blut oder mit der Gewohnheit kleiner Kämpfe zur Erlangung begrenzter Ziele. Das allgemeine Ziel

konnte in der Arbeit dasselbe sein, aber wie stark wirkten sich doch diese psychischen Unterschiede auf die Formen der Taktik aus, eine Sache von so kapitaler Bedeutung in der Politik, die einander nahestehende Menschen so gründlich und so absolut voneinander unterschied."[2]

In Galizien hatten die polnischen Parteien die Möglichkeit besessen, legal tätig zu sein und im Landessejm sowie im Wiener Parlament polnische Interessen zu vertreten. Dabei hatte sich bei den galizischen Politikern eine bestimmte Mentalität herausgebildet, für die das parlamentarische Spiel und das Eingehen von Koalitionen und Kompromissen selbstverständlich waren. Diesen versierten Realpolitikern des „Piast" standen die sozialistisch beeinflußten kongreßpolnischen Bauernparteiler gegenüber, die in radikaler Opposition zur russischen Teilungsmacht gestanden und keinerlei Gelegenheit gehabt hatten, parlamentarische Erfahrungen zu sammeln. Bestimmte doktrinäre Züge der Politik der „Wyzwolenie" zwischen 1918 und 1926 lassen sich bis zu einem gewissen Grade sicherlich mit diesem spezifischen Erfahrungshintergrund und der andersartigen Mentalität der kongreßpolnischen Bauernpolitiker erklären. In unmittelbarem Zusammenhang hiermit muß die Scheu der „Wyzwolenie" gesehen werden, Regierungsverantwortung zu übernehmen.

Die polnische Verfassung vom März 1921 führte ein parlamentarisches System ein, in dem die Organe der Exekutive weitgehend vom Sejm abhängig waren und das Schwergewicht der Macht mithin deutlich beim Parlament lag. Unter diesen Umständen mußte die Mitwirkung, das verantwortungsbewußte Handeln des Sejm, große Bedeutung haben. Wichtigste Voraussetzung für das Funktionieren des parlamentarischen Systems einschließlich des gesamten Staatsapparats war die Fähigkeit des Sejm, d.h. seiner Fraktionen, eine stabile Mehrheit für eine Regierung zustande zu bringen. Ähnliche Gewichtsverteilungen und institutionelle Lösungen wiesen auch die Verfassungen anderer neuentstandener Staaten Ostmitteleuropas nach dem Ersten Weltkrieg auf.

Wie verhielt sich nun die „Wyzwolenie" in diesem parlamentarischen System, das den Parteien einen so großen Einfluß auf die Leitung des Staates einräumte? Ihre grundsätzliche Befürwortung der parlamentarischen Demokratie steht völlig außer Frage, auch wenn sie bestimmte unausgereifte Gedanken zu Formen einer direkten Demokratie in die Verfassungsdebatte eingebracht hatte. Es ist zunächst zu beobachten, daß in den Quellen für die Jahre 1921 bis 1926 kaum Spuren einer tieferen Reflexion in der Partei über das Funktionieren des politischen Systems zu finden sind[3], was freilich nicht bedeutet, daß sie nicht doch stattgefunden haben könnte, etwa in der Fraktionsführung um Thugutt.

Erst auf dem Parteitag am 21./22. März 1926 kam das Thema einer Reform des Parlamentarismus zur Sprache. Inhalt und Tenor des Referats von Rudziński liegen indirekt in den vom Parteitag verabschiedeten „Beschlüssen betreffend die Verbesserung der inneren Ordnung der Republik" vor[4]; es fehlt hingegen ein Bericht über eine etwaige Diskussion. Es handelt sich um die altbekannten Forderungen der Partei nach einer stärkeren Stellung für den Präsidenten (Volkswahl, Sejmauflösungsrecht), Verkürzung der Legislaturperiode auf drei Jahre und Abschaffung des Senats. Weiter wurde neben der Beseitigung der „Staatsliste" und einer hundertprozentigen Anwendung des Ver-

---

[2] S. THUGUTT: Wybór pism, S. 109.

[3] Vgl. hierzu Abschnitt 6.5.

[4] Uchwały dotyczące naprawy ustroju Rzeczypospolitej [Beschlüsse betreffend die Verbesserung der inneren Ordnung der Republik], in: Wyzwolenie Nr. 13 vom 28. 3. 1926, S. 9f.

hältniswahlrechts der Entzug des Mandats für Abgeordnete im Falle eines Parteiwechsels verlangt. Es ist nicht ersichtlich, daß – abgesehen eventuell von einer Veränderung der Kompetenzen des Präsidenten – diese hier gebotenen Ansätze zu einer Konsolidierung des parlamentarischen Systems hätten führen können. Im Gegenteil: Die vorgeschlagene Ausdehnung des Verhältniswahlrechts war geeignet, die ohnehin große Zersplitterung des Sejm, eines der Hauptthemmnisse für das Funktionieren des parlamentarischen Systems, noch zu verstärken.

Zum tatsächlichen Verhalten der Partei ist festzuhalten: Sie wollte ihr Reformprogramm auf parlamentarischem Wege verwirklichen, einerseits zentral über eine von ihr gestellte bzw. unter ihrer Beteiligung gebildete Bauern- und Arbeiter-Regierung, andererseits dezentral über eine ausgebaute Selbstverwaltung. Sie konzentrierte sich sehr deutlich auf die Arbeit im Sejm und beteiligte sich im Rahmen ihrer personellen Möglichkeiten sachverständig an den Kommissionsberatungen und Plenardebatten. Allerdings formulierte sie aus der Opposition heraus, in der sie sich überwiegend befand, viele ihrer Reden, Anträge und Interpellationen kritisch, fordernd und radikal. Ein Gebiet, auf dem sie eine ausgesprochen konstruktive, auf die Konsolidierung des Staates abzielende Position einnahm, war die Minderheitenpolitik. Den Angehörigen der nationalen Minderheiten sollte durch eine Behandlung als gleichberechtigte Staatsbürger die Mitarbeit im Staat ermöglicht werden.

Das große Problem der Partei, vor allem ihrer Fraktion, war es, ein positives Verhältnis zum für eine Demokratie ganz wesentlichen Kompromiß zu gewinnen. Die Gründe hierfür mögen unter anderem in der Furcht, sich den Wählern zu entfremden, sowie in dem Bestreben der überwiegend von Angehörigen der Intelligenz gestellten Führung gelegen haben, die eigenen Prinzipien nicht in Frage zu stellen, oder, wie Thugutt es ausdrückte, „unsere Doktrinen durch keinerlei nebensächliche Rücksichten trüben“[5] zu lassen. Thugutt, der im Jahre 1923 sehr überzeugend die Funktion des Oppositionsführers ausgefüllt hatte, versuchte Ende 1923 und noch einmal Mitte 1924 erfolglos, die „Wyzwolenie“ in die Regierungsverantwortung zu führen. Beim zweiten Versuch scheiterte er an der eigenen Partei.

Bedenklich im Hinblick auf das Parlamentarismusverständnis war neben der Verweigerung einer konstruktiven Haltung die ständig wiederholte Forderung nach Neuwahlen, verbunden mit entsprechenden Anträgen im Sejm. Hier schimmerte in manchen Aussagen von Parteiführern eine deutliche Enttäuschung, ja Unzufriedenheit über die Wahlergebnisse durch, die ihrer Ansicht nach nicht den der „Wyzwolenie“ angemessenen Platz in der Gesellschaft und im Parlament widerspiegelten. Hierdurch wurde in der Öffentlichkeit, zumindest im Ansatz, die Autorität von Parlament und Regierungen in Frage gestellt.

Es ist erkennbar, daß es der Partei – all ihren republikanisch-demokratischen Grundsätzen zum Trotz – letztlich am entschlossenen Willen fehlte, sich ohne innere Vorbehalte für die Verwirklichung der gegebenen verfassungsmäßigen Ordnung zu engagieren. Ihr Verhalten im Mai 1926 stellt insofern keinen totalen Bruch mit ihrem früheren Verhalten dar. Es ginge freilich zu weit, der Partei Verfassungs- oder Demokratiefeindlichkeit zu unterstellen. Sie hatte sich, hieraus machte sie kein Hehl, andere Lösungen in der Verfassung gewünscht. Sie mußte es außerdem – bei anfangs nahezu völligem Fehlen parlamentarisch erfahrener Politiker in ihren Reihen – mühsam lernen,

[5] S. Thugutt: Wybór pism, S. 93.

das Votum des Wählers zu respektieren und das Programm mit den vorhandenen parlamentarischen Mitteln schrittweise in die Wirklichkeit umzusetzen.

Zu bedenken ist weiter, daß die aus ihrer Entstehungsgeschichte stammenden Traditionen für die Partei nach 1918 eine große Belastung darstellten. Als besonders negativ erwies sich der fortwirkende starke Einfluß Piłsudskis. Als dieser aus der Überzeugung heraus, daß der Parlamentarismus bei der Bewältigung der politisch-wirtschaftlichen Krisensituation des Landes versagt hatte, mit Gewalt gegen die rechtmäßige Regierung vorging, bediente er sich dabei neben anderen auch der ihm ergebenen „Wyzwolenie". Doch bereits in den Jahren zuvor hatte er es immer wieder verstanden, Erwartungen und Hoffnungen seiner auch in der „Wyzwolenie" beheimateten Anhänger wachzuhalten. Es scheint nicht übertrieben, im Warten vieler führender „Wyzwoleńcy" auf die *große* Lösung eine der Ursachen für die geringe Neigung der Partei zum kleinen Erfolg, zum Kompromiß, zu sehen.

Eine angemessene Beurteilung des politischen Stellenwertes der „Wyzwolenie" in den ersten acht Jahren des neuentstandenen polnischen Staates darf nicht nur ihre Schwächen und Defizite im Rahmen ihrer parlamentarischen Tätigkeit berücksichtigen, sondern muß auch ihre historische Leistung unterstreichen. So konnte die kongreßpolnische Bauernschaft mit Hilfe der „Wyzwolenie" zum ersten Mal ihre Interessen auf politischer Ebene selbständig wahrnehmen. Auch auf die „Wyzwolenie" trifft zu, was Heinz Gollwitzer über die europäische politische Agrarbewegung zwischen den beiden Weltkriegen insgesamt sagt: „Die europäische Agrardemokratie dieses Zeitraums ist gescheitert, aber ihre Leistung, Millionen von Menschen zu politischem Bewußtsein und politischer Mündigkeit, zur Teilhabe und Teilnahme am öffentlichen Leben verholfen zu haben, hat hohen geschichtlichen Rang."[6]

2. Ausblick

Die „Wyzwolenie" war sich anfangs nicht über die Konsequenzen der Maiereignisse im klaren. Sie verhielt sich trotz einiger durch Piłsudskis Verhalten hervorgerufener Irritationen gleich nach dem Mai-Umsturz – so hatte er nicht nur die Verkündung eines Dekrets über die entschädigungslose Enteignung des Großgrundbesitzes abgelehnt, sondern auch die ihm angetragene Präsidentschaft zurückgewiesen – diesem gegenüber zunächst weiterhin völlig loyal. Eine Verfassungsänderung sowie eine Reihe von Vollmachten für die Regierung der „Sanierung" (Sanacja) im August 1926, die insgesamt eine Schwächung der Position des Parlaments bedeuteten, fanden ihre Zustimmung.

Es zeigte sich freilich bald, daß Piłsudski sich weder an die Linke anlehnen noch Elemente ihres Programms verwirklichen wollte. So unternahm er noch im Jahre 1926 verschiedene Schritte, die ihm die Unterstützung rechtsstehender und vor allem konservativer Kreise sichern sollten (Ernennung Konservativer zu Ministern, Treffen mit den Aristokraten des Landes). Die „Wyzwolenie" war beunruhigt, hielt sich mit ihrer Kritik jedoch zurück.

Im Laufe des Jahres 1927 erkannten große Teile der Partei, daß sie hinsichtlich der Absichten Piłsudskis Illusionen erlegen waren. Die Resolution des Parteitags im Juni 1927 sprach bereits unumwunden vom „Gefühl der Enttäuschung" und kritisierte die

---

[6] H. Gollwitzer: Europäische Bauerndemokratie im 20. Jahrhundert, in: Europäische Bauernparteien im 20. Jahrhundert, hrsg. von H. Gollwitzer, Stuttgart 1977, S. 2.

Tätigkeit der von Piłsudski geleiteten Regierung heftig. Piłsudski zog in dieser Zeit etliche seiner Vertrauensleute allmählich aus allen Parteien heraus, so auch aus der „Wyzwolenie", und schuf sich einen ihm ergebenen Regierungsblock.

Als immer deutlicher wurde, daß Piłsudski das Parlament beiseite schob und eine autoritäre Umgestaltung des Landes vornahm, ging die „Wyzwolenie" im Frühjahr 1928 mit dem Ziel, das parlamentarisch-demokratische System und die Verfassung zu verteidigen, in die Opposition. Der Einfluß Piłsudskis auf einzelne Persönlichkeiten in der Parteiführung war zwar, wenn auch geschwächt, noch vorhanden, doch wirkte er sich nicht mehr bestimmend auf die politische Linie der Partei aus. Im Frühjahr 1928 kehrte auch der überzeugte Parlamentarismus-Verfechter Stanisław Thugutt, nun ein absoluter Piłsudski-Gegner, in die „Wyzwolenie" zurück.

In den Jahren 1929/1930 spielte die Partei eine aktive Rolle im oppositionellen Block der Zentrumslinken (Centrolew). Angehörige ihrer Führungsgruppe wurden im Herbst 1930 gemeinsam mit anderen Oppositionspolitikern festgenommen und im berüchtigten Brester Prozeß verurteilt.

Die von allen empfundene Bedrohung durch die „Sanacja" führte von der Jahresmitte 1928 an auch zu einer Annäherung der drei noch immer miteinander rivalisierenden Bauernparteien „Wyzwolenie", „Piast" und „Stronnictwo Chłopskie". Im Herbst 1929 schufen sie eine Verständigungskommission der Bauernparteien, die gemeinsame Aktionen im Parlament und auf dem Lande koordinierte. Die Verhandlungen zwischen der „Wyzwolenie" und den beiden anderen Parteien erbrachten trotz mancher Rückfälle der Bauernparteiler in traditionelle partikularistische Verhaltensmuster angesichts des brutalen Vorgehens der „Sanacja" vor und während der Wahlen im Herbst 1930 ein konkretes Ergebnis: Am 10. Dezember 1930 wurde die gemeinsame Parlamentsfraktion der Abgeordneten der drei Bauernparteien gebildet. Drei Monate später, am 15. März 1931, schloß sich die „Wyzwolenie" mit den beiden anderen Bauernparteien zur einheitlichen Bauernpartei bzw. Volkspartei („Stronnictwo Ludowe" – SL) zusammen, die in den folgenden Jahren unter der unbestrittenen Führung von Wincenty Witos eine entschiedene Gegnerin des Sanacja-Regimes sein sollte.

Die Geschichte der Bauernpartei „Wyzwolenie" endete zwar formal im März 1931, ihr Erbe blieb jedoch der bis heute existierenden Bauernbewegung erhalten. Das weitere Schicksal der bäuerlichen Bewegung in Polen sei hier nur noch kurz angedeutet: Nach den Jahren des Kampfes gegen das autoritäre Regime Piłsudskis und seiner Nachfolger wurde die Bauernpartei SL im September 1939 mit der deutschen Besetzung des Landes und dem erneuten Verlust der staatlichen Unabhängigkeit in den Untergrund getrieben. Hier beteiligte sie sich unter dem Namen SL „Roch" an der Bildung der Untergrundbehörden und des Untergrundstaates. In der Emigration bildete sie eine wichtige Stütze der Exilregierung, deren Premierminister ihr Parteivorsitzender Stanisław Mikołajczyk von Juli 1943 bis November 1944 war.

Als gegen Kriegsende das von Moskau eingesetzte Lubliner Komitee die Macht im Lande ergriff, versuchte es, die wiederauftauchende Bauernpartei SL aus dem politischen Leben auszuschalten. Dies geschah durch Verhaftungen und Gewaltanwendung gegen Führer und Funktionäre sowie durch die Förderung von ihr abgespaltener prosowjetischer Gruppen. Trotz hartnäckiger Gegenwehr wurde die PSL – so nannte sich die Bauernpartei seit August 1945 (wieder) – innerhalb weniger Jahre gleichgeschaltet. Etappen auf diesem Wege waren die Flucht Mikołajczyks im Herbst 1947 ins Ausland, die Beseitigung oppositioneller Kräfte in der Führung der PSL und die vom Regime herbeigeführte Vereinigung der PSL mit der von ihm abhängigen linken Partei SL – hervorgegangen aus der Abspaltung „Wola Ludu" (Wille des Volkes) – im November 1949.[7] Damit hatte die legale Opposition in Polen zu bestehen aufgehört und die Selbständigkeit der politischen Bauernbewegung für mehrere Jahrzehnte ihr Ende gefunden.

Die auf diese Weise geschaffene „Vereinigte Bauernpartei" (Zjednoczone Stronnictwo Ludowe – ZSL) war in der Praxis mehr ein Instrument der kommunistischen Führung als eine Interessenvertretung der polnischen Bauernschaft. Dies war vor allem in den Jahren des Stalinismus spürbar, als die Bauern in ihrem Widerstand gegen die Kollektivierung allein bei der katholischen Kirche des Landes Rückhalt fanden. Die kollaborierende ZSL-Führung bemühte sich, gegenüber der Landbevölkerung als legitime Nachfolgerin der großen demokratischen Bauernpartei SL der Vorkriegszeit zu erscheinen. Sie bediente sich daher einer Reihe von Begriffen, Forderungen und auch Traditionen und Symbolen der früheren Bauernbewegung. Schon im Jahre 1945 hatten sich die Kommunisten die alte Forderung der „Wyzwolenie" nach Abschaffung des Senats zu eigen gemacht und als Kampfmittel gegen die noch selbständige PSL benutzt. Ebenso wurde die traditionelle Losung „Polska Ludowa" der Bauernparteien in den Nachkriegsjahren zum Schlagwort der Kommunisten, mit dem Gleichschaltung und Sowjetisierung des Landes bemäntelt wurden. Polen erhielt im Jahre 1952 sogar offiziell den Namen Volksrepublik Polen (Polska Rzeczpospolita Ludowa).

In den Phasen der politischen Liberalisierung in Polen in den Jahren 1956 und 1980/81 wurde jeweils für kurze Zeit deutlich, daß der Geist der demokratischen Bauernbewegung keineswegs erloschen war. Im Reformprozeß des Jahres 1981 wurde die kompromittierte Führung der Vereinigten Bauernpartei ZSL geradezu hinweggefegt. Parallel zur sich wandelnden ZSL entwickelte sich die „Landsolidarität". Die Ausrufung des Kriegsrechts am 13. Dezember 1981 konnte den Anlauf der Bauernbewegung zur erneuten Emanzipation nur noch bremsen, jedoch nicht mehr verhindern.

Die von der Opposition schließlich Anfang 1989 erzwungenen Verhandlungen am „Runden Tisch" führten rasch zum Übergang zu einer parlamentarisch-pluralistischen Ordnung, in der die „Landsolidarität" wieder legalisiert und von Veteranen der Nachkriegs-PSL erneut eine unabhängige Bauernpartei mit dem traditionsreichen Namen PSL gegründet wurde. Die Blockpartei ZSL distanzierte sich personell und programmatisch schnell von ihrer Vergangenheit und nahm im Herbst 1989 ebenfalls den Namen PSL mit dem Zusatz „Odrodzenie" (Wiedergeburt) an, ein Name, den Anfang der zwanziger Jahre bereits die zur „Wyzwolenie" stoßende Bauernpartei des Wilnagebietes getragen hatte.

Es ist nur scheinbar paradox, daß die wiederentstehende demokratische, oppositionelle Bauernbewegung im Jahre 1989 die Wiedereinführung einer zweiten Parlamentskammer, eines Senats, befürwortete. Für sie wie für die gesamte Opposition stellte dies

[7] Aufschlußreich beurteilte diese Ereignisse dreißig Jahre später Zygmunt Hemmerling, der damalige Direktor des Instituts für die Geschichte der Bauernbewegung: „Der Kampf mit der PSL war nicht nur eine innere Angelegenheit der Bauernbewegung, sondern Teil eines breiteren, allgemeinen Kampfes, der zwischen dem um die PPR (Polska Partia Robotnicza – Polnische Arbeiterpartei, G. D.) versammelten Lager der gesellschaftlichen Linken und konservativen und kleinbürgerlichen, ja sogar reaktionären und rückschrittlichen Kräften geführt wurde. Die SL (gemeint ist die aus der SL „Wola Ludu" hervorgegangene SL, G. D.) allein war nicht in der Lage, wirksam mit der PSL um den Einfluß auf die Bauern zu konkurrieren. Sie fand jedoch wirksame Hilfe und Stütze in der Polnischen Arbeiterpartei, die die Hauptlast des Kampfes mit der PSL auf sich nahm, indem sie auf deren tatsächliche politische Ziele hinwies." Vgl. Z. Hemmerling: W trzydziestą rocznicę zjednoczenia ruchu ludowego [Zum 30. Jahrestag der Vereinigung der Bauernbewegung], in: RDRL 20 (1979/1980), S. 16.

ein Mittel zur Demokratisierung des politischen Systems dar, da zum Senat – im Gegensatz zum Sejm – alle Mitglieder frei gewählt werden sollten. Umgekehrt war die mißbräuchlich geführte Bezeichnung „Volksrepublik" nach vier Jahrzehnten in ihren Augen völlig diskreditiert und mußte aus dem Staatsnamen entfernt werden.

In der Folgezeit gelang es den verschiedenen aus der antikommunistischen Opposition stammenden bäuerlichen Gruppierungen freilich nicht, eine einheitliche Bauernpartei zu etablieren. Die PSL hingegen (seit Mai 1990 ohne den Beinamen „Odrodzenie") übernahm Vermögen, Organisation und Mitglieder der großen Blockpartei ZSL und hat gegenwärtig in Polen eine mächtige Position im politischen Leben des Landes inne.

In Anbetracht der immer noch beträchtlichen zahlenmäßigen Stärke der ländlichen Bevölkerung und der Bedeutung der Landwirtschaft für die polnische Volkswirtschaft ist ein schnelles Ende der Bauernparteien nicht wahrscheinlich. Die Bauernbewegung steht heute jedoch vor großen Herausforderungen: Sie muß ein Programm entwickeln, das unter neuen Bedingungen und im Hinblick auf den Beitritt Polens zur Europäischen Union die wohlverstandenen Interessen der Bauernschaft auf längere Sicht sicherstellt und auch für die übrigen Teile der Gesellschaft akzeptabel ist, und sie muß ihre endgültige organisatorische Form finden, d.h. die noch bestehende Zersplitterung überwinden. Die polnische Bauernbewegung hat vor allem – und insofern ist die Situation mit der zu Beginn der Unabhängigkeit des Staats nach 1918 vergleichbar – ihren Beitrag zum Wiederaufbau der parlamentarischen Demokratie zu leisten.

Quellen und Literatur

I. Archivalien

1. Archiwum Akt Nowych (AAN), Warschau

Zespół Ministerstwa Spraw Wewnętrznych. Departament polityczny, stronnictwa polityczne [Bestand des Ministeriums des Innern. Politisches Departement, politische Parteien], sygn. 870 (Mikrofilm 25440).

2. Archiwum Zakładu Historii Ruchu Ludowego (AZHRL), Warschau

Ruch polityczny przed 1939r. (RP) [Politische Bewegung vor 1939], PSL-Wyzwolenie: RP-1 bis RP-6, vor allem: Okólnik [Rundschreiben] Nr. 28: RP-1, Bl. 243. Projekt statutu organizacyjnego ZPSL-Wyzwolenie i Jedność Ludowa [Entwurf eines Organisationsstatuts von ZPSL Wyzwolenie und Jedność Ludowa]: RP-6, Bl. 9–18.

Ulotki i odezwy PSL-Wyzwolenie [Flugblätter und Aufrufe der PSL Wyzwolenie]: U-I, U-II, U-III, U-IV, U-V, U-XXV.

Zbiory Błażeja Stolarskiego [Sammlung Błażej Stolarski]: Zb.-B. S.

Życiorysy działaczy i posłów PSL-Wyzwolenie [Lebensläufe von Funktionären und Abgeordneten der PSL Wyzwolenie]: Ż.

Erinnerungen:

Bardziński, A.: Mój pamiętnik i życiorys [Meine Memoiren und meine Lebensgeschichte]. Ż-80.

Bogusławski, A.: Wspomnienia [Erinnerungen], T. II–V: P-31, P-32, P-189/IIa, P-189/IIIa, P-189/IVa, P-189/Va.

Fijałkowski, W.: Pamiętniki. Cz. III: Okres dwudziestolecia Niepodległej Polski [Memoiren. Teil III: Zwei Jahrzehnte unabhängiges Polen]. P-282a.

Kowalski, W.: Mały odcinek chłopskiej walki [Ein kleiner Abschnitt des bäuerlichen Kampfes]. P-259.

Kurczak, T.: Pamiętnik [Memoiren]. Cz. I/II: P-56.

Rychlik, P.: Działalność do 1930 roku [Die Tätigkeit bis zum Jahre 1930]. P-286.

Waleron, A.: Pamiętniki (1864–1939) [Memoiren (1864–1939)]. Handschrift. P-129/II.

Wasilewski, R.: Wspomnienia o Aleksandrze Bogusławskim [Erinnerungen an Aleksander Bogusławski].

ders.: Wspomnienia o współpracy z Thuguttem. Stanisław Thugutt jako działacz społeczny, ludowiec i patriota [Erinnerungen an die Zusammenarbeit mit Thugutt. Stanisław Thugutt als gesellschaftlich aktive Persönlichkeit, Bauernpolitiker und Patriot]. P-68.

ders.: Wspomnienia z pracy politycznej [Erinnerungen an die politische Arbeit]. P-152.

Wiącek, A.: Zygmunt Nowicki, jakiego poznałem [Zygmunt Nowicki, wie ich ihn kannte]. Ż-17.

Bearbeitungen:

Kielak, S.: Ruch ludowy w pow. Radzymińskim [Die Bauernbewegung im Kreis Radzymin]. O-144.

Kulwicki, E.: Doktryny społeczno-gospodarcze PSL-„Wyzwolenie“ w latach 1918–1926. Praca doktorska, UJ Kraków 1964 [Die sozialökonomischen Doktrinen der PSL „Wyzwolenie“ in den Jahren 1918–1926. Dissertation, Universität Krakau 1964]. (Masch.) O-166.

Radlińska, H.: Jadwiga Dziubińska, życie i dzieło [Jadwiga Dziubińska, Leben und Werk]. O-285.

Rymar, S.: Chłopi polscy w Parlamentach i Sejmach [Die polnischen Bauern in den Parlamenten und im Sejm]. O-158.

Sałkowski, J.: Działalność społeczno-polityczna M. Malinowskiego (1860–1948). Praca mag., Uniwersytet Warszawski 1973 [Die gesellschaftlich-politische Tätigkeit von M. Malinowski (1860–1948). Magisterarbeit, Universität Warschau 1973]. O-332.

Sarnowski, K.: Monograficzny zarys rozwoju ruchu ludowego w powiecie Ostrów Mazowiecki [Monographischer Abriß der Geschichte der Bauernbewegung im Kreis Ostrów Mazowiecki]. O-128.

Tymieniecka, A.: Stosunek PPS do stronnictw ludowych w latach 1920–1928 [Das Verhältnis der PPS zu den Bauernparteien in den Jahren 1920–1928]. O-132.

3. *Centralne Archiwum Komitetu Centralnego Polskiej Zjednoczonej Partii Robotniczej (CA KC PZPR), Warschau*

Polskie Stronnictwo Ludowe w Królestwie Polskim [Polnische Bauernpartei im Königreich Polen]. 27/III.

PSL „Wyzwolenie", Zarząd Główny [PSL „Wyzwolenie", Hauptvorstand]. 109/II.

PSL „Wyzwolenie", Główny Komitet Wyborczy [PSL „Wyzwolenie", Hauptwahlkomitee]. 109/III.

PSL „Wyzwolenie", Klub Poselski [PSL „Wyzwolenie", Fraktion]. 109/IV.

PSL „Wyzwolenie", Zarząd Wojewódzki Lublin [PSL „Wyzwolenie", Wojewodschaftsvorstand Lublin]. 109/V.

Urząd Wojewódzki Lubelski. Sprawozdania sytuacyjne (miesięczne dotyczące działalności legalnych stowarzyszeń polit., organizacji mniejszości narodowych) [Wojewodschaftsamt Lublin. Situationsberichte (monatlich, betreffend die Tätigkeit der legalen politischen Vereinigungen, der Organisationen der nationalen Minderheiten)]. 270/IV-24.

Urząd Wojewódzki Łódzki. Wydział Społeczno-Polityczny. Sprawozdania miesięczne z ruchu zawodowego, politycznego i narodowościowego na terenie Woj. Łódzkiego [Wojewodschaftsamt Lodz. Gesellschaftlich-Politische Abteilung. Monatsberichte über die Gewerkschaftsbewegung, die politische Bewegung und die nationalen Minderheiten auf dem Gebiet der Wojewodschaft Lodz]. 271/II-10.

4. *Wojewódzkie Archiwum Państwowe, Lublin (WAPL)*

Urząd Wojewódzki Lubelski. Wydział Społeczno-Polityczny 1919–1939 (UWL. WSP) [Wojewodschaftsamt Lublin. Gesellschaftlich-Politische Abteilung 1919–1939]. Daraus:

Sprawozdania starostów w sprawie wpływów politycznych na terenie powiatów 1921, 1926, 1929r. [Berichte der Starosten zur Frage der politischen Strömungen auf dem Gebiet der Kreise 1921, 1926, 1929]. 2063.

Zebrania i wiece polityczne – sprawozdania starostów powiatowych. 1921 [Versammlungen und politische Kundgebungen – Berichte der Kreisstarosten. 1921]. 2070.

Zebrania i wiece polityczne – informacje. 1922 [Versammlungen und politische Kundgebungen – Informationen. 1922]. 2071.

Zebrania i wiece polityczne – informacje. 1922 – 1923 [Versammlungen und politische Kundgebungen – Informationen. 1922–1923]. 2072.

Zebrania i wiece polityczne – sprawozdania starostów. 1921–1924 [Versammlungen und politische Kundgebungen – Berichte der Starosten. 1921–1924]. 2073.

Zebrania i wiece polityczne – sprawozdania starostów. 1925–1927 [Versammlungen und politische Kundgebungen – Berichte der Starosten. 1925–1927]. 2074.

PSL „Wyzwolenie" – sprawozdanie z zebrań i wieców. 1921–1930 [PSL „Wyzwolenie" – Berichte von Versammlungen und Kundgebungen. 1921–1930]. 2170.

Sprawozdania z wieców i zgromadzeń PSL „Piast" i PSL „Wyzwolenie". 1923–1927 [Berichte von Kundgebungen und Versammlungen der PSL „Piast" und der PSL „Wyzwolenie". 1923–1927]. 2171.

Stronnictwo Chłopskie – opinie o członkach, sprawozdania z wieców. 1926–1928 [Bauernpartei – Einschätzungen über Mitglieder, Berichte von Kundgebungen. 1926–1928]. 2178.

Miesięczne sprawozdania sytuacyjne – ruch polityczny legalny, ruch społeczny, działalność antypaństwowa stronnictw politycznych, ruch zawodowy, strajki, prasa, kooperacja, przestępczość komuni-

styczna [Monatliche Situationsberichte – legale politische Bewegung, gesellschaftliche Bewegung, antistaatliche Tätigkeit politischer Parteien, Gewerkschaftsbewegung, Streiks, Presse, Zusammenarbeit, kommunistische Kriminalität].
1924. I–IX, XI, XII. 2255.
1925. I–XII. 2256.
1926. I–XII. 2257.

5. *Politisches Archiv des Auswärtigen Amtes (PA), Bonn*

Politische Abteilung IV. Polen. Daraus:

Krieg 1914. Die Zukunft der besetzten Gebiete Polens. 20c. Bde. 43–48.
Politik 5. Innere Politik, Parlaments- und Parteiwesen. Bde. 1–10a.
Politik 7. Ministerien. Bde. 1–4.
Politik 11, Nr. 1: Staatsoberhäupter und deren Familien. Bde. 1–2.
Politik 11, Nr. 3: Staatsmänner. Bde. 1–3.

6. *Biblioteka Sejmowa, Warschau*

Skorowidz osobowy do Sprawozdań Stenograficznych z posiedzeń plenarnych Sejmu, pos. 1 (10. II. 1919) – pos. 342 (27. XI. 1922), Kancelaria Sejmu PRL [Personenregister zu den Stenographischen Sitzungsberichten des Sejm, 1. Sitzung (10. 2. 1919) – 342. Sitzung (27. 11. 1922), Kanzlei des Sejm der Volksrepublik Polen], Manuskript (Masch.), Warszawa 1965.

Skorowidz osobowy do Sprawozdań Stenograficznych z posiedzeń plenarnych Sejmu, pos. 1 (28. XI. 1922) – pos. 340 (3. XI. 1927) [Personenregister zu den Stenographischen Sitzungsberichten des Sejm, 1. Sitzung (28. 11. 1922) – 340. Sitzung (3. 11. 1927)], Manuskript (Masch.), Warszawa 1962.

II. Erinnerungen

Bagiński, K.: Helena Radlińska w ruchu ludowym [Helena Radlińska in der Bauernbewegung], in: ZH (Paryż), Nr. 19, 1971, S. 128–132.

Bogusławski, A.: Ruch ludowy w czasie wojny 1914–1918 w Królestwie Polskim w świetle wspomnień [Die Bauernbewegung im Königreich Polen während des Krieges 1914–1918 im Lichte der Erinnerungen], Auswahl, Einleitung und Anmerkungen von Jan Molenda, cz. 1, in: RDRL 1 (1959), S. 260–287; cz. 2, in: RDRL 2 (1960), S. 279–316.

ders.: W nowym Sejmie [Im neuen Sejm], in: RDRL 5 (1963), S. 346–371.

Ciekot, S.: Wspomnienia 1885–1964 [Erinnerungen 1885–1964], Einleitung von Józef Chałasiński, Warszawa 1969.

Daszyński, I.: Pamiętniki [Memoiren], T. 2, Kraków 1926.

Fiderkiewicz, A.: „Dobre czasy“. Wspomnienia z lat 1922–1927 [„Gute Zeiten“. Erinnerungen an die Jahre 1922–1927], Warszawa 1958.

Głąbiński, S.: Wspomnienia polityczne [Politische Erinnerungen], Pelplin 1939.

Gwiazdowicz, M.: Wspomnienia [Erinnerungen], zum Druck vorbereitet und mit einer Biographie versehen von Zygmunt Hemmerling, Warszawa 1974.

Kessler, H. Graf: Tagebücher 1918–1937, hrsg. von Wolfgang Pfeiffer-Belli, Frankfurt/M. 1982 (Insel-Taschenbuch 659).

Malinowski, M.: Pierwszy rząd ludowy (Z moich wspomnień z roku 1918) [Die erste Volksregierung (Aus meinen Erinnerungen an das Jahr 1918)], in: Myśl chłopska 2 (1948), Nr. 1, S. 79–81.

Miedziński, B.: Moje wspomnienia [Meine Erinnerungen], in: ZH (Paryż), Nr. 37, 1976, S. 61–222.

Notatka G. Dubiela [Eine Aufzeichnung von G. Dubiel], in: Honowski, Feliks: Parlament i rząd w Polsce niepodległej. Część prawno-polityczna. Rok 1918 [Parlament und Regierung im unabhängigen Polen. Rechtlich-politischer Teil. Das Jahr 1918], Warszawa 1938, S. 535–543.

Nowak, J.: Wspomnienia z ławy rządowej [Erinnerungen an die Regierungsbank], Kraków 1938.

Okulus, W.: Pierwszy okres niepodległości [Die erste Phase der Unabhängigkeit], in: RDRL 10 (1968), S. 396–420.

Pruszyński, M.: Jak straciliśmy Mińsk i federację z Białą Rusią. Rozmowa z b. min. Aleksandrem Ładosiem, b. sekretarzem generalnym delegacji polskiej na konferencję w Rydze [Wie wir Minsk und die Föderation mit Weißrußland verloren haben. Gespräch mit dem früheren Minister Aleksander Ładoś, ehemals Generalsekretär der polnischen Delegation bei der Konferenz in Riga], in: ZH (Paryż), Nr. 36, 1976, S. 50–59.

Rataj, M.: Pamiętniki (1918–1927) [Tagebücher (1918–1927)], Warszawa 1965.

Rek, T.: Wspomnienia intruktora PSL Wyzwolenie, Centrolewu i Stronnictwa Ludowego na Podlasiu (1927–1934) [Erinnerungen eines Instrukteurs der PSL Wyzwolenie, der Zentrumslinken und der Bauernpartei in Podlachien (1927–1934)], in: RDRL 10 (1968), S. 377–395.

Thugutt, S.: Przyczynek do historii pierwszego zgromadzenia narodowego [Ein Beitrag zur Geschichte der ersten Nationalversammlung], in: Gabrjel Narutowicz. Pierwszy Prezydent Rzeczypospolitej, Księga pamiątkowa [Gabrjel Narutowicz. Der erste Präsident der Republik. Gedenkbuch], Warszawa 1925, S. 213–227.

ders.: Wybór pism i autobiografia [Ausgewählte Schriften und Autobiographie], Glasgow 1943.

U narodzin „Wyzwolenia" na ziemi sandomierskiej (Rozmowa z członkiem NK ZSL wiceministrem Araszkiewiczem) [Bei der Geburt der „Wyzwolenie" im Gebiet von Sandomierz (Gespräch mit dem Mitglied des Hauptkomitees der ZSL Vizeminister Araszkiewicz)], in: Dziennik Ludowy 1958, Nr. 277.

Witos, W.: Moje wspomnienia [Meine Erinnerungen]. T. 1–3, Paryż 1964–1965.

Wspomnienia o Irenie Kosmowskiej [Erinnerungen an Irena Kosmowska], bearb. von Zofia Mazurowa, Warszawa 1974.

Wybór pamiętników działaczy ruchu ludowego [Ausgewählte Erinnerungen von Funktionären der Bauernbewegung], in: RDRL 10 (1968), S. 421–453.

Wycech, C.: Wspomnienia 1905–1939 [Erinnerungen 1905–1939], Warszawa 1969.

Żurek, F.: Powiat krasnostawski w walce o wolność [Der Kreis Krasnystaw im Kampf für die Freiheit], in: Niepodległość (Warszawa) 14 (1935), S. 414–434.

ders.: Powstanie i rozwój kół młodzieży wiejskiej w powiecie krasnostawskim [Entstehung und Entwicklung der Landjugendzirkel im Kreis Krasnystaw], in: RDRL 8 (1966), S. 286–312.

III. Gedruckte Quellen

Die neuen Agrargesetze der ost- und südosteuropäischen Staaten, hrsg. von Gerhard Fenner und Karl von Loesch, Berlin 1923.

Archiwum polityczne Ignacego Paderewskiego [Das politische Archiv von Ignacy Paderewski], Red. H. Janowska, T. Jędruszczak, C. Madajczyk, W. Stankiewicz, T. 2: 1919–1921, Wrocław 1974.

Batowski, H.: Słownik nazw miejscowych Europy środkowej i wschodniej XIX i XX wieku [Wörterbuch der Ortsbezeichnungen Mittel- und Osteuropas im 19. und 20. Jahrhundert], Warszawa 1964.

Bełcikowska, A.: Stronnictwa i związki polityczne w Polsce [Parteien und politische Verbände in Polen], Warszawa 1925.

Bełcikowski, J.: Charakterystyki i programy stronnictw politycznych na terenie Rzeczypospolitej Polskiej [Charakteristik und Programme der politischen Parteien auf dem Gebiet der Republik Polen], 2. Aufl., Warszawa 1923.

Bogusławski, A.: Jaką reformę rolną uchwalił Sejm Ustawodawczy w Warszawie? [Was für eine Bodenreform hat der Verfassunggebende Sejm in Warschau beschlossen?], Warszawa 1919 (Wydawn. Straży Kresowej) [(Verlag der Grenzwacht)].

Co robili i co zrobili w 1-ym i w 2-im Sejmie wskrzeszonego Państwa Polskiego posłowie klubu poselskiego PSL „Wyzwolenie" [Was die Abgeordneten der Fraktion der PSL „Wyzwolenie" im ersten und zweiten Sejm des wiedererstandenen polnischen Staates leisteten und erreichten], bearb. von Maksymilian Malinowski, Warszawa 1927.

Co to jest P.S.L. „Wyzwolenie"? [Was ist die PSL „Wyzwolenie"?], o.O., o.J. (nach dem 6. 3. 1921), AZHRL: 1925 Br.

Dziennik Ustaw Rzeczypospolitej Polskiej [Gesetzblatt der Republik Polen], Jg. 1921, Nr. 49, Pos. 300: Text des Rigaer Friedensvertrages vom 18. 3. 1921.

Gabrjel Narutowicz. Pierwszy Prezydent Rzeczypospolitej. Księga pamiątkowa [Gabrjel Narutowicz. Der erste Präsident der Republik. Gedenkbuch], Warszawa 1925.

Gesetz über die Durchführung der Agrarreform vom 28. Dezember 1925 (Dziennik Ustaw R. P., Nr. 1, Pos. 1, 1926) mit den wichtigsten Nebengesetzen, im Auftrage der Deutschen Vereinigung e.V., Bromberg, hrsg. von Udo Milbradt, Bydgoszcz 1938.

Giza, S.: Kalendarz wydarzeń historii ruchu ludowego (1895–1965) [Kalender der Ereignisse der Geschichte der Bauernbewegung (1895–1965)], Warszawa 1967.

ders.: Władze naczelne stronnictw ludowych (1861–1965) [Die Leitungsorgane der Bauernparteien (1861–1965)], in: RDRL 7 (1965), S. 387–448.

Gmitruk, J.: Wykaz wojewódzkich i powiatowych władz stronnictw ludowych [Verzeichnis der Leitungsorgane der Bauernparteien auf Wojewodschafts- und Kreisebene], in: Ruch ludowy na Mazowszu, Kurpiach i Podlasiu [Die Bauernbewegung in Masowien, im Kurpie-Gebiet und in Podlachien], Warszawa 1975.

Instrukcja K. Skirmunta [Eine Anweisung von K. Skirmunt], hrsg. von Józef Lewandowski, in: ZH (Paryż), Nr. 22, 1972, S. 94–102.

Kłos, A.: Stronnictwa i Partje. Partja Tugutowców (sic!) (Polskie Stronnictwo Ludowe – Wyzwolenie) [Parteien. Die Partei der Thugutt-Anhänger (Polnische Bauernpartei – Wyzwolenie)], Warszawa 1922.

Komisje Sejmu Ustawodawczego Rzeczypospolitej Polskiej w dniu 15 grudnia 1920 roku. Druk sejmowy [Die Kommissionen des Verfassunggebenden Sejm der Republik Polen mit Stand vom 15. Dezember 1920. Sejm-Druck], Nr. 2390, Warszawa 1921.

Komisje Sejmu Rzeczypospolitej Polskiej w dniu 1 stycznia 1923 roku. Okres I. Druk sejmowy [Die Kommissionen des Sejm der Republik Polen mit Stand vom 1. Januar 1923. 1. Periode. Sejm-Druck], Nr. 64, Warszawa 1923.

XVI Kongres (Zjednoczeniowy) PPS w Krakowie w 1919 r. [Der XVI. Kongreß (Vereinigungskongreß) der PPS in Krakau im Jahre 1919], bearb. von Artur Leinwand und Władysław Mroczkowski, in: ZPW 3 (1960), S. 770–819.

Konstytucja Rzeczypospolitej Polskiej z dnia 17 marca 1921 [Die Verfassung der Republik Polen vom 17. März 1921], mit einem Kommentar von August Paszkudzki, Lwów/Warszawa 1926.

Malinowski, M.: Co to jest Rząd Ludowy i co zamierza lub co zrobił pierwszy Rząd Ludowy Polski [Was eine Volksregierung ist, was sie will und was die erste Volksregierung Polens erreicht hat], Warszawa 1919.

ders.: My chłopi – lud polski – Ojczyznę obronim! [Wir Bauern – das polnische Volk – verteidigen das Vaterland!], Warszawa 1920.

ders.: Nowe prawo o Radach gminnych przez pierwszy polski Rząd ludowy wydane [Das neue Recht in bezug auf die Gemeinderäte, erlassen von der ersten polnischen Volksregierung], Warszawa (nach dem 5. 12. 1918).

ders.: O ludzie i o ludowcach w tej części Polski, która była w jarzmie carów rosyjskich. Dla wiadomości rodaków na Śląsku Górnym [Über das Volk und über die Bauernparteiler in dem Teil Polens, der unter dem Joch der russischen Zaren war. Den Landsleuten in Oberschlesien zur Kenntnis], Warszawa 1920 (Komitet Obrony Śląska) [(Komitee für die Verteidigung Schlesiens)].

Materialien über den Stand der Bauernbewegung in den wichtigsten Ländern, hrsg. und eingeleitet von Eugen Varga, Hamburg 1925.

Materiały źródłowe do historii polskiego ruchu ludowego [Quellenmaterialien zur Geschichte der polnischen Bauernbewegung]. T. I: 1864–1918, bearb. von Krzysztof Dunin-Wąsowicz, Stanisław Kowalczyk, Jan Molenda und Witold Stankiewicz, Warszawa 1966.

Materiały źródłowe do historii polskiego ruchu ludowego [Quellenmaterialien zur Geschichte der polnischen Bauernbewegung]. T. II: 1918–1931, bearb. von Stanisław Giza und Stanisław Lato, Warszawa 1967.

Narada krakowska z lutego 1918 r. [Die Krakauer Besprechung vom Februar 1918], hrsg. von Jerzy Holzer, in: PH 49 (1958), Nr. 3, S. 538–567.

Nocznicki, T.: Sprawa przyszłości ludu rolnego Polski [Die Frage der Zukunft des polnischen Landvolkes], Warszawa 1919.

DERS.: Wybór pism [Ausgewählte Schriften], ausgewählt und eingeleitet von HENRYK SYSKA, Warszawa 1965.

Parlament Rzeczypospolitej Polskiej 1919–1927 [Das Parlament der Republik Polen 1919–1927], hrsg. von HENRYK MOŚCICKI und WŁODZIMIERZ DZWONKOWSKI, Warszawa 1928.

Pisma ulotne stronnictw ludowych w Polsce 1895–1939 [Flugblätter der Bauernparteien in Polen 1895–1939], bearb. von STANISŁAW KOWALCZYK und ALEKSANDER ŁUCZAK, Warszawa 1971.

Polens Außenpolitik zwischen Versailles und Locarno. Runderlaß des polnischen Außenministers Skirmunt an alle Missionen, in: Berliner Monatshefte, Bd. 18 (1940), S. 17–23.

Polskie Stronnictwo Ludowe „Wyzwolenie". Program [Polnische Bauernpartei „Wyzwolenie". Programm], Warszawa 1922 (Druk: W. Maślankiewicz).

Polskie Stronnictwo Ludowe „Wyzwolenie". Program uchwalony przez Walny Zjazd Ludu polskiego w dniu 15 i 16 marca r. 1925. Statut Organizacyjny uchwalony na Walnych Zjazdach w roku 1925 i 1926. Krótka historja P.S.L. „Wyzwolenie" [Die Polnische Bauernpartei „Wyzwolenie". Programm, verabschiedet vom Parteitag des polnischen Landvolkes am 15. und 16. März 1925. Organisationsstatut, verabschiedet von den Parteitagen 1925 und 1926. Kurze Geschichte der PSL „Wyzwolenie"], Warszawa 1927.

Polskie Stronnictwo Ludowe „Wyzwolenie" w świetle prawdy [Die Polnische Bauernpartei „Wyzwolenie" im Lichte der Wahrheit], Łódź 1928 (Rada Wojewódzka Polskiego Stronnictwa Chrześcijańskiej Demokracji) [(Wojewodschaftsrat der Polnischen Partei der Christlichen Demokratie)].

Powstanie II Rzeczypospolitej. Wybór dokumentów 1866–1925 [Die Entstehung der Zweiten Republik. Dokumentenauswahl 1866–1925], Red. HALINA JANOWSKA und TADEUSZ JĘDRUSZCZAK, Warszawa 1981.

Poznaj zdradę Tugutowców (sic!)! [Erkenne den Verrat der Thugutt-Leute!], Warszawa 1921 (Polskie Stronnictwo Ludowe).

Pragrama Pol'skaj Narodnaj Partyj „Vyzvalen'ne" [Programm der Polnischen Volkspartei „Wyzwolenie"], o. O., o. J., 32 S. (Programm der Wyzwolenie aus dem Jahre 1921 in weißrussischer Sprache), AZHRL: 2734 Br.

Programy stronnictw ludowych. Zbiór dokumentów [Programme der Bauernparteien. Dokumentensammlung], hrsg. von STANISŁAW LATO und WITOLD STANKIEWICZ, Warszawa 1969.

Projekty Konstytucji Rzeczypospolitej Polskiej [Entwürfe für eine Verfassung der Republik Polen]. Cz. I: Warszawa 1920. Cz. II: Warszawa 1920.

RADLIŃSKA, H.: Oświata i kultura wsi polskiej. Wybór pism [Bildung und Kultur auf dem Lande in Polen. Ausgewählte Schriften], eingeleitet von HELENA BRODOWSKA, Warszawa 1979.

Reichsgesetzblatt, Jg. 1922, Teil II, Nr. 10, S. 238–540: Text der Genfer Konvention vom 15. 5. 1922.

The Reign of Terror in Poland. Three documents. Geneva 1925 (The Ukrainian National Council).

Rocznik Statystyki Rzeczypospolitej Polskiej [Jahrbuch für Statistik der Republik Polen], 4 (1925/26), Warszawa 1927.

ROLA, M.: W rękach Twoich Twój los czyli jakie prawa przysługują wyborcom wedle ordynacji wyborczej do Sejmu i Senatu [In deinen Händen liegt dein Schicksal, oder anders gesagt: Welche Rechte stehen den Wählern nach der Sejm- und Senatswahlordnung zu?], Cieszyn 1922.

RZEPECKI, K./RZEPECKI, T.: Sejm i Senat 1928–1933 [Sejm und Senat 1928–1933], Poznań 1928.

RZEPECKI, T.: Sejm Rzeczypospolitej Polskiej 1919 roku [Der Sejm der Republik Polen im Jahre 1919], Poznań 1920.

RZEPECKI, T./RZEPECKI, W.: Sejm i Senat 1922–1927 [Sejm und Senat 1922–1927], Poznań 1923.

SCHULTHESS, Europäischer Geschichtskalender, 1918–1926.

Sejm Rzeczypospolitej Polskiej. Okres I. Sprawozdania stenograficzne [Sejm der Republik Polen. 1. Periode. Stenographische Sitzungsberichte], Warszawa 1922–1927 (= Sejm R. P.).

Sejm Ustawodawczy. Sprawozdania stenograficzne [Verfassunggebender Sejm. Stenographische Sitzungsberichte], Warszawa 1919–1922 (= Sejm Ustawodawczy).

Skład osobowy Sejmu Rzeczypospolitej Polskiej w dniu 15 lutego 1923r. [Personelle Zusammensetzung des Sejm der Republik Polen am 15. Februar 1923], Warszawa 1923.

Słownik biograficzny działaczy ruchu ludowego [Biographisches Lexikon der Funktionäre der Bauernbewegung], Warszawa 1989.

SMOŁA, J.: Heretyki, bezbożniki, niedowiarki! [Ketzer, Gottlose, Ungläubige!], Warszawa 1922.

DERS.: Różne partie polityczne a „Wyzwolenie" [Die verschiedenen politischen Parteien und die „Wyzwolenie"], Warszawa 1927.

DERS.: Służcie Bogu nie mamonie czyli stosunek nasz do księży [Dient Gott und nicht dem Mammon, oder: Unser Verhältnis zu den Priestern], Warszawa (nach dem 25. 4. 1925).
Spis miast, powiatów i gmin Rzeczypospolitej Polskiej [Verzeichnis der Städte, Kreise und Gemeinden der Republik Polen], Lublin 1926.
STANKIEWICZ, W.: Pakt Lanckoroński (Metodologiczne omówienie źródeł) [Der Pakt von Lanckorona (Methodologische Erörterung der Quellen)], in: RDRL 1 (1959), S. 196–218.
Statut organizacyjny PSL „Wyzwolenie" uchwalony na dorocznych zwyczajnych Walnych Zjazdach Stronnictwa w latach 1925 i 1926 [Organisationsstatut der PSL „Wyzwolenie", verabschiedet auf den jährlichen ordentlichen Parteitagen in den Jahren 1925 und 1926], in: Polskie Stronnictwa Ludowe „Wyzwolenie" [Die Polnische Bauernpartei „Wyzwolenie"], Warszawa 1927, S. 29–43.
Statystyka Polski, T. XI, Pierwszy powszechny spis Rzeczypospolitej Polskiej z dnia 30 września 1921 roku. Gospodarstwa wiejskie. Zeszyt 2: Województwa centralne [Statistik Polens. T. XI, Erste Volkszählung der Republik Polen nach dem Stande vom 30. September 1921. Landwirtschaftliche Betriebe. Heft 2: Zentrale Wojewodschaften], Warszawa 1928.
Statystyka wyborów do Sejmu i Senatu odbytych w dniu 5 i 12 listopada 1922 roku [Statistik der Sejm- und Senatswahlen vom 5. und 12. November 1922], Warszawa 1926.
STOLARSKI, B.: Chłop a reformy rolne [Der Bauer und die Bodenreformen], Warszawa 1919.
DERS.: Drobny rolniku, rozważ to sobie! [Kleinbauer, überlege es dir!], Warszawa 1922.
DERS.: O czystości wyborów [Über die Sauberkeit der Wahlen], Warszawa 1923.
DERS.: Sługocice. Obraz życia i pracy jednej wioski [Sługocice. Ein Bild des Lebens und der Arbeit in einem kleinen Dorf], Warszawa 1925.
SUSKI, J.: Organizacja władz urzędów państwowych Rzeczypospolitej Polskiej [Die Organisation der staatlichen Behörden der Republik Polen], Warszawa 1927.
THUGUTT, S.: Jakich Polsce rządów potrzeba [Welche Regierungen Polen braucht], Warszawa 1920.
DERS.: Polityka. Dlaczego jestem ludowcem i demokratą [Politik. Weshalb ich Bauernparteiler und Demokrat bin], in: Przegląd Współczesny 8 (1929), S. 3–25.
DERS.: Rząd ludowy w Lublinie – jak powstał i czym był [Die Volksregierung in Lublin – wie sie entstand und was sie war], Warszawa 1928.
DERS.: Wrogowie reformy rolnej [Die Feinde der Bodenreform], Warszawa 1920.
Ustawa Polskiego Stronnictwa Ludowego i wskazówki jak prowadzić zebrania [Statut der Polnischen Bauernpartei und Hinweise zur Durchführung von Versammlungen], Warszawa 1918.
Die Verfassung der Polnischen Republik vom 17. März 1921, hrsg. von der Vereinigung des deutschen Volkstums in Polen und dem Deutschtumsbund Posen e.V., Bromberg o.J.
Die Verfassung der Republik Polen, in: Jahrbuch für Polen 1929/30, Warszawa o.J., S. 29–60.
Władze stronnictw ludowych (1861–1966) [Die Leitungsorgane der Bauernparteien (1861–1966)], bearbeitet von STANISŁAW GIZA, in: Programy stronnictw ludowych. Zbiór dokumentów [Programme der Bauernparteien. Dokumentensammlung], Warszawa 1969, S. 577–681.

IV. Presse

Chłopski Sztandar [Die Bauernfahne] (Kraków) 1922–1926
Czas [Die Zeit] (Kraków) 1918
Dzwon Świąteczny Ziemi Łukowskiej [Die Feiertagsglocke des Landes Łuków] (Łuków) 1920
Gazeta Ludowa [Volkszeitung] (Wilno) 1918–1919
Gazeta Ludowa – Odrodzenie [Volkszeitung – Wiedergeburt] (Wilno) 1920
Gazeta Zamojska [Zamośćer Zeitung] (Zamość) 1918–1919
Głos Wyzwolenia [Stimme der Befreiung] (Rypin) 1922
Kurjer Polski [Polnischer Kurier] (Warszawa) 1918–1926
Kurjer Poranny [Morgenkurier] (Warszawa) 1918–1926
Kurjer Warszawski [Warschauer Kurier] (Warszawa) 1918–1926
Ludowiec [Der Bauernparteiler] (Poznań) 1924–1925
Obywatel [Der Bürger] (Częstochowa) 1921
Piast (Kraków) 1918–1926

Posener Tageblatt (Poznań) 1920–1926
Robotnik [Der Arbeiter] (Warszawa) 1918–1926
Tygodnik Ludowy [Bauernwochenblatt] (Piotrków) 1920–1922
Wyzwolenie [Befreiung] (Warszawa) 1918–1931
Wyzwolenie Ludowe [Volksbefreiung] (Wilno, Warszawa) 1923–1924
Wyzwolenie Ludu [Befreiung des Volkes] (Wilno) 1922–1923
Wyzwolenie Ludu Podlaskiego [Befreiung des podlachischen Volkes] (Siedlce) 1922
Wyzwolenie Wsi [Befreiung des Dorfes] (Wilno) 1924–1925
Ziemia Dobrzyńska [Dobriner Land] (Rypin) 1919

V. Literatur

AJNENKIEL, A.: Konstytucja marcowa [Die Märzverfassung], in: Historia Polski [Geschichte Polens], T. 4, cz. I (1918–1926), Warszawa 1969, S. 467–488.

DERS.: Od „rządów ludowych" do przewrotu majowego. Zarys dziejów politycznych Polski 1918–1926 [Von den „Volksregierungen" bis zum Mai-Umsturz. Abriß der politischen Geschichte Polens 1918–1926], 1. Aufl., Warszawa 1964.

DERS.: Parlamentaryzm II Rzeczypospolitej [Der Parlamentarismus der Zweiten Republik], Warszawa 1975.

DERS.: Położenie prawne robotników rolnych w Polsce (1918–1939) [Die rechtliche Lage der Landarbeiter in Polen (1918–1939)], Warszawa 1962.

DERS.: Spór o model parlamentaryzmu polskiego do roku 1926 [Der Streit über das Modell des polnischen Parlamentarismus bis zum Jahre 1926], Warszawa 1972.

DERS.: Z dziejów Tymczasowego Rządu Ludowego w Lublinie [Zur Geschichte der Provisorischen Volksregierung in Lublin], in: KH 65 (1958), Nr. 4, S. 1057–1092.

BALCERAK, W.: Polityka zagraniczna Polski w dobie Locarna [Die Außenpolitik Polens in der Locarno-Ära], Wrocław 1967.

BALLERSTEDT, K.: Erbrecht, Erbsitte und Grundbesitzzersplitterung in Polen (Königsberger rechtswissenschaftliche Forschungen Bd. 4), Stuttgart 1939.

Europäische Bauernparteien im 20. Jahrhundert, hrsg. von HEINZ GOLLWITZER, Stuttgart 1977.

BEYRAU, D.: Antisemitismus und Judentum in Polen 1918–1939, in: Geschichte und Gesellschaft 8 (1982), H. 2, S. 205–232.

BIERSCHENK, T.: Die deutsche Volksgruppe in Polen 1934–1939, Würzburg 1954.

BORKOWSKI, J.: Baza społeczna polskiego ruchu ludowego [Die soziale Basis der polnischen Bauernbewegung], in: WW 23 (1979), Nr. 6, S. 88–98.

DERS.: Chłopi polscy w dobie kapitalizmu [Die polnischen Bauern in der Zeit des Kapitalismus], Warszawa 1981.

DERS.: Działalność społeczno-polityczna i postawa chłopów w latach 1918–1939 [Die gesellschaftlich-politische Tätigkeit und Haltung der Bauern in den Jahren 1918–1939], in: Historia chłopów polskich [Geschichte der polnischen Bauern], T. 3, Warszawa 1980, S. 189–388.

DERS.: Od Waryńskiego do Witosa [Von Waryński zu Witos], Warszawa 1984.

DERS.: Stronnictwo Ludowe na Kielecczyźnie w latach 1931–1939 [Die Bauernpartei im Gebiet von Kielce in den Jahren 1931–1939], Warszawa 1968.

DERS.: System organizacyjny stronnictw ludowych [Das Organisationssystem der bäuerlichen Parteien], in: WW 29 (1985), Nr. 11, S. 115–119.

DERS.: Wincenty Witos w naszej historiografii i publicystyce. Uwagi krytyczne [Wincenty Witos in unserer Historiographie und Publizistik. Kritische Bemerkungen], in: KH 78 (1971), Nr. 1, S. 103–130.

DERS.: Wyklęci sprawiedliwi [Exkommunizierte im Recht], Warszawa 1974.

BREYER, R.: Polnischer Parlamentarismus und Nationalitätenfrage, in: Die Krise des Parlamentarismus in Ostmitteleuropa zwischen den beiden Weltkriegen, hrsg. von HANS-ERICH VOLKMANN, Marburg/L. 1967, S. 64–78.

BROCK, P.: The Politics of the Polish Peasant, in: International Review of Social History I (1956), Part I, S. 210–222.

BRODOWSKA, H.: Pszczelin – pierwsza ludowa szkoła rolnicza w Polsce [Pszczelin – die erste bäuerliche Landwirtschaftsschule in Polen], in: WW 15 (1971), Nr. 1, S. 84–92.

DIES.: Wstęp [Einleitung], in: RADLIŃSKA, HELENA: Oświata i kultura wsi polskiej. Wybór pism [Bildung und Kultur auf dem Lande in Polen. Ausgewählte Schriften], Warszawa 1979, S. 5–45.

BUJAK, F.: Uwagi krytyczne o naszej reformie rolnej [Kritische Bemerkungen über unsere Bodenreform], Warszawa 1921.

BURGER, W.: Ruch ludowy wobec mniejszości narodowych II Rzeczypospolitej [Die Bauernbewegung und die nationalen Minderheiten in der Zweiten Republik], in: RDRL 22 (1982), S. 3–24.

CHAJN, L.: Wolnomularstwo w II Rzeczypospolitej [Freimaurerei in der Zweiten Republik], Warszawa 1975.

CHAMERSKA, H.: Drobna szlachta w Królestwie Polskim (1832–1864) [Der Kleinadel im Königreich Polen (1832–1864)], Warszawa 1974.

CHARASZKIEWICZ, E.: Przebudowa wschodu Europy. Materiały do polityki wschodniej Józefa Piłsudskiego w latach 1893–1921 [Der Umbau Osteuropas. Materialien zur Ostpolitik Józef Piłsudskis in den Jahren 1893–1921], in: Niepodległość (London), T. 5: 1955, S. 125–167.

CHOJNOWSKI, A.: Koncepcje polityki narodowościowej rządów polskich w latach 1921–1939 [Die nationalitätenpolitischen Konzeptionen der polnischen Regierungen in den Jahren 1921–1939], Wrocław 1979.

CHUDAŃSKI, W.: Ruch ludowy w województwie pomorskim 1920–1939 [Die Bauernbewegung in der Wojewodschaft Pommerellen 1920–1939], Warszawa 1970.

CIMEK, H.: Komunistyczna Partia Polski wobec politycznego ruchu chłopskiego w latach 1918–1926 [Die Haltung der Kommunistischen Partei Polens gegenüber der politischen Bauernbewegung in den Jahren 1918–1926], in: RDRL 20 (1979–1980), S. 51–74.

CONZE, W.: Polnische Nation und deutsche Politik im Ersten Weltkrieg, Köln/Graz 1958.

DERS.: Der Weg zur Unabhängigkeit Polens im Ersten Weltkrieg, in: Osteuropa-Handbuch Polen, Köln/Graz 1959, S. 1–11.

DĄBROWSKI, R.: Mniejszość niemiecka w Polsce i jej działalność społeczno-kulturalna w latach 1918–1939 [Die deutsche Minderheit in Polen und ihre sozial-kulturelle Tätigkeit in den Jahren 1918–1939], Szczecin 1982.

DROSS, A. T.: Polen, in: Lexikon zur Geschichte der Parteien in Europa, hrsg. von FRANK WENDE, Stuttgart 1981, S. 471–494.

DROZDOWSKI, M. M.: Społeczeństwo, państwo, politycy II Rzeczypospolitej. Szkice i polemiki [Gesellschaft, Staat und Politiker der Zweiten Republik. Skizzen und Polemiken], Kraków 1972.

DRZYMAŁA, F.: Przyczynki do historii i działalności Senatu w Polsce 1922–1926 [Beiträge zur Geschichte und Tätigkeit des Senats in Polen 1922–1926], Warszawa 1946.

DUNIN-WĄSOWICZ, K.: Uwagi o artykule Jana Borkowskiego: Kilka uwag o „Siewbie", „Zaraniu" i ruchu ludowym [Bemerkungen zum Artikel von Jan Borkowski: Einige Bemerkungen zu „Siewba", „Zaranie" und Bauernbewegung], in: DN 4 (1972), Nr. 3, S. 81–85.

DYMEK, B.: Geneza Niezależnej Partii Chłopskiej [Die Genese der Unabhängigen Bauernpartei], in: RDRL 9 (1967), S. 10–65.

DERS.: Niezależna Partia Chłopska 1924–1927 [Die Unabhängige Bauernpartei 1924–1927], Warszawa 1972.

DERS.: Ruch ludowy na Mazowszu i Podlasiu w latach 1918–1931 [Die Bauernbewegung in Masowien und Podlachien in den Jahren 1918–1931], in: Ruch ludowy na Mazowszu, Kurpiach i Podlasiu [Die Bauernbewegung in Masowien, im Kurpie-Gebiet und in Podlachien], Warszawa 1975, S. 51–92.

DZIEWANOWSKI, M. K.: Joseph Piłsudski. A European Federalist, 1918–1922, Stanford/California 1969.

DZITKOWSKA, H.: Polityka finansowa rządu Jędrzeja Moraczewskiego [Die Finanzpolitik der Regierung Jędrzej Moraczewski], in: Rocznik Łódzki, T. 23: 1978, S. 127–145.

FALKENTHAL, H.: Das Parlament der polnischen Republik von 1919–1930 (Diss. Univ. Jena), Bydgoszcz 1932.

FARYŚ, J.: Koncepcje polskiej polityki zagranicznej 1918–1939 [Konzeptionen der polnischen Außenpolitik 1918–1939], Warszawa 1981.

FORST DE BATTAGLIA, O.: Zwischeneuropa. Von der Ostsee bis zur Adria. Bd. 1: Polen, Ungarn, Tschechoslowakei, Frankfurt/M. 1954.

GARLICKI, A.: Przewrót majowy [Der Mai-Umsturz], 1. Aufl. Warszawa 1978.

DERS.: U źródeł obozu belwederskiego [An den Ursprüngen des Belvedere-Lagers], Warszawa 1979.
GITMAN, J.: The Jews and Jewish Problems in the Polish Parliament, 1919–1939, Ph. Diss., Yale University, New Haven 1962.
GIZA, S.: Jan Dąbski. Całe życie dla ludu [Jan Dąbski. Ein Leben für das Volk], Warszawa 1979.
DERS.: Wincenty Baranowski (1877–1957), in: Przywódcy ruchu ludowego [Führer der Bauernbewegung], Warszawa 1968, S. 11–23.
GOLCZEWSKI, F.: Polnisch-jüdische Beziehungen 1881–1922. Eine Studie zur Geschichte des Antisemitismus in Osteuropa, Wiesbaden 1981.
GOLLWITZER, H.: Europäische Bauerndemokratie im 20. Jahrhundert, in: Europäische Bauernparteien im 20. Jahrhundert, hrsg. von HEINZ GOLLWITZER, Stuttgart 1977, S. 1–82.
GÓRECKI, D.: Tymczasowy Rząd Ludowy Republiki Polskiej – jego geneza i charakter [Die Provisorische Volksregierung der Polnischen Republik – ihre Entstehung und ihr Charakter], in: Acta Universitatis Lodziensis. Zeszyty Naukowe Uniwersytetu Łódzkiego. Nauki Humanistyczno-Społeczne. Seria I, Łódź 1977, Nr. 23, S. 43–57.
GRONIOWSKI, K.: Kwestia agrarna w Królestwie Polskim 1871–1914 [Die Agrarfrage im Königreich Polen 1871–1914], Warszawa 1966.
GWIŻDŻ, A.: Burżuazyjno-obszarnicza Konstytucja z 1921 roku w praktyce [Die Verfassung der Bourgeoisie und des Großgrundbesitzes des Jahres 1921 in der Praxis], Warszawa 1956.
HALPERN, L.: Polityka żydowska w Sejmie i Senacie Rzeczypospolitej Polskiej 1919–1933 [Die jüdische Politik in Sejm und Senat der Republik Polen 1919–1933], in: Sprawy Narodowościowe 7 (1933), Nr. 1, S. 29–71.
HARTMANN, J.: Parteienforschung, Darmstadt 1979.
HASBACH, E.: Die Lage der deutschen Volksgruppe in Polen vor dem Zweiten Weltkrieg, in: ZfO 1 (1952), S. 262–264.
HASS, L.: Liberałowie, ezoterycy, piłsudczycy. Z dziejów polityki w Polsce w latach 1924–1928 [Liberale, Esoteriker, Piłsudski-Anhänger. Zur politischen Geschichte Polens in den Jahren 1924–1928], in: DN 5 (1973), Nr. 3, S. 53–94.
DERS.: Rataj, Ponikowski, Askenazy – masonami? [Waren Rataj, Ponikowski und Askenazy Freimaurer?], in: Więź 19 (1976), Nr. 6, S. 107–125.
DERS.: Wpływy ugrupowań politycznych wśród ludności woj. warszawskiego w latach 1919–1922 (w świetle wyborów sejmowych) [Der Einfluß politischer Gruppierungen auf die Bevölkerung der Wojewodschaft Warschau in den Jahren 1919–1922 (im Lichte der Sejmwahlen)], in: Rocznik Mazowiecki, T. 4: 1972, S. 93–155.
DERS.: Z socjalnych źródeł przewrotu majowego (Inteligencja – piłsudczycy) [Zu den sozialen Ursachen des Mai-Umsturzes (Intelligenz – Piłsudski-Anhänger)], in: KH 77 (1970), Nr. 2, S. 368–393.
HEIKE, O.: Das Deutschtum in Polen 1918–1939, Bonn 1955.
DERS.: Die deutsche Minderheit in Polen bis 1939, Leverkusen 1985.
HELLWEGE, F.: Agrarverfassung und Argrarreform in Polen, in: Die agrarischen Umwälzungen im außerrussischen Osteuropa, hrsg. von MAX SERING, Berlin/Leipzig 1930, S. 154–204.
HEMMERLING, Z.: Klub PSL „Wyzwolenie" w Sejmie Ustawodawczym (1919–1922) [Die Fraktion der PSL „Wyzwolenie" im Verfassunggebenden Sejm (1919–1922)], in: RDRL 22 (1982), S. 25–49.
DERS.: Ruch ludowy wobec Niemiec i mniejszości niemieckiej w Polsce 1918–1931 [Die Haltung der Bauernbewegung gegenüber Deutschland und der deutschen Minderheit in Polen 1918–1931], in: Studia z dziejów ruchu ludowego 1969 [Studien zur Geschichte der Bauernbewegung 1969], Warszawa 1969, S. 79–124.
DERS.: Ruch ludowy wobec powstań śląskich [Die Bauernbewegung und die schlesischen Aufstände], in: Śląski Kwartalnik Historyczny Sobótka 31 (1976), Nr. 3, S. 433–455.
DERS.: W trzydziestą rocznicę zjednoczenia ruchu ludowego [Zum 30. Jahrestag der Vereinigung der Bauernbewegung], in: RDRL 20 (1979–1980), S. 8–24.
Historia chłopów polskich, T. 3: Okres II Rzeczypospolitej i okupacji hitlerowskiej [Geschichte der polnischen Bauern, T. 3: Der Zeitraum der Zweiten Republik und der Hitlerschen Okkupation], bearb. von JAN BORKOWSKI u.a., Warszawa 1980.
Historia Polski [Geschichte Polens]. T. 4 (1918–1939), cz. 1 (1918–1926), Polska Akademia Nauk [Polnische Akademie der Wissenschaften], Red. LEON GROSFELD, HENRYK ZIELIŃSKI, Warszawa 1969.

HOENSCH, J. K.: Polen und die Tschechoslowakei – oder das Scheitern der slawischen Solidarität, in: Gleichgewicht, Revision, Restauration, hrsg. von KARL BOSL, München/Wien 1976, S. 277–313.
HOETZSCH, O.: Polens außenpolitische Stellung, in: OE 6 (1930/31), S. 373–390.
HOLZER, J.: Mozaika polityczna Drugiej Rzeczypospolitej [Das politische Mosaik der Zweiten Republik], Warszawa 1974.
DERS.: Polska Partia Socjalistyczna w latach 1917–1919 [Die Polnische Sozialistische Partei in den Jahren 1917–1919], Warszawa 1962.
DERS./MOLENDA, J.: Polska w pierwszej wojnie światowej [Polen im Ersten Weltkrieg], 3. Aufl., Warszawa 1973.
HURWICZ, E.: Der neue Osten. Wandlungen und Aussichten, Berlin 1927.
JABLONOWSKI, H.: Wieviel Polen hat es vor dem Zweiten Weltkrieg in Ostpreußen gegeben?, in: Acta Prussica. Abhandlungen zur Geschichte Ost- und Westpreußens. Fritz Gause zum 75. Geburtstag, Würzburg 1968, S. 306–324.
JABŁONSKI, H.: Narodziny Drugiej Rzeczypospolitej (1918–1919) [Die Geburt der Zweiten Republik (1918–1919)], Warszawa 1962.
JACHYMEK, J.: Myśl polityczna PSL Wyzwolenie 1918–1931 [Das politische Denken der PSL Wyzwolenie in den Jahren 1918–1931], Lublin 1983.
DERS.: Oświata w myśli politycznej PSL „Wyzwolenie" [Das Bildungswesen im politischen Denken der PSL „Wyzwolenie"], in: RDRL 22 (1982), S. 50–69.
DERS./KOPRUKOWNIAK, A./MARSZAŁEK, J.: Ruch ludowy na Zamojszczyźnie [Die Bauernbewegung im Gebiet von Zamość], Warszawa 1980.
DERS./SZAFLIK, J. R.: Myśl polityczna ruchu ludowego wobec bezpieczeństwa granic państwowych w II Rzeczypospolitej [Das politische Denken der Bauernbewegung im Hinblick auf die Sicherheit der Staatsgrenzen der Zweiten Republik], in: Na warsztatach historyków polskiej myśli politycznej [Aus der Arbeit der Historiker des polnischen politischen Denkens], Wrocław etc. 1980, S. 223–254.
JACKSON, G. D.: Comintern und Peasant in East Europe 1919–1930, New York 1966.
JĘDRUSZCZAK, T.: Polityka Polski w sprawie Górnego Śląska 1918–1922 [Die Politik Polens in der Oberschlesien-Frage 1918–1922], Warszawa 1958.
JENA, K. VON: Polnische Ostpolitik nach dem Ersten Weltkrieg. Das Problem der Beziehungen nach dem Rigaer Frieden von 1921, Stuttgart 1980.
KISIELEWSKI, T.: Heroizm i kompromis. Portret zbiorowy działaczy ludowych [Heroismus und Kompromiß. Ein Sammelporträt führender Vertreter der Bauernbewegung]. Cz. I: Okres zaborów [Die Zeit der Teilungen], Warszawa 1977. Cz. II: Druga Rzeczpospolita. Wojna i okupacja. Polska Ludowa [Die Zweite Republik. Krieg und Okkupation. Volkspolen], Warszawa 1979.
KOCIOWA, R.: Irena Kosmowska, Warszawa 1960.
KORDOWICZ, W.: Tomasz Nocznicki (1862–1944), in: Przywódcy ruchu ludowego [Führer der Bauernbewegung], Warszawa 1968, S. 210–230.
KORZEC, P.: Das Abkommen zwischen der Regierung Grabski und der jüdischen Parlamentsvertretung, in: JGO N. F. 20 (1972), S. 331–366.
DERS.: Der Block der nationalen Minderheiten im Parlamentarismus Polens des Jahres 1922, in: ZfO 24 (1975), S. 193–220.
DERS.: Polen und der Minderheitenschutzvertrag (1919–1934), in: JGO N. F. 22 (1974), S. 515–555.
KOWALCZYK, H.: Źródła archiwalne do dziejów ruchu ludowego w Kielecczyźnie w latach 1864–1939 w archiwach województwa Kieleckiego [Archivalische Quellen in Archiven der Wojewodschaft Kielce zur Geschichte der Bauernbewegung im Gebiet von Kielce in den Jahren 1864–1939], in: Z dziejów ruchu ludowego na Kielecczyźnie [Zur Geschichte der Bauernbewegung im Gebiet von Kielce], Warszawa 1970, S. 279–307.
KOWALSKI, T.: Ruch ludowy w powiecie rzeszowskim 1895–1944 [Die Bauernbewegung im Kreis Rzeszów 1895–1944], Warszawa 1973.
KOZŁOWSKI, C.: Działalność polityczna koła międzypartyjnego w latach 1915–1918 [Die politische Tätigkeit des Interparteilichen Klubs in den Jahren 1915–1918], Warszawa 1967.
KRASUSKI, J.: Stosunki polsko-niemieckie 1919–1932 [Die polnisch-deutschen Beziehungen 1919–1932], 2. Aufl. Poznań 1975.
KREDEL, O.: Die Nationalitätenverhältnisse im Wilnagebiet, in: OE 7 (1931/32), S. 207–222.

Die Krise des Parlamentarismus in Ostmitteleuropa zwischen den beiden Weltkriegen, hrsg. von Hans Erich Volkmann, Marburg/L. 1967.

Krukowski, S.: Geneza konstytucji z 17 marca 1921 r. [Die Entstehung der Verfassung vom 17. März 1921], Warszawa 1977.

Kuczyński, S. K.: Spory o godło Rzeczypospolitej [Streitigkeiten über das Wappen der Republik], in: Kultura (Warszawa) 16 (1978), Nr. 39, S. 13.

Kulwicki, E.: Koncepcje społeczno-ekonomiczne ruchu ludowego w latach 1918–1931 [Die sozialökonomischen Konzeptionen der Bauernbewegung in den Jahren 1918–1931], Warszawa 1971.

ders.: Oświata i szkolnictwo jako czynniki przekształcające stosunki społeczno-ekonomiczne w doktrynach i działalności polskich stronnictw chłopskich [Bildung und Schulwesen als Faktoren, die die sozialökonomischen Beziehungen in den Doktrinen und in der Tätigkeit der polnischen Bauernparteien veränderten], in: Międzyuczelniane Zeszyty Naukowe. Studia z Historii Myśli Społeczno-Ekonomicznej. Nr. 20: 1973, S. 81–97.

ders.: Spółdzielczość w ujęciach programowych PSL „Wyzwolenie" i innych stronnictw chłopskich [Das Genossenschaftswesen in den programmatischen Aussagen der PSL „Wyzwolenie" und anderer Bauernparteien], in: Międzyuczelniane Zeszyty Naukowe. Studia z Historii Myśli Społeczno-Ekonomicznej. Nr. 19: 1972, S. 91–100.

Kumaniecki, K. W.: Gemeindeverfassung und Gemeindeverwaltung. Polen, in: Handwörterbuch der Kommunalwissenschaften, Ergänzungsband A–G, S. 623–627, Jena 1927.

Kuszyk, W.: Wrzenie rewolucyjne na wsi polskiej w latach 1917–1919 [Revolutionäre Unruhe in polnischen Dörfern in den Jahren 1917–1919], Warszawa 1957.

Kutschabski, W.: Allgemeine Ergebnisse der zweiten Volkszählung in Polen, in: OE 8 (1932/33), S. 339–347.

Laeuen, H.: Die polnische Intelligenz- und Führungsschicht, in: Osteuropa-Handbuch Polen, Köln/Graz 1959, S. 12–17.

ders.: Östliche Agrarrevolution und Bauernpolitik, Breslau 1934.

Landau, Z./Tomaszewski, J.: O polityce zagranicznej Polski w latach 1924–1925 [Zur Außenpolitik Polens in den Jahren 1924–1925], in: KH 68 (1961), Nr. 3, S. 725–738.

dies.: Społeczeństwo Drugiej Rzeczypospolitej (uwagi polemiczne) [Die Gesellschaft der Zweiten Republik (polemische Bemerkungen)], in: PH 62 (1971), S. 315–322.

Lato, S.: Andrzej Waleron 1882–1969 (Biografia), in: RDRL 18 (1976), S. 207–217.

ders.: Ewolucja Polskiego Stronnictwa Ludowego Wyzwolenie po zamachu majowym 1926 r. [Die Entwicklung der Polnischen Bauernpartei Wyzwolenie nach dem Mai-Umsturz 1926], in: Studia z dziejów ruchu ludowego 1969 [Studien zur Geschichte der Bauernbewegung 1969], Warszawa 1969, S. 173–188.

ders.: Procesy integracyjne w ruchu ludowym w latach 1918–1931 [Integrationsprozesse in der Bauernbewegung in den Jahren 1918–1931], in: Siedemdziesiąt lat ruchu ludowego [Siebzig Jahre Bauernbewegung], Warszawa 1967, S. 56–87.

ders.: Ruch ludowy a Centrolew [Die Bauernbewegung und die Zentrumslinke], Warszawa 1965.

Leblang, S.: Polnische Bauernparteien, in: Europäische Bauernparteien im 20. Jahrhundert, hrsg. von Heinz Gollwitzer, Stuttgart 1977, S. 271–322b.

Leinwand, A.: Polska Partia Socjalistyczna wobec wojny polsko-radzieckiej 1919–1920 [Die Haltung der Polnischen Sozialistischen Partei zum polnisch-sowjetischen Krieg 1919–1920], Warszawa 1964.

Lewandowski, J.: Federalizm. Litwa i Białoruś w polityce obozu belwederskiego (XI 1918–IV 1920) [Föderalismus. Litauen und Weißrußland in der Politik des Belvedere-Lagers (November 1918–April 1920)], Warszawa 1962.

ders.: Imperializm słabości. Kształtowanie się koncepcji polityki wschodniej piłsudczyków 1921–1926 [Imperialismus der Schwäche. Die Herausbildung der ostpolitischen Konzeption des Piłsudski-Lagers 1921–1926], Warszawa 1967.

Lifszyc, I.: Die Agrarfrage in Polen, Diss. Zürich, Łódź 1928.

Łossowski, P.: Druga Rzeczpospolita a jej sąsiedzi [Die Zweite Republik und ihre Nachbarn], in: Polska Niepodległa 1918–1939 [Das unabhängige Polen 1918–1939], Wrocław etc. 1984, S. 25–43.

Łuczak, A.: Samorząd terytorialny w programach i działalności stronnictw ludowych 1918–1939 [Die territoriale Selbstverwaltung in den Programmen und in der Tätigkeit der Bauernparteien 1918–1939], Warszawa 1973.

Lück, K.: Das Deutschtum innerhalb der Bevölkerung Wolhyniens, in: Deutsche Blätter in Polen 3 (1926), Nr. 11/12, S. 521–529.

Mackiewicz, S.: Geschichte Polens vom 11. November 1918 bis zum 17. September 1939, Marburg/L. 1956.

Madajczyk, C.: Burżuazyjno-obszarnicza reforma rolna w Polsce 1918–1939 [Die Bodenreform der Bourgeoisie und des Großgrundbesitzes in Polen 1918–1939], Warszawa 1956.

Majewski, J.: Rozwój gospodarki chłopskiej w okresie międzywojennym [Die Entwicklung der Bauernhöfe in der Zwischenkriegszeit], in: Historia chłopów polskich [Geschichte der polnischen Bauern], T. 3, Warszawa 1980, S. 25–120.

Makowski, B.: Litwini w Polsce 1920–1939 [Die Litauer in Polen 1920–1939], Warszawa 1986.

Malicki, J. K.:Marszałek Piłsudski a Sejm. Historia rozwoju parlamentu polskiego 1919–1936 [Marschall Piłsudski und der Sejm. Die Geschichte der Entwicklung des polnischen Parlaments 1919–1936], Warszawa 1936.

Malinowski, H.: Z zagadnień wyzwalania ziem polskich spod panowania okupantów w listopadzie 1918 r. [Zu den Problemen der Befreiung der polnischen Länder von der Herrschaft der Besatzer im November 1918], in: PH 59 (1968), S. 681–709.

Masiarz, W.: Ludowcy wobec wydarzeń krakowskich 1923 roku [Die Haltung der Bauernparteiler zu den Krakauer Ereignissen des Jahres 1923], in: Powstanie krakowskie 1923 roku [Der Krakauer Aufstand des Jahres 1923], Kraków 1974, S. 149–165.

Meyer, E.: Der polnische Staat, seine Verwaltung und sein Recht, Posen 1924.

ders.: Verfassungsleben und Verwaltungspraxis, in: Süddeutsche Monatshefte, Jg. 24 (1926), H. 1 (Sonderheft: Das neue Polen), S. 8–12.

Mieszczankowski, M.: Struktura agrarna i społeczna wsi polskiej w okresie międzywojennym [Die Agrar- und Sozialstruktur des polnischen Dorfes in der Zwischenkriegszeit], in: Historia chłopów polskich [Geschichte der polnischen Bauern], T. 3, Warszawa 1980, S. 121–188.

ders.: Struktura agrarna Polski międzywojennej [Die Agrarstruktur Polens in der Zwischenkriegszeit], Warszawa 1960.

Mikulicz, S.: Polska a traktat w Rapallo [Polen und der Vertrag von Rapallo], in: Sprawy międzynarodowe 16 (1963), Nr. 2, S. 30–44.

Mioduchowska, M.: Działalność kobiet w ruchu ludowym [Die Tätigkeit von Frauen in der Bauernbewegung], in: WW 39 (1985), Nr. 6, S. 89–103.

dies.: Działalność społeczno-polityczna Aleksandra Bogusławskiego (1887–1963) [Die gesellschaftlich-politische Tätigkeit von Aleksander Bogusławski (1887–1963)], in: Rocznik Łódzki, T. 30: 1981, S. 47–65.

Mitrany, D.: Marxismus und Bauerntum, München 1956.

Molenda, J.: Masy chłopskie i ruch ludowy w czasie wojny 1914–1918 [Die bäuerlichen Massen und die Bauernbewegung während des Krieges 1914–1918], in: Ruch robotniczy i ludowy w Polsce 1914–1923 [Arbeiter- und Bauernbewegung in Polen 1914–1923], Warszawa 1960, S. 365–415.

ders.: Polskie Stronnictwo Ludowe w Królestwie Polskim 1915–1918 [Die Polnische Bauernpartei im Königreich Polen 1915–1918], Warszawa 1965.

Osteuropa-Handbuch Polen, hrsg. von Werner Markert, Köln/Graz 1959.

Paczkowski, A.: Prasa polityczna ruchu ludowego (1918–1939) [Die politische Presse der Bauernbewegung (1918–1939)], Warszawa 1970.

ders.: Prasa polska w latach 1918–1939 [Die polnische Presse in den Jahren 1918–1939], Warszawa 1980.

Pajewski, J.: Odbudowa państwa polskiego 1914–1918 [Der Wiederaufbau des polnischen Staates 1914–1918], Warszawa 1980.

Papierzyńska-Turek, M.: Sprawa ukraińska w Drugiej Rzeczypospolitej 1922–1926 [Die ukrainische Frage in der Zweiten Republik 1922–1926], Kraków 1979.

Parlamentarismus, hrsg. von Kurt Kluxen, Köln 1976.

Pawłowski, I.: „Rządy ludowe“ w Polsce 1918–1919. Z polityki wewnętrznej i zagranicznej [Die „Volksregierungen“ in Polen 1918–1919. Zur Innen- und Außenpolitik], Opole 1978.

Piątkowski, W.: Stosunek PSL do polityki aktywistycznej w okresie istnienia Tymczasowej Rady Stanu [Das Verhältnis der PSL zur aktivistischen Politik in der Zeit des Provisorischen Staatsrates], in: RDRL 1 (1959), S. 243–259.

PIETRZAK, M.: Rządy parlamentarne w Polsce w latach 1919–1926 [Die parlamentarischen Regierungen in Polen in den Jahren 1919–1926], Warszawa 1969.
DERS.: Zagadnienie wolności słowa w Polsce burżuazyjno-obszarniczej w latach 1918–1926 [Das Problem der Freiheit des Wortes im von Bourgeoisie und Großgrundbesitz geprägten Polen in den Jahren 1918–1926], in: Czasopismo Prawno-Historyczne 8 (1956), Nr. 2, S. 99–155.
POBÓG-MALINOWSKI, W.: Najnowsza historia polityczna Polski 1864–1945 [Neueste Geschichte Polens 1864–1945], T. I, Paris 1953. T. II: 1914–1939, 2. Aufl., London 1967.
PODGÓRSKA, E.: Oświata i szkolnictwo na wsi w okresie międzywojennym [Bildung und Schulwesen auf dem Lande in der Zwischenkriegszeit], in: Historia chłopów polskich [Geschichte der polnischen Bauern], T. 3, Warszawa 1980, S. 389–440.
Pod rządami bezprawia i terroru. Konstytucje, sejmy i wybory w Polsce przedwrześniowej. Materiały i dokumenty [Unter den Regierungen der Rechtlosigkeit und des Terrors. Verfassungen, Sejm und Wahlen im Vorkriegspolen. Materialien und Dokumente], Warszawa 1952.
POLONSKY, A.: Politics in Independent Poland 1921–1939. The Crisis of Constitutional Gouvernment, Oxford 1972.
PRÓCHNIK, A.: O polskim ruchu ludowym (przedruk rękopisu) [Zur polnischen Bauernbewegung (Abdruck eines handschriftlichen Manuskripts)], in: Najnowsze Dzieje Polski. Materiały i studia z okresu 1914–1939 [Neueste Geschichte Polens. Materialien und Studien zum Zeitraum 1914–1939], T. 4, Warszawa 1961, S. 135–155.
DERS.: Pierwsze piętnastolecie Polski niepodległej. Zarys dziejów politycznych [Die ersten 15 Jahre des unabhängigen Polen. Abriß der politischen Geschichte], Warszawa 1957.
PRUSS, W.: Społeczeństwo Królestwa Polskiego w XIX i początkach XX wieku (cz. I: Narodowości, wyznania, sekty, organizacje kościelne) [Die Gesellschaft des Königreichs Polen im 19. und zu Beginn des 20. Jahrhunderts (Teil I: Nationalitäten, Bekenntnisse, Sekten, kirchliche Organisationen)], in: PH 68 (1977), Nr. 2, S. 259–291.
Przywódcy ruchu ludowego. Szkice biograficzne [Führer der Bauernbewegung. Biographische Skizzen], Red. ALICJA WIĘZIKOWA, Warszawa 1968.
RADLIŃSKA, H.: Zeitgenössisches Bildungswesen in Polen, in: Jahrbuch für Polen 1929/30, Warszawa o.J., S. 478–501.
RAPPAPORT, J.: Die Nationalitätenfrage in Polen, in: Jahrbuch für Soziologie, Frankfurt/M., Bd. III (1927), S. 235–257.
RECKE, W.: Die historisch-politischen Grundlagen der Genfer Konvention vom 15. Mai 1922, Marburg/L. 1969.
REK, T.: Chjeno-Piast 1922–1926 w świetle obrad Sejmu i Senatu [Das Bündnis Chjeno-Piast von 1922 bis 1926 im Lichte der Beratungen von Sejm und Senat], Warszawa 1955.
DERS.: Fakty oskarżają. Kartki z dziejów burżuazyjno-obszarniczego sejmu 1919–1922 [Die Fakten klagen an. Blätter aus der Geschichte des von Bourgeoisie und Großgrundbesitz geprägten Sejm 1919–1922], Warszawa 1954.
DERS.: Z dziejów ruchu ludowego na Mazowszu i Podlasiu 1904–1964 [Zur Geschichte der Bauernbewegung in Masowien und Podlachien 1904–1964], Warszawa 1965.
RHODE, G.: Geschichte Polens, 3. Aufl. Darmstadt 1980.
DERS.: Die Weißruthenen, in: Jahrbuch des Osteuropa-Instituts zu Breslau, Bd. 2 (1941), S. 52–77.
ROOS, H.: Die polnische Demokratie der Zwischenkriegszeit. Historischer Hintergrund und politische Handhabung, in: Die Krise des Parlamentarismus in Ostmitteleuropa zwischen den beiden Weltkriegen, Marburg/L. 1967, S. 15–34.
DERS.: Geschichte der polnischen Nation 1916–1960. Von der Staatsgründung im Ersten Weltkrieg bis zur Gegenwart, 2. Aufl., Stuttgart 1964.
DERS.: Polen zwischen den Weltkriegen, in: Osteuropa-Handbuch Polen, Köln/Graz 1959, S. 18–68.
DERS.: Die polnischen Regierungen 1916–1939, in: Osteuropa-Handbuch Polen, Köln/Graz 1959, S. 673–679.
ROSS, F.: Stadt- und Landbevölkerung in Ostdeutschland, Zentral- und Westpolen, Stuttgart 1939 (Schriften des Instituts für Osteuropäische Wirtschaft am Staatswissenschaftlichen Institut der Universität Königsberg).
ROTHSCHILD, J.: East Central Europe between the Two World Wars, Seattle/London 1974.

Ruch ludowy na Lubelszczyźnie. Materiały z sesji naukowej zorganizowanej prez WK ZSL w Lublinie [Die Bauernbewegung im Lubliner Land. Materialien einer vom Wojewodschaftskomitee der ZSL in Lublin organisierten wissenschaftlichen Tagung], Red. Józef Ryszard Szaflik, Lublin 1964.

Ruch ludowy na Mazowszu, Kurpiach i Podlasiu, Materiały sesji popularno-naukowej [Die Bauernbewegung in Masowien, im Kurpie-Gebiet und in Podlachien. Materialien einer populärwissenschaftlichen Tagung], Red. Aleksander Łuczak, Warszawa 1975.

Ruch ludowy w województwie Łódzkim. Sesja popularno-naukowa Łódź 14–15. X. 1965 [Die Bauernbewegung in der Wojewodschaft Lodz. Populärwissenschaftliche Tagung. Lodz 14.–15. 10. 1965], Red. Eugenia Podgórska, Łódź 1968.

Ruch robotniczy i ludowy w Polsce 1914–1923 [Arbeiter- und Bauernbewegung in Polen 1914–1923], Warszawa 1960.

Sałkowski, J.: Jan Dębski (1889–1976), in: RDRL 19 (1977–1978), S. 290–293.

Sarnowski, K.: Z działalności ruchu ludowego w powiecie Maków Mazowiecki w latach 1918–1939 [Zur Tätigkeit der Bauernbewegung im Kreis Maków Mazowiecki in den Jahren 1918–1939], in: RDRL 10 (1968), S. 345–376.

Schätzel, W.: Entstehung und Verfassung der polnischen Republik, in: Jahrbuch des öffentlichen Rechts der Gegenwart 12 (1923/24), S. 289–310.

Schoenbrenner, J.: Stronnictwa ludowe a zagadnienie oświaty w latach 1918–1923 [Die Bauernparteien und das Problem der Bildung in den Jahren 1918–1923], in: RDRL 5 (1963), S. 158–193.

Schumacher, B.: Geschichte Ost- und Westpreußens, 7. Aufl., Würzburg 1987.

Seraphim, P.-H.: Ostdeutschland und das heutige Polen, Braunschweig 1953.

Seton-Watson, H.: Osteuropa zwischen den Kriegen, Paderborn 1948.

Siedemdziesiąt lat ruchu ludowego. Materiały z sesji naukowej [Siebzig Jahre Bauernbewegung. Materialien einer wissenschaftlichen Tagung], Red. Józef Ryszard Szaflik, Warszawa 1967.

Śliwa, M.: Federalizm i autonomia narodowościowa w myśli Mieczysława Niedziałkowskiego [Föderalismus und Nationalitätenautonomie im Denken Mieczysław Niedziałkowskis], in: Czasopismo Prawno-Historyczne 30 (1978), Nr. 2, S. 139–153.

Socha, J.: Polskie Stronnictwo Ludowe „Wyzwolenie" w Sieradzkiem (1915–1931). Cz. 1: Działalność społeczno-gospodarcza [Die Polnische Bauernpartei „Wyzwolenie" im Gebiet von Sieradz (1915–1931). Teil 1: Gesellschaftlich-wirtschaftliche Tätigkeit], in: Rocznik Łódzki, T. 21: 1976, S. 85–104.

ders.: Polskie Stronnictwo Ludowe „Wyzwolenie" w Sieradzkiem (1915–1931). Cz. 2: Rozwój organizacyjny i wpływy polityczne [Die Polnische Bauernpartei „Wyzwolenie" im Gebiet von Sieradz (1915–1931). Teil 2: Organisatorische Entwicklung und politischer Einfluß], in: Rocznik Łódzki, T. 22: 1977, S. 191–208.

ders.: Ruch ludowy w powiecie kaliskim do roku 1931 [Die Bauernbewegung im Kreis Kalisz bis zum Jahre 1931], in: Rocznik Kaliski, T. 8: 1975, S. 135–158.

ders.: Stronnictwa ludowe po zamachu majowym [Die Bauernparteien nach dem Mai-Umsturz], Warszawa 1983.

ders.: Wieś łowicka w latach 1918–1928 [Die Dörfer im Gebiet von Łowicz in den Jahren 1918–1928], in: Rocznik Mazowiecki, T. 8: 1984, S. 137–169.

ders.: Wpływy polityczne ruchu ludowego w Związku Polskiego Nauczycielstwa Szkół Powszechnych w latach 1926–1928 na terenie Polski środkowej [Der politische Einfluß der Bauernbewegung im Verband der polnischen Lehrerschaft an allgemeinbildenden Schulen in den Jahren 1926–1928 in Mittelpolen], in: Przegląd Historyczno-Oświatowy 16 (1973), Nr. 1, S. 76–88.

ders.: Z badań nad polityczno-społecznymi dziejami wsi wieluńskiej. Lata 1918–1928 [Forschungen zur politisch-sozialen Geschichte der Dörfer im Gebiet von Wieluń. Die Jahre 1918–1928], in: Acta Universitatis Lodziensis. Zeszyty Naukowe Uniwersytetu Łódzkiego. Nauki Humanistyczno-Społeczne. Seria I, Łódź 1978, Nr. 18, S. 75–92.

Srokowski, K.: Sprawa narodowościowa na kresach wschodnich [Die Nationalitätenfrage in den Ostgebieten], Kraków 1924.

Staniewicz, W.: Das Agrarproblem Polens, in: OE 12 (1936/37), S. 433–444.

Stankiewicz, W.: Konflikty społeczne na wsi polskiej 1918–1920 [Gesellschaftliche Konflikte im polnischen Dorf 1918–1920], Warszawa 1963.

DERS.: Ruch ludowy w pierwszych latach niepodległości (1918–1923) [Die Bauernbewegung in den ersten Jahren der Unabhängigkeit (1918–1923)], in: Zarys historii polskiego ruchu ludowego [Abriß der Geschichte der polnischen Bauernbewegung], T. 2, Warszawa 1970, S. 9–121.

DERS.: Ruch ludowy w Polsce w latach 1918–1923 [Die Bauernbewegung in Polen in den Jahren 1918–1923], in: Ruch robotniczy i ludowy w Polsce 1914–1923 [Arbeiter- und Bauernbewegung in Polen 1914–1923], Warszawa 1960, S. 417–474.

DERS.: Sprawa reformy rolnej w Sejmie Ustawodawczym R. P. w 1919 r. [Die Frage der Bodenreform im Verfassunggebenden Sejm der Republik Polen im Jahre 1919], in: RDRL 3 (1961), S. 50–71.

DERS.: Życie i działalność Ireny Kosmowskiej [Leben und Wirken von Irena Kosmowska], in: Wspomnienia o Irenie Kosmowskiej [Erinnerungen an Irena Kosmowska], bearb. von ZOFIA MAZUROWA, Warszawa 1974, S. 5–32.

STAWECKI, P.: Stanowisko Sejmu Ustawodawczego wobec plebiscytu na Warmii, Mazurach i Powiślu w roku 1920 [Die Haltung des Verfassunggebenden Sejm zum Plebiszit im Ermland, in Masuren und im Weichselgebiet im Jahre 1920], in: Komunikaty Mazursko-Warmińskie 15 (1971), Nr. 4, S. 451–465.

STĘPIEŃ, S.: Działalność posłów białoruskich w Sejmie RP w latach 1922–1927 [Die Tätigkeit der weißrussischen Abgeordneten im Sejm der Republik Polen in den Jahren 1922–1927], in: Studia Historyczne 24 (1981), Nr. 2, S. 261–276.

STOLINSKI, Z.: Die deutsche Minderheit in Polen, Warszawa 1928 (Verlag: Institut zur Erforschung der Minderheitsfragen).

STROBEL, G. W.: Die parlamentarische Idee und die polnischen Parteien, in: Die Krise des Parlamentarismus in Ostmitteleuropa zwischen den beiden Weltkriegen, hrsg. von HANS-ERICH VOLKMANN, Marburg/L. 1967, S. 35–63.

Studia z dziejów ruchu ludowego 1969 [Studien zur Geschichte der Bauernbewegung 1969], Red. JÓZEF RYSZARD SZAFLIK, Warszawa 1969.

STYRA, R.: Das polnische Parteiwesen und seine Presse, Posen 1926.

SWIETOSLAWSKI, M.: Der Organismus der territorialen Selbstverwaltung in der Republik Polen, Leipzig 1931.

SZAFLIK, J. R.: Hauptprobleme der Entwicklung und Tätigkeit der polnischen Volksbewegung, in: Jahrbuch für Geschichte, Bd. 23, Berlin (Ost) 1981, S. 213–232.

DERS.: Polskie Stronnictwo Ludowe Piast 1926–1931 [Die Polnische Bauernpartei Piast 1926–1931], Warszawa 1970.

DERS.: Z dziejów radykalnego ruchu ludowego na Lubelszczyźnie w latach 1918–1931 [Zur Geschichte der radikalen Bauernbewegung im Lubliner Land in den Jahren 1918–1931], in: Ruch ludowy na Lubelszczyźnie [Die Bauernbewegung im Lubliner Land], Lublin 1964, S. 45–99.

SZCZECHURA, T.: Wyniki głosowania w obwodach wiejskich na listy polskie podczas wyborów do Sejmu w latach 1919, 1922 i 1928 [Die Ergebnisse der Stimmabgabe in den ländlichen Bezirken für die polnischen Listen bei den Sejmwahlen 1919, 1922 und 1928], in: RDRL 10 (1968), S. 66–121.

DERS.: Związek Nauczycielstwa Polskiego. Zarys dziejów 1919–1939 [Der Verband der polnischen Lehrerschaft. Abriß der Geschichte 1919–1939], Warszawa 1957.

SZEFER, A.: Mniejszość niemiecka w Polsce i w Czechosłowacji w latach 1933–1938 [Die deutsche Minderheit in Polen und in der Tschechoslowakei in den Jahren 1933–1938], Katowice/Kraków 1967.

SZTURM DE SZTREM, E.: Prawdziwa statystyka [Die unverfälschte Statistik], eingeleitet von JERZY TOMASZEWSKI, in: KH 80 (1973), Nr. 3, S. 664–667.

TAPUACH, S.: Wieś żydowska na Wileńszczyźnie [Ein jüdisches Dorf im Wilnagebiet], in: Przegląd Socjologiczny (Łódź) 5 (1937), S. 291–318.

TOMASZEWSKI, J.: Gabinet Aleksandra Skrzyńskiego [Das Kabinett Aleksander Skrzyński], in: Najnowsze Dzieje Polski. Materiały i studia z okresu 1914–1939 [Neueste Geschichte Polens. Materialien und Studien zum Zeitraum 1914–1939], T. 11, Warszawa 1967, S. 5–24.

TOMCZONEK, Z.: Ruch ludowy na Białostocczyźnie 1918–1939 [Die Bauernbewegung im Gebiet von Białystok 1918–1939], Warszawa 1978.

TOMICKI, J.: Parteien und Parteiensysteme in Polen 1918–1939. Ein Überblick, in: Jahrbuch für Geschichte, Bd. 23, Berlin (Ost) 1981, S. 273–304.

TROCKA, H.: Stanowisko Polskiego Stronnictwa Ludowego „Wyzwolenie“ wobec spółdzielczości w latach 1918–1926 [Die Haltung der Polnischen Bauernpartei „Wyzwolenie" zum Genossenschaftswesen in den Jahren 1918–1926], in: Roczniki Spółdzielczego Instytutu Badawczego, 1965, Nr. 4, S. 147–166.

Die agrarischen Umwälzungen im außerrussischen Osteuropa, hrsg. von MAX SERING, Berlin/Leipzig 1930.

VORONKOV, V. I.: „PSL-Vyzvolenie" v bor'be za agrarnuju reformu (nojabr' 1918 – ijun' 1919g.) [Die PSL „Wyzwolenie" im Kampf um die Agrarreform (November 1918–Juni 1919)], in: Sovetskoe Slavjanovedenie 14 (1978), Nr. 3, S. 97–105.

WANDYCZ, P. S.: France and her Eastern Allies 1919–1925. French-Czechoslovak-Polish Relations from the Paris Peace Conference to Locarno, Minneapolis 1962.

WAPIŃSKI, R.: Endecka koncepcja polityki wschodniej w latach II Rzeczypospolitej [Die ostpolitische Konzeption der Endecja in den Jahren der Zweiten Republik], in: Studia z Dziejów ZSRR i Europy Środkowej, T. 5: 1969, S. 55–102.

WAWRZYKOWSKA-WIERCIOCHOWA, D.: Jadwiga Dziubińska (1874–1937), in: RDRL 7 (1965), S. 513–545.

WEDEL, H. VON: Die Agrarreform in Polen, in: OE 3 (1927/28), S. 343–361.

WIĘCH, K.: Polska Partia Socjalistyczna 1918–1921 [Die Polnische Sozialistische Partei 1918–1921], Warszawa 1978.

WIECZOREK, T.: Wkład Jadwigi Dziubińskiej w organizację i rozwój ludowych szkół rolniczych [Der Beitrag von Jadwiga Dziubińska zur Organisation und Entwicklung der bäuerlichen Landwirtschaftsschulen], Warszawa 1975.

WIĘZIKOWA, A.: Historiografia ruchu ludowego w PRL dotycząca jego dziejów do 1944 roku [Die Historiographie der Bauernbewegung in der Volksrepublik Polen, betreffend deren Geschichte bis zum Jahre 1944], in: RDRL 17 (1975), S. 210–232.

DIES.: Maksymilian Malinowski (1860–1948), in: Przywódcy ruchu ludowego [Führer der Bauernbewegung], Warszawa 1968, S. 170–190.

DIES.: Poglądy społeczno-polityczne Stanisława Thugutta w świetle jego publicystyki [Die sozialökonomischen Ansichten Stanisław Thugutts im Lichte seiner Publizistik], in: RDRL 10 (1968), S. 282–299.

DIES.: Stanisław Thugutt (1873–1941), in: Przywódcy ruchu ludowego [Führer der Bauernbewegung], Warszawa 1968, S. 324–348.

DIES.: Stronnictwo Chłopskie (1926–1931) [Die Bauernpartei (1926–1931)], Warszawa 1963.

WIRSING, G.: Zwischeneuropa und die deutsche Zukunft, Jena 1932.

WYCECH, C.: Z myślą o Polsce Ludowej [Mit dem Gedanken an Volkspolen], Warszawa 1959.

ZAGÓRNY, S.: Osadnictwo wojskowe w Polsce (1920–1923 r.) [Militäransiedlung in Polen (1920–1923)], in: Acta Universitatis Lodziensis. Zeszyty Naukowe Uniwersytetu Łódzkiego. Nauki Humanistyczno-Społeczne. Seria I, Łódź 1961, Nr. 22, S. 237–244.

ZAKRZEWSKI, A.: Wincenty Witos – chłopski polityk i mąż stanu [Wincenty Witos – Bauernpolitiker und Staatsmann], Warszawa 1977.

DERS.: Wincenty Witos – chłopski mąż stanu w latach 1918–1926 [Wincenty Witos – ein bäuerlicher Staatsmann in den Jahren 1918–1926], in: KH 75 (1968), Nr. 3, S. 565–594.

ŻARNOWSKI, J.: Społeczeństwo Drugiej Rzeczypospolitej 1918–1939 [Die Gesellschaft der Zweiten Republik 1918–1939], Warszawa 1973.

Zarys historii polskiego ruchu ludowego [Abriß der Geschichte der polnischen Bauernbewegung], T. 2: 1918–1939, bearb. von JAN BORKOWSKI, JÓZEF KOWAL, STANISŁAW LATO, WITOLD STANKIEWICZ, ALICJA WIĘZIKOWA, Warszawa 1970.

Z dziejów ruchu ludowego na Kielecczyźnie. Materiały z sesji popularno-naukowej zorganizowanej w Kielcach 21–22 stycznia 1967 roku na 70-lecie powstania ruchu ludowego w Polsce [Zur Geschichte der Bauernbewegung im Gebiet von Kielce. Materialien einer populärwissenschaftlichen Tagung am 21./22. Januar 1967 in Kielce anläßlich der Siebzigjahrfeier der Entstehung der Bauernbewegung in Polen], Red. S. LATO, Warszawa 1970.

ZECHLIN, E.: Die Bevölkerungs- und Grundbesitzverteilung im Zartum Polen, Berlin 1916.

ZERBE, E.: Polen, in: Die politischen Parteien der Staaten des Erdballs, hrsg. von FRITZ STRICKER, Münster 1924, S. 44–72.

ZERNACK, K.: Der polnische Kommunismus und die Bauernfrage nach dem Ersten Weltkrieg. Zum Problem des „Luxemburgismus" in der polnischen Parteigeschichtsschreibung, in: Agrar-, Wirtschafts-

und Sozialprobleme Mittel- und Osteuropas in Geschichte und Gegenwart, hrsg. von HERBERT LUDAT, Wiesbaden 1965, S. 463–481.

ZIELIŃSKI, H.: Historia Polski 1914–1939 [Geschichte Polens 1914–1939], Wrocław etc. 1983.

DERS.: Pozycja Polski na arenie międzynarodowej [Die Position Polens auf der internationalen Bühne], in: Historia Polski [Geschichte Polens], T. 4, cz. 1 (1918–1926), Warszawa 1969, S. 254–308.

ŻMUDA, R.: Stosunek polskich stronnictw ludowych do Kościoła w latach 1918–1926 [Das Verhältnis der polnischen Bauernparteien zur Kirche in den Jahren 1918–1926], in: Chrześcijanin w świecie 15 (1983), S. 21–48.

Verzeichnis der Abkürzungen

AAN	Archiwum Akt Nowych [Archiv für Neue Akten], Warszawa
AZHRL	Archiwum Zakładu Historii Ruchu Ludowego [Archiv des Instituts für die Geschichte der Bauernbewegung], Warszawa
CA KC PZPR	Centralne Archiwum Komitetu Centralnego Polskiej Zjednoczonej Partii Robotniczej [Zentrales Archiv des Zentralkomitees der Polnischen Vereinigten Arbeiterpartei], Warszawa
ChD	Chrześcijańska Demokracja [Christliche Demokratie]
CKN	Centralny Komitet Narodowy [Zentrales Nationalkomitee]
DN	Dzieje Najnowsze [Neueste Geschichte]
JGO	Jahrbücher für Geschichte Osteuropas
KH	Kwartalnik Historyczny [Historische Vierteljahresschrift]
KNP	Komitet Narodowy Polski [Polnisches Nationalkomitee]
KPK	Klub Pracy Konstytucyjnej [Klub der konstitutionellen Arbeit]
KPP	Komunistyczna Partia Polski [Kommunistische Partei Polens]
KPRP	Komunistyczna Partia Robotnicza Polski [Kommunistische Arbeiterpartei Polens]
NKN	Naczelny Komitet Narodowy [Oberstes Nationalkomitee]
NPCh	Niezależna Partia Chłopska [Unabhängige Bauernpartei]
NPR	Narodowa Partia Robotnicza [Nationale Arbeiterpartei]
NZCh	Narodowy Związek Chłopski [Nationaler Bauernbund]
NZL	Narodowe Zjednoczenie Ludowe [Nationale Volksvereinigung]
NZR	Narodowy Związek Robotniczy [Nationaler Arbeiterverband]
OE	Osteuropa
PA	Politisches Archiv des Auswärtigen Amtes, Bonn
PH	Przegląd Historyczny [Historische Rundschau]
POW	Polska Organizacja Wojskowa [Polnische Militärorganisation]
PPS	Polska Partia Socjalistyczna [Polnische Sozialistische Partei]
PSL	Polskie Stronnictwo Ludowe [Polnische Bauernpartei]
PPSD	Polska Partia Socjalno-Demokratyczna Galicji i Śląska Cieszyńskiego [Polnische Sozialdemokratische Partei Galiziens und des Teschener Schlesiens]
PZL	a. Polski Związek Ludowy [Polnischer Bauernbund] b. Polskie Zjednoczenie Ludowe [Polnische Volksvereinigung]
RDRL	Roczniki Dziejów Ruchu Ludowego [Jahrbücher für die Geschichte der Bauernbewegung]
RP	Rzeczpospolita Polska [Republik Polen]
SChł	Stronnictwo Chłopskie [Bauernpartei]
SChN	Stronnictwo Chrześcijańsko-Narodowe [Christlich-Nationale Partei]
SDKPiL	Socjal-Demokracja Królestwa Polskiego i Litwy [Sozialdemokratie des Königreichs Polen und Litauens]

SL	Stronnictwo Ludowe [Bauernpartei bzw. Volkspartei]
SNN	Stronnictwo Niezawisłości Narodowej [Partei der Nationalen Unabhängigkeit]
UNDO	Ukrains'ke Nacional'no-Demokratyčne Objednannia [Ukrainische Nationaldemokratische Vereinigung]
UVO	Ukrains'ka Vijs'kova Orhanizacija [Ukrainische Militärorganisation]
WAPL	Wojewódzkie Archiwum Państwowe, Lublin [Staatliches Wojewodschaftsarchiv, Lublin]
WW	Wieś Współczesna [Das moderne Dorf]
ZCh	Związek Chłopski [Bauernbund]
ZfO	Zeitschrift für Ostforschung
ZG	Zarząd Główny [Hauptvorstand]
ZH	Zeszyty Historyczne [Historische Hefte]
ZHRL	Zakład Historii Ruchu Ludowego [Institut für die Geschichte der Bauernbewegung], Warszawa
ZLN	Związek Ludowo-Narodowy [Nationaler Volksverband]
ZLP	Związek Ludu Polskiego [Bund des Polnischen Landvolkes]
ZPNSP	Związek Polskiego Nauczycielstwa Szkół Powszechnych [Verband der polnischen Lehrerschaft an allgemeinbildenden Schulen]
ZPSL	Związek Polskich Stronnictw Ludowych [Bund der Polnischen Bauernparteien]
ZPW	Z Pola Walki [Vom Kampfplatz]
ZSL	Zjednoczone Stronnictwo Ludowe [Vereinigte Bauernpartei]

Personenregister

Ortsregister

Historische und landeskundliche Ostmitteleuropa-Studien

im Auftrag des Herder-Instituts e.V.

herausgegeben von Hans Lemberg

Schriftleitung: Hans-Werner Rautenberg

Band 13

Rudolf A. Mark

Galizien unter österreichischer Herrschaft. Verwaltung - Kirche - Bevölkerung

ISBN 3-87969-232-7 - XII, 128 Seiten - 2 Karten - 1994 - kartoniert DM 39,--

Nach einem kurzen Abriß der Entstehungsgeschichte Galizien-Lodomeriens sowie einer knappen Skizze der politischen Verhältnisse in diesem österreichischen Kronland werden zunächst der Verwaltungsaufbau sowie die Einrichtung der Kreise und Bezirke dargestellt. Gezeigt werden die territorialen Veränderungen sowie der Stellenwert der Kreise und Bezirke im Rahmen der Landes- und der Reichsverwaltung.

In einem umfangreichen Abschnitt sind die kirchlichen und konfessionellen Verhältnisse Gegenstand der Ausführungen. Die Errichtung der österreichischen Herrschaft brachte einschneidende Veränderungen sowohl für die bis dahin uneingeschränkt dominierende römisch-katholische, aber auch für die "ukrainische" griechisch-katholische Kirche. Die Josephinischen Klosterregulierungen paßten das weitverzweigte römisch-katholische Ordenswesen des Kronlandes durch rigorose Schließungen an das österreichische Staatskirchensystem an, wodurch Wien auch Mittel gewann, die es zum Auf- und Ausbau der Infrastruktur des neu gewonnenen Territoriums nutzen konnte. Dargestellt werden außerdem die Reorganisation der Bistumsgrenzen, die Struktur der Pfarrgemeinden und Dekanate sowie die Neuregelungen für die Ausbildung der Geistlichen. Eine wichtige Rolle spielte dabei die ökonomische Absicherung der Geistlichkeit und die daraus resultierenden Folgen für die weitere Entwicklung der Kirchen insgesamt. Profitiert von den Reformen und Erneuerungen hat vor allem die griechisch-katholische Kirche, die sich von der Gängelung durch die lateinischen Bischöfe befreien und einen wissenschaftlich geschulten Klerus ausbilden konnte.

Das dritte Kapitel des Buches ist der demographischen Entwicklung und den Nationalitätenverhältnissen gewidmet. Gestützt auf zeitgenössische Berichte sowie auf die seit dem ersten Viertel des 19. Jahrhunderts zur Verfügung stehenden österreichischen Statistiken werden die demographische Entwicklung der im Kronland ansässigen Völker und Nationalitätengruppen sowie die diese beeinflussenden Faktoren bis auf die Ebene der Bezirke, der Städte und Marktflecken untersucht und dargestellt. Dabei wird auf das Stadt-Land-Verhältnis, die uneinheitliche Urbanisierung sowie auf die Emigrationsverluste seit den 1880er Jahren eingegangen.

Alle benutzten Zahlen und Daten sind im Buch wiedergegeben. Der Veranschaulichung dienen zahlreiche Karten und Graphiken.

Verlag Herder-Institut
Gisonenweg 5-7, 35037 Marburg